Les investissements étrangers

Logiques Juridiques

Fondée par Gérard Marcou

Dirigée par Jean-Claude Némery et Thomas Perroud

Le droit n'est pas seulement un savoir, il est d'abord un ensemble de rapports et pratiques que l'on rencontre dans presque toutes les formes de sociétés. C'est pourquoi il a toujours donné lieu à la fois à une littérature de juristes professionnels, produisant le savoir juridique, et à une littérature sur le droit, produite par des philosophes, des sociologues ou des économistes notamment.

Parce que le domaine du droit s'étend sans cesse et rend de plus en plus souvent nécessaire le recours au savoir juridique spécialisé, même dans des matières où il n'avait jadis qu'une importance secondaire, les ouvrages juridiques à caractère professionnel ou pédagogique dominent l'édition, et ils tendent à réduire la recherche en droit à sa seule dimension positive. À l'inverse de cette tendance, la collection « Logiques juridiques » des éditions L'Harmattan est ouverte à toutes les approches du droit. Tout en publiant aussi des ouvrages à vocation professionnelle ou pédagogique, elle se fixe avant tout pour but de contribuer à la publication et à la diffusion des recherches en droit, ainsi qu'au dialogue scientifique sur le droit. Comme son nom l'indique, elle se veut plurielle.

Dernières parutions

Rachid EL BAZZIM, *Conseil de la concurrence au Maroc*, 2019.
Bienvenu OKIEMY, *L'OMC, une ingénierie juridique et commerciale à reconfigurer*, 2019.
Didier JAMOT, *Annuaire des engagements internationaux ayant fait l'objet d'une loi d'autorisation sous la Ve République*, 2019.
Sotirios LYTRAS, *Le phénomène disciplinaire dans le droit public héllenique contemporain,* 2019.
Massimo VOGLIOTTI, *Pour une nouvelle éducation juridique*, 2018.
Claire AGUILON, *Justice constitutionnelle et subsidiarité. L'apport de l'expérience canadienne pour la construction européenne*, 2018.
Jackeline Patricia CESPEDES ARTEAGA, *La contribution de la CJUE dans la construction du droit de la Communauté andine*, 2018.
Michaël MARTINEZ, *Le train de vie en droit privé*, 2018.
Hafedh BOUAZIZ, *La conversion des actes juridiques,* 2018.
Gabriel ECKERT et Jean-Philippe KOVAR, *La régulation économique et financière face aux défis de l'information,* 2018.
Adil MOUSSEBBIH, *Le contentieux électoral dans la jurisprudence du Conseil constitutionnel marocain, Étude comparative*, 2018.
CLUB MARC BLOCH, *Citoyen !*, 2018.

Georges-Philippe ZAKHOUR

Les investissements étrangers

Droit applicable et tribunal compétent

Préface de Georges Khairallah

L'Harmattan

5-7, rue de l'Ecole-Polytechnique, 75005 Paris

http://www.editions-harmattan.fr

ISBN : 978-2-343-17194-4
EAN : 9782343171944

À mes parents,

À mes frères, Marc-Anthony et Peter-John

Remerciements

Je tiens tout d'abord à remercier mon directeur de thèse, Monsieur Le Professeur Georges Khairallah pour toute la confiance qu'il m'a témoignée et l'indéfectible soutien qu'il m'a accordé tout au long de mes recherches.

Mes vifs remerciements vont également aux membres du jury, les Professeurs M. Ibrahim Fadlallah, M. Hadi Slim, M. François Améli, et Mme Marie-Élodie Ancel qui m'ont fait l'honneur d'accepter d'évaluer ce travail.

Je remercie finalement ma famille qui m'a toujours encouragé et réconforté durant les moments difficiles de cette thèse.

PRÉFACE

Le droit des investissements est en constante évolution. Si, depuis longtemps, il suscite les mêmes interrogations – celles du droit applicable à la relation d'investissement et de la juridiction compétente pour connaître des litiges qu'elle engendre –, les réponses qui doivent leur être apportées divisent toujours la doctrine et donnent lieu à des décisions jurisprudentielles parfois surprenantes. Même les solutions que l'on croyait acquises, comme la possibilité de recourir à l'arbitrage en la matière, sont remises en cause, particulièrement mais non seulement, en droit européen. La littérature juridique consacrée au droit des investissements est abondante. Une synthèse était nécessaire. Elle est magistralement faite dans l'ouvrage de Monsieur Georges-Philippe Zakhour.

Ce n'est pas le seul mérite de cet ouvrage. Le travail de synthèse a amené son auteur à repenser en profondeur la matière. Relation liant un opérateur privé et l'Etat, ce *« contrat d'Etat »* se trouve aux points de rencontre ou de choc du droit public et du droit privé, à la fois droit interne et international, avec une autonomie de la volonté des parties de choisir la loi qui lui est applicable que consacrent nombre d'instruments internationaux, comme la convention de Washington du 18 mars 1985 qui affirme dans son article 42 que le différend est régi *« par les règles de droit adoptées par les parties »*.

Mais, l'on connaît les dangers de l'autonomie de la volonté dans une relation qui apparaît *a priori* déséquilibrée du fait de la personnalité de l'une des parties, souvent celle de l'Etat contractant, parfois celle de l'investisseur. La tentation est grande pour la partie forte d'imposer la loi contractuelle qui lui semble servir ses intérêts, avec le risque si cette loi est celle de l'Etat contractant que celui-ci la modifie au détriment de l'autre partie. La manœuvre peut paraître grossière et provoquer la mise en cause de la responsabilité de l'Etat sur le fondement des principes du droit international et des *« principes généraux de droit reconnus par les nations du monde »* pour reprendre les mots de l'article 38 du Statut de la Cour Internationale de Justice. Apparaît déjà l'idée d'une primauté des principes de droit international ou transnational. De nombreux traités bilatéraux d'investissement sont conclus et certains d'entre eux, comme celui qui avait été conclu entre le Canada et le Costa Rica en 1998, prévoient expressément la primauté du droit international. Quand bien même il existerait un choix de la loi applicable au contrat et dès lors que celui-ci donne compétence au CIRDI pour régler le différend, la logique internationaliste de la convention de Washington prévaudra même si son article 42 ne prévoit l'application des *« principes de droit en la matière »* qu'à défaut d'accord des parties sur les règles applicables à leur contrat. L'exigence d'une conformité au droit international figure à l'article 1131 de l'Accord de libre-échange nord-américain (l'ALENA).

Cette évolution amène Monsieur Zakhour à constater *« l'enracinement du contrat d'Etat dans l'ordre international »* et ce constat lui permet tout aussi logiquement de conclure à la primauté des normes du droit international ou transnational lequel ne tolère les règles du droit interne que si elles sont conformes à ses propres principes et écarte celles qui ne le sont pas : le droit international gouverne l'ensemble de la relation juridique.

Encore faut-il définir la consistance, sinon le contenu de ce droit international qui restent bien mystérieux, donnant à tout le moins l'impression de se retrouver en présence d'un droit qui est toujours à la recherche de lui-même. Ses sources sont hétéroclites, souvent non écrites. On a souvent parlé de la *lex mercatoria* faite, dit-on, de l'ensemble des usages du commerce international. On en trouve l'illustration la plus remarquable dans des documents rédigés par des institutions d'arbitrage international comme les *Incoterms* de la CCI. Des efforts sont entrepris pour systématiser les règles et leur donner l'allure d'un corpus plus complet comme c'est le cas des principes UNIDROIT. Ces principes, règles ou usages pourront bénéficier d'une certaine légitimité dès lors que tous respectent les règles impératives des droits nationaux, plus précisément leurs lois de police.

Mais, la doctrine a déjà démontré que ce droit que l'on appelle *« international »* ou *« transnational »* ne peut pas prétendre constituer un ordre juridique qui permet de répondre à toutes les questions litigieuses. Ses lacunes pourraient être comblées par l'appel que feraient les tribunaux à des notions comme la bonne foi ou la fraude. Mais ces notions sont vagues et si le litige est soumis à un tribunal arbitral composé d'arbitres appartenant à des environnements géographiques et juridiques différents, le risque sera grand de les voir en donner des interprétations divergentes.

Les faiblesses du droit international sont connues, mais il est difficile d'éviter d'y recourir. Les spécificités du droit des investissements sont telles que les législations internes ne leur assurent pas une réglementation complète. On ne voit pas une législation interne consacrer une réglementation propre aux investissements. Souvent, on est obligé de recourir aux notions juridiques de droit interne qui s'avèrent non adaptées à l'internationalité de l'opération. Les traités bilatéraux ne cessent de révéler leurs faiblesses et s'ils fournissent des indications plus ou moins complètes sur les obligations des parties, ils sont souvent insuffisants pour régler les différends. Aussi lacunaire et critiquable soit-il, le droit international ou transnational reste incontournable. C'est peut-être ce qui explique la mansuétude de la jurisprudence à son égard. En France, la Cour de cassation décide qu'un tribunal arbitral qui tranche la contestation par application des *« principes généraux des obligations notamment applicables dans le commerce international »* statue bien en droit et non en équité. L'on comprend ainsi que Monsieur Zakhour retienne la primauté des règles du droit international ou transnational qui paraissent les mieux adaptées aux différends du droit des investissements.

Arrivé à ce stade de la réflexion, l'auteur aborde la question de la détermination du tribunal appelé à connaître des différends. Il ne faut pas s'attendre à une procédure ou à une application harmonieuse des règles de droit, quelles qu'elles soient, si le litige est soumis aux juridictions de l'Etat contractant. Les risques de partialité et d'arbitraire ne seraient pas négligeables. Quant à cet Etat, il pourra difficilement accepter d'être jugé par les juridictions de l'Etat de son cocontractant investisseur. C'est donc, ici aussi, bien logiquement que Monsieur Zakhour parvient, pour en préconiser la primauté, aux modes de résolution des litiges prévus par les législations transnationales et préconise la prééminence cette fois de l'arbitrage transnational. Celui-ci est de plus en plus prévu dans les traités bilatéraux sur les investissements qui se réfèrent aux institutions d'arbitrage international, surtout l'arbitrage CIRDI. Les tribunaux arbitraux ont tendance à consacrer une interprétation large des clauses de règlement des différends, s'estimant bénéficiaires d'une compétence exclusive pour en connaître.

Encore faut-il à nouveau que le recours à l'arbitrage offre les garanties de neutralité et d'objectivité nécessaires à une bonne administration de la justice. Avec finesse, Monsieur Zakhour relève les dérives qui deviennent de plus en plus fréquentes de certains tribunaux arbitraux qui privilégient l'une des parties – spécialement, cette fois, l'investisseur – au détriment de l'Etat contractant. Il classe parmi ces dérives la curieuse institution de l'*« arbitrage unilatéral »* que consacrent de nombreux traités bilatéraux réservant la mise en œuvre de l'arbitrage aux investisseurs. Faut-il y voir une explication, même si elle n'est évidemment pas la seule, de la réaction de la Cour de justice de l'Union européenne qui décide que le traité sur le fonctionnement de l'Union européenne s'oppose *« à une disposition contenue dans un accord international conclu entre les Etats membres aux termes de laquelle un investisseur de l'un de ces Etats peut, en cas de litige concernant des investissements dans l'autre Etat membre, introduire une procédure contre ce dernier Etat membre devant un tribunal arbitral dont cet Etat membre s'est obligé à accepter la compétence »* (6 mars 2018, Achmea, C-2018/158) ?

Pour parvenir à cette décision, la Cour n'exprime pas ouvertement une défiance quelconque sur le recours à l'arbitrage en tant que mode de résolution du litige. Elle raisonne sur le fondement d'un ordre juridique européen qui a son autonomie et ses caractéristiques et qui doit être respecté par chaque Etat membre, ce qui implique selon elle que la préservation de ce droit passe par le respect du système juridictionnel de l'Union elle-même. Or, un tribunal arbitral ne constitue pas un élément du système juridictionnel d'un Etat membre et ne peut dialoguer avec la Cour comme le ferait une juridiction étatique par la voie du renvoi préjudiciel. Comme l'écrit la communication de la Commission au Parlement européen et au Conseil du 19 juillet 2018,

« les juridictions nationales ont l'obligation d'annuler toute sentence arbitrale rendue sur cette base et de refuser de l'exécuter ».

Dans sa motivation, l'arrêt ne contient aucune remise en cause de l'institution d'arbitrage en tant que telle. Mais la solution qu'il consacre rejoint sur le fond la tendance qui se fait de plus en plus pressante de supprimer le recours à l'arbitrage dans les différends qui opposent l'Etat et l'investisseur. Dans sa communication précitée, la Commission européenne se prononce plus directement en insistant sur l'*« illégalité »* de l'arbitrage entre investisseurs et États au sein de l'Union et relie cette *« illégalité »* au risque que l'arbitrage puisse amener à *« percevoir le droit de l'Union comme n'offrant pas de garanties matérielles et procédurales appropriées pour les investisseurs intra-UE »*. Elle prend position directement contre les traités bilatéraux sur les investissements intra-UE, avec les clauses d'arbitrage qu'ils prévoient et se prononce en faveur d'un autre mode de résolution des litiges, notamment par la création de juridictions spéciales composées de juges désignés par l'Etat ou encore en faveur de juridictions multilatérales.

Ces juridictions seront-elles à l'abri de ce qui est aujourd'hui reproché au système existant ? Toujours est-il que celui-ci continue à faire preuve de sa vitalité. Des améliorations sont à l'évidence nécessaires. Monsieur Zakhour en a pleinement conscience et propose les orientations qu'elles peuvent prendre.

Le lecteur dispose ainsi non seulement d'une synthèse du droit des investissements mais aussi des éléments de sa reconstruction, l'ensemble présenté dans un style simple et clair. Cet ouvrage fait honneur à son auteur.

Georges Khairallah

Professeur émérite à l'Université Paris 2 Panthéon-Assas

TABLE DES SIGLES ET ABRÉVIATIONS

AFDI	Annuaire français de droit international
AJDA	L'actualité juridique - Droit administratif
AJIL	American Journal of International Law
ALENA	Accord de libre-échange nord-américain
ASEAN	Association of Southeast Asian Nations
BIT	Bilateral Investment Treaty
C. Cass	Cour de cassation
CCI	Chambre de commerce internationale
CDI	Commission du droit international des Nations Unies
CE	Conseil d'État
CIJ	Cour internationale de Justice
CIRDI	Centre International de Règlement des Différends relatifs aux investissements
CNUCED	Conférence des Nations Unies pour le Commerce et le Développement
CNUDCI	Commission des Nations Unies pour le Droit du Commerce International
CPJI	Cour permanente de Justice internationale
EJIL	European Journal of International Law
fasc.	Fascicule

ibid.	*ibidem*
ICLQ	International and Comparative Law Quarterly
FILJ	ICSID Review - Foreign Investment Law Journal
ILM	International Legal Materials
JDI	Journal du droit international
JWIT	Journal of World Investment & Trade
LCIA	London Court of International Arbitration
MERCOSUR	Marché commun du Sud
NPF	Nation la plus favorisée
OCDE	Organisation de coopération et de développement économiques
ONU	Organisation des Nations-Unies
p.	Page
PUF	Presses Universitaires de France
RBDI	Revue belge de droit international
RCADI	Recueil de cours de l'Académie de droit international
RDAI	Revue de droit des affaires internationales
RFAP	Revue française d'administration publique
RGDIP	Revue générale de droit international public
RJPIC	Revue juridique et politique Indépendance et Coopération
SA	Sentence arbitrale
SCC	Institut d'arbitrage de la Chambre de Commerce de Stockholm

SFDI	Société française pour le droit international
t.	Tome
TBI	Traité bilatéral d'investissement
TC	Tribunal des conflits
TCE	Traité sur la Charte de l'Énergie
UE	Union européenne
V.	Voyez
vol.	Volume

Sommaire

INTRODUCTION

1. Le sujet relatif aux investissements directs étrangers, à la loi applicable au fond du litige, ainsi qu'aux procédures de règlement des différends a fait couler beaucoup d'encre[1], ce qui pourrait laisser penser que la matière est déjà

[1] Les publications se rapportant à ce sujet sont si abondantes qu'elles ne peuvent faire l'objet ici de références bibliographiques intégrales. Pour n'en citer que quelques-unes, V. A. De Nanteuil, Droit international de l'investissement, 2ème édition, Pedone, Paris, 2017 ; R. Rivier, L'articulation entre droit national et droit international devant les tribunaux arbitraux internationaux d'investissement, *in* S. Robert-Cuendet (dir.), Droit des investissements internationaux : Perspectives croisées, Bruylant, Bruxelles, 2017, pp. 413-483 ; J. Hepburn, Domestic Law in International Investment Arbitration, OUP, Oxford, 2017 ; M. Audit, S. Bollée et P. Callé, Droit du commerce international et des investissements étrangers, 2ème édition, LGDJ, Paris, 2016 ; M. Kinnear, G.-R. Fisher et al., Building International Investment Law : The First 50 Years of ICSID, Kluwer Law International, 2015 ; Ch. Leben (dir.), Droit international des investissements et de l'arbitrage transnational, Pedone, Paris, 2015 ; A.-V.-M. Struycken, Arbitration and State Contract, RCADI, t. 374, 2015, pp. 9-52 ; CNUCED, Recent Developments in Investor-State Dispute Settlement (ISDS), IIA, n° 1, 2014 ; H.-E. Kjos, Applicable Law in Investor-State Arbitration. The Interplay Between National and International Law, OUP, Oxford, 2013 ; W. Ben Hamida, SAUR International SA c. République argentine : Droit national, droit international et droits de l'homme : l'histoire d'un ménage à trois, ICSID Review - FILJ, 2013, vol. 28, n° 2, pp. 241-246 ; S. Wordsworth, Some Thoughts on Applicable Law and Interpretation, *in* A.-W. Rovine, Contemporary Issues in International Arbitration and Mediation : The Fordham papers, 2012, Leiden, Martinus Nijhoff, 2013, pp. 50-56 ; C. Schreuer, L. Malintoppi, A. Reinisch et A. Sinclair, The ICSID Convention - A Commentary, 2ème édition, CUP, Cambridge, 2009 ; N. Blackaby, ICSID Withdrawal, a Storm in a Teacup ?, Les Cahiers de l'arbitrage, 2010, pp. 45-61 ; N. Gallagher, Parallel Proceedings : res judicata and lis pendens in Contemporary Problems, *in* Pervasive Problems in International Arbitration, Kluwer Law International, 2006, pp. 329-356 ; A.-S. Lemaire, La mystérieuse "umbrella clause" : Interrogation sur l'impact de la clause de respect des engagements sur l'arbitrage en matière d'investissements, Revue de l'Arbitrage, Litec, Paris, 2009, pp. 479-502 ; P. Mayer, Contract claims et clauses juridictionnelles des traités relatifs à la protection des investissements, JDI, 2009, n° 1, pp. 71-96 ; T. Wälde et G. Ndi, Stabilizing International Investment Commitments : International Law versus Contract Interpretation, Texas International Law Journal, 1996, p. 215 ; A.-F.-M. Maniruzzaman, State Contracts in Contemporary International Law : Monist versus Dualist Theories, European Journal of International Law, 2001, pp. 309-328 ; A. Giardina, Clauses de stabilisation et clauses d'arbitrage : vers l'assouplissement de leur effet obligatoire ?, *in* Les États dans le contentieux économique international, Revue de l'Arbitrage, Litec, Paris, 2003, pp. 647-666 ; N. Nassar, Internationalization of State Contracts : ICSID, the Last Citadel, Journal of International Arbitration, 1997, pp. 185-207 ; J.-M. Jacquet, Contrat d'État, Jurisclasseur Droit International, 1er novembre 2012, fasc. 571-90 ; Ch.

épuisée. Il n'en est pourtant rien, et cela, en raison de l'évolution incrémentielle qu'ont connue la jurisprudence et la doctrine au cours des dernières décennies, tant au niveau du droit international des investissements, qu'à celui des contrats internationaux se rapportant à cette discipline[2].

Leben, Quelques réflexions théoriques à propos des contrats d'État, *in* Souveraineté étatique et marchés internationaux à la fin du 20ème siècle : Mélanges en l'honneur de Philippe Kahn, Litec, Dijon, 2000, pp. 119-175 ; L. Lankarani El-Zein, Les contrats d'État à l'épreuve du droit international, Bruylant, Bruxelles, 2001 ; Ch. Leben, Retour sur la notion de contrat d'État et sur le droit applicable à celui-ci, *in* Mélanges offerts à Hubert Thierry, Pedone, Paris, 1998, pp. 247-280 ; G.-R. Delaume, The Proper Law of State Contracts Revisited, ICSID Review - FILJ, 1997, vol. 12, n° 1, pp. 1-28 ; R.-B. Lillich, The Law Governing Disputes under Economic Development Agreements : Reexamining the Concept of Internationalization, *in* R.-B. Lillich et C.-N. Brower, International Arbitration in the 21st Century : Towards "Judicialization" and "Uniformity" ?, Irvington, New York, Transnational Publishers, 1994, pp. 61-114 ; K.-H. Böckstiegel, Les règles de droit applicables aux arbitrages commerciaux internationaux concernant des États ou des entreprises contrôlées par l'État, *in* Arbitrage international - 60 ans après - Regards sur l'avenir, ICC Publishing, Paris, 1984, n° 412, pp. 127-197 ; B. Audit, L'arbitrage transnational et les contrats d'État : bilan et perspectives, *in* Académie de droit international de La Haye, L'arbitrage transnational et les contrats d'État, Martinus Nijhoff, Dordrecht, 1987, pp. 23-76 ; E. Paasivirta, Participation of States in International Contracts and Arbitral Disputes, Helsinki, Lakimiesliiton Kustannus, 1990 ; P. Mayer, La neutralisation du pouvoir normatif de l'État en matière de contrats d'État, JDI, vol. 113, 1986, pp. 5-78.

[2] Les contrats objet de cette étude sont souvent dénommés contrats d'État ou contrats de développement économique. De nos jours, le contrat d'État a pu acquérir la nature d'une notion juridique à part entière. Il est analysé comme un accord signé entre un État ou l'un de ses démembrements et un investisseur étranger, lequel, possédant la faculté de recourir à l'arbitrage international en cas de conflit, évite la compétence juridictionnelle et législative de l'État partie au contrat (J.-F. Lalive, Contrats entre États ou entreprises étatiques et personnes privées. Développements récents, RCADI, vol. 181, 1983, pp. 9-283 ; A.-V.-M. Struycken, Arbitration and State Contract, RCADI, t. 374, 2015, pp. 9-52 ; D. Berlin, Contrats d'État, Répertoire Dalloz de droit international, Paris, Dalloz, 1998 ; P. Mayer, La neutralisation du pouvoir normatif de l'État en matière de contrats d'État, JDI, vol. 113, 1986, pp. 5-78). Selon une certaine opinion, *« la notion de contrat d'État ne saurait former une catégorie juridique. Il s'agit d'une notion juridique inventée à un certain moment par la doctrine pour rendre compte d'une certaine pratique »* (R. Waked, La notion de contrat administratif international à travers l'exemple du contrat BOT (Build, Operate, Transfer) : étude comparée droit français-droit libanais, Thèse, Paris II, 2011 (sous la direction de Hervé Lécuyer), p. 456, § 457). En effet, après avoir envisagé la catégorie de contrat administratif international, Rita Waked préfère donner cette qualification aux contrats conclus entre États et personnes privées étrangères. Pourtant, l'auteur constate que c'est bien l'arbitrage qui constitue le mode commun de règlement des litiges et que c'est le droit international qui en gouverne le fond (*Ibid.*, pp. 578 et s.) : deux résultantes qui, somme toute, ne diffèrent pas de celles rencontrées en matière de contrats d'État. Se posent alors les questions suivantes : quel serait l'intérêt de cette notion que l'auteur préconise ? Y a-t-il une différence entre le contrat d'État et le contrat administratif international ? Même si la réponse à ces interrogations ne relève pas du cadre de la présente étude, il ne serait pas incongru d'effectuer une comparaison entre ces deux notions qui pourraient prêter à confusion, et cela afin de mieux cerner l'objet de cette thèse, laquelle se limite uniquement aux

contrats d'État, *i.e.* aux contrats liant un État ou l'un de ses démembrements à un investisseur étranger. À première vue, on pourrait croire que la distinction entre lesdites notions n'est pas si évidente. D'ailleurs, tout en affirmant que le régime juridique des « contrats administratifs internationaux » a donné naissance à l'émergence de la notion de contrat d'État, les Professeurs Mathias Audit, Sylvain Bollée et Pierre Callée évoquent implicitement le rapprochement entre ces deux notions (M. Audit, S. Bollée et P. Callé, Droit du commerce international et des investissements étrangers, 2ème édition, LGDJ, Paris, 2016, p. 190 : *« En réalité, dans le cadre de leurs relations commerciales internationales, l'État comme les autres entités publiques sont susceptibles de conclure tant des contrats de droit privé que des contrats de droit public, c'est-à-dire considérés comme tels au regard de leur propre ordre juridique. Les premiers d'entre eux ne présentent pas de réelles spécificités ; pour l'essentiel, il convient de les soumettre aux mêmes principes que les contrats internationaux des personnes privées. En revanche, les contrats administratifs internationaux répondent à un régime sensiblement distinct. L'existence de ce régime a du reste conduit à l'émergence de la notion de contrat d'État »*). Dans ce contexte, il faut avoir soin de mentionner que ces deux types de contrats peuvent assurément coïncider : il s'agit là d'un contrat international qui répond aux critères du contrat administratif international, lesquels exigent que l'une au moins des parties soit une personne publique, que le contrat porte sur l'exécution d'un service public et qu'il soit revêtu d'un caractère international. Ce même contrat peut également correspondre aux critères du contrat d'État, *i.e.* d'un contrat conclu entre un État ou l'un de ses démembrements et une personne privée étrangère, qui porte sur un investissement, généralement de longue durée : l'on peut songer par exemple à un contrat de concession de service public conclu par l'État français lui-même avec une personne privée étrangère. Ce contrat peut endosser à la fois le qualificatif de contrat administratif à caractère international du point de vue de l'ordre juridique français et celui de contrat d'État du point de vue de l'ordre juridique international. Il sied de signaler ici que la notion de contrat administratif international est une notion réservée uniquement aux régimes juridiques qui préconisent la distinction classique entre droit privé et droit public, une distinction étrangère aux pays héritiers du droit anglo-saxon où le même droit et les mêmes tribunaux sont amenés à juger les individus ainsi que l'Administration. Pour ces pays, il est question assurément d'un contrat d'État alors qu'au regard du droit français à titre d'exemple, il pourrait s'agir d'un contrat administratif international ou d'un contrat d'État. Il y a lieu toutefois de repérer plusieurs divergences entre lesdites notions. Pour n'en citer que quelques-unes, il serait plausible de mentionner en premier lieu que la notion de contrat administratif international est une notion plus large qui peut recouvrir de ce fait un plus grand nombre de situations. En effet, compte tenu des critères du contrat administratif en droit interne français élaborés principalement par la jurisprudence et qui ne sont toujours pas invariables, un contrat conclu entre deux personnes privées reçoit parfois le qualificatif d'un contrat administratif en raison d'une clause contractuelle soumettant le contrat à un régime exorbitant du droit commun (V. dans ce sens TC, arrêt *Société Entreprise Peyrot*, 8 juillet 1963). On fait observer de même, qu'un contrat conclu entre deux personnes publiques peut aussi être qualifié de contrat administratif. Il reste cependant que ce type de contrats ne peut nullement endosser la qualification de contrat d'État qui met en relation un État ou l'un de ses démembrements et un investisseur étranger. Il serait commode de signaler ensuite que, dans l'hypothèse d'un contrat d'État, il doit s'agir nécessairement d'une opération d'investissement alors qu'en ce qui concerne le contrat administratif international il pourrait être question, à titre d'exemple, d'un contrat de recrutement d'agents publics ou d'un contrat de travail conclu avec l'Administration. Enfin, en ce qui concerne les contrats administratifs internationaux, même si l'application d'un droit autre que le droit interne pourrait être préconisée (V.

On verra que cette évolution a été particulièrement significative ces vingt dernières années, marquée par un engouement impétueux de la part des adeptes des courants publicistes et privatistes. D'ailleurs, le droit international des investissements est largement perçu comme une discipline en continuelle progression. Les développements antérieurs relatifs à cette matière l'ont été sur la base d'une jurisprudence arbitrale encore très limitée, tandis que l'on assiste de nos jours à une pratique arbitrale plus riche accompagnée d'une doctrine fertile en analyses novatrices, ce qui a abouti à un véritable renouvellement de la matière. Ainsi, c'est à la lumière de ces progrès jurisprudentiels et doctrinaux, consignés dans une large bibliographie[3], que la question sera traitée.

---

dans ce sens, CE, arrêt *Fourny*, 8 mai 1968, Recueil CE 289 ; CE, arrêt *Tegos*, 19 novembre 1999, Recueil CE 356) et que l'arbitrage international pourrait se trouver compétent (V. dans ce sens, M.-E. Ancel, P. Deumier et M. Laazouzi, Droit des contrats internationaux, Sirey, Paris, 2016, pp. 697-701, et spéc. p. 701), ces contrats sont par principe soumis à la loi et au juge internes (V. dans ce sens, M.-E. Ancel, P. Deumier et M. Laazouzi, Droit des contrats internationaux, Sirey, Paris, 2016, pp. 678-679 et pp. 688 et s.). En revanche, pour ce qui est des contrats d'État, la présente étude aura pour objet de montrer que c'est le droit international qui a normalement vocation à s'appliquer pour régir le fond du litige et que c'est l'arbitrage international qui devient le mode privilégié de règlement des litiges (V. *infra*, n°s 55 et s.). Pour une étude plus poussée sur les contrats administratifs à caractère international, V. M.-E. Ancel, P. Deumier et M. Laazouzi, Droit des contrats internationaux, Sirey, Paris, 2016, pp. 677-686 ; S. Lemaire, Les contrats des personnes publiques internes en droit international privé, Thèse, Paris II, 1991 (sous la direction de Pierre Mayer) ; P. Glavinis, Le contrat international de construction, GLN Joly, 1993, n° 527 ; F. Brenet, Contrat administratif international et droit international privé, AJDA, 2015, p. 1144-1149 ; M. Laazouzi, Les contrats administratifs à caractère international, Préface de Pierre Mayer, Economica, 2008 ; S. Braconnier, L'extranéité dans les contrats de partenariat, Revue du Trésor, 2007 ; B. Dolez, Le juge administratif et les conflits de lois, Revue de Droit Public, 1995, pp. 1029-1051 ; M. Audit, Le nouveau régime de l'arbitrage des contrats administratifs internationaux, Revue de l'arbitrage, 2010, n° 2, p. 265 ; M. Delvolvé, note sous la décision du Tribunal des conflits du 17 mai 2010 dans l'affaire *INSERM c. Fondation Letten F. Saugstad*, RFDA septembre-octobre, 2010.
En France, les spécificités et les problèmes juridiques reliés à la nature ainsi qu'à la qualification des contrats d'État ont fait l'objet de débats récents (P. Accaoui Lorfing, L'évolution des contrats d'État des années 60 jusqu'à nos jours, RDAI, n° 5, 2017, pp. 393-430 ; J.-M. Jacquet, Contrat d'État, Jurisclasseur Droit International, 1er novembre 2012, fasc. 571-90 ; H. Slim, les Contrats d'État et les spécificités des systèmes juridiques dualistes, Revue de l'Arbitrage, Litec, Paris, 2003, pp. 691-718 ; Ch. Leben, La théorie du contrat d'État et l'évolution du droit international des investissements, RCADI, t. 302, 2003, pp. 197-386 ; L. Lankarani El-Zein, Les contrats d'État à l'épreuve du droit international, Bruylant, Bruxelles, 2001 ; P. Weil, Écrits de droit international : Théorie générale du droit international, droit des espaces, droit des investissements privés internationaux, PUF, Paris, 2000, pp. 303-423). Les développements ultérieurs permettront de mieux éclaircir la notion de contrat d'État en vue d'en déterminer le droit applicable.

[3] V. *infra*, pp. 399-459.

2. Néanmoins, le droit international des investissements présente, pour la doctrine française, un certain paradoxe : alors qu'il existe une réelle efficience francophone dans le monde de l'arbitrage relatif au droit des investissements internationaux, la plupart des études en langue française sont souvent disséminées, sans envisager que de façon limitée une étude systématique et complète du droit des investissements[4]. Le renvoi aux publications rédigées en langue anglaise est donc souhaitable[5].

3. L'histoire du droit international des investissements puise ses racines dans l'histoire même du droit international public général avec laquelle elle partage tout à la fois la naissance et les événements marquants de son développement. L'investissement étranger était soumis au droit coutumier[6] et aux standards de traitement internationaux[7]. Les prémisses d'un droit

---

[4] La doctrine française compte uniquement trois ouvrages qui traitent du droit des investissements étrangers dans son ensemble : V. A. De Nanteuil, Droit international de l'investissement, 2ème édition, Pedone, Paris, 2017 ; M. Audit, S. Bollée et P. Callé, Droit du commerce international et des investissements étrangers, 2ème édition, LGDJ, Paris, 2016 ; Ch. Leben (dir.), Droit international des investissements et de l'arbitrage transnational, Pedone, Paris, 2015.

[5] On trouve dans la littérature anglo-saxonne de nombreux ouvrages consacrés spécifiquement au droit international des investissements. Parmi une vaste bibliographie, V. not., D. Collins, An Introduction to International Investment Law, CUP, Cambridge, 2016 ; M. Kinnear, G.-R. Fisher et al., Building International Investment Law : The First 50 Years of ICSID, Kluwer Law International, 2015 ; R. Dolzer et C. Schreuer, Principles of International Investment Law, OUP, Oxford, 2012 ; M. Sornarajah, The International Law on Foreign Investment, CUP, Cambridge, 2010 ; A.-P. Newcombe et L. Paradell, Law and Practice of Investment Treaties : Standards of Treatment, Wolters Kluwer Law & Business, Austin, 2009 ; C. Binder, U. Kriebaum et A. Reinisch, International Investment Law for the 21st Century - Essays in Honour of Christoph Schreuer, OUP, Oxford, 2009 ; A. Reinisch et C. Knahr, International Investment Law in Context, Eleven International Publishing, Utrecht, 2008 ; P. Muchlinski, F. Ortino et C. Schreuer, The Oxford Handbook of International Investment Law, OUP, Oxford, 2008 ; D.-C. McLachlan, L. Shore et M. Weiniger, International Investment Arbitration : Substantive Principles, OUP, Oxford, 2007.

[6] Les sources du droit international des investissements peuvent être observées dans les normes du droit international public relatives à la protection des étrangers et de leurs biens. L'une des plus anciennes sources de ce droit ayant joué un rôle primordial dans l'élaboration des règles en matière d'investissement est la coutume. Toutefois, le droit international global est souvent jugé inefficace : même si ce droit contient certaines obligations favorisant les étrangers et les biens dont ils disposent, ces dernières sont vagues et démunies d'effet contraignant. Il faudra donc renvoyer aux dispositions du droit national et éventuellement au droit international conventionnel pour déterminer quelles obligations s'imposent à l'État à l'égard des opérateurs étrangers.

[7] V. *infra,* n° 273. Parmi ces standards, une distinction s'impose entre les standards de traitement qu'on appelle indirects comme le standard de traitement de la nation la plus favorisée et le standard de traitement national, et les standards de traitement direct comme le standard minimum de droit international pour le traitement des étrangers auquel viendra s'ajouter le standard de traitement juste et équitable. Pour une étude plus approfondie sur la question des standards de traitement, V. en particulier, D. Ngouadje-

international des investissements remontent à la notion du « droit des gens » [8] au sein duquel s'est développée la notion du standard minimum de traitement des étrangers[9], constituant aujourd'hui un échelon référentiel pour les investisseurs étrangers et les arbitres. Parmi ces standards minimums prévus par le droit international général que les États sont tenus de respecter vis-à-vis des étrangers, figurent des droits économiques à la tête desquels réside la reconnaissance d'un droit des biens des étrangers.

4. À la lumière des progrès scientifiques et sociaux, ces règles relatives au droit de propriété donnent naissance à la notion d'investissement[10]. Toutefois, après avoir pris corps sur la scène transnationale, cette notion rencontre sur le plan juridique quelques difficultés ayant trait à sa définition et à son contenu. Même si le régime des investissements se précise dès la seconde moitié du XXème siècle, cela ne résout pas la question des éléments caractéristiques de cette notion qui ne trouve toujours pas de critères qualificatifs uniformes. Sans rentrer déjà dans la controverse liée à l'absence d'une définition commune, il convient de signaler, dès à présent, que l'investissement dont il s'agit est, en grande partie, un investissement économique direct, une contribution durable à un projet financier, un investissement de portefeuille, dans lequel des personnes privées comptent produire un bénéfice, tout en endossant les risques de l'opération[11].

Maliendji, Le standard du traitement juste et équitable en droit international de l'investissement, Thèse, Paris II, 2014 (sous la direction de Charles Leben).

[8] Pour une étude poussée sur la pratique et la doctrine du droit des gens, V. H. Neufeld, The International Protection of Private Creditors From the Treaties of Westphalia to the Congress of Vienna (1648-1815), Leyde, Sijthoff, 1971 ; J. Verhoeven, Droit international des contrats et droit des gens, RBDI, 1979, pp. 209-230 ; E. De Vattel, Le droit des gens ou Principes de la loi naturelle, Appliqués à la conduite et aux affaires des nations et des souverains, Librairie de Guillaumin, Paris, 1758, Livre II, § 99.

[9] A. Verdross, Les règles internationales concernant le traitement des étrangers, RCADI, t. 37, 1932, pp. 323-412, spéc. p. 332. L'auteur, en se référant à la jurisprudence internationale sur la condition des étrangers estime que celle-ci *« est couronnée par l'arrêt n° 7 de la Cour permanente de Justice internationale, lequel, à plusieurs reprises se réfère à un droit international commun concernant le traitement des étrangers. Ces règles se basent sur l'idée chrétienne de la personnalité humaine, qui doit être reconnue et respectée partout. Cette idée, introduite dans notre science par François de Vitoria, ainsi que nous aurons l'occasion de le redire, a été acceptée peu à peu par la coutume internationale qui, graduellement, a développé les règles régissant notre matière »* ; V. également, E. De Vattel, Le droit des gens ou Principes de la loi naturelle, Appliqués à la conduite et aux affaires des nations et des souverains, Librairie de Guillaumin, Paris, 1758, Livre II, § 347 : *« le Souverain demande justice, ou use de représailles, non seulement pour ses propres affaires, mais encore pour celles de ses Sujets, qu'il doit protéger, et dont la Cause est celle de la nation ».*

[10] P. Juillard, L'évolution des sources du droit des investissements, RCADI, t. 250, 1994, pp. 18-216, spéc. p. 22.

[11] Pour les formes traditionnelles d'investissements, V. K. O'Rourke, Globalization and Inequalities : Historical Trends, National Bureau of Economic Research, Working Paper 8339, Juin 2001, pp. 12-13. Pour les nouvelles formes d'investissements, V. not.,

5. Progressivement, l'investissement sera en mesure de se manifester comme une notion juridique exigeant l'élaboration d'une discipline spécifique en raison de multiples motifs se rapportant à deux types de préoccupations concernant, à la fois, l'État et l'investisseur.

Sans nul doute, la principale préoccupation de l'investisseur étranger se rapporte à la sauvegarde et au maintien de son investissement contre les éventuelles modifications normatives que l'État peut mettre en œuvre à tout moment, ce qui pourrait aboutir à changer les données légales, sociales, économiques et d'environnement qui s'offraient lors de l'investissement[12]. Aussi cette inquiétude de la part de l'investisseur s'avère-t-elle encore tout à fait compréhensible compte tenu notamment de la durée assez longue de l'investissement et du contexte étranger dans lequel celui-ci s'opère. En effet, l'opérateur étranger, n'étant pas un commerçant ordinaire qui mettrait fin à la relation avec son cocontractant lors de la réception du prix de la chose vendue, espère assurément jouir d'un système juridique propre susceptible de protéger, mieux que le droit commun, ses droits et ses intérêts et de sauvegarder son investissement.

Quant aux préoccupations des États, celles-ci se concentrent sur deux axes différents : d'une part, le souhait de l'État de contrôler les investissements en raison de leurs répercussions sur l'économie nationale, et, d'autre part, de les solliciter. En effet, bien que l'on considère l'investissement comme étant principalement une alternative économique, il n'en reste pas moins que cette dernière est tributaire, essentiellement, de l'élément de confiance que les investisseurs cherchent à avoir dans le marché. Ainsi, en vue de rétablir un contexte juridique stable et, par conséquent, encourager les investisseurs étrangers à opérer sur leur sol, les États entreprennent de préconiser des efforts d'initiation et de déployer une politique susceptible de consolider la sécurité et la stabilité des investissements étrangers, laquelle se fonde essentiellement sur certaines règles : traiter au même niveau tous les investisseurs étrangers, abstraction faite de leur nationalité : traiter les investisseurs étrangers de la même manière que les investisseurs nationaux ; assurer aux opérateurs étrangers une procédure équitable devant les juridictions internes.

C. Oman, Les nouvelles formes d'investissement dans les pays en développement, Publication de l'OCDE, Paris, 1984. Pour une étude plus détaillée sur la définition de l'investissement, V. not., S. Manciaux, Actualité de la notion de l'investissement international, *in* Ch. Leben (dir.), La procédure arbitrale relative aux investissements internationaux. Aspects récents, Anthemis, Louvain-la-Neuve, 2010, pp. 145-173 ; W. Ben Hamida, La notion d'investissement : La notion maudite du système CIRDI ?, La Gazette du Palais, 15 décembre 2007, n° 349.

12 J.-M. Jacquet, Contrat d'État, Jurisclasseur Droit International, 1er novembre 2012, fasc. 571-90, nos 10-39.

6. Compte tenu de l'inconsistance de la normativité nationale, le droit international général était le seul droit capable d'assurer à l'investissement étranger un climat propice[13]. Ainsi constate-t-on que le droit des investissements étrangers résulte de la combinaison de facteurs historiques et de considérations relatives à l'économie.

7. Du reste, son développement a eu pour conséquence de bouleverser les données juridiques. En effet, établissant une relation entre un État ou l'une de ses émanations, d'une part, et un investisseur, d'autre part, le droit des investissements étrangers se meut au-delà de la distinction droit public/droit privé[14]. D'ailleurs, l'apparition des personnes privées sur la scène internationale montre dans une large mesure l'aspect factice de cette démarcation.

8. Compte tenu du fait qu'il se situe à un point de jonction entre le droit international général et le droit interne[15], le droit des investissements étrangers pose d'importantes questions relatives notamment à la loi applicable, ainsi

---

[13] V. *infra*, n° 146.

[14] V. dans ce sens, R. Rivier, L'articulation entre droit national et droit international devant les tribunaux arbitraux internationaux d'investissement, *in* S. Robert-Cuendet (dir.), Droit des investissements internationaux : Perspectives croisées, Bruylant, Bruxelles, 2017, pp. 413-483, spéc. p. 416 : « *De tels litiges font voler en éclats la dichotomie formelle ordinaire des systèmes pour situer le tribunal à leur « entrecroisement » et l'inviter, aux fins de son règlement international, à être l'organe du droit national et du droit international « à la fois »* » ; P.-M. Dupuy, Preconditions to Arbitration and Consent of States to ICSID Jurisdiction, *in* M. Kinnear, G.-R. Fisher et al., Building International Investment Law : The First 50 Years of ICSID, Kluwer Law International, 2015, pp. 219-236, spéc. p. 219 : « *Dealing with the settlement of disputes among heterogeneous subjects of law, sovereign States on the one hand, private foreign investors on the other, ICSID law is characterized by a mix of public and private international law* » ; I. Alvic, The Hybrid Nature of Investment Treaty Arbiration, *in* C.-C. Eriksen et M. Emberland, The New International Law : An Anthology, Leiden, Nijhoff, 2010, p. 91 ; M. Forteau, Le juge CIRDI envisagé du point de vue de son office : juge interne, juge international, ou l'un et l'autre à la fois ?, *in* Liber Amicorum Jean-Pierre Cot, Bruylant, Bruxelles, 2009, pp. 95-129, spéc. p. 113.

[15] On entend par droit international les règles contenues dans l'ordre juridique international, *i.e.* les traités internationaux, la coutume internationale et les principes généraux de droit international, etc., et on entend par droit national les règles contenues dans l'ordre juridique national, *i.e.* la constitution, les traités internationaux incorporés dans l'ordre juridique interne, les lois nationales, les règlements, etc. Afin d'élucider l'interaction entre ces deux corps de règles tout au long des développements ultérieurs, une observation mérite d'être mise au point : bien évidemment, un même traité pourrait faire partie de l'ordre juridique interne et de l'ordre juridique international. On verra que, dans un litige opposant l'État à un investisseur étranger, la prééminence de l'ordre juridique international mène à constater que le traité international, dans le contexte du litige transnational, est doté d'une force supérieure à la Constitution de l'État hôte. À l'inverse, dans un conflit géré exclusivement par l'ordre juridique interne, ce même traité revêt assurément une valeur inférieure à la Constitution de l'État.

qu'aux juridictions compétentes. En effet, même si elles fournissent certains droits aux opérateurs étrangers et sont destinées à être appliquées sur le sol de l'État hôte, les conventions bilatérales d'investissement ne mettent pas au point toutes les questions pouvant surgir de l'investissement, lequel devrait en général observer le droit interne[16].

9. Conçu comme une branche particulière du droit international et comme un ordre juridique spécifique à part entière qui provient de l'interaction entre l'ordre juridique international et l'ordre juridique interne, le droit des investissements étrangers engendre ainsi de multiples répercussions quant à son interférence avec l'ordre juridique interne. Cette interférence, n'étant soumise à aucune hiérarchie de compétence législative ou juridictionnelle, soulève de sérieuses interrogations : étant donné que le droit international des investissements se trouve, comme on l'a souligné, à la croisée des chemins entre le droit interne et le droit international, et que l'articulation entre ces deux droits ne respecte aucun ordonnancement préétabli, quel serait le droit applicable lorsque les droits interne et international ont vocation à s'appliquer dans un même litige ? Dans le même ordre d'idées, quelle serait la juridiction compétente si les tribunaux relevant de l'ordre international et ceux statuant dans l'ordre juridique interne sont tous les deux compétents selon leurs propres règles de rattachement pour trancher le litige ? En d'autres termes, en cas de conflit opposant un État à une compagnie étrangère, quelles règles procédurales et de fond faudrait-il privilégier ? Sont-ce les règles de l'ordre juridique interne qui préconisent la compétence de ses propres juridictions et l'application de sa propre loi, ou bien les règles de l'ordre juridique international qui imposent la compétence d'organes juridiques internationaux et l'application du droit international ?

10. Les réponses à ces interrogations ne sont point évidentes et continuent de donner lieu à de vifs débats, l'investisseur souhaitant s'adresser à l'ordre juridique international alors que l'État s'attache à la compétence de ses propres juridictions. Cette question primordiale n'ayant pas été tranchée de façon ferme et définitive, la présente étude proposera des éléments de réponse à ces débats relatifs, en démontrant la manifeste prééminence du droit international de fond (**Première partie**) et de l'arbitrage transnational (**Deuxième partie**) de nature à permettre d'écarter l'application de la loi nationale de l'État hôte et d'exclure la compétence des institutions juridictionnelles locales. Afin de mieux assimiler le contenu des analyses suivantes, une étude préliminaire portant sur le parcours évolutif qu'a connu le droit international des investissements s'impose (**Chapitre préliminaire**).

[16] V. *infra*, n°s 277 et s.

CHAPITRE PRÉLIMINAIRE

LE PARCOURS ÉVOLUTIF DU DROIT INTERNATIONAL DES INVESTISSEMENTS

11. Il convient dans cette approche préliminaire de représenter les grandes lignes qui ont marqué l'évolution du droit international des investissements. C'est afin d'exiger la sécurité des investissements et compte tenu de l'impuissance du droit international général à protéger le droit des investissements (**Paragraphe 1**), que de profonds développements se sont réalisés sur la scène économique internationale (**Paragraphe 2**). Toutefois, le système actuel n'est pas à l'abri des critiques qui sont allées même jusqu'à remettre en question sa légitimité (**Paragraphe 3**).

Paragraphe 1 : L'insuffisance du droit international général à garantir les droits des investisseurs

12. Le souci de combler le besoin de sécurité ressenti continuellement par l'opérateur étranger (**A**) aboutira à la nécessité de s'acheminer vers l'adoption de nouvelles démarches pour la sauvegarde de ses droits (**B**).

A. Un besoin intense de sécurité

13. Le droit international global a montré sa portée limitée à l'égard de la protection des investisseurs étrangers. Malgré l'existence de certains normes et standards, ces derniers n'étaient pas en mesure d'empêcher les abondantes nationalisations suite à la période de décolonisation. En effet, il s'agissait de dispositions conventionnelles parcellées, de principes généraux incertains et de coutumes difficilement définissables[17].

[17] V. *infra*, n°s 262 et s. ; V. également, J.-W. Salacuse et N.-P. Sullivan, Do BITs Really Work : An Evaluation of Bilateral Investment Treaties and their Grand Bargain, Harvard International Law Journal, vol. 46, 2005, pp. 67-136, spéc. pp. 69-70.

14. L'investissement étranger était régi par le droit étatique qui gouvernait la relation État-investisseur dès la naissance du contrat, lors de son exécution, à sa terminaison et durant la période qui s'étend après sa terminaison. L'expression la plus connue et la plus significative de ce concept était celle de la Cour permanente de Justice internationale dans l'affaire des *Emprunts serbes* en 1929 : « *Tout contrat qui n'est pas un contrat entre des États en tant que sujets du droit international a son fondement dans une loi nationale. La question de savoir quelle est cette loi fait l'objet de cette partie du droit qu'aujourd'hui on désigne le plus souvent sous le nom de droit international privé ou de théorie du conflit de lois* »[18]. En conséquence, ces contrats étaient pleinement régis par le droit national de l'État hôte, puisque selon la Cour : « *un État souverain [...] ne peut être présumé avoir soumis la substance de sa dette et la validité des engagements pris par lui à ce sujet à une loi autre que la sienne* »[19].

La Cour de cassation française adopte dans l'arrêt *Messageries maritimes* une conception analogue en affirmant clairement que : « *tout contrat international est nécessairement rattaché à la loi d'un État* »[20].

15. Quant à la compétence juridictionnelle, ces contrats relevaient, en cas de litige, de la compétence des juridictions nationales[21]. Cette solution était jugée imparfaite et insatisfaisante compte tenu des faiblesses qu'elle pourrait présenter vis-à-vis de la protection pleine et entière des personnes privées étrangères, sachant que l'État se dotait toujours du pouvoir de modification arbitraire des normes en vigueur lors de l'investissement[22], tout cela sans

---

[18] CPJI, *Affaire concernant le paiement de divers emprunts serbes émis en France* (*France c. Royaume des Serbes, Croates, Slovènes*), arrêt du 12 juillet 1929, Recueil Série A, n° 20/21, 1929, p. 41.
[19] *Ibid.*, p. 42.
[20] C. Cass. civ., arrêt *Messageries maritimes*, 21 juin 1950, *in* Revue critique de droit international privé, 1950, p. 609, note Batiffol.
[21] Une telle situation n'excluait pas néanmoins le recours à l'arbitrage où l'on retrouve quelques exemples, bien que rares, de compromis signés par des États avec des entreprises privées pour la mise en place d'un arbitrage autour d'un contrat signé entre les deux parties et dont l'exécution s'est heurtée à certaines difficultés. V. par exemple, S. A., *ad hoc*, affaire *Compagnie universelle du Canal de Suez c. Vice-Roi d'Égypte*, sentence du 21 avril 1864 rendue par Napoléon III, *in* V. H. La Fontaine, Pasicrisie internationale (1794-1900), La Haye, Martinus Nijhoff, 1997. Cependant, même si l'arbitrage est compétent pour se prononcer sur le litige, le contrat conclu entre l'investisseur privé et l'État ne peut être considéré, de ce seul fait, comme un véritable contrat d'État puisque la question cruciale qui est celle du droit applicable n'a pas encore été abordée d'où la nécessité d'un recours à un nouveau système juridique, celui du droit international des investissements.
[22] V. *infra*, n°s 27 et s.

mentionner le soupçon de partialité à l'égard des juges locaux[23]. Les personnes privées étrangères ne pouvaient donc revendiquer leurs droits qu'en s'adressant aux juridictions nationales du pays où leur investissement est installé. Une telle conséquence défavorable à l'égard des investisseurs étrangers n'a pas tardé à ouvrir la voie au recours à la protection diplomatique[24], dont les désavantages ne peuvent certes être balayés d'un revers de main[25].

16. Au niveau des textes, la plupart des conventions intervenues avant la Seconde Guerre Mondiale concernaient davantage l'établissement de relations commerciales entre les États signataires. Il s'agissait des Traités d'amitié adoptés particulièrement en vue d'intensifier les flux commerciaux réciproques entre États[26]. Ces traités comportaient des dispositions protégeant les biens étrangers sans que l'investissement international connaisse un traitement spécifique[27]. Nonobstant l'existence de tels instruments relatifs à la

---

[23] R. Dolzer et C. Schreuer, Principles of International Investment Law, OUP, Oxford, 2012, p. 235.

[24] À travers la mise en œuvre de ce procédé, l'État dont l'investisseur est ressortissant possède la faculté de se charger du cas de celui-ci et d'introduire une procédure à l'encontre de l'État hôte, source des dommages allégués par l'investisseur. Pour une description détaillée de sa mise en œuvre en matière d'investissements étrangers, V. not., M. Diez De Velasco, La protection diplomatique des sociétés et des actionnaires, RCADI, t. 141, 1974, pp. 87-185 ; B. Stern, La protection diplomatique des investisseurs internationaux : De Barcelona Traction à Elettronica Sicula ou les glissements progressifs de l'analyse, JDI, 1990, pp. 897-945.

[25] Le procédé de la protection diplomatique est entaché de nombreux désavantages parmi lesquels figure notamment la condition de l'épuisement préalable des voies de recours internes. Par ailleurs, l'exercice de ce procédé est laissé à la libre appréciation de l'État dont l'investisseur est ressortissant, qui, en vue d'arranger ses relations avec l'État hôte, peut ne pas y recourir. V. not., Ch. Leben, La théorie du contrat d'État et l'évolution du droit international des investissements, RCADI, t. 302, 2003, pp. 197-386 ; V. également, P. Muchlinski, The Diplomatic Protection of Investors : A Tale of Judicial Caution, *in* C. Binder, U. Kriebaum, A. Reinisch et S. Wittich, International Investment Law for the 21st Century - Essays in Honor of Christoph Schreuer, OUP, Oxford, 2009, pp. 341-362.

[26] V. par exemple, K.-J. Vandevelde, The First Bilateral Investment Treaties, OUP, Oxford, 2017.

[27] À la fin du XVIIIème siècle, les États-Unis, le Japon et certains pays européens signent un nombre important de traités connus sous la dénomination de Traités d'amitié et de commerce. Ils comportaient différentes stipulations sur la protection de la propriété, et plus spécifiquement des limitations au droit de nationalisation du pays d'accueil. Bien que ces traités ne visaient pas spécifiquement la protection des investissements étrangers, ils comportaient néanmoins certaines dispositions relatives à cette protection. Ceci a été affirmé par la Cour internationale de Justice qui considère que l'objectif d'un Traité d'amitié est *« de promouvoir les relations entre deux États et entre leurs peuples par l'engagement mutuel d'assurer sur le territoire de chacun la protection et la sécurité des ressortissants de l'autre »*. (V. CIJ, *Affaire relative au personnel diplomatique et consulaire des États-Unis à Téhéran* (*États-Unis d'Amérique c. Iran)*, arrêt du 24 mai

protection des biens à l'étranger, ils demeurent cependant insuffisants, n'étant pas exclusivement conçus pour régir la matière relative aux investissements qui apparaît comme particulièrement difficile à réglementer, se situant au confluent de multiples considérations politiques et économiques.

L'absence de conventions se rapportant typiquement aux investissements imposait donc le renvoi aux règles coutumières du droit international public et, plus précisément, à celle du standard minimum[28]. Toutefois, n'étant pas adaptées à la réglementation des investissements et manquant par définition de précision, ces règles étaient contestées, notamment par les États d'Amérique latine adoptant la doctrine Calvo[29]. Pour cela, la nécessité de s'acheminer vers l'élaboration de certains changements essentiels voit le jour.

B. Un besoin suscitant la nécessité de franchir le pas vers la création de nouveaux procédés protecteurs

17. Face au besoin de réglementer un droit international spécifique aux investissements afin de mieux garantir les droits des opérateurs étrangers, une nouvelle démarche, à travers l'adoption de traités régissant spécifiquement les investissements, s'avérait indispensable.

Cette nécessité s'est affirmée durant la période des décolonisations marquée par le rejet graduel des investissements étrangers. Au milieu du XXème siècle se déclenche le processus des décolonisations dans certains pays en développement notamment en Amérique, en Afrique et en Asie. Il s'agissait pour ces États de récupérer leurs ressources naturelles longtemps

---

1980, CIJ Recueil, 1980, p. 28). Un grand nombre de ces Traités d'amitié demeure toujours en vigueur.

[28] V. *supra,* n° 3.

[29] L'application de la doctrine de Carlos Calvo dans le domaine des relations État-investisseur concerne plusieurs questions dont la plus importante est le refus d'accorder à la personne étrangère un traitement meilleur que le traitement national. Il résulte de cette égalité de traitement que les personnes privées, opérant sur un territoire étranger, doivent recourir aux juridictions de l'État hôte en cas de conflit éventuel, et éviter le recours à tout autre mécanisme de règlement des différends. Divers États ont préconisé ladite doctrine afin d'écarter le procédé d'internationalisation en matière d'investissements dans l'objectif d'accorder la compétence juridictionnelle à leurs propres tribunaux. Cette doctrine avait été constitutionnalisée par plusieurs États. V. par exemple, l'article 116 de la Constitution d'Argentine ; l'article 29 de la Constitution du Guatemala ; l'article 63 de la Constitution du Pérou ; l'article 24 de la Constitution de la Bolivie. Pour une étude plus poussée sur la doctrine Calvo, V. S.-K.-B Asante, Droit international et investissement, *in* Droit international : Bilan et Perspectives, Pedone, 1991, pp. 710-712 ; A.-V. Freeman, Recent Aspects of the Calvo Doctrine and the Challenge to International Law, AJIL, 1946, pp. 121-147.

soumises à l'emprise des pays occidentaux. Cet objectif sera atteint par la lutte en vue d'établir un nouvel ordre économique mondial à l'ONU dont l'un des principes fondamentaux sera celui de la souveraineté permanente des États sur leurs richesses naturelles, ce qui impliquait la légitimité des actes de nationalisation affectant les compagnies étrangères investissant dans le domaine des ressources naturelles. Un tel raisonnement repose sur l'idée que tout pays dont les richesses se trouvent sous contrôle étranger doit se doter de la faculté de récupérer la totalité des droits résultant normalement du principe de la souveraineté permanente. En effet, un État souverain ne devrait pas être forcé à transmettre contre son gré à des compagnies étrangères les droits qu'il détient normalement sur les ressources naturelles se trouvant sur son territoire[30]. La majorité des États à l'ONU accueillent par vote ce principe qui fait l'objet de plusieurs résolutions[31] et figurera dans certains traités internationaux.

18. Cela étant, assurer la sécurité des investissements étrangers devient un souci primordial pour les opérateurs économiques occidentaux qui étaient en butte à l'exercice éventuel par les États hôtes de leur pouvoir souverain découlant du principe de la souveraineté étatique. Du point de vue juridique, ce principe autorise la nationalisation des investissements transnationaux et réglemente les conditions de son exercice. Le règlement des différends n'était régi que par les lois étatiques appliquées par les seuls tribunaux de l'État hôte. Toute application du droit international public global afin de sécuriser les

---

[30] M. Flory, Droit international du développement, PUF, Paris, 1977, pp. 283 et s.

[31] Ce principe est bien établi en droit international public. Il a fait l'objet de plusieurs résolutions de l'ONU. V. par exemple, la Résolution 626 (XII) du 21 décembre 1952 intitulée « Droit d'exploiter librement les richesses et les ressources naturelles » ; la Résolution 1803 (XVII) du 14 décembre 1962, intitulée « Souveraineté permanente sur les ressources naturelles » prévoyant dans son paragraphe 4 : *« La nationalisation, l'expropriation ou la réquisition devront se fonder sur des raisons ou des motifs d'utilité publique, de sécurité ou d'intérêt national reconnus comme primant les simples intérêts particuliers ou privés, tant nationaux qu'étrangers. Dans ces cas, le propriétaire recevra une indemnisation adéquate conformément aux règles en vigueur dans l'État qui prend ces mesures dans l'exercice de sa souveraineté et en conformité du droit international. Dans tout cas où la question de l'indemnisation donnerait lieu à une controverse, les voies de recours nationales de l'État qui prend lesdites mesures devront être épuisées. Toutefois, sur accord des États souverains et autres parties intéressées, le différend devrait être soumis à l'arbitrage ou à un règlement judiciaire international »* ; la Résolution 3171 (XXVIII) du 17 décembre 1973 intitulée « Souveraineté permanente sur les ressources naturelles » ; la Résolution 3201 (S-VI) du 1er mai 1974 intitulée « Déclaration relative à l'instauration d'un nouvel ordre économique international » qui exclut tout recours au droit international et attribue une compétence exclusive et sans contrôle à la loi nationale et aux tribunaux étatiques ; la Résolution 3281 (XXIX) du 12 décembre 1974 intitulée « Charte des droits et devoirs économiques des États ».

droits des personnes privées étrangères était quasi inexistante[32]. Soumettre les biens étrangers au contrôle des pays producteurs permettra à ces derniers de négliger leurs obligations contractuelles, en procédant éventuellement à des actions discriminatoires et expropriatrices. Les nationalisations survenues au milieu du XXème siècle avec les secousses économiques qui en découlent en sont un exemple évident[33]. Devant les juridictions statuant sur ces différends, les opérateurs étrangers, afin d'écarter l'application du principe de la souveraineté étatique, se référaient tout haut au principe général des droits acquis[34].

19. Bien que l'acheminement vers un droit international propre aux investissements ait été bordé de difficultés, celui-ci naîtra progressivement au fur et à mesure que l'instauration d'un nouvel ordre économique international se manifestait. Le rétablissement d'un climat favorable aux investisseurs semblait capital. D'ailleurs, les pays en développement ont pris conscience que la modernisation des assises économiques étatiques impliquait inévitablement l'attraction des investissements directs étrangers[35]. Ayant saisi l'importance capitale des investissements étrangers à l'égard de leur économie à l'échelle nationale, lesdits États semblent favorables à accueillir, sur le sol national, de tels investissements et, par conséquent, à élaborer des Codes conçus spécifiquement afin d'en gouverner le régime juridique.

20. Ces Codes, même s'ils ne sont pas homologues[36], se fixent clairement un objectif qui est celui d'attirer les investissements[37]. Leur impact sur les investissements internationaux dépendait, cependant, de la confiance qu'ils créaient. Or, la législation nationale ne pouvait nullement rassurer les

---

[32] Bien que dans quelques hypothèses le droit international public général peut régir les relations entre les personnes privées, l'on considérait à l'époque que seuls les États sont impliqués dans l'application de ce droit.

[33] V. not., les affaires *AGIP S.p.A c. République populaire du Congo, in* Revue critique de droit international privé, 1982, pp. 92-109 ; *Aminoil c. Koweït, in* JDI, vol. 109, 1982, pp. 844-909.

[34] V. par exemple, CPJI, *Affaire Oscar Chinn, Belgique c. Royaume-Uni*, arrêt du 12 décembre 1934, Recueil Série A/B, n° 63, 1934, p. 86.

[35] O. Cachard, Droit du commerce international, LGDJ, Paris, 2011, pp. 43-44 : *« Aujourd'hui, la prédominance du modèle libéral et un certain apaisement des relations Nord-Sud ont balayé les querelles idéologiques qui entouraient les investissements internationaux. Il ne s'agit plus de s'appuyer sur le principe de souveraineté pour justifier des entraves aux investissements étrangers. Il s'agit au contraire de favoriser le plus possible la mobilité des capitaux. Sur un plan juridique, la promotion des investissements trouverait son achèvement dans la consécration d'un principe de libre admission des investissements étrangers ».*

[36] V. dans ce sens, I.-F.-I. Shihata, Legal Treatment of Foreign Investment : The World Bank guidelines, Martinus Nijhoff Publishers, Dordrecht, 1993.

[37] P. Juillard, L'évolution des sources du droit des investissements, RCADI, t. 250, 1994, pp. 18-216.

compagnies étrangères soucieuses de protection et consciencieuses de l'insécurité de ces ordres juridiques imprégnés d'aléas normatifs, légaux, sociaux et politiques, ce qui poussait ces compagnies à refuser de s'y soumettre[38]. Les incapacités du droit international général et des droits nationaux à réglementer cette question, qui a souvent été au confluent d'idéologies et de politiques contradictoires, ont très vite fait apparaître le besoin de recourir incessamment à des conventions bilatérales, vouées essentiellement à protéger les investissements au niveau international, dans le but de consolider la confiance des personnes privées étrangères. Ces traités ont fait l'objet d'une prolifération très rapide aboutissant à un nombre fort important d'accords, lesquels sont devenus aujourd'hui la source principale du droit des investissements étrangers.

21. En dépit de l'existence de traités qui suivent le plus souvent le modèle américain des Traités d'amitié et de commerce[39], le premier traité spécifiquement relatif aux investissements a été conclu par l'Allemagne, au milieu du XXème siècle, avec le Pakistan. Antérieurement, aucun instrument exclusivement réservé aux investissements étrangers n'a été mis en place malgré plusieurs essais dans cette perspective. Le nombre de ces conventions augmente graduellement depuis. On signale par ailleurs une importante croissance du nombre des conventions bilatérales d'investissements qui est passé de 385 à la fin du XXème siècle à près de 3000 à l'heure actuelle[40]. De plus, on peut faire mention de l'existence de traités multilatéraux qui ont le même objectif d'incitation des investissements comme le Traité sur la Charte de l'Énergie adopté à Lisbonne le 17 décembre 1994[41], l'Accord de libre-échange nord-américain (ALENA)[42] et le Traité conclu sous l'égide de la Ligue arabe[43]. Sans doute, ce paysage avait pour but d'instaurer un réel réseau de traités permettant de soulager les investisseurs, en aménageant des dispositions protectrices spécifiques aux investissements.

22. Du reste, il faut observer à cet égard une particularité quant au statut des parties, qui marque une réelle évolution dans le droit des investissements internationaux. Les traités étaient conclus initialement entre un pays en développement et un pays développé. La volonté d'attirer des investissements

---

[38] *Ibid.*

[39] V. *supra*, n° 16.

[40] CNUCED, World Investment Report 2017, Investment and the Digital Economy, Publications des Nations Unies, 2017, Genève, p. 111.

[41] Pour une analyse plus profonde, V. en particulier, T. Wälde, Energy Charter Treaty : An East-West Gateway for Investment and Trade, Kluwer Law International, 1996.

[42] Cet Accord de libre-échange nord-américain est entré en vigueur le 1er janvier 1994.

[43] Unified Agreement for the Investment of Arab Capital in the Arab States, Economic Agreements, n° 3, Tunis, accessible via : [http://investmentpolicyhub.unctad.org/Download/TreatyFile/2394].

étrangers contraignait les pays en développement à signer un certain nombre de traités relatifs aux investissements avec les États exportateurs de capitaux du fait de l'absence de convention universelle en la matière. Cela explique qu'originellement, les accords relatifs aux investissements n'envisageaient pas d'obligations réciproques. Ces premières conventions mettaient au point uniquement les relations entre les ressortissants d'un pays exportateur de capitaux et les États importateurs et n'étaient en fait que des accords ayant pour seul objectif de ranimer les investissements du Nord vers le Sud, sans nullement se soucier de l'équilibre des obligations internationales. L'harmonie ou la symétrie qui exaltait de telles conventions se repérait ailleurs, à la lumière, notamment, de l'échange de la sécurité des investissements et l'offre de recourir, le cas échéant, à une juridiction égalitaire[44]. Ces traités ont été vivement critiqués dans l'espoir d'être abandonnés au profit d'accords plus équilibrés[45].

23. La donne s'est modifiée à la fin du XXème siècle en raison de l'amplification et de la globalisation des flux commerciaux transnationaux[46]. Conclus tout d'abord entre pays à économie développée et pays en développement, les traités de protection se répandent ensuite pour couvrir les

---

[44] P. Juillard, L'évolution des sources du droit des investissements, RCADI, t. 250, 1994, pp. 18-216.

[45] Ces instruments ont été vivement critiqués tant par les pays riches que par les pays en développement, les premiers déplorant l'imprécision des obligations garantissant la sécurité des investissements alors que les seconds espèrent une plus grande marge d'égalité.

[46] Le contexte juridique dans lequel se déroule l'évolution du droit international des investissements est le résultat d'une conjoncture économique quasi mondialisée. Cette évolution dérive également du processus général de transformation des régimes administratifs sous leurs aspects divers : juridiques, sociologiques, politiques et économiques. L'internationalisation de l'activité relative aux investissements constitue le phénomène le plus marquant de cette transformation grâce à la mondialisation. Ainsi, le droit international des investissements s'inscrit dans *« le contexte de ces évolutions qui accélèrent actuellement le processus de mondialisation des relations économiques »* (T. Wälde, Nouveaux horizons pour le droit international des investissements dans le contexte de la mondialisation de l'économie : études de questions spécifiques, Pedone, Paris, 2004, p. 12). L'accroissement sans limites des investissements transnationaux témoigne que les investissements représentent une des assises fondamentales du processus de mondialisation. L'expansion quantitative et qualitative des investissements directs étrangers constitue l'élément essentiel du procédé d'intégration continue à travers le monde. Quelques études envisagent à long terme une fonction de plus en plus essentielle pour les investissements directs étrangers dans l'économie internationale. Les réactions et attitudes des investisseurs font évoluer de façon permanente le contexte économique et légal de l'investissement international. Ce processus exerçait sans cesse des pressions sur les dirigeants politiques, afin d'établir un cadre légal et sain dans le but d'harmoniser les nécessités de l'économie planétaire, *« avec la garantie que leurs actions permettront à leur propre économie nationale de bénéficier du développement et de la croissance mondiale »* (H. Deville, L'intégration des espaces économiques : Politiques commerciales et économiques, Academia, Bruylant, 2003, p. 17).

pays socialistes et devenir fréquents entre les États en développement eux-mêmes[47]. Ainsi, ces conventions se sont développées dans la quasi-totalité des pays du monde, indépendamment de leur régime politique, juridique ou économique[48].

24. Nonobstant le grand nombre et la diversité des États concernés, l'on remarque qu'un corps de règles qui reflète de nombreux points communs s'est construit sur la base de modèles spécifiques à certains pays. Au cours des trente dernières années, une nouvelle génération de conventions bilatérales pour la promotion et la sécurisation des investissements s'est imposée, qui contribuera particulièrement à un amendement majeur du régime juridique relatif aux investissements transnationaux et aux contrats s'y afférant[49].

L'impact décisif de ce phénomène se manifeste dans le programme de TBI lancé par l'Administration Reagan à la fin du XXème siècle, ayant conduit à la conclusion d'environ une cinquantaine de traités au début du mois de novembre de l'année 2000. Ce programme a été poursuivi graduellement avec la même détermination et selon les mêmes directives par les Administrations américaines successives. Cette continuité remarquable a permis à ce processus de croître, alors qu'un nombre de juristes lui accordait des chances de succès très minimes, le trouvant trop strict pour être admis par les pays les moins avancés[50].

25. Le renvoi à ce modèle qui régit la matière des investissements internationaux reflète la situation très inégale des pays sur le marché international, ce qui aboutit à une capacité de négociation internationale très déséquilibrée. Semblable à un contrat d'adhésion, le modèle qu'impose l'État à économie développée est très fréquemment signé par le pays fournisseur, sans nul remaniement. Considérée par plusieurs auteurs comme une arme juridique dirigée par les sociétés des pays à économie développée contre la

---

[47] C'est à partir du XXIème siècle que le nombre de TBI ratifiés entre États en développement dépassa le nombre de traités conclus entre ces derniers et les États développés : V. CNUCED, Bilateral Investment Treaties, 1995-2006 : Trends in Investment Rulemaking, Publications des Nations Unies, Genève, 2007, p. 1 : *« The evolution of the BIT universe is also due to the increase in BITs concluded between developing countries »*.

[48] La Guadeloupe, la Guyane, l'île de Curaçao, le Kosovo, la Martinique, Porto Rico, la Réunion et le Sahara occidental par exemple, ne sont actuellement liés par aucun accord bilatéral ou multilatéral relatif aux investissements étrangers (Informations tirées du site internet de la United Nations Conference on Trade and Development, accessible via : [http://investmentpolicyhub.unctad.org/IIA]).

[49] Sur cette question, V. en particulier, M. Stevens et R. Dolzer, Bilateral Investment Treaties, Martinus Nijhoff Publishers, La Haye, 1995.

[50] V. par exemple, P. McKinstry Robin, The BIT Won't Bite : The American Bilateral Investment Treaty Program, The American University Law Review, 1984.

souveraineté des pays en développement, l'imposition de ce modèle de traité dans l'intimité des relations entre les pays « pauvres » et leurs partenaires contractuels des pays « riches » était mal acceptée par les pays les moins avancés et critiquée par une grande partie de la doctrine[51].

Les motifs pour lesquels les États concluent des TBI sont connus. Il s'agit pour les pays industrialisés de sécuriser les investissements opérés par leurs ressortissants sur le territoire de l'État contractant et pour les pays importateurs de capitaux, de doter l'établissement d'un environnement stable et attractif pour les investissements étrangers afin d'attirer les capitaux étrangers indispensables à leur croissance économique. Cette divergence de position des deux parties dans un marché de concurrence conduisait à ce que ces instruments ne créent d'obligations qu'à l'encontre des pays les moins avancés. Cela avait de graves conséquences sur la rédaction de ces accords. En effet, les traités étaient élaborés par les pays à économie développée sous forme de modèles incitatifs qu'ils soumettaient ensuite aux pays les moins avancés pour signature. La possibilité de négociation pour ces derniers était si minime, voire inexistante. Leur seule option était réduite à l'approbation ou le refus de l'accord, prenant alors le risque de perdre d'éventuels investisseurs étrangers. En dépit du caractère inégalitaire de ces conventions internationales, il n'en reste pas moins qu'elles ont pu contribuer à la réalisation d'un bouleversement intégral au sein de la discipline.

Paragraphe 2 : Le bouleversement des modes classiques de règlement des différends

26. La ratification des conventions bilatérales d'investissement est insuffisante à elle seule pour garantir les droits des opérateurs étrangers. Ainsi est-il évident que la présence de règles internationales implique des processus internationaux de règlement des différends efficients et appropriés sous peine de rester lettre morte. C'est principalement à cause de l'incapacité des voies de recours traditionnelles à sécuriser les investissements étrangers (**A**) que de nouveaux modes de règlement de différends ont été instaurés (**B**).

[51] *Ibid.*

A. L'inadaptation des procédés traditionnels de règlement des différends face à l'environnement économique actuel

27. Traditionnellement, on le rappelle, la protection diplomatique était le seul mécanisme prévu pour élever le différend sur la scène internationale. Les grandes lignes de ce mécanisme ont été clairement élaborées par la Cour permanente de Justice internationale à l'occasion de l'*Affaire des Concessions Mavrommatis* : *« C'est un principe élémentaire du droit international que celui qui autorise l'État à protéger ses nationaux lésés par des actes contraires au droit international commis par un autre État, dont ils n'ont pu obtenir satisfaction par les voies ordinaires. En prenant fait et cause pour l'un des siens, en mettant en mouvement, en sa faveur, l'action diplomatique ou l'action judiciaire internationale, cet État fait, à vrai dire, valoir son droit propre, le droit qu'il a de faire respecter en la personne de ses ressortissants, le droit international »*[52].

La décision de prendre « fait et cause » en faveur de son ressortissant et de dénationaliser le différend appartient exclusivement à l'État de nationalité. Cela aboutira à des pourparlers diplomatiques ou au recours à une juridiction internationale égalitaire. Toutefois, on a déjà illustré les insuffisances de cette méthode, fondée sur une fiction juridique dont les conditions pratiques sont difficilement réalisables[53].

28. Ensuite, en l'absence de dispositions spécifiques, les litiges relatifs aux investissements étrangers entre un État d'accueil et un opérateur étranger sont réglés par les tribunaux de l'État en cause. Les solutions offertes par les mécanismes internes ont cependant révélé leur inadaptation en matière d'investissement. En effet, ce mode de règlement s'avère être déstabilisateur, en raison de la position inégalitaire de chacune des parties au litige, l'une étant une entité souveraine qui dispose de prérogatives de puissance publique, alors que l'autre est un opérateur étranger au statut tributaire de la seule volonté de l'État hôte, d'où les hésitations des investisseurs face à un tel mode de règlement des différends, souvent considéré comme abusif, inéquitable, voire même arbitraire. De surcroît, un large scepticisme se manifestait vis-à-vis des juges nationaux[54]. Ce scepticisme est évident du simple fait que les juridictions internes sont enclines à appliquer exclusivement leur propre droit, sans se référer aux normes du droit international. Par ailleurs, les litiges relatifs

---

[52] CPJI, *Affaire des Concessions Mavrommatis en Palestine entre le Gouvernement de la République hellénique et le Gouvernement de Sa Majesté britannique*, arrêt du 30 août 1924, Recueil Série A - n° 2, 1924, p. 12.

[53] V. *supra*, n° 15.

[54] C. Schreuer, L. Malintoppi, A. Reinisch et A. Sinclair, The ICSID Convention - A Commentary, 2ème édition, CUP, Cambridge, 2009, pp. 5-6.

aux investissements sont souvent complexes et requièrent une connaissance toute particulière que les juges nationaux ne possèdent pas nécessairement.

29. Une tendance s'est donc manifestée en vue d'acheminer le règlement des différends vers le plateau international, et cela, en attribuant la compétence aux juridictions nationales d'un État tiers. Toutefois, ce mode de règlement des différends s'avérait être toujours inefficace à cause de l'absence d'impartialité des juges internes.

30. Ainsi, recourir à l'arbitrage semble indispensable compte tenu des difficultés que le procédé interne de règlement des différends a rencontrées. Bien qu'il se transformât en un procédé ordinaire de solution des litiges, l'arbitrage international demeurerait néanmoins capable de trancher uniquement les conflits entre États. Le recours systématisé à l'arbitrage mixte ou transnational réglant le litige opposant l'opérateur étranger à l'État d'accueil était souhaitable, mais difficilement imaginable comme le soulignait le Professeur Brierly : *« It has been suggested that a solution might be found by allowing individuals access in their own right to some form of international tribunal for the purpose and, if proper safeguards against merely frivolous or vexatious claims could be devised, that is a possible reform that deserves to be considered. For the time being, however, the prospect of states accepting such a change is not very great »*[55].

Le premier arbitrage opposant une personne privée à un État fut celui relatif à l'affaire *Compagnie universelle du Canal de Suez contre Vice-Roi d'Égypte*[56]. Alors que cet arbitrage a été basé sur un compromis entre la Compagnie universelle du Canal de Suez et l'Égypte, les arbitrages ultérieurs étaient institués en application d'une clause compromissoire. Ce fut le cas dans l'affaire *Lena Goldfields contre l'Union soviétique* dont la sentence a constitué le premier pas vers une transformation capitale du contentieux économique transnational[57].

---

[55] J.-L. Brierly, The Law of Nations : An Introduction to the International Law of Peace, Clarendon Press, Oxford, 1963, p. 277.

[56] S. A., *ad hoc*, affaire *Compagnie universelle du Canal de Suez c. Vice-Roi d'Égypte*, sentence du 21 avril 1864 rendue par Napoléon III, *in* V. H. La Fontaine, Pasicrisie internationale (1794-1900), La Haye, Martinus Nijhoff, 1997, pp. 122-123 : *« Cet arbitrage est à remarquer à raison de l'intervention directe, dans la contestation, d'une compagnie financière. Dans les différents arbitrages, où des intérêts privés sont en jeu, les gouvernements, dont les intéressés sont les sujets, interviennent seuls dans le litige. Ici, on pourrait justifier la participation directe de la Compagnie de Suez par le caractère de personne morale internationale que l'on pourrait lui apporter »*.

[57] Ch. Leben, Droit international des investissements : un survol historique, *in* Ch. Leben (dir.), Droit international des investissements et de l'arbitrage transnational, Pedone, Paris, 2015, pp. 1-79, spéc. p. 39 ; V. également, V. Veeder, The Lena Goldfields Arbitration : The Historical Roots of Three Ideas, ICLQ, vol. 47, 1998, pp. 747-792.

31. Parallèlement à l'internationalisation du for, on assistait aussi à une internationalisation de la loi applicable au fond du litige[58], certaines clauses faisant référence aux principes généraux de droit[59]. Même à défaut de clause d'*electio juris* contractuelle, plusieurs arbitres préféraient appliquer les règles du droit international au détriment des règles nationales[60]. Cette internationalisation du droit des investissements, notamment grâce aux contrats d'État[61], va aboutir au développement de l'arbitrage mixte et de

---

[58] Ch. Leben, Droit international des investissements : un survol historique, *in* Ch. Leben (dir.), Droit international des investissements et de l'arbitrage transnational, Pedone, Paris, 2015, pp. 1-79, spéc. pp. 41 et s.

[59] V. par exemple, l'affaire *Syndicat d'études et d'entreprises c. Gouvernement grec* de 1925, *in* J.-G. Wetter et S.-M. Schwebel, Some Little-Known Cases on Concessions, British Yearbook of International Law, 1964, pp. 183-232 ; pour une étude plus approfondie sur les principes généraux de droit international et l'internationalisation du litige, V. P. Weil, Principes généraux du droit et contrats d'État, *in* Le droit des relations économiques internationales, Études offertes à Berthold Goldman, Litec, Paris, 1982, pp. 387-414, reproduit *in* P. Weil, Écrits de droit international : Théorie générale du droit international, droit des espaces, droit des investissements privés internationaux, PUF, Paris, 2000, pp. 379-407.

[60] V. par exemple, les sentences *Lena Goldfields c. l'Union soviétique* du 2 septembre 1930, *in* A. Nussbaum, Arbitration Bewteen the Lena Goldfields Ltd. and the Soviet Government, Cornell Law Quarterly, vol. 36, 1950, pp. 31-53 ; *Petroleum Developments (Trucial Coast) Ltd c. Abu Dhabi*, *in* ICLQ, 1952, pp. 247-261 ; *Sapphire International Petroleum Ltd c. National Oil Company* du 15 mars 1963, *in* Annuaire suisse de droit international, 1963, pp. 273-302, où les arbitres appliquent les *« principes généraux du droit, fondés sur la raison et sur la pratique commune de l'ensemble des pays civilisés »* afin de neutraliser les règles du droit national. Pour une application générale du droit international, V. les sentences, *Aminoil c. Koweït* du 24 mars 1982 § 6-7 ; *Texaco Overseas Petroleum Company (Topco) c. Jamahiriya arabe libyenne* du 19 janvier 1977, § 35, *in* J.-F. Lalive, Un grand arbitrage pétrolier entre un gouvernement et deux sociétés privées étrangères, JDI, vol. 104, 1977, pp. 319-389.

[61] Traditionnellement, l'expression « contrat d'État » était utilisée pour désigner les emprunts internationaux. Cette expression ne désignait rien d'autre qu'une catégorie de contrats de droit public, les emprunts d'État, et non le type nouveau de contrat conclu par l'État qui fera l'objet de cette étude. V. dans ce sens, M. Kamto, La notion de contrat d'État : une contribution au débat, Revue de l'Arbitrage, n° 23, Litec, Paris, 2003, pp. 719-751, spéc. pp. 720-721 ; G. Jèze, La garantie des emprunts publics d'État, RCADI, t. 7, 1925, pp. 151-234, spéc. p. 174 ; F.-A. Mann, The Law Governing State Contracts, British Yearbook of International Law, 1955, pp. 11-23.
Les contrats d'État ne sont pas apparus subitement : ils sont le fruit d'un mouvement constant dont seul le tracé peut permettre de concevoir en quoi leur enjeu fut considérable. Ces contrats reconnaissent des appellations diverses : contrats d'investissement, contrats d'État, accords de développement économique ou contrats quasi internationaux. Il s'agit dans tous les cas d'accords conclus entre un État et une personne privée étrangère (ou une filiale nationale de celle-ci) portant le plus souvent sur des investissements et comportant fréquemment une clause compromissoire faisant échapper le règlement des litiges à la compétence des juges nationaux de l'État hôte suivie d'une clause de choix de droit qui écarte l'application du droit interne. Face à la présence et à la participation d'un État et d'un investisseur au contrat, un courant doctrinal adopte un autre critère de qualification des contrats d'État. Pour ce courant, les contrats d'États sont ceux conclus entre un État et un investisseur étranger par

l'application du droit international public, qu'on admet dès lors qu'elle n'est plus restreinte aux seules relations entre États[62]. En effet, il est tout à fait envisageable que le droit international public s'applique à des individus comme le souligne la Cour permanente de Justice internationale dans l'affaire de la *compétence des tribunaux de Dantzig*[63]. Cette affaire, quoique lointaine du droit international moderne, pourrait tout de même servir d'appui afin d'écarter toute approche théorique quant à l'inaptitude du droit international public à régir les relations État-investisseur. Les règles internationales n'éprouvent aucune réticence de principe à s'appliquer à des personnes privées et rien ne s'oppose à ce qu'une relation entre un État et un opérateur étranger soit soumise entièrement au droit international public.

32. Ainsi, l'arbitrage mixte s'élargit du fait de ses nombreux avantages. Ce procédé de règlement international des litiges entre États et personnes privées étrangères a été considéré comme indispensable où l'interprétation libérale du droit international des investissements se maintient et s'intensifie. Il permet notamment de parvenir à un règlement effectif du différend, les parties disposant de la faculté de retracer les modalités de résolution des litiges comme, à titre d'exemple, le choix d'arbitres dotés d'une réputation notable.

---

lesquels l'État s'engage avec son cocontractant, en mettant à l'écart sa compétence juridictionnelle, par la soumission à l'arbitrage, et sa compétence normative, par l'application du droit international. La difficulté de définir le contrat d'État a été soulevée par le Professeur Leben qui confirme l'imprécision de ce concept vague de la manière suivante : *« Qu'est-ce qu'un contrat d'État ? Les avis divergent, mais une chose est sûre, il n'y a pas de contrat d'État dans la nature et donc pas de possibilité de se référer à une réalité pour savoir ce que serait « véritablement » un contrat d'État [...] Nous sommes en présence d'une notion juridique, inventée à un certain moment par la doctrine, pour rendre compte dans le monde du droit d'une certaine pratique »*. (V. Ch. Leben, L'évolution de la notion de contrat d'État, Revue de l'Arbitrage, n° 3, Litec, Paris, 2003, pp. 629-646, et s., spéc. p. 630 ; V. également, A.-V.-M. Struycken, Arbitration and State Contract, RCADI, t. 374, 2015, pp. 9-52).

[62] Il y a longtemps, d'éminents auteurs ont soutenu qu'il était difficile, voire impossible, de rattacher les contrats d'État à l'ordre juridique international. Leurs arguments portent, en général, sur la nature du droit international et de ses sujets. V. par exemple, P. Mayer, La neutralisation du pouvoir normatif de l'État en matière de contrats d'État, JDI, vol. 113, 1986, pp. 5-78. Cette conception fut vivement critiquée et abandonnée. V. *infra*, n°s 143 et s.

[63] CPJI, *Affaire de la compétence des tribunaux de Dantzig*, avis consultatif du 3 mars 1928, Recueil Série B, n° 15, 1928, pp. 17-18 : *« on ne saurait contester que l'objet même d'un accord international, dans l'intention des Parties contractantes, puisse être l'adoption, par les Parties, de règles déterminées, créant des droits et obligations pour des individus, et susceptibles d'être appliquées par les tribunaux nationaux »*.

Certes, plusieurs formes d'arbitrage pouvaient être envisagées, qu'elles soient *ad hoc* ou institutionnalisées[64]. Pour être efficaces, il serait préférable que ces arbitrages définissent quelques règles concernant le choix des arbitres, le droit applicable au fond du litige et certains aspects procéduraux.

33. Toutefois, les sentences relatives à ces arbitrages n'aménagent pas automatiquement leur exécution ainsi que leur reconnaissance. Il faut, alors, se référer à la Convention de New York sur la reconnaissance et l'exécution des sentences arbitrales étrangères de 1958[65]. Celle-ci, dotée d'un caractère universel et adoptée dans le cadre des Nations Unies, a joué un rôle primordial dans l'épanouissement de l'arbitrage international. Même si elle ne s'adresse pas directement aux investisseurs internationaux, elle contribue néanmoins à délocaliser le litige de la sphère normative de l'État importateur de capitaux et de la compétence de ses juridictions, ce qui était une des préoccupations majeures des personnes privées étrangères[66]. Ladite Convention, ayant trait en particulier à la sphère du droit international privé, préconisait notamment la création d'un organe juridictionnel neutre, tout en disposant que les décisions arbitrales peuvent jouir d'un caractère obligatoire et efficace. D'ailleurs, les États signataires sont contraints d'admettre que les décisions rendues par les organes dénationalisés se trouvent reconnues et dotées de force obligatoire. À cette fin, et en vue d'accorder aux clauses compromissoires leur totale effectivité, les tribunaux nationaux sont enclins à décliner leur propre compétence dans l'hypothèse où une saisine simultanée des organes arbitraux s'est produite. En effet, les États parties sont tenus de reconnaître les sentences rendues sous l'égide de la Convention de New York et de les rendre exécutoires sur leur territoire, tout en contraignant les juridictions nationales à donner leur pleine force aux clauses compromissoires, et, partant, à se déclarer incompétentes lorsqu'elles sont saisies en coexistence avec les instances arbitrales. La Convention de New York de 1958 constitue donc une étape évolutive vers l'élévation des litiges relatifs aux investissements étrangers sur le plateau international et un moyen de soustraire le contentieux y relatif au cercle de la loi nationale du pays hôte et de l'autorité de ses juridictions internes, jugées peu sensibles aux intérêts des opérateurs ressortissants des pays industrialisés.

---

[64] Pour une étude plus poussée, V. J.-F. Poudret et S. Besson, Droit comparé de l'arbitrage international, LGDJ, Paris, 2002 ; T.-E. Carbonneau, The Law and Practice of Arbitration, Juris Publishing, Huntington, 2007.

[65] Pour une étude plus approfondie, V. E. Gaillard et G.-A. Bermann, Guide on the Convention on the Recognition and Enforcement of Foreign Arbitral Awards, Brill, Nijhoff, 2017 ; A.-J. Van Den Berg, The New York Arbitration Convention of 1958 : Towards a Uniform Judicial Interpretation, Kluwer Law and Taxation, Antwerp, 1981.

[66] Pour une étude détaillée sur les différences et les similitudes entre la Convention de New York et celle du CIRDI, V. S. Choi, Judicial Enforcement of Arbitration Awards Under the ICSID and New York Conventions, New York University Journal of International Law and Politics, vol. 28, 1995, pp. 175-215.

34. Cependant, la stabilité des investissements demeure limitée sous l'égide de la Convention de New York, celle-ci ne se situant pas au même pied d'égalité avec les garanties de reconnaissance et d'exécution des sentences offertes par la Convention de Washington[67]. Dès lors, même si la sentence arbitrale est reconnue et revêtue d'un caractère obligatoire, elle ne peut être exécutée d'office et doit faire l'objet d'une procédure d'exequatur. De plus, les conditions d'annulation sont bien plus souples que celles prévues par la Convention de Washington dans son article 52 qui accorde aux tribunaux internes une marge de flexibilité dans l'annulation des sentences arbitrales. Ces raisons poussaient à la création d'une institution spécifique en charge des différends en matière d'investissement.

B. La naissance de nouveaux procédés de règlement des différends transnationaux

35. Même si traditionnellement l'arbitrage a connu un succès considérable, il n'en reste pas moins qu'il est destiné à régler principalement les différends internationaux en matière commerciale. Il s'avérait donc nécessaire d'établir une institution spéciale pour les différends relatifs aux investissements, cette matière présentant certaines particularités liées à la différence de statut des parties et à leurs buts contradictoires[68].

Les traités bilatéraux d'investissement étaient alors insuffisants à eux seuls pour restaurer la confiance des investisseurs et pour renouveler le régime des investissements étrangers. Il est dès lors essentiel que la naissance de nouvelles règles matérielles en matière d'investissement soit complétée par la mise en place d'un organe juridictionnel conçu spécifiquement pour l'application de ces règles.

36. Face aux difficultés du règlement des différends relatifs aux investissements, Aron Broches, conseiller général de la Banque mondiale décide d'établir un mécanisme d'arbitrage destiné spécifiquement à régler ce genre de litiges[69]. Ce fut l'objet de la Convention de Washington de 1965.

---

[67] Ce sont les décisions rendues par les organes dénationalisés statuant sous l'égide du CIRDI qui révèlent ces caractéristiques du fait qu'elles sont exécutoires d'office sans la nécessité de passer par la procédure d'exequatur. V. les articles 53 et 54 de la Convention de Washington ; V. également, *infra,* n° 632.

[68] V. *infra,* n°s 68 et s.

[69] Pour une étude approfondie sur l'historique et le développement du Centre international pour le règlement des différends relatifs aux investissements, V. en particulier, S. Schill, C.-J. Tams et R. Hofmann, International Investment Law and History, Edward Elgar Publishing, Cheltenham, 2018 ; A.-R. Parra, The History of ISCID, OUP, Oxford, 2017. Pour une étude détaillée concernant les travaux

Le processus de ratification de cette Convention a connu un succès indéniable notamment lorsque des États, tout d'abord hésitants, ont finalement rejoint le club des signataires. En tout cas, l'adhésion couvre aujourd'hui la grande majorité des États et forme une représentation géographique universelle[70].

L'universalité de cette Convention est facilement compréhensible au regard des buts qu'elle prévoit. La Convention de Washington a tenu à établir un système global, moderne et voué à régler de façon spécifique la totalité des questions ayant trait aux investissements afin d'en assurer la sécurité ainsi que la promotion. En effet, selon le paragraphe 13 du Rapport des Administrateurs, l'objectif général de la Convention consiste à promouvoir les investissements transnationaux dans le but de parvenir au développement économique[71].

37. La Convention instituant le CIRDI constitue, sans nul doute, une étape essentielle dans la création d'un ordre juridique exclusif, mais ce n'est que grâce au déferlement des traités de promotion et de protection des investissements que l'institution a pu s'affirmer et évoluer. L'instauration d'un vaste réseau de traités bilatéraux et multilatéraux d'investissement, qui prévoient tous de manière quasi systématique le recours au Centre, a permis de rétablir un climat favorable aux investisseurs. La chute des régimes communistes et la reconnaissance mondiale du rôle primordial de l'investissement direct étranger ont conduit toutes deux à conclure un grand nombre de traités bilatéraux d'investissement. Ainsi, la fin de la méfiance à l'égard de l'opérateur étranger et, avec elle, la prépondérance de l'économie libérale, ont fait des traités bilatéraux d'investissement et de la Convention de Washington la clé de voûte du droit des investissements étrangers. Cela s'affirme clairement à la lumière des desseins que proposent ces instruments.

38. L'explosion de ratifications de la Convention CIRDI s'explique par l'objectif général et le rôle considérable du Centre. Les pays les moins avancés ne pourraient attirer des opérateurs étrangers et mener une politique incitative des investissements que s'ils adhèrent à la Convention de Washington. De ce

---

préparatoires relatifs à la Convention de Washington, V. History of the ICSID Convention, Document Concerning the Origin and the Formation of the Convention on the Settlement of Investment Disputes Between States and Nationals of Other States, Publications du CIRDI, Washington, 1968.

[70] Peu nombreux sont les États qui n'ont toujours pas adhéré à la Convention de Washington. À dater du 11 janvier 2018, le Mexique devient le 162ème État signataire. V. la liste des États contractants et signataires de la convention (mise à jour le 11 janvier 2018), accessible via : [https://icsid.worldbank.org/en/Documents/icsiddocs/Liste des Etats Contractants et Signataires de la Convention - Latest.pdf].

[71] Paragraphe 13 du Rapport des Administrateurs, accessible via : [http://icsidfiles.worldbank.org/icsid/icsid/StaticFiles/basicdoc-fra/partB-section03.htm].

fait, l'arbitrage CIRDI continue à s'épanouir et à bénéficier d'une renommée constante et incontestable que ses dénigreurs ne parviennent pas à ébranler.

39. Le CIRDI a donc été perçu comme un outil de l'essor économique, instituant convenablement l'équilibre entre les pays importateurs, d'une part, et les pays à économie développée ou les investisseurs d'autre part. Pour les pays d'accueil, la ratification de la Convention de Washington constituait un moyen d'attirer de nouveaux investisseurs étrangers et, partant, de contribuer à leur développement économique. Les pays industrialisés, quant à eux, souhaitaient donner appui à leurs ressortissants en leur garantissant la pleine protection juridique nécessaire à tout investissement. Ainsi, l'équilibre des intérêts contradictoires des différentes parties devait aboutir à des ratifications de plus en plus nombreuses de la Convention de Washington. C'est pourquoi les pays les moins avancés, tout d'abord indécis à l'idée de ratifier la Convention instituant le CIRDI et les conventions bilatérales d'investissement, ont finalement suivi le courant. Ils réalisent que ces conventions étaient la condition nécessaire pour donner confiance et instaurer un climat favorable aux investisseurs. Dans la même optique, malgré leur rattachement traditionnel à la doctrine Calvo, de nombreux pays d'Amérique latine ratifient successivement ces accords.

40. Cette protection de l'investissement est assurée par l'accès direct et sans entraves à un organe neutre et efficace, dans l'hypothèse où un litige naîtrait[72]. En effet, le Rapport des Administrateurs met l'accent sur le fait que l'institution du CIRDI est vouée *« à faciliter le règlement des différends entre États et investisseurs étrangers »* et *« peut constituer une étape importante vers l'établissement d'un climat de confiance mutuelle et permettre ainsi de stimuler un plus large accès du capital international aux pays qui désirent l'attirer chez eux »*[73]. De même, comme le constate le tribunal dans l'affaire *Amco contre Indonésie*, *« la Convention a pour but de protéger dans la même mesure et avec la même vigueur l'investisseur et l'État d'accueil, sans oublier que protéger les investissements c'est protéger l'intérêt général du développement et des pays en voie de développement »*[74]. Ainsi s'instaure une procédure arbitrale directe entre le couple État-investisseur et constitue, à l'évidence, le premier fondement nécessaire au développement notable que connaît aujourd'hui la jurisprudence arbitrale.

---

[72] C. Schreuer, L. Malintoppi, A. Reinisch et A. Sinclair, The ICSID Convention - A Commentary, 2ème édition, CUP, Cambridge, 2009, p. XI.

[73] Paragraphe 13 du Rapport des Administrateurs, accessible via : [https://icsid.worldbank.org/en/Documents/resources/2006 CRR_French-final.pdf], p. 40.

[74] CIRDI, affaire *Amco c. Indonésie*, ARB/81/1, décision sur la compétence du 25 septembre 1983, § 23, telle que traduite *in* E. Gaillard, La jurisprudence du CIRDI, Pedone, Paris, 2004, pp. 17-36, spéc. p. 27.

41. Sommairement, avec l'extension continuelle et croissante de l'arbitrage relatif aux investissements internationaux et la formation d'une branche de droit où le droit public et le droit privé se croisent, deux phénomènes concurrents et complémentaires se manifestent : d'une part, la création d'une convention instaurant le Centre international pour le règlement des différends relatifs aux investissements ; d'autre part, la conclusion de traités de protection et de promotion des investissements renvoyant à l'arbitrage. En s'accouplant, ces deux phénomènes provoquent une modification radicale de l'état général du droit international des investissements.

42. L'innovation juridique majeure, en ce qui concerne les dispositions conventionnelles, réside dans le fait que les compagnies peuvent s'en prévaloir directement devant un organe neutre dénationalisé sans épuiser les voies de recours internes du pays hôte : à côté de l'arbitrage classique institué en application d'une clause compromissoire[75], on remarque l'apparition à la fin du XXème siècle d'une nouvelle voie d'arbitrage fondée sur une offre publique d'arbitrage exprimée *erga omnes* dans une convention bilatérale ou multilatérale d'investissement[76]. Aux termes de cette offre, l'État hôte acquiesce préalablement et irrévocablement à la compétence du tribunal arbitral saisi sur le fondement d'une procédure introduite par l'investisseur étranger. La première manifestation jurisprudentielle de cette innovation fut la sentence rendue en 1990 relative à l'affaire qui opposait la compagnie Asian Agricultural Products Ltd. au Sri Lanka[77], où le tribunal arbitral s'est déclaré compétent pour la première fois en se basant sur la clause d'arbitrage unilatérale que prévoyait la convention bilatérale d'investissement en cause. On assiste plus tard à un nombre croissant des décisions arbitrales fondées sur les traités de promotion et de protection des investissements. Cette sentence a

---

[75] Les premières sentences de ce type ont été rendues dans l'entre-deux-guerres. V. par exemple, l'affaire *Société Rialet et Gouvernement éthiopien* de 1929, *in* Recueil des décisions des TAM, VIII, p. 742 ; l'affaire *Lena Goldfields c. l'Union soviétique* du 2 septembre 1930, *in* A. Nussbaum, Arbitration Bewteen the Lena Goldfields Ltd. and the Soviet Government, Cornell Law Quarterly, vol. 36, 1950, pp. 31-53 ; l'affaire *L.F.H Neer and P. Neer c. Mexique*, Recueil des Sentences Arbitrales des Nations-Unies, 1926, IV, pp. 60 et s.

[76] J.-M. Jacquet, Contrat d'État, Jurisclasseur Droit International, 1er novembre 2012, fasc. 571-90, n°s 40-107.

[77] CIRDI, affaire *Asian Agricultural Products Limited c. Sri Lanka,* ARB/87/3, sentence du 27 juin 1990, telle que traduite *in* E. Gaillard, La jurisprudence du CIRDI, Pedone, Paris, 2004, pp. 323-242. Le Professeur Brigitte Stern qualifie cette sentence de *« vraie révolution copernicienne »*. P. Leboulanger, B. Stern, G. Sacerdoti, P. Juillard et A. Crivallero, La place du CIRDI dans le contentieux de l'investissement international, *in* Ch. Leben, Le contentieux arbitral transnational relatif à l'investissement - Nouveaux développements, Anthemis, Louvain-la-Neuve, 2006, pp. 345-361.

indiqué le début de ce que l'on dénomme arbitrage sans accord spécifique[78], arbitrage transnational unilatéral[79], ou encore en langue anglaise *arbitration without privity*[80]. Selon ce procédé, l'État est présumé offrir dans un traité de protection et de promotion des investissements une offre d'arbitrage adressée aux investisseurs éventuels, désireux de s'implanter sur son territoire. Il suffira alors à ces derniers d'accepter ladite offre en s'adressant à l'arbitrage en cas de survenance d'un conflit. Tout d'abord rejeté par une partie de la doctrine, ce système a été plus tard adopté sans contestation par tous les tribunaux arbitraux et constitue aujourd'hui le mécanisme procédural de droit commun en matière d'investissements internationaux.

43. Ce mécanisme a été approuvé par l'ensemble des pays signataires des conventions bilatérales de promotion et de protection des investissements, ce qui a abouti à envisager la clause d'arbitrage unilatéral comme une disposition fondamentale des conventions bilatérales d'investissement[81]. En effet, la réclamation des droits devant un forum compétent, neutre et indépendant dont les sentences sont effectives, efficaces et exécutoires à l'encontre des différents États est un trait essentiel de tout ordre juridique. Ainsi, le recours à l'arbitrage transnational comme un procédé favorisé, voire exclusif de règlement des différends entre opérateurs étrangers et États constitue indéniablement l'innovation essentielle des conventions internationales d'investissement.

44. Certes, le réseau dense de traités bilatéraux d'investissement, ainsi que l'œuvre de la jurisprudence des tribunaux officiant sous les auspices du CIRDI, ont concouru ensemble à l'élaboration et l'épanouissement du droit international des investissements, lequel se fonde désormais sur un régime spécifique doté de règles propres. Néanmoins, ce nouveau régime a été l'objet de maintes critiques résultant de la teneur des obligations imposées à l'encontre des États en raison des stipulations parfois imprécises prévues par les accords qui, de ce fait, ont mené à imposer à ces derniers des obligations qu'ils n'avaient pas préalablement envisagées.

---

[78] P. Leboulanger, B. Stern, G. Sacerdoti, P. Juillard et A. Crivallero, La place du CIRDI dans le contentieux de l'investissement international, *in* Ch. Leben, Le contentieux arbitral transnational relatif à l'investissement - Nouveaux développements, Anthemis, Louvain-la-Neuve, 2006, pp. 345-361.

[79] W. Ben Hamida, L'arbitrage transnational unilatéral, Réflexions sur une procédure réservée à l'initiative d'une personne privée contre une personne publique, Thèse, Paris II, 2003 (sous la direction de Philippe Fouchard).

[80] J. Paulsson, Arbitration Without Privity, ICSID Review - FILJ, vol. 10, 1995.

[81] G. Sacerdoti, Bilateral Treaties and Multilateral Instruments on Investment Protection, RCADI, t. 269, 1998, p. 436.

Paragraphe 3 : Des objections mettant en cause l'avenir de la discipline

45. Si les accords de promotion et de protection des investissements et la pratique jurisprudentielle des tribunaux statuant sous les auspices du CIRDI se sont efforcés ensemble d'élaborer un système international capable de protéger les investissements, il n'en reste pas moins que maintes raisons montrent que leur interférence a quelquefois abouti à des oppositions. Ces oppositions se sont manifestées, tant sur le plan substantiel (**A**) que procédural (**B**).

A. Des oppositions sur le plan substantiel

46. Sur le plan substantiel, et plus spécifiquement en ce qui concerne les règles applicables au fond du litige, les conventions bilatérales d'investissement ont été le facteur principal de la perturbation observée en la matière. En effet, même si ces conventions se sont formées dans un climat favorable et croissant, il n'en reste pas moins qu'elles connaissent actuellement un certain recul. D'ailleurs, les obligations qui en découlent sont revêtues d'un caractère unilatéral, en n'imposant d'obligations qu'à l'encontre des États d'accueil.

47. De plus, en raison de la diversité des flux d'investissements qui a engendré un changement capital dans les relations interétatiques, les États ne sauraient plus se répartir en deux catégories différentes : les États exportateurs de capitaux et les États importateurs. Alors qu'au début la relation en matière d'investissements étrangers confrontait les pays du Sud à ceux du Nord, ce changement a initié tous ces États à s'allier contre un système qui favorisait infiniment les droits des investisseurs. Le ralliement de ces pays ensemble se répercute assurément sur les conventions notamment en ce qui concerne les engagements substantiels consacrés par ces dernières.

48. En effet, toutes les divergences ont été focalisées sur les engagements internationaux infligés à l'État hôte. Ainsi, la large liberté d'appréciation dont disposent les arbitres compte tenu des stipulations imprécises prévues par les conventions, les a conduits à interpréter souvent ces stipulations à la lumière de la protection des investisseurs, ce qui a donné lieu à l'élaboration d'un système favorisant les intérêts des compagnies privées. Si l'élaboration du droit international des investissements a été initialement conçue en vue de protéger et de sauvegarder les droits des investisseurs étrangers, l'interprétation extensive par les arbitres des engagements imposés à l'État résultant des dispositions des conventions aboutissait à un déséquilibre excessif où l'investisseur ne possédait que des droits alors que l'État assumait des obligations[82]. Les États se trouvent ainsi dépossédés de leur souveraineté, en faveur d'une implication des protections prévues par les traités bilatéraux d'investissement[83]. À ce déséquilibre manifeste sur le plan substantiel, s'ajoutent des objections d'ordre procédural.

B. Des objections sur le plan procédural

49. Sur le plan procédural, et plus spécifiquement pour ce qui a trait au mode de règlement des différends, certaines caractéristiques spécifiques relatives à l'arbitrage CIRDI suscitent des critiques que formulent les experts et professionnels. Les questions ayant trait à l'institution des tribunaux et à la sélection des arbitres, leur impartialité et leur indépendance ont engendré des embarras. On reproche à certains arbitres de favoriser les intérêts des investisseurs et, à d'autres, de prendre parti en faveur des États. À ce paysage brumeux et inquiétant, s'ajoutent d'autres préoccupations liées notamment à la tendance de chacune des parties contractantes à désigner l'arbitre qui sympathise leur cause. L'intérêt des arbitres à être désignés dans les affaires futures et le fait qu'ils ont généralement plusieurs casquettes - arbitres dans certaines affaires et avocats dans d'autres - intensifient ces inquiétudes[84]. C'est ainsi que les demandes de récusation des arbitres deviennent de plus en plus nombreuses[85].

50. Pour ce qui est du procédé de la décision qui tranche les demandes de récusation des arbitres dans le cadre du CIRDI, il faut signaler qu'il est également la cible de vives critiques. En effet, selon l'article 58 de la Convention CIRDI, ce sont les deux autres membres du tribunal qui se prononcent sur la demande en récusation adressée contre le troisième membre. Cela est mal vu par les experts qui considèrent que ce procédé est loin d'être

---

[82] B. Audit, G. Burdeau P.-M. Dupuy, P. Juillard, P. Kahn et P. Mayer, Table ronde : Le système actuel est-il déséquilibré en faveur de l'investisseur privé étranger et au détriment de l'État d'accueil ?, *in* Ch. Leben, Le contentieux arbitral transnational relatif à l'investissement - Nouveaux développements, Anthemis, Louvain-la-Neuve, 2004, pp. 185-202, spéc. p. 191.

[83] V. not., C. Balchin, L.-K.-H. Chung, A. Kaushal et M. Waibel, The Backlash Against Investment Arbitration : Perceptions and Reality, Kluwer Law International, Alphen aan den Rijn, 2010, pp. 1-10, spéc. p. 7.

[84] CNUCED, Reform of Investor-State Dispute Settlement : In Search of a Roadmap, IIA Issues Note, n° 2, juin 2013, pp. 1-12, spéc. p. 4.

[85] *Ibid.*

soutenable du fait qu'il est éminemment favorable aux intérêts du corps arbitral, les arbitres étant naturellement enclins à négliger les protestations à l'encontre d'un membre du même tribunal[86]. De plus, comme le fait remarquer le Professeur Arnaud De Nanteuil, *« En cas de doute sur l'impartialité, la demande de récusation ne pouvait être transmise qu'au Secrétariat général du CIRDI et non aux deux autres membres du tribunal comme c'est le cas d'ordinaire, ce qui a pu laisser craindre le risque d'une collusion »*[87]. Toutes ces constatations aboutiront à une réaction excessive allant même jusqu'à mettre en cause l'honnêteté et la partialité des arbitres.

51. De plus, accorder aux tribunaux CIRDI une compétence à peu près incontournable[88], considérée comme étant une victoire du droit international des investissements, a commencé à susciter l'indignation des États les plus riches étant donné que ces derniers pourraient devenir des défendeurs chaque fois qu'un investisseur aurait introduit une procédure d'arbitrage. Ainsi, la crise de légitimité que traversait le CIRDI se trouve nourrie par des désapprobations de la part de grands acteurs sur la scène internationale. Elles se concentraient principalement sur l'empiétement des intérêts privés sur l'intérêt public et sur le règlement des conflits par une justice privée dans une matière appartenant exclusivement au domaine réservé de l'État.

52. De surcroît, de multiples reproches ont été formulés à l'encontre de la jurisprudence du fait de ses décisions variantes et incertaines[89], de l'absence d'un double degré de juridiction véritable[90], et finalement de la méthode suivie pour désigner les arbitres et les divergences d'intérêts qu'elle pourrait comporter[91]. Toutes ces contestations portent atteinte tant à la légitimité d'une décision déterminée qu'à l'évolution du régime juridique des investissements

---

86 Rarissimes sont les cas où deux membres d'un tribunal confirment la demande de récusation adressée à l'encontre du troisième membre. En effet, pour la première fois dans l'histoire du CIRDI, une demande de récusation a été confirmée en 2014. V. not., C. Giorgetti, Caratube v. Kazakhstan : For the First Time Two ICSID Arbitrators Uphold Disqualification of Third Arbitrator, ASIL Insight, vol. 18, n° 22, 2014 ; V. également, M.-C. Cleis, The Independence and Impartiality of ICSID Arbitrators : Current Case Law, Alternative Approaches, and Improvement Suggestions, Brill, Nijhoff, 2017.

87 A. De Nanteuil, Les mécanismes permanents de règlement des différends, une alternative crédible à l'arbitrage d'investissement ?, JDI, n° 1, 2017, pp. 55-80, spéc. p. 64.

88 V. *infra*, n°s 352 et s.

89 CNUCED, Reform of Investor-State Dispute Settlement : In Search of a Roadmap, IIA Issues Note, n° 2, juin 2013, pp. 1-12, spéc. p. 2.

90 D. Williams, International Commercial Arbitration and Globalization : Review and Recourse against Awards rendered under Investment Treaties, The Journal of World Investment, vol. 4, n° 2, 2003, pp. 251-276.

91 M.-C. Cleis, The Independence and Impartiality of ICSID Arbitrators : Current Case Law, Alternative Approaches, and Improvement Suggestions, Brill, Nijhoff, 2017, pp. 1-187.

internationaux. Un sentiment de malaise s'est également formé, lequel a encore accentué la crise de légitimité encourue par le droit international des investissements, en raison de quelques sentences rendues par les tribunaux arbitraux[92]. Par ailleurs, cette crise de légitimité met en jeu le sort de la discipline tout entière, compte tenu notamment du fait que c'est dans le cadre de l'interférence de la pratique arbitrale avec les conventions de promotion et de protection des investissements que ce droit se construit et se développe.

53. D'ailleurs, les multiples critiques portant sur le droit international des investissements n'ont pas tardé à engendrer des incidences sur les traités bilatéraux et multilatéraux en matière d'investissement. En effet, maintes attitudes ont été adoptées de la part des États en riposte à la tendance de plus en plus notoire à favoriser les intérêts des investissements étrangers. Ainsi, plusieurs États ont choisi d'abandonner le système en dénonçant la Convention CIRDI et les traités bilatéraux d'investissement. D'autres États ont opté pour la révision de leurs conventions bilatérales d'investissement en apportant des précisions quant à la teneur de leurs engagements, ou en écartant quelques-uns.

54. Ces tensions que traverse la discipline actuellement ne peuvent être ignorées, car elles minent l'institution arbitrale et les règles matérielles que les traités consacrent. Néanmoins, comme le droit des investissements se situe au croisement du droit interne et du droit international, les remèdes que l'on proposerait seraient dépourvus de valeur si l'on ne parvient pas à démontrer la prééminence du droit international de fond (**Première Partie**) et de l'arbitrage transnational (**Deuxième Partie**).

---

[92] V. par exemple, CIRDI, affaire *The Loewen Group, Inc. et Raymond L. Loewen c. États-Unis d'Amérique,* ARB(AF)/98/3, sentence du 26 juin 2003. Pour un exposé des faits relatif à cette affaire, V. *infra,* n° 586.

PREMIÈRE PARTIE

LA PRÉÉMINENCE DU DROIT INTERNATIONAL

55. Afin de parer à l'imprévisibilité, l'insécurité juridique et l'arbitraire, la détermination du droit applicable[93] qui gouverne les relations contractuelles est essentielle. Dans cette optique, le juge saisi du litige vérifiera l'existence d'un choix exprimé par les parties au contrat. En l'absence de désignation de droit applicable pour régir le fond du litige, le juge est contraint à recourir aux règles de conflit de lois du droit international privé.

56. Les normes du droit international public forment un chapitre primordial du régime juridique relatif aux investissements étrangers, lesquelles préconisent essentiellement un mécanisme de préservation des droits de l'investisseur étranger contre une éventuelle conduite dommageable de l'État hôte. Assurément, les prévisions matérielles du droit interne sont en mesure de fournir des structures de sauvegarde et de maintien de l'investissement étranger[94]. Toutefois, ces normes domestiques comportent un inconvénient indéniable à l'égard de l'investisseur suscitant la crainte continuelle que ces règles soient toujours dépendantes de la volonté de l'État qui, au nom de sa souveraineté, possède la faculté de les remanier. Ainsi, en raison des spécificités qui encadrent les contrats d'investissement et de l'inaptitude des lois nationales à garantir la sécurité juridique des opérateurs économiques transnationaux[95], se manifeste un besoin évident de soustraire l'investissement étranger au droit étatique afin de le placer sous l'égide du droit international[96].

---

[93] Le sujet de cette étude ne se rattache guère au contenu même du droit international des investissements formé de plusieurs normes et principes dont les plus connus sont : le traitement juste et équitable, l'entière protection et sécurité, le traitement de la nation la plus favorisée, le traitement national et la protection contre l'expropriation. Cette thèse traite en particulier de la prééminence de ce droit en tant que tel en matière d'investissements étrangers.

[94] V. *infra*, n°s 321 et s.

[95] V. *supra*, n°s 12 et s.

[96] J.-M. Jacquet, Contrat d'État, Jurisclasseur Droit International, 1er novembre 2012, fasc. 571-90, n°s 108-177.

57. Pour atteindre cette finalité, une analyse des règles conflictuelles du droit international privé sera exposée en vue d'examiner leur efficacité. Dans ce cadre, l'abandon de la méthode conflictuelle au profit de la liberté de choix d'une loi appropriée par les arbitres[97] semble constituer un premier pas vers la protection efficace des contrats d'investissement transnationaux, but ultime des compagnies multinationales. La méthode précitée, souvent protectrice des droits des opérateurs étrangers, permet de désigner directement le droit applicable au fond du litige sans être lié par les règles de conflit de lois du droit international privé.

58. Cependant, l'abandon de cette méthode classique n'exclut pas entièrement les incertitudes en ce qui concerne l'interférence du droit interne avec le droit international pour gouverner ce type de contrats. C'est là, un sujet d'actualité qui n'est sans doute pas complètement résolu puisque les arbitres sont toujours confrontés à cette question. En effet, les différentes approches des tribunaux arbitraux quant au rôle exact du droit interne et quant à l'articulation de ce dernier avec le droit international divergent en la matière[98].

59. Ce qu'on aura en vue dans les développements suivants, c'est de constater que l'alliance entre les théories classique et moderne de l'internationalisation[99] aboutira à mettre fin au débat sur la place respective du droit interne et du droit international et à relever que le droit interne du pays fournisseur pourra toujours être exclu en faveur des règles du droit international. Même si la quasi-totalité des situations sera sous couvert d'un traité, cela n'englobe pas toutes les situations[100]. Cela étant, la théorie

---

[97] V. *infra*, n°s 234 et s.

[98] R. Rivier, L'articulation entre droit national et droit international devant les tribunaux arbitraux internationaux d'investissement, *in* S. Robert-Cuendet (dir.), Droit des investissements internationaux : Perspectives croisées, Bruylant, Bruxelles, 2017, pp. 413-483, spéc. p. 414 : *« La place respective des droits national et international figure parmi les questions les plus ouvertes de l'arbitrage international de l'investissement. Elle a suscité des arbitres des réponses longtemps présentées comme concurrentes [...]. Pour autant, les incertitudes ne sont pas entièrement levées »* ; V. aussi, H. Slim, L'arbitrage détaché des lois étatiques, Colloque du Mans, 15 décembre 2011, pp. 61-79, spéc. pp. 71 et s.

[99] On appelle « classique » la théorie qui a servi de justification à l'internationalisation durant la période antérieure à la promulgation des traités bilatéraux ou multilatéraux d'investissement. La théorie moderne en revanche, justifie cette internationalisation par le biais des clauses incluses dans les nouveaux accords internationaux relatifs aux investissements étrangers. On précisera de même, à titre indicatif, que le terme « internationalisation » sera employé pour évoquer l'enracinement du contrat dans l'ordre juridique international.

[100] La Guadeloupe, la Guyane, l'île de Curaçao, le Kosovo, la Martinique, Porto Rico, la Réunion et le Sahara occidental par exemple, ne sont actuellement liés par aucun accord bilatéral ou multilatéral relatif aux investissements étrangers (Informations tirées du site internet de la United Nations Conference on Trade and Development, accessible via : [http://investmentpolicyhub.unctad.org/IIA]). On souligne de surcroît que la

classique de l'internationalisation s'avère d'une grande utilité à cet égard. De même, les multiples observations et controverses doctrinales auxquelles certains articles récents inclus dans les instruments internationaux d'investissement ont donné lieu[101], seront élucidées à la lumière de la conception classique de l'internationalisation.

60. Sous l'empire de la conception classique de l'internationalisation (**Titre I**), l'application du droit international public aux contrats d'investissement suscitait certaines hésitations et n'était pas tout à fait soutenable. En se fondant sur les clauses de droit applicable prévues dans certaines conventions bilatérales ou multilatérales d'investissement, l'approche moderne (**Titre II**) éliminera ces incertitudes et justifiera la prééminence du droit international en droit des investissements étrangers. Ainsi, la concordance, l'harmonisation et la complémentarité entre les deux théories classique et moderne de l'internationalisation confirmeront sans doute le phénomène de l'ancrage des relations économiques transnationales dans l'ordre juridique international.

République de Bolivie en 2007, la République de l'Équateur en 2010 et le Venezuela en 2012 ne sont plus parties à la Convention de Washington (V. infra, n° 666). En l'absence de tels instruments internationaux qui consacrent l'internationalisation des contrats d'État le recours à la théorie classique d'enracinement s'avère indispensable.

[101] On cite, à titre d'exemple, les débats quant à l'interprétation exacte de l'article 42 (1) de la Convention de Washington qui seront clarifiés à la lumière du concept classique d'enracinement du contrat dans l'ordre juridique international. V. *infra*, n°s 179 et s.

TITRE I

LA CONCEPTION CLASSIQUE DE L'INTERNATIONALISATION

61. Les multiples et diverses manifestations doctrinales qui ont abordé la question des contrats conclus entre États et investisseurs étrangers, dénommés également contrats d'État, ont donné lieu à une littérature si exubérante qu'il serait assez difficile de classifier.

Le régime de ces contrats ainsi que leur nature ont fait l'objet de plusieurs démarches visant particulièrement à les soustraire à l'emprise du droit national de l'État hôte en favorisant un concept dénationalisant à l'égard desdits contrats.

Toutefois, les dénigreurs de la théorie de dénationalisation des contrats d'État, tout en dénonçant les assises théoriques de cette conception, estiment que ce type de contrats ne relève que du ressort du droit national de l'État hôte.

62. Ces principaux courants de pensée ont alimenté les controverses et concouru à la réalisation d'une hétérogénéité recouvrant le régime juridique des contrats d'État. En vue de savoir laquelle des théories a le plus gagné du terrain, une analyse (**Chapitre 2**) des solutions proposées par la doctrine (**Chapitre 1**) est requise.

CHAPITRE 1

LES SOLUTIONS DOCTRINALES ENVISAGÉES

63. Il est certain que les contrats d'investissement revêtent une spécificité particulière compte tenu notamment de la différence de nature juridique entre les parties, ce qui remet en question la possibilité de la détermination de la loi applicable en ayant recours uniquement à la théorie conflictuelle classique du droit international privé. Cela étant, deux palliatifs ont été proposés : l'un (**Section 1**) préconisera la théorie du rattachement du contrat d'État à un ordre juridique de base, tandis que l'autre se référera à la théorie du contrat sans loi (**Section 2**).

SECTION 1

L'ÉMERGENCE DE LA THÉORIE DE L'ORDRE JURIDIQUE DE BASE

64. Avant de désigner les règles destinées à gouverner le contrat d'État dont le but est d'assurer l'égalité entre les parties en écartant les prévisions matérielles du droit interne, il va falloir fournir une réponse à la problématique suivante : quel est l'ordre de rattachement qui permet aux parties, d'une part, de choisir librement les règles matérielles destinées à régir leur relation et qui prévoit, d'autre part, le processus de désignation de ces règles en cas de défaut de choix exprès ? Afin de répondre à cette interrogation, l'analyse de la notion de l'ordre juridique de base et des effets qui en découlent s'avère impérative.

65. La notion de l'enracinement du contrat ou de l'ordre juridique de base fut l'œuvre du Professeur Weil[102]. Cette notion se fonde sur le concept en fonction duquel la désignation des règles matérielles applicables au contrat (ou *the proper law of the contract* selon les termes du Professeur Weil) puise sa validité dans l'ordre de rattachement où s'enracine le contrat d'État. Contrairement au choix des règles matérielles gouvernant la relation contractuelle qui dépend principalement de la volonté des cocontractants, l'ordre juridique d'enracinement repose sur des facteurs objectifs et ne dépend guère de la volonté des parties[103]. En effet, l'ordre juridique de base peut comporter simultanément des règles consacrant l'autonomie de la volonté sans aucune limite et des règles d'ordre public ayant pour objet de neutraliser ce choix s'il aboutit à un corps de règles contraires aux normes impératives de cet ordre de base.

66. Cependant, des critiques théoriques ont été adressées à l'encontre de la solution proposée par le Professeur Weil fondée sur la notion de l'ordre juridique de base. Différentes alternatives ont été avancées par la doctrine quant au concept de l'ordre juridique d'enracinement. Ce qu'on présentera d'abord, c'est l'exposé du concept proposé par le Professeur Weil (**Paragraphe 1**), pour ensuite passer en revue la théorie de Leila Lankarani El-Zein (**Paragraphe 2**) et celle du rattachement du contrat à un tiers ordre (**Paragraphe 3**).

Paragraphe 1 : L'exposé de la théorie weilienne d'enracinement du contrat d'État

67. Face aux dimensions financières devenues immenses dans le domaine des investissements et compte tenu du potentiel économique gigantesque et du chiffre d'affaires exigé, les investisseurs, soucieux de mieux garantir leurs droits, s'efforçaient de repérer des moyens juridiques efficaces pour la sauvegarde de leurs intérêts, alors que les États s'obstinaient en revanche à faire valoir l'application de leur droit interne en se dissimulant derrière le principe de la souveraineté nationale (**A**). Afin de préconiser un apaisement à ce paysage conflictuel, le Professeur Weil recommandait une théorie « modérée » qui prend soin de remédier aux inquiétudes réciproques des deux parties (**B**).

---

[102] V. P. Weil, Droit international et Contrats d'État, *in* Mélanges offerts à Paul Reuter, Pedone, Paris, 1981, pp. 549-582, spéc. pp. 573 et s., reproduit *in* P. Weil, Écrits de droit international : Théorie générale du droit international, droit des espaces, droit des investissements privés internationaux, PUF, Paris, 2000, pp. 351-378.

[103] V. *infra*, n° 76.

A. Un conflit d'intérêts dans la relation État-investisseur

68. Le large impact économique qui s'annonce sur la scène juridique avec l'apparition impressionnante des contrats d'État nécessitant d'énormes capitaux et entraînant, le cas échéant, des litiges de grande ampleur, semble révéler l'inadaptation des idées traditionnelles selon lesquelles la relation entre l'État et l'investisseur sera régie par le droit national aux nouvelles données que produisent les investissements internationaux[104]. En effet, tout contrat d'investissement commence par l'élaboration précautionneuse d'un plan à l'issue de multiples examens et analyses et finit d'ordinaire par la conclusion d'un contrat d'investissement entre l'État d'accueil et l'investisseur, celui-ci étant dans la majorité des cas une société multinationale dotée d'une extrême puissance économique parfois supérieure à celle de son contractant étatique.

69. Certes, les contrats d'investissement gardent quelques aspects des contrats traditionnels en matière d'investissement comme, à titre d'exemple, l'obtention d'une autorisation octroyée par les autorités de l'État hôte à l'opérateur étranger. Toutefois, l'objectif ultime de l'opération d'investissement se trouve ailleurs : c'est essentiellement le développement économique qui est en vue à travers ce type de contrats. D'ailleurs, cela se manifeste notamment à travers la longue durée prévue dans le contrat qui exige une collaboration de longue haleine entre les cocontractants.

70. Bien que les contrats d'État, sur le plan purement juridique, ressemblent aux autres contrats, il n'en reste pas moins qu'ils représentent sur le plan pratique des particularités manifestes que le droit interne n'est pas appelé à prendre en considération.

En effet, même avant la signature du contrat, et au cours de la formulation des clauses, les contradictions et les difficultés commencent à surgir, donnant lieu, d'ores et déjà, à un paysage nourri par deux catégories de considérations antagonistes : d'une part, l'investisseur étranger, soucieux de mener à bien l'opération et de récolter les fruits de son investissement très coûteux, souhaite obtenir des facilités et des faveurs de la part de son cocontractant et de s'assurer absolument du maintien de ses droits tout au long de l'opération contre d'éventuels vents et marées politiques nuisibles ; d'autre part, le contractant étatique jaloux de sa souveraineté qu'il considère comme inaliénable, s'estime continuellement maître de ses décisions, nonobstant l'existence d'obligations contractuelles antérieures qu'il avait lui-même

---

[104] V. *supra*, n°s 12 et s.

souscrites en vertu d'un contrat avec l'investisseur[105]. D'ailleurs, il n'est pas admis qu'une obligation née d'un contrat puisse entraver sa souveraineté étatique[106]. Ainsi, l'État hôte détient, en tant que souverain, des pouvoirs qui lui permettent de modifier en cours d'exécution les clauses du contrat, ce qui aboutirait à renverser ses obligations contractuelles chaque fois que ses intérêts vitaux l'exigent. Cela se manifeste en particulier dans les pays familiers avec la notion du contrat administratif où le cocontractant public jouit de la faculté de modifier le contrat ou de le résilier unilatéralement[107].

71. Ces contrats d'État se caractérisent donc notamment par la présence d'un État hôte plein de sa souveraineté et d'un investisseur soucieux de maintenir ses droits découlant du contrat. Ce type de contrat, compte tenu des originalités qu'il représente, pose sur le plan juridique une question essentielle : à quel ordre juridique appartient la relation contractuelle née d'un contrat de développement économique et quel système juridique offre-t-il les assises convenables afin de régler les éventuels conflits ?

B. Les aspects du concept de la Grundlegung

72. C'est à partir d'une étude approfondie que le Professeur Weil développe la théorie d'internationalisation ayant pour but de sauvegarder la force obligatoire des contrats d'État et la stabilité de l'environnement juridique[108]. La recherche du fondement de cette théorie s'explique par l'existence d'aléas politiques poussant l'État hôte à mettre en cause la validité de la relation contractuelle. Parmi les procédés de neutralisation de l'exercice

---

[105] V. dans ce sens, R. Rivier, L'articulation entre droit national et droit international devant les tribunaux arbitraux internationaux d'investissement, *in* S. Robert-Cuendet (dir.), Droit des investissements internationaux : Perspectives croisées, Bruylant, Bruxelles, 2017, pp. 413-483, spéc. p. 417 : *« Souvent, l'État défendeur cède à la tentation de se réfugier derrière son propre droit en cherchant à le faire appliquer au litige. L'investisseur étranger se prévaut en général d'un droit international qu'il tirerait du traité protégeant, à ses yeux, son investissement [...] »*.

[106] V. *supra*, n° 18.

[107] En droit français par exemple, V. Y. Gaudemet, Droit administratif, 21ème édition, LGDJ, Paris, 2015, pp. 322-324.

[108] V. P. Weil, Les clauses de stabilisation ou d'intangibilité insérées dans les accords de développement économique, *in* Mélanges offerts à Charles Rousseau : La communauté internationale, Pedone, Paris, 1974, pp. 301-328, reproduit *in* P. Weil, Écrits de droit international : Théorie générale du droit international, droit des espaces, droit des investissements privés internationaux, PUF, Paris, 2000, pp. 325-349 ; V. également du même auteur, Droit international et Contrats d'État, *in* Mélanges offerts à Paul Reuter, Pedone, Paris, 1981, pp. 549-582, spéc. pp. 573 et s., reproduit *in* P. Weil, Écrits de droit international : Théorie générale du droit international, droit des espaces, droit des investissements privés internationaux, PUF, Paris, 2000, pp. 351-378.

des prérogatives de puissance publique afin de stabiliser les contrats d'investissement, le Professeur Weil propose le concept d'ordre juridique de rattachement appelé également la *Grundlegung*[109], qui consiste à garantir l'intangibilité des stipulations contractuelles prévues dans le contrat de développement économique.

73. Afin d'élucider cette théorie, le Professeur Weil concentre ses analyses sur le hiatus existant entre *Grundlegung* et *proper law* : *« À moins de considérer l'accord des parties comme générateur d'un ordre juridique [...] on ne peut échapper à la question préalable de savoir quel ordre juridique dans lequel le contrat s'insère, où il puise sa validité et dans lequel il prend ses racines. C'est à ce second stade seulement - c'est-à-dire une fois réglé le problème de l'ordre juridique servant de fondement au contrat - qu'interviendrait la détermination des règles de fond appelées, sur renvoi de l'ordre juridique de base, à gouverner matériellement le contrat »*[110].

74. Ainsi, selon l'éminent juriste, l'intérêt de l'élaboration de cette théorie est dépourvu de sens si l'on n'opère pas de distinction entre l'ordre juridique de base à partir duquel le contrat puise sa validité ainsi que sa force obligatoire et les règles matérielles de fond qui régissent la relation contractuelle[111]. En conséquence, il ne peut exister de contrat sans qu'un ordre juridique reconnaisse sa validité[112]. C'est uniquement au sein d'un ordre juridique que les rapports entre les personnes sont qualifiés de contrats. Pareil à une sphère transcendante, cet ordre juridique de base contrôle effectivement l'ensemble du processus contractuel et confère ainsi au contrat sa force obligatoire, car c'est là où le contrat se reflète afin de pouvoir assurer sa validité. Cela étant, le choix du droit applicable ainsi que les obligations issues du contrat seront toujours appréciés à la lumière de l'ordre juridique de rattachement qui en précise les caractéristiques et les traits. En d'autres

---

[109] V. P. Weil, Droit international et Contrats d'État, *in* Mélanges offerts à Paul Reuter, Pedone, Paris, 1981, pp. 549-582, spéc. pp. 559 et s., reproduit *in* P. Weil, Écrits de droit international : Théorie générale du droit international, droit des espaces, droit des investissements privés internationaux, PUF, Paris, 2000, pp. 351-378.

[110] V. P. Weil, Droit international et Contrats d'État, *in* Mélanges offerts à Paul Reuter, Pedone, Paris, 1981, pp. 549-582, reproduit *in* P. Weil, Écrits de droit international : Théorie générale du droit international, droit des espaces, droit des investissements privés internationaux, PUF, Paris, 2000, pp. 351-378, spéc. p. 359.

[111] V. P. Weil, Droit international et Contrats d'État, *in* Mélanges offerts à Paul Reuter, Pedone, Paris, 1981, pp. 549-582, reproduit *in* P. Weil, Écrits de droit international : Théorie générale du droit international, droit des espaces, droit des investissements privés internationaux, PUF, Paris, 2000, pp. 351-378, spéc. p. 363. Le Professeur Weil énonce clairement que, *« De manière significative, la distinction entre Grundlegung et proper law permet d'appréhender le problème central de la matière, qui est celui du degré de maîtrise dont l'État contractant va en définitive jouir à l'égard du contrat ».*

[112] Cette réflexion a été contestée par les défenseurs de la théorie du contrat sans loi. V, *infra,* n°s 99 et s.

termes, la notion d'ordre juridique d'enracinement signifie qu'il est insuffisant aux parties cocontractantes de choisir le droit applicable, encore faut-il que ce choix soit en harmonie avec l'ordre juridique de base.

75. La distinction entre la *Grundlegung* et la *proper law* pourra prêter à confusion et laisser croire que les deux notions sont séparées par une cloison étanche. Cependant, elles peuvent certainement coïncider dans le cas où le contrat est enraciné dans l'ordre juridique international et régi par le droit international par exemple, ou lorsque, dans le cas contraire, le contrat est enraciné dans l'ordre juridique national et régi par le droit interne[113].

De surcroît, ces deux situations juridiques peuvent assurément entretenir certains rapports. Ainsi, en l'absence d'un choix exprès de détermination de la loi applicable, on peut admettre que l'ordre juridique de rattachement constitue une présomption de soumission du contrat aux règles matérielles de ce même ordre.

76. Comme une application de sa théorie, le Professeur Weil estime en premier lieu que les contrats s'enracinent dans l'ordre juridique international lorsque *« leur centre de gravité se situe dans l'orbite internationale »*[114] en clarifiant que : *« ce ne sont pas tous les contrats d'État que l'on devra ainsi considérer comme relevant de l'ordre juridique international, mais seulement ceux d'entre eux qui s'intègrent effectivement, par des liens objectifs d'ordre juridique ou politico-économique, aux relations entre États, c'est-à-dire essentiellement - mais non exclusivement - les accords de développement économique ou contrats d'investissement »*[115]. Cela concerne notamment les contrats de grande envergure. Le contrat est alors *« un contrat de droit international »*[116]. Du reste, si le droit applicable au contrat s'avère être aussi le droit international, il s'agirait dans ce cas d'un contrat de *« droit international »* et *« internationalisé »*[117].

---

[113] V. dans ce sens, Annuaire de l'Institut de droit international, Session d'Oslo, 1977, vol. 57, t. 1, pp. 192-205.

[114] V. P. Weil, Droit international et Contrats d'État, *in* Mélanges offerts à Paul Reuter, Pedone, Paris, 1981, pp. 549-582, reproduit *in* P. Weil, Écrits de droit international : Théorie générale du droit international, droit des espaces, droit des investissements privés internationaux, PUF, Paris, 2000, pp. 351-378, spéc. p. 377.

[115] *Ibid.* Ce rattachement à l'un ou l'autre des deux ordres, on le rappelle, est objectif et ne dépend guère du choix des parties.

[116] *Ibid.*, p. 365.

[117] *Ibid.*

En second lieu, le Professeur Prosper Weil souligne que l'ordre juridique de base dans lequel s'enracine le contrat d'État pourra être également l'ordre juridique national[118].

77. Toutefois, bien qu'elle se présente comme un rempart contre les abus étatiques afin de mieux garantir la stabilité des contrats d'États, la théorie de l'ordre juridique d'enracinement proposée par le Professeur Prosper Weil a été désapprouvée par un examen critique de Leila Lankarani El-Zein.

Paragraphe 2 : L'énoncé de la théorie de l'enracinement du contrat d'État dans l'ordre juridique interne

78. Les pays en développement, gravement affectés par la théorie de la délocalisation des contrats d'investissement, préfèrent l'ancrage du contrat dans la sphère juridique nationale. C'est leur droit interne, estiment-ils, qui doit seul gouverner la relation avec les compagnies étrangères. Grâce à cette constatation, un courant de la doctrine préconise l'instauration d'une autre théorie littéralement opposée : l'enracinement du contrat d'investissement dans l'ordre interne.

79. L'objet de la recherche de Leila Lankarani El-Zein consistait à déterminer si les accords de développement économique présentant certaines caractéristiques, relèvent par nature du domaine du droit international public. C'est dans ce cadre que l'auteur développe une thèse assez critique en s'appuyant sur la théorie conflictuelle classique du droit international privé pour écarter l'enracinement du contrat d'État dans l'ordre international et favoriser son enracinement dans l'ordre juridique national. En effet, Leila Lankarani El-Zein, face à la théorie de l'enracinement des contrats d'États dans l'ordre juridique international, s'interroge sur l'aptitude de cette théorie à fournir un cadre valable juridiquement à ce type de contrats dont les parties sont organiquement différentes et sur la question de savoir si l'ordre juridique international est *« apte à encadrer et juridiciser par ses concepts le contrat entre État et personnes physiques ou morales étrangères »*[119]. En quête d'une

[118] Ce type de contrats n'est pas à prendre en compte dans la présente analyse qui se limite aux contrats d'État de grande envergure mettant en œuvre des intérêts politiques et diplomatiques. Selon le Professeur Weil, ces derniers sont enracinés « de par leur nature » dans l'ordre juridique international.

[119] L. Lankarani El-Zein, Les contrats d'État à l'épreuve du droit international, Bruylant, Bruxelles, 2001, p. 2.

réponse appropriée, Leila Lankarani El-Zein, à travers une analyse à double voie, procède alternativement par une approche théorique (**A**) et pratique (**B**).

A. Les objections d'ordre théorique à l'encontre de l'enracinement du contrat dans l'ordre international

80. Afin de parvenir à révéler les difficultés théoriques qui entravent l'ancrage du contrat dans la sphère juridique internationale, l'auteur entreprend d'analyser la notion des principes généraux de droit lesquels ont effectué un rôle primordial dans l'acheminement des contrats d'État vers le droit international[120]. Ainsi, Leila Lankarani El-Zein, prend pour cible, parmi les principes généraux de droit, le fameux principe *pacta sunt servanda* invoqué très souvent en matière de contrats d'État. Elle souligne notamment que : « *Tel un sphinx, pacta sunt servanda semble porter l'en-tête "principe*

[120] Le phénomène de l'internationalisation des contrats d'État s'est tout d'abord réalisé par l'intermédiaire des principes généraux de droit (V. par exemple, la sentence *Arabian American Oil Company (Aramco) c. Arabie Saoudite*, sentence du 23 août 1958, *in* Revue critique de droit international privé, 1963, pp. 272-363), lesquels ont été fréquemment rapprochés des principes généraux de droit reconnus par les nations civilisées dont fait mention l'article 38 du Statut de la Cour internationale de Justice. Aussi faut-il signaler que, selon la nouvelle conception de l'internationalisation (V. *infra*, n°s 169 et s.), les clauses de droit applicable des traités se réfèrent plus précisément au droit international. Le renvoi à l'article 38 précité devenu rare, on ne peut plus considérer à présent que cette internationalisation se requiert essentiellement par le biais des principes généraux de droit. Toutefois, il est évident que ces derniers ont occupé, sous l'empire de la conception classique de l'internationalisation, une place prépondérante. C'est dans ce contexte que Leila Lankarani El-Zein constatait que seuls le droit conventionnel et le droit coutumier sont en mesure de déplacer la frontière entre le droit interne et le droit international : « *la délimitation du domaine du droit international aux dépens du droit national est étrangère au domaine d'intervention de la troisième source ; les principes généraux de droit, au sens du Statut, n'ont pas la possibilité d'étendre leur capacité normative à des activités relevant jusque-là du domaine réservé à la compétence nationale. Ils ne sont, dès lors, productifs du droit international substantiel, c'est-à-dire des droits et obligations internationaux, que pour des questions relevant par ailleurs du domaine du droit international. Les sources des obligations internationales desquelles découle l'internationalisation d'une matière auparavant nationale, sont la coutume et la convention* » (L. Lankarani El-Zein, Les contrats d'État à l'épreuve du droit international, Bruylant, Bruxelles, 2001, pp. 200-201 ; pour la place qu'occupent les principes généraux de droit à la lumière de la jurisprudence du Tribunal des différends irano-américain, consulter à titre d'exemple, J.-R. Crook, Applicable Law in International Arbitration : The Iran-US Claims Tribunal Experience, AJIL,1989, pp. 292-299 ; pour une étude plus approfondie sur les principes généraux du droit international et l'internationalisation du litige, V. P. Weil, Principes généraux du droit et contrats d'État, *in* Le droit des relations économiques internationales, Études offertes à Berthold Goldman, Litec, Paris, 1982, pp. 387-414, reproduit *in* P. Weil, Écrits de droit international : Théorie générale du droit international, droit des espaces, droit des investissements privés internationaux, PUF, Paris, 2000, pp. 379-407.

général de droit" au sens de l'article 38 du Statut en matière de contrat, avec un corps contenant, en vérité, un principe de droit international en matière de traité. Il est devenu dans certaines littératures juridiques, tour à tour, et même à la fois, maxime, règle, locution, principe général de droit reconnu par les nations civilisées in foro domestico, principe général du droit, principe du droit civil, principe transnational, principe de la lex mercatoria, concept général du droit, pilier du droit international et interne, règle du droit naturel, et enfin, fondement juridique du contrat d'État internationalise à la racine »[121]. L'auteur estime que la différence entre le principe *pacta sunt servanda* et le principe de la force obligatoire des contrats au niveau du droit national est organique, et que les contrats d'État ne sont susceptibles d'être considérés comme un *« contrat de droit international »*[122] que sous condition de leur aptitude à respecter les impératifs du principe *pacta sunt servanda* lequel exige, au niveau du droit international, que les parties soient autonomes. Cependant, dans un contrat d'État, seul l'État est autonome tandis que l'investisseur ne l'est pas, ne possédant pas le pouvoir qui lui permet *« de devenir maître de ses actes dans l'ordre juridique international où il souhaiterait localiser la force obligatoire de ces derniers »*[123].

81. Selon l'auteur, les principes généraux de droit ne sont pas aptes à attirer les contrats d'État dans les sillages du droit international. Elle souligne que : *« les principes généraux de droit, visés par le Statut, ne sont pas seulement subsidiaires, mais aussi de fonction normative conditionnelle ou limitée ratione materiae »*[124]. Leila Lankarani El-Zein poursuit son raisonnement en niant aux principes généraux de droit la faculté de transmettre une question relevant du droit interne dans le champ du droit international, qui, sinon, deviendraient *« la source principale et la plus expansionniste du droit international »*[125].

82. L'auteur souligne de surcroît qu'il est inconcevable que les contrats de développement économique dont le régime relève exclusivement du domaine réservé de l'État, *i.e.* de son autorité normative, soient appelés à sortir, par le biais de l'internationalisation, du domaine du droit interne pour accéder à l'univers du droit international. Ainsi, selon Leila Lankarani El-Zein, les principes généraux de droit prévus par l'article 38 du Statut de la Cour internationale de Justice sont incapables de modifier la frontière entre le droit national et le droit international. L'auteur estime en somme que ces

---

[121] L. Lankarani El-Zein, Les contrats d'État à l'épreuve du droit international, Bruylant, Bruxelles, 2001, p. 113.
[122] V. *supra*, n° 76.
[123] L. Lankarani El-Zein, Les contrats d'État à l'épreuve du droit international, Bruylant, Bruxelles, 2001, p. 144.
[124] *Ibid.*, p. 182.
[125] *Ibid.*, p. 183.

principes produisent leurs effets dans les matières qui relèvent du droit international, mais demeurent sans effet lorsque la situation s'avère appartenir au domaine réservé de l'État.

83. En définitive, les principes généraux de droit sont incapables, selon l'auteur, de donner une assise juridiquement convenable pour enraciner les contrats d'État dans l'ordre juridique international. Ces objections d'ordre théorique ont été renforcées par d'autres objections d'ordre pratique.

B. Les objections d'ordre pratique à l'encontre de l'enracinement du contrat dans l'ordre international

84. Afin de démontrer la pertinence des objections d'ordre théorique qu'elle a suscitées dans la première partie de son œuvre, Leila Lankarani El-Zein entreprend de mener, dans la seconde partie, un examen approfondi portant notamment sur les décisions rendues par la Cour internationale de Justice, et cela, en vue de consolider les résultantes issues de ses observations théoriques précitées.

85. En effet, en se livrant à cet examen de la jurisprudence, Leila Lanakarani El-Zein s'appuie en particulier sur les *Affaires du chemin de fer Panevezy-Saldutiskis* et de *l'Anglo-iranian Oil Co*[126], où l'internationalisation des contrats d'État a été écartée en faveur de l'enracinement de ces derniers dans la sphère juridique étatique. L'auteur constate donc, compte tenu, entre autres, de ces deux décisions, que la solution approuvée par la jurisprudence dans *l'Affaire Emprunts serbes et brésiliens*[127] est toujours constante[128] et que les contrats d'État sont hostiles à l'attraction du droit international[129].

86. En outre, une étude approfondie effectuée par l'auteur à propos des solutions préconisées par les rapports de la Commission du droit international relatifs à la détermination juridique de ces contrats[130], confirme la légitimité et le bien-fondé de cette jurisprudence d'où surgit communément une tendance à exclure lesdits contrats de l'orbite du droit international : en effet, bien que les engagements nés de ce type de contrats revêtent un caractère juridique, il n'en reste pas moins qu'ils ne devraient pas relever du ressort de

---

[126] *Ibid.*, pp. 311-321.
[127] V. *supra*, n° 14.
[128] L. Lankarani El-Zein, Les contrats d'État à l'épreuve du droit international, Bruylant, Bruxelles, 2001, p. 312.
[129] *Ibid.*, p. 322.
[130] *Ibid.*, pp. 353-384.

l'ordre juridique international dont l'application intéresse uniquement les personnes morales de droit public[131].

87. Cependant, l'impuissance du droit interne à gouverner à lui seul les contrats de développement économique d'une part, et, les multiples objections dont fait l'objet le droit international public sur son incompétence à gérer une relation contractuelle où l'une des deux parties est un investisseur privé d'autre part, incitent un courant de la doctrine à préconiser l'enracinement du contrat de développement économique dans un « tiers ordre »[132]. Selon ce courant, la solution la plus appropriée serait de rattacher le contrat d'État à cet ordre.

Paragraphe 3 : L'enracinement du contrat dans l'ordre juridique transnational : la proposition d'une solution médiane

88. Les règles transnationales, après avoir pris naissance sur la scène internationale (**A**), semblent devenir le point de mire d'une partie de la doctrine qui a envisagé d'en constituer un corps de règles autonomes où les contrats d'État seraient susceptibles d'être enracinés, et cela, en vue de pallier les carences du droit international à régir les relations État-investisseur (**B**).

A. La naissance et le développement des règles transnationales

89. La communauté internationale a eu connaissance de la notion de droit transnational à travers l'œuvre du Professeur Jessup au milieu du XXème siècle[133]. Plus tard, l'éminent juriste Berthold Goldman désignera cette notion

---

[131] *Ibid.*

[132] M. Virally, Un tiers droit ? Réflexions théoriques, *in* Le droit des relations économiques internationales, Études offertes à Berthold Goldman, Litec, Paris, 1982, pp. 373-385 ; V. également, R.-Y. Jennings, State Contracts in International Law, British Yearbook of International Law, 1961, pp. 156 et s.

[133] P.-C. Jessup, Transnational Law, Yale University Press, New Haven, 1956, p. 2 : *« I shall use, instead of "international law," the term "transnational law" to include all law which regulates actions or events that transcend national frontiers. Both public and private international law are included, as are other rules which do not wholly fit into such standard categories »* ; G.-R. Delaume, States Contracts and Transnational Arbitration, AJIL, 1981, pp. 784-819 ; V. également du même auteur, Transnational Contracts, Applicable Law and Settlement of Disputes : A Study in Conflict Avoidance, Dobbs Ferry, New York, 1983.

par la locution latine : la *lex mercatoria*[134]. Les sources légales de ce corps de règles seraient constituées par l'ensemble des sentences arbitrales du commerce international, des outils et usages du droit commercial international ainsi que des principes généraux de droit. Certains auteurs sont même parvenus à préconiser l'existence d'une coutume transnationale[135], laquelle n'est pas cantonnée à la coutume du droit interne, car elle se forme dans un environnement qui ne se rapporte à aucun pays spécifique ni à la coutume internationale prévue à l'article 38 du Statut de la Cour internationale de Justice puisqu'elle n'est pas l'événement d'acteurs du droit international. Cette coutume est donc susceptible de constituer un ordre juridique autonome et neutre occupant un espace propre. D'ailleurs, la publication des principes du droit du commerce international, réalisée par Unidroit doit être envisagée comme un effort tout estimable dans l'objectif de rassembler ces principes dans un réel Code transnational qui gouverne les relations contractuelles d'ordre international[136].

90. Le Professeur Philippe Fouchard préconise quant à lui la dénomination de règles anationales pour spécifier un ensemble de normes ayant vocation à s'appliquer aux relations commerciales internationales privées qui ne puisent point leur validité dans les droits nationaux, mais plutôt qui ont été constituées par la communauté commerciale internationale à travers les usages et les principes généraux de droit, et qui ont été révélées particulièrement par les sentences arbitrales[137]. Un courant de la doctrine estime qu'il s'agit là, d'un ordre juridique propre qui se distingue des règles

---

[134] V. B. Goldman, Frontières du droit et lex mercatoria, Archives de philosophie du droit, 1964, pp. 177 et s. ; V. également du même auteur, Règles de conflit, règles d'application immédiate et Règles matérielles dans l'arbitrage international : Travaux du Comité français de droit international privé, 1966-1969, p. 123 ; La lex mercatoria dans les contrats et l'arbitrage international : réalités et perspectives, JDI, 1979, p. 475 ; pour une étude plus approfondie, V. en particulier, O. Toth, The Lex Mercatoria in Theory and Practice, OUP, Oxford, 2017.

[135] V. dans ce sens, F. Rigaux et M. Fallon, Droit international privé, 3ème édition, Larcier, Bruxelles, 2005, p. 153.

[136] Sur les principes Unidroit, V. en particulier, W. Ben Hamida, Les principes d'UNIDROIT et l'arbitrage transnational : L'expansion des principes d'UNIDROIT aux arbitrages opposant des États ou des organisations internationales à des personnes privées, JDI, n° 4, 2012, pp. 1213-1242 ; V. également, J. Crawford et A. Sinclair, Application aux contrats de l'État des principes Unidroit relatifs aux contrats du commerce international, *in* Principes Unidroit relatifs aux contrats du commerce international. Réflexions sur leur utilisation dans l'arbitrage international, Bulletin de la Cour internationale d'arbitrage de la CCI, supplément spécial, 2002, pp. 59-79.

[137] V. Ph. Fouchard, Rapport de synthèse, *in* Institut du droit des affaires internationales, Les synthèses contractuelles de droit civil et les exigences du commerce international, Le Caire, 1993, p. 237.

du droit étatique et qui forme un corps de règles *« directement issues des usages du commerce international »*[138].

B. Des argumentations favorables à l'enracinement du contrat dans l'ordre mercatique

91. La désignation par les parties du droit international public pour régir les relations contractuelles relatives aux investissements internationaux a été largement critiquée par un courant doctrinal qui donne préférence au droit transnational. En effet, ce type de contrats présente les spécificités d'une relation *sui generis* étant donné qu'ils ne sont pas conclus par deux sujets de droit international, mais par un État sujet de droit international et une personne privée étrangère, sujet de droit interne[139]. Ainsi, les adeptes de cette tendance se montrent hostiles à l'application du droit international public aux contrats d'investissement conclus par un État et une compagnie étrangère, car, selon eux, par ce genre de contrats se forme un rapport hybride entre les parties. Ahmed Sadek El-Kosheri estime par exemple que les accords de participation entre États et personnes privées étrangères développent un *« domaine transnational »*[140]. De même, cette théorie a été récemment adoptée par la doctrine moderne qui perçoit dans la définition même du contrat de développement économique l'expression d'une relation transnationale différente d'un rapport interétatique fondé sur le traité[141].

D'ailleurs, selon cette tendance doctrinale, le contrat d'investissement, qualifié d'acte juridique transnational, et le traité, qualifié d'acte juridique international, ne peuvent en aucun point se rencontrer. Qualifier la relation contractuelle établie entre un État sujet de droit international et une personne privée étrangère sujet de droit interne, de transnationale, doit dès lors être envisagée comme étant la seule désignation appropriée[142].

---

138 V. J. Dabin, Théorie générale du droit, Dalloz, 1969, n° 21, p. 26.
139 V. par exemple, M. Kamto, La notion de contrat d'État : une contribution au débat, Revue de l'Arbitrage, n° 23, Litec, Paris, 2003, pp. 719-751, spéc. pp. 734 et s.
140 V. A. El Kosheri, Le régime juridique créé par les accords de participation dans le domaine pétrolier, RCADI, 1975, p. 318 ; V. dans le même sens, B. Goldman, La lex mercatoria dans les contrats et l'arbitrage international : réalités et perspectives, JDI, 1979 ; J.-M. Jacquet, L'État comme opérateur du commerce international, JDI, 1989.
141 M. Kamto, La notion de contrat d'État : une contribution au débat, Revue de l'Arbitrage, n° 23, Litec, Paris, 2003, pp. 719-751, spéc. pp. 741 et s.
142 *Ibid.*, spéc. pp. 732-733 ; V. également, F. Rigaux et M. Fallon, Droit international privé, 3ème édition, Larcier, Bruxelles, 2005, pp. 29 et s.

92. Il a donc été avancé que les normes relatives aux contrats d'investissement internationaux relèveraient d'un droit transnational ou mercatique, spécifique aux rapports entre sujets de droit international et sujets de droit interne comme le constate Jean-Flavien Lalive : *« On perçoit clairement que les techniques juridiques actuelles sont insuffisantes. Faut-il se référer à un ou à plusieurs droits internes ? Dans ce dernier cas lesquels ? Ils sont parfois mal connus, incomplets, voire dangereux (question de l'aléa législatif). Le droit international ne convient pas vraiment, non qu'il soit inachevé (on peut essayer d'en combler certaines « lacunes » par le recours aux principes généraux et à la méthode d'analogie), mais ce choix soulève d'autres difficultés dont celle d'appliquer à des opérateurs privés un système prévu pour les personnes juridiques internationales. L'idée d'un tiers ordre juridique est donc à retenir, s'enrichissant graduellement de toutes les solutions et de l'expérience acquises dans la pratique de ces contrats internationaux : usages commerciaux, principes généraux, analogies à tirer des droits internes, règles qui se dégagent peu à peu de la « jurisprudence » arbitrale »*[143].

93. Dans la même mesure, afin de souligner l'aberration que susciterait l'application du droit international aux relations entre État et investisseur, Angelo Piero Sereni, souligne dans son cours à l'Académie de droit international en 1959 que : *« Each legal system serves the purpose of regulating the status and relations of social entities for which and among which it exists. An attempt at applying international law to private relations would be tantamount to seeking to apply the matrimonial laws of France or England to relations between cats and dogs »*[144].

94. Dans la même optique, Heinrich Triepel affirme clairement que : *« le droit international public règle les rapports entre des États et seulement entre des États parfaitement égaux. Les relations entre un État fédéral et ses États membres ne sont point du domaine du droit international parce que les États membres sont soumis à l'État fédéral et les relations entre les individus et les États étrangers, ainsi que les relations entre les individus appartenant à différents États, ne sont point du régime du droit international public, parce que les individus ne sont pas, comme on aime à dire des « sujets » du droit international. Le particulier, du point de vue d'une communauté de droit liant les États en tant que tels, est incapable d'être investi de droits et de devoirs propres, découlant d'un système juridique de cette communauté »*[145].

---

[143] J.-F. Lalive, Contrats entre États ou entreprises étatiques et personnes privées. Développements récents, RCADI, vol. 181, 1983, pp. 9-283, spéc. pp. 184-185.
[144] A.-P. Sereni, International Economic Institutions and the Municipal Law of States, RCADI, t. 96, 1959, p. 210.
[145] H. Triepel, Les rapports entre le droit interne et le droit international, RCADI, t. 1, 1923, pp. 77-118, spéc. p. 80.

95. Pour ce courant doctrinal, le droit international est celui qui s'applique exclusivement aux rapports entre États d'où l'existence d'une incapacité « naturelle » pour les personnes privées d'accéder à cette sphère. De ce fait, l'ancrage du contrat d'État dans un tiers ordre ou dans l'ordre juridique transnational semble être, pour les adeptes de cette théorie, la solution la plus appropriée et en même temps la plus adaptée à garantir la stabilité de la relation contractuelle du fait que l'applicabilité du droit national doit concourir avec d'autres normes, notamment les règles et usages du commerce international.

96. Cette vision a été nettement consolidée par quelques sentences arbitrales rendues dans le domaine relatif aux investissements internationaux. Ainsi, dans l'affaire *Aramco contre Arabie Saoudite*[146], le tribunal arbitral admet que la loi nationale, ayant fait l'objet d'une désignation expresse dans le contrat pétrolier, doit, le cas échéant, être interprétée et complétée par les principes généraux de droit, par la coutume et les usages de l'industrie pétrolière et par des inventions doctrinales pures, notamment lorsque les droits acquis - qui doivent indubitablement être reconnus au concessionnaire afin d'éviter à ce que la concession soit privée d'effets juridiques - ne sont pas suffisamment protégés par la loi nationale en vigueur.

Cette décision confirme clairement que les règles de droit transnational sont interprétées par le tribunal arbitral en vue de garantir les droits de l'investisseur étranger et, par conséquent, stabiliser son activité économique établie sur le territoire de l'État hôte.

---

[146] S. A., *ad hoc*, affaire *Arabian American Oil Company (Aramco) c. Arabie Saoudite*, sentence du 23 août 1958, *in* Revue critique de droit international privé, 1963, pp. 272-363 ; la pratique arbitrale est riche d'exemples. V. également les affaires *Petroleum Developments (Trucial Coast) Ltd c. Abu Dhabi*, sentence rendue en septembre 1951, *in* ICLQ, 1952, pp. 247-261 ; *Ruler of Qatar c. International Marine Oil Company*, sentence de juin 1953, *in* I.L.R., 1953, pp. 534 et s. ; *Sapphire International Petroleums Ltd. c. National Iranian Oil Company*, sentence du 15 mars 1963, Annuaire suisse de droit international, 1963, pp. 273-302 ; *BP Exploration Company (Libya) Limited c. Government of the Libyan Arab Republic*, sentence du 10 octobre 1974, *in* I.L.R., vol. 53, 1979, pp. 297-329 ; *Texaco Overseas Petroleum Company (Topco) c. Jamahiriya arabe libyenne,* 19 janvier 1977, *in* J.-F. Lalive, Un grand arbitrage pétrolier entre un gouvernement et deux sociétés privées étrangères, JDI, vol. 104, 1977, pp. 319-389 ; *Libyan American Oil Company (Liamco) c. Gouvernement de la République arabe libyenne*, sentence du 12 avril 1977, *in* I.L.R., vol. 62, 1982, pp. 86-191 ; *American Independent Oil Co. (Aminoil) c. Gouvernement de l'État du Koweït*, sentence du 24 mars 1982, *in* JDI, vol. 109, 1982, pp. 844-909 ; V. également, P. Bernardini, The Law Applied by International Arbitrators to State Contracts, *in* Law of International Business and Dispute Settlement in the 21st Century : Liber Amicorum Karl-Heinz Bôckstiegel, Cologne, Heymanns, 2001, pp. 51 et s. ; V. également, B. Stern, Trois arbitrages, un même problème, trois solutions, Les nationalisations libyennes devant l'arbitrage international, Revue de l'Arbitrage, Litec, Paris, 1980, pp. 3 et s.

97. Compte tenu de cette brève description, la théorie de l'enracinement du contrat d'État dans l'ordre juridique mercatique semblait être la plus adéquate. Cependant, on verra dans les exposés suivants[147] que cette notion fera l'objet de vives critiques relatives essentiellement à son inexistence, à son inadaptation à gérer la relation née des contrats de développement économique ainsi qu'aux originalités qu'elle représente. Face à ce paysage qui lui semblait embrouillé, et en vue de pallier les carences et failles des théories relatives au rattachement du contrat à un ordre juridique déterminé, qu'il soit international, interne, ou même transnational, la doctrine du contrat sans loi sollicite le concept d'un contrat libre de tout assujettissement légal.

SECTION 2

LE REJET DE LA GRUNDLEGUNG : UNE PROPOSITION D'UN CONTRAT AFFRANCHI DE TOUTE LOI

98. La théorie du contrat sans loi ou de l'ordre juridique *per se*[148] qui constitue selon ses défenseurs une « planche de salut » aux inconvénients que revêtent les théories du rattachement du contrat à un ordre juridique défini, reconnaît aux cocontractants la possibilité de s'affranchir totalement de tout contrôle d'un ordre juridique supérieur. Plusieurs fondements juridiques ont servi de base (**Paragraphe 2**) pour mettre en évidence la légitimité d'un tel concept (**Paragraphe 1**).

Paragraphe 1 : La présentation du concept d'un contrat affranchi de tout assujettissement légal

99. Après l'exposé théorique de la conception du contrat affranchi de toute loi (**A**), on abordera ses manifestations dans la pratique contractuelle (**B**).

---

[147] V. *infra*, n°s 128 et s.

[148] M. Audit, S. Bollée et P. Callé, Droit du commerce international et des investissements étrangers, 2ème édition, LGDJ, Paris, 2016, p. 213.

A. L'analyse théorique du concept du contrat sans loi

100. Exaltation ultime du principe de l'autonomie de la volonté, ranimée par les idées de l'individualisme libéral qui régnait au XXème siècle, la théorie du contrat sans loi est l'expression de la sublimation de la volonté individuelle selon laquelle le contrat se contente de lui-même sans être soumis à aucune forme de subordination. Il est, selon cette théorie, susceptible, à lui seul, de se former et d'engendrer des effets juridiques sans que sa validité soit contrôlée par une norme supérieure : il revêt ainsi le caractère de suffisance intrinsèque. Par conséquent, la validité du contrat ne s'apprécie pas en fonction d'une règle extrinsèque supérieure, mais compte tenu de la volonté des cocontractants intégrée dans ses stipulations.

101. D'ailleurs, la théorie d'un contrat affranchi de toute norme serait concevable en adoptant une vision subjectiviste faisant ainsi dépendre la *lex contractus* de la seule volonté des parties. Les défenseurs de cette conception estiment que le contrat indépendant et libéré de tout assujettissement juridique n'est pas réellement sans loi, car, la loi du contrat, c'est la volonté des parties. Cette dernière se transforme ainsi en une aptitude normative équivalente à celle appartenant à l'État. Aussi, cette logique inviterait à envisager la possibilité d'un défaut de rattachement à une norme nationale, internationale ou même transnationale et à admettre la validité du contrat sans loi.

102. Dans cette même vision, le Professeur Alfred Verdross affirme que : *« it is a positivist prejudice to maintain that today a legal obligation can only be established on the basis of a positive legal order »*[149]. Il souligne en effet que les contrats d'État qu'il appelle « *quasi-international agreements* »[150], ne puisant leur validité dans nul ordre national ou international, forment ainsi, à eux seuls, un ordre juridique autonome élaboré par la volonté commune des parties contractantes auquel elles se trouveraient exclusivement soumises.

Par conséquent, la volonté commune des cocontractants permet *« d'évincer une loi prohibitive susceptible de conduire à une annulation ou du moins une paralysie de l'exécution du contrat international, dans son ensemble ou dans une de ses clauses seulement »*[151]. Cela signifie qu'aucune disposition d'ordre

---

[149] V. A. Verdross, Quasi-International Agreements and International Economic Transactions, Yearbook of World Affairs, 1964, pp. 230-247, spéc., p. 231.

[150] *Ibid.* ; du même auteur, Protection of Private Property under Quasi-International Agreements, *in* Liber amicorum Jean Pierre Adrien François, Sijthoff, Leyden, 1959, pp. 355-362 ; V. également, M. Bourquin, Arbitration and Economic Development Agreements, The Business Lawyer, 1960, pp. 860-879.

[151] J.-M. Jacquet, Principe d'autonomie et contrats internationaux, Economica, Paris, 1983, p. 23.

impératif prévue par la loi choisie ne puisse être en mesure de perturber le sort des clauses contractuelles.

103. Afin d'élucider davantage la théorie du contrat sans loi dont on a exposé l'aspect théorique, une approche d'ordre pratique qui fera l'objet des énoncés qui suivent s'avère utile.

B. Les illustrations de la théorie du contrat sans loi sur le plan de la pratique contractuelle

104. La théorie du contrat sans loi n'ayant pas suscité un contentieux arbitral massif en raison du doute sur l'efficience de cette conception, une concrétisation de la mise en œuvre de cette théorie se manifeste, du reste, dans la pratique contractuelle où les cocontractants consentent à exclure le contrat à l'emprise de toute loi en y insérant certaines stipulations aboutissant à cette fin. Parmi les exemples dont on a pu trouver trace, l'on fait état de la clause compromissoire prévue dans un contrat ayant trait à une sentence CCI laquelle stipule que : *« The Arbitrators shall solve the dispute in accordance with the wording and the spirit of the contract and if necessary they may apply the French law »*[152].

105. Dans d'autres hypothèses, les cocontractants révèlent la volonté de prescrire à la loi désignée un aspect totalement supplétif, en précisant qu'en cas de contradiction, ce sont les stipulations contractuelles qui priment sur les dispositions de la loi choisie.

Dans ce même contexte, il serait convenable de citer aussi la clause prévue dans le contrat faisant l'objet de la sentence CCI n° 6251 qui souligne que : *« la loi française est applicable sous réserve des dérogations expresses que le présent contrat lui oppose »*[153].

Dans un environnement similaire, la clause de droit applicable que mentionne la sentence CCI n° 6136 peut aussi servir d'exemple. Elle précise, en effet, qu'*« en tout ce qui n'est pas contraire aux dispositions de la convention [...] et du présent marché, recevront application dans l'ordre ci-*

---

[152] CCI, Sentence n° 4474, telle que citée *in* E. Gaillard, Trente ans de Lex Mercatoria - Pour une application sélective de la méthode des principes généraux du droit, JDI, vol. 1, 1995, pp. 5-30, spéc. p. 10.

[153] CCI, Sentence n° 6257, telle que citée *in* E. Gaillard, Arbitrage commercial international, Sentence arbitrale, Droit applicable au fond du litige, Jurisclasseur Droit International, 1996, fasc. 586-9-1, pp. 1-40, spéc. p. 7.

après (les principes généraux du droit et la loi étatique du pays dans lequel le marché a été passé) »[154].

106. Aussi serait-il commode, afin de mieux saisir les aspects de la théorie du contrat émancipé de toute contrainte normative, de mettre l'accent sur les principaux fondements juridiques qui lui servent de soutien.

Paragraphe 2 : Les justifications juridiques de la théorie du contrat sans loi

107. Deux fondements juridiques serviront de base pour soutenir la théorie du contrat sans loi : l'application extensive du principe de l'autonomie de la volonté (**A**) et l'inutilité du rattachement du contrat à un ordre juridique déterminé (**B**).

A. La portée sans limites du principe de l'autonomie de la volonté

108. La théorie du contrat sans loi découle du fait que le principe de l'autonomie de la volonté est illimité. Traditionnellement, la théorie générale des contrats avait comme fondement juridique le principe de l'autonomie de la volonté à partir duquel dérivait la force obligatoire du contrat. Ces observations résultent d'une interprétation exagérée de ce principe faite par les subjectivistes qui reconnaissent à la volonté des parties un rang supérieur à celui de la loi. Poussé à son extrême, le principe de la liberté contractuelle en matière internationale a favorisé l'émergence de la notion du contrat sans loi. La souplesse et la liberté dont disposent les parties leur confèrent l'aptitude à régir leur relation contractuelle de manière substantielle. Les parties sont libres, non seulement de choisir la loi applicable à leur contrat, mais également d'épargner à celui-ci le risque d'être déclaré nul s'il est en contradiction avec les dispositions de la loi choisie.

109. La grande liberté réservée aux cocontractants a conduit un courant doctrinal à admettre l'idée que le contrat se suffit à lui-même, et qu'il n'a nullement besoin d'être soumis à une norme juridique quelconque. Le Professeur Pierre Lalive observe, par exemple, qu'il s'agit là d'un principe si

[154] CCI, Sentence n° 6136, telle que citée *in* E. Gaillard, Arbitrage commercial international, Sentence arbitrale, Droit applicable au fond du litige, Jurisclasseur Droit International, 1996, fasc. 586-9-1, pp. 1-40, spéc. p. 7.

généralement reconnu dans tous les systèmes juridiques qu'il pourra facilement retenir le qualificatif d'une coutume internationale, sinon de principe général de droit agréé par les nations civilisées au sens de l'article 38, alinéa 3 du Statut de la Cour internationale de Justice[155].

110. En quête d'un remède à la stabilité de la relation État-investisseur, la théorie du contrat flottant dans le vide propose que le contrat d'investissement, à nature hybride, puise sa validité, sa reconnaissance, ainsi que sa force obligatoire dans l'unique volonté des cocontractants et non dans le droit international, national, ou transnational. Pour les zélateurs de la théorie précitée, cette liberté mériterait bien une considération du fait qu'elle serait propice à l'accroissement des flux commerciaux transnationaux.

Ainsi, la volonté des parties fonderait à ces seules conditions, le caractère obligatoire de l'engagement. Pour justifier un tel examen, les partisans de cette conception présument que le contrat en tant que tel s'analyserait en un corpus rigide et constituerait lui-même son propre droit auquel il est assujetti, et que les cocontractants pourraient librement déterminer[156]. Cette théorie placerait les stipulations contractuelles à pied d'égalité avec les normes d'un système juridique ou d'un ordre juridique qu'il soit national, international ou transnational et, par conséquent, rejette toute conception selon laquelle le contrat devrait nécessairement être enraciné dans un ordre juridique bien défini.

B. Le « mythe » de l'ordre juridique de base

111. Il serait opportun de dégager un autre fondement sur lequel se basent les partisans de la théorie du contrat sans loi qui lui sert de justification.

Selon le Professeur Pierre Mayer l'un des adeptes de la théorie du contrat sans loi, *« si l'on met à part le droit des États autres que l'État partie dont l'application dans l'arbitrage des contrats d'État est exceptionnelle, on arrive à la conclusion que les rapports contractuels ou non, entre l'État et l'entreprise étrangère ne peuvent être soumis à aucun droit »*[157]. L'auteur estime que la recherche de l'ordre juridique de rattachement du contrat d'État

[155] P. Lalive, Ordre public transnational ou réellement international et arbitrage international, Revue de l'Arbitrage, Litec, Paris, 1986, pp. 351 et s.
[156] V. dans ce sens, J. Robert et B. Moreau, L'arbitrage, Droit interne, Droit international privé, Dalloz, 5ème édition, 1983, n° 330, p. 288.
[157] V. P. Mayer, La neutralisation du pouvoir normatif de l'État en matière de contrats d'État, JDI, vol. 113, 1986, p. 5-78.

aurait pour but principal la neutralisation du pouvoir normatif de l'État partie au contrat[158]. En effet, enraciner le contrat d'État dans le droit international public, cherche à relever la présence d'un choix de loi susceptible de soustraire le contrat à l'emprise de la loi de l'État hôte. Mais, selon l'auteur, le recours à l'arbitrage international justifie à lui seul cette faculté, laquelle est inhérente au fonctionnement de cette institution. La théorie de l'ordre juridique d'enracinement dans lequel s'enracinerait le contrat d'investissement et qui serait à l'origine de la validité contractuelle serait ainsi vaine et parfaitement inutile[159].

112. Ce qui importe, selon l'auteur, ce n'est pas l'existence d'un ordre juridique validant le contrat d'investissement, mais la simple compétence arbitrale et l'obtention de l'exequatur de la sentence dans l'ordre juridique national. Par conséquent, le contrat d'État ne puise pratiquement sa validité que dans la décision du tribunal national. Avant la décision d'exequatur, la sentence arbitrale est jugée inefficace et ineffective et le contrat un instrument qui flotte dans l'air. La procédure d'homologation attribuera elle-même à la sentence arbitrale l'autorité de chose jugée et conférera au contrat sa force obligatoire. L'auteur observe par la suite que l'ordre juridique de base se trouverait *« simultanément dans tous les États dont les tribunaux peuvent être appelés à émettre une décision à son égard, soit directement, soit à l'occasion de l'exequatur d'une sentence arbitrale »*[160].

113. La thèse du Professeur Pierre Mayer se justifie à travers les compétences du juge national[161] et de l'arbitre. Le juge, en la présence d'un élément d'extranéité[162], tranche le différend en ayant recours à la méthode conflictuelle classique du droit international privé afin de désigner la norme compétente applicable. Le jugement rendu est ainsi définitif et acquiert la qualité d'autorité de la chose jugée que lui accorde d'ailleurs la loi nationale[163].

---

[158] *Ibid.*, pp. 5 et s.

[159] V. P. Mayer, le mythe de l'« ordre juridique de base » (ou *Grundlegung*), *in* Le droit des relations économiques internationales, Études offertes à Berthold Goldman, Litec, Paris, 1982, pp. 199-216, spéc. p. 216.

[160] *Ibid.*

[161] En Suisse par exemple, cette compétence est prévue par la loi fédérale du nouveau droit international privé du 18 décembre 1987.

[162] Le juge étatique peut être saisi d'un litige contractuel à caractère international où le droit interne s'avère en état de conflit ou bien avec les dispositions d'une loi étrangère ou bien avec une règle internationale.

[163] V. P. Mayer, le mythe de l'« ordre juridique de base » (ou *Grundlegung*), *in* Le droit des relations économiques internationales, Études offertes à Berthold Goldman, Litec, Paris, 1982, pp. 199-216, spéc. p. 200 : *« Ainsi si un contrat est soumis au droit anglais, c'est dans le droit anglais qu'il puise sa validité ; si une dévolution successorale est régie par le droit belge, c'est dans le droit belge que les héritiers trouvent la source de leur droit à recueillir les biens du défunt, etc. »*.

L'arbitre, en revanche, tranche le litige en tenant compte du principe de l'autonomie de la volonté et du choix exprimé par les cocontractants sans être arc-bouté sur le respect des règles de conflit nationales. À la lumière de l'absence de for quant à l'arbitrage, l'arbitre n'est pas tenu de se soumettre à un ordre juridique précis ni d'appliquer les dispositions d'une loi nationale définie. En tranchant un différend relatif à un investissement international, il pourra ne prendre en considération que la volonté des cocontractants sans rechercher de justification. La faculté d'extraire le contrat à tout ordre juridique national est ainsi plus aisée. En l'absence de clause claire de détermination du droit applicable au contrat, l'arbitre jouit d'une liberté illimitée quant au choix du droit applicable qu'il jugera approprié en l'espèce. Le caractère efficace et effectif de sa sentence se trouvera au cœur des droits étatiques qui doivent la soumettre à la procédure d'exequatur. Pour cela, le recours à un système juridique déterminé est parfaitement inutile[164].

---

164 *Ibid.*, p. 216 : « *[...] aucun ordre juridique n'est fondamental pour la relation, la Grundlegung est inexistante* ».

CONCLUSION DU CHAPITRE 1

114. Après avoir exposé les spécificités et les fondements des différentes solutions relatives à l'enracinement des contrats d'investissement dans un ordre juridique quelconque, il semble admis de conclure que chacune de ces théories pose un ensemble d'inconvénients substantiels et donne lieu à plusieurs interrogations : quelles seraient les différentes portées juridiques concernant l'enracinement du contrat d'investissement dans chacun des différents ordres juridiques ? Quel ordre juridique de base contribuerait-il à la déstabilisation des investissements étrangers ? Quel ordre de rattachement aurait-il pour objet la protection des compagnies transnationales ? L'éventuel défaut de rattachement à un système de droit déterminé constituerait-il le palliatif à l'indéfectibilité, les imperfections et la défaillance des autres conceptions ?

115. Afin de répondre à ces interrogations, une appréciation approfondie et appropriée des différentes doctrines précitées s'avère nécessaire, pour constater en définitive que la théorie de l'ancrage du contrat d'État dans la sphère juridique internationale répondrait le mieux aux exigences de la volonté des détenteurs de capitaux. Cette doctrine sera plus tard confirmée par la nouvelle conception de l'internationalisation en vertu des clauses conventionnelles d'*electio juris*[165].

[165] V. *infra*, n°s 169 et s.

CONCLUSION DU CHAPITRE I

CHAPITRE 2

L'APPRÉCIATION DES THÉORIES DOCTRINALES ENVISAGÉES

116. La théorie de l'ordre juridique de base, fondée par le Professeur Weil, préconise une solution au problème du choix de loi en cas de conflit. Cependant, plusieurs objections ont été adressées quant à la pertinence du concept de l'enracinement du contrat de développement économique dans l'ordre juridique international. Ce qu'on aura en vue dans les propos suivants, c'est de procéder d'abord à un examen relatif à l'inconsistance de ces objections (**Section 1**) et de s'aviser ensuite que la solution la plus adaptée à l'époque était celle qui a abouti à l'enracinement du contrat dans l'ordre juridique international (**Section 2**).

SECTION 1

L'EXAMEN DES OBJECTIONS THÉORIQUES À L'ENCONTRE DE L'INTERNATIONALISATION DES RAPPORTS TRANSNATIONAUX

117. Il résulte des différentes solutions relatives à l'enracinement du contrat d'État qui ont été exposées dans les développements qui précèdent que la solution la plus cohérente serait, compte tenu du caractère du rapport contractuel où l'État est un sujet de droit international, de concevoir le contrat comme un instrument ancré dans l'ordre juridique international. Néanmoins, cette théorie fut l'objet de multiples critiques ranimées par la conception dont plusieurs juristes appréhendent le droit international comme étant un droit qui ne gouverne que les relations entre États. Même si plusieurs alternatives ont été proposées afin de franchir cet obstacle, elles ne correspondaient ni à la volonté des compagnies étrangères ni à la jurisprudence arbitrale telles qu'elles se sont développées dans la seconde moitié du XXème siècle. Cela étant, les reproches que soulèvent certains auteurs à l'encontre de la conception du contrat d'État selon laquelle celui-ci est hissé au rang du droit international public, en favorisant son rattachement à l'ordre interne (**Paragraphe 1**), à l'ordre transnational (**Paragraphe 2**), ou encore son défaut de rattachement à un système juridique spécifique (**Paragraphe 3**), semblent dénués de fondement et incapables de sauvegarder les droits des opérateurs étrangers.

Paragraphe 1 : Les contestations relatives à l'enracinement du contrat dans l'ordre juridique national

118. Après avoir brièvement énoncé la théorie de Leila Lankarani El-Zein qui condamne carrément l'internationalisation des contrats d'État, on constatera que les arguments sur lesquels repose cette théorie paraissent infondés (**A**) d'autant plus que, sur le plan pratique, et à la lumière du droit français, l'ancrage du contrat d'investissement dans l'ordre interne est un procédé inéquitable qui privilégie plutôt les intérêts de l'État hôte aux dépens des espérances des investisseurs (**B**).

A. Étude critique des arguments invoqués à l'encontre de l'internationalisation des contrats d'État

119. Les arguments invoqués par Leila Lankarani El-Zein, à l'encontre de l'enracinement du contrat dans l'ordre juridique international, semblent, selon les adeptes de cette théorie, inadéquats, et cela, pour diverses raisons.

Tout d'abord, estimer que les principes généraux de droit ne seraient pas en mesure, comme elle le soutenait[166], de changer la frontière entre les deux droits national et international, conduit à considérer que ces principes, en tant que source du droit international, occupent une place inférieure face aux conventions internationales et à la coutume internationale. Or, compte tenu des dispositions de l'article 38 du Statut de la Cour internationale de Justice, il n'en est rien : aucun indice dans le texte ne témoigne de cette infériorité. Par ailleurs, la thèse soutenue par le Professeur Pellet sur les principes généraux de droit confirme, à la lumière d'une étude de la jurisprudence et de la

---

[166] V. *supra*, n° 81.

doctrine, que ces derniers gardent leur intérêt, et cela, même en présence des deux autres sources. En effet, dans des situations pareilles, *« le rôle d'appoint des principes est particulièrement net. Ils sont utilisés à titre complémentaire, pour parfaire une argumentation, appuyer les autres raisons invoquées par l'organe du droit international qui les applique - ils aident à emporter la conviction »*[167]. Même si l'infériorité de la valeur des principes généraux de droit pourrait être observée en présence de normes conventionnelles ou coutumières, il en est autrement lorsqu'on se trouve dans des situations où se manifeste une insuffisance normative. C'est là où les principes généraux de droit produisent leur pleine efficacité en tant que mode principal de l'élaboration du droit, l'arbitre, en vue de combler la carence du droit international, se référant souvent à ces principes. Le Professeur Michel Virally estime d'ailleurs qu'*« avec les principes généraux de droit ainsi compris (et sous réserve des difficultés que soulève leur reconnaissance dans les pays de l'Est), le droit transnational - la lex mercatoria - disposerait d'une base normative solide et suffisamment large, à partir de laquelle les tribunaux d'arbitrage pourraient élaborer un corps de règles plus détaillé par leur jurisprudence »*[168].

120. Ensuite, est-ce qu'il est exact de dire que la matière des contrats de développement économique appartienne exclusivement au domaine réservé de l'État et ne puisse, pour cette raison, comme l'estime Leila Lankarani El-Zein, être transportée dans le droit international ?[169]

À cette interrogation, plusieurs auteurs répondent par la négative. En effet, le Professeur Hans Kelsen estime qu'*« il n'est pas correct de dire qu'une affaire peut être réglée par le droit international parce qu'elle est une affaire extérieure et qu'une autre peut être réglée par le droit national parce qu'elle est une affaire intérieure. Il faut dire au contraire, qu'une affaire est extérieure quand elle est réglée par le droit international et qu'une autre est intérieure aussi longtemps qu'elle est effectivement réglée par le seul droit national »*[170].

Dans la même mesure, le Professeur Weil souligne que : *« ce n'est pas par essence, en effet, mais en raison de données historiques fluctuantes que le droit international ne régit que des relations interétatiques, et rien n'interdit*

---

[167] A. Pellet, Recherches sur les principes généraux de droit en droit international, Thèse de doctorat, Paris II, 1974, p. 420.
[168] M. Virally, Un tiers droit? Réflexions théoriques, *in* Le droit des relations économiques internationales, Études offertes à Berthold Goldman, Litec, Paris, 1982, pp. 375-385, spéc. p. 384.
[169] V. *supra*, n° 82.
[170] H. Kelsen, Théorie du droit international public, RCADI, t. 84, 1953, pp. 116-117.

d'admettre que son champ d'application puisse s'étendre à d'autres sujets de droit »[171].

Dans le même ordre d'idées, le Professeur Reuter considère que : *« si certaines matières ne peuvent être réglées par le droit national, l'inverse n'est pas vrai : il n'est pas de question qui ne puisse être soumise à une règle de droit international à raison de son objet »*[172].

121. À ces observations théoriques adressées à l'encontre de l'enracinement du contrat dans l'ordre juridique interne, s'ajoutent des inconvénients d'ordre pratique qui, eux aussi, contribuent à nourrir ce mouvement de désapprobation.

B. Les risques liés à l'enracinement du contrat dans l'ordre interne : l'exemple du droit français

122. Dans l'hypothèse où l'ordre juridique de l'État hôte serait l'ordre juridique de base, celui-ci pourrait-il offrir une stabilisation efficace de la relation contractuelle ? En d'autres termes est-ce que l'ordre juridique de l'État hôte dans lequel la personne privée étrangère souhaite exercer son investissement permet réellement aux parties de déterminer sans heurt la loi applicable au contrat ?

123. La pratique relative aux investissements étrangers montre que, dans la mesure où le contrat est enraciné dans l'ordre juridique interne de l'État hôte, le contrat d'État risquerait d'être privé de sa force obligatoire. L'usage potentiel par l'État hôte de ses prérogatives de puissance publique et l'existence de lois d'ordre public interne auxquelles l'investisseur étranger ne peut déroger justifient cet état de fait[173]. Afin de rendre cette approche plus accessible, on analysera en particulier le cas du droit français, tout en

---

[171] P. Weil, Un nouveau champ d'influence pour le droit administratif français : Le droit international des contrats, Études et documents du Conseil d'État, 1970, p. 18, reproduit *in* P. Weil, Écrits de droit international : Théorie générale du droit international, droit des espaces, droit des investissements privés internationaux, PUF, Paris, 2000, pp. 311-312.

[172] P. Reuter, L'extension du droit international aux dépens du droit national devant le juge international, *in* Mélanges offerts à Marcel Waline, Paris, LGDJ, 1974, t. 1, p. 248.

[173] En effet, l'opérateur étranger a tout à craindre que l'ordre juridique de base dans lequel le contrat d'État s'enracine soit celui de l'État hôte. Cette crainte se justifie par le fait qu'au sein même de l'ordre juridique interne, l'autorisation des parties à désigner librement le système de règles matérielles ou substantives pour gouverner leur relation contractuelle existe, mais sous réserve de respect de certains textes impératifs du for. Ce choix de règles applicables pourra donc être neutralisé ou limité.

soulignant clairement que l'ordre juridique français autorise les cocontractants à déterminer les normes applicables au contrat selon leur choix tout en soumettant ce choix aux impératifs de l'ordre public français.

124. En 1910, la jurisprudence française a consacré de façon explicite le principe de l'autonomie de la volonté[174]. En vertu de ce principe, l'investisseur étranger désireux de s'implanter sur le territoire français, jouit d'une liberté de désigner les règles appelées à gouverner matériellement le contrat.

Toutefois, l'exercice de ce droit offert n'est pas absolu et présente certaines limites. Plusieurs textes soumettent le choix portant sur un droit autre que le droit français, au respect des normes et principes fondamentaux du for français. Il est certain qu'en droit international privé, l'ordre public constitue un moyen de défense destiné à écarter la loi étrangère choisie par les parties quand son contenu s'avère choquant ou incompatible avec les principes fondamentaux du droit du for. L'ordre public forme ainsi un contrepoids au principe de la liberté contractuelle, un garde-fou, une sorte de « parachute » permettant de limiter le risque inhérent au « saut dans l'inconnu ». Évidemment, en ouvrant la voie à l'application des lois étrangères devant ses propres tribunaux, l'ordre juridique français ne vise nullement à donner un blanc-seing total à la loi choisie par les parties. L'application de la loi étrangère n'est admissible qu'autant qu'elle ne porte pas atteinte aux principes fondamentaux du for. Ainsi, dans l'hypothèse où les parties n'ont pas prévu les règles de fond applicables au contrat, l'application des normes étrangères au droit international ou transnational n'est pas automatique. Ce corpus de règles n'a vocation à s'appliquer qu'à la condition de sa conformité à l'ordre public domestique et aux principes fondamentaux pouvant constituer le droit de base dans l'ordre juridique interne français.

Cette prohibition est expressément prévue à l'article 6 du Code civil français : *« on ne peut déroger, par des conventions particulières, aux lois qui intéressent l'ordre public et les bonnes mœurs »*[175]. Compte tenu de la nature de la loi et, principalement de l'objet de ce texte qui tient à neutraliser l'application des normes étrangères contraires à l'ordre public français, il

---

[174] Bien avant l'entrée en vigueur de la Convention de Rome, le principe du libre choix de la loi applicable au contrat trouve des traces explicites dans la jurisprudence française. V. par exemple, l'arrêt *American Trading Company c. Quebec Steamship Company,* C. Cass. civ., 5 décembre 1910, *in* JDI, 1912, p. 1156 : *« La loi applicable aux contrats, soit en ce qui concerne leur formation, soit quant à leurs effets et conditions, est celle que les parties ont adoptée ».*

[175] La nouvelle réforme du Code civil français introduit deux articles qui renvoient également à la notion de l'ordre public français. Il s'agit notamment des articles 1102, alinéa 2 et 1162 du Code civil tel qu'il résulte de l'ordonnance n° 2016-131 du 10 février 2016.

semble évident que, pour les problèmes portant notamment sur les investissements qui trouvent leur solution dans le droit national français, le choix des normes étrangères est prohibé.

125. L'exemple du droit français montre bien que dans la mesure où le juge saisi du litige détermine que l'ordre juridique français constitue l'ordre juridique d'enracinement, les principes fondamentaux ainsi que les normes impératives de l'ordre public interne seraient en mesure de déstabiliser la relation contractuelle. Dans ces conditions, la désignation par les cocontractants des normes étrangères sera théoriquement écartée au profit des principes fondamentaux et des normes impératives du for. Il pourrait s'agir également des principes du droit constitutionnel sur lesquels le pays fournisseur s'appuie afin de modifier unilatéralement les stipulations contractuelles. Un tribunal arbitral saisi du litige est donc tenu de prendre en considération les normes impératives du for. La sentence encourrait sinon le risque d'être annulée ou s'exposerait au refus d'exequatur.

126. Dans la même optique, en cas d'absence de choix du droit applicable, il revient au juge de préciser, à la place des parties, par l'intermédiaire de la règle de conflit, les règles de droit applicables. Dans ce cas, la protection des intérêts de la compagnie étrangère sera donc limitée, car il est fort probable que le tribunal national défende les intérêts de son État aux dépens des intérêts de l'opérateur étranger en faisant intervenir les normes d'ordre public du for.

127. En analysant l'ordre juridique français comme ordre juridique d'enracinement, on se rend compte que les normes impératives de l'ordre public interne pourront conduire à un déséquilibre de l'environnement contractuel aux dépens de la stabilité de l'investissement étranger. Compte tenu de cette analyse, on constate en somme que ni la loi ni le juge de l'État hôte ne parviennent à assurer une stabilité efficace des opérations d'investissement. Dans cette même optique, l'impuissance des normes mercatiques à gouverner la relation transnationale aboutira au rejet du concept de l'ancrage du contrat d'État dans l'ordre juridique transnational.

Paragraphe 2 : Les objections à l'encontre de l'ancrage du contrat d'État dans l'ordre juridique transnational

128. La théorie de l'enracinement du contrat d'État dans l'ordre juridique mercatique ne semble pas avoir acquis un poids juridique considérable. En effet, après que le droit transnational s'est taillé une place remarquable[176], d'éminents juristes ont soutenu qu'il est impossible d'enraciner les contrats d'investissement dans l'ordre juridique anational, compte tenu de l'impuissance (**A**) et de l'inadaptation (**B**) des règles transnationales à gérer le domaine des investissements.

A. Les faiblesses des règles transnationales à gouverner la relation État-investisseur

129. On soutient généralement qu'il ne suffit pas que des rapports se nouent entre personnes émanant de divers ordres juridiques pour qu'apparaisse un ordre juridique spécifique à ces rapports. En effet, même si la majorité des juristes soutiennent que les contrats d'État fondent une relation transnationale, ils n'envisagent cependant pas que les normes concernant cette relation s'imposent comme un ordre juridique spécifique[177]. L'existence de relations commerciales transfrontalières entre deux entreprises allemande et italienne, par exemple, n'entraîne point la création d'un ordre juridique germano-italien. Les rapports hybrides entre sujets de droit international et sujets de droit interne ne s'intégreraient pas dans un tiers ordre juridique propre si les parties étaient uniquement sujets de cet ordre. L'idée de « règles transnationales » comme règles visant à gouverner particulièrement les rapports entre État et personnes privées, dans la mesure où de telles règles existent, est parfaitement envisageable, mais la théorie d'un « ordre juridique transnational » supposerait une structure propre et serait ainsi, pour une partie de la doctrine, difficilement concevable[178].

---

[176] V. *supra*, n°s 88 et s.

[177] V. M. Virally, Un tiers droit ? Réflexions théoriques, *in* Le droit des relations économiques internationales, Études offertes à Berthold Goldman, Litec, Paris, 1982, pp. 373-385.

[178] V. à cet égard, A. Pellet, La lex mercatoria, "tiers ordre juridique" ? Remarques ingénues d'un internationaliste de droit public, *in* Souveraineté étatique et marchés internationaux à la fin du 20ème siècle. À propos de 30 ans de recherche du CREDIMI - Mélanges en l'honneur de Philippe Kahn, Litec, Paris, 2000, pp. 53-74, spéc. p. 60 : *« [...] contrairement à celles du droit des gens, aujourd'hui largement consacrées par une longue pratique (quoiqu'en pensent ses détracteurs), les normes d'origine mercatique sont loin de présenter les caractères de certitude et de complétude, qui seuls permettent au droit de s'acquitter de ses fonctions sociales. C'est que la lex mercatoria, si elle constitue un ordre juridique, est un droit jeune, qui se cherche, aux normes mal stabilisées [...] »* ; P. Lagarde, Approche critique de la lex mercatoria, *in* Le droit des relations économiques internationales, Études offertes à Berthold Goldman, Litec, Paris, 1982, pp. 125-150, spéc. p. 150 : *« [...] Ainsi, autant la constatation faite par certains auteurs perspicaces du fait que, des tâtonnements de la pratique contractuelle internationale, finissent par émerger, sur certains points, des usages qui peuvent prétendre à la qualité de règles nous ait apparu à la fois indéniable et féconde, autant nous a semblé trop audacieuse l'affirmation que la lex mercatoria inclurait des*

130. Cela étant, le droit transnational semble présenter, selon certains auteurs, de multiples faiblesses, dont la plus importante a trait à son existence même et à sa juridicité[179]. Ceci explique parfaitement les résistances farouches opposées par certains États quant à la reconnaissance des décisions arbitrales qui ne se fondent que sur la *lex mercatoria*[180]. La théorie de l'ordre anational semble donc difficilement envisageable, car rien ne permet de déterminer quelles sont les réelles composantes de ce corps de règles, surtout qu'un ordre assez vague dans son contenu ne mérite pas une telle qualification[181]. *« Mystérieux dans sa nature, mal défini dans son champ d'application »*[182], ce corps de règles, manquant de cohérence, laisse la porte ouverte au subjectivisme et à l'imprévisibilité et ne permet point aux cocontractants de prévoir à l'avance leurs droits et obligations respectifs[183].

D'ailleurs, bien que la notion de *lex mercatoria* s'est assurément développée, elle semble néanmoins entretenir des ambiguïtés liées à l'existence et à la juridicité d'un tiers ordre juridique qui consoliderait son fondement. La *lex mercatoria* s'avère alors incomplète pour qu'elle soit considérée comme une norme générale supplétive à la volonté des cocontractants qui s'applique aux rapports transnationaux entre l'État hôte et

---

principes généraux desquels il serait possible de déduire, en dehors de tout droit étatique, des solutions concrètes précises pour n'importe quelle espèce. Nous avons essayé de montrer que cette affirmation présupposait plus qu'elle ne la démontrait l'élévation de la lex mercatoria au rang d'ordre juridique, et surtout qu'elle conduirait immanquablement à évincer de la quasi-totalité des relations commerciales internationales les ordres juridiques étatiques » ; A. Giardina, La lex mercatoria et la sécurité du commerce et des investissements internationaux, *in* Nouveaux itinéraires en droit. Hommage à François Rigaux, Bruylant, Bruxelles, 1993, pp. 223-234, spéc. p. 225 : *« la référence ou l'application de la Lex mercatoria conduit parfois à des résultats incertains contredisant à la base les exigences de prévisibilité et de stabilité des rapports et des solutions qui sont communément estimés fondamentaux pour le bon fonctionnement et le développement du commerce et des investissements internationaux »*.

179 V. par exemple, B. Goldman, La lex mercatoria dans les contrats et l'arbitrage international : réalités et perspectives, JDI, 1979, pp. 475 et s.

180 V. B. Goldman, Une bataille judiciaire autour de la lex mercatoria, l'affaire Norsolor, Revue de l'Arbitrage, n° 4, Litec, Paris, 1983, pp. 379 et s.

181 M. Virally, Un tiers droit ? Réflexions théoriques, *in* Le droit des relations économiques internationales, Études offertes à Berthold Goldman, Litec, Paris, 1982, pp. 373-385, spéc. pp. 377-378. Michel Virally expliquait que : *« les relations transnationales ne peuvent échapper que partiellement au contrôle des États et, par conséquent, au droit étatique. S'il existe une lex mercatoria, elle ne peut donc avoir la prétention de constituer un ordre juridique régissant les relations commerciales transnationales sous tous leurs aspects. Cela est évident et n'a jamais été contesté »*.

182 V. G.-R. Delaume, Des stipulations de droit applicable dans les accords de prêt et de développement économique et de leur rôle, RBDI, 1968, p. 336.

183 Sur l'instabilité des ordres juridiques, V. D.-X. Correa Angel, La stabilité juridique dans le droit international des investissements, Étude sur le cadre juridique de l'investissement international, thèse, Paris II, 2012 (sous la direction de Charles Leben).

l'opérateur étranger. Aussi résultera-t-il des développements qui suivent que la *lex mercatoria* semble encourir des reproches non seulement quant à son existence et à sa juridicité, mais aussi à son inadaptation.

B. L'inadaptation des règles transnationales à gouverner la relation État-investisseur

131. À supposer que l'on admet l'existence d'un tel corpus anational, ses règles résulteraient essentiellement des pratiques et usages du commerce international qu'exercent les compagnies privées. Quand les États s'impliquent dans un tel commerce, ils le font le plus souvent en tant que sujets de droit international privé. Or, dans les contrats d'investissement, l'État exerce ses droits et obligations en tant que sujet de droit international public, ce qui ramène à souligner l'impossibilité de rattacher ces instruments à l'ordre juridique spécifique des commerçants internationaux comme le constate le Professeur Weil : *« en tenant même pour acquis que les relations économiques entre parties privées soient régies par un droit spécifique ni national ni international, [...], il est difficile de se rallier à l'idée que le droit applicable aux contrats d'État puisse être assimilé à celui qui régit les rapports entre commerçants privés au point de ne former avec lui qu'un seul et même « ensemble de règles de droit » »*[184].

132. Du reste, la *lex mercatoria* est, comme son appellation l'indique, un ensemble de principes émanant de la pratique des commerçants, c'est-à-dire des normes applicables aux contrats purement commerciaux comme les contrats de distribution, de louage de services, de vente, etc. Il s'agit là de contrats dont l'objectif n'est pas le même que celui des contrats d'investissement qui mettent en œuvre des intérêts politiques et diplomatiques. L'argument principal qui fonde l'inapplicabilité de la *lex mercatoria* aux contrats de développement économique est donc celui de son inadaptation. Ainsi, il paraît inconcevable de transposer des règles applicables à une relation commerciale entre un acheteur et un vendeur à un contrat signé entre un État et un investisseur économique étranger désireux de s'implanter sur le territoire de cet État.

133. Dans ce même contexte réprobateur, on se rendra compte dans les exposés suivants que la théorie du contrat sans loi a été l'objet d'une vaste

---

[184] P. Weil, Principes généraux du droit et contrats d'État, *in* Le droit des relations économiques internationales, Études offertes à Berthold Goldman, Litec, Paris, 1982, pp. 387-414, reproduit *in* P. Weil, Écrits de droit international : Théorie générale du droit international, droit des espaces, droit des investissements privés internationaux, PUF, Paris, 2000, pp. 379-407, spéc. p. 400.

désapprobation et la cible de nombreuses attaques adressées à son encontre par la majeure partie de la doctrine.

Paragraphe 3 : Observations critiques sur la théorie du contrat sans loi

134. Nonobstant quelques exemples éparpillés d'application[185], les désavantages relatifs à la mise en pratique de la théorie du contrat sans loi, mêlés à l'inconsistance de ses assises théoriques, ont mené à sa réprobation quasi totale de cette théorie, laquelle n'a pas engendré de résonnance et a fait l'objet de nombreuses critiques, d'ordre théorique (**A**) et pratique (**B**).

A. Les critiques d'ordre théorique

135. Les stipulations contractuelles à elles seules, comme fruit de la rencontre des volontés des parties, paraissent insuffisantes pour reconnaître aux contrats d'État leur validité et leur force obligatoire. Il semble que seul le rattachement du contrat à un ordre juridique de base pourrait lui conférer ces qualités. Il serait donc inconcevable qu'un contrat puisse exister *in vacuo*[186]. La solution adoptée par les partisans de la théorie du contrat sans loi qui enseigne que le contrat est susceptible de se suffire à lui-même sans être subordonné à l'emprise d'une autorité supérieure semble être vétuste. Certes, les dispositions du droit international permettent généralement aux cocontractants dans un contrat international, au gré de leur volonté commune, de forger les modalités de leur relation émanant de ce contrat et de choisir librement la loi qui lui est applicable. Cette liberté accordée aux parties ne doit guère, selon les adversaires de la théorie du contrat sans loi, être susceptible de parvenir à donner lieu à un acte juridique qui flotte dans le vide sans être assujetti à un ordre juridique déterminé. En effet, à la lumière de ces argumentations, l'autonomie de la volonté, loin d'être un principe absolu, implique, afin d'être justifiée, sa manifestation à travers un corps de règles définies, ce qui commande son intronisation par un ordre juridique qui lui assure sa légitimité et sa validité. Par conséquent, la commune volonté des parties a le mérite de faire naître des rapports contractuels, de les modifier,

---

[185] V. *supra*, n°s 104 et s.

[186] A. Pellet, La lex mercatoria, "tiers ordre juridique" ? Remarques ingénues d'un internationaliste de droit public, *in* Souveraineté étatique et marchés internationaux à la fin du 20ème siècle. À propos de 30 ans de recherche du CREDIMI - Mélanges en l'honneur de Philippe Kahn, Litec, Paris, 2000, pp. 53-74, spéc. p. 64 : *« [...] le contrat ne saurait, à lui seul, tenir lieu d'ordre juridique, sauf à tomber dans les ornières de la théorie du "contrat sans loi" dont les conséquences néfastes sont connues ».*

voire même de les éteindre, mais demeure incapable de se suffire à elle-même et d'avoir la primauté sur le règne d'une norme juridique.

136. Du reste, le Professeur Jacques Ghestin, au cours de son explication de la force obligatoire du contrat, en se réfèrent à Hans Kelsen estime que l'éminent juriste *« a montré que l'autonomie de la volonté ne pouvait constituer une explication suffisante de la force obligatoire du contrat. Elle n'explique pas pourquoi, en effet, c'est la volonté passée, volonté morte, qui devrait prévaloir sur la volonté présente, volonté vivante, de celui qui refuse d'exécuter le contrat »*[187]. Et le Professeur Ghestin de poursuivre : *« Pour expliquer ce phénomène, il faut faire intervenir une règle extérieure à la volonté : pacta sunt servanda, qui, elle-même, dans la construction pyramidale bien connue de Kelsen, trouve sa légitimité dans sa conformité aux normes qui lui sont supérieures. Comme on l'a observé, « le contrat des volontés individuelles formant le contrat ne crée pas plus d'énergie juridique que le doigt actionnant le commutateur ne crée d'énergie électrique : dans les deux cas, l'énergie vient d'ailleurs » »*[188].

137. Par conséquent, la théorie du contrat sans loi semble être insoutenable selon ses adversaires qui affirment l'inaptitude du principe de l'autonomie de la volonté à engendrer à lui seul des effets de droit sans qu'un ordre juridique préexistant lui confère précisément une portée juridique : le principe *pacta sunt servanda* ne flotte lui-même pas dans le vide et seul un système de droit préétabli peut lui conférer un effet juridique[189].

138. Ces objections d'ordre théorique que l'on vient d'énoncer ne paraissent pas les seules à être adressées à l'encontre de la théorie du contrat sans loi, mais aussi viennent s'y ajouter des critiques d'ordre pratique qu'on exposera dans les développements suivants.

---

[187] J. Ghestin, La notion de contrat, Recueil Dalloz, 1990, p. 148.

[188] *Ibid.*

[189] Ceci a été confirmé avec force par le tribunal se prononçant dans l'affaire *Aramco* : *« Il est certain qu'un contrat quelconque ne peut pas exister in vacuo, mais doit reposer sur un droit ; ce n'est pas une opération pleinement abandonnée à la volonté des parties ; elle est nécessairement fondée sur un droit positif donnant des effets juridiques aux manifestations réciproques et concordantes de la volonté de ses cocontractants. Sans un droit qui préside à sa création, la convention n'est même pas concevable. La volonté ne peut engendrer de rapports conventionnels que si le droit dont elle relève lui en donne préalablement le pouvoir »*. V. S. A., *ad hoc*, affaire *Arabian American Oil Company (Aramco) c. Arabie Saoudite*, sentence du 23 août 1958, *in* Revue critique de droit international privé, 1963, pp. 272-363, spéc. p. 312.

B. Les critiques d'ordre pratique

139. Sur le plan pratique et compte tenu en particulier de l'aspect lacuneux de tout corps contractuel, il semble que la théorie du contrat sans loi, aux yeux de ses adversaires, est vulnérable et est, par conséquent, la cible de maintes objections selon lesquelles l'absence consubstantielle de tout enracinement à un ordre juridique déterminé est difficilement concevable. Pour eux, le contrat doit indéniablement être rattaché à un ordre juridique qui l'accompagne, le parfait et l'enrichit.

140. Ces condamnations qu'a subies la théorie du contrat sans loi ont abouti à son refus tous azimuts : la jurisprudence, les lois nationales ainsi que les conventions internationales s'en éloignent tour à tour. En effet, cette méfiance a été indirectement confirmée par les positions précitées de la Cour permanente de Justice internationale et de la Cour de cassation française selon lesquelles tout contrat doit nécessairement être rattaché à une loi nationale[190]. Cela étant, la jurisprudence souligne une évidence selon laquelle la volonté individuelle n'est viable que dans le giron d'une norme positive. Même si le contrat international, compte tenu de l'élément d'extranéité qui le caractérise, semble insusceptible d'être subordonné de façon exclusive à un système juridique déterminé, et qu'aucune disposition législative ne saurait dominer entièrement la relation juridique internationale, cela ne signifie pas que les cocontractants seraient habilités à exclure leur contrat de l'application de toute loi, quelle que soit sa nature.

141. Il est généralement admis en droit international privé que le contrat ne se constitue lui-même pas en une norme que lorsqu'une autorité supérieure lui reconnaît la validité et la force obligatoire[191]. Certes, l'État hôte et la compagnie privée étrangère sont libres de contracter comme ils l'entendent.

---

[190] V. *supra*, n° 14, CPJI, *Affaire concernant le paiement de divers emprunts serbes émis en France* (*France c. Royaume des Serbes, Croates, Slovènes*) et l'arrêt *Messageries maritimes*, C. Cass. civ., 21 juin 1950.

[191] V. H. Batiffol, Aspects philosophiques du droit international privé, Dalloz, 2002, pp. 66 et s. ; V. dans le même sens, P. Level, Le contrat dit sans loi, Travaux du Comité français de droit international privé, Pedone, Paris, 1964-1966, pp. 209-243, spéc. p. 231 : *« Devant les arbitres comme devant les juges étatiques, on a pu constater qu'il n'y avait pas place pour un contrat véritablement sans loi. Le contrat, pas plus que l'individu, ne se suffit à lui-même. La solitude est du domaine du for interne, la solidarité imprègne les rapports inter-individuels. Rattaché à la loi étatique, rattaché au droit de la société internationale des marchands, le contrat international échappe difficilement à l'un et à l'autre et ne se soustrait à l'un que pour tomber sous l'empire de l'autre. De ce chef, l'intitulé du présent exposé recelait cette alternative nécessaire : il ne pouvait être question ici que de « contrat dit sans loi » »*.

C'est le principe de l'autonomie de la volonté que la plupart des auteurs, des législations relatives au droit international privé et des jurisprudences sont unanimes à reconnaître[192]. Néanmoins, dans les domaines stratégiquement et politiquement réservés comme celui des investissements transnationaux, la commune volonté des parties n'est susceptible de proposer un corps de règles que si une autorité supérieure lui confère sa juridicité, faute de quoi, chacune des parties continuerait à obéir à ses propres intérêts subjectifs. Or, les variations de la volonté de l'État hôte peuvent basculer l'économie et l'égalité du contrat. De surcroît, la volonté créatrice des parties n'est pas en mesure, dans l'hypothèse d'un conflit, de contraindre l'autre contractant à observer les stipulations du contrat sauf si le juge, officiant généralement dans l'ordre interne, ou l'arbitre, œuvrant principalement dans la sphère juridique internationale, s'appuient sur le pouvoir qui a été conféré à chacun d'eux par les ordres juridiques respectifs. En effet, le Professeur Batiffol confirme ce raisonnement en estimant qu'*« une telle conception admettrait une liberté dangereuse pour les faibles, pleine de surprises pour les tiers, laissant les juges ou les arbitres dans un embarras excessif, les obligeant à forger eux-mêmes en réalité un système nouveau qui devrait comporter des précisions dont aucun système ne peut se passer, mais qu'il est artificiel de fabriquer après coup »*[193]. En somme, la théorie de l'ordre juridique de base paraît spécifier que la volonté à elle seule n'est pas susceptible de constituer une source du droit, sa fonction principale étant réduite uniquement à donner lieu ou à mettre fin à la relation contractuelle.

142. Il semble, à la lumière des développements qui précèdent, que les trois théories susmentionnées représentent, de façon générale, des défaillances multiples qui les entachent et les rendent difficilement soutenables. En raison de ces faiblesses qui perturbent la consistance desdites théories et qui confirment leur inadaptation à gouverner la relation juridique transnationale, ce qu'on verra dans les développements suivants c'est que l'ordre juridique international s'avère le mieux approprié à encadrer le contrat d'État et à sauvegarder les droits des investisseurs étrangers.

---

[192] V. par exemple, l'arrêt *Société des Fourrures Renel c. Allouche* qui réaffirme que : *« La loi applicable aux contrats, soit en ce qui concerne leur formation, leurs conditions ou leurs effets est celle que les parties ont adoptée [...] »*. C. Cass. civ., arrêt *American Trading Company c. Quebec Steamship Company*, 5 décembre 1910, in JDI, 1912, pp. 708 et s., note Batiffol.

[193] H. Batiffol, La sentence Aramco et le droit international privé, Revue critique de droit international privé, 1964, p. 655.

SECTION 2

LA PERTINENCE DE L'ENRACINEMENT DES CONTRATS D'ÉTAT DANS L'ORDRE JURIDIQUE INTERNATIONAL

143. Les développements précédents ont eu pour objet d'exposer les réfutations théoriques et pratiques à l'encontre de l'enracinement du contrat d'État dans l'ordre juridique interne ou transnational. Plus encore, le défaut de rattachement à un système juridique déterminé ne semble pas être bien accueilli par la pratique et par la doctrine internationaliste. Pour parer aux défaillances multiples que représentent les différentes théories précitées, vient se manifester la théorie de l'enracinement du contrat dans l'ordre juridique international comme constituant une solution adéquate et nécessaire (**Paragraphe 1**), consolidée davantage par sa mise en pratique (**Paragraphe 2**).

Paragraphe 1 : La théorie weilienne : un concept approprié et fondamental

144. Favorisant essentiellement les investisseurs occidentaux et garantissant la sauvegarde de leurs droits, la théorie de l'enracinement du contrat dans l'ordre juridique international, semble être la plus adéquate (**A**), voire même la plus efficiente (**B**).

A. Une solution adéquate

145. Le droit applicable à un contrat est celui que décident les parties ou, à défaut, celui avec lequel le contrat comporte le plus de lien. Dans ce cadre, les obstacles rencontrés sont considérables : si l'on se réfère aux règles de rattachement, il est clair que l'État avec lequel le contrat comporte le plus de rattachement est celui sur le territoire duquel s'opère l'investissement. Si l'on se réfère ensuite au principe d'autonomie de la volonté, il est évident que l'opérateur économique optera pour l'application du droit de l'État dont il est ressortissant. Mais il est encore plus évident que le pays fournisseur s'y opposera, notamment parce qu'il n'y trouve aucun intérêt et n'entretient aucune relation avec l'État tiers, étant donné que le seul lien de droit existant ne le relie qu'au ressortissant de cet État. La solution, dès lors, serait recherchée à travers l'application d'un droit anational à l'égard des deux parties. On pourrait naturellement penser au droit interne d'un État tiers. Même si cette possibilité peut facilement être envisagée, elle se heurte néanmoins à des obstacles sur le plan pratique en raison de la mauvaise connaissance de ce droit par les tribunaux arbitraux.

146. Ainsi, faire appel au droit international public semble constituer, après avoir écarté par le procédé d'élimination toutes les autres théories, la solution la plus concevable. Ce raisonnement serait encore sans doute confirmé par le Professeur Weil qui constate que, *« loin de sacrifier les intérêts des pays en voie de développement à ceux des multinationales occidentales, l'application du droit international constitue un facteur d'équilibre »*[194]. La solution idéale pour l'application de ce corps de règles sans entraves serait donc de lui accorder comme *Grundlegung* l'ordre international. Ainsi de nos jours, on s'achemine vers une solution de plus en plus simple et révolutionnaire : l'internationalisation proprement dite des contrats d'État.

147. Même si ce concept se bute à de nombreux obstacles, ceux-ci sont néanmoins surmontables. La difficulté la plus considérable résulte de l'impossibilité de reconnaître un qualificatif international au lien contractuel dont l'une des parties est un sujet de droit interne. Si les contrats de développement économique devaient, par nature, être régis par le droit international, ils seraient, si l'on admet cet état de fait, assimilables aux conventions internationales : or, assimiler un contrat entre un sujet de droit interne et un sujet de droit international à un traité entre deux sujets de droit international s'avère être de « contre nature », pour de multiples raisons. Cependant, selon le professeur Weil, il serait concevable d'admettre que le champ d'application du droit international public peut s'étendre à des sujets de droit autres que les sujets « purs » du droit international public : s'il s'est étendu pour régir les relations des organisations internationales, l'auteur comprenait mal pourquoi il serait inapte à gouverner le fond des contrats d'investissement[195].

---

[194] Avant-propos de l'ouvrage de L. Lankarani El-Zein, Les contrats d'État à l'épreuve du droit international, Bruylant, Bruxelles, 2001, p. XVIII.

[195] P. Weil, Un nouveau champ d'influence pour le droit administratif français : Le droit international des contrats, Études et documents du Conseil d'État, 1970, p. 18, reproduit *in* P. Weil, Écrits de droit international : Théorie générale du droit international, droit des espaces, droit des investissements privés internationaux, PUF, Paris, 2000, pp. 311-312.

148. Il semble en outre que la théorie de l'internationalisation des contrats d'État n'est pas seulement appropriée, mais paraît aussi revêtir un caractère indéniablement nécessaire, lequel fera l'objet des énoncés suivants.

B. Une solution nécessaire

149. Si l'ordre juridique interne en sa qualité protectrice des intérêts étatiques peut entraîner l'instabilité de la relation contractuelle aux dépens des intérêts de l'investisseur étranger[196], l'ordre juridique international, aux yeux de ses adeptes, contribue à garantir l'équilibre du contrat. Dans ce contexte, on signale que le but de la stabilité est la sauvegarde des droits des opérateurs économiques face à une puissance publique laquelle, à la lumière de l'ordre juridique de l'État d'accueil, pourrait bouleverser l'économie du contrat. À première vue, cela permettra, selon les zélateurs de cette notion, de soutenir que l'ordre juridique dans lequel le contrat puise sa validité est l'ordre juridique international. On rappelle de prime abord que le contrat d'investissement étranger est, théoriquement, un contrat qui relève en partie du droit privé[197]. Cependant, les spécificités et extranéités liées aux statuts juridiques des cocontractants ont exhorté une partie de la doctrine à l'exclure de la sphère du droit interne[198]. L'ancrage du contrat d'État dans l'ordre juridique international aura pour effet de neutraliser le choix portant sur le droit applicable que les cocontractants auraient désigné, ou aussi celui du juge étatique en cas d'absence de choix exprimé si ce choix est contraire aux normes du droit international.

150. En effet, la nécessité de hisser le contrat d'État au rang du droit international public a été étayée par la pratique arbitrale. Ainsi, à titre d'exemple, dans l'affaire *Texaco-Classiatic*, l'arbitre Dupuy a affirmé que : *« L'ordre juridique dont dérive le caractère obligatoire du contrat est le droit international lui-même, cependant la loi qui régit le contrat est un système à double degré mis au point par les parties »*[199]. Cette sentence reflète bien

---

[196] On a déjà montré dans les développements précédents que l'ordre juridique de l'État hôte semble insusceptible de constituer l'ordre juridique de base si l'on souhaite garantir la sécurité et la stabilité du contrat d'investissement transnational. Ceci est dû aux lois de police du for qui parviendront à neutraliser le choix des normes applicables effectué par les cocontractants et à bouleverser l'économie contractuelle. On constate que les lois étatiques constituent une menace potentielle à la sécurisation et stabilisation contractuelle.

[197] V. *supra,* n°s 7-8.

[198] S. Chatillon, Le contrat international, 3ème édition, Vuibert, 2007, pp. 10 et s.

[199] S. A., *ad hoc,* affaire *Texaco Overseas Petroleum Company (Topco) c. Jamahiriya arabe libyenne,* sentence du 19 janvier 1977, *in* J.-F. Lalive, Un grand arbitrage pétrolier

l'idée que l'ordre juridique international puisse servir d'autorité supérieure en assurant la stabilité juridique du contrat au cas où la désignation du droit applicable porte sur le droit national de l'État hôte et consacre la distinction établie par le Professeur Weil entre la *Grundlegung* et la *proper law*. Partant de cette distinction fondamentale, et pour garantir la force obligatoire du contrat, le tribunal arbitral a dû prendre position et considérer que c'est dans l'ordre juridique international que le contrat s'enracine. La pratique révèle ainsi que les arbitres repoussent l'application de toute loi nationale et préfèrent adopter l'application du droit conventionnel des investissements, y compris les principes généraux[200]. Compte tenu des intérêts contradictoires mis en cause, le tribunal favorise plutôt la dénationalisation de la relation État-investisseur en se basant sur l'objectif de la sécurité contractuelle[201].

151. Lorsqu'on prend en considération la théorie du Professeur Weil et son affirmation par la pratique arbitrale, l'enracinement du contrat d'État dans l'ordre juridique international semble donc se confirmer aux dépens de la théorie de l'enracinement du contrat dans l'ordre juridique interne qui s'étiole[202].

Dans la mesure où l'ordre juridique de base constitue l'ordre juridique international, celui-ci est théoriquement capable de contrôler la conformité de la loi nationale au droit international lorsque la première constitue le choix opéré par les cocontractants ou par l'arbitre en cas de défaut de désignation. Pareille solution concrétiserait au surplus la volonté des investisseurs privés du monde occidental puisqu'elle assure mieux que toute autre cette « dénationalisation » des contrats qui paraît offrir les meilleures garanties de stabilité.

152. C'est décidément à travers la mise en œuvre de la notion de l'internationalisation du contrat d'État dans l'ordre juridique international par la pratique jurisprudentielle qu'on pourrait mieux comprendre ce procédé d'enracinement.

---

entre un gouvernement et deux sociétés privées étrangères, JDI, vol. 104, 1977, pp. 319-389, spéc. pp. 350 et s.

200 Sur les distinctions entre ces deux sources du droit transnational, V. par exemple, E. Gaillard, La distinction des principes généraux du droit et des usages du commerce international, *in* Études offertes à Pierre Bellet, Litec, Paris, 1991, pp. 203 et s.

201 P. Mayer, La délocalisation du contrat, *in* Relativité du contrat, Actes du colloque organisé par l'Association Henri Capitant avec le concours de la Maison des Sciences de l'homme Ange Guépin, t. 4, LGDJ, Nantes, 1999, pp. 123 et s.

202 Préconiser que l'ordre juridique de l'État hôte est susceptible de fonder l'ordre juridique de base aura pour effet d'écarter l'application du droit international pour gouverner le contrat. La sauvegarde des droits des opérateurs étrangers est inévitablement assurée par l'intermédiaire de l'ordre juridique international, base du contrat de développement économique.

Paragraphe 2 : Mise en œuvre de l'internationalisation du contrat par la pratique des tribunaux

153. Dans les exposés qui suivent, on analysera le procédé de la mise en œuvre de l'internationalisation du contrat d'État par la pratique des tribunaux arbitraux, d'une part, lorsque le choix de la loi applicable a été opéré par les parties (**A**), et, d'autre part, quand ce choix n'a pas été réalisé, les cocontractants n'ayant pas nécessairement désigné le droit international pour régir leur relation transnationale (**B**). En toutes hypothèses, l'autorité des arbitres contribuera avec force à la réalisation de l'internationalisation des relations contractuelles.

A. L'internationalisation du contrat d'État en présence d'un choix exprimé par les parties au contrat

154. En dépit du choix librement exprimé par les parties en faveur de normes différentes de celles du droit international, les arbitres ont fait preuve d'une certaine liberté qui prime sur celle des parties, en introduisant le droit international[203]. C'est donc grâce au principe de la liberté créatrice des arbitres[204] que le droit international public est parvenu à s'introduire pour

---

[203] R. Rivier, L'articulation entre droit national et droit international devant les tribunaux arbitraux internationaux d'investissement, *in* S. Robert-Cuendet (dir.), Droit des investissements internationaux : Perspectives croisées, Bruylant, Bruxelles, 2017, pp. 413-483, spéc. p. 447 : *« Les règles relatives au droit applicable exploitées pour l'arbitrage international d'investissement confient aux parties et, subsidiairement, aux tribunaux le soin de décider du droit applicable au fond du litige. Cette part faite à la volonté des parties s'éclaire à l'aune de deux précisions. D'un côté, il appartient aux arbitres de la dégager. L'exercice de la marge d'appréciation qu'ils tirent de la règle relative au droit applicable qui les régit les conduit souvent à traiter le droit international comme celui retenu par choix des paries. D'un autre côté, ces règles relatives au droit applicable qui sont internationales corrigent les effets de la volonté des parties »*.

[204] Les arbitres internationaux semblent mieux placés que les juges nationaux pour apprécier l'opportunité et ainsi se référer à la règle de conflit qu'ils jugent appropriée. En effet, les arbitres ont en vue des préoccupations différentes que celles des juges étatiques étant donné que la démarche des arbitres tend vers l'internationalisation des contrats d'investissement afin de garantir l'équilibre et l'économie du contrat. L'arbitre, n'étant aucunement lié par la règle de conflit de l'État hôte, pourra, en conséquence, la négliger et refuser son application. Il dispose de différentes règles de nature variable qu'elles soient étatiques ou internationales. C'est le principe du libre choix des méthodes qui reconnaît cette liberté aux arbitres.

La doctrine distingue trois méthodes. La première, dite cumulative, consiste à faire application simultanée des règles de conflit de tous les ordres qui présentent un

gérer les litiges relatifs aux investissements étrangers même s'il n'a pas été formellement mentionné par les parties.

155. Le cas le plus marquant de cette tendance est indiscutablement l'hypothèse dans laquelle les parties déterminent le droit interne comme droit applicable[205], choix qui devrait normalement lier les arbitres. Prenant en compte le mouvement d'internationalisation des contrats d'investissement transnationaux, certains arbitres appliquent le droit interne désigné, mais sous réserve du respect du droit international, y compris les principes généraux[206]. En effet, étant donné que le contrat d'État est enraciné dans l'ordre juridique

---

rattachement quelconque avec le litige (V. par exemple, Y. Derains, La méthode cumulative par l'arbitre des systèmes de conflits de lois intéressés au litige, Revue de l'Arbitrage, Litec, Paris, 1972, p. 99). La seconde, dite méthode des principes généraux du droit international privé, consiste à dégager les principes communs aux différentes nations. (V. Par exemple, P. Lalive, Les règles de conflit de lois appliquées au fond du litige par l'arbitre international siégeant en Suisse, Revue de l'Arbitrage, Litec, Paris, 1976, p. 155 ; E. Gaillard, Trente ans de Lex mercatoria - Pour une application sélective de la méthode des principes généraux du droit, JDI, 1995, pp. 5-30, spéc. p. 14). La troisième méthode, dite de la libre sélection d'une règle de conflit, consiste à désigner la règle de conflit la plus appropriée (V. par exemple, Ph. Fouchard, L'arbitrage commercial international, Paris, Dalloz, 1965, n° 556). Parmi ces méthodes, notre analyse se concentrera sur la troisième.
Le principe dégagé de cette dernière méthode est consacré par certains traités du droit international privé. On peut citer l'exemple de l'article 7, alinéa 1 de la Convention européenne sur l'arbitrage commercial international du 21 avril 1961 qui dispose qu'*« à défaut d'indication par les parties du droit applicable, les arbitres appliqueront la loi désignée par la règle de conflit que les arbitres jugeront appropriée en l'espèce »*. L'article 21 du Règlement de la Chambre de Commerce Internationale consacre également ce principe en énonçant *« défaut de choix par les parties des règles de droit applicables, l'arbitre appliquera les règles de droit qu'il juge appropriées »*.
Les instruments précités montrent bien que les arbitres internationaux disposent d'une appréciation discrétionnaire pour désigner la règle de conflit qui paraît la plus protectrice des intérêts des compagnies étrangères.
Le juge étatique, en revanche, est généralement lié par un système de répartition de compétences législatives défini à l'avance par l'État contractant. Toutefois, cela ne signifie sans doute pas que le juge étatique est lié étroitement par la règle de conflit du for. Il dispose de divers moyens pour s'en détacher et donner effet à une règle de conflit étrangère (V. par exemple, R. Sfeir, Aspects contemporains du renvoi en droit international comparé : conflits de lois et conflits de systèmes, Thèse, Paris II, 2007 (sous la direction de Jacques Foyer)). Sur le plan pratique, cette solution demeure difficilement imaginable et rarement employée par les juges étatiques, ces derniers étant enclins généralement à favoriser les intérêts de leur pays.

[205] L'hypothèse où les parties choisissent le droit international pour régir leur relation ne pose aucun problème : celle-ci ne fera donc pas l'objet d'une analyse détaillée.

[206] V. par exemple, CIRDI, affaire *Autopista c. Venezuela,* ARB/00/5, sentence du 23 septembre 2003, § 207 : *« it is further a well accepted practice that the national law governing by virtue of a choice of law agreement is subject to a correction by international law in the same manner as the application of the host state law failing an agreement [...] »*.

international, le droit international ne se réserve pas un rôle secondaire, mais interviendra afin de neutraliser toute norme qui lui est contraire.

156. Sans énoncer ici toutes les méthodes qui permettent de donner au droit international un rôle primordial au détriment d'un rôle secondaire voué au droit interne, on se contentera d'en exposer les plus élémentaires. Deux méthodes peuvent mener les instances ancrées dans l'ordre international à opter pour l'application partielle ou totale des normes du droit international quand bien même le choix des parties se serait porté sur le droit national.

La première, théorique, est mise en œuvre en cas de conformité du droit interne avec le droit international. Cette théorie se fonde sur le raisonnement suivant : par le droit interne, on met en œuvre de façon indirecte le droit international. En d'autres termes, l'application des prévisions matérielles du droit interne choisies par les parties sous-entend l'application du droit international. En effet, l'on sait que le plus grand nombre de ces règles de droit interne dérive du droit international conventionnel ou coutumier[207]. Cela étant, l'application de telles règles conduit à appliquer apparemment le droit interne, mais concrètement le droit international. Ainsi, l'application des règles du droit interne, pourvu qu'elles soient conformes aux règles du droit international, mène finalement à l'application de ces dernières, car les règles du droit interne ne sont applicables qu'apparemment, mais concrètement c'est bien le droit international que les tribunaux arbitraux appliqueront. Même si les moyens diffèrent, le résultat définitif serait atteint : les places respectives du droit interne et du droit international varient, mais aboutissent en conséquence au même résultat qui est de soumettre la relation entre l'investisseur et l'État, sinon au droit international pur, du moins à un droit national en tant que source d'inspiration pour le droit international[208], ce qui conduit pratiquement au même résultat. Ce raisonnement parfaitement soutenable paraît être admis dans la jurisprudence arbitrale actuelle[209].

La deuxième, pratique, est mise en œuvre lors de la non-conformité du droit interne avec le droit international ou lors d'une collision entre ces deux corps de règles. Dans cette hypothèse, les arbitres mettront en œuvre le mécanisme de l'enracinement du contrat dans l'ordre juridique international en vue d'écarter l'application du droit interne s'ils jugent, à la lumière du pouvoir d'appréciation dont ils disposent, que ce droit est insuffisant pour garantir les intérêts de l'investisseur. D'ailleurs, c'est sur ce raisonnement que se fonde le tribunal arbitral dans la sentence relative à l'affaire *Aramco contre*

---

[207] V. *infra*, n°s 321 et s.
[208] V. *infra*, n°s 307 et s.
[209] V. *infra*, n°s 287 et s.

Arabie Saoudite[210], en estimant que le droit interne que les cocontractants ont choisi d'appliquer, doit *« au besoin être interprété ou complété par les principes généraux du droit, les usages suivis dans l'industrie pétrolière et les données de la science juridique pure, notamment lorsque certains droits privés qui doivent nécessairement être reconnus au concessionnaire, à peine de vider la concession de sa substance, ne lui seraient pas assurés d'une manière indubitable par le droit en vigueur en Arabie saoudite »*[211].

157. Du reste, bien que l'absence de choix de loi demeure pratiquement rare de nos jours, il n'est pas du tout inimaginable de repérer des contrats dépourvus de clauses de droit applicable en cas de litige potentiel. Il s'agit, le plus souvent, de sentences relativement anciennes puisque la pratique, depuis, a permis aux parties de se rendre compte que de telles clauses assureraient une prévisibilité efficace du cadre juridique dans lequel se déroulerait l'opération d'investissement. Mais dans le silence du contrat, quelle serait l'orientation des arbitres saisis d'un tel litige ?

B. L'internationalisation du contrat d'État en l'absence d'un choix exprimé par les parties au contrat

158. Une première tendance, minoritaire évidemment, considère qu'en l'absence de désignation du droit applicable pour régir la relation transnationale, c'est le droit interne de l'État d'accueil qui se trouve applicable. Ainsi, le tribunal arbitral statuant dans l'affaire *Société Ouest Africaine des Bétons Industriels (SOABI) contre Sénégal* estime qu'*« en l'absence de toute disposition contractuelle à ce sujet, la loi applicable est, en vertu de l'article 42 (1) de la Convention de Washington, la loi sénégalaise. Le tribunal relève que les parties sont du reste d'accord pour considérer que le droit applicable est « le droit administratif sénégalais », dont la source principale est le droit français mais qui présente l'originalité d'avoir été codifié dans le Code des Obligations de l'Administration (COA). Après avoir rappelé les dispositions pertinentes du COA, le Tribunal en fait application en l'espèce »*[212].

---

[210] V. *supra*, n° 96.

[211] V. S. A., *ad hoc*, affaire *Arabian American Oil Company (Aramco) c. Arabie Saoudite*, sentence du 23 août 1958, *in* Revue critique de droit international privé, 1963, pp. 272-363.

[212] CIRDI, affaire *Société Ouest Africaine des Bétons Industriels (SOABI) c. Sénégal*, ARB/82/1, sentence du 25 février 1988, *in* E. Gaillard, La jurisprudence du CIRDI, Pedone, Paris, 2004, pp. 255-274, spéc. p. 263.

159. Toutefois, la pratique arbitrale semble confirmer la tendance générale favorisant l'internationalisation des relations contractuelles, et cela, même en l'absence de désignation de loi applicable. Les arguments tenus à ce niveau sont toujours relativement proches. Dans l'hypothèse d'une absence de choix exprimé par les parties, les arbitres, à l'instar des juges nationaux, disposent d'une liberté quasi absolue de se référer aux règles de rattachement du droit international privé qu'ils jugeront appropriées[213]. Or, étant donné que l'application de la règle de conflit de l'État contractant conduira généralement à l'application de son droit interne qui risquera fort de basculer l'économie contractuelle, les arbitres ont préféré revenir aux solutions initiales qui mènent à l'application graduelle du droit international public. Dans l'affaire *Sapphire international petroleum ltd contre National Iranian Oil Company*[214], le tribunal arbitral se trouvait confronté à cette situation. Il a été jugé que le silence de l'instrument s'interprétait comme une volonté de ne pas soumettre la relation au droit de l'État iranien, ce qui semble admissible à première approche. Ayant constaté que la convention faisait référence aux principes de bonne foi et de bonne volonté, le tribunal arbitral décida qu'il existait dans ce cas un renvoi aux principes généraux communs aux nations civilisées au sens des termes de l'article 38 du Statut de la Cour internationale de Justice. Cette internationalisation de la relation contractuelle se trouvait encore plus renforcée par le fait que le contrat devait être jugé, compte tenu de son objet *« quasi international échappant à la souveraineté des législateurs particuliers »*[215]. On réalise donc à ce stade que c'est le droit international qui prime en fin de compte.

---

[213] V. *supra*, n°s 174 et s.

[214] V. *supra*, n°s 31 et 96.

[215] S. A., ad hoc, affaire *Sapphire International Petroleum Ltd c. National Oil Company*, sentence du 15 mars 1963, *in* Annuaire suisse de droit international, 1963, pp. 273-302, spéc. p. 287.

CONCLUSION DU CHAPITRE 2

160. Il y a à peu près trente ans que les différentes analyses doctrinales au sujet du droit des investissements étrangers s'efforçaient sans cesse de fixer l'attention sur la technique de l'enracinement du contrat d'État dans tel ou tel ordre juridique afin de parvenir à déterminer l'identité de la loi applicable.

161. De nombreux débats théoriques surgissent entre publicistes et privatistes. Ces deux courants doctrinaux avançaient de bons arguments, tous plus ingénieux les uns que les autres, pour soutenir leurs thèses. À la lumière de l'attitude classique qu'avait préconisée la Cour permanente de Justice internationale, certains signalaient que tout contrat de développement économique conclu entre un État ou l'une de ses émanations et un investisseur privé étranger ne pouvait relever que du droit interne de l'État contractant[216]. D'autres au contraire, préoccupés par la sauvegarde des droits des investissements étrangers préconisaient l'internationalisation des relations économiques transnationales. D'autres se sont même allés jusqu'à envisager des solutions plus ou moins originales, en prônant l'enracinement du contrat dans la *lex mercatoria* ou dans le vide.

162. Après avoir constaté les imperfections relatives aux théories qui s'opposent à l'enracinement du contrat d'État dans l'ordre juridique international, il semble que les arguments les plus soutenables à l'époque étaient ceux qui favorisaient cet enracinement.

---

[216] CPJI, *Affaire concernant le paiement de divers emprunts serbes émis en France* (*France c. Royaume des Serbes, Croates, Slovènes*), arrêt du 12 juillet 1929, Recueil Série A, n° 20/21, 1929, p. 41 ; V. *supra*, n° 14.

CONCLUSION DU TITRE I

163. On se rend compte évidemment que les duels relatifs à la loi applicable au contrat d'État ont fait couler beaucoup d'encre *« lorsqu'il est apparu que certains États tiraient argument du fait que de tels contrats n'étaient pas des traités pour nier l'opposabilité à leur égard des clauses dérogeant au droit interne »*[217]. En effet, diverses techniques doctrinales ont été construites en vue de favoriser soit les droits des investisseurs étrangers, soit les droits des États hôtes, soit enfin de rechercher un juste milieu. De quel ordre juridique ces instruments reçoivent-ils leur validité ? Est-ce du droit international ? De l'ordre juridique interne ? Du droit anational ? ou s'agit-il, à l'opposé, d'un contrat flottant dans le vide ?

164. Un premier point ne prête plus à controverse : l'ancrage du contrat d'État dans l'ordre interne semble être dépassé. En effet, soumettre par principe ce contrat à l'ordre juridique interne de l'État hôte conduirait à dissuader les opérateurs économiques et, par conséquent, à priver les pays importateurs de capitaux des flux commerciaux indispensables à leur survie. Nul n'investira s'il serait exposé aux modifications aléatoires unilatérales du droit interne susceptibles de réduire à néant ses attentes. Nul n'investira si le contrat expose un système juridique qu'il ignore. Pour les investisseurs étrangers, il importait de ne pas être pris au piège par un droit interne du pays fournisseur dont ils craignaient le caractère imprévisible et discrétionnaire favorisant les intérêts étatiques. C'est dans ce contexte qu'apparurent les premiers efforts de dénationalisation des contrats d'État. Compte tenu de cette poussée en faveur de l'internationalisation des relations transnationales, le recours au droit international devrait aboutir à soutenir les intérêts des pays occidentaux aux dépens des intérêts des pays en développement.

165. Par ailleurs, l'une des observations concernant l'application du droit interne mérite d'être mentionnée : l'on constate l'établissement d'un rapport difficile, voire impossible entre la promotion et la sécurisation des investissements transnationaux d'une part, et l'application du droit domestique et plus particulièrement les normes impératives du for, d'autre part. Du fait de l'importance que revêt la matière relative aux investissements étrangers dans la mesure où elle se rattache à la souveraineté étatique,

---

[217] P. Daillier et A. Pellet, Droit international public, 7ème édition, LGDJ, Paris, 2002, p. 1096, n° 642.

multiples raisons conduisent à présumer que les tribunaux étatiques feront application des normes domestiques qui relèvent de l'ordre interne au détriment du droit déterminé par les cocontractants. Or, une telle application minerait la stabilisation de l'économie du contrat et découragerait les opérateurs économiques. Pour empêcher les normes impératives d'ordre public de neutraliser le choix opéré par les parties, la solution pourrait être obtenue en mettant le contrat d'investissement sous le contrôle du droit international public.

166. De plus, tout en constatant l'effet limité de stabilisation qui résulte du droit transnational, faute d'existence, de juridicité et d'adaptabilité, ou du contrat sans loi faute de sa reconnaissance, on tend à considérer que le droit interne qu'il soit public, privé ou même international, conduirait à dissuader les opérateurs transnationaux.

167. Si selon le souhait des investisseurs étrangers, une stabilisation efficace des relations contractuelles transnationales passe par l'enracinement du contrat dans l'ordre juridique international, la validité de ce procédé ne pourrait être si évidente sans avoir à évaluer les inconvénients et lacunes des prévisions matérielles du droit interne. C'est cette défaite de l'application matérielle du droit étatique et du droit transnational qui aboutira à l'approbation et au succès de la théorie d'enracinement du contrat dans l'ordre juridique international.

168. Si, à l'heure actuelle, l'on ne conteste plus, à quelques exceptions près, que le droit international public puisse, tout seul ou de manière combinée avec d'autres normes, constituer le droit applicable au contrat d'investissement, l'ancrage du contrat d'État dans l'ordre international, même s'il semble être reconnu, ne s'avérait pas pour autant si évident. La nouvelle conception de l'internationalisation mettra fin à ces hésitations : la « délocalisation » est aujourd'hui un fait accompli alors que le droit interne n'a qu'un rôle très limité.

TITRE II

LA NOUVELLE CONCEPTION DE L'INTERNATIONALISATION

169. On a remarqué à tous les niveaux que la délocalisation des contrats d'État se voit depuis une trentaine d'années contestée. Selon ce courant désapprobateur, les effets du contrat d'État ne sauraient entretenir de lien avec l'ordre juridique international, et le droit international se trouverait en quelque sorte inapte à gouverner la relation contractuelle où l'une des parties est sujet de droit interne. Suivant ce raisonnement, le droit international ne s'implante que dans la sphère des relations interétatiques, autrement dit de la protection diplomatique[218] et de la responsabilité internationale de l'État. La difficulté s'aggravait davantage lorsque la Cour permanente de Justice internationale dans *l'Affaire Emprunts serbes et brésiliens* énonça son célèbre principe[219]. Il signifie en effet qu'un contrat, à l'instar de ceux analysés dans cette étude, ne peut être soumis à des normes autres que les normes internes, en vertu des règles conflictuelles classiques du droit international privé.

170. Toutefois, pareille conclusion ne semble plus de nos jours prêter à de vastes controverses, et cela, pour plusieurs considérations. D'ailleurs, l'ordre juridique d'enracinement, comme indiqué plus haut[220], dépend d'éléments objectifs et ne relève nullement de la volonté des cocontractants. Or, c'est précisément ces éléments, qui permettront de constater que l'enracinement des contrats d'État de grande envergure ou des contrats de développement économique dans l'ordre juridique international n'est plus une théorie abstraite qui flotte dans l'air, mais au contraire, semble refléter parfaitement la nature des choses. Les nouvelles données juridiques dont on dispose actuellement[221] prouveront fermement l'ancrage indéfectible du

---

[218] V. *supra,* n° 15.

[219] V. *supra,* n° 14.

[220] V. *supra,* n° 76.

[221] L'analyse du rôle du droit international public dans les relations contractuelles entre le pays fournisseur et l'investisseur étranger a permis de constater que la soumission des contrats d'État au droit international public s'est manifestée sur la base des sources conventionnelles et coutumières du droit existant à cette époque. Étant donné que les clauses d'*electio juris* incluses dans les conventions bilatérales ou multilatérales d'investissement se sont répandues de façon considérable, on peut s'aviser à l'heure actuelle que la délocalisation des contrats d'État passe et s'affirme essentiellement à travers ces clauses.

contrat dans la sphère normative internationale. D'ailleurs, le droit international public reconnaîtra de profondes modifications avec la prolifération des traités bilatéraux, régionaux et multilatéraux d'investissement dont quelques-uns contiennent des clauses d'*electio juris* qui peuvent aisément agréer l'enracinement de ces contrats dans l'ordre juridique international.

171. Assurément, en prenant en compte une perspective plus large, ces contrats apparaissent en effet comme un maillon d'une opération économique internationale plus ou moins compliquée, comprenant des instruments juridiques de natures diverses tant et si bien que les droits et obligations des parties se trouvent définis non pas seulement dans le contrat d'État à proprement dit, mais aussi dans des instruments juridiques de natures différentes. Or, parmi les actes auxquels le contrat se rattache ainsi de manière inséparable, existent actuellement, à côté d'actes unilatéraux internes[222], de véritables conventions internationales qui constituent la base des rapports internationaux dont le contrat lui-même n'est plus qu'un simple élément d'une opération d'investissement plus vaste.

Évidemment, dans cette hypothèse, les composantes sont variées. Le cas le plus commun qui fera l'objet dans les développements qui suivent d'une étude détaillée, est celui des traités bilatéraux et multilatéraux de protection des investissements sur la base desquels les gouvernements s'engagent à ne pas porter atteinte aux investissements effectués sur leur territoire par les ressortissants des autres États signataires[223]. En étudiant les traités bilatéraux d'investissent dont la France fait partie le Professeur Juillard constate qu'*« il existe souvent des rapports étroits entre convention d'établissement et contrat d'investissement. De plus en plus, la première fournit le cadre général où s'insèrent les seconds. En d'autres termes, la conclusion d'une convention d'investissement précède, dans un nombre croissant de cas, la conclusion des contrats d'investissements. Les règles de traitement, de protection, de garantie auxquelles s'obligent les États par le jeu des conventions d'investissement fourniront donc l'ossature juridique du contrat d'investissement conclu entre l'investisseur personne privée et l'État d'accueil »*[224]. La Cour internationale de Justice dans *l'Affaire de la Barcelona Traction* a aussi constaté que : *« toute une évolution a eu lieu depuis la deuxième guerre mondiale en matière de protection des investissements à l'étranger, qui s'est traduite par la conclusion de traités bilatéraux ou*

---

[222] Tels que les Codes d'investissement nationaux par exemple. V. *infra*, n° 280.
[223] D. Carreau, P. Juillard et T. Flory, Droit international économique, LGDJ, Paris, 2ème édition, 1980, pp. 496 et s.
[224] P. Juillard, Les Conventions bilatérales d'investissement conclues par la France, JDI, 1979, pp. 274-325, spéc. p. 275.

multilatéraux entre États »[225]. Selon la Cour, les dispositions conventionnelles se combinent avec les dispositions du contrat conclu entre l'État et l'investisseur étranger, et cela, en vue de garantir une sécurité considérée comme un élément nécessaire pour les investissements transnationaux[226].

Que ce soit par leur conclusion, par les dispositions qu'ils comportent ou par leur mise en exécution, les contrats d'investissement ne sont désormais qu'une partie intégrante d'une relation globale dominée par le droit international, dont ils sont indissociables. Pour traduire cette situation internationale, la sentence *Aramco* relève que le contrat litigieux *« a, par les parties et par ses ramifications, un caractère international »*[227]. Dès lors que le contrat évolue dans un environnement juridique international, le réalisme commande d'en tirer les effets sur le plan légal et de le considérer comme enraciné dans l'ordre juridique international d'où il tire sa validité et sa force obligatoire. Ainsi, ce n'est assurément pas l'enracinement du contrat dans l'ordre juridique international qui serait entaché de nullité, mais son rattachement à l'ordre juridique interne qui ignorerait la réalité en isolant artificiellement les relations contractuelles de leur environnement politique et économique interétatique.

172. En ce qui concerne le droit matériel applicable, les clauses d'*electio juris* contenues dans les conventions internationales d'investissement désignent non seulement le droit international de façon exclusive, mais le droit international en concours avec d'autres normes. Cette rédaction alambiquée de ces clauses a conduit juristes et arbitres à se poser la question sur l'articulation des différents systèmes juridiques en cause.

Les solutions qui pourront être envisagées dans ce cadre sont multiples : application simultanée du droit national et du droit international, analysés comme compatibles l'un avec l'autre ; rôle prohibitif du droit international lorsque le droit interne contredit les normes internationales ; rôle supplétif du droit international lorsque le droit national apparaît insuffisant. Même si toute tentative de systématisation se heurte à la grande variété des clauses conventionnelles[228] d'élection de droit et aux diverses interprétations qu'elles suscitent, on montrera dans les développements suivants que c'est toujours le

---

[225] CIJ, *Affaire Barcelona Traction, Light and Power Company, Limited* (*Belgique c. Espagne*), arrêt du 5 février 1970, CIJ Recueil, 1970, p. 47.
[226] *Ibid.*
[227] V. l'affaire *Arabian American Oil Company (Aramco) c. Arabie Saoudite*, sentence du 23 août 1958, *in* Revue critique de droit international privé, 1963, pp. 272-363, spéc. p. 313.
[228] À titre indicatif, on désigne par « clauses conventionnelles » les clauses incluses dans les traités internationaux, par opposition aux « clauses contractuelles » prévues dans les contrats.

droit international qui dominera la situation juridique, soit de façon directe, soit de façon indirecte. Cela se vérifie d'autant plus que la tendance majoritaire quant à la solution classique d'internationalisation se dessine dans ce sens[229].

173. Une étude détaillée qui porte sur les clauses de droit applicable contenues dans les traités bilatéraux et multilatéraux d'investissement (**Chapitre 1**) déterminera dans quelle mesure l'approche moderne de l'internationalisation concourra indéniablement à confirmer la solution de l'enracinement du contrat dans l'ordre juridique international, ce qui, dans le passé, n'était pas entièrement confirmé. Cependant, l'internationalisation du droit des investissements étrangers consacrée résolument par les clauses d'*electio juris* incluses dans les conventions bilatérales ne peut être efficiente que dans la mesure où l'on constate l'aptitude du droit international à gouverner la relation État-investisseur, et cela, au détriment d'un rôle secondaire du droit interne (**Chapitre 2**).

[229] V. *supra*, n°s 143 et s.

CHAPITRE 1

LA DÉSIGNATION DU DROIT INTERNATIONAL À LA LUMIÈRE DES CLAUSES CONVENTIONNELLES SUR LE DROIT APPLICABLE

174. Le principe du libre choix de la loi applicable constitue le fondement principal de l'arbitrage transnational. L'article 42 (1) de la Convention de Washington confirme ce principe : *« le tribunal statue sur le différend conformément aux règles de droit adoptées par les parties »*. De même, l'article 33 des Règles d'arbitrage de la CNUDCI de 1976 dispose que : *« le tribunal arbitral applique la loi désignée par les parties comme étant la loi applicable au fond du litige »*. La nouvelle version des Règles d'arbitrage de la CNUDCI renforce davantage les pouvoirs des parties en leur conférant l'aptitude à se référer à des règles de droit plutôt qu'à la loi applicable[230].

Le tribunal en charge du litige opposant la compagnie nord-américaine à la Jamahiriya arabe libyenne consacre également ce principe : *« All legal systems, whatever they are, apply the principle of the autonomy of the will of the parties to the international contracts. As regards the merits, all legal systems confirm this principle which appears therefore*

---

[230] V. l'article 35 (1) des Règles d'arbitrage de la CNUDCI de 2010 qui dispose que : *« Le tribunal applique les règles de droit désignées par les parties comme étant celles applicables au fond du litige »*. Cela conduit à considérer que la désignation du droit applicable pourrait s'étendre pour atteindre une conception plus large que celle du droit au sens strict. Les parties peuvent ainsi déterminer des normes internationales ou transnationales comme la *lex mercatoria*, le droit interne ou même se référer à l'équité ; V. également D. Di Pietro, Applicable Law under article 42 of the ICSID Convention : The Case of Amco v. Indonesia, *in* International Investment Law and Arbitration : Leading Cases from the ICSID, NAFTA, Bilateral Treaties and Customary International Law, T. Weiler, Londres, 2005, pp. 223-279, spéc. p. 237 ; la question du règlement des différends *ex aequo et bono*, même si elle a été clairement affirmée par l'article 42 (3) de la Convention de Washington, a cependant posé des difficultés d'application dans la pratique jurisprudentielle du CIRDI. Sur cette question, V. T. Begic, Applicable Law in International Investment Disputes, Eleven International Publishing, Utrecht, 2005.

as universally accepted, even though it may not always have the same meaning or the same scope »[231]

175. Cependant, même si l'on peut croire de prime abord que les arbitres sont étroitement liés par le choix des parties, un autre principe qui dérive de l'arbitrage international général, applicable aussi à l'arbitrage transnational, reconnaît à l'arbitre le pouvoir d'écarter le choix désigné par les parties. Ce principe de base, plus connu sous sa locution latine *iura novit curia*, accorde à l'arbitre un vaste pouvoir dans la désignation du droit applicable sans être dépendant des prétentions des parties[232]. Ainsi, même si la détermination du droit applicable est en mesure de satisfaire la prévisibilité et la stabilité juridique en déterminant, à l'avance, les droits et obligations des parties avant que le différend ne se produise, cette hypothèse formera fréquemment l'objet d'un contrôle final effectué par l'arbitre lors de la survenance du litige.

176. Le droit des investissements étrangers se fonde, tel qu'on l'a déjà vu, sur un ensemble de règles à caractère complexe associant des règles nationales à d'autres de nature internationale dont l'application est quelquefois cloisonnée ; mais il arrive aussi que ces règles soient susceptibles d'agir concurremment. Alors surgissent de sérieuses complications quant à l'articulation normative, auxquelles les réponses ne s'avèrent pas être totalement homogènes[233]. L'interprétation des clauses d'*electio juris* contenues dans les traités bilatéraux et multilatéraux d'investissement, commande d'analyser l'interaction du droit international public avec le droit interne en cas de conflit[234] dans deux situations distinctes : le cas où les parties ont élu le droit applicable à leur contrat (**Section 1**) et le cas où cette élection du droit n'a pas eu lieu (**Section 2**). On verra que dans toutes les hypothèses c'est le droit international qui primera.

---

[231] V. S. A., *ad hoc*, affaire *Texaco Overseas Petroleum Company (Topco) c. Jamahiriya arabe libyenne,* sentence du 19 janvier 1977, § 35, *in* J.-F. Lalive, Un grand arbitrage pétrolier entre un gouvernement et deux sociétés privées étrangères, JDI, vol. 104, 1977, pp. 319-389.

[232] V. J.-F. Poudret et S. Besson, Droit comparé de l'arbitrage international, LGDJ, Paris, 2002, pp. 521-522, et pp. 783-790.

[233] J.-M. Jacquet, Contrat d'État, Jurisclasseur Droit International, 1er novembre 2012, fasc. 571-90, nos 236-322.

[234] Contrairement au droit national qui s'applique sur renvoi du droit international et en tant que source d'inspiration pour le droit international (V. *infra,* nos 278 et s. et 321 et s.), les développements présents sont destinés à analyser les cas de conflit entre ces deux corps de règles.

SECTION 1

L'INTERNATIONALISATION DU RAPPORT ÉTAT-INVESTISSEUR DANS l'HYOPTHÈSE D'UN CHOIX OPÉRÉ PAR LES PARTIES

177. Plusieurs accords de promotion et de protection des investissements consacrent le principe du libre choix de la loi applicable au contrat en vertu duquel les cocontractants disposent de la liberté d'élire le droit ou un système de règles applicables pour régir le fond de la relation contractuelle. Ce choix peut revêtir un caractère explicite (**Paragraphe 1**) ou encore implicite (**Paragraphe 2**).

Paragraphe 1 : Dans l'hypothèse d'un choix exprès

178. Bien qu'il existe plusieurs clauses conventionnelles *d'electio juris*, on envisagera notamment l'hypothèse du choix exprès des parties à la lumière de deux conventions considérées comme les plus révélatrices : la Convention de Washington (**A**) et le Traité sur la Charte de l'Énergie (**B**).

A. L'analyse de la solution de l'article 42 de la Convention de Washington

179. La place essentielle qu'occupe la Convention de Washington du 18 mars 1965[235] incite à se concentrer[236] sur la clause d'*electio juris* contenue dans cette Convention. Si elle a été adoptée depuis, sous les auspices de la Banque mondiale, par un nombre relativement limité de pays, elle est

[235] En droit international des investissements, cet instrument juridique est de première importance compte tenu de son caractère universel et son succès qui se confirme d'année en année.

[236] On envisagera notamment les dispositions de la Convention de Washington sans écarter pour autant la teneur en la matière des autres conventions.

actuellement signée par cent soixante-deux États[237], dont des États qui ont longtemps été défavorables à l'arbitrage transnational unilatéral. Cette Convention instaure un mécanisme neutre de règlement des différends entre États et personnes privées étrangères qui modifie radicalement le droit international des investissements. S'agissant des normes applicables aux différends relatifs aux investissements transnationaux, l'article 42 (1), première phrase de la Convention de Washington dispose que : *« Le tribunal statue sur le différend conformément aux règles de droit adoptées par les parties »*[238].

180. Ainsi, le droit applicable à un contrat d'État est celui que les parties ont choisi. À ce titre, un contrat de développement économique pourra être soumis au droit international public, combiné ou non avec des normes du droit interne[239]. Le choix du droit international ne posant pas de sérieux problèmes d'interprétation, on aura en vue d'exposer l'hypothèse où les parties désignent le droit national comme droit applicable. Dans cette hypothèse, une question se pose : le droit international public joue-t-il un rôle quelconque lorsque les parties au contrat d'investissement ont expressément choisi le droit de l'État hôte pour régir leur contrat conformément à la première phrase de l'article 42 (1) ?

181. Certaines observations proposent une réponse positive en reconnaissant au droit international un rôle prépondérant. En effet, l'arbitrage CIRDI a été mis en place par une convention internationale multilatérale où les arbitres, œuvrant sous son égide, sont dotés de larges compétences juridictionnelles. Le courant doctrinal majoritaire considère qu'un tribunal

---

[237] V. la liste des États contractants et signataires de la Convention (mise à jour le 11 janvier 2018), accessible via : [https://icsid.worldbank.org/en/Documents/icsiddocs/Liste des Etats Contractants et Signataires de la Convention - Latest.pdf].

[238] V. Article 42 (1), première phrase de la Convention de Washington du 18 mars 1965.

[239] Pour des illustrations pratiques relatives à un choix de droit applicable, V. CIRDI, affaire *Maritime International Nominnes Establishment c. République de Guinée*, ARB/84/4, sentence du 22 décembre 1989, JDI, 1991, pp. 166-171, où la clause de droit applicable renvoyait en l'espèce à *« la loi de la République de Guinée en vigueur à la date de signature, sous réserve des dispositions du présent article XII »* ; CIRDI, affaire *AGIP S.p.A c. République populaire du Congo*, ARB/77/1, sentence du 30 novembre 1979, *in* Revue critique de droit international privé, 1982, pp. 92-109 spéc. p. 100, où la clause de droit applicable renvoyait en l'espèce à *« la loi congolaise, complétée le cas échéant par tout principe de droit international »*. Pour un aperçu complet du type de clauses de choix de loi incluses par les parties dans leur contrat, V. I.-F.-I. Shihata, A.-R. Para, Applicable Substantive Law in Dispute Between States and Private Foreign Parties : The Case of Arbitration under the ICSID Convention, ICSID Review - FILJ, 1994, vol. 9, n° 2, pp. 198-200 ; S. Manciaux, Investissements étrangers et arbitrage entre États et ressortissants d'autres États : trente années d'activité du CIRDI, Litec, Paris, 2004, pp. 298-303.

arbitral international ne devra pas, au regard des termes de l'article 42 (1) première phrase, donner effet aux dispositions du droit interne étant donné que ce droit ne garantit point la sécurisation des investissements étrangers qu'exige le droit international[240].

D'ailleurs, le renvoi aux normes internationales dans la deuxième phrase de l'article 42 (1) a parfois été analysé comme justifiant l'application du droit international même en cas de désignation du droit national[241].

182. En réalité, comme l'observe le Professeur Leben, il serait incongru d'imaginer qu'un organe arbitral créé par une convention garantissant une protection minimale vis-à-vis des opérateurs économiques puisse envisager l'application des normes internes manifestement contraires au droit international[242]. À la lumière de ce raisonnement, il est assurément envisageable de soutenir que les cocontractants, en déterminant le droit interne de l'État hôte dans un contrat d'État, ne présument ni l'inapplicabilité des normes internationales ni l'exclusion du contrôle de conformité des normes nationales aux normes juridiques internationales[243]. L'article 42 (1) de la Convention de Washington première phrase, consacre donc fermement le principe du libre choix de désignation de la loi applicable en réservant aux arbitres internationaux le pouvoir discrétionnaire de tenir compte ou non de ce choix exprès dans la détermination du droit applicable.

183. En effet, si le contrat envisage que le droit applicable est celui du pays fournisseur en renvoyant aussi à l'arbitrage unilatéral comme juridiction compétente, il sera soumis à la conception internationaliste qui découle de la

---

[240] V. par exemple, E.-S. Romero, La dialectique de l'arbitrage international impliquant des parties étatiques, observations sur le droit applicable dans l'arbitrage des contrats d'État, Bull de la CCI, vol. 15, n° 2, 2ème semestre, 2004, p. 99 ; Ch. Leben, Quelques réflexions théoriques à propos des contrats d'État, *in* Souveraineté étatique et marchés internationaux à la fin du 20ème siècle : Mélanges en l'honneur de Philippe Kahn, Litec, Dijon, 2000, pp. 119-175, spéc. pp. 148 et s.

[241] D. Di Pietro, Applicable Law under article 42 of the ICSID Convention : The Case of Amco v. Indonesia, *in* International Investment Law and Arbitration : Leading Cases from the ICSID, NAFTA, Bilateral Treaties and Customary International Law, T. Weiler, Londres, 2005, pp. 223-279.

[242] Ch. Leben, Quelques réflexions théoriques à propos des contrats d'État, *in* Souveraineté étatique et marchés internationaux à la fin du 20ème siècle : Mélanges en l'honneur de Philippe Kahn, Litec, Dijon, 2000, pp. 119-175, spéc. p. 149.

[243] Cette argumentation aura comme appui la théorie de l'enracinement du contrat dans l'ordre juridique international telle qu'exposée dans le titre I de la première partie. V. *supra,* nos 143 et s. ; V. également, Ch. Leben, Quelques réflexions théoriques à propos des contrats d'État, *in* Souveraineté étatique et marchés internationaux à la fin du 20ème siècle : Mélanges en l'honneur de Philippe Kahn, Litec, Dijon, 2000, pp. 119-175, spéc. p. 149.

Convention CIRDI et qu'on ne peut mettre à l'écart sans méconnaître la raison d'être de la Convention.

Du reste, serait-il acceptable de voir des tribunaux arbitraux officiant sous les auspices du CIRDI préconiser dans un différend une solution non conforme aux normes du droit international, en se fondant sur le fait que l'unique droit désigné dans l'instrument contractuel est le droit national du pays fournisseur ? Cela s'avère assurément contraire à l'esprit de la Convention.

Certes, un État ne ratifie pas une convention internationale pour faire prévaloir par la suite, lors de la survenance d'un litige, son propre droit sur les dispositions conventionnelles. La Convention de Vienne sur le droit des traités énonce expressément ce principe dans son article 27 selon lequel un État *« ne peut invoquer les dispositions de son droit interne comme justifiant la non-exécution d'un traité »*[244]. Dans un même mouvement, le tribunal arbitral statuant dans l'affaire *Teinver S.A., Transportes de Cercanías S.A. and Autobuses Urbanos del Sur S.A. contre Argentine* estime : *« As an international agreement concluded between States in written form and governed by international law, the Vienna Convention on the Law of Treaties ("Vienna Convention") applies to the interpretation of the Treaty. The Vienna Convention confirms that every treaty in force is binding upon the parties and obliges parties to perform them in good faith. Further, parties to treaties "may not invoke the provisions of [their] internal law as justification for [their] failure to perform a treaty." Accordingly, Respondent may not avoid its treaty obligations owed to Claimants by relying on its compliance with its internal laws, regulations or administrative acts »*[245].

S'agissant plus précisément d'une convention internationale de protection des investissements transnationaux, il est évident que la sécurité qu'elle

---

[244] Article 27 de la Convention de Vienne sur le droit des traités, adoptée par l'Assemblée générale des Nations Unies le 23 mai 1969 et entrée en vigueur le 27 janvier 1980.

[245] CIRDI, affaire *Teinver S.A., Transportes de Cercanías S.A. and Autobuses Urbanos del Sur S.A. c. Argentine*, ARB/09/1, sentence du 21 juillet 2017, § 367-368 ; V. dans le même sens CIRDI, affaire *LG&E Energy Corp., LG&E Capital Corp., et LG&E International, c. Argentine*, ARB/02/1, décision sur les réparations du 3 octobre 2006, § 94 : *« International law overrides domestic law when there is a contradiction since a State cannot justify non-compliance of its international obligations by asserting the provisions of its domestic law »* ; CIRDI, affaire *Total c. Argentine*, ARB/04/1, sentence sur la responsabilité rendue le 27 décembre 2010, § 40 : *« The Tribunal cannot accept Argentina's position that, by invoking the emergency principle as it exists under Argentine law, Argentina can avoid international responsibility for violation of the treaty. This would contradict the fundamental principle of international law according to which "a party may not invoke its internal law as a justification for its failure to perform a treaty" (Article 27 of the Vienna Convention on the Law of the Treaties) »*

accorde serait dépourvue d'effets si cette convention n'est pas mise en œuvre de manière effective. Or, si un État quelconque pouvait faire primer son droit au traité, c'est la sécurité conventionnelle relative aux investissements qui se trouverait affectée. En effet, si l'on traduit la désignation du seul droit national comme signifiant une prohibition faite aux tribunaux arbitraux d'appliquer les normes internationales, l'opérateur étranger se trouverait alors démuni de moyens de protection et ne pourra même pas faire appel aux règles coutumières internationales sur le standard minimum de traitement des étrangers[246]. Ainsi, à titre d'exemple, en cas d'expropriation, si le tribunal arbitral statuant sous les auspices du CIRDI constate que le droit applicable au contrat est celui de l'État hôte, sans envisager pour autant de prendre en considération la conformité du comportement de l'État au droit international, son attitude serait incompatible avec l'esprit même de la Convention du CIRDI.

On pourrait ainsi considérer, en reprenant les termes de la Convention de Vienne, que l'objectif et la raison d'être des TBI impliquent leur primauté sur les droits étatiques. En conséquence, on doit considérer que, dans des hypothèses assimilables, les arbitres ont le devoir de faire prévaloir le droit international[247].

184. De plus, comment l'État dont l'opérateur étranger est ressortissant accorderait-il l'exequatur à la sentence rendue par les arbitres statuant sous les auspices du CIRDI si cette sentence avait gravement violé les normes du droit international ?

185. Du reste, comme le souligne le Professeur Lauterpacht, l'application du droit international par un tribunal œuvrant sous l'égide du CIRDI même en défaut de référence à ce droit par les cocontractants, est *« inherent in its very status as a tribunal set up to dispose of issues under*

---

[246] V. *supra*, n° 3 ; V. également, C. Schreuer, L. Malintoppi, A. Reinisch et A. Sinclair, The ICSID Convention - A Commentary, 2ème édition, CUP, Cambridge, 2009, p. 586.

[247] A. Giardina, L'exécution des sentences du Centre international pour le règlement des différends relatifs aux investissements, Revue critique de droit international privé, 1982, p. 286 : *« les obligations onéreuses assumées par les États membres en raison du système arbitral du Centre ne sont compréhensibles et justifiables que si les sentences en question sont conformes à ce que peut prévoir en la matière le droit international. On se réfère, en particulier, à l'obligation des États qui ont accepté la juridiction du Centre (article 27 de la Convention), de s'abstenir de l'exercice de la protection diplomatique de leurs ressortissants. On se réfère, surtout, à l'obligation pour tous les États membres d'assurer, sans exceptions ou limites, la reconnaissance et l'exécution des sentences du Centre (article 54 de la Convention) ».*

international investment contracts and in deliberate substitution for alternative modes of international protection »[248].

186. Dans la même mesure, le Professeur Schreuer résume cette position en des termes particulièrement nets : *« The weight of the arguments outlined above strongly militates in favor of the preservation of the international minimum standards, even in the absence of a reference to international law in a choice of law clause. The mandatory rules of international law which provide an international minimum standard of protection for aliens exist independently of any choice of law made for a specific transaction. They constitute a framework of public order within which such transactions operate »*[249].

187. Le Professeur Rivier se prononce dans un sens similaire. Selon ses termes : *« quoi qu'il en soit du choix des parties, ce choix ne conduit jamais à un évincement total du droit international. [L'habilitation des parties] de constituer leur propre base de règlement résulte du droit international, comme d'ailleurs la liberté subsidiaire du tribunal de sélectionner le droit applicable. Leur choix produit donc les effets recherchés dans la seule mesure que leur ouvre le droit international. Celui-ci joue pour elles, et pour le tribunal aussi, comme loi impérative. Le droit international n'est en rien cantonné à cette « fonction » dite corrective mais il assume toujours une fonction de police : par définition, il conditionne le pouvoir légal des parties qu'il habilite et dessine la marge d'appréciation qu'il octroie aux arbitres »*[250].

188. En outre, la pratique arbitrale montre bien une réserve quant à l'abandon de toute référence aux normes du droit international. Le tribunal saisi de l'affaire *Amco contre Indonésie* retient à cet égard une formulation assez heureuse : *« En principe, le droit de l'État d'accueil selon l'article 42 (1) de la Convention résulte d'une évaluation globale du système mis en place par la Convention. En principe, le droit de l'État d'accueil est celui qui doit*

---

[248] E. Lauterpacht, The World Bank Convention on the Settlement of International Investment Disputes, *in* Recueil d'études de droit international en hommage à Paul Guggenheim, Institut Universitaire des Hautes Études Internationales, Genève, 1968, pp. 642-664, spéc. pp. 660-661 : *« if the Tribunal has no power to pass upon the issues of international law involved in the conduct of the State party to the contract, the position might well arise in which the State party could cancel the contract in a manner violative of its international law obligations, but not of its own law »*.

[249] C. Schreuer, L. Malintoppi, A. Reinisch et A. Sinclair, The ICSID Convention - A Commentary, 2ème édition, CUP, Cambridge, 2009, p. 587.

[250] R. Rivier, L'articulation entre droit national et droit international devant les tribunaux arbitraux internationaux d'investissement, *in* S. Robert-Cuendet (dir.), Droit des investissements internationaux : Perspectives croisées, Bruylant, Bruxelles, 2017, pp. 413-483, spéc. p. 458.

être appliqué pour résoudre le différend. Il convient également de suivre les normes applicables du droit international, car toutes les sentences CIRDI doivent être reconnues et les obligations financières qu'elles imposent doivent être reconnues par chaque État contractant (article 54 (1) de la Convention). De plus, l'État dont l'investisseur est le ressortissant ne peut exercer son droit de protection diplomatique tant que se déroule la procédure d'arbitrage CIRDI et même au-delà, de celle-ci, à l'égard de l'État contractant qui se conforme à la Sentence CIRDI (article 27 de la Convention). La portée de l'article 54 (1) et de l'article 27 de la Convention ne se justifie que dans l'hypothèse où la sentence concernée n'enfreint pas la loi applicable et les principes de droit international »[251].

189. De la même manière, le tribunal en charge de l'affaire *Letco contre Libéria*, après avoir relevé que le droit de l'État contractant était le droit applicable, estime que : *« la loi de l'État contractant est reconnue comme étant fondamentale sur son propre territoire, mais n'en est pas moins soumise au contrôle du droit international »*. Puis, après avoir analysé le rôle spécifique du droit international en cas de contrariété avec le droit national, le tribunal n'a pas hésité à vérifier si le droit choisi est bien *« en conformité avec les principes du droit international public gouvernant la validité des contrats et les conséquences de leur violation »*[252].

190. Dans la sentence *SPP contre Égypte*[253], le problème en l'espèce avait pour objet de rechercher si les cocontractants avaient désigné le droit égyptien comme droit applicable au fond. Le tribunal arbitral a constaté que même si cela était le cas, une telle désignation *« ne pourrait exclure l'applicabilité directe du droit international dans certaines situations »*[254]. Dans cette affaire, il était question d'apprécier particulièrement si certains actes issus des membres des autorités publiques égyptiennes ont été accomplis hors compétence. Les arbitres ont considéré que : *« La constatation que ces actes sont nuls selon le droit interne ne suffirait pas à résoudre la question ultime de la réparation des dommages subis par la victime qui s'est fondée sur de tels actes. Si le droit interne ne connaît pas de moyens d'y remédier, l'absence de tout recours ne peut être le dernier mot. Quand un système*

---

[251] CIRDI, affaire *Amco c. Indonésie,* ARB/81/1, décision du Comité *ad hoc* du 16 mai 1986, § 21, telle que traduite *in* E. Gaillard, La jurisprudence du CIRDI, Pedone, Paris, 2004, pp. 177-198, spéc. p. 178.

[252] CIRDI, affaire *Liberian Eastern Timber Corporation (Letco) c. Libéria,* ARB/83/2, sentence du 31 mars 1986, telle que traduite *in* E. Gaillard, La jurisprudence du CIRDI, Pedone, Paris, 2004, pp. 201-218, spéc. p. 204.

[253] CIRDI, affaire *Southern Pacific Properties Limited c. Égypte,* ARB/84/3, sentence du 20 mai 1992, telle que traduite *in* E. Gaillard, La jurisprudence du CIRDI, Pedone, Paris, 2004, pp. 363-386.

[254] *Ibid.,* § 80, p. 365.

juridique interne contient une lacune ou quand le droit international est violé par la seule application du droit interne, le tribunal est tenu, en application de l'article 42, paragraphe 1, de la Convention de Washington, de faire directement application des règles et des principes pertinents du droit international »[255].

Globalement, le tribunal arbitral a soulevé qu'il est parfaitement souhaitable pour un tribunal arbitral de faire application des normes du droit international alors même que c'est le droit national qui est le droit applicable en l'espèce. Ainsi, l'on peut constater que même si la désignation du droit applicable porte sur des normes autres que les normes internationales, celles-ci préservent une fonction essentielle et leur application est systématique et générale.

191. Plus récemment, le tribunal arbitral dans l'affaire *Caratube International Oil Company LLP and Devincci Salah Hourani contre République du Kazakhstan* préconise cette perception en indiquant expressément que : *« Regarding customary international law, at first sight Article 42 (1) of the ICSID Convention would appear to suggest that international law cannot be applied in the presence of a choice of law clause in favor of a particular domestic law, without any mention of international law. However, in accordance with the opinions expressed by a number of authors, including Professor Schreuer, this Tribunal opines that it would not be appropriate and in accordance with the context, system and goals of the ICSID Convention to disregard international law as a consequence of the choice of law clause [...]. Accordingly, the Tribunal finds that it cannot disregard, but must take into account international law, in particular mandatory rules of international law, when deciding the present dispute »*[256].

192. Cette même approche a été adoptée dans la pratique arbitrale hors CIRDI. En écho aux dispositions de l'article 8, alinéa 6 du TBI Pays-Bas–République tchèque applicable en l'espèce selon lequel, *« The arbitral tribunal shall decide on the basis of the law, taking into account in particular though not exclusively : the law in force of the Contracting Party concerned ; the provisions of this Agreement, and other relevant Agreements between the Contracting Parties ; the provisions of special agreements relating to the investment ; the general principles of international law »*[257], le tribunal, suivant les règles de la CNUDCI, estime que : *« The choice-of-law clause in*

---

[255] *Ibid.*, § 83-84, pp. 365-366.

[256] CIRDI, affaire *Caratube International Oil Company LLP and Devincci Salah Hourani c. République du Kazakhstan*, ARB/13/13, sentence du 27 septembre 2017, § 288-290.

[257] Article 8, alinéa 6 du TBI Pays-Bas–République tchèque, signé le 24 avril 1991 et entré en vigueur le 1 octobre 1992.

the (Dutch) Treaty is broad and grants to the tribunal a discretion, without giving precedence to the systems of law referred to. [...] There is no ranking in the application of the national law of the host state, the Treaty provisions or the general principles of international law. Further there is no exclusivity in the application of these laws [...] »[258]. La clause d'*électio juris* ne visant pas exclusivement un seul corps de règles, mais à la fois le droit international et le droit national, l'instance arbitrale constate par la suite qu'elle n'applique les prévisions du droit interne qu'en cas de stricte nécessité[259]. Ainsi, selon ce raisonnement, le droit national ne joue qu'un rôle subalterne.

193. Ces exemples, que l'on n'aurait aucune peine à multiplier, montrent donc clairement la volonté des arbitres de ne pas tenir compte du seul droit national du pays fournisseur, mais d'effectuer, au moins implicitement, un examen de conformité au droit international. Si cet examen montre une conformité, le droit de l'État sera appliqué, comme cela fut le cas dans les sentences précitées[260]. Dans le cas opposé, si le droit interne est contraire aux dispositions du droit international il serait surprenant, de faire prévaloir le droit interne sur le droit international[261]. En somme, les arbitres officiant sous l'égide du CIRDI s'appuient sur les termes de l'article 42 (1) et sur l'objet même de l'arbitrage CIRDI pour favoriser l'internationalisation des contrats d'État et poser un garde-fou à l'application des dispositions éventuellement déstabilisatrices du droit national, même si elles ont fait l'objet de désignation expresse.

Cette solution se manifeste d'ailleurs comme un procédé harmonieux avec la position majoritaire classique de l'enracinement du contrat dans l'ordre juridique international. En effet, selon cette conception, le rôle du droit interne demeure étriqué face au rôle vaste et déterminant du droit international[262].

194. En outre, il va falloir signaler qu'une solution similaire d'enracinement des contrats d'État, telle que prévue par la Convention de Washington, se trouve consacrée par le Traité sur la Charte de l'Énergie.

---

[258] CNUDCI, affaire *CME c. République tchèque*, sentence du 14 mars 2003, § 402.
[259] *Ibid.*
[260] V. *supra*, n°s 188 et s.
[261] V. C. Schreuer, L. Malintoppi, A. Reinisch et A. Sinclair, The ICSID Convention - A Commentary, 2ème édition, CUP, Cambridge, 2009, p. 587 ; V. également, B. Goldman, Le droit applicable selon la Convention de la BIRD du 18 mars 1965 pour le règlement des différends relatifs aux investissements entre États et ressortissants d'autres États, *in* Investissements étrangers et arbitrage entre États et personnes privées, La Convention BIRD du 18 mars 1965, CREDIMI, Pedone, Paris, 1969, pp. 132-156 spéc. p. 151.
[262] V. *supra*, n°s 143 et s.

B. L'analyse de la solution de l'article 26 du Traité sur la Charte de l'Énergie

195. On a déjà observé que le principe de l'autonomie de la volonté constitue le principe de base quant à la loi applicable à tout contrat. Pourtant, le risque que la désignation du droit applicable porte sur le droit interne, impliquera la nécessité de garantir les droits des opérateurs étrangers. La clause d'*electio juris* contenue dans le Traité relatif à la Charte de l'Énergie[263] se manifeste comme une solution qui contribue à parvenir à cette fin.

196. Selon les termes de l'article 26 (6) du Traité relatif à la Charte de l'Énergie : *« un tribunal constitué selon les dispositions du paragraphe 4 statue sur les questions litigieuses conformément au présent traité et aux règles et principes applicables de droit international »*[264]. L'interprétation de cette disposition conventionnelle engendre les mêmes conséquences qui

---

[263] Avant de débuter par l'examen de la clause d'*electio juris* contenue dans l'article 26 (6) du Traité sur la Charte de l'Énergie, il convient de signaler que les pays européens se sont dotés de deux instruments communautaires réglementant l'industrie de l'énergie, dont le traité instituant la Communauté européenne de l'énergie atomique, et le traité de la Communauté européenne du charbon et de l'acier. Les principales lacunes de ces traités relevaient du fait que leur champ d'application était limité à cinq pays fondateurs de l'Europe et à trois substances chimiques uniquement. On comprend dès lors pourquoi ces instruments devaient se révéler incompatibles avec le véritable essor économique européen où la diversification des sources énergétiques occuperait une place fondamentale. (V. L. Grammatico, Les moyens juridiques du Développement énergétique dans le respect de l'environnement en droit français, t. 1, Presses Universitaires d'Aix-Marseille, 2003, pp. 89 et s.).
Le Traité sur la Charte de l'Énergie trouve sa source dans une intervention des pays européens dans l'espoir d'une plus grande exposition des marchés d'Europe dans le secteur de l'énergie. Les pays européens ont ainsi voulu établir l'ossature juridique des relations économiques futures que le nouveau contexte géopolitique leur permettait d'envisager. Au départ, la Charte de l'Énergie elle-même ne constituait qu'une déclaration politique et avait comme projet le développement d'une future union entre les pays européens et ceux anciennement rattachés au bloc de l'U.R.S.S. Le traité actuel traduit parfaitement cet engagement politique et réunit aujourd'hui plus de cinquante États membres provenant principalement du continent européen et d'Asie centrale.
La raison pour laquelle on se limite à l'analyse spécifique du Traité sur la Charte de l'Énergie peut être expliquée par le fait que ce Traité constitue l'instrument européen majeur doté d'une portée quasi internationale pour régir les relations avec des pays non membres de l'Union européenne. (On pourrait citer en exemple, l'Australie comme un des pays non membres de l'Union européenne ayant ratifié ce Traité). L'objet de ce Traité est la mise en place d'un marché d'interaction dans l'industrie énergétique. Les dispositions que contient ce Traité et qui intéressent intrinsèquement cette analyse sont celles relatives à la protection des investissements et celles prévoyant le mécanisme de résolution des litiges entre États et investisseurs étrangers.

[264] Article 26 (6) du Traité sur la Charte de l'Énergie conclu à Lisbonne au Portugal, le 17 décembre 1994.

découlent de l'analyse de l'article 42 (1) de la Convention de Washington. Toutefois, contrairement à la solution préconisée dans le cadre de celle-ci conduisant à une application implicite du droit international, l'article 26 (6) du Traité de la Charte sur l'Énergie écarte de façon explicite toute possibilité d'application de la loi nationale éventuellement déstabilisatrice, en faveur de ses propres dispositions[265].

197. En tout cas, cette solution résulte de l'incapacité du droit interne des États hôtes de s'éloigner de la protection des intérêts étatiques en vue de faire prévaloir l'égalité de la relation contractuelle et la sécurité des opérations transnationales. En effet, les limites du droit interne ont été minutieusement relevées par le Professeur Thomas Wälde : *« Il est certain que les entreprises opérant à un niveau international doivent gérer les impératifs normatifs des lois nationales. Il a en fait été affirmé que l'une des raisons d'être des entreprises multinationales est le fait que les normes nationales souvent très restrictives, particulières et protectionnistes sont plus faciles à gérer au travers d'un système d'entreprise mondiale avec des filiales nationales plutôt qu'au travers de transactions commerciales individuelles. Mais le droit national est loin d'être complet et ne met pas à disposition toutes les règles applicables au commerce international. Les lois nationales sont souvent contradictoires ou insuffisamment spécifiques, leur application n'est même parfois pas contrôlée. Chacune (avec quelques exceptions aux États-Unis) s'arrête aux frontières nationales et ne sait pas réglementer la dimension mondiale du commerce international »*[266].

Vu qu'elles introduisent une stabilité internationale nécessaire et suffisante, les solutions résultant des dispositions conventionnelles, en particulier du Traité sur la Charte de l'Énergie, paraissent plus que satisfaisantes pour les opérateurs étrangers qu'elles ne pourraient l'être si elles provenaient de l'ordre juridique national des États hôtes.

Du reste, compte tenu des aléas économiques ou politiques et de la pratique des pouvoirs souverains de recourir à la modification unilatérale, l'incapacité du droit national du pays fournisseur d'assurer la protection des droits des

---

[265] F. Poirat, L'article 26 du Traité relatif à la Charte de l'Énergie : Procédures de règlement des différends et statut des personnes privées, RGDIP, 1998, n° 2, pp. 45-82, spéc. pp. 70 et s. : *« l'apport d'une telle disposition doit se mesurer à un double point de vue. D'une part, la simple détermination du droit applicable est importante, mais d'autre part, et surtout, la consistance de ce droit, c'est-à-dire l'exclusivité du droit international comme droit applicable, revêt une signification essentielle dans le droit conventionnel des investissements »*.

[266] T. Wälde, Nouveaux horizons pour le droit international des investissements dans le contexte de la mondialisation de l'économie : études de questions spécifiques, Pedone, Paris, 2004, pp. 53 et s.

opérateurs transnationaux ne prête plus à controverse. Une situation d'inflation normative, de désordre juridique, d'instabilité, d'imprévisibilité, ou encore d'arbitraire menace la stabilisation des investissements étrangers. La théorie de l'enracinement du contrat d'État dans l'ordre juridique international est donc pleinement justifiable. D'ailleurs, le Professeur Thomas Wälde confirme cette théorie en soutenant que les litiges relatifs aux investissements transnationaux doivent être réglés dans l'ordre juridique international[267].

198. En outre, le tribunal arbitral qui statue dans l'ordre juridique international devra appliquer exclusivement le droit des traités, notamment celui du Traité sur la Charte de l'Énergie en tant que source principale et les principes généraux de droit international en tant que sources subsidiaires. On rappelle de même que, dans le cadre de la désignation des normes applicables au fond en vertu de l'article 26 (6) du Traité sur la Charte de l'Énergie, l'arbitre ne semble plus être lié par le principe du libre choix de la loi applicable reconnu généralement aux cocontractants. L'absence de tout renvoi au droit interne des États hôtes dans l'article 26 (6) du Traité sur la Charte de l'Énergie semble donc s'interpréter en faveur de l'internationalisation des contrats d'investissement. L'efficacité et la valeur protectrice de cette disposition s'expliquent assurément par la volonté d'écarter l'application des droits nationaux[268] et par la présence dans ce traité de dispositions renvoyant à l'arbitrage unilatéral[269]. Ainsi, tout comme la Convention de Washington, le Traité sur la Charte de l'Énergie favorise l'internationalisation des contrats d'État. L'application du droit international à ces contrats ne semble plus soulever à ce stade de sérieuses difficultés.

199. Compte tenu des développements qui précèdent, on peut aisément constater que la désignation exclusive du droit national à régir le fond de la relation État-investisseur a mené certains auteurs à prendre en considération la portée limitée de la clause contractuelle de droit applicable, afin d'aboutir à l'application du droit international. On verra par la suite que cette primauté du droit international se manifestera également dans l'hypothèse d'un choix implicite.

---

[267] T. Wälde, Investment Arbitration Under the Energy Charter Treaty : From Dispute Settlement to Treaty Implementation, Arbitration International, vol. 12, n° 4, 1996, pp. 457 et s.

[268] *Ibid.*, l'auteur considère que le droit interne s'applique sous réserve de sa conformité au droit international.

[269] Pour une étude plus approfondie sur les clauses d'arbitrage unilatéral, V. *infra*, n°s 362 et s.

Paragraphe 2 : Dans l'hypothèse d'un choix implicite

200. Pour éviter d'avoir recours à la deuxième phrase de l'article 42 (1) de la Convention de Washington qui a donné lieu à différentes et complexes interprétations[270], le fondement juridique de la demande (**A**) ainsi que le principe *pacta sunt servanda* (**B**) ont fait signe d'un choix implicite en faveur du droit international.

A. L'internationalisation du droit applicable en fonction du fondement juridique de la demande

201. À défaut de choix explicite des règles de droit applicables et dans l'hypothèse particulière de l'arbitrage sur le fondement des conventions d'investissement, certains arbitres sont parvenus, compte tenu de la spécificité de ces instruments du droit international, à déduire un choix implicite des parties en faveur de l'application du droit international et plus spécifiquement celui du traité en cause. En analysant les dispositions conventionnelles relatives à la loi applicable, la version de l'article 42 (1) rédigée en langue française de la Convention CIRDI semble conduire à une interprétation plus large que celle rédigée en langue anglaise, dans la mesure où la formule *« adoptées par les parties »* ne requiert pas l'existence d'un accord écrit par exemple[271]. Ainsi, certains arbitres internationaux, afin de s'éloigner du recours à la deuxième phrase de l'article 42 (1), interprètent le fondement juridique de la demande comme constituant un choix implicite en faveur du droit international et plus spécifiquement au profit des dispositions de ce traité.

Ainsi, lorsque le demandeur se place sous l'enseigne d'une convention de protection et de promotion des investissements, cela appelle nécessairement à l'application de l'ensemble des dispositions matérielles de l'instrument, étant donné que si la demande a été fondée sur le traité, les parties auraient donc accepté indirectement son application en tant que droit substantiel.

202. La jurisprudence arbitrale va dans ce sens. La sentence *Compañia de Aguas del Aconquija S.A. et Vivendi Universal S.A. contre Argentine,* est particulièrement significative à cet égard puisque les arbitres estiment que le simple fait que les parties fondent leur consentement sur la convention

---

270 V. *infra*, n°s 212 et s.

271 V. P. Kahn, The Law Applicable to Foreign Investment : The Contribution of the World Bank Convention on the Settlement of Investment Disputes, Indiana Law Journal 1968, vol. 44, n° 1, pp. 1-32, spéc. p. 8.

bilatérale d'investissement s'analyse comme une volonté implicite d'appliquer les dispositions substantielles de cette convention, les normes du droit étatique n'ayant qu'un rôle secondaire. Le litige était alors soumis au droit du traité ainsi qu'au droit international de manière générale[272].

203. En outre, dans l'affaire *MTD contre Chili*, le tribunal s'appuie sur les prétentions des parties et affirme que : *« this being a dispute under a BIT, the parties have agreed that the merits of the dispute will be decided in accordance with international law. [...] At this point, the Tribunal will limit itself to note that, for purposes of Article 42 (1) of the Convention, the parties have agreed to this arbitration under the BIT. This instrument being a treaty, the agreement to arbitrate under the BIT requires the Tribunal to apply international law »*[273].

204. L'affaire *ADC contre Hongrie* développe un raisonnement tout à fait analogue. En l'espèce, il a été relevé qu'en l'absence de choix exprès des cocontractants, la convention bilatérale d'investissement, complétée par le droit international général, devait s'appliquer : *« In the Tribunal's view, by consenting to arbitration under Article 7 of the BIT with respect to 'Any dispute between a Contracting Party and the investor of another Contracting Party concerning expropriation of an investment [...]' the Parties also consented to the applicability of the provisions of the Treaty, and in particular those set forth in Article 4. Those provisions are Treaty provisions pertaining to international law. That consent falls under the first sentence of Article 42 (1) of the ICSID Convention ('The Tribunal shall decide a dispute in accordance with such rules of law as may be agreed by the parties'). The consent must also be deemed to comprise a choice for general international law, including customary international law, if and to the extent that it comes into play for interpreting and applying the provisions of the Treaty »*[274].

---

[272] CIRDI, affaire *Compañia de Aguas del Aconquija S.A. et Vivendi Universal S.A. c. Argentine - Vivendi II* - ARB/97/3, décision du Comité *ad hoc* du 3 juillet 2002, § 96, telle que traduite *in* E. Gaillard, La jurisprudence du CIRDI, Pedone, Paris, 2004, pp. 719-766, spéc. p. 744 : *« [...] la détermination de l'existence d'une violation du BIT et celle d'un manquement au contrat sont deux questions distinctes. Chacune d'elles sera déterminée par application du droit qui lui est applicable ; dans le cas du BIT, le droit international ; dans le cas du contrat de concession, le droit applicable au contrat [...] »*.

[273] CIRDI, affaire *MTD Equity Sdn. Bhd. et MTD Chili S.A. c. Chili*, ARB/01/7, sentence du 25 mai 2004, § 86-87.

[274] CIRDI, affaire *ADC Affiliate Ltd. et ADC & ADMC Management Ltd c. Hongrie*, ARB/03/16, sentence du 2 octobre 2006, § 290.

205. Plus récemment, ce constat a été souligné avec force par le tribunal arbitral qui s'est prononcé dans l'affaire *El Paso Energy International contre République d'Argentine* : « *Despite the diverging views expressed by the Parties, both have extensively relied on the BIT, international law and Argentinian law in support of their respective claims and defences. Argentina is right when calling attention to the circumstance that in the absence of an agreement between the Parties on the law governing the dispute, under Article 42 (1), second sentence, of the ICSID Convention both the law of Argentina and international law are applicable. The Claimant is also right in emphasising the relevance of the BIT and international law, given the nature of the claims involved in the dispute* »[275].

206. Dès lors qu'un traité bilatéral d'investissement est présent, les normes substantielles de cet instrument trouveront donc une application prioritaire. Le fait qu'une bonne majorité des demandes d'arbitrage se basent sur ces instruments a contourné l'application du droit interne. Puisque ce sont les dispositions normatives de la convention internationale qui s'appliqueront comme source primaire, il s'avère que les dispositions normatives du droit étatique sont reléguées au second plan comme le note à juste titre le Professeur Rivier : « *Le droit international est désormais le droit applicable « en premier lieu » aux réclamations conventionnelles. Ils font massivement intervenir la normativité nationale dans sa dimension de donnée nécessaire à l'application du droit international et délaissent le droit national dans sa qualité de droit applicable* »[276].

Les conventions bilatérales d'investissement bouleversent ainsi le schéma : alors qu'au début le droit international était démuni de tout effet contraignant, c'est le droit interne qui voit son champ d'application s'anéantir à l'heure actuelle par le simple fait d'appuyer l'action sur l'instrument international. À la lumière de la place croissante dévolue à la convention bilatérale d'investissement, les instances arbitrales rechignent à appliquer le droit interne. Les conventions bilatérales d'investissement ont, dès lors, essentiellement et largement contribué à l'internationalisation du droit des investissements. La sentence *Goetz contre Burundi* confirme cette tendance :

---

[275] CIRDI, affaire *El Paso Energy International c. République d'Argentine*, ARB/03/15, sentence du 31 octobre 2011, § 128 ; V. dans le même sens, CIRDI, affaire *Azurix Corp. c. Argentine*, ARB/01/12, sentence du 14 juillet 2006, § 67 : « *Azurix's claim has been advanced under the BIT and, as stated by the Annulment Committee in Vivendi II, the Tribunal's inquiry is governed by the ICSID Convention, by the BIT and by applicable international law* ».

[276] R. Rivier, L'articulation entre droit national et droit international devant les tribunaux arbitraux internationaux d'investissement, *in* S. Robert-Cuendet (dir.), Droit des investissements internationaux : Perspectives croisées, Bruylant, Bruxelles, 2017, pp. 413-483, spéc. p. 483.

« Il n'est pas sans intérêt à cet égard de noter que la référence assez fréquente, dans des clauses de choice of law insérées dans des conventions de protection des investissements, aux dispositions de la convention elle-même - et, plus largement, aux principes et règles du droit international - provoque, après un certain refus dans la pratique et la jurisprudence, un retour remarquable du droit international dans les relations juridiques entre les États d'accueil et les investisseurs étrangers »[277].

207. Cette internationalisation du droit des investissements ne se contente cependant pas, comme on a déjà vu, de se propager à travers les traités bilatéraux d'investissement, mais continue aussi de progresser par l'intermédiaire de l'application du principe *pacta sunt servanda.*

B. L'internationalisation du droit applicable eu égard à l'application du principe *pacta sunt servanda*

208. L'internationalisation des relations contractuelles transnationales se trouve également justifiée par le recours au principe *pacta sunt servanda* en vertu duquel les parties sont tenues de respecter de bonne foi les obligations dérivantes du contrat qui les lie. L'exemple de l'affaire classique des *Emprunts brésiliens* en est une parfaite illustration. Selon l'argumentation de la Cour, le contrat d'investissement ne saurait être modifié unilatéralement : *« Un argument invoqué contre l'efficacité de la clause prévoyant des paiements en or consiste à dire qu'elle constitue simplement une clause de style ou une pratique routinière. Ceci, en substance, reviendrait à éliminer des titres le mot « or ». Le contrat passé entre les Parties ne saurait être traité ainsi. Lorsque le Gouvernement brésilien a promis de payer des « francs-or », la référence à un étalon de valeur bien connu ne peut être considérée comme ayant été insérée simplement pour produire un effet littéraire, ou comme une expression routinière dépourvue de signification »*[278].

En effet, dans l'hypothèse d'un conflit entre le droit interne et le droit international, il faudra donner une préférence aux normes du droit international, afin de respecter le principe *pacta sunt servanda.* L'application de ce principe contribue à établir l'égalité de la relation contractuelle. Ainsi, le contrat est soustrait à l'application du seul droit étatique de l'État hôte, ce qui permettra à l'arbitre de trouver une échappatoire en cas de non-respect des obligations internationales.

---

[277] CIRDI, affaire *Goetz c. Burundi,* ARB/95/3, sentence du 10 février 1999, § 69.
[278] CPJI, *Affaire relative au paiement, en or, des emprunts fédéraux brésiliens émis en France (France c. États-Unis du Brésil)*, arrêt du 12 juillet 1929, Recueil Série A, n° 15, 1929, pp. 115-116.

209. Le principe précité a également concouru à restreindre l'applicabilité du droit national au profit des principes généraux de droit international jugés plus appropriés à garantir la force obligatoire du contrat[279]. D'ailleurs, selon la sentence relative à l'affaire *Company Z and others contre State Organization ABC*, le tribunal arbitral juge que : *« It is superfluous to add that a general principle, universally recognized nowadays in both inter-State relations and international private relations (whether this principle is considered as international public policy, as appertaining to international commercial usages or to recognized principles of public international law and the law of international arbitration or lex mercatoria) would in any case prohibit the Utopian State - even if it had the intention, which is not the case - to repudiate the undertaking to arbitrate which it made itself or which a public organization such as ABC would have made previously »*[280].

210. Dans un même mouvement, en s'inspirant des solutions préconisées par les sentences *Lena Goldfields* et *Aramco*, l'arbitre unique statuant dans l'affaire *Elf Aquitaine Iran contre National Iranian Oil Company* estime qu'un État est lié par les contrats internationaux conclus par lui et ne peut, en faisant usage de ses prérogatives de puissance publique, en modifier le contenu[281].

211. Si le choix des parties, qu'il soit implicite ou explicite, a abouti à l'internationalisation de la relation contractuelle qui va désormais s'appliquer systématiquement, ce qu'on observera dans les développements ultérieurs, c'est que la situation n'est pas foncièrement différente lorsque les parties s'abstiennent d'élire le droit applicable pour régir le fond de leur relation.

---

[279] O. Spiermann, Applicable Law, *in* P. Muchlinski, F. Ortino et C. Schreuer, The Oxford Handbook of International Investment Law, OUP, Oxford, 2008, pp. 89-118, p. 96 ; V. également l'affaire *Arabian American Oil Company (Aramco) c. Arabie Saoudite*, sentence du 23 août 1958, *in* Revue critique de droit international privé, 1963, pp. 272-363.

[280] S. A., *ad hoc*, affaire *Company Z and others c. State Organization ABC*, sentence rendue en avril 1982, *in* Yearbook of Commercial Arbitration, vol. 8, 1983, pp. 108-109.

[281] S. A., *ad hoc*, affaire *Elf Aquitaine Iran c. National Iranian Oil Company*, sentence préliminaire du 14 janvier 1982, *in* Revue de l'arbitrage, Litec, Paris, 1984, pp. 401-421, § 19.

SECTION 2

L'INTERNATIONALISATION DU RAPPORT ÉTAT-INVESTISSEUR EN L'ABSENCE DE CHOIX DE LOI APPLICABLE

212. Dans l'hypothèse où les parties n'auraient pas déterminé le droit applicable pour régir le fond du litige, il revient au tribunal arbitral de le repérer. Dans ce contexte, les arbitres disposent très généralement, d'une grande liberté et flexibilité. Afin de discerner tous les aspects du pouvoir donné aux arbitres en cas d'absence de choix des règles de droit applicables pour régir le fond du litige, ce pouvoir doit être apprécié dans le cadre de l'arbitrage CIRDI (**Paragraphe 1**), comme en dehors de ce cadre (**Paragraphe 2**).

Paragraphe 1 : Dans le cadre de l'arbitrage CIRDI

213. Dans le cadre de l'arbitrage CIRDI, et à défaut de choix par les parties des règles de droit applicables, la détermination de celui-ci est plus délicate que dans le cadre des autres types d'arbitrage[282]. La Convention de Washington envisage la solution suivante : « *Faute d'accord entre les parties, le Tribunal applique le droit de l'État contractant partie au différend - y compris les règles relatives aux conflits de lois - ainsi que les principes de*

[282] W.-M. Reisman et M. Arsanjani, Applicable Law Under the ICSID Convention : The Tortured History of the Interpretation of Article 42, *in* M. Kinnear, G.-R. Fisher et al., Building International Investment Law : The First 50 Years of ICSID, Kluwer Law International, 2015, pp. 3-12, spéc. p. 4 : « *In marked contrast, Article 42's provision, in the second sentence of paragraph (1), dealing with the applicable law in the absence of party agreement is either the product of poor drafting or a masterpiece of "constructive ambiguity" : in only thirty eight words, it renders applicable, at once, the law of the State party to the dispute (including its conflict rules) and international law rules "as may be applicable." And though it plainly contemplates some residual role for domestic law, it does not explain which legal system is empowered to determine the contingencies for the application of "such rules of international law." Nor does it indicate whether there is a hierarchical relationship between international law and the law of the State party to the dispute* ».

droit international en la matière »[283]. Le fait que la seconde phrase de l'article 42 (1) renvoie à un mélange de deux systèmes de règles différents sans pour autant spécifier comment s'articulent ces deux corps de règles, donnera lieu à de divergentes interprétations. Même si une partie de la doctrine a préconisé une solution où un rôle plus ou moins limité est attribué au droit international public (**A**), un courant majoritaire a sollicité en revanche l'internationalisation des contrats d'État (**B**).

A. Une tendance favorisant un rôle plus ou moins limité du droit international public

214. À rebours d'une doctrine largement concordante sur le fait que le droit international joue un rôle prédominant en droit des investissements étrangers[284], certains auteurs considèrent que les normes internationales, et plus spécifiquement les principes généraux de droit, n'ont qu'un rôle supplétif[285]. Ce courant, minoritaire sans doute, peut retrouver quelques reflets dans de rares sentences arbitrales qui appliquent le droit national comme source primaire en réservant l'application du droit international aux lacunes laissées par le premier, ou en cas de conflit entre ces deux droits. Cette tendance revient donc à accorder au droit international un rôle secondaire. Une telle position, même si elle a été largement dépassée, a cependant trouvé écho dans certaines hypothèses.

215. Un exemple sur le rôle limité du droit international se manifeste à travers la décision rendue par le Comité *ad hoc* dans le litige opposant la compagnie Klöckner au Cameroun, où le Comité *« précise notamment que l'article 42 de la Convention de Washington réserve aux principes de droit international [...] un double rôle, soit complémentaire (en cas de "lacune" du droit de l'État), soit correctif, au cas où ce droit étatique ne serait pas en tous points conforme aux principes du droit international. Quoi qu'il en soit et dans les deux cas, les arbitres ne peuvent recourir aux principes du droit international qu'après avoir recherché et établi le contenu du droit de l'État partie au différend (contenu qui ne saurait être réduit à un principe, fût-il de base) et après avoir appliqué les règles pertinentes du droit étatique. Il est donc certain que l'article 42 (1) ne permet pas à l'arbitre d'asseoir sa décision sur les seuls principes du droit international »*[286].

---

283 V. l'article 42 (1), deuxième phrase de la Convention de Washington du 18 mars 1965.

284 V. *infra*, n°s 219 et s.

285 V. *supra*, n°s 80-81.

286 CIRDI, affaire *Klöckner Industrie-Anlagen GmbH et autres c. Cameroun et Société Camerounaise des Engrais*, ARB/81/2, décision du Comité *ad hoc* du 3 mai 1985, § 69,

216. Une vision parfaitement analogue fut développée par la décision d'annulation relative à l'affaire *Amco contre Indonésie*, dans laquelle : *« Le Comité ad hoc estime qu'il convient de noter que l'article 42 (1) de la Convention autorise un tribunal CIRDI à appliquer les principes de droit international uniquement pour combler les lacunes du droit interne applicable et afin d'établir la primauté des normes du droit international lorsque celles-ci entrent en conflit avec le droit interne applicable »*[287].

Le rôle du droit international ne pouvait donc, à la lumière du raisonnement des deux Comités dans les affaires *Klöckner et Amco*, qu'être complémentaire en cas de lacune du droit interne ou correctif en cas de contrariété du droit interne avec le droit international.

217. Le tribunal arbitral, dans l'affaire *Compañia del Desarrollo de Santa Elena S.A. contre Costa Rica* suit un raisonnement similaire en considérant que : *« This leaves the Tribunal in a position in which it must rest on the second sentence of Article 42 (1) ('In the absence of such agreement [...]') and thus apply the law of Costa Rica and such rules of international law as may be applicable. No difficulty arises in this connection. The Tribunal is satisfied that the rules and principles of Costa Rican law which it must take into account, relating to the appraisal and valuation of expropriated property are generally consistent with the accepted principles of public international law on the same subject. To the extent that there may be any inconsistency between the two bodies of law, the rules of public international law must prevail. Were this not so in relation to takings of property, the protection of international law would be denied to the foreign investor and the purpose of the ICSID Convention would, in this respect, be frustrated »*[288].

218. Nonobstant le rôle limité accordé au droit international tel qu'on l'a déjà observé dans les développements antérieurs, on assistera, dans les développements suivants à un revirement jurisprudentiel qui aboutira à impartir au droit international un rôle déterminant et fort solide.

---

telle que traduite *in* E. Gaillard, La jurisprudence du CIRDI, Pedone, Paris, 2004, pp. 163-176, spéc. p. 166.

[287] CIRDI, affaire *Amco c. Indonésie,* ARB/81/1, décision d'annulation du Comité *ad hoc* du 16 mai 1986, § 20, telle que traduite *in* E. Gaillard, La jurisprudence du CIRDI, Pedone, Paris, 2004, pp. 177-198, spéc. p. 178.

[288] CIRDI, affaire *Compañia del Desarrollo de Santa Elena S.A. c. Costa Rica,* ARB/96/1, sentence du 17 février 2000, § 64.

B. Une tendance favorisant un rôle déterminant du droit international

219. L'interprétation qu'avait reçue l'article 42 (1) de la Convention de Washington dans les affaires *Klöckner contre Cameroun, Amco contre Indonésie* et *Compañia del Desarrollo de Santa Elena S.A. contre Costa Rica* paraît répréhensible. En effet, les termes de l'article 42 (1) ne semblent point préserver au droit international un rôle simplement complémentaire ou correctif[289]. Cette solution est difficilement soutenable puisqu'elle laisse la porte ouverte pour envisager l'existence de situations de *non liquet* en droit interne et soulève indirectement la question du vide juridique[290]. Or, il est admis d'inférer qu'aucun vide juridique n'est possible puisque, dans l'hypothèse où une situation juridique donnée est exclue du champ d'application d'un système de règles déterminé, un autre corps de règles pourrait sans doute lui-même la régir. En effet, en France l'article 4 du Code civil impose au juge de statuer même dans le silence de la loi. Dès lors, la notion d'un éventuel vide juridique est discutable.

220. En raison de cette situation, on s'en rend compte plus récemment dans la pratique arbitrale que les tribunaux arbitraux accordent au droit international un rôle primordial. Ainsi fut conçue par exemple, l'argumentation du Comité *ad hoc* dans l'affaire *Wena contre Égypte* où il considéra que, selon les circonstances particulières de l'espèce, les normes du droit international s'appliquent soit conjointement avec les prévisions matérielles du droit interne de l'État hôte, soit de façon indépendante sans avoir recours au droit national. Le Comité estime que : *« Les circonstances propres à chaque espèce peuvent justifier l'application de l'une ou l'autre solution [...] Le droit de l'État d'accueil peut en effet être appliqué conjointement avec le droit international lorsque cela se justifie. De la même façon, le droit international peut être appliqué de façon autonome lorsque la règle appropriée relève de son champ d'application »*[291].

221. Toutefois, même si elle reconnaît une marge de manœuvre aux tribunaux arbitraux, la position du Comité *ad hoc* dans l'affaire *Wena* ne

---

289 D'ailleurs, selon la théorie classique de l'internationalisation, les principes généraux de droit ont fait preuve d'un rôle primordial quant à l'enracinement des contrats d'État dans l'ordre juridique international ; *contra* : L. Lankarani El-Zein, Les contrats d'État à l'épreuve du droit international, Bruylant, Bruxelles, 2001, *supra*, n°s 80-81.

290 Sur cette question, V. A.-M. Ho Dinh, Le vide juridique et le besoin de loi. Pour un recours à l'hypothèse du non-droit, L'Année sociologique, Volume 57, n° 2, 2007.

291 CIRDI, affaire *Wena Hotels Limited c. Égypte*, ARB/98/4, décision du Comité *ad hoc* du 5 février 2002, § 39-40, telle que traduite *in* E. Gaillard, La jurisprudence du CIRDI, Pedone, Paris, 2004, pp. 689-718, spéc. p. 698

précise pas les modalités d'articulation entre le droit international et le droit interne. Bien que cette décision souligne que le droit international est susceptible d'être appliqué indépendamment ou de façon conjointe avec le droit national de l'État hôte, elle ne permet cependant pas de spécifier les hypothèses dans lesquelles une application autonome des normes du droit international sera possible, ni de clarifier les conditions d'articulation entre ces deux droits dans l'hypothèse d'une application conjuguée.

222. Face à ces observations, la sentence du tribunal arbitral relative à l'affaire *Amco contre Indonésie,* se prononçant très précisément sur l'articulation des deux systèmes, s'avère révélatrice : *« L'article 42 (1) se réfère à l'application du droit de l'État d'accueil et du droit international. S'il n'existe aucune disposition pertinente du droit de l'État d'accueil sur une question, il convient de rechercher les dispositions pertinentes du droit international. S'il existe des dispositions applicables du droit de l'État d'accueil, elles doivent être appréciées au regard du droit international qui prévaut en cas de conflit. Ainsi, le droit international est pleinement applicable et qualifier son rôle de "seulement complémentaire et correctif" est une distinction vaine. En toute hypothèse, le Tribunal estime que sa tâche est d'apprécier toute prétention juridique dans cette affaire d'abord au regard du droit indonésien et ensuite au regard du droit international »*[292].

223. Concrètement, pour apprécier la responsabilité du pays fournisseur, la majorité des arbitres officiant sous les auspices du CIRDI se fondent sur les dispositions conventionnelles internationales complétées par les principes généraux de droit[293], pour juger la conformité des comportements de l'État au droit international[294]. En cas de contradiction entre les prévisions matérielles du droit interne et celles relevant de l'ordre international, c'est la fonction corrective d'ordre public du droit international qui interviendrait[295].

---

[292] CIRDI, affaire *Amco c. Indonésie,* ARB/81/1, deuxième sentence sur le fond du 5 juin 1990, § 40, telle que traduite *in* E. Gaillard, La jurisprudence du CIRDI, Pedone, Paris, 2004, pp. 301-322, spéc. p. 302.

[293] J. Crawford, The International Law Commission's Articles on State Responsibility, CUP, Cambridge, 2007.

[294] M. Raux, La responsabilité de l'État sur le fondement des traités de promotion et de protection des investissements : Étude du fait internationalement illicite dans le cadre du contentieux investisseur-État, Thèse, Paris II, 2010 (sous la direction de Charles Leben).

[295] La fonction corrective du droit international a pour objectif d'évincer la loi nationale lorsque celle-ci s'oppose aux normes du droit international. En effet, de nombreux organes arbitraux, afin de parvenir à indemniser intégralement et effectivement l'investisseur, recourent à l'octroi d'intérêts composés, nonobstant les dispositions contraires de la loi locale. Telle fut, à titre d'exemple, la position du tribunal arbitral statuant sous les auspices du CIRDI dans l'affaire *Wena Hotels Limited contre Égypte* qui a préconisé au profit de l'investisseur étranger un mode de calcul d'intérêts composés que nie le droit interne (CIRDI, affaire *Wena Hotels Limited c. Égypte,*

Cette solution peut trouver plusieurs explications : d'abord, même dans les hypothèses où les tribunaux ont opté pour un rôle supplétif du droit international[296], ils admettent en contrepartie que le droit international s'appliquerait en cas de non-conformité avec le droit national ; ensuite, l'État ne ratifie pas un traité dans le but de faire primer, sur les dispositions de celui-ci, son droit interne. D'ailleurs, comme énoncé plus haut[297], l'article 27 de la Convention de Vienne indique expressément qu'aucun État ne peut invoquer les dispositions de son propre droit interne pour échapper à l'exécution d'un traité.

224. La sentence *Total contre Argentine* en est une parfaite illustration. Dans cette affaire, le tribunal considère que l'État d'Argentine ne pouvait pas trouver refuge dans la théorie de l'état de nécessité prévu dans son droit interne comme cause de non-respect de ses obligations internationales[298]. En effet, le tribunal rejette les allégations de l'État argentin en estimant que seules les conditions préconisées par le droit international, et plus spécifiquement par les Articles de la Commission du droit international sur l'état de nécessité, peuvent justifier l'existence de cette notion et non celles qu'envisage le droit interne de l'État hôte. La légalité du comportement de l'État d'Argentine devrait alors être appréciée à la lumière du droit international et non pas au regard du droit interne[299].

ARB/98/4, sentence du 8 décembre 2000, § 128-129 ; sur cette question, V. également, F. Grisel, L'octroi d'intérêts composés par les tribunaux arbitraux d'investissement, JDI, 2011, pp. 545-562) En revanche, cette fonction corrective du droit international ne fait pas obstacle à l'application de prévisions internes plus protectrices que celles dérivantes du droit international.

[296] V. *supra*, n°s 214 et s.

[297] V. *supra*, n° 183.

[298] CIRDI, affaire *Total c. Argentine*, ARB/04/1, sentence sur la responsabilité rendue le 27 décembre 2010, § 220-224.

[299] Les Articles de la Commission du droit international sur la responsabilité de l'État pour fait internationalement illicite forment la codification des règles coutumières relatives à la responsabilité internationale de l'État. Ils ne sont, du reste, revêtus que d'une valeur coutumière dès lors qu'ils ne se rattachent à aucun instrument juridique doté d'une force contraignante. Cependant, en dépit de l'absence de la force obligatoire de ces Articles, il n'en demeure pas moins qu'ils se trouvent souvent appliqués par les instances dénationalisées.
En outre, nonobstant quelques obstacles liés à la nature de ces Articles, le plus important reposant sur le fait qu'ils ont été conçus dans une vision purement interétatique afin de régir exclusivement les relations entre États et non pas les rapports entre un État et un investisseur étranger (V. dans ce sens P. Mayer, Contract claims et clauses juridictionnelles des traités relatifs à la protection des investissements, JDI, n° 1, 2009, pp. 71-96, spéc. p. 84-85 ; S. Lemaire, Treaty Claims et Contract Claims : La compétence du CIRDI à l'épreuve de la dualité de l'État, Revue de l'arbitrage, 2006, pp. 353-400 spéc. p. 372), toujours est-il que le droit de la responsabilité internationale a été transposé dans le cadre des litiges transnationaux (V. dans ce sens, F. Latty,

Arbitrage transnational et droit international général, AFDI, vol. 54, 2008, pp. 467-512 ; Ch. Leben, La responsabilité de l'État sur le fondement des traités de promotion et de protection des investissements, AFDI, 2004, pp. 683-714).

Quant aux causes d'exonération de responsabilité qui sont de nature à excuser le manquement de l'État à respecter ses obligations internationales, elles sont prévues par les articles 20 à 25 des Articles de la CDI. Ces causes, se rapportant au consentement, à la légitime défense, aux contre-mesures, à la force majeure, à la détresse et à l'état de nécessité, font malheureusement l'objet de conditions très restrictives en ne s'appliquant que dans des hypothèses tout à fait exceptionnelles (V. dans ce sens, S. Szurek, Circumstances Precluding Wrongfulness in the ILC Articles on State Responsibility : Force Majeure, *in* J. Crawford, A. Pellet, S. Olleson, The Law of international, OUP, Oxford, 2010, pp. 477 et s. ; R. Aguirre Luzi, BITs & Economic crises : Do States have carte blanche ? *in* T. Weiler, Investment Treaty Arbitration and International Law, JurisNet, Huntington, 2008, pp. 165-188 ; F. Paddeu, A Genealogy of Force Majeure in International Law, British Yearbook of International Law, 2001, n° 82, pp. 381 et s. ; V. Lowe, Precluding Wrongfulness or Responsibility : A Plea for Excuses, EJIL, vol. 10, n° 2, 1999, pp. 405-411 ; A.-K. Bjorklund, Emergency Exceptions : State of Necessity and Force Majeure, *in* P. Muchlinski, F. Ortino et C. Schreuer, The Oxford Handbook of International Investment Law, OUP, Oxford, 2008, pp. 498 et s. ; CIRDI, affaire *Impregilo S.p.A. c. République d'Argentine*, ARB/07/17, sentence du 21 juin 2011, § 344 ; S. A., *ad hoc*, affaire *Libyan Arab Foreign Investment Company c. Brundi*, sentence du 4 mars 1991, RBDI, 1990, t. 2, p. 548 ; CIRDI, affaire *Enron Corporation et Ponderosa Assets LP c. Argentine*, ARB/01/3, sentence du 22 mai 2007, § 217 ; CIRDI, affaire *Autopista c. Venezuela,* ARB/00/5, sentence du 23 septembre 2003, § 111-117 ; CIRDI, affaire *Sempra Energy International c. Argentine*, ARB/02/16, sentence du 28 septembre 2007, § 246). L'article 10 impute même à l'État les actes insurrectionnels si les insurgés arrivent au pouvoir. (Pour une étude plus large V.-R. Ben Achour, Changements anticonstitutionnels de gouvernement et droit international, RCADI, t. 379, 2016, pp. 415-546 ; O. Corten, La rébellion et le droit international. Le principe de neutralité en tension, RCADI, t. 374, pp. 189-196).

Le texte de la CDI est supplétif ne trouvant application que dans les hypothèses où des règles spéciales relatives à la responsabilité internationale de l'État sont absentes. Ainsi, les stipulations prévues, le cas échéant, dans les traités bilatéraux d'investissement, ont pour effet d'écarter les principes coutumiers codifiés tel qu'il résulte de l'article 55 des Articles de la CDI (V. dans ce sens, CIRDI, affaire *LG&E Energy Corp., LG&E Capital Corp., et LG&E International, c. Argentine*, ARB/02/1, décision sur les réparations du 3 octobre 2006, § 245 ; CIRDI, affaire *CMS Gas Transmission Company c. Argentine*, ARB/01/8, décision du Comité *ad hoc* du 25 septembre 2007, § 133-134 ; CIRDI, affaire *Continental Casualty c. Argentine*, ARB/03/9, sentence du 5 septembre 2008, § 162-169 ; CIRDI, affaire *Sempra Energy International c. Argentine*, ARB/02/16, décision du comité *ad hoc* du 29 juin 2010, § 196-210 ; CIRDI, affaire *El Paso Energy International c. République d'Argentine*, ARB/03/15, sentence du 31 octobre 2011 § 552-553). C'est pourquoi certains traités de protection des investissements prévoient parfois des causes d'exonération nommées également clauses de sauvegarde, dont les conditions sont moins restrictives que celles prévues dans les Articles de la CDI en cas de circonstances exceptionnelles (V. par exemple, l'article 17, alinéa 4 du traité entre la Mongolie et le Canada, signé le 8 septembre 2016 et entré en vigueur le 24 février 2017 en vertu duquel *« Le présent accord n'a pas pour effet :*

1. d'obliger une Partie à communiquer des renseignements dont la divulgation serait à son avis contraire à ses intérêts de sécurité essentiels, ou à permettre l'accès à de tels renseignements ;

225. Les arbitres en charge de l'affaire *ATA construction Industrial & Trading Company contre Jordanie*, adoptent une approche similaire en relevant que l'État contractant ne pouvait invoquer comme défense, des arguments issus de sa propre loi[300].

226. Le droit international sollicite donc sa propre primauté, et cela semble parfaitement raisonnable : une disposition normative relevant du droit international, puisque sa qualité contraignante dérive du consentement étatique, doit naturellement primer toutes les normes du droit interne, sans quoi son application serait dépourvue de force obligatoire. Dans l'hypothèse spécifique des traités de protection d'investissement, il n'est pas contestable que pour qu'une telle protection soit efficace, elle doit être effectivement assurée.

227. On peut ainsi conclure, à la lumière des observations qui précèdent, que plusieurs théories se sont opposées quant à la fonction du droit international à défaut de choix par les parties des règles de droit applicables.

---

2. d'empêcher une Partie de prendre toutes mesures qu'elle estime nécessaires à la protection de ses intérêts de sécurité essentiels, selon le cas :
1. se rapportent au trafic d'armes, de munitions et de matériel de guerre ou se rapportent au trafic ou au commerce d'autres articles, matériels, services et technologies destinés directement ou indirectement à assurer l'approvisionnement des forces armées ou autres forces de sécurité,
2. sont appliquées en temps de guerre ou en cas de grave tension internationale,
3. se rapportent à la mise en œuvre de politiques nationales ou d'accords internationaux concernant la non-prolifération des armes nucléaires ou d'autres engins nucléaires explosifs ;
3. d'empêcher une Partie de s'acquitter des obligations de maintien de la paix et de la sécurité internationales qui lui incombent en vertu de la Charte des Nations Unies »).
Il serait donc souhaitable, que les pays comme, à titre d'exemple, la Libye, la Syrie, l'Irak ou l'Argentine, où des événements inhabituels pourraient facilement se produire, insèrent dans leurs traités bilatéraux d'investissement des clauses de sauvegarde qui auraient pour effet de limiter ou de barrer la responsabilité de l'État en cas de survenance d'événements exceptionnels. À l'heure actuelle, la Libye se trouve face à plusieurs procédures d'arbitrage. Les traités récents que cet État a conclus avec la Turquie, la Russie et le Singapour ne prévoient malheureusement aucune clause de sauvegarde. Le recours de la Libye aux Articles de la CDI afin de s'exonérer de sa responsabilité internationale s'avère être une tâche difficile.
Pour une étude détaillée sur les Articles de la CDI et les commentaires y relatifs, V. en particulier, J. Crawford, Les articles de la Commission du Droit international sur la responsabilité de l'État. Introduction, texte et commentaire, Paris, Pedone, 2003.

[300] CIRDI, affaire *ATA Construction Industrial & Trading Company c. Jordanie*, ARB/08/2, sentence du 18 mai 2010, § 122 : « *the Tribunal recalls the general rule according to which a State cannot invoke its internal laws to evade obligations imposed by a given treaty or generally by public international law. As emphasized in the Desert Line Co. v. Yemen unanimous award rendered case, State authorities are estopped from undertaking any act that contradicts what they previously accepted as obligations incumbent upon them in a given context* ».

La première reconnaît un rôle plus ou moins restreint au droit international qui ne trouvera application que pour compléter le droit interne, soit dans l'hypothèse de lacune, soit en cas de contrariété de ce droit avec ses normes[301]. La deuxième, accorde au droit international un rôle autonome et prépondérant. Le Comité *ad hoc*, dans l'affaire *Wena contre Égypte*, résume ces positions comme suit : « *Cette discussion met en lumière les vues exprimées sur le rôle du droit international dans le contexte de l'article 42 (1). La doctrine et certaines décisions CIRDI ont traité de cette question. Certains se sont prononcés en faveur d'un rôle large du droit international, incluant non seulement les règles énoncées dans les traités, mais également la définition assez large des sources de l'article 38 (1) du Statut de la Cour internationale de Justice*[302]. *D'autres considèrent que le droit international ne peut que suppléer le droit interne ayant vocation à s'appliquer dans l'hypothèse de lacune de celui-ci*[303]. *Dans l'affaire Klöckner I, le Comité ad hoc a introduit le concept d'un droit international complétant le droit applicable en cas de lacunes et corrigeant le droit interne applicable au cas où il serait en contradiction avec les principes du droit international*[304]. *Il y a également un courant selon lequel le droit international a une fonction de contrôle du droit interne applicable lorsque ce droit heurte les normes fondamentales du droit international comprises dans le concept de jus cogens*[305] »[306].

228. La pratique arbitrale contemporaine semble mettre fin à cette vaste polémique en accordant au droit international un rôle primordial. Les tribunaux arbitraux appliquent ainsi les normes substantielles du droit international non seulement pour compléter les lacunes du droit interne ou en

---

[301] V. dans ce sens, History of the ICSID Convention, Document Concerning the Origin and the Formation of the Convention on the Settlement of Investment Disputes Between States and Nationals of Other States, Publications du CIRDI, Washington, 1968, vol. II-2, p. 804 : « *the final provision relating to international law (which would bring it into play both in the case of a lacuna in domestic law as well as in the case of inconsistency between the two) was adopted by a majority of 24 to 6* » ; V. également, *supra*, n° 214.

[302] World Bank, Report of the Executive Directors on the ICSID Convention, Documents Concerning the Origin and the Formulation of the Convention, 1968, p. 962, spéc. p. 1026, § 80.

[303] *Amco I*, 1 ICSID Reports, p. 515 (§ 20) ; *Southern Pacific Properties Limited c. République arabe d'Égypte*, sentence du 20 mai 1992 (SPP c. Égypte), 3 ICSID Reports 189, p. 207 (§ 80).

[304] *Klöckner I*, 2 ICSID Reports, p. 122 (§ 69).

[305] W.-M. Reisman, The Regime for Lacunae in the ICSID Choice of Law Provision and the Question of its Threshold, ICSID Review - FILJ, vol. 15, 2000, pp. 362-381. Le Professeur Reisman a également rédigé une consultation juridique sur ce sujet qui a été produite par la demanderesse devant le Comité, tandis que la compagnie Wena a produit une consultation juridique préparée par le Professeur Christoph Schreuer.

[306] CIRDI, affaire *Wena Hotels Limited c. Égypte*, ARB/98/4, décision du Comité *ad hoc* du 5 février 2002, § 38, telle que traduite *in* E. Gaillard, La jurisprudence du CIRDI, Pedone, Paris, 2004, pp. 689-718, spéc. pp. 696-697.

cas de non-conformité, mais aussi afin de soumettre à son autorité certaines questions importantes[307]. L'importance capitale qu'accordent les tribunaux au droit international, dont ils sont plus familiers, a donc inversé les rôles des deux systèmes juridiques. L'application du droit international comme source fondamentale, aux dépens d'un rôle secondaire du droit interne, ne semble plus controversée.

229. D'ailleurs, même si ce constat ne paraît pas, de prime abord, totalement conforme à la terminologie ponctuelle de l'article 42 (1) de la Convention de Washington, il ressort néanmoins d'une relecture plus large de cet article que le tribunal dispose assurément d'une certaine latitude dans la désignation de la loi applicable à défaut de choix comme le souligne le Comité *ad hoc* dans sa décision relative à l'affaire *Wena contre Égypte* : *« [...] l'utilisation du verbe pouvoir ["'may"'] dans la [version anglaise de] la deuxième phrase de cet article indique que la Convention n'établit pas une frontière claire entre les champs d'application respectifs du droit interne et du droit international, ce qui, par conséquent, a pour effet de conférer au Tribunal une certaine marge et un certain pouvoir d'interprétation »*[308].

230. En somme, la relation contractuelle relative aux investissements s'avère être, dans la quasi-totalité des cas, régie en dernier lieu par le droit international qui doit prévaloir en cas de conflit avec le droit national. Cette primauté du droit international existe, même en l'absence de clause d'*electio juris* contenue dans certains traités, et cela, à la lumière de la conception classique d'internationalisation[309]. En effet, le Professeur Prosper Weil l'un

---

[307] G.-R. Delaume, L'affaire du Plateau des Pyramides et le CIRDI : Considérations sur le droit applicable, Revue de l'Arbitrage, n° 1, Litec, Paris, 1994, pp. 39-68, spéc. p. 66.

[308] CIRDI, affaire *Wena Hotels Limited c. Égypte*, ARB/98/4, décision du Comité *ad hoc* du 5 février 2002, § 39, telle que traduite *in* E. Gaillard, La jurisprudence du CIRDI, Pedone, Paris, 2004, pp. 689-718, spéc. p. 697.

[309] V. *supra*, n°s 143 et s. ; V. également, CIRDI, affaire *Electrabel S.A. c. Hongrie*, ARB/07/19, sentence du 25 novembre 2015, § 4.112 : *« this Tribunal is placed in a public international law context and not a national or regional context. Moreover, this ICSID arbitration does not have its seat or legal place of arbitration in Hungary or elsewhere in the European Union. Such an arbitral seat could trigger the application of the lex loci arbitri and give rise to the jurisdiction of the local courts in regard to the arbitral process, including challenges to the award »* ; R. Rivier, L'articulation entre droit national et droit international devant les tribunaux arbitraux internationaux d'investissement, *in* S. Robert-Cuendet (dir.), Droit des investissements internationaux : Perspectives croisées, Bruylant, Bruxelles, 2017, pp. 413-483, spéc. pp. 416-417 : *« Précisément, que le règlement de ce type de litige s'inscrive dans l'ordre international, et à plus forte raison dans la figure contemporaine de l'arbitrage international même en l'absence de relation contractuelle, implique que les tribunaux retiennent la perspective du droit international au sein duquel ils opèrent, qui joue pour eux comme lex arbitri. C'est donc de cet ordre de référence qu'ils extraient les énoncés et produits juridiques mobilisés et déterminent leur articulation ».*

des défenseurs les plus acharnés de l'internationalisation des contrats d'État constate que : *« Quelle que soit la règle de fond régissant le contrat, cette règle ne vaut qu'en tant que règle de renvoi ou de référence, et ce renvoi peut toujours être réduit à néant, ou du moins altéré, par une règle impérative de l'ordre public international »*[310]. Il ajoute que : *« sous l'empire de l'article 42 (1), et quelle que soit la manière dont on combine droit interne et droit international, c'est toujours la norme de droit international qui l'emporte et s'impose en fin de compte. Elle s'impose indirectement, par l'intermédiaire de la norme nationale, si celle-ci est jugée conforme à la norme internationale ou renvoie au droit international. Elle s'impose directement lorsque la norme nationale est jugée lacunaire ou contraire à la norme internationale. [...] Le passage par le droit national de l'État hôte, afin de s'assurer que ce droit comporte une solution compatible avec le droit international, est un détour inutile, dont la seule raison d'être est de respecter la susceptibilité de l'État hôte »*[311].

231. On verra dans les développements suivants que cette internationalisation des litiges dans le cadre de l'arbitrage CIRDI est également préconisée par les autres institutions arbitrales.

Paragraphe 2 : Dans le cadre de l'arbitrage hors CIRDI

232. Contrairement au régime suivi par les tribunaux statuant sous les auspices du CIRDI, les arbitres statuant dans un cadre hors CIRDI bénéficient d'une vaste liberté en l'absence de choix de droit applicable. C'est assurément grâce à la grande marge de libre choix de la règle de droit applicable accordée aux arbitres (**A**) que ces derniers sont parvenus à internationaliser les litiges relatifs aux investissements transnationaux (**B**).

[310] V. P. Weil, Droit international et Contrats d'État, *in* Mélanges offerts à Paul Reuter, Pedone, Paris, 1981, pp. 549-582, reproduit *in* P. Weil, Écrits de droit international : Théorie générale du droit international, droit des espaces, droit des investissements privés internationaux, PUF, Paris, 2000, pp. 351-378, spéc. p. 364.
[311] *Ibid.*, pp. 409-423, spéc. p. 417.

A. La marge illimitée des arbitres dans la détermination de la loi applicable

233. Le CIRDI n'étant pas le seul organe arbitral appelé à trancher les litiges relatifs aux investissements étrangers, d'autres institutions arbitrales peuvent également être saisies sur le fondement d'une clause d'arbitrage unilatéral ou d'une clause arbitrale contractuelle ou même sur le fondement d'une loi nationale pour trancher un litige relatif à un investissement transnational. D'ailleurs, même si ces institutions arbitrales statuent le plus souvent sur des litiges relatifs au commerce international, elles ont été également amenées à trancher des réclamations opposant des opérateurs étrangers à des États[312].

234. On remarque cependant que la même orientation existe devant ces diverses institutions, et cela, en raison de l'influence morale qu'exerce le CIRDI sur ces dernières. À l'instar de l'article 42 (1) de la Convention de Washington, la plupart des règles d'arbitrage reconnaissent aux arbitres le principe du libre choix de la loi applicable[313].

Conformément à l'article 21 (1) du Règlement CCI[314] et *« à défaut de choix par les parties des règles de droit applicables, l'arbitre appliquera les règles de droit qu'il juge appropriées »*[315]. De même, en vertu de l'article 22 (1) du règlement d'arbitrage de l'Institut de la Chambre de Commerce de Stockholm, *« le tribunal arbitral décidera du fond du litige sur la base de la loi ou des règles de droit choisies par les parties. À*

---

[312] L'arbitrage *ad hoc* peut bien évidemment être concerné pour trancher les litiges en matière d'investissement. Le règlement d'arbitrage auquel il est fait recours dans le contentieux transnational est souvent celui de la CNUDCI. Sur le rapprochement entre l'arbitrage CIRDI et l'arbitrage CNUDCI, V. G. Sacerdoti, Arbitration of Investment Disputes under UNCITRAL Rules and the Choice of Applicable Law, *in* S. Charnocitz, D. Sierger, P. Van Den Bossche, Law in the Service of Human Dignity : Essays in Honor of Florentino Feliciano, CUP, Cambridge, 2005, pp. 276-298, spéc. pp. 294-298 ; G. Sacerdoti, Investment Arbitration Under ICSID and UNCITRAL Rules : Prerequisites, Applicable Law, Review of Awards, ICSID Review - FILJ, 2004, vol. 19, n° 1, pp. 1-48, spéc. pp. 23-26.

[313] V. E. Gaillard, The Role of the Arbitrator in Determining the Applicable Law, *in* The Leading Arbitrators' Guide to International Arbitration, L.-W. Newman et R.-D. Hill, New York, 2ème édition, 2008, pp. 171-201, spéc. pp.188-191.

[314] Le Règlement d'arbitrage de la CCI a très été révisé en 2017. La dernière version est accessible via : [https://cdn.iccwbo.org/content/uploads/sites/3/2017/02/ICC-2017-Arbitration-and-2014-Mediation-Rules-french-version.pdf].

[315] Article 21 (1) du Règlement d'arbitrage de la CCI. Texte intégral accessible via : [https://cdn.iccwbo.org/content/uploads/sites/3/2017/02/ICC-2017-Arbitration-and-2014-Mediation-Rules-french-version.pdf].

défaut d'un tel accord, le Tribunal arbitral appliquera la loi ou les règles de droit qu'il juge les plus appropriées »[316]. Dans la même mesure, en vertu de l'article 35, alinéa premier du Règlement d'arbitrage de la CNUDCI, le tribunal arbitral, en l'absence de choix de règles de droit adoptées par les parties, appliquerait la règle de droit qu'il juge convenable : *« Le tribunal arbitral applique les règles de droit désignées par les parties comme étant celles applicables au fond du litige. À défaut d'une telle désignation par les parties, il applique la loi qu'il juge appropriée »*[317].

Cette référence aux « règles de droit » n'est pas fortuite. En retenant une interprétation conforme au sens ordinaire des termes, on constate que les articles susmentionnés accordent une grande latitude aux arbitres pour la détermination des règles applicables, et cela, même si le vocable « loi » figure dans la deuxième phrase du même article. En effet, cette interprétation ressort notamment du Rapport de la CNUDCI du Groupe de travail II (Arbitrage et conciliation) sur les travaux de sa cinquante et unième session : *« Il a été avancé que la disposition, en se référant à l'application de la "loi" jugée appropriée, pouvait être interprétée comme limitant le choix du tribunal à une seule loi. Cela pourrait, a-t-il été souligné, avoir un impact sur le caractère exécutoire de la sentence. Or, dans l'arbitrage international, il n'était pas rare que plusieurs lois doivent être appliquées pour traiter différentes questions, comme la capacité ou les questions touchant aux sociétés. À l'issue de sa discussion, le Groupe de travail a été d'avis que la disposition était libellée en termes assez généraux et qu'il était entendu que le tribunal pourrait appliquer différentes lois, selon la question à trancher »*[318].

---

[316] Article 22 (1) du règlement d'arbitrage de l'Institut de la Chambre de Commerce de Stockholm. Texte intégral accessible via : [http://www.eurolawyers.net/wa_files/Skiljedomsregler-franska-2010.pdf]

[317]Article 35 (1) du Règlement de la CNUDCI, révisé en 2010. Texte intégral accessible via : [https://www.uncitral.org/pdf/french/texts/arbitration/arb-rules-revised/arb-rules-revised-f.pdf] ; V. également, P. Pic et I. Léger, Le nouveau règlement d'arbitrage de la CNUDCI (2010), Revue de l'Arbitrage, n° 1, Litec, Paris, 2011, pp. 99-118. V. dans le même sens, l'article 22.3 du règlement d'arbitrage de la LCIA du 1er janvier 1998 qui dispose que : *« [...] Le tribunal arbitral statue sur le litige conformément à la loi ou aux lois ou aux règles de droit choisies par les parties pour régir le fond du litige. Si, et dans la mesure où, le tribunal arbitral juge que les parties n'ont exercé aucun choix, le tribunal arbitral applique la loi ou les lois ou règles de droit qu'il juge appropriées ».*

[318] V. CNUDCI, Rapport du Groupe de travail II (Arbitrage et conciliation) sur les travaux de sa cinquante et unième session (Vienne, 14-18 septembre 2009), A/CN.9/684, § 96.

235. Cette marge d'appréciation reconnue dès lors aux arbitres et pleinement approuvée par les institutions arbitrales hors CIRDI jouera, comme on s'en rendra compte dans les exposés qui suivront, un rôle remarquable dans l'internationalisation des litiges transnationaux.

B. L'internationalisation des litiges transnationaux par la pratique arbitrale hors CIRDI

236. Compte tenu des spécificités des contrats d'État, la pratique arbitrale hors CIRDI, tout comme les arbitres statuant sous les auspices du Centre, ont favorisé l'application du droit international d'une manière générale.

237. Plusieurs exemples pourront servir d'appui pour confirmer cette tendance. Dans la sentence *Aramco contre Arabie Saoudite*, la concession pétrolière litigieuse a été soumise au droit national avec cette précision que : *« certains effets du contrat de concession doivent échapper à la loi de l'Arabie Saoudite »*[319].

238. Cette internationalisation de la relation contractuelle a été reprise dans une affaire opposant un État d'Afrique à une société commerciale allemande où les arbitres ont pris conscience du caractère spécifique du contrat qui liait les parties. Après avoir donné à la figure contractuelle la qualification de contrat d'État, le tribunal arbitral estime que de tels contrats sont, *« selon la jurisprudence actuellement dominante des tribunaux arbitraux internationaux, devant lesquels les litiges les concernant sont le plus souvent portés, délocalisés et internationalisés »*[320]. Pour déterminer le droit applicable, le tribunal relève qu'*« en l'absence d'une telle clause, le caractère international du contrat le ferait échapper d'emblée à toute loi étatique et le tribunal aurait, dans ce cas, à déterminer le système de règles de droit qui le gouverne »*[321]. En définitive, l'organe arbitral applique les stipulations contractuelles ainsi que les usages dérivant du droit du commerce international, d'une part, et les principes généraux du droit international, d'autre part[322].

---

[319] S. A., *ad hoc*, affaire *Arabian American Oil Company (Aramco) c. Arabie Saoudite*, sentence du 23 août 1958, *in* Revue critique de droit international privé, 1963, pp. 272-363, spéc. p. 314.

[320] CCI, Sentence n° 5030, telle que citée *in* Y. Derains, Chronique des sentences arbitrales de la CCI, JDI, 1993, pp. 1004-1016.

[321] *Ibid.*

[322] *Ibid.*

239. Dans un même mouvement, le tribunal arbitral dans sa sentence relative à une affaire opposant le ministère de la Défense iranien à l'entreprise britannique British Aerospace qualifie également l'engagement contractuel de contrat de développement économique et constate par conséquent les principaux traits suivants : *« i) L'État partie ne devrait pas être autorisé à utiliser ses pouvoirs législatifs non dans l'intérêt général mais pour améliorer sa position juridique ou échapper à sa responsabilité contractuelle [...] ii) les parties peuvent expressément ou implicitement délocaliser les contrats d'État pour les soustraire aux systèmes juridiques nationaux et les soumettre à des règles légales transnationales [...] iii) la loi applicable devrait respecter le principe que l'"équilibre contractuel" matériel entre les parties tel qu'entendu au moment de contracter ne soit pas rompu [...] iv) le détachement du processus arbitral et de la lex fori arbitrale en général [...] de la loi du siège de l'arbitrage [...] v) le choix de l'arbitrage international commercial en matière de contrats d'État a un impact sur le droit matériel applicable à la substance du litige »*[323].

240. Plus récemment, le tribunal arbitral dans l'affaire *Chevron Corporation et Texaco Petroleum Corporation contre Équateur*, adopte une démarche analogue en considérant que : *« The substantive law to be applied by the Tribunal consists of the substantive provisions of the BIT and any relevant provisions of other sources of international law »*[324].

241. En somme, la figure qui parvient à prévaloir à travers la pratique arbitrale CIRDI ou hors CIRDI est celle, sans doute, d'un acheminement vers l'internationalisation des relations contractuelles.

---

[323] CCI, Sentence n° 7110, telle que citée *in* J.-J. Arnaldez, Y. Derains, S. Jarvin et E. Jolivet, Chronique des sentences arbitrales de la CCI, JDI, 2001, pp. 1148-1164, spéc. pp. 1155-1159.

[324] CNUDCI, affaire *Chevron Corporation et Texaco Petroleum Corporation c. Équateur*, sentence partielle du 30 mars 2010, § 159.

CONCLUSION DU CHAPITRE 1

242. Durant des années, un effort gigantesque a été déployé pour justifier l'application du droit international public aux contrats d'État étant donné que les données juridiques existantes à l'époque ne permettaient pas d'établir fermement le rattachement de ces contrats à l'ordre juridique international. La difficulté majeure provenait de la nature hybride de ce type de contrat dont une partie est un sujet pur de droit international alors que l'autre partie est un sujet de droit interne.

243. On a par la suite constaté que la délocalisation des contrats d'État s'est graduellement précisée grâce à la prolifération des traités de protection dans le contexte de la mondialisation. Cette voie d'internationalisation s'est identifiée à partir des clauses d'*electio juris* contenues dans les traités bilatéraux et multilatéraux d'investissement. Le droit conventionnel des investissements semble ainsi neutraliser les normes du droit interne éventuellement déstabilisatrices. En dépit de l'interprétation restrictive desdites clauses par certains tribunaux arbitraux, donnant lieu à un rôle plus ou moins limité du droit international, celui-ci s'est largement mis en place et a forgé une dimension éminente au sein de la pratique arbitrale. Les clauses *d'electio juris* conventionnelles dont certaines ont fait l'objet d'une analyse détaillée, écartent ainsi les hésitations classiques quant à l'inapplicabilité des normes du droit international public, sans lesquelles les droits des opérateurs étrangers seraient bafoués.

244. Cependant, l'internationalisation du droit des investissements étrangers ne peut être efficiente que dans la mesure où l'on constate l'aptitude du droit international à régir les relations transnationales aux dépens du droit national qui s'efface graduellement. C'est ce qu'on aura en vue de relever dans les propos suivants.

CHAPITRE 2

L'ÉPANOUISSEMENT DU DROIT INTERNATIONAL AU DÉTRIMENT DU DROIT NATIONAL

245. La prédominance du droit international pour régir le fond du litige en cas de conflit avec le droit interne s'est clairement manifestée à travers les exposés précédents. Pourtant, cette prééminence serait loin d'être soutenable, si l'on ne réussit pas à prouver l'aptitude du droit international à régler les conflits relatifs aux investissements internationaux (**Section 1**), et cela, au détriment d'un rôle très réduit du droit interne (**Section 2**).

SECTION 1
L'ABOUTISSEMENT TRIOMPHAL DU DROIT INTERNATIONAL DES INVESTISSEMENTS

246. La Convention du CIRDI prévoit qu'à défaut de désignation du droit applicable : *« le Tribunal applique le droit de l'État contractant partie au différend - y compris les règles relatives aux conflits de lois - ainsi que les principes de droit international en la matière »*[325]. Cependant, la référence aux principes de droit international entraînera des analyses divergentes quant au rôle exact du droit international.

247. Le succès du droit international pour régir la relation État-investisseur ne constitue pas, du reste, le fruit d'un parcours évolutif simple.

[325] Article 42 (1) de la Convention de Washington du 18 mars 1965.

Si, comme développé plus haut[326], le droit interne s'applique simultanément avec le droit international, la place de ce dernier n'a pas été pour autant assez évidente qu'elle ne paraît. D'autant plus que d'éminents auteurs ont même déploré l'indigence normative de ce droit et partant, son incapacité à régir les litiges relatifs aux investissements étrangers.

248. Toutefois, une telle position a été critiquée puisqu'il s'avère que ce droit est non seulement muni de règles suffisantes, mais aussi doté d'un champ d'application extensif qui recouvre dans certaines hypothèses les réclamations contractuelles (**Paragraphe 1**). Cette aptitude du droit international à gouverner la relation transnationale se confirmera davantage à la lumière de son caractère général d'application dans toutes les hypothèses possibles même en dehors de tout support conventionnel, et cela, compte tenu de la prospérité des règles coutumières internationales régissant les contrats d'investissement (**Paragraphe 2**).

Paragraphe 1 : Le rejet de l'approche théorique sur la prétendue impossibilité du droit international à régir les relations contractuelles État-personne privée

249. La tendance qui s'oppose à l'application du droit international aux contrats d'États se fonde sur des arguments selon lesquels le droit international serait pauvre en règles substantielles. Ainsi, à titre d'exemple, selon le Professeur Combacau : *« une condition indispensable fait défaut pour qu'on puisse qualifier de tels contrats d'actes formellement internationaux : c'est l'existence d'un corps de règles internationales où l'on puisse raisonnablement voir un "droit des contrats" analogue à celui que proposent les divers droits internes »*[327].

250. Toutefois, l'essor de la pratique arbitrale relative au droit des investissements (**A**) qui facilitera la reconnaissance d'un droit international des investissements (**B**) servira de soutien en vue d'écarter toute prétention à

---

[326] V. *supra*, n°s 214 et s.

[327] J. Combacau, Droit international public, Paris, Montchrestien, 5ème édition, 2001, pp. 317-318 ; V. aussi J. Verhoeven, Droit international des contrats et droit des gens, RBDI, 1979, pp. 209-230 ; D.-W. Bowett, State Contracts with a Client : Contemporary Developments on Compensation for Termination or Breach, British Yearbook of International Law, 1988, pp. 49-74 ; N. Nassar, Internationalization of State Contracts : ICSID, the Last Citadel, Journal of International Arbitration, 1997, pp. 185-207, spc. p. 195 ; S.-K.-B. Asante, International Law and Foreign Investment : A Reappraisal, ICLQ, vol. 37, n° 3, 1988, pp. 588-628.

l'impossibilité du droit international à régir les relations contractuelles État-personne privée.

A. La légitimité d'un développement jurisprudentiel favorisant l'internationalisation des relations contractuelles

251. Les allégations selon lesquelles le droit international ne comporte pas suffisamment de règles pour régir les relations relatives au droit des investissements étrangers sont souvent exagérées. D'ailleurs, les premières traces d'un droit international des investissements ont été identifiées il y a très longtemps[328]. Essayer d'alléguer l'indigence du droit international en la matière semble de nos jours devenir un thème dépassé.

252. Certes, on constate que cette nouvelle discipline comporte certaines ambiguïtés. Mais y a-t-il un système de règles qui n'en comporte pas ? L'on peut faire mention de nombreux exemples historiques comme la tradition anglo-saxonne ainsi que le droit administratif français où un droit à l'origine quasi inexistant va se développer graduellement et s'amplifier pour atteindre un niveau minimal de complétude. Le Professeur Lauterpacht explique clairement l'hypothèse du développement du droit à travers l'évolution jurisprudentielle en ces termes : *« l'histoire du droit nous enseigne que les tribunaux ont précédé les Codes et l'élaboration des règles de droit détaillées. Un système juridique élémentaire, avec seulement quelques règles très générales pour guider le juge, est complet lorsque les membres de la communauté sont liés par le devoir de soumettre leurs différends à la décision d'un juge »*[329].

253. Plus spécifiquement, cette situation s'applique parfaitement au système légal relatif aux investissements qui franchissent les frontières des États où alors les tribunaux constitués sous l'égide du CIRDI sont concernés à développer, à enrichir et à féconder les règles du droit international des contrats, car c'est bien lui qui est voué à s'appliquer de façon générale selon les termes de l'article 42 (1) de la Convention de Washington[330]. En outre, les principes généraux de droit international, comme source supplétive, jouent un

---

[328] P. Weil, Problèmes relatifs aux contrats passés entre un État et un particulier, RCADI, t. 128, vol. III, 1970, pp. 95-240, spéc. p. 189.
[329] H. Lauterpacht, La théorie des différends non justiciables en droit international, RCADI, t. 34, 1930, p. 539.
[330] V. *supra*, n°s 179 et s.

rôle essentiel dans la mesure où ils fournissent un concours à ces tribunaux afin de statuer à défaut d'existence de normes internationales. Dans ce contexte, en ayant recours au principe de bonne foi par exemple, les arbitres sanctionnent certains comportements frauduleux et inadéquats provenant des États ou même des opérateurs étrangers[331]. Actuellement, la jurisprudence arbitrale a pu dégager diverses règles dont le fameux principe du droit international général *pacta sunt servanda*, le principe d'expropriation sous réserve d'une indemnisation adéquate, ou encore le principe du respect des droits acquis, du respect de l'équilibre des obligations financières du contrat, etc.[332]

254. Par ailleurs, les objections selon lesquelles la légitimité du droit international des investissements est en cause en raison de son indigence en

---

[331] V. par exemple, CIRDI, affaire *Cementownia « Nowa Huta » S.A c. Turquie*, ARB(AF)/06/2, sentence du 17 septembre 2009, § 171 : *« A symbolic compensation for moral damages may indeed aim at indicating a condemnation for abuse of process. However, in the case at hand, the Arbitral Tribunal deems it more appropriate to sanction the Claimant with respect to the allocation of costs »* ; V. également, CIRDI, affaire *Europe Cement Investment & Trade S.A c. Turquie*, ARB(AF)/07/2, sentence du 13 août 2009, § 171 : *« is well accepted in investment arbitrations that the principle of good faith is a principle of international law applicable to the interpretation and application of obligations under international investment agreements. In the Tribunal's view, this applies equally to cases brought under the Energy Charter Treaty »*.

[332] R.-B. Lillich, The Law Governing Disputes Under Economic Development Agreements : Reexamining the Concept of Internationalization, *in* R.-B. Lillich et C.-N. Brower, International Arbitration in the 21st Century : Towards "Judicialization" and "Uniformity" ?, Irvington, New York, Transnational Publishers, 1994, pp. 61-114, spéc. pp. 107-110 ; M. El Younsi, Les règles matérielles du droit des contrats d'État à la lumière de la jurisprudence arbitrale contemporaine, thèse, Paris II, 1994 (sous la direction de Prosper Weil) ; V. également la chronique du Professeur Emmanuel Gaillard sur la sentence *Amco Asia c. République d'Indonésie*, JDI, 1987, pp. 155-156, où il cite neuf principes de droit international qui pourraient être dégagés de cette sentence ; V. également du même auteur, Trente ans de lex mercatoria - Pour une application sélective de la méthode des principes généraux du droit, JDI, 1995, pp. 5-30. Indépendamment des théories qui réfutent l'enracinement du contrat dans l'ordre transnational (V. *supra*, n°s 128 et s.), rien n'empêche que plusieurs règles déduites des principes généraux de droit en général se retrouvent à la fois dans le droit des investissements étrangers et dans la *lex mercatoria*. Pourtant, cela ne peut signifier que ces principes s'appliquent exactement de la même façon dans ces différents ordres. Par exemple, la présence d'un sujet de droit international dans le contrat d'investissement peut aboutir à donner lieu à une interprétation différente à un principe général de droit également applicable dans une relation où toutes les parties sont des sujets de droit interne. Sur toutes ces questions, V. P. Weil, Principes généraux du droit et contrats d'État, *in* Le droit des relations économiques internationales, Études offertes à Berthold Goldman, Litec, Paris, 1982, pp. 387-414, reproduit *in* P. Weil, Écrits de droit international : Théorie générale du droit international, droit des espaces, droit des investissements privés internationaux, PUF, Paris, 2000, pp. 379-407 ; M. Virally, Un tiers droit ? Réflexions théoriques, *in* Le droit des relations économiques internationales, Études offertes à Berthold Goldman, Litec, Paris, 1982, pp. 373-385, spéc. pp. 380-385.

règles normatives, semblent assez comparables à celles révélées lors des critiques adressées à la *lex mercatoria* dans le droit des relations commerciales internationales. Toutefois, les juristes qui envisagent d'ancrer les contrats d'investissement dans l'ordre juridique anational n'ont jamais rencontré de difficultés quant à la carence de ce droit qui a pris naissance dès les premières sentences arbitrales[333].

255. Dans ce contexte, il semble convenable de se rallier aux observations de Walid Ben Hamida selon lesquelles : *« cette source de droit international public qui était encore, à une date très récente, qualifiée de "structure fragile", de "chimère", ce droit ambigu, ambivalent au sujet duquel règnent controverses et oppositions et dont la "pauvreté normative" a été soulignée même par les fervents défenseurs de l'internationalisation, acquiert une importance considérable. Le choix exclusif du droit international dans plusieurs instruments conventionnels bilatéraux et multilatéraux sonne le glas de la théorie de la nationalisation. Toute cette bataille juridique à laquelle on a assisté durant des années sur la pertinence de l'applicabilité du droit international aux rapports transnationaux est aujourd'hui obsolète »*[334].

256. En somme, on constate non seulement que le droit international n'est pas indigent en règles, mais aussi qu'un droit spécifique et particulièrement conçu pour les investissements s'est déjà formé et s'amplifie. De plus, on s'avisera, au cours des développements suivants, que le droit international s'est largement répandu et ses effets influenceront même les litiges relatifs aux réclamations contractuelles.

B. Une influence du droit international sur le droit des contrats

257. Il semble invraisemblable de considérer que le droit international des investissements est pauvre en règles. En effet, la Banque mondiale s'est lancée dès les années 1980 dans un projet de codification sérieuse des principes dérivant des conventions bilatérales d'investissement. Ce projet a donné lieu à la codification des principes fondamentaux qui régissent l'investissement étranger dont quelques-uns pourraient faire partie intégrante

---

[333] V. *supra*, n°s 128 et s.

[334] V. W. Ben Hamida, L'arbitrage transnational unilatéral, Réflexions sur une procédure réservée à l'initiative d'une personne privée contre une personne publique, Thèse, Paris II, 2003 (sous la direction de Philippe Fouchard), pp. 510-511.

du droit international[335]. On peut également mentionner les principes résultant des traités multilatéraux d'investissement, tels l'ALENA et le Traité sur la Charte de l'Énergie[336].

258. De surcroît, s'agissant de l'arbitrage CIRDI, l'on sait que, depuis la sentence *AAPL contre Sri Lanka*[337], les arbitres statuant sous les auspices du CIRDI acceptent, sous certaines conditions, les saisines unilatérales des investisseurs sur la seule base d'une convention bilatérale ou multilatérale d'investissement. Compte tenu des statistiques de 2018 qui concernent le fondement de la compétence CIRDI, 60,6 % des saisines ont à l'origine une convention internationale de protection et seulement 16 % un contrat d'investissement[338]. Le litige qui oppose alors la personne privée étrangère au pays fournisseur porte le plus souvent sur l'appréciation par ce dernier de ses obligations résultant des conventions, et non celles découlant des contrats. La pratique arbitrale développée à partir de ces cas concerne donc le plus souvent l'interprétation des conventions internationales.

Or, les interprétations données par les arbitres sur le traitement de la nation la plus favorisée ou encore sur le traitement juste et équitable par exemple sont susceptibles d'être prises en compte également dans les différends relatifs aux obligations contractuelles[339]. On remarque ainsi une interpénétration du droit international des investissements tel qu'il découle des conventions internationales de protection et de promotion des investissements dans le droit des contrats d'État, les arbitres étant appelés de plus en plus à prendre en considération les dispositions internationales pour statuer sur des réclamations contractuelles[340]. Il semble donc évident que le droit international des contrats se dirige vers une pleine consolidation en se raffermissant grâce aux assises contemporaines dont il jouit. Après avoir souligné le caractère élargi du droit international jusqu'à gouverner les réclamations contractuelles, on se rendra compte que ce caractère sera encore plus renforcé par la preuve de l'essor des règles coutumières en la matière qui l'intensifieront davantage. Les sources du droit international étant loin d'être limitées aux conventions internationales, celui-ci s'appliquera même sans support conventionnel par l'intermédiaire de ses sources subsidiaires, notamment la coutume.

---

[335] P. Juillard, T. Flory et D. Carreau, Chronique de droit international économique, AFDI, vol. 38, 1992, pp. 757-807, spéc. pp. 779-800.

[336] Ce traité a fait l'objet d'une analyse spécifique. V. *supra,* n°s 195 et s.

[337] CIRDI, affaire *Asian Agricultural Products Limited c. Sri Lanka,* ARB/87/3, sentence du 27 juin 1990, telle que traduite *in* E. Gaillard, La jurisprudence du CIRDI, Pedone, Paris, 2004, pp. 323-242.

[338] V. CIRDI, Affaires du CIRDI - Statistiques, n° 2018/1, p. 10.

[339] Même si cette hypothèse est en principe régi par le droit applicable au contrat, on remarque de plus en plus une interférence du droit international dans cette sphère. V. *infra*, n°s 373 et s.

[340] V. *infra*, n° 305.

Paragraphe 2 : L'essor des règles coutumières internationales

259. Les conventions internationales jouent un rôle important dans le contentieux des investissements transnationaux. Ce rôle qui affectera en quelque sorte les sources subsidiaires du droit international est lié au fait, qu'en droit international des investissements, le recours à un forum neutre pour trancher les différends est prévu dans l'instrument même qui contient les règles substantielles applicables. Dans l'abstrait, il semble plus convenable d'avoir recours à des sources écrites de droit offrant un minimum de sécurité et de prévisibilité juridiques. Les spécificités de la procédure arbitrale transnationale donnent parfois l'impression, erronée, que le droit des investissements transnationaux trouve substantiellement sa source exclusivement dans les conventions bilatérales d'investissement. La mention rare des coutumes et des principes généraux de droit international par les tribunaux arbitraux rend leur reconnaissance difficile.

260. Pourtant, les travaux préparatoires de la Convention de Washington, indiquaient que : *« the term "international law" as used in this context should be understood in the sense given to it by Article 38 (1) of the Statute of the International Court of Justice, allowance being made for the fact that Article 38 was designed to apply to inter-State disputes »*[341]. L'application du droit international n'est donc pas limitative, mais s'applique de façon générale, faisant appel à toutes ses sources qu'elles soient primaires ou subsidiaires[342].

Certes, une convention internationale n'a pas vocation à s'appliquer isolément des autres sources du droit international public énoncées dans l'article 38 du Statut de la Cour internationale de Justice[343]. Il est ainsi

---

[341] History of the ICSID Convention, Document Concerning the Origin and the Formation of the Convention on the Settlement of Investment Disputes Between States and Nationals of Other States, Publications du CIRDI, Washington, 1968, vol. II-2, p. 962.

[342] E. Gaillard et Y. Banifatemi, The Meaning of "and" in Article 42 (1), Second Sentence, of the Washington Convention : The Role of International Law in the ICSID Choice of Law Process, ICSID Review - FILJ, vol. 18, 2003, pp. 375-411 ; P. Daillier, M. Forteau et A. Pellet, Droit international public, LGDJ, Paris, 2009, pp. 125 et s.

[343] L'article 38 du Statut de la Cour internationale de Justice dispose : *« La Cour, dont la mission est de régler conformément au droit international les différends qui lui sont soumis, applique :*
a. Les conventions internationales, soit générales, soit spéciales, établissant des règles expressément reconnues par les États en litige ;

essentiel de faire application du droit international à la lumière des principes généraux et de la coutume, et même de recourir aux actes unilatéraux élaborés par les autorités étatiques pour interpréter les dispositions d'un traité de protection des investissements. La référence « principes de droit international en la matière » par l'article 42 (1) de la Convention CIRDI devrait alors être analysée comme une flexibilité reconnue à l'arbitre pour désigner lui-même les règles matérielles qui s'appliquent en l'espèce conformément à l'article 38 du Statut de la Cour internationale de Justice. Le droit international des investissements transnationaux doit donc être considéré comme un corps de règles substantielles applicables de façon générale et indépendante[344]. En effet, même s'il n'y avait recours qu'au droit des traités au milieu du XXème siècle, le droit coutumier faisant l'objet d'objections reliées à son existence, l'objectif même des normes substantielles du traité était de sceller ces coutumes internationales. D'ailleurs, le caractère itératif que revêtent certaines règles de droit - dont la plus fameuse est celle du traitement juste et équitable[345] - et leur confirmation par la pratique jurisprudentielle a amené certains à révéler l'émergence de règles coutumières internationales.

261. Néanmoins, cette constatation n'est pas d'une évidence absolue. En effet, l'inclusion de certaines règles coutumières dans les traités bilatéraux d'investissement, fait surgir, selon deux courants opposés de la doctrine, un étrange paradoxe : selon certains auteurs, cette inclusion révèle une remise en cause des règles coutumières (**A**), alors que pour d'autres elle fait preuve du développement de la coutume en tant que manifestation d'une pratique qui s'est généralisée (**B**).

---

b. la coutume internationale comme preuve d'une pratique générale acceptée comme étant le droit ;

c. les principes généraux de droit reconnus par les nations civilisées ;

d. sous réserve de la disposition de l'article 59, les décisions judiciaires et la doctrine des publicistes les plus qualifiés des différentes nations, comme moyen auxiliaire de détermination des règles de droit ».

[344] E. Gaillard et Y. Banifatemi, The Meaning of "and" in Article 42 (1), Second Sentence, of the Washington Convention : The Role of International Law in the ICSID Choice of Law Process, ICSID Review - FILJ, vol. 18, 2003, pp. 375-411, spéc. p. 397 : *« During the negotiation of the Washington Convention, it was finally established, regarding the last draft of Article 42 (1) that the term "international law" should be understood as a body of substantive rules which may be applicable to a particular issue presented to an ICSID tribunal ».*

[345] C. Crépet Daigremont, Les sources du droit international des investissements, *in* Ch. Leben (dir.), Droit international des investissements et de l'arbitrage transnational, Pedone, Paris, 2015, pp. 83-117, spéc. pp. 111-113.

A. La remise en cause des règles coutumières

262. La coutume dont le processus de formation est complexe et lent, pose de ce fait quelques difficultés quant à sa formation et à la détermination de sa validité[346]. La répétition selon les mêmes termes de certaines règles et standards dans les accords d'investissement pose la question de savoir si ces règles ne relèvent pas du droit international général et si elles ne peuvent s'appliquer sans un appui conventionnel[347].

263. Si l'on prend en considération la terminologie littérale de l'article 38 du Statut de la Cour internationale de Justice, l'existence de la coutume internationale requiert la *« preuve d'une pratique générale acceptée comme étant le droit »*. Ainsi, on estime communément que ce procédé naturel du droit puise sa validité dans la réunion de deux éléments primordiaux : l'un relevant de la pratique et l'autre de l'*opinio juris*[348].

Cela signifie que la coutume en droit international est semblablement constituée de deux composantes réunies ensemble, l'une matérielle et l'autre psychologique, comme le signale d'ailleurs le tribunal arbitral dans sa sentence relative à l'affaire *United Parcel Service contre Canada* : *« to establish a rule of customary international law, two requirements must be*

[346] Ceci a été relevé dans des affaires relativement récentes : V. par exemple, CIJ, *Affaire Ahmadou Sadio Diallo* (*République de Guinée c. République Démocratique du Congo*), exceptions préliminaires, arrêt du 24 mai 2007, CIJ Recueil, 2007, p. 582 ; V. également, CIJ, *Affaire Ahmadou Sadio Diallo* (*République de Guinée c. République Démocratique du Congo*), arrêt du 30 novembre 2010, CIJ Recueil, 2010, p. 639 ; CIJ, *Affaire Ahmadou Sadio Diallo* (*République de Guinée c. République Démocratique du Congo*), arrêt du 19 juin 2012, CIJ Recueil, 2012, p. 324.

[347] V. J. Alvarez, Minimum Standard of Treatment of Aliens, Fair and Equitable Treatment of Foreign Investors, Customary International Law and the Diallo Case Before the International Court of Justice, The Journal of World Investment & Trade, vol. 9, n° 1, 2008, pp. 51-70.

[348] P. Daillier, M. Forteau et A. Pellet, Droit international public, LGDJ, Paris, 2009, pp. 352 et s. ; V. également, CIJ, *Affaire Plateau continental (Libye c. Malte),* arrêt du 3 juin 1985, CIJ Recueil, 1985, pp. 20-21 : *« Il est bien évident que la substance du droit international coutumier doit être recherchée en premier lieu dans la pratique effective et l'opinio juris des États, même si des conventions multilatérales peuvent avoir un rôle important à jouer en enregistrant et définissant les règles dérivées de la coutume ou même en les développant »*. Néanmoins, le consensus sur l'importance devant être accordée à chacun de ces éléments ainsi qu'à leur portée, prête encore à discussion. Pour les auteurs qui privilégient la pratique par rapport à l'*opinio juris,* V. P. Haggernmacher, La doctrine des deux éléments du droit coutumier dans la pratique de la Cour internationale de Justice, RGDIP, t. 90, 1986, n° 1, pp. 5-125, spéc. pp. 105 et s. Pour une théorie opposée, V. P.-M. Dupuy, Droit international public, Dalloz, 6ème édition, pp. 324-325.

met : consistent state practice and an understanding that the practice is required by law »[349].

Du reste, d'éminents juristes considèrent que la réunion de ces deux éléments n'est pas aisée à cause de l'absence d'une « véritable » jurisprudence en la matière. Pour ces derniers, les décisions des arbitres statuant sous les auspices du CIRDI ne pouvaient aboutir à la formation de véritables règles coutumières, étant donné que la jurisprudence arbitrale n'est qu'une source subsidiaire du droit international des investissements et que la doctrine du *stare decisis* est inexistante dans le monde de l'arbitrage entre État et personne privée étrangère, n'aboutissant pas à une jurisprudence harmonieuse en la matière[350].

---

[349] CNUDCI, affaire *United Parcel Service c. Canada*, décision sur la compétence du 22 novembre 2002, § 84. V. également l'Annexe A du modèle des États-Unis de 2004 : *« The Parties confirm their shared understanding that "customary international law" [...] results from a general and consistent practice of States that they follow from a sense of legal obligation »*.

[350] V. dans ce sens., A. Yusuf et G. Yusuf, Precedent & Jurisprudence Constante, *in* M. Kinnear, G.-R. Fisher et al., Building International Investment Law : The First 50 Years of ICSID, Kluwer Law International, 2015, pp. 71-82, spéc. pp. 72-73 : *« Article 53 (1) of the ICSID Convention states that an "award shall be binding on the parties." This Article, which might be regarded as addressing the res judicata effect of awards, has been interpreted to exclude the applicability of the principle of binding precedent to ICSID cases. A tribunal has even gone so far as to state that Article 53 (1) provides that decisions are "binding only on the parties" with the conspicuous addition of the word "only" that has the effect of expressly excluding the applicability of precedent to any third party. At any rate, there is no rule of binding precedent in investment treaty arbitration. There is nothing in the ICSID Convention itself or in its travaux préparatoires to indicate the existence of such a doctrine. The decentralized structure of investment treaty arbitration is not well suited to the application of stare decisis. There are over 3000 distinct investment treaties currently in force. There is no hierarchy as between ICSID tribunals, and no mechanism of appeal. There are limited grounds for annulment and the annulment mechanism is not designed to provide consistency or predictability. And the publication of investment arbitration awards is subject to party consent. These factors have occasionally led to divergent and even conflicting awards on the same points of law or similar facts »* ; M. Audit, La jurisprudence arbitrale comme source du droit international des investissements, *in* Ch. Leben (dir.), Droit international des investissements et de l'arbitrage transnational, Pedone, Paris, 2015, pp. 119-134 ; A.-T. Guzman, Why LDCs Sign Treaties that Hurt Them : Explaining the Popularity of Bilateral Investment Treaties, Virginia Journal of International Law, vol. 38, 1998, pp. 639-688 ; M. Sornarajah, State Responsibility and Bilateral Investment Treaties, Journal of World Trade Law, vol. 20, 1986, pp. 79-98 ; P.-M. Norton, A Law of the Future or a Law of the Past ? - Modern Tribunals and the International Law of Expropriation, AJIL, vol. 85, 1991, pp. 474-505 ; A. Al Faruque, Creating Customary International Law Through Bilateral Investment Treaties : A Critical Appraisal, Indian Journal of International Law, vol. 44, 2004, pp. 292-318 ; M.-C. Porterfield, An International Common Law of Investors Rights, University of Pennsylvania Journal of International Economic Law, vol. 27, 2006, pp. 79-113 ; G. Kaufmann-Kohler, Arbitral Precedent :

264. Toutefois, ces objections peuvent être écartées facilement, car, même si l'on constate l'existence de décisions contradictoires impliquant des hypothèses similaires, il est incontestable qu'une construction rationnelle d'une jurisprudence transnationale est en train de naître. Bien qu'il n'existe pas de règle du précédent en droit international public, on constate en revanche que les arbitres font fréquemment référence aux sentences arbitrales antérieures[351]. Ce « devoir naturel » témoigne tout de même de la volonté des arbitres de construire une réelle jurisprudence harmonieuse et constante. Le tribunal arbitral statuant dans l'affaire *Lighthouse Corporation Pty Ltd and Lighthouse Corporation Ltd, IBC contre République démocratique du Timor oriental*, confirme cette théorie : *« The Tribunal considers that it is not bound by previous decisions. At the same time, it is of the opinion that it should pay due consideration to earlier decisions of international tribunals. It believes that, subject to compelling contrary grounds, it should be respectful of the reasoning and solutions established in a series of consistent cases. It also believes that, subject to the circumstances of an actual case, it has a duty to seek to contribute to the harmonious development of investment law and thereby to meet the legitimate expectations of the community of States and investors towards certainty of the rule of law »*[352].

Dream, Necessity or Excuse ?, Arbitration International, vol. 23, n° 3, 2007, pp. 357-378 ; P. Muchlinski, Policy Issues, *in* P. Muchlinski, F. Ortino and C. Schreuer, The Oxford Handbook of International Investment Law, OUP, Oxford, 2008, pp. 3-48 ; S. Subedi, International Investment Law : Reconciling Policy and Principle, Hart Publishing, Portland, 2008 ; J. Yackee, Pacta Sunt Servanda and State Promises to Foreign Investors Before Bilateral Investment Treaties : Myth and Reality, Fordham International Law Journal, vol. 32, n° 5, 2009, pp. 1550-1613 ; M. Sornarajah, The International Law on Foreign Investment, CUP, Cambridge, 2010, pp. 232 et s. ; V. dans le même sens, CIRDI affaire *Teinver S.A., Transportes de Cercanías S.A. and Autobuses Urbanos del Sur S.A. c. Argentine*, ARB/09/1, décision sur la compétence du 21 décembre 2012, § 167 : *« This Tribunal is not bound by the decisions of previous tribunals, and it makes its determination on a basis of the text of the Treaty and the factual and legal arguments put forth by the Parties »*.

[351] V. not., A. Yusuf et G. Yusuf, Precedent & Jurisprudence Constante, *in* M. Kinnear, G.-R. Fisher et al., Building International Investment Law : The First 50 Years of ICSID, Kluwer Law International, 2015, pp. 71-82, spéc. p. 73 : *« Despite these structural limitations and the absence of a textual basis for the doctrine of stare decisis, previous decisions by arbitral tribunals are regularly referenced and relied upon by ICSID tribunals in their holdings »* ; T.-H. Cheng, Precedent and Control in Investment Treaty Arbitration, Fordham International Law Journal, 2007, pp. 1014-1016 ; J. Commission, Precedent in Investment Treaty Arbitration - A Citation Analysis of a Developing Jurisprudence, Journal of International Arbitration, vol. 24, n° 2, 2007, pp. 129 et s., spéc. pp. 149-150.

[352] CIRDI, affaire *Lighthouse Corporation Pty Ltd and Lighthouse Corporation Ltd, IBC c. République démocratique du Timor oriental*, ARB/15/2, sentence du 22 décembre 2017, § 111 ; V. dans le même sens CIRDI, affaire *Metal-Tech ltd c. Ouzbékistan*, ARB/10/3, sentence du 4 octobre 2013, § 116 : *« The Tribunal's view is that it is not bound by previous decisions of ICSID or other arbitral tribunals. At the same time, it is of the opinion that it should pay due regard to earlier decisions of international*

265. D'autres objections se rapportaient surtout à l'incapacité des conventions bilatérales d'investissement de constituer les assises du phénomène d'élaboration et de développement des coutumes internationales. Le Professeur Sornarajah relève à cet égard des disparités terminologiques au sein des modèles de TBI[353]. Ce point a été aussi affirmé par la jurisprudence dans l'affaire *United Parcel Service contre Canada* : « *the many bilateral treaties for the protection of investments on which the argument depends vary in their substantive obligations ; while they are large in number their coverage is limited ; and in terms of opinio juris there is no indication that they reflect a general sense of obligation* ». En outre, le réseau inextricable des conventions bilatérales d'investissement ne concerne pas la totalité des pays[354] et les droits et obligations qu'elles reconnaissaient ou imposaient ne sont effectifs que durant la période où le traité est en vigueur[355]. D'ailleurs, l'*Affaire Ahmadou Sadio Diallo* constate clairement l'effet relatif des conventions bilatérales d'investissement qui ne lient que les parties signataires[356].

---

tribunals. The Tribunal is further of the view that, unless there are compelling reasons to the contrary, it has a duty to follow solutions established in a series of consistent cases comparable to the case at hand, but subject, of course, to the specifics of a given treaty and of the circumstances of the actual case. By doing so, it will meet its duty to contribute to the harmonious development of investment law and thereby to meet the legitimate expectations of the community of States and investors towards certainty of the rule of law » ; CIRDI, affaire *Saipem S.p.A c. Bangladesh*, ARB/05/07, décision sur la compétence du 21 mars 2007, § 67 : « *The Tribunal considers that it is not bound by previous decisions. At the same time, it is not the opinion that it must pay due consideration to earlier decisions of international tribunals. It believes that, subject to compelling contrary grounds, it has a duty to adopt solutions established in a series of consistent cases. It also believes that, subject to the specifics of a given treaty and the circumstances of the actual case, it has a duty to seek to contribute to the harmonious development of investment law and thereby to meet the legitimate expectations of the community of States and investors towards certainty of the rule of law* ».

[353] M. Sornarajah, The International Law on Foreign Investment, CUP, Cambridge, 2010, p. 176 : « *But, there is so much divergence in the standards in bilateral investment treaties that it is premature to conclude that they give rise to any significant rule of international law* ».

[354] Par exemple, les États-Unis n'ont conclu aucun accord avec le Brésil, la Russie, l'Inde ou encore la Chine, alors que ces derniers sont d'importants pays exportateurs de capitaux.

[355] J. Alvarez, A BIT on Custom, New York University Journal of International Law & Politics, vol. 42, n° 1, 2009, pp. 17-80, spéc., p. 23.

[356] CIJ, *Affaire Ahmadou Sadio Diallo (République de Guinée c. République Démocratique du Congo)*, exceptions préliminaires, arrêt, CIJ Recueil, 2007, p. 582 ; *contra* : CIRDI, affaire *Sempra Energy International c. Argentine*, ARB/02/16, décision sur la compétence du 11 mai 2005, § 156 : « *The Tribunal must, finally, refer to the question raised to the effect that lex specialis cannot be considered as leading to a rule of customary law. First, the Tribunal must note that there is no obstacle in international law to the expression of the will of States through treaties being at the same time an expression of practice and of the opinio juris necessary for the birth of a customary rule if the conditions for it are met* ».

266. Certains auteurs ont également soutenu l'incapacité des conventions bilatérales d'investissement à développer une *opinio juris*, et cela, en raison du contexte historique lors de leur ratification. Selon ces auteurs, les revendications d'un nouvel ordre économique international ne provenaient pas d'un vœu unanime : les États qui revendiquaient ce nouvel ordre économique international étaient contraints moralement de conclure individuellement des traités bilatéraux d'investissement[357]. De ce fait, la ratification de ces instruments internationaux ne peut nullement être liée à la conviction de ces États et n'a donc aucune valeur contraignante[358].

267. Toutefois, cette théorie apparaît actuellement obsolète, les revendications d'un nouvel ordre économique international étant archaïques et les traités bilatéraux ayant bouleversé le système légal des investissements transnationaux[359]. Pourtant, la raison principale de ratification des conventions bilatérales d'investissement était, pour les pays en développement, le besoin imminent d'attirer les capitaux étrangers pour ranimer leurs assises économiques[360] : la signature des TBI ne constituait qu'un indice de changement de position.

En effet, même si certains auteurs considèrent que les conventions bilatérales d'investissement ne peuvent constituer l'expression d'une *opinio juris* du seul fait qu'elles sont conclues par les pays en développement en raison de l'état de contrainte économique dans lequel ils se trouvent[361], le courant majoritaire considère en revanche que la pression politique ou économique ne pourra entraîner la nullité des conventions internationales bien que les travaux préparatoires de la Convention de Vienne de 1969 affichent quelques traces qui pourraient permettre de considérer cette contrainte comme motif de nullité[362].

---

357 V. *supra*, n° 25.

358 A.-T. Guzman, Why LDCs Sign Treaties that Hurt Them : Explaining the Popularity of Bilateral Investment Treaties, Virginia Journal of International Law, vol. 38, 1998, pp. 639-688.

359 J. Alvarez, A BIT On Custom, New York University Journal of International Law & Politics, vol. 42, n° 1, 2009, pp. 17-80.

360 V. *supra*, n° 20.

361 S.-K.-B. Asante, International Law and Foreign Investment : A Reappraisal, ICLQ, vol. 37, n° 3, 1988, pp. 558-628 ; V. également, A. Al Faruque, Creating Customary International Law Through Bilateral Investment Treaties : A Critical Appraisal, Indian Journal of International Law, vol. 44, 2004, pp. 292-318. Certains ont même comparé les traités bilatéraux d'investissement aux contrats d'adhésion parce que les États importateurs de capitaux n'auraient pas le pouvoir économique de négocier librement les termes du traité. V. par exemple, M. Sornarajah, The International Law on Foreign Investment, CUP, Cambridge, 2010.

362 R.-D. Kearney et R.-E. Dalton, The Treaty on Treaties, AJIL, vol. 64, 1970, pp. 495-561, spéc. pp. 532-535.

Ainsi, il pourrait être parfaitement concevable à ce stade que les conventions internationales d'investissement expriment *l'opinio juris*[363] étant donné que la majorité de ces conventions sont conclues actuellement par les pays du Nord ou les pays du Sud entre eux d'où l'absence de contrainte politique ou économique. De plus, l'énonciation des dispositions conventionnelles ne dépend pas de l'indice du développement économique et social des pays signataires, les principes contenus dans ces conventions étant globalement reconnus.

268. Par ailleurs, se manifeste dans ce même mouvement une constatation supplémentaire qui considère que l'incertitude entourant la coutume résulte de la carence d'indications jurisprudentielles - dont le rôle est de consacrer l'existence de la coutume - sur le rôle exact de cette source du droit, la responsabilité internationale des États n'étant appréciée et évaluée qu'à la lumière des dispositions conventionnelles.

269. Cependant, on signale que la présence de la coutume n'est absolument pas liée à la confirmation jurisprudentielle. Même si l'on ne trouve aucune référence expresse du droit international coutumier dans les clauses conventionnelles de traitement ou de protection, ces dernières ont été elles-mêmes dégagées des standards minimums de traitement. Les arbitres demeurent toutefois liés par cette coutume qui délimite leur marge d'appréciation dans certaines hypothèses[364].

270. Enfin, une dernière tendance estime qu'il n'existe pas de convention multilatérale adoptée par la communauté internationale régissant les aspects juridiques des investissements transnationaux ce qui conduit à constater, selon cette tendance, que le régime des investissements n'est pas doté d'un caractère universel.

271. Toutefois, on souligne que l'argumentation sur laquelle elle se fonde ne signifie pas que certaines coutumes ne sont pas universelles. Ainsi, les différences minimes de terminologie entre les dispositions conventionnelles n'écartent pas le fait que la quasi-totalité des conventions internationales renferme des normes de protection.

272. Il semble que le droit international des investissements a fortement bouleversé le droit international général. En effet, même les pays non-

---

[363] W. Ben Hamida, L'arbitrage transnational unilatéral, Réflexions sur une procédure réservée à l'initiative d'une personne privée contre une personne publique, Thèse, Paris II, 2003 (sous la direction de Philippe Fouchard).

[364] V. par exemple, N. Rubins, Les innovations arbitrales dans les récents accords américains de libre-échange : Deux pas en avant, un pas en arrière, RDAI, n° 8, 2003, pp. 865-885, spéc. p. 878.

signataires des conventions bilatérales ou multilatérales d'investissement sont, à l'heure actuelle, soumis aux nouvelles règles du droit international général[365]. Ainsi en l'état actuel du droit international des investissements étrangers, certaines règles de protection matérielles consacrées par les traités d'investissement font désormais l'objet d'une reconnaissance universelle, jusqu'au point de s'intégrer dans la coutume internationale. Par conséquent, même s'il semble difficile de soutenir que les traités bilatéraux d'investissement représentent exactement le droit coutumier international, il n'en reste pas moins que ces derniers ont sans nul doute influencé son développement progressif[366].

B. La mise en valeur des règles coutumières internationales

273. Il n'existe à l'heure actuelle aucune réponse évidente quant à l'influence des conventions bilatérales d'investissements sur le régime des investissements internationaux ce qui rend difficile d'évaluer le rôle exact de la coutume dans la sphère juridique internationale. Conformément à la définition prévue dans l'article 38 du Statut de la Cour internationale de Justice, il faudra démontrer une pratique générale acceptée comme étant le droit. Il est possible alors de se demander si l'explosion du nombre de traités bilatéraux conclus apporterait la preuve d'une pratique générale. Dans ce contexte, on pourra considérer que la répétition systématique des règles substantives conventionnelles en ayant recours aux mêmes termes dans plusieurs instruments est de nature à faire naître un droit international coutumier.

Il est vrai que la consécration de ces dispositions dans des instruments internationaux pourra signifier l'absence d'acquisition de valeur coutumière. D'ailleurs, ceci a été clairement constaté par la Cour internationale de Justice dans l'affaire *République de Guinée contre République Démocratique du Congo* qui a soulevé que : *« le fait [...] que différents accords internationaux tels les accords sur la promotion et la protection des investissements étrangers et la Convention de Washington aient institué des régimes juridiques spécifiques en matière de protection des investissements ou encore qu'il soit courant d'inclure des dispositions à cet effet dans les contrats conclus*

365 J. Alvarez, A BIT on Custom, New York University Journal of International Law & Politics, vol. 42, n° 1, 2009, pp. 17-80.

366 P. Dumberry, Are BITs Representing the "New" Customary International Law in International Investment Law ?, Penn State International Law Review, vol. 28, n° 4, 2010, pp. 675-701, spéc. p. 681 : *« while it is certainly true that BITs will influence the development of customary international law, it is quite another thing to simply say that BITs now represent the new custom in international investment law »*.

directement entre États et investisseurs étrangers, ne suffit pas à démontrer que les règles coutumières de protection diplomatique auraient changé ; il pourrait tout aussi bien se comprendre dans le sens contraire »[367]. Cependant, la répétition des règles d'origine coutumière dans les conventions internationales peut donner lieu à deux interprétations divergentes : elle peut indiquer, d'une part, que les États sont réticents quant au caractère obligatoire de ces coutumes internationales et les introduisent dans les traités afin de garantir un support minimal de prévisibilité juridique. D'autre part, elle peut aussi être la preuve que les États reconnaissent l'existence de ces règles coutumières et les scellent dans des instruments internationaux par peur de divergence d'interprétation[368].

La deuxième interprétation semble être la plus soutenable : les standards de traitement juste et équitable, la protection pleine et entière, le principe de l'indemnisation effective et adéquate en cas d'expropriation, etc.[369], représentent un minimum de garanties pour de saines relations transnationales. Il importe surtout de rappeler que la plupart des garanties offertes par les traités de protection et de promotion des investissent ont des racines anciennes provenant elles-mêmes du droit international coutumier[370]. Le plus significatif dans ce cadre est assurément l'existence d'un standard minimum de traitement constitué par l'ensemble des garanties fondamentales qu'un État est disposé à accorder à tout ressortissant ou étranger présent sur son territoire. Ces standards ont très largement contribué à influencer les règles substantielles conventionnelles. Il existe ainsi un lien étroit entre les standards minimums coutumiers et les standards de protection dont le standard minimum de traitement même si ces derniers sont aujourd'hui beaucoup plus développés. Ce lien a été établi dans la célèbre affaire *L.F.H Neer and P. Neer contre Mexique*[371]. En raison de l'imprécision qui entourait les standards de protection conventionnels, les arbitres s'inspireront ainsi des solutions dégagées, il y a des décennies, de la règle coutumière du standard minimum. Il s'agit donc de normes appartenant au droit international général, dont l'insertion dans les instruments internationaux conduit nécessairement à leur accorder beaucoup plus de précision sans pour autant modifier leur nature. Si l'on considère par exemple qu'une règle coutumière de standard minimum

---

[367] CIJ, *Affaire Ahmadou Sadio Diallo (République de Guinée c. République Démocratique du Congo)*, exceptions préliminaires, arrêt, CIJ Recueil, 2007, p. 582.

[368] Ch. Leben, L'évolution du droit international des investissements : Un rapide survol, *in* Ch. Leben, Le contentieux arbitral transnational relatif à l'investissement : Nouveaux développements, Anthemis, Louvain-la-Neuve, 2006, pp. 7-32.

[369] V. par exemple, A. Verdross, Les règles internationales consacrant le traitement des étrangers, RCADI, 1931, pp. 321-412.

[370] V. *supra,* n° 3.

[371] S. A., *ad hoc*, affaire *L.F.H Neer and P. Neer c. Mexique*, *in* Recueil des Sentences Arbitrales des Nations-Unies, 1926, IV, pp. 60 et s.

interdit toute nationalisation, cette règle n'a qu'un objet général et abstrait et ne précise pas les détails d'exécution du principe qu'elle énonce. Ce sont les dispositions conventionnelles qui apporteront convenablement les précisions quant aux modalités de détermination des dommages-intérêts dans de pareilles hypothèses.

La répétition de normes communes dans la totalité des instruments internationaux incite donc à reconnaître leur caractère coutumier. En effet, les conventions internationales de promotion et de protection des investissements signées par un même pays avec d'autres pays sont souvent fort similaires parce qu'elles sont fondées sur la base d'un modèle unique[372]. Celui-ci peut naturellement se façonner en fonction des exigences de chaque pays, mais l'observation de la pratique montre que les différences sont le plus souvent négligeables. Par conséquent, les formulations relatives à chaque convention bilatérale d'investissement varient selon les circonstances et relèvent généralement de l'ordre du détail. D'ailleurs, le Gouvernement des États-Unis confirme cette vision en estimant que : « *A wide network of similar bilateral arrangements on a subject may constitute practice and also result in customary law. If an international agreement is declaratory of, or contributes to, customary law, its termination by the parties does not of itself affect the continuing force of those rules as international law* »[373].

274. En outre, on le rappelle, le vaste réseau des conventions bilatérales d'investissement est d'ores et déjà revêtu d'un caractère mondial étant donné que la totalité des pays a en fait signé au moins un traité d'investissement[374], tout en signalant que de tels traités n'impliquent plus les pays du Nord uniquement, mais recouvrent aussi les pays du Sud dans leurs relations réciproques[375].

Même si certains auteurs considèrent que la quantité des traités bilatéraux d'investissement ne joue aucun rôle[376], il semble pourtant que les dispositions conventionnelles bâtissent elles-mêmes une pratique universelle des investissements transnationaux. En tout cas, la portée large de la clause de la nation la plus favorisée[377] ne permet pas à l'État d'identifier les bénéficiaires

---

372 V. *supra*, n° 24.

373 Restatement (Third) of the Foreign Relations Law of the United States, 1987, paragraph 102 (i), *in* The Foreign Relations Law of the United States, American Law Institute Publishers, 1990, p. 27.

374 CNUCED, World Investment Report 2014, Investing in the SDGs : An Action Plan, Publications des Nations Unies, 2014, Genève, Annexe 7, pp. 222-226.

375 V. *supra*, n° 267.

376 P. Dumberry, Are BITs Representing the "New" Customary International Law in International Investment Law ?, Penn State International Law Review, vol. 28, n° 4, 2010, pp. 675-701.

377 V. *infra*, n°s 418 et s.

de la protection accordée par l'instrument, obligeant ainsi les États à appliquer de façon harmonieuse, un régime prévisible et égalitaire à l'égard de tous les investisseurs. Cette uniformisation confirmera l'existence d'un « *truly global investment law* » selon les termes du Professeur Lowenfeld[378].

275. Dès lors, le large réseau des traités bilatéraux d'investissement, de même que la pratique jurisprudentielle uniforme en la matière aboutissent à apporter la preuve d'une *opinio juris*, comme le confirme le tribunal arbitral dans l'affaire *Sempra Energy International contre Argentine* : « *There is no obstacle in international law to the expression of the will of States through treaties being at the same time an expression of practice and of the opinion juris necessary for the birth of a Customer rule if the conditions for it are met* »[379].

276. Ainsi, il semble certain qu'une coutume internationale existe au sein de la matière. Qu'elle soit soutenue ou non par une convention internationale, cela est démuni d'importance quant au fond. Ce qui demeure essentiel sur ce point, c'est de considérer qu'un opérateur étranger se trouvant sur le territoire du pays fournisseur est en plein droit, même en l'absence de convention internationale, de bénéficier d'un minimum de protection. Ce sont là, certes, des éléments si généraux, mais qui peuvent se révéler essentiels même pour un opérateur étranger dont le bon déroulement des activités suppose de telles garanties. Comme le souligne Stéphane Bonomo, « *les règles substantielles protégeant les investissements des opérateurs étrangers sont en effet pour l'essentiel, le fruit d'une retranscription de normes coutumières et conventionnelles qui sont bien connues en droit international. Par ailleurs, on a pu aussi remarquer que si nombre de ces règles coutumières ont à une époque été contestées par la plupart des pays en voie de développement, ces derniers les ont par la suite insérés dans les traités bilatéraux qu'ils signés avec des pays du Nord, et également dans ceux conclus avec des pays du Sud. En raison du phénomène précédemment décrit et, au fait que ces instruments se sont développés sur la base de traités types, il a donc été possible d'établir (sans nier la diversité du contenu de chaque convention bilatérale), qu'apparaît à la lecture de chacun de ces traités, un bloc de règles de fond communes protégeant les investissements étrangers* »[380].

---

[378] A.-F. Lowenfeld, Investment Agreements and International Law, Columbia Journal Transnational Law, vol. 42, 2003, pp. 123-130.

[379] CIRDI, affaire *Sempra Energy International c. Argentine,* ARB/02/16, décision sur la compétence du 11 mai 2005, § 156.

[380] S. Bonomo, Les traités bilatéraux relatifs aux investissements : entre protection des investissements et sauvegarde de la souveraineté des États, Thèse, Aix-Marseille 3, 2009 (sous la direction de Jacques Mestre et Sébastien Manciaux), p. 131.

En somme, loin d'être pauvre en règles matérielles, le droit international public général et plus spécifiquement celui des investissements transnationaux contribue largement à l'aboutissement d'une véritable coutume internationale qui existe même en dehors de tout support conventionnel. Pour la sérénité de ces observations, il semble convenable d'emboîter le pas du Professeur Weil selon qui, *« l'argument tiré de la pauvreté en normes de droit international applicables, naguère avancé avec insistance par les adversaires de l'internationalité des rapports d'investissement, s'effondre complètement. D'abord, parce que c'est là une situation qu'ont connue bien des branches du droit international et qui, par nature même, est essentiellement transitoire. La pauvreté normative est comme la jeunesse : c'est un défaut qui passe avec le temps... Mais surtout parce que cette pauvreté est purement imaginaire : non seulement pourra-t-on se référer aux règles de fond énoncées dans les traités bilatéraux ou multilatéraux pertinents lorsque de telles conventions existent, mais la répétition de certaines clauses dans la plupart de ces traités peut donner à penser qu'il s'agit souvent là de règles de caractère coutumier applicables en l'absence même de tout umbrella agreement »*[381]. Cet essor du droit international entraînera, par conséquent, un rôle étriqué du droit interne en matière d'investissements étrangers.

SECTION 2

L'ÉTIOLEMENT DU DROIT INTERNE

277. Les développements précédents ont envisagé l'articulation entre le droit interne et le droit international en cas de désaccord, d'antagonisme ou même de collision. Il en est apparu clairement que la prééminence du droit international prévalait dans la quasi-totalité des hypothèses. En dehors de la situation conflictuelle entre les deux droits interne et international analysée plus haut[382], les énoncés suivants se rallieront à une optique différente où le droit interne s'appliquera dans les domaines que le droit international ne régit pas[383] ou aussi lorsqu'il constitue une source d'inspiration pour le droit

[381] Avant-propos de l'ouvrage de L. Lankarani El-Zein, Les contrats d'État à l'épreuve du droit international, Bruylant, Bruxelles, 2001, pp. XX-XXI.
[382] V. *supra*, n°s 174 et s.
[383] Une relation d'investissement n'est pas uniquement conflictuelle : le droit interne peut assurément régir des domaines que le droit international passe sous silence. V. à titre d'exemple, l'affaire *Southern Pacific Properties Limited contre Égypte* où les

international. Cela ne signifie certainement pas que le droit interne est pleinement détaché du droit international : même dans ces hypothèses, le droit national s'appliquerait toujours dans un contexte juridique international[384].

Ce sont en particulier deux séries de normes internes qui peuvent avoir vocation à s'appliquer dans ce contexte : l'application du droit interne sur renvoi du droit international (**Paragraphe 1**) et l'application du droit interne en tant que source d'inspiration pour le droit international (**Paragraphe 2**). On verra que le droit international, même dans ces deux cas, contrôlera et surveillera la situation juridique.

Paragraphe 1 : La fonction de renvoi du droit international

278. Le fait que le litige soit fondé sur une convention bilatérale d'investissement n'exclut pas nécessairement l'application du droit interne, la Convention du CIRDI accordant elle-même une place à celui-ci[385]. D'ailleurs, la sentence *Goetz contre Burundi* confirme cette vision : *« [...] Cette internationalisation des rapports d'investissement - qu'ils soient contractuels ou non - ne conduit certes pas à une "dénationalisation" radicale des relations juridiques nées de l'investissement étranger, au point que le droit national de l'État hôte serait privé de toute pertinence ou application au profit d'un rôle exclusif du droit international. Elle signifie seulement que ces relations relèvent simultanément - en parallèle, pourrait-on dire - de la maîtrise souveraine de l'État d'accueil sur son droit national et des*

---

arbitres considèrent que le taux d'intérêt relatif à la réparation devrait être régi par le droit national, le droit international étant silencieux sur ce point (CIRDI, affaire *Southern Pacific Properties Limited c. Égypte*, ARB/84/3, sentence du 20 mai 1992, telle que traduite *in* E. Gaillard, La jurisprudence du CIRDI, Pedone, Paris, 2004, pp. 363-386).

384 Pour une étude détaillée du rôle du droit interne en droit international des investissements, V. particulièrement, J. Hepburn, Domestic Law in International Investment Arbitration, OUP, Oxford, 2017.

385 V. *supra*, n° 213 ; V. également, W.-M. Reisman et M. Arsanjani, Applicable Law Under the ICSID Convention : The Tortured History of the Interpretation of Article 42, *in* M. Kinnear, G.-R. Fisher et al., Building International Investment Law : The First 50 Years of ICSID, Kluwer Law International, 2015, pp. 3-12, spéc. p. 11 : *« If the legislative history of Article 42 (1) is not decisive for purposes of clarifying the intention of all of the negotiators, it serves as evidence of the clashing views about the role of international and domestic law. Whether the ambiguity in the provision was intentional or unintentional and whether it was intended to be "constructive" or it occurred as a result of negotiation fatigue, it is clear that some role was being reserved for domestic law »*.

engagements internationaux auxquels il a souscrit »[386]. En effet, les normes du droit interne sont pertinentes en tant que telles du fait même qu'une activité d'investissement transnational est dans plusieurs hypothèses, d'une manière ou d'une autre, rattachée au droit interne. Dans ce cadre, le droit international intervient pour permettre l'application du droit interne dans des domaines qu'il ne régit pas. Ainsi, un investisseur désireux de s'implanter sur le territoire étranger ne manquera pas de vérifier d'abord les dispositions de la législation interne afin d'examiner les chances de rentabilité de son activité économique.

279. Néanmoins, même si elle découle d'un renvoi exprès du traité, cette application du droit interne n'est pas toujours si évidente : prenant conscience de l'application pure et simple du droit interne (**A**), quelques solutions théoriques ainsi que pratiques pourront être envisagées afin de limiter cette application (**B**)

. *A. L'application pure et simple du droit interne*

280. Les traités bilatéraux et multilatéraux d'investissement peuvent parfaitement renvoyer à l'application du droit interne dans des matières que le droit international n'envisage point. En effet, et sur renvoi du droit international, les États sont pleinement compétents en vue de réglementer les investissements étrangers installés sur leur sol[387]. Actuellement, la majorité des pays adoptent des lois spécifiques destinées à fournir un environnement

---

[386] CIRDI, affaire *Goetz c. Burundi*, ARB/95/3, sentence du 10 février 1999, § 69.

[387] C'est principalement les hypothèses où des admissions, autorisations, ou permis d'exploitation sont nécessaires à la personne privée étrangère pour l'exercice de son activité. En effet, par opposition au régime des garanties des investissements étrangers, qui succède à l'acceptation de l'investissement, et qui est gouverné essentiellement par le droit international, l'encadrement des opérations d'investissement en provenance de l'étranger qui précède l'acceptation de l'investissement est spécialement régi par le droit interne du pays hôte. L'article 2 de la Charte des droits et devoirs économiques des États, adoptée le 12 décembre 1974 par l'Assemblée générale des Nations Unies accorde du reste à l'État concerné la faculté de *« réglementer les investissements étrangers dans les limites de sa juridiction nationale et d'exercer sur eux son autorité en conformité avec ses lois et règlements et conformément à ses priorités et objectifs nationaux »*. On remarque de surcroît que la majorité des TBI affirment la faculté laissée à l'État d'accepter ou de ne pas accepter les investissements. En effet, ils comportent une clause appelée « clause d'admission » qui confère à chaque État l'entière faculté d'admettre, à la lumière de son droit interne, les investissements étrangers. Ainsi, dans le modèle français, chacun des États parties encourage et admet dans le cadre de sa législation les investissements en provenance de l'autre État partie, ce qui signifie lui conférer le droit d'en établir les modalités (Article 3 du Modèle français de 2006, tel que reproduit *in* CNUCED, International Investment Instruments : A Compendium - Volume V, Publications des Nations Unies, 2000, Genève).

légal stable et protecteur des intérêts des opérateurs étrangers désireux de mener une opération sur leur territoire dans le but de développer une activité économique. Ces législations nationales sont généralement réunies dans des Codes d'investissement[388] dont l'objectif vise généralement à réglementer les flux de capitaux sur le sol national de l'État en question, dans les domaines jugés délicats ou vitaux pour l'économie du pays. Des procédés administratifs sont prévus et mis au point pour requérir les autorisations nécessaires. Même si les différences d'un Code à un autre sont assez marginales[389], ces Codes ont clairement un objectif qui est celui de rendre plus attractif l'État concerné aux yeux des opérateurs transnationaux[390]. Leur effet sur la densité des activités commerciales transnationales dépendait, cependant, du niveau de confiance qu'ils instauraient. On trouve constamment dans ces Codes des normes destinées à couvrir les différentes formalités à accomplir de la part d'un étranger souhaitant exercer une activité sur le territoire du pays fournisseur. Il s'agit le plus souvent de décrire les modalités de délivrance d'une autorisation, d'une licence ou d'un certificat, et de façon générale de décrire le cadre des activités économiques. Il y a lieu de signaler toutefois, qu'en dépit de la compétence de principe du droit national pour régir la phase initiale de l'investissement, on observe de plus en plus une interférence en faveur de l'application du droit international dans ce domaine[391].

---

[388] V. par exemple, A.-R. Para, Principles Governing Foreign Investment as reflected in National Investment Codes, *in* Legal Framework for the Treatment of Foreign Investment, ICSID Review - FILJ, 1992, pp. 428-452 ; D. Rosenberg, Les codes des investissements : Un exemple de souveraineté dans un ordre économique égalitaire, RJPIC, 1978, pp. 913-933.

[389] V. à cet égard, l'analyse très précise des Codes d'investissement, *in* I.-F.-I. Shihata, Legal Treatment of Foreign
Investment : The World Bank guidelines, Martinus Nijhoff Publishers, Dordrecht, 1993.

[390] P. Juillard, L'évolution des sources du droit des investissements, RCADI, t. 250, 1994, pp. 18-216.

[391] La première lézarde dans le mur de la liberté accordée aux pays hôtes durant la phase d'admission fut l'œuvre des États-Unis dont les TBI écartent ladite phase de l'application des dispositions du droit interne en la soumettant au droit international et plus précisément aux standards du traitement national et du traitement de la nation la plus favorisée. En effet, le modèle américain de 1994 préconise l'application du traitement national et celui de la nation la plus favorisée dans la phase de l'établissement. L'article II de ce modèle dispose : *« With respect to the establishment, acquisition, expansion, management, conduct, operation and sale or other disposition of covered investments, each Party shall accord treatment no less favorable than that it accords, in like situations, to investments in its territory of its own nationals or companies (hereinafter "national treatment") or to investments in its territory of nationals or companies of a third country (hereinafter "most favored nation treatment"), whichever is most favorable (hereinafter "national and most favored nation treatment"). Each Party shall ensure that its state enterprises, in the provision of their goods or services, accord national and most favored nation treatment to covered investments ».* Dans ce cadre, la phase d'admission de l'investissement est régie, non pas par les dispositions du droit interne, mais plutôt par les normes du droit international. Ceci a

281. L'application du droit interne peut être envisagée dans d'autres hypothèses. D'une part, certaines normes du droit interne conditionnent le bénéfice des normes internationales, ce qui conduit nécessairement les arbitres à en faire application[392]. Par exemple, certaines conventions bilatérales d'investissement subordonnent la protection qu'elles consacrent à l'exigence que l'investissement ait été réalisé en conformité avec le droit interne de l'État d'accueil.

Le Tribunal siégeant sous l'égide du CIRDI dans l'affaire *Fraport contre Philippines* a été confronté à cette question. En l'espèce le Gouvernement philippin soutenait que le tribunal arbitral était incompétent du fait que le traité le liant à l'Allemagne n'est applicable qu'aux investissements que des investisseurs de l'un des États contractants auront, en conformité avec la législation de l'autre État contractant, effectués sur le territoire de ce dernier. Le tribunal arbitral, après avoir constaté la violation du droit interne, déclina

---

été repris dans le modèle de 2012 dans son article 3 concernant le traitement national et dans son article 4 se rapportant sur le traitement de la nation la plus favorisée.
Une approche similaire a été envisagée par l'ALENA dans les articles 1102 et 1103. En effet, lorsque l'État hôte acquiesce à ce type de clauses, il serait contraint de s'occuper de l'admission de l'investisseur étranger de la même manière que l'admission de l'investisseur national ou de l'admission d'un investisseur étranger jouissant de l'effet de la clause de la nation la plus favorisée. Il en résulte une obligation qui impose impérativement à l'État de se conformer à un standard de traitement sans discrimination, stable et transparent sur le plan de la procédure et des conditions de l'admission de l'investissement étranger. Dans le cas contraire, *i.e.* dans le cas d'un comportement inégalitaire de la part de l'État, ce comportement sera considéré comme étant contraire aux dispositions du traité.
Cette vision américaine a été récemment suivie par d'autres traités. On cite, à titre d'exemple, le TBI Canada-Barbade signé le 25 mai 1996, qui accorde à l'investisseur étranger le même droit d'accès que celui attribué à l'opérateur local ou à un État tiers (V. dans ce sens l'article II, alinéa 3 du TBI Canada-Barbade, signé le 25 mai 1996 et enté en vigueur le 17 janvier 1997). Plus récemment, le modèle norvégien de 2007 consacre l'application des normes internationales dans la phase d'admission (V. dans ce sens les articles 3 et 4 du modèle de la Norvège de 2007).
Aussi, sur le plan régional, plusieurs accords préconisent la même solution. On cite dans ce cadre le MERCOSUR ainsi que l'ASEAN.
D'autres accords multilatéraux adoptent une démarche analogue. La clause d'admission prévue dans le Traité sur la Charte de l'Énergie est, à cet égard, parfaitement révélatrice. En effet, cette clause, prévue dans l'article 10, alinéa premier de ce Traité, sans s'en remettre au droit national, impose que l'admission soit soumise à des conditions stables, équitables favorables et transparentes.

[392] Une question se pose, ayant trait à la nature de cette condition : s'agit-il d'une condition relative à la détermination de la compétence de l'organe arbitral ou bien d'une condition ayant trait aux mérites de l'affaire ? Il s'avère qu'une tendance semble se dessiner selon laquelle il s'agit d'une condition de compétence dans l'hypothèse où la violation se réalise lors de l'établissement de l'investissement, mais d'une condition ayant trait aux mérites lorsque la violation a lieu dans la gestion de l'investissement. V. dans ce sens, CIRDI, affaire *Fraport AG Frankfurt Airport Services Worldwide c. Philippines*, ARB/03/25, sentence du 16 août 2007, § 398 et 344-345.

sa compétence : « *The record indicates that (i) the BIT explicitly and reiteratedly required that an investment, in order to qualify for BIT protection, had to be in accordance with the host state's law and (ii) local counsel explicitly warned that a particular structural arrangement would violate a serious provision of Philippine law. Moreover, the violation qua violation was explicitly discussed at the level of the Board of Directors. In view of the due diligence study prepared by financial experts (who had apparently not been briefed on the local law restrictions), the investor, Fraport, concluded that the only plausible way for its equity investment to prove profitable was to arrange secretly for management and control of the project in a way which the investor knew were not in accordance with the law of the Philippines. This was accomplished by Article 2.02 of the FAGPAIRCARGO-PAGS-PTI Shareholders' Agreement of 6 July 1999 which allowed Fraport (or FAG as it was then known) to have a casting and controlling vote over matters which fell within its "area of expertise and competence". Thus the violation could not be deemed to be inadvertent and irrelevant to the investment. It was central to the success of the project. The awareness that the arrangements were not in accordance with Philippine law was manifested by the decision to make the arrangements secretly and to try to make them effective under foreign law. All of these facts derive from internal Fraport documents whose credibility can hardly be impeached by Fraport* »[393].

282. D'autre part, le droit interne pourra être utile et constituer la preuve d'une violation de l'accord[394] comme le souligne le tribunal dans sa sentence relative à l'affaire *Siemens AG contre Argentine* : « *the Tribunal's inquiry is governed by the Convention, by the Treaty and by applicable international law. Argentina's domestic law constitutes evidence of the measures taken by Argentina and of Argentina's conduct in relation to its commitments under the Treaty* »[395]. Par conséquent, c'est uniquement à la lumière des dispositions du droit interne de l'État hôte qu'on vérifie, par exemple, si l'engagement contractuel n'est pas entaché de nullité, ou si les impératifs normatifs inclus dans la loi domestique ont été ou non observés. Le tribunal est donc parfois prisonnier du droit interne qu'il est tenu d'appliquer *bona fide* et de façon conforme à la jurisprudence interne[396]. Cette position fut entérinée plus tard

---

[393] CIRDI, affaire *Fraport AG Frankfurt Airport Services Worldwide c. Philippines*, ARB/03/25, sentence du 16 août 2007, § 398.

[394] V. par exemple, A.-R. Parra, Applicable Law in Investor-State Arbitration, *in* A.-W. Rovine, Contemporary Issues in International Arbitration and Mediation, Martinus Nijhoff Publishers, Leyde, 2008, pp. 3-12.

[395] CIRDI, affaire *Siemens AG c. République d'Argentine*, ARB/02/8, sentence du 6 février 2007, § 78.

[396] V. à cet égard, CPJI, *Affaire concernant le paiement de divers emprunts serbes émis en France* (*France c. Royaume des Serbes, Croates, Slovènes*), arrêt du 12 juillet 1929, Recueil Série A, n° 20/21, 1929 ; CPJI, *Affaire relative au paiement, en or, des emprunts fédéraux brésiliens émis en France* (*France c. États-Unis du Brésil*), arrêt du 12 juillet

par le Comité *ad hoc* en charge de l'affaire *Soufraki contre Émirats arabes unis*[397].

283. Enfin, du fait que c'est en fonction de la base juridique sur laquelle se fonde la demande que se décide la loi applicable, c'est vers l'application du droit interne que les arbitres seraient en mesure de s'orienter pour statuer sur des réclamations purement contractuelles lorsque la clause d'*electio juris* le désigne comme étant exclusivement applicable[398].

284. Cependant, même s'il s'avère à première vue que le droit interne pourrait se réserver un rôle assez particulier en matière du droit des

---

1929, Recueil Série A, n° 15, 1929, p. 124 : « *La Cour étant arrivée à la conclusion qu'il y a lieu d'appliquer le droit interne d'un pays déterminé, il ne semble guère douteux qu'elle doit s'efforcer de l'appliquer comme on l'appliquerait dans ledit pays. Ce ne serait pas appliquer un droit interne que de l'appliquer de manière différente de celle dont il serait appliqué dans le pays où il est entré en vigueur. Il s'ensuit que la Cour doit tenir le plus grand compte de la jurisprudence nationale, car c'est à l'aide de cette jurisprudence qu'elle pourra déterminer quelles sont vraiment les règles qui, en fait, sont appliquées dans le pays dont le droit est reconnu applicable en l'espèce* ».

[397] CIRDI, affaire *Hussein Nuaman Soufraki c. Émirats arabes unis*, ARB/02/7, décision du Comité *ad hoc* du 5 juin 2007, § 96 : « *An international tribunal's duty to apply Italian law is a duty to endeavour to apply that law in good faith and in conformity with national jurisprudence and the prevailing interpretations given by the State's judicial authorities. A State's nationality law consists of its legislative and administrative provisions as well as the binding interpretations of those provisions by its highest court* ».

[398] Dans l'hypothèse où le conflit est fondé sur la violation des dispositions du contrat d'État, c'est dans le contrat lui-même qu'on cherchera à connaître le droit applicable. De cette façon, c'est généralement le droit interne qui aura vocation à s'appliquer. (V. dans ce sens H. Slim, L'arbitrage détaché des lois étatiques, Colloque du Mans, 15 décembre 2011, pp. 61-79, spéc. p. 65 : « *Sur le terrain du droit applicable, [la distinction treaty claims contract claims] n'est pas sans avoir un impact important dans la mesure où, comprise rigoureusement, elle serait de nature à retrancher les différends contractuels de la compétence des tribunaux arbitraux siégeant sous l'égide du CIRDI et à les soumettre à d'autres juridictions (nationales ou arbitrales). En adoptant cette distinction, on sous-entend en effet que les réclamations qui relèvent d'un traité de protection des investissements concernent la question de savoir si l'État en cause a respecté ou non ses engagements au regard dudit traité et du droit international, tandis que les réclamations qui relèvent d'un contrat mettent en cause la responsabilité contractuelle de ce dernier au regard de la lex contractus, loi nationale ou autre. Il en est ainsi d'autant plus que, dans la pratique des tribunaux arbitraux siégeant sous l'égide du CIRDI, les parties acceptent souvent de scinder la procédure en deux phases, une première phase relative à la compétence et une seconde relative au fond [...]* » ; CIRDI, affaire *Société Ouest Africaine des Bétons Industriels (SOABI) c. Sénégal*, ARB/82/1, sentence du 25 février 1988, *in* E. Gaillard, La jurisprudence du CIRDI, Pedone, Paris, 2004, pp. 255-274, spéc. pp. 263 et s.) Toutefois, on aboutit à ce résultat uniquement dans le cas où l'on dépèce le litige en distinguant entre réclamations conventionnelles et réclamations contractuelles. Or, cette distinction n'est pas à l'abri des critiques, certains auteurs et tribunaux préférant l'unification du litige (sur ce point, V. *infra*, n°s 397 et s.).

investissements, diverses solutions ont été envisagées, et d'autres pourraient être imaginées, en vue de contourner son application pure et simple.

B. Les solutions envisageables pour contourner l'application du droit interne

285. Confier au droit interne un rôle considérable semble contrarier l'esprit même du droit international des investissements. Ainsi, prenant conscience des dangers de l'application systématique du droit interne, la doctrine et la jurisprudence arbitrales ont prévu diverses solutions pratiques (**1**) ainsi que théoriques (**2**) pour écarter l'application du droit interne.

1. Solutions pratiques

286. Plusieurs palliatifs d'ordre pratique ont été envisagés dans le but de mettre en œuvre les règles du droit international. Pour n'en prendre en compte que les plus importants, on étudiera, celui de l'application du droit international comme faisant partie intégrante du droit interne (**i**) ; celui du procédé de la « prise en considération » du droit interne (**ii**) ; celui du rôle conjugué des clauses de stabilisation et des clauses parapluie dans l'internationalisation de la relation contractuelle (**iii**).

i. L'application du droit international comme faisant partie intégrante du droit interne

287. L'application ou la prise en considération du droit international comme faisant partie intégrante du droit interne, est un procédé que les arbitres sollicitent, dans la mesure où ils sont tenus d'appliquer le droit interne, afin de faire application du droit international. En effet, dans les peu nombreuses hypothèses où ils sont conduits à appliquer le droit interne, ces arbitres, en prétendant appliquer le droit national, s'appuient en réalité sur le droit international en le considérant comme un élément de l'ordre juridique interne. Ce procédé se reflète tant au niveau de la compétence, que sur le fond du litige.

288. Au niveau de la compétence, la pratique arbitrale montre que les arbitres sont assez réticents à procéder à une application aveugle du droit interne qui conditionne le bénéfice du droit international[399]. La jurisprudence arbitrale est riche d'illustrations. Dans l'affaire *Inceysa Vallisoletana S.L. contre El Salvador*[400], à titre d'exemple, le Gouvernement salvadorien invoque l'incompétence du tribunal arbitral et avance comme argument que le consentement à l'arbitrage figurant dans l'accord de protection des investissements conclu avec l'État espagnol ne couvrait que les investissements constitués conformément au droit local et, qu'en l'espèce, l'investissement avait été frauduleusement constitué. Le tribunal, en analysant les dispositions du TBI en cause, infère que seuls étaient couverts par la protection internationale les investissements légalement constitués[401]. Pourtant, au lieu de recourir au droit interne, il se focalise sur les dispositions matérielles de la convention bilatérale d'investissement : *« The BIT, as valid law in El Salvador, is the primary and special legislation this tribunal must analyze to determine whether Inceysa's investment was made in accordance with the legal system of that Nation »*[402]. Dans ce même ordre d'idées, le tribunal arbitral, prenant conscience des risques de l'approche de la conformité de l'investissement au droit interne, a évalué le comportement de l'investisseur étranger à la lumière du principe international de bonne foi qui fait aussi partie intrinsèque du droit national[403]. En conséquence, le tribunal, en appliquant le droit interne et, à travers lui, le droit international qui en est une composante, se déclare incompétent après avoir constaté que l'investissement violait les normes du droit international. En s'appuyant sur ce raisonnement, il suffit donc que l'État consacre la primauté du droit international dans son ordre juridique afin de neutraliser la loi domestique contraire au droit international.

---

[399] V. not., M. Polkinghorne et S.-M. Volkmer, The Legality Requirement in Investment Arbitration, Journal of International Arbitration, vol. 34, n° 2, 2017, pp. 149-168.

[400] CIRDI, affaire *Inceysa Vallisoletana S.L. c. El Salvador*, ARB/03/26, sentence du 2 août 2006.

[401] *Ibid.*, § 206 : *« the clause "in accordance with law" appears both in the article on "Protection," and in the article that regulates "Promotion and Admission," indicating that investments that do not comply with the requisite of having been made "in accordance with the laws" of the signatory State will not be admitted (Article II, (1)). This clearly indicates that the BIT leaves investments made illegally outside of its scope and benefits ».*

[402] *Ibid.*, § 220.

[403] *Ibid.*, § 230-239 : *« Good faith is a supreme principle, which governs legal relations in all of their aspects and content. [...] In the contractual field, good faith means absence of deceit and artifice during the negotiation and execution of instruments that gave rise to the investment, as well as loyalty, truth and intent to maintain the equilibrium between the reciprocal performance of the parties. [...] Any legal relation starts from an indispensable basic premise, namely the confidence each party has in the other. If this confidence did not exist, the parties would have never entered into the legal relation in question, because the breach of the commitments assumed would become a certainty, whose only undetermined aspect would be the question of time. [...] By falsifying the facts, Inceysa violated the principle of good faith from the time it made its investment and, therefore, it did not make it in accordance with Salvadoran law ».*

289. L'opinion dissidente du Professeur Bernardo Cremades dans l'affaire *Fraport contre Philippine* va dans le même sens. L'arbitre souligne qu'il n'existe pas dans les conventions bilatérales d'investissement une véritable clause de conformité au droit interne, mais que celle-ci ne constitue qu'un renvoi dans le cadre des dispositions relatives à la protection des activités d'investissement. Ce renvoi ne pourra entraîner, en aucun cas, le déclinatoire de compétence de l'organe arbitral : *« The legality of the investment in investment arbitration has its analogy in international commercial arbitration in the validity of the contract. If the applicable law does not insist on the separability of the arbitration agreement from the main contract, then respondents quickly seek to subvert the arbitral process by challenging the validity of the main contract. Similarly, the phrase 'according to the laws and regulations of the Host State' might provide the Achilles Heel of investment arbitration if jurisdiction depends on the Claimant passing a full legal compliance audit. If the legality of the Claimant's conduct is a jurisdictional issue, and the legality of the Respondent's conduct a merits issue, then the respondent Host State is placed in a powerful position. In the Biblical phrase, the Tribunal must first examine the speck in the eye of the investor and defer, and maybe never address, a beam in the eye of the Host State. Such an approach does not respect fundamental principles of procedure »*[404].

290. Cette même question de la conformité de l'investissement au droit national s'est encore manifestée dans l'affaire *World Duty Free Company Limited contre Kenya*[405]. Selon le Kenya, le tribunal devait se déclarer incompétent puisque le contrat qui le liait à la compagnie étrangère a été conclu sous l'effet de graves corruptions. Toutefois, le tribunal, signalant la présence de corruption, a constaté que l'investissement violait non seulement les normes du droit national, mais aussi les normes impératives du droit international : *« In light of domestic laws and international conventions relating to corruption, and in light of the decisions taken in this matter by courts and arbitral tribunals, this Tribunal is convinced that bribery is contrary to the international public policy of most, if not all, States or, to use another formula, to transnational public policy. Thus, claims based on contracts of corruption or on contracts obtained by corruption cannot be upheld by this Arbitral Tribunal »*[406].

---

[404] V. l'opinion dissidente de Bernardo Cremades, CIRDI, affaire *Fraport AG Frankfurt Airport Services Worldwide c. Philippines,* ARB/03/25, sentence du 16 août 2007, § 37.
[405] CIRDI, affaire *World Duty Free Company Limited c. Kenya*, ARB/00/7, sentence du 4 octobre 2006.
[406] *Ibid.*, § 157 ; Il sied de noter ici qu'il existe d'autres procédés que les tribunaux sollicitent en vue de contourner la condition de la conformité de l'investissement au droit interne. Dans ce contexte, certaines instances arbitrales ont considéré l'investissement comme conforme au droit national en l'absence de preuve contraire. À

291. Plus récemment, le tribunal arbitral statuant dans l'affaire *Mohamed Abdulmohsen Al-Kharafi & Sons Co. contre Libye et autres* adopte une démarche similaire. Sans se préoccuper de la question de savoir si la clause compromissoire contenue dans le contrat lui donne ou non compétence, le tribunal se déclare compétent sur le fondement de la Convention unifiée pour l'investissement des capitaux arabes dans les pays arabes dans la mesure où cette Convention forme une partie intégrante de l'ordre juridique libyen lequel prévoit la primauté des engagements internationaux sur les textes nationaux[407].

292. Sur le fond, il arrive parfois que le droit national soit élu pour s'appliquer de façon exclusive. Habituellement, cela se produit dans l'hypothèse de l'existence d'un contrat. Même si cette hypothèse ne s'observe en pratique que très rarement, il n'en reste pas moins que l'application du droit national aux réclamations contractuelles ne dissipe pas le fait que le droit international motive les argumentations de l'organe arbitral, et cela, même dans l'hypothèse où la clause de droit applicable contractuelle détermine le droit interne à titre exclusif. Certes, le droit international n'a pas vocation à s'appliquer, d'ordinaire, aux revendications contractuelles et *a fortiori,* lorsque ces revendications reposent sur des contrats qui désignent le droit local comme droit applicable[408]. Toutefois, selon le témoignage de la pratique, le règne du droit international ne s'en trouve guère affecté. En effet, même lorsque les normes du droit international doivent être écartées, elles ne peuvent être complètement négligées au profit de l'application du droit interne dans la

---

la question de savoir si la compagnie étrangère a violé les normes internes de l'État d'accueil en vue de parvenir à lui ôter la faculté de se prévaloir des dispositions du traité bilatéral en cause, le tribunal arbitral statuant dans l'affaire *Teinver S.A., Transportes de Cercanías S.A. and Autobuses Urbanos del Sur S.A. contre Argentine* affiche une négligence à l'égard des procédures judiciaires internes dont se prévaut le demandeur pour démontrer l'illégalité de l'investissement : *« Having carefully reviewed all of the voluminous materials relating to the various court proceedings in Spain and Argentina, the Tribunal concludes that none of these proceedings proves any illegality of Claimants' investments at the time they were made or that they were not made in accordance with the legislation of Argentina such that they should be denied protection under the Treaty pursuant to Article II(2), or otherwise [...].Each Party must prove the facts it alleges before this Tribunal and the findings of other courts or tribunals will only be of limited, if any, assistance in that regard »* (CIRDI, affaire *Teinver S.A., Transportes de Cercanías S.A. and Autobuses Urbanos del Sur S.A. c. Argentine*, ARB/09/1, sentence du 21 juillet 2017, § 367-368) ; V. également, CIRDI, affaire *Rumeli Telekom AS & Telsim Mobil Telekomunikasyon Hizmetleri AS c. Kazakhstan*, ARB/05/16, décision du comité ad hoc du 25 mars 2010, § 94-99.

407 S. A., *ad hoc,* affaire *Mohamed Abdulmohsen Al-Kharafi & Sons Co. c. Libye et autres*, sentence du 22 mars 2013, p. 272 : *« The Unified Agreement for the Investment of Arab Capital in the Arab States is part of the Libyan law, and its provisions shall have priority of application in instances where they conflict with any provision of the Libyan law ».*

408 Sur cette question, V. *infra* n°s 378 et s.

mesure où elles constituent une partie intégrante de ce dernier. D'ailleurs, les organes arbitraux se rapportent habituellement à ce trait du droit international. De ce fait, même s'il s'agit de trancher les réclamations contractuelles, l'effet de rendre les normes du droit international pertinentes est conservé.

293. Une riche pratique arbitrale confirme ce raisonnement. Le Comité *ad hoc* dans l'affaire *Wena Hotels Limited contre République arabe d'Égypte*, estime, qu'en appliquant le droit interne désigné par les parties, on applique en effet les conventions bilatérales d'investissement qui font partie intégrante de l'ordre juridique national : *« lorsqu'un tribunal fait application des dispositions d'un traité auquel l'Égypte est partie, il n'applique pas des règles étrangères au droit interne de ce pays »*[409].

294. Dans un même mouvement, le tribunal en charge de l'affaire *Autopista Concesionada de Venezuela, C.A contre Venezuela* souligne que : *« there is no reason in this case, considering especially that it is a contract and not a treaty arbitration, to go beyond the corrective and supplemental functions of international law »*[410].

295. Plus récemment, la sentence rendue en 2012 relative à l'affaire *Occidental Petroleum Corporation et Occidental Exploration and Production Company contre Équateur* suit une démarche similaire. La procédure d'arbitrage avait été déclenchée sur la double base du contrat et du TBI conclu entre les États-Unis et l'Équateur dont la clause d'arbitrage unilatéral élargissait la compétence du juge du traité pour recouvrir les litiges contractuels. La demande exigeait de vérifier la légalité de la résiliation contractuelle. L'organe arbitral se donne à une étude approfondie et appropriée du droit interne et estime, par conséquent, que le décret *Caducidad*, ayant abouti à la résiliation du contrat, était une sanction démesurée face aux violations du droit interne reprochées à l'investisseur. En définitive, le tribunal décide que ce décret était incompatible, et avec le droit local, et avec le droit international et finit par considérer que c'est à la lumière du droit international

---

[409] CIRDI, affaire *Wena Hotels Limited c. Égypte*, ARB/98/4, décision du Comité *ad hoc* du 5 février 2002, § 44, telle que traduite *in* E. Gaillard, La jurisprudence du CIRDI, Pedone, Paris, 2004, pp. 689-718, spéc. p. 698 ; V. dans le même sens, A. Broches, The Convention on the Settlement of Investment Disputes Between States and Nationals of Other States, RCADI, t. 136, 1972, p. 389 : *« the question is whether the Tribunal can apply international law where international law is not in terms included in the rules of law agreed by the parties pursuant to the first sentence of Article 42 (1). This is a difficult question on which I hesitate to express a firm opinion. However, I submit that in this situation the application by the Tribunal of international law rules is at least permissible to the extent that these rules are "the law of the land", which is to say that they would presumably be applied by the national courts of the host country ».*

[410] CIRDI, affaire *Autopista c. Venezuela*, ARB/00/5, sentence du 23 septembre 2003, § 102.

que le litige doit être réglé. Même si la violation du droit national est prise en considération, celui-ci ne constitue pas le fondement majeur des motivations du tribunal. Cette violation du droit interne s'éclipse pour donner lieu à la mise en œuvre de la violation du principe du traitement juste et équitable qui aboutit à ouvrir la voie au principe international impliquant la réparation de tous les dommages découlant d'une illicéité internationale dans la mesure où le tribunal infère que ce principe n'est pas écarté par le droit national de l'État hôte[411].

296. Du reste, afin d'éviter davantage l'application des normes internes éventuellement déstabilisatrices, la pratique jurisprudentielle transnationale fait appel à d'autres procédés, notamment à celui de la « prise en considération » du droit interne.

ii. Le mécanisme de « prise en considération » du droit interne

297. Les organes arbitraux se réfèrent généralement au droit international pour engager la responsabilité internationale étatique[412]. Même si le droit interne pourra servir de référence afin d'apprécier la conduite des États face à leurs obligations internationales[413], la qualification du fait de l'État comme internationalement illicite *« n'est pas affectée par la qualification du même fait comme licite par le droit interne »*[414]. Ainsi, la licéité du comportement de l'État au regard de son droit interne, même établie par la plus haute

---

411 CIRDI, affaire *Occidental Petroleum Corporation et Occidental Exploration and Production Company c. Équateur*, ARB/06/11, sentence du 5 octobre 2012, § 297-541, spéc. § 452 : *« It follows that even if OEPC, as the Tribunal found earlier, breached Clause 16.1 of the Participation Contract and was guilty of an actionable violation of Article 74.11 (or Articles 74.12 or 74.13), the Caducidad Decree was not a proportionate response in the particular circumstances, and the Tribunal so finds. The Caducidad Decree was accordingly issued in breach of Ecuadorian law, in breach of customary international law, and in violation of the Treaty. As to the latter, the Tribunal expressly finds that the Caducidad Decree constituted a failure by the Respondent to honour its Article II.3(a) obligation to accord fair and equitable treatment to the Claimants' investment, and to accord them treatment no less than that required by international law ».*

412 V. *supra*, n° 224.

413 V. par exemple, CIRDI, affaire *Siemens AG c. République d'Argentine*, ARB/02/8, sentence du 6 février 2007, § 76-80, spéc. § 78. Le tribunal relève qu'étant compétent sur la base d'un TBI, il doit statuer conformément à la Convention de Washington, du TBI et du droit international et que la loi d'Argentine *« constitutes evidence of the measures taken by Argentina and of Argentina's conduct in relation to its commitments under the Treaty ».*

414 Article 5 du Projet d'articles sur la responsabilité de l'État pour fait internationalement illicite, adopté par la Commission du droit international en 2001.

juridiction[415], est sans effet sur la légalité de son comportement au regard des normes substantielles du droit international[416].

298. Pour des raisons de familiarité, ou même de stabilité et prévisibilité juridiques, les arbitres rechignent à appliquer systématiquement le droit national en donnant la priorité à l'application des engagements internationaux, le droit local s'analysant du point de vue du droit international comme un simple fait juridique qui n'est pris en considération que pour constater la violation du droit international.

Cette nette prédilection pour le droit international s'est illustrée à travers l'affaire relative à *Certains intérêts allemands en Haute-Silésie polonaise* où la Cour permanente de Justice internationale a relevé qu'*« Au regard du droit international et de la Cour qui en est l'organe, les lois nationales sont de simples faits, manifestations de la volonté et de l'activité des États, au même titre que les décisions judiciaires ou les mesures administratives. La cour n'est certainement pas appelée à interpréter la loi polonaise comme telle ; mais rien ne s'oppose à ce qu'elle se prononce sur la question de savoir si, en appliquant ladite loi, la Pologne agit ou non en conformité avec les obligations que la Convention de Genève lui impose envers l'Allemagne »*[417].

---

[415] V. par exemple, CIRDI, affaire *International SA, SAUR International SA and León Participaciones Argentinas SA c. Argentine,* ARB/03/23, sentence du 11 juin 2012, § 904-907 : *«After due consideration of the Parties' arguments, the Tribunal finds that in the context of its mandate under the Argentine-France BIT, the terms of that treaty provide the lodestar for decision. It may well be that a national court deciding analogous issues would come to a different conclusion. However, in the present dispute the BIT supplies the primary foundation and framework for the Tribunal's consideration of investor protection. The Tribunal finds support in its view from the provisions of Article 27 of the 1969 Vienna Convention, which precludes a state from - invok[ing] the provisions of its internal law as justification for its failure to perform. In addition, Article 3 of the 2001 International Law Commission's Draft Articles on Responsibility of States for Internationally Wrongful Acts provides that the characterization of an act of a State as internationally wrongful - is not affected by the characterization of the same act as lawful by internal law. Thus the legality of Respondent's acts under national law does not determine their lawfulness under international legal principles. The fact that the Argentine Supreme Court has vested Respondent with robust authority during national economic crises does not change the Tribunal's analysis ».*

[416] Cette théorie fut soutenue dans une affaire relativement récente. CIRDI, affaire *Franck Charles Arif c. Moldavie,* ARB/11/23, sentence du 8 avril 2013, § 539 : *« the acts of an organ or official, for which the State is responsible in international law, might create legitimate expectations on the international plane, even though the official or organ has acted legally in domestic law. The international responsibility of a State is not determined by the legality of an act under domestic law, but by the principle of attribution in international law [...] ».*

[417] CPJI, *Affaire relative à certains intérêts allemands en Haute-Silésie polonaise*, arrêt du 25 mai 1926, Recueil Série A., n° 7, 1926, pp. 19.

299. Une approche similaire s'est installée dans la pratique des arbitrages transnationaux. La sentence *MTD contre Chili* est l'une des premières illustrations. Selon l'interprétation du tribunal : « *The breach of an international obligation will need, by definition, to be judged in terms of international law. To establish the facts of the breach, it may be necessary to take into account municipal law* »[418].

300. De même, de l'avis du tribunal arbitral statuant dans l'affaire *Siemens AG contre République d'Argentine*, le droit local devait clairement être limité à la toile de fond factuelle de la demande : « *The Tribunal has found that it has jurisdiction over breaches of the Treaty and will review the conduct of Argentina as a State party to the Treaty in respect of the commitments undertaken in the Treaty. In so doing, and as stated by the Ad Hoc Committee in Vivendi II, the Tribunal's inquiry is governed by the Convention, by the Treaty and by applicable international law. Argentina's domestic law constitutes evidence of the measures taken by Argentina and of Argentina's conduct in relation to its commitments under the Treaty* »[419].

301. Cette position fut plus tard endossée dans l'affaire *Ionnis Kardassopolous contre Géorgie*, à l'occasion de laquelle le tribunal arbitral souligne que : « *While this Tribunal is not authorized to apply Georgian law, it is well established that there are provisions of international agreements that can only be given meaning by reference to municipal law. In the present case, Georgian law is relevant as a fact* »[420].

302. Dans un même mouvement, le tribunal en charge de l'affaire *AES Summit Generation Limited and AES-Tisza Erömü Kft contre Hongrie*, souligne qu'au regard de la question du respect des obligations qui découlent du Traité sur la Charte de l'Énergie, le droit de l'Union européenne ne peut être regardé que comme un simple fait[421].

303. Très récemment, les arbitres statuant dans l'affaire *Corona Materials contre République dominicaine* soutiennent ce point de vue en attribuant au droit interne un rôle secondaire : « *As the case may be, municipal*

---

[418] CIRDI, affaire *MTD Equity Sdn. Bhd. et MTD Chili S.A. c. Chili*, ARB/01/7, sentence du 25 mai 2004, § 204.

[419] CIRDI, affaire *Siemens AG c. République d'Argentine*, ARB/02/8, sentence du 6 février 2007, § 78.

[420] CIRDI, affaire *Ionnis Kardassopolous c. Géorgie*, ARB/05/18, décision sur la compétence du 6 juillet 2007, § 145-146.

[421] CIRDI, affaire *AES Summit Generation Limited and AES-Tisza Erömü Kft c. Hongrie*, ARB/07/22, sentence du 23 septembre 2010, § 7.1.1-7.6.12. Il faut préciser à titre indicatif que le droit de l'Union européenne est assimilé au droit interne à l'égard de l'ordre juridique international étant donné que tous les deux sont des droits tiers relevant d'ordres juridiques autres que l'ordre juridique international.

law might provide some pertinent elements of consideration to the Tribunal, but the instruments, rules and provisions of this non-international law are no more than mere facts in the context of the current proceeding which may inform the Tribunal in its application of the governing international law. Such is the case, even if the elements provided by this municipal law can be characterized as 'legal' facts, in the sense that they may have some legal significance for the application of the pertinent rules of public international law. As it will be seen later in this Award, whatever the importance devoted to DR municipal law by the Parties, and in particular by the Claimant, both in its written pleadings and during the Hearing as well as in its Post-Hearing Brief, the DR's Law plays nothing but a marginal or subsidiary role, including when the Tribunal addresses the issue of an alleged denial of justice committed by the Respondent against the Claimant »[422].

304. La position adoptée par les tribunaux quant au rôle joué par le droit interne du pays fournisseur dans les litiges relatifs aux investissements transnationaux ne semble pas surprenante. En effet, les arbitres s'éloignent de l'application du droit local pour des raisons de compréhension, et préfèrent l'assimiler à un simple fait qui sera pris en considération pour apprécier les violations d'obligations internationales[423]. Il faut signaler à cet égard que les prétentions des parties ne prennent leur signification que lorsqu'elles sont regardées à la lumière d'une norme substantielle interne. Il en est ainsi des droits et obligations des parties qui ne peuvent être définis qu'en tenant compte de ce droit.

305. Pour contourner l'application du droit interne éventuellement déstabilisateur, il n'est pas inconcevable de faire un rapprochement avec le mécanisme de « prise en considération » en droit international privé[424]. En tout cas, le tribunal arbitral peut tenir compte du droit local et l'« utiliser », non pas pour régler le litige, mais comme un simple appui factuel. Cette théorie distingue clairement entre les règles de décision que le juge « utilise » pour trancher le litige et les règles qui ne constituent cependant pas des règles de décision que les arbitres doivent, notamment lorsqu'ils sont saisis sur le fondement d'une clause d'arbitrage unilatéral, appliquer pour trancher le différend. En transposant cette théorie dans le cadre du droit des investissements transnationaux, les normes du droit international serviront certes de règles de jugement alors que les normes substantielles du droit interne ne seront prises en considération que pour avoir une conception entière

[422] CIRDI, affaire *Corona Materials c. République dominicaine*, ARB(AF)/14/13, sentence du 31 mai 2016, § 187.
[423] B. Poulain, Droit applicable. La conformité de l'investissement au droit local dans le contentieux investisseur-État, La Gazette du Palais, n° 349, 2007, pp. 41 et s.
[424] V. not., E. Fohrer-Dedeurwaerder, La prise en considération des normes étrangères, LGDJ, Paris, 2008.

et complète du différend. Ces dernières, même dans l'hypothèse où elles sont applicables au fond du litige, se trouvent neutralisées, voire écartées si elles contredisent l'esprit du droit international. En conséquence, le doit international contemple les prévisions matérielles du droit interne en tant qu'élément de fait uniquement. Dans ce cadre, il paraît plausible de considérer que le droit interne de l'État hôte soit pris en considération comme un élément de fait ou élément probatoire. Les normes du droit interne se limitent donc à fournir aux arbitres les renseignements ou les éléments nécessaires dont les conséquences sont tirées des règles de décision qui relèvent normalement du droit international général[425].

306. Dans la même perspective, et afin de réduire davantage l'effet des normes du droit national, le rôle conjugué des clauses de stabilisation et des clauses parapluie aboutira à l'application d'un droit interne « stabilisé » et, par conséquent, à une application indirecte du droit international.

iii. Le rôle conjugué des clauses de stabilisation et des clauses parapluie dans l'internationalisation de la relation contractuelle

307. Quand les cocontractants se sont prononcés au profit de la loi interne, ce choix est fréquemment assorti d'une clause ayant pour objet d'anéantir l'éventuel effet de l'exercice par l'État de son pouvoir normatif à l'égard des stipulations contractuelles[426]. Il est de même possible qu'un État prévoie dans sa loi cette obligation de stabilisation[427]. Ce procédé de neutralisation de l'éventuelle conduite versatile de l'État se réalise à travers les clauses de stabilisation. Celles-ci consistent à prévoir l'application des normes du droit interne pour régir la relation contractuelle, mais telles qu'elles

---

[425] Pour une étude plus approfondie sur cette question, V. en particulier, R. Rivier, L'articulation entre droit national et droit international devant les tribunaux arbitraux internationaux d'investissement, *in* S. Robert-Cuendet (dir.), Droit des investissements internationaux : Perspectives croisées, Bruylant, Bruxelles, 2017, pp. 413-483, spéc. pp. 413 445.

[426] V. par exemple, B. Montembault, La stabilisation des contrats d'État à travers l'exemple des contrats pétroliers. Le retour des Dieux de l'Olympe ?, RDAI, 2013, n° 6, pp. 593 et s. ; H. Mann, La stabilisation dans les contrats d'investissement : repenser le contexte, reformuler le contenu, Investment Treaty News, n° 1, vol. 2, 2011, pp. 6-8 ; A.-F.-M. Maniruzzaman, Some Reflections on Stabilisation Techniques in International Petroleum Gas and Mineral Agreements, International Energy Law and Taxation Review, 2005.

[427] D.-X. Correa Angel, La stabilité juridique dans le droit international des investissements, Étude sur le cadre juridique de l'investissement international, thèse, Paris II, 2012 (sous la direction de Charles Leben), pp. 162-166.

existent lors de la signature du contrat[428]. Ainsi, tout changement postérieur dans la conduite législative de l'État demeure inopérant à l'égard de la relation contractuelle telle que prévue lors de la conclusion du contrat. Elle constitue ainsi une garantie contractuelle pour la compagnie étrangère. Selon le Professeur Weil, cette clause a pour but *« de geler la législation nationale du pays hôte dans l'état où elle se trouve à la date de la conclusion du contrat et, partant, de limiter l'exercice par l'État de sa compétence législative »*[429].

308. Même si les clauses de stabilisation sont souvent rapprochées des clauses d'intangibilité elles doivent cependant en être distinguées. En effet, les clauses d'intangibilité visent à proscrire l'éventuel usage par l'État de ses prérogatives de puissance publique menant à modifier unilatéralement et de façon discrétionnaire les stipulations contractuelles. Ainsi, la clause d'intangibilité a une fonction qui n'engendre que l'inopposabilité comme conséquence légale puisque, si elle n'empêche pas l'État contractant de modifier les législations internes lors de la signature du contrat, elle rend uniquement ces modifications inopposables à la relation contractuelle en question et sont alors concrètement inapplicables vis-à-vis de la compagnie étrangère. Il s'agit donc d'isoler le contrat en assurant une garantie effective des droits de l'opérateur étranger[430]. Les clauses de stabilisation en revanche agissent comme un garde-fou à l'application potentielle de toute nouvelle législation qui porterait atteinte aux stipulations contractuelles lesquelles resteront soumises à l'emprise de la loi existante au moment de la conclusion du contrat[431]. Ces dernières sont généralement incluses dans les contrats liant l'État à la personne privée étrangère[432]. Elles ne peuvent pas l'être dans une

---

[428] J.-M. Jacquet, Contrat d'État, Jurisclasseur Droit International, 1er novembre 2012, fasc. 571-90, nos 217-235.

[429] P. Weil, Problèmes relatifs aux contrats passés entre un État et un particulier, RCADI, t. 128, vol. 3, 1970, pp. 95-240 ; V. également, P. Weil, Les clauses de stabilisation ou d'intangibilité insérées dans les accords de développement économique, *in* Mélanges offerts à Charles Rousseau : La communauté internationale, Pedone, Paris, 1974, pp. 319 et s., reproduit *in* P. Weil, Écrits de droit international : Théorie générale du droit international, droit des espaces, droit des investissements privés internationaux, PUF, Paris, 2000, pp. 325-349.

[430] V. P. Weil, Les clauses de stabilisation ou d'intangibilité insérées dans les accords de développement économique, *in* Mélanges offerts à Charles Rousseau : La communauté internationale, Pedone, Paris, 1974, pp. 301-328, reproduit *in* P. Weil, Écrits de droit international : Théorie générale du droit international, droit des espaces, droit des investissements privés internationaux, PUF, Paris, 2000, pp. 325-349.

[431] T. Begic, Applicable Law in International Investment Disputes, Eleven International Publishing, Utrecht, 2005.

[432] Les clauses de stabilisation peuvent de même être d'origine législative, mais l'État pourra toujours modifier ultérieurement son attitude législative afin d'anéantir lesdites clauses. V. dans ce sens, J.-M. Loncle et D. Philibert-Pollez, Les clauses de stabilisation dans les contrats d'investissement, RDAI, n° 3, 2009, pp. 267-292, spéc. p. 277.

convention bilatérale d'investissement[433], l'État n'étant pas en mesure de renoncer de façon générale à son pouvoir législatif, même si les traités bilatéraux ont pour objectif essentiel la protection et l'incitation des investissements étrangers[434].

309. Quant à la qualification de ces clauses, à leur validité même et aux effets qu'elles déploient, les auteurs se divisent[435]. Est-ce qu'un État souverain doté d'un pouvoir législatif illimité pourrait souscrire un tel engagement ?

Deux argumentations ont été avancées contre la validité de ces clauses. La première envisage qu'en cas de modification de la législation interne rendue inopposable au contrat en raison de l'effet des clauses d'intangibilité, ceci aboutirait à l'application d'une loi qui n'existe plus juridiquement. Il s'agirait d'une hypothèse de contrat sans loi, ce à quoi s'oppose la très grande majorité de la doctrine du droit international privé[436]. La seconde tient à ce que la possibilité même pour un État de souscrire un tel engagement n'est pas assez évidente sur le plan légal : un gouvernement peut parfaitement s'engager dans un sens, mais disposera toujours de moyens juridiques afin de revenir sur sa position.

310. Toutefois, ces critiques peuvent être facilement écartées lorsque de tels engagements sont souscrits dans l'ordre juridique international[437]. Dans son propre droit, l'État jouit en effet d'un pouvoir naturel dérivant du principe de sa souveraineté permanente lui permettant de modifier la loi qui lui-même

---

433 On souligne quelques rares exceptions. V. par exemple, l'article 4 de la Convention entre la République française et le Gouvernement de la République socialiste fédérative de Yougoslavie sur la protection des investissements, signée à Paris le 28 mars 1974 : *« Les ressortissants français, personnes physiques ou morales, bénéficieront pour les investissements visés à l'article 1er de la présente Convention ainsi que pour l'exercice des activités professionnelles et économiques liées à ces investissements, du traitement le plus favorable accordé en la matière à des ressortissants de tout autre pays tiers par la législation yougoslave. Au cas où celle-ci serait modifiée dans un sens moins favorable, lesdits investissements resteront régis par les dispositions en vigueur à la date où ils ont été agréés »* ; V. également le rapport du Centre des Nations Unies sur les sociétés transnationales : CNUCED, Bilateral Investment Treaties, Publications des Nations Unies, Londres, 1988, pp. 40-41.

434 V. par exemple, LCIA, affaire *Occidental Exploration and Production Company c. Équateur,* sentence du 1er juillet 2004, § 183 : *« Although fair and equitable treatment is not defined in the Treaty, the Preamble clearly records the agreement of the parties that such treatment "is desirable in order to maintain a stable framework for investment and maximum affective utilization of economic resources". The stability of the legal and business framework is thus an essential element of fair and equitable treatment ».*

435 V. not., C. Titi, Les clauses de stabilisation dans les contrats d'investissement : Une entrave au pouvoir normatif de l'État d'accueil ?, JDI, 2014, pp. 541-562.

436 V. *supra,* nos 134 et s.

437 V. P. Mayer, La neutralisation du pouvoir normatif de l'État en matière de contrats d'État, JDI, vol. 113, 1986, pp. 5-78.

a édictée, et cela, en tout moment et en tout état de cause. En revanche, tout engagement pris dans l'ordre juridique international ne peut être révisé sans engager la responsabilité internationale. Ce que l'État a souscrit dans l'ordre juridique international ne peut être modifié ou supprimé que si l'ordre juridique international envisage une telle modification. L'État est donc démuni de moyens que lui offre son propre ordre juridique : dans cette perspective, la validité des clauses d'intangibilité ne semble plus contestable sur le plan légal.

311. Du reste, en comparaison avec l'hypothèse des traités, lorsqu'un État conclut un tel engagement, il ne s'écarte pas de sa souveraineté, mais au contraire l'exerce[438]. Il en serait de même des clauses de stabilisation. Même si des ambiguïtés semblent subsister quant à leur portée, ces clauses ne constituent pas toutefois un abandon de la souveraineté étatique, mais bien une de ses manifestations.

312. De plus, les engagements à ne pas modifier le droit applicable joueront un rôle considérable dans l'internationalisation du contentieux relatif aux investissements étrangers en cas de présence de clauses parapluie dont l'objet est de transformer les obligations souscrites dans le contrat d'investissement par l'État à l'égard de l'investisseur en obligations internationales relevant du droit des traités[439].

---

[438] V. dans ce sens, S. Bonomo, Les traités bilatéraux relatifs aux investissements : entre protection des investissements et sauvegarde de la souveraineté des États, Thèse, Aix-Marseille 3, 2009 (sous la direction de Jacques Mestre et Sébastien Manciaux), pp. 261-262 : *« [...] on ne peut toutefois pas conclure que la signature par un État d'un TBI conduit à un effacement total de sa souveraineté sur les investissements étrangers protégés par ce traité. On a en effet pu constater avec objectivité que ces conventions bilatérales ne limitent que d'une façon relative l'exercice des pouvoirs souverains. En étudiant les règles découlant de ces instruments internationaux, nous avons observé que dans une certaine mesure les énoncés conventionnels permettent aux pays récepteurs de contrôler les investisseurs étrangers. [...] Qu'il nous soit permis ici de conclure que si à l'évidence les règles découlant des traités bilatéraux vont très loin dans la protection accordée aux opérateurs étrangers, du fait que les nouvelles conventions et la jurisprudence accordent une marge de manœuvre de plus en plus large aux États, l'image d'un droit conventionnel des investissements oppressant la souveraineté ne nous semble aujourd'hui plus refléter l'état actuel du droit »* ; J.-M. Loncle et D. Philibert-Pollez, Les clauses de stabilisation dans les contrats d'investissement, RDAI, n° 3, 2009, pp. 267-292, spéc. p. 279 ; CPJI, *Affaire du Vapeur Wimbledon*, arrêt du 17 août 1923, Recueil Série A/B, I, p. 25 : *« La Cour se refuse à voir dans la conclusion d'un traité quelconque, par lequel un État s'engage à faire ou à ne pas faire quelque chose, un abandon de sa souveraineté. Sans doute, toute convention engendrant une obligation de ce genre, apporte une restriction à l'exercice des droits souverains de l'État, en ce sens qu'elle imprime à cet exercice une direction déterminée. Mais la faculté de contracter des engagements internationaux est précisément un attribut de la souveraineté de l'État ».*

[439] Pour une étude plus approfondie sur les clauses parapluie, V. *infra*, n°s 418 et s.

313. Ainsi, lorsqu'on est en présence d'un contrat d'État où est prévue une clause de stabilisation et un traité où est incluse une clause parapluie, la modification des législations sur lesquelles se fonde la clause engagera la responsabilité contractuelle de l'État hôte et, par conséquent, sa responsabilité internationale. Tel fut le cas dans l'affaire *LG&E contre Argentine*, où les arbitres soulignent que : « *Argentina's abrogation of the guarantees under the statutory framework - calculation of the tariffs in dollars before conversion to pesos, semi-annual tariff adjustments by the PPI and no price controls without indemnification - violated its obligations to Claimant's investments. Argentina made these specific obligations to foreign investors, such as LG&E, by enacting the Gas Law and other regulations, and then advertising these guarantees in the Offering Memorandum to induce the entry of foreign capital to fund the privatization program in its public service sector. These laws and regulations became obligations within the meaning of article II (2) (c), by virtue of targeting foreign investors and applying specifically to their investments, that gave rise to liability under the umbrella clause* »[440].

314. À la lumière de ce raisonnement, l'effet conjoint des clauses de stabilisation ou d'intangibilité et des clauses parapluie entraînera l'application d'un environnement juridique « stabilisé », qui n'entretient qu'un lointain rapport avec le droit national de l'État hôte, du fait que la neutralisation du pouvoir modificatif unilatéral de l'État est assurée. Or, l'analyse générale des sentences en la matière atteste l'existence d'un rapprochement entre le droit interne « stabilisé » et le droit international, ce qui pourrait conduire à constater que ces règles, même si elles sont concrètement nationales, dérivent apparemment de la sphère normative internationale.

315. Aussi faudrait-il remarquer dans ce même contexte que la doctrine ainsi que la jurisprudence ont édifié une solution théorique qui vise notamment à confirmer catégoriquement le rôle réduit et limité du droit interne qui s'éclipse devant le droit international des investissements.

2. Solution théorique

316. Une interrogation s'est manifestée au sein de la doctrine sur la portée exacte des Codes d'investissement : ceux-ci pourront-ils engendrer un *« rapport juridique de droit international »*[441] ?

---

[440] CIRDI, affaire *LG&E Energy Corp., LG&E Capital Corp., et LG&E International, c. Argentine*, ARB/02/1, décision sur les réparations du 3 octobre 2006, § 175.

[441] V. S. A., *ad hoc*, affaire *Texaco Overseas Petroleum Company (Topco) c. Jamahiriya arabe libyenne*, sentence du 19 janvier 1977, § 62, *in* J.-F. Lalive, Un grand arbitrage pétrolier entre un gouvernement et deux sociétés privées étrangères, JDI, vol. 104, 1977, pp. 319-389.

Dans ce contexte, le Professeur Juillard estime que la stabilité juridique requiert la nécessité d'un engagement de respect absolu de ces Codes jusqu'au point qu'aucune modification - si minime soit-elle - de ces derniers ne pourra avoir lieu[442]. Pour parvenir à cette finalité, l'auteur analyse les Codes d'investissement sous l'angle de la théorie des actes unilatéraux telle qu'exposée dans l'affaire *Essais nucléaires* par la Cour internationale de Justice comme suit : *« il est reconnu que des déclarations revêtant la forme d'actes unilatéraux peuvent avoir pour effet de créer des obligations juridiques. Des déclarations de cette nature peuvent avoir et ont souvent un objet très précis. Quand l'État auteur de la déclaration entend être lié conformément à ses termes, cette intention confère à sa position le caractère d'un engagement juridique, l'État intéressé étant désormais tenu en droit de suivre une ligne de conduite conforme à sa déclaration. Un engagement de cette nature, exprimé publiquement et dans l'intention de se lier, mené hors du cadre des négociations internationales, a un effet obligatoire. Dans ces conditions, aucune contrepartie n'est nécessaire pour que les déclarations prennent effet, non plus qu'une acceptation ultérieure ni même une réplique ou une réaction d'autres États, car cela serait incompatible avec la nature strictement unilatérale de l'acte juridique par lequel l'État s'est prononcé »*[443].

317. En suivant le raisonnement de l'auteur, cela conduit de prime abord à considérer que les Codes d'investissement sont assimilables aux actes unilatéraux, car ils révèlent l'intention de l'État de s'impliquer dans un domaine précis en s'adressant aux divers États tiers lesquels décident soit d'accepter soit de refuser les conditions souscrites[444]. Une relation internationale entre l'État promulguant l'acte unilatéral, à savoir le Code d'investissement, et l'État de nationalité est ainsi établie. En effet, si l'on estime que les Codes d'investissement constituent des actes unilatéraux émanant de l'État, il en résulte que celui-ci est tenu de s'y conformer à la lumière du principe *pacta sunt servanda*[445].

---

[442] P. Juillard, L'évolution des sources du droit des investissements, RCADI, t. 250, 1994, pp. 73-74, § 104.

[443] CIJ, *Essais nucléaires (Nouvelle-Zélande c. France)*, arrêt du 20 décembre 1974, CIJ Recueil, 1974, p. 457, § 46. V. également, CIJ, *Essais nucléaires (Australie c. France)*, arrêt du 20 décembre 1974, CIJ Recueil, 1974, p. 253.

[444] P. Juillard, L'évolution des sources du droit des investissements, RCADI, t. 250, 1994, pp. 60-70, § 81 et 96.

[445] *Ibid.*, p. 67 : *« Il faudrait donc en déduire que, lorsque l'État qui a manifesté sa volonté de s'engager par un acte unilatéral adopte un comportement incompatible avec cet engagement, cet État engagerait sa responsabilité internationale vis-à-vis de l'ensemble des destinataires de cet acte unilatéral [...]. Si l'on comprend bien le langage que tient la Cour, le principe de la bonne foi n'est que l'un des principes qui concourent à la « création et à l'exécution » des obligations juridiques. Ce principe, toutefois, se trouve à la base des obligations conventionnelles que des obligations non*

318. On constate de surcroît que ces actes unilatéraux, selon la qualification adoptée dans l'affaire *Essais nucléaires*, n'imposent nulle acceptation de la part des États destinataires afin de faire naître des obligations internationales[446]. Étant donné le caractère unilatéral de l'acte, l'État se réserve le droit de le modifier, mais sous condition de ne pas le faire de façon arbitraire. L'arbitraire forme ainsi une borne à toute modification unilatérale de celui-ci.

319. Même si cette solution semble contribuer à une stabilisation efficace des investissements étrangers, la modification non arbitraire pouvant être rapprochée plus ou moins du droit interne stabilisé et donc du droit international, le Professeur Juillard va encore plus loin en estimant que les Codes d'investissement, bien que constituant des actes internationaux, sont loin d'être modifiés unilatéralement par l'État du fait que ces Codes ont pour objectif d'attirer les capitaux étrangers. En effet, l'auteur les envisage comme des offres que les États destinataires ainsi que leurs ressortissants acceptent. En cas d'acceptation, l'offre ne peut plus faire l'objet de révision même si celle-ci n'est pas entachée d'imprévisibilité compte tenu de la nature juridique d'un tel acte qui revêt le caractère d'un acte plutôt conventionnel qu'unilatéral. Dans ce contexte, l'auteur soulève l'interrogation suivante : *« Dès lors que l'offre que constitue un code d'investissement aurait fait l'objet d'une acceptation, qui résulterait, dans la généralité des cas, de l'admission au bénéfice du système national de garantie, ne pourrait-on en déduire que l'État qui a édicté ce code ne peut plus « invoquer », vis-à-vis des investisseurs ressortissants de l'État qui accorde sa garantie, aucun pouvoir de révision, « arbitraire » ou « non arbitraire » ? »*[447].

Ainsi, ressemblant à un mélange dualiste d'acte unilatéral et de convention, les Codes d'investissement pourront être considérés comme des actes ancrés dans l'ordre international engageant, de ce fait, la responsabilité internationale de l'État.

320. En définitive, après avoir analysé les hypothèses de l'application du droit interne sur renvoi du droit international et montré que, dans tous les cas, c'est ce dernier qui maintient sa primauté, on se rendra compte dans les développements qui suivent qu'une solution similaire prévaut également dans les hypothèses d'application du droit interne en tant que source d'inspiration pour le droit international.

---

conventionnelles. S'agissant des obligations conventionnelles, il se traduit par la règle pacta sunt servanda ».

446 *Ibid.*

447 *Ibid.*, p. 73.

Paragraphe 2 : L'application indirecte du droit international par l'intermédiaire du droit national

321. Comme mentionné dans l'introduction de cette étude[448], le droit international des investissements croît dans un contexte public, mais progresse pour permettre à des sujets de droit interne, incapables d'y avoir accès, de bénéficier d'un standard minimum de protection dans l'ordre juridique international. Seul l'ordre juridique interne était impliqué, la personne privée étrangère ne pouvant être soumise qu'au droit étatique[449]. Dès lors, c'est au sein même des normes nationales que sont apparues les premières règles de protection des investisseurs étrangers. Les normes du droit interne peuvent être ainsi pertinentes et constituer une source d'inspiration pour les normes internationales.

322. En effet, par le biais de certaines méthodes, le droit national peut, dans quelques hypothèses, se voir reflété dans des normes du droit international qu'il aurait pu influencer. Une des méthodes envisageables est tout simplement celle de la coutume constituée par la répétition d'actes pendant une certaine durée donnant naissance à une *opinio juris*. Or, rien n'empêche que ces actes acquièrent la forme d'une législation nationale : au fond, une bonne majorité de pays adoptent des législations assez protectrices des intérêts des investisseurs étrangers, d'où le caractère coutumier de cette protection.

323. Une deuxième méthode découle des principes généraux au sens de l'article 38, 1, b, du Statut de la CIJ : si l'on considère ceux-ci comme des principes issus de normes nationales communes à de nombreuses nations, il est tout à fait plausible de déduire que certaines normes garantissant les droits des compagnies étrangères, si elles se retrouvent dans différents systèmes juridiques internes, constituent un principe général de droit et donc une règle relevant du droit international. Ainsi, une norme purement nationale pourrait être considérée, si elle est répétée par divers systèmes juridiques, comme règle substantielle du droit international. En tout cas, la détermination des règles de droit international gouvernant la relation État-investisseur privé ne se limite pas au droit des traités[450]. Par leur réitération même, certaines règles internes peuvent acquérir une valeur coutumière ou constituer un principe général de

---

[448] V. *supra*, n°s 7 et s.

[449] CPJI, *Affaire concernant le paiement de divers emprunts serbes émis en France* (*France c. Royaume des Serbes, Croates, Slovènes*), arrêt du 12 juillet 1929, Recueil Série A, n° 20/21, 1929, p. 41.

[450] C. Crépet Daigremont, Les sources du droit international des investissements, *in* Ch. Leben (dir.), Droit international des investissements et de l'arbitrage transnational, Pedone, Paris, 2015, pp. 83-117.

droit. Dorénavant, les arbitres siégeant sous les auspices du CIRDI, appliquent, à côté des traités, des règles coutumières ou des principes généraux de droit[451].

324. Il est certain que le droit de l'investissement s'est développé dans l'ordre juridique international pour écarter l'application du droit interne éventuellement déstabilisateur, lorsque celui-ci est jugé contraire au droit international. D'ailleurs, si cette situation déstabilisatrice est signalée dans certains pays, il en est autrement dans les pays qui respectent les droits de la défense et les principes fondamentaux de l'État de droit. L'application du droit australien, allemand ou suisse et le procès devant un juge anglais, suédois ou américain, à titre d'exemple, ne présentent pas un risque majeur pour l'investissement étranger. Ainsi, le litige peut être régi par les règles substantielles du droit interne qui présentent une garantie minimale pour sauvegarder les droits des opérateurs étrangers sans pour autant franchir les limites de l'ordre public international.

325. En somme, deux sources du droit interne pourront recevoir application en tant que source d'inspiration pour le droit international : les principes généraux de droit reconnus par les nations civilisées **(A)** et les travaux jurisprudentiels des juridictions locales **(B)**.

A. Les principes fondamentaux du droit interne comme source d'inspiration pour le droit international

326. La majorité des États prévoient dans leurs lois l'engagement de la responsabilité étatique sous réserve de quelques conditions. Les normes du droit interne qui régissent la relation contractuelle entre l'État et la personne privée étrangère peuvent ainsi contenir de sérieuses protections des investissements étrangers. Sans passer par une étude exhaustive de la totalité des systèmes juridiques et de leur complexité, on se limitera à une analyse générale de certaines pratiques nationales révélatrices. L'exemple du droit allemand **(1)** et celui du droit britannique **(2)** retiennent particulièrement notre attention.

[451] V. *supra,* n° 198 ; V. également, C. Schreuer, L. Malintoppi, A. Reinisch et A. Sinclair, The ICSID Convention - A Commentary, 2ème édition, CUP, Cambridge, 2009, p. 464.

1. Les règles du droit allemand comme source d'inspiration pour le droit international

327. Il est assurément valable de voir en droit allemand la responsabilité de l'État se réaliser chaque fois qu'un acte illicite de celui-ci engendre un préjudice quelconque. Ceci est la consécration d'un principe de droit fondamental, aucun texte spécifique n'envisageant la responsabilité administrative[452]. En effet, l'engagement de la responsabilité de l'Administration pour violation d'une obligation relevant du droit administratif se fonde sur le principe de la responsabilité dans l'exercice des fonctions, en vertu des dispositions du Code civil[453] et de la Loi fondamentale[454].

328. D'ailleurs, même si l'on retrouve certains traits similaires avec les grands principes gouvernant la responsabilité administrative en droit français[455], il s'agit d'un système de responsabilité tout différent ne se basant

---

[452] Il n'existe pas en Allemagne de loi spécifique qui régit l'engagement de la responsabilité administrative, les règles substantielles relatives à la responsabilité de l'Administration se trouvant dans diverses lois nationales. Les droits des personnes privées, tel le droit à réparation pour atteinte illégale au droit de propriété, n'ont aucun fondement juridique spécifique. Pour une étude plus profonde, V. F. Ossenbühl, Staatshaftungsrecht, 6ème édition, C. H. Beck, 2013, pp. 213 et s.

[453] V. spécifiquement l'article 839 du Code civil allemand qui énonce : « *1. Tout agent de l'État qui contrevient volontairement ou par négligence aux devoirs de sa fonction en tant qu'ils l'obligent envers un tiers est tenu de réparer le dommage qui en résulte. S'il ne peut être reproché au fonctionnaire qu'une négligence, celui-ci ne peut être mis en cause que si la victime ne peut obtenir réparation d'une autre manière.*
2. Tout agent de l'État qui, à l'occasion d'un jugement sur un procès, contrevient aux devoirs de sa fonction n'est responsable du dommage qui en résulte que lorsque cette violation du devoir professionnel est passible d'une peine publique sanctionnée par la procédure pénale. Cette règle n'est pas applicable en cas de refus ou de retard dans l'exercice de la fonction contraire aux devoirs professionnels.
3. Ce devoir de réparation est exclu lorsque la victime a volontairement ou par négligence omis d'éviter le dommage en faisant usage d'un moyen de droit » (article traduit en langue française).

[454] V. en particulier l'article 34 de la Loi fondamentale en Allemagne sur la responsabilité en cas de violation des obligations de fonction qui dispose que : « *Lorsqu'une personne, dans l'exercice d'une fonction publique dont elle est investie, viole ses obligations de fonction envers un tiers, la responsabilité incombe par principe à l'État ou à la collectivité au service de laquelle elle se trouve. L'action récursoire demeure possible en cas de faute intentionnelle ou de négligence grossière. Le recours devant les tribunaux ordinaires ne doit pas être exclu pour l'action en dommages-intérêts ni pour l'action récursoire* ».

[455] Pour une comparaison avec le droit français, V. A.-J. Gauché, La responsabilité administrative en Allemagne : comparaison avec le droit français à partir de quelques cas pratiques, RFAP, 2013, n° 147.

pas uniquement sur la notion de faute[456], mais sur la violation d'un droit individuel pour un motif d'intérêt général ce qui présente de sérieuses garanties pour l'investisseur, lequel n'est pas tenu de prouver une faute de la part de l'Administration afin d'obtenir réparation du préjudice subi. Ce système pourra être transposé à celui justifiant le mécanisme d'expropriation pour cause d'utilité publique[457]. Dans ce cas, une action d'intérêt général présuppose la violation d'un droit individuel : le droit de propriété. Cette action aboutira à une compensation adéquate, rapide et efficace de l'expropriation des biens étrangers.

329. Ce principe que reconnaissent la plupart des pays et qui se répand de plus en plus sur la scène internationale en raison de la prolifération des traités de protection des investissements règne depuis longtemps en Allemagne[458]. Il n'envisageait au début que les actes licites. Plus tard, le développement du droit administratif allemand s'est acheminé vers l'engagement de la responsabilité étatique pour englober les cas d'expropriation illicite, notion dont s'est également inspiré le droit international. On constate ainsi que le droit allemand a été une véritable source d'inspiration pour élaborer et développer les normes du droit international des investissements.

2. Les règles du droit britannique comme source d'inspiration pour le droit international

330. En droit administratif britannique, une remarque préliminaire s'impose : il n'y a pas lieu de faire une distinction entre la responsabilité d'une personne publique et celle qui pèse sur une personne privée. Le Professeur Endicott résume la particularité du système en ces termes : « *If a truck runs you down in the streets because the driver was not paying attention, it makes*

---

[456] Le régime de la responsabilité pour risque favorise en effet les intérêts de l'opérateur étranger qui n'a pas à apporter la preuve d'une faute de la part des personnes publiques. Ce régime, qui a vu le jour en France en 1895 (CE, arrêt *Cames*, 21 juin 1895, Recueil Lebon, p. 509), constitue une spécificité de la responsabilité administrative étant donné que le système de responsabilité de droit commun ne l'admet que dans les cas prévus par la loi.

[457] Pour une étude plus approfondie sur le droit de l'expropriation directe et indirecte, V. en particulier, P.-M. Dupuy et Y. Radi, Le droit de l'expropriation directe et indirecte, *in* Ch. Leben (dir.), Droit international des investissements et de l'arbitrage transnational, Pedone, Paris, 2015, pp. 375-413.

[458] L'article 34 de la Loi fondamentale protège le droit de propriété et n'admet l'expropriation que pour motif d'intérêt public dans les cas prévus par les textes en prévoyant une indemnisation adéquate en proportion avec le dommage subi.

no difference whether the truck was being driven on behalf of your city council, or on the behalf of Tesco »[459]. La responsabilité de l'Administration britannique est donc diamétralement opposée à celle établie en France[460]. Ce qu'on aura en vue premièrement, c'est de faire état de certaines particularités que revêt le droit administratif anglais pour procéder ensuite à une esquisse des aspects que comporte le droit commun.

331. Même s'il n'existe pas à vrai dire de juridictions administratives, cela n'écarte pas le fait que l'État est soumis au droit, et que, sans qu'il soit parfaitement autonome, il existe un système de droit administratif permettant à une compagnie privée étrangère, dont les droits ont été lésés, d'obtenir une compensation adéquate par le biais d'une demande de révision laquelle est prévue par le Civil procedure act de 1998 : *« a claim to review the lawfulness of (i) an enactment or (ii) a decision, action or failure to act in relation to the exercise of a public function »*[461]. Le juge, dans le cadre de cette procédure, dispose de larges compétences lui permettant soit de déclarer l'acte nul soit d'imposer à l'État d'accomplir un acte positif ou de s'abstenir de faire quelque chose. Une autre procédure est aussi admissible sous l'aspect d'une demande d'indemnisation, mais qui n'est concevable que sous réserve de l'introduction d'autres procédures et l'établissement de la preuve de l'aspect illicite que revêt l'acte objet du litige. C'est ainsi un mécanisme qui peut évidemment susciter

---

459 V. T. Endicott, Administrative Law, OUP, Oxford, 2009, p. 531.

460 La responsabilité de l'Administration peut reposer sur différents mécanismes en droit administratif français, en rappelant que celui-ci est né précisément à partir d'une affaire de responsabilité de l'État, laquelle ne pouvait se trouver soumise aux principes du Code civil d'après le Tribunal des conflits (TC, arrêt *Blanco,* 8 février 1873, GAJA, Recueil Lebon, p. 61). C'est ainsi que l'on aboutit à distinguer les pays comme la France et le Liban qui font une large place au droit administratif et qui considèrent cette matière comme touchant à l'ordre public contrairement aux pays anglo-saxons qui appliquent le principe de l'unité du droit et n'intègrent que partiellement les règles du droit administratif. Dans le système romano-germanique, le droit applicable à l'Administration est un droit spécial : le droit administratif. Alors que, dans le système anglo-saxon, l'Administration est soumise au droit dans les mêmes conditions que les citoyens : la loi est la même pour tous. Le principe de la subordination de l'Administration au droit n'entraîne pas automatiquement l'existence d'un droit spécial administratif. L'Administration est donc être soumise au même droit que les individus : c'est le droit anglo-saxon qui dans une large mesure soumet les entités publiques comme les personnes physiques au droit commun. L'Administration est tenue d'atteindre son but avec les mêmes instruments juridiques que les individus. Ses accords sont les mêmes que ceux des personnes privées et sa responsabilité civile est engagée dans les mêmes conditions. Certes, dans les régimes anglo-saxons, des lois spéciales, s'appliquant proprement à l'Administration, existent, mais seront appliquées et interprétées par les juges des tribunaux ordinaires. Cette grande similitude du régime juridique des personnes publiques avec celui applicable aux personnes privées offre l'avantage de la simplicité.

461 V. Civil Procedure Rules, 1998, règle 54.1 (i) et (ii).

l'intérêt de l'investisseur étranger, nonobstant le cachet subsidiaire de cette demande qui pourrait réduire les chances à l'égard du demandeur.

332. En ce qui concerne le droit commun de la responsabilité, le droit britannique reconnaît évidemment l'engagement de la responsabilité des personnes morales de droit public ou de droit privé si le fait illicite a entraîné un dommage physique ou moral. Toutefois, cette responsabilité n'étant pas automatique, certaines conditions doivent être réunies pour son engagement.

On commence par signaler que la responsabilité en droit anglais n'est envisageable que si l'action en l'espèce contredit les règles de droit en vigueur. La responsabilité délictuelle ne peut être envisagée que si des actes délictuels spécifiques, appelés *torts*, ont été commis. Ces actes comportent les atteintes intentionnelles ou non intentionnelles aux personnes, les atteintes aux biens qu'ils soient meubles ou immeubles, ainsi que les atteintes à la tranquillité publique ou privée et les violations des obligations morales. Parmi les *torts* qui ont pu inspirer le droit international des investissements, il est plausible de faire mention de la violation d'un devoir de vigilance également connue sous la terminologie anglaise *due diligence*.

Les contributions de certains arrêts ont été essentielles quant à l'évolution du système de la responsabilité délictuelle au Royaume-Uni. L'arrêt *Donoghue contre Stevenson*[462] instaure le principe du voisin, plus connu sous sa terminologie anglophone *the neighbour principle,* en vertu duquel la responsabilité ne sera engagée qu'en présence d'un devoir spécifique de diligence en prenant en compte le comportement du bon père de famille et la possibilité d'éviter certains dommages prévisibles. Plus tard, l'arrêt *Anns contre Merton LBC*[463], assouplit ce principe à travers un test en deux étapes.

333. Ainsi, le droit britannique a été un vaste objet d'inspiration pour le droit international des investissements où l'obligation de vigilance est reflétée à travers certains standards repris par les traités d'investissement[464]. Par

---

462 V. spécifiquement l'arrêt *Donoghue c. Stevenson*, 26 mai 1932, [1932] AC 532, accessible via : [http://www.bailii.org/uk/cases/UKHL/1932/100.html] ; V. également, J. Murphy et C. Witting, Street on Torts, 13ème édition, OUP, Oxford, 2012.

463 V. en particulier l'arrêt *Anns c. Merton LBC*, 12 mai 1977, [1978] AC 728, accessible via : [http://www.bailii.org/uk/cases/UKHL/1977/4.html].

464 En droit des investissements étrangers, le standard de protection pleine et entière est conçu comme constituant une obligation de vigilance amplifiée. V. dans ce sens CIRDI, affaire *Asian Agricultural Products Limited c. Sri Lanka,* ARB/87/3, sentence du 27 juin 1990, § 53 : « *Finally, it has to be recalled that in reliance upon Rule (F) the precedents established by the Arbitral Tribunal in the Sambiaggio case (1903) and by the ICJ Chamber in the Electtronica Sicula case (1989), both previously referred to (supra, § 48-49), are categoric in supporting the Tribunal's refusal to construe the words "full protection and security" as imposing a "strict liability" on the host State for whatever*

ailleurs, outre les normes du droit national, de nombreuses décisions rendues par les tribunaux ont également contribué à persuader les arbitres internationaux qui s'en sont inspirés.

B. La jurisprudence interne comme source d'inspiration pour le droit international

334. Même si la jurisprudence en droit interne peut ne pas être considérée comme une « véritable » source du droit interne, il n'en reste pas moins qu'elle constitue une vraie source d'inspiration pour le droit international, lequel n'a pas manqué de s'inspirer des décisions des tribunaux nationaux. Comme une illustration de cette inspiration, on retiendra en particulier les activités jurisprudentielles les plus significatives : celle du Conseil d'État français (**1**) et celle de la Cour suprême des États-Unis (**2**).

1. L'exemple du Conseil d'État français

335. Même s'il s'agit de décisions juridictionnelles peu nombreuses, la jurisprudence française a largement contribué à éclairer les juges internationaux. On pourrait mentionner l'exemple remarquable de la sentence *CMS contre Argentine*[465] où le tribunal arbitral adopte un raisonnement

---

losses suffered due to the destruction of the investment protected under the treaty. Therefore, and taking into consideration all the reasons stated in the previous paragraphs (supra, § 45-52), the Tribunal declares unfounded the Claimant's main plea aiming to consider the Government of Sri Lanka assuming strict liability under Article 2 (2) of the Bilateral Investment Treaty, without any need to prove that the damages suffered were attributable to the State or its agents, and to establish the State's responsibility for not acting with "due diligence" » ; R. Dolzer et M. Stevens, Bilateral Investment Treaties, Martinus Nijhoff Publishers, La Haye, 1995, p. 61 ; K.-J. Vandevelde, Bilateral Investment Treaties : History, Policy, and Interpretation, OUP, Oxford, 2011, pp. 243-256.

[465] CIRDI, affaire *CMS Gas Transmission Company c. République argentine*, ARB/01/8, sentence du 12 mai 2005, § 224 : *« The legal extent of this concept both in civil and administrative law was laid down by the French Conseil d'État in the landmark case "Gaz de Bordeaux," which, interestingly, also dealt with the gas industry. The general principles on the application of this theory in administrative contracts, particularly those concerning concessions, were first identified in this decision, pointing out that the event in question had to be unforeseeable and external to the parties, exceed all reasonable expectation, and result in a profound unbalancing of the contract. The redress also had to be temporary as otherwise the long-term life of the contract would become unviable »*.

similaire à celui du Conseil d'État dans son arrêt *Gaz de Bordeaux*[466]. Par cet arrêt, le Conseil d'État a dégagé la théorie de l'imprévision qui permet d'assurer la perpétuité des contrats relevant du droit administratif en cas de bouleversement provisoire de leur économie du fait d'événements imprévisibles.

336. Ainsi, dans certains cas, les solutions avancées par les tribunaux domestiques quant à l'interprétation des lois internes au contenu similaire des règles substantielles du droit international, pourraient inspirer les organes arbitraux. Il s'agit par exemple des normes internationales concernant l'immunité qui n'ont toujours pas de support conventionnel et dont l'interprétation trouvera appui dans le droit interne[467]. La pratique des États étant donc parfaitement éclairante, il serait ainsi légalement fondé et très plausible en pratique que les organes internationaux s'appuient sur la position des juridictions nationales, en tant qu'elle serait révélatrice d'une pratique répétée qui correspond à une coutume internationale.

2. L'exemple de la Cour suprême des États-Unis

337. On souligne ici que le choix de l'exemple américain est motivé par les amendements Vème[468] et XIVème[469] de la Constitution des États-Unis qui

---

466 CE, arrêt *Compagnie générale d'éclairage de Bordeaux,* 30 mars 1916, Recueil Lebon, p. 125.

467 Dans ce contexte, on peut faire mention de la Convention des Nations Unies sur les immunités juridictionnelles des États et de leurs biens. Même si cette Convention n'a toujours pas été ratifiée par la majorité des États, les arbitres et les juges y font souvent référence et l'utilise en tant que *soft law*. Cette Convention entrera en vigueur le trentième jour suivant la date de dépôt du trentième instrument de ratification, d'acceptation, d'approbation ou d'adhésion auprès du Secrétaire général de l'Organisation des Nations Unies.

468 L'Amendement V de la Constitution des États-Unis d'Amérique fait partie de la Déclaration des droits et vise à garantir une protection suffisante à l'égard des abus de l'autorité du Gouvernement lors du déroulement d'une procédure juridique. Il garantit la sécurité juridique et empêche d'une part que la même personne soit jugée deux fois pour la même cause et pour le même fait, et, d'autre part, qu'une personne témoigne contre elle-même.
Le texte du cinquième amendement dispose : « *Nul ne sera tenu de répondre d'un crime capital ou infamant sans un acte de mise en accusation, spontané ou provoqué, d'un Grand Jury, sauf en cas de crimes commis pendant que l'accusé servait dans les forces terrestres ou navales, ou dans la milice, en temps de guerre ou de danger public ; nul ne pourra pour le même délit être deux fois menacé dans sa vie ou dans son corps ; nul ne pourra, dans une affaire criminelle, être obligé de témoigner contre lui-même, ni être privé de sa vie, de sa liberté ou de ses biens sans procédure légale régulière ; nulle propriété privée ne pourra être réquisitionnée dans l'intérêt public sans une juste indemnité* ».

469 Le XIVème amendement de la Constitution des États-Unis d'Amérique, ratifié en 1868, vise à garantir la protection des droits des anciens esclaves, la citoyenneté à toute

s'avèrent pleinement révélateurs. En effet, ces amendements, associés ensemble, entérinent le droit de propriété et le droit à une procédure régulière, deux principes qui ont donné naissance à quelques-unes des règles de fond du droit international observées dans les traités bilatéraux d'investissement[470].

---

personne physique née aux États-Unis et l'égale protection de tous ceux qui se trouvent sur le territoire américain.

En 1954, à travers l'arrêt *Brown et autres c. le Bureau de l'éducation de Topeka et autres*, la Cour suprême des États-Unis a considéré que le quatorzième amendement prohibait la ségrégation dans les écoles publiques. Le texte du quatorzième amendement dispose : « *Section 1. Toute personne née ou naturalisée aux États-Unis, et soumise à leur juridiction, est citoyen des États-Unis et de l'État dans lequel elle réside. Aucun État ne fera ou n'appliquera de lois qui restreindraient les privilèges ou les immunités des citoyens des États-Unis ; ne privera une personne de sa vie, de sa liberté ou de ses biens sans procédure légale régulière ; ni ne refusera à quiconque relevant de sa juridiction, l'égale protection des lois.*

Section 2. Les représentants seront répartis entre les divers États proportionnellement à leur population respective, calculée en comptant tous les habitants de chaque État, à l'exclusion des Indiens, non imposés. Mais, quand le droit de voter à l'élection d'électeurs des président et vice-président des États-Unis, des représentants au Congrès, des fonctionnaires exécutifs et judiciaires d'un État ou des membres de sa législature, sera dénié à des habitants mâles de cet État, âgés de vingt et un ans et citoyens des États-Unis, ou restreint de quelque manière que ce soit, sauf en cas de participation à une rébellion ou autre crime, la base de la représentation pour ledit État sera réduite dans la proportion existant entre le nombre des citoyens mâles visés et le nombre total des citoyens mâles de vingt et un ans dans cet État.

Section 3. Nul ne sera sénateur ou représentant au Congrès, ou électeur des président et vice-président, ni n'occupera aucune charge civile ou militaire du gouvernement des États-Unis ou de l'un quelconque des États, qui après avoir prêté serment, comme membre du Congrès, ou fonctionnaire des États-Unis, ou membre d'une législature d'État, ou fonctionnaire exécutif ou judiciaire d'un État, de défendre la Constitution des États-Unis, aura pris part à une insurrection ou à une rébellion contre eux, ou donné aide ou secours à leurs ennemis. Mais le Congrès pourra, par un vote des deux tiers de chaque Chambre, lever cette incapacité.

Section 4. La validité de la dette publique des États-Unis, autorisée par la loi, y compris les engagements contractés pour le paiement de pensions et de primes pour services rendus lors de la répression d'insurrections ou de rébellions, ne sera pas mise en question. Mais ni les États-Unis, ni aucun État n'assumeront ni ne payeront aucune dette ou obligation contractée pour assistance à une insurrection ou rébellion contre les États-Unis, ni aucune réclamation pour la perte ou l'émancipation d'esclaves, et toutes dettes, obligations et réclamations de cette nature seront considérées comme illégales et nulles.

Section 5. Le Congrès aura le pouvoir de donner effet aux dispositions du présent article par une législation appropriée ».

[470] Les traités de promotion et de protection des investissements incluent généralement des dispositions relatives au traitement juste et équitable et à la protection pleine et entière que les États hôtes sont tenus de respecter. Or, les normes du traitement juste et équitable et de la sécurité pleine et entière coïncident avec l'obligation coutumière de protection qui elle-même prévoit l'obligation de procédure régulière. De plus, l'on trouve parfois dans ces traités l'obligation pour l'investisseur d'épuiser les voies de recours locales comme condition préalable à l'accès aux juridictions dénationalisées,

Ainsi, les solutions jurisprudentielles résultant de l'application par la Cour suprême de certaines règles substantielles du droit interne notamment de celles ressemblantes aux normes du droit international agissent sur certains arbitres lesquels se trouvent sous l'influence des jugements rendus par des tribunaux internes. En vue d'illustrer cette situation, on cite l'exemple du critère des attentes légitimes pour la détermination d'une expropriation indirecte[471] formulé dans l'affaire *Penn Central Transp. Co. contre Ville de New York*[472], qui fut la source d'inspiration pour nombreuses sentences arbitrales tranchant des litiges relatifs aux investissements étrangers[473].

338. L'illustration des deux exemples français et américain est suffisante pour affirmer que le principe même d'une responsabilité administrative - quoique ses formes varient d'un système juridique à l'autre - est largement répandu sur le plan interne et inspire la jurisprudence internationale.

---

lesquelles doivent offrir une procédure accessible, efficace et appropriée (V. *infra*, n°s 586 et s.), d'où la reconnaissance d'une procédure régulière par le droit international. De surcroît, en prenant en considération le droit de propriété, le droit international consacre le principe de compensation adéquate, rapide et efficace de l'expropriation des biens étrangers.

[471] Les attentes légitimes constituent un critère pris en compte par les arbitres pour l'identification d'une expropriation indirecte ; pour une étude plus approfondie, V. F. Dupuy, La protection de l'attente légitime des parties au contrat. Étude de droit international des investissements à la lumière du droit comparé, Thèse Paris II - Humbolt Universität, 2007, disponible à l'Atelier national de reproduction des thèses (sous la direction de Bernard Audit).

[472] Affaire *Penn Central Transportation Co. c. City of New York,* décision du 26 juin 1978, 438 U.S. 104.

[473] V. dans ce sens J.-W. Salacuse, The Law of Investment Treaties, OUP, Oxford, 2ème édition, 2015, p. 254 : « *[...] in US law, courts have identified claimant's "investment-backed expectations" as being a "relevant consideration" in determining whether or not public entities have "taken" property in violation of the Fifth Amendment (See e.g. Penn Central Transportation Co and Ors v New York City and Ors, 438 US 104 ; 98 S Ct 2646). Numerous decisions of arbitral tribunals seeking to interpret and apply the fair and equitable standard have adopted a similar approach. Underlying these cases is the fundamental notion that is unfair for a state to create certain expectations in the minds of investors through its law, regulations, and actions ; and then, once the investment is made, to change those laws and regulations in ways that significantly frustrate or cancel the expectations that the state itself has been instrumental in creating* ». Parmi les sentences qui se sont inspirées de la jurisprudence de la Cour suprême des États-Unis, on cite, à titre d'exemple, CIRDI, affaire *CMS Gas Transmission Company c. République argentine*, ARB/01/8, sentence du 12 mai 2005, § 262 (affaire *Penn Central Transp. Co. c. Ville de New York* citée sous la note 133 de ce paragraphe) ; CNUDCI, affaire *Glamis Gold, Ltd. c. États-Unis d'Amérique*, sentence du 8 juin 2009, § 356 (affaire *Penn Central Transp. Co. c. Ville de New York* citée sous la note 703 de ce paragraphe).

En somme, il est apparu clairement des développements précédents que, dans certaines hypothèses, le droit international trouvera son image dans le droit interne. Cependant, les normes du droit national ne s'appliqueront pas en tant que telles, mais en tant qu'elles traduisent la teneur d'une règle internationale que le droit interne a pu inspirer, soit que celle-ci soit devenue coutumière, soit qu'elle s'analyse en un principe général de droit. Ces normes pourront être considérées comme apparemment internationales, mais concrètement nationales.

CONCLUSION DU CHAPITRE 2

339. Pour fermer les volets de ce chapitre, on peut sans doute observer que l'aboutissement triomphal du droit international à régir la relation État-investisseur n'a pas été le fruit d'un cheminement facile. D'autant plus que certains auteurs estiment qu'il était impossible à ce droit de gouverner les litiges relatifs aux investissements étrangers, compte tenu notamment de son indigence en règles normatives.

340. Toutefois, une telle constatation a été largement critiquée et dépassée. En effet, le droit international est non seulement plantureux en règles, mais aussi doté d'un champ de compétence élargi pour régir tous les aspects du litige. Il a même réussi à se tailler une place manifestement remarquable en parvenant finalement à acquérir une application universelle, et cela, même en dehors de tout support conventionnel. Ainsi, le droit international des investissements s'est considérablement établi et a réalisé une évolution appropriée qui le rend apte à gérer l'intégralité de la matière.

341. Nonobstant la montée en puissance du droit international, cela n'implique pas nécessairement que le droit interne soit dépourvu de tout rôle et totalement détaché du droit international. En effet, le droit national pourrait toujours faire preuve d'une certaine application dans un contexte juridique déterminé. Ce sont en particulier deux séries de normes internes qui ont fait preuve d'application dans ce contexte : l'application du droit interne sur renvoi du droit international, et l'application du droit interne en tant que source d'inspiration pour le droit international.

342. Cependant, tel qu'on l'a déjà vu, le droit international, même dans des hypothèses pareilles, continue à contrôler et surveiller l'ensemble de la situation juridique. Cela étant, le droit interne s'étiole et ne joue qu'un rôle limité en matière des investissements étrangers.

CONCLUSION DU TITRE II

343. Durant des décennies, plusieurs efforts ont été entretenus pour justifier l'application des normes substantielles du droit international aux contrats de développement économique. Les données juridiques à l'époque ne permettaient pas de prouver fermement cette internationalisation. Les arguments qui ont été avancés pour soutenir l'inapplicabilité du droit international public à ce type de contrat portaient en général sur sa nature spécifique. Ce point de vue a été adopté par un courant doctrinal qui voit dans la notion de contrat d'État l'expression d'une relation hybride différente d'un rapport interétatique ayant comme fondement le traité.

344. L'internationalisation du rapport État-investisseur s'est progressivement justifiée vu le processus de prolifération des traités d'investissement dans le contexte de la mondialisation. Les clauses d'élection de droit contenues dans ces derniers, qui ont fait l'objet d'une profonde analyse, ont réussi à justifier l'ancrage indéfectible du contrat d'État dans la sphère normative internationale. On constate ainsi que les clauses conventionnelles relatives à la détermination du droit applicable éliminent les hésitations classiques quant à l'applicabilité du droit international public aux contrats d'investissement transnationaux et à l'enracinement de ces derniers dans l'ordre juridique international. Le droit conventionnel des investissements contribue donc à neutraliser les effets des normes nationales pour régir la relation contractuelle entre État et investisseurs étrangers. Désormais, le rôle du droit interne s'estompe et se réduit comme une peau de chagrin, cédant du terrain au profit des normes internationales dont l'application est susceptible de sauvegarder la relation État-investisseur et de mettre la stabilité des engagements contractuels à l'abri de l'arbitraire de l'État hôte et de ses actes pris de façon unilatérale.

CONCLUSION DE LA PREMIÈRE PARTIE

345. L'applicabilité du droit international public par référence aux clauses d'élection de droit, qu'elles soient conventionnelles ou contractuelles, fait partie de la mission quotidienne des tribunaux arbitraux. Même si les États sont très souvent défavorables à l'internationalisation de la relation contractuelle, la pratique arbitrale, tous règlements d'arbitrages confondus, offre une panoplie de cas de figure où l'application du droit international peut résulter de la volonté commune des parties, exprimée dans le contrat d'investissement. La désignation du droit international se fait à titre exclusif - hypothèse cependant rare - ou en concours avec d'autres normes ce qui entraînera de différents points de vue quant à l'articulation entre les systèmes juridiques désignés. Quand bien même les parties désignent exclusivement le droit interne à titre de droit applicable, l'État contractant verra sa responsabilité internationale engagée si ses comportements sont jugés contraires aux normes du droit international public. Du reste, il est convenable de signaler que l'internationalisation des relations contractuelles semble se manifester avec force à partir des clauses de droit applicable conventionnelles.

346. Au demeurant, certains traités de protection de l'investissement renvoient également à l'application du droit international et immolent ainsi toute hésitation quant à l'enracinement du contrat d'État dans l'ordre international. En effet, l'internationalisation des contrats d'investissement, confirmée à partir des clauses conventionnelles du droit applicable, revêt aujourd'hui un caractère incontestable.

347. D'ailleurs, on constate, même dans les hypothèses où les instruments contractuels ou conventionnels passent sous silence la désignation du droit applicable, que les tribunaux arbitraux favorisent l'application des normes internationales. Tout particulièrement, l'article 42 (1) de la Convention de Washington prévoit qu'en l'absence d'accord entre les parties sur les règles de droit en vertu desquelles le tribunal CIRDI statue, *« le Tribunal applique le droit de l'État contractant partie au différend - y compris les règles relatives aux conflits de lois - ainsi que les principes de droit international en la matière ».* Cet article a donné lieu à diverses interprétations contradictoires quant à l'articulation entre droit interne et droit international. Si certains organes arbitraux ont opté dans ce cadre pour une interprétation plus ou moins étroite du rôle du droit international, il n'en demeure pas moins que l'article 42 (1) a pu inciter les tribunaux arbitraux siégeant sous les auspices du CIRDI à faire pleinement application du droit international y compris ses principes généraux pour trancher les différends.

En outre, même si la plupart des conventions internationales d'investissement sont silencieuses en ce qui concerne la désignation du droit applicable au fond du litige, leurs dispositions substantielles font couramment appel à des notions du droit international général, comme le déni de justice, le traitement juste et équitable, la protection pleine et entière ou l'expropriation. D'autant plus qu'au-delà des dispositions des instruments relatifs à l'investissement et des mentions qu'ils contiennent quant au droit applicable, la nature même des instruments concernés est suffisante pour justifier l'application du droit international par les tribunaux arbitraux lors de la survenance d'un litige. Dès lors, l'analyse de ces diverses clauses par les tribunaux arbitraux ne peut négliger l'environnement du droit international général dans lequel elles s'insèrent. C'est du reste très souvent à la lumière de ce contexte que le respect des normes internationales passe en priorité[474].

348. Tout ce tableau reflète d'ailleurs les efforts réalisés par le courant doctrinal qui favorise l'enracinement du contrat d'État dans l'ordre international. En effet, si le contrat est ancré dans cet ordre, ce sont les normes du droit international qui primeront en dernier. Ainsi, la nouvelle conception de l'internationalisation vient confirmer avec force la conception classique de l'internationalisation, concrétisant l'énergie déployée jadis afin d'aboutir à hisser les relations État-investisseur au rang du droit international, et cela, notamment à travers les clauses d'élection de droit conventionnelles. Toujours est-il que ce résultat conduit à accréditer complètement le constat que présente le Professeur Weil : *« l'internationalisation [...] des contrats d'État est aujourd'hui une donnée inéluctable de la vie internationale »*[475].

349. Il s'est nettement manifesté des développements précédents que le droit international a vocation à intervenir de trois manières distinctes : il intervient de manière prohibitive lorsque les normes du droit interne sont en contradiction avec ses normes substantielles ; il intervient de manière confirmative lorsque le droit interne est parfaitement en cohérence avec ses normes ; il intervient enfin pour léguer la place au droit interne dans les domaines qu'il passe sous silence.

---

[474] V. D.-C. Mclachlan, Investment Treaties and General International Law, ICLQ, 2008, p. 378.

[475] Avant-propos de l'ouvrage de L. Lankarani El-Zein, Les contrats d'État à l'épreuve du droit international, Bruylant, Bruxelles, 2001, p. XVIII.

350. On retiendra en conclusion que, dans toutes les figures où le droit interne et le droit international pourraient coexister, c'est celui-ci qui gouverne *in extenso* l'ensemble de la situation juridique : dans les domaines régis conjointement par le droit interne et le droit international, c'est ce dernier qui intervient soit directement lorsque la règle interne contredit la règle internationale, soit par ricochet lorsque la norme interne est conforme à la norme internationale ; la même prédominance se manifeste dans les domaines où le droit international est silencieux, les prévisions du droit interne ne s'appliquant pas de façon libre et autonome, mais sur renvoi du droit international.

351. Néanmoins, l'application des règles du droit international aux litiges relatifs aux investissements internationaux demeure indubitablement inféconde si leur solution relevait de la compétence des tribunaux de l'État hôte avec les risques majeurs d'arbitraire que cela pourrait comporter. En effet, le droit applicable est une chose et l'autorité compétente en est une autre. Un droit neutre est difficilement applicable par une autorité qui ne l'est pas. Compte tenu de cet écueil, c'est essentiellement au mode particulier de règlement des différends imposé par la législation transnationale qu'on fait appel, lequel mène à écarter la compétence des juridictions nationales qui penchent à favoriser les intérêts de l'État contractant.

DEUXIÈME PARTIE

LA PRÉÉMINENCE DE L'ARBITRAGE TRANSNATIONAL

352. Les règles relatives à la procédure et plus précisément au règlement des différends occupent une place capitale dans la préservation des droits des opérateurs étrangers. En effet, le droit au juge constitue, dans une communauté transnationale qui se forme, le pivot de la prédominance des dispositions conventionnelles de traitement et de protection[476]. Même si l'interprétation de ces dernières dispositions pourrait être mise au point par un accord mutuel des parties, la pratique transnationale a révélé l'éventuelle survenance de divers obstacles lors de l'application des traités, ce qui requiert des moyens externes de résolution. Un mécanisme de règlement des différends efficient pour la résolution des conflits se révèle ainsi comme une ultime garantie pour la sauvegarde des droits des opérateurs transnationaux[477].

353. Selon le Professeur Geneviève Guyomar, les moyens proceduraux classiques dont disposent les investisseurs étrangers sont insuffisants et inadaptés aux relations contractuelles transnationales où une personne publique et une personne privée étrangère sont parties[478]. Les clauses compromissoires incluses jadis dans les contrats de concession n'accordaient que le recours aux tribunaux *ad hoc*, dans des conditions très restrictives[479]. En même temps, la solution alternative *i.e.* le recours aux juridictions nationales étatiques, préconisée par les adeptes d'une inexorable souveraineté étatique, ne garantissait que très limitativement les droits des personnes privées étrangères. Quant à la voie traditionnelle de la protection diplomatique qui transpose le règlement des différends entre personnes privées et État dans la sphère du droit international public « pur », elle pose plus de problèmes

[476] Y. Banifatemi, Le droit au juge et l'arbitrage commercial international, *in* Libertés, justice, tolérance, Mélanges en hommage au Doyen Gérard Cohen-Jonathan, Bruylant, 2004, vol. 1, p. 168.

[477] T.-L. Brewer, International Dispute Settlement Provision : The Evolving Regime for Foreign Direct Investment, Law and Policy in International Business, 1995, vol. 26, p. 633.

[478] G. Guyomar, L'arbitrage concernant les rapports entre États et particuliers, AFDI, 1959, pp. 335-345.

[479] V. *supra*, n° 30.

qu'elle n'en résout[480]. Ces moyens de règlement des contentieux, vieux d'un demi-siècle déjà, s'avèrent inadaptés à la conjoncture économique actuelle.

354. Ainsi on peut voir aujourd'hui se silhouetter au fur et à mesure une tendance inverse : les principes juridiques traditionnels s'étiolent, l'arbitrage se fraye un plus large chemin et parvient à se tailler une place primordiale dans le monde du droit international des investissements et les attributions de l'investisseur étranger s'accentuent[481]. En vue de favoriser l'épanouissement des conventions bilatérales et multilatérales d'investissement et leur expansion, très nombreux furent les États qui se sont engagés à soumettre leurs éventuels conflits avec les opérateurs transnationaux à l'arbitrage direct confié à un organe neutre spécialement conçu pour cette fin. Ainsi, la plupart des conventions internationales d'investissement comportaient à côté des clauses matérielles de traitement, une clause juridictionnelle permettant éventuellement à l'opérateur étranger qui se prétend être victime du non-respect des dispositions matérielles de protection de soumettre le litige de façon unilatérale aux organes dénationalisés.

Dans le traité bilatéral France-Djibouti de 2007, à titre d'exemple, il est prévu qu'à défaut de règlement amiable, tout différend relatif aux investissements entre l'une des parties contractantes et un national ou une société de l'autre partie contractante, peut être soumis, après l'expiration d'un délai de neuf mois, à l'arbitrage CIRDI[482].

---

[480] V. *supra*, n° 15 ; V. également, T. Wälde et S. Dow, Treaties and Regulatory Risk in Infrastructure Investment : The Effectiveness of International Law Disciplines versus Sanctions by Global Markets in Reducing the Political and Regulatory Risk for Private Infrastructure Investment, Journal of World Trade Law, vol. 34, pp. 14-15.

[481] F. Horchani, Le droit international des investissements à l'heure de la mondialisation, JDI, n° 2, 2004, pp. 369 et s.

[482] Article 8 du TBI France-Djibouti, signé le 13 décembre 2007 et entré en vigueur le 15 juin 2010 : *« Tout différend relatif aux investissements survenant entre l'une des Parties contractantes et un investisseur de l'autre Partie contractante est réglé à l'amiable entre les deux parties concernées. Les Parties contractantes pourront faciliter ce règlement à l'amiable par voie diplomatique.*
Si un tel différend n'a pas pu être réglé dans un délai de neuf mois à partir du moment où il a été soulevé par l'une au l'autre des parties au différend, il est soumis à la demande de l'investisseur concerné :
a) au tribunal compétent de la Partie contractante sur le territoire de laquelle l'investissement est effectué ; ou
b) à l'arbitrage d'un tribunal arbitral ad hoc constitué selon les règles d'arbitrage de La Commission des Nations Unies pour le Droit Commercial International (« CNUDCI ») ; ou
c) à l'arbitrage ou à la conciliation du Centre international pour le règlement des différends relatifs aux investissements (C.I.R.D.I.) conformément aux règles régissant le Mécanisme Supplémentaire pour l'administration de procédures par le Secrétariat du Centre (Règlement du Mécanisme Supplémentaire) ; ou

355. Ce n'est qu'à la fin du XXème siècle que cette nouvelle forme d'arbitrage, fondée sur une offre publique d'arbitrage[483] et exprimée *erga omnes* dans une convention de promotion et de protection des investissements ou dans une loi nationale, a pris corps[484]. En effet, le tribunal arbitral statuant dans l'affaire *SPP contre Égypte*, fut le premier à se déclarer compétent en se fondant sur le consentement unilatéral exprimé dans la loi n° 43 de 1974 relative aux investissements opérés par les investisseurs étrangers sur le territoire égyptien[485]. Ultérieurement, le tribunal arbitral statuant dans l'affaire *AAPL contre Sri Lanka* s'est déclaré compétent en s'appuyant cette fois non pas sur le consentement stipulé dans la loi nationale, mais sur celui prévu dans un traité bilatéral d'investissement conclu avec l'État sri-lankais.

---

d) à l'arbitrage du Centre international pour le règlement des différends relatifs aux investissements (C.I.R.D.I.), créé par la Convention pour le règlement des différends relatifs aux investissements entre États et ressortissants d'autres États, signée à Washington le 18 mars 1965, lorsque les deux Parties contractantes seront devenues membres de ladite Convention ».

483 L'arbitrage CIRDI n'est pas l'unique procédé de règlement des différends offert par ces clauses. La plupart des traités d'investissement offrent l'arbitrage CIRDI en concurrence avec d'autres tribunaux arbitraux internationaux statuant en application du Règlement de la CNUDCI par exemple. Cependant, cette étude mettra l'accent sur l'arbitrage CIRDI, du fait que le Centre constitue le point de mire des rédacteurs des clauses compromissoires contenues dans les conventions internationales d'investissement et qu'il est mentionné dans la quasi-totalité des clauses de règlement des différends, en figurant souvent à la première place parmi les options soumises au choix de l'investisseur. On trouve aussi, des exemples de traités dans lesquels il n'est prévu que l'arbitrage CIRDI (V. par exemple, le traité conclu entre la Suisse et le Pakistan mentionnant uniquement l'arbitrage CIRDI dans son article 9 (2) : *« si ces consultations n'apportent pas de solution dans un délai de douze mois, et si l'investisseur en cause y consent par écrit, le différend sera soumis à l'arbitrage au Centre international pour le règlement des différends relatifs aux investissements, institué par la Convention de Washington du 18 mars 1965 pour le règlement des différends relatifs aux investissements entre États et ressortissants d'autres États [...] »*). De plus, on remarque l'existence d'un régime fort favorable à l'exécution des sentences arbitrales dans le cadre CIRDI. En effet, dès lors qu'elles sont prononcées sous les auspices du Centre, celles-ci sont exécutoires de plein droit sans recours à la procédure d'exequatur.

484 Ces offres d'arbitrage découlent non seulement des traités bilatéraux ou multilatéraux, mais également des lois et Codes internes ayant trait aux investissements où l'État hôte pourrait introduire une disposition exprimant son accord à l'arbitrage en cas de survenance d'un litige. Une telle disposition offre à l'investisseur un choix entre différents modes d'arbitrage. Pour une étude plus poussée, V. M.-M. Mbengue, Consentement à l'arbitrage dans les législations nationales en matière d'investissement, Investment Treaty News, n° 4, vol. 2, 2012, pp. 7-9.

485 T. Wälde, Investment Arbitration Under the Energy Charter Treaty : From Dispute Settlement to Treaty Implementation, Arbitration International, vol. 12, n° 4, 1996, pp. 429 et s.

Depuis, on assiste à une profusion continue d'arbitrage de ce type[486]. Ce foisonnement de l'arbitrage fondé sur les conventions bilatérales d'investissement bouleverse de manière radicale le régime procédural de règlement des différends et s'inscrit dans un contexte favorable à la promotion et protection des procédures de règlement des différends. L'on constate de surcroît que le recours de plus en plus fréquent à l'arbitrage unilatéral ne semble pas ralentir la prolifération croissante des traités d'investissement, mais, bien au contraire, exhorte la conclusion de tels accords[487]. D'ailleurs, on voit se manifester largement une tendance générale joignant l'effectivité matérielle à l'effectivité processuelle.

356. Sur le plan procédural, l'opérateur étranger dispose de la faculté de recourir directement à l'arbitrage contre l'État sur le territoire duquel se déroule l'opération d'investissement en vertu d'un engagement unilatéral de celui-ci. Plus qu'une simple régulation procédurale, il s'agit d'une évolution déterminante dans l'émergence d'un régime juridique adapté aux conceptions du constitutionnalisme libéral. En d'autres termes, on assiste à un réaménagement du régime procédural des investissements étrangers après les réticences de la fin du XXème siècle[488]. Le recours aux organismes neutres dénationalisés, dont les sentences sont effectives, efficaces et obligatoires devient une base fondamentale de toute relation transnationale[489].

357. Dès lors, ces profondes mutations survenues sur l'arène internationale dépoileront d'importantes conséquences vis-à-vis de la compétence juridictionnelle nationale[490]. En effet, l'application des clauses

---

486 V. W. Ben Hamida, Où va l'arbitrage d'investissement ?, *in* F. Osman et A.-C. Yildirim (dir.), Où va l'arbitrage international ? De la crise au renouveau, Journées d'études méditerranéennes en l'honneur du professeur Ali Bencheneb, Lexis Nexis, Istanbul, 2016, pp. 395-417, spéc. pp. 395-396.

487 C'est le cas par exemple, de la Turquie, du Canada, du Maroc, des Émirats arabes unis, de l'Iran ou encore du Nigéria, qui ont tous conclu de nouveaux traités de protection des investissements en 2016. Au total d'ailleurs, trente traités bilatéraux d'investissement ont été conclus au cours de cette année. V. CNUCED, World Investment Report 2017, Investment and the Digital Economy, Publications des Nations Unies, 2017, Genève, p. 111.

488 V. *supra,* n°s 27 et s. ; V. également, Ch. Leben, L'évolution du droit international des investissements : un rapide survol, *in* Ch. Leben, Le contentieux arbitral transnational relatif à l'investissement : Nouveaux développements, Anthemis, Louvain-la-Neuve, 2006, p. 9 : *« Le règlement arbitral des litiges portant sur les investissements est certainement le trait le plus remarquable et le plus important du droit des investissements tel qu'il s'est développé dans les dernières décennies ».*

489 Ch. Leben, La juridiction internationale, Droits, La fonction de juger, vol. 9, 1989, pp. 143-155, spéc. p. 145.

490 Cette thèse ne traitera pas de la question de conflit entre deux tribunaux arbitraux différents, mais des conflits entre une juridiction nationale étatique et un organe arbitral dénationalisé. Pour une étude plus poussée sur la question de conflit entre deux tribunaux arbitraux, V. par exemple, H. Wehland, The Coordination of Multiple

attributives de juridiction contractuelles a connu une évolution considérable au cours de ces dernières années, ce qui a conduit à la remise en question de l'effet obligatoire de telles clauses. La prééminence de l'arbitrage transnational comme mode de résolution des conflits relatifs aux investissements étrangers est aujourd'hui acquise et se manifeste par une compétence arbitrale générale (**Titre I**) et exclusive (**Tire II**).

Proceedings in Investment Treaty Arbitration, OUP, Oxford, 2013 ; C. Seraglini, Brèves remarques sur les recommandations de l'Association de droit international sur la litispendance et l'autorité de la chose jugée en Arbitrage, Revue de l'arbitrage, Litec, Paris, 2006, pp. 909 et s.

TITRE I

UNE COMPÉTENCE ARBITRALE GÉNÉRALE

358. Il convient de noter ici que la compétence des tribunaux arbitraux officiant sous les auspices du CIRDI est limitée tant *ratione materiae* que *ratione personae*. Cela a été clairement prévu dans l'article 25 de la Convention de Washington qui se lit comme suit : « *La compétence du Centre s'étend aux différends d'ordre juridique entre un État contractant (ou une collectivité publique ou tel organisme dépendant de lui, qu'il désigne au Centre) et le ressortissant d'un autre État contractant qui sont en relation directe avec un investissement et que les parties ont consenti par écrit à soumettre au Centre. Lorsque les parties ont donné leur consentement, aucune d'elles ne peut le retirer unilatéralement* »[491].

359. De telles conditions, ayant trait à la notion de l'investisseur et de l'investissement et à l'existence d'un consentement écrit entre les parties pour soumettre le litige à la compétence d'un tribunal statuant sous les auspices du CIRDI, ont été souvent largement interprétées en faveur des opérateurs étrangers[492]. Même si les arbitres ont tâché de garder une interprétation plus

[491] Article 25 de la Convention de Washington du 18 mars 1965.

[492] Bien qu'on se rend compte de l'existence de multiples définitions juridiques dans les différentes dispositions internationales relatives à la notion d'investissement, et de l'absence d'une définition générale (V. par exemple, P. Juillard, Définir l'investissement, AFDI, 1984, pp. 773-779), les critères qualificatifs de la notion d'investissement ont été appréhendés de façon fort souple par la grande majorité des tribunaux arbitraux, chaque fois qu'il a fallu savoir si le litige dont ils sont saisis est du domaine de leur compétence. L'interprétation de la notion d'investissement est si large que certains auteurs se sont demandé s'il existe encore une possibilité pour exclure un bien ou un droit de la notion d'investissement. V. par exemple, W. Ben Hamida, L'admission des investissements et des investisseurs, *in* Ch. Leben (dir.), Droit international des investissements et de l'arbitrage transnational, Pedone, Paris, 2015, pp. 243-264, spéc. pp. 259-260 : « *[...] avec la dilution constatée de la notion de l'investissement, on peut se demander s'il est encore un bien ou un droit qui ne peut être qualifié d'investissement* » ; V. également, D.-C. McLachlan, L. Shore et M. Weiniger, International Investment Arbitration : Substantive Principles, OUP, Oxford, 2007, pp. 80-89 ; M. Audit, S. Bollée et P. Callé, Droit du commerce international et des investissements étrangers, 2ème édition, LGDJ, Paris, 2016, p. 232 : « *[...] on observe*

ou moins équilibrée, ils retiennent généralement une conception extensive de leur compétence. Les notions d'investissement et d'investisseurs s'interprètent de nos jours de façon tellement large que tout projet commercial, opéré par une personne privée étrangère, sur le territoire d'un État et

---

également que la notion d'investissement étranger est parfois si extensive qu'elle en vient à recourir des opérations qui, sous d'autres cieux, seraient plutôt considérées comme de simples transactions commerciales internationales » ; F. Yala, Notion d'investissement, *in* Investissements internationaux et arbitrage, Les Cahiers de l'arbitrage, 2003, pp. 9 et s.

La notion de l'investisseur a été aussi conçue de manière extensive. V. not., CIRDI, affaire *Tokios Tokelés c. Ukraine*, ARB/02/18, décision sur la compétence du 29 avril 2004, § 48-49 : *« Egypt argued that this provision could be used to deny jurisdiction over disputes involving companies of the non-disputing Contracting Party that are owned by nationals or companies of the Contracting Party to the dispute. Wena, on the other hand, argued that this provision could be used only to extend jurisdiction over disputes involving companies of the Contracting Party to the dispute that are owned by nationals or companies of the non-disputing Contracting Party. Although the tribunal found that both interpretations of the BIT provision were plausible, it decided to adopt Wena's interpretation as the more consistent with Article 25 (2) (b) of the Convention. As the Wena tribunal stated, "[t]he literature rather convincingly demonstrates that Article 25 (2) (b) of the ICSID Convention - and provisions like Article 8 of the United Kingdom's model bilateral investment treaty - are meant to expand ICSID jurisdiction." The tribunal in Autopista v. Venezuela reached a similar result, concluding that the object and purpose of Article 25 (2) (b) is not to limit jurisdiction, but to set its "outer limits" »* ; V. également, D.-C. McLachlan, L. Shore et M. Weiniger, International Investment Arbitration : Substantive Principles, OUP, Oxford, 2007, pp. 117-125.

Du côté des États, la compétence du CIRDI ne concerne pas l'État exclusivement puisqu'en vertu de l'article 25 de la Convention, les recours peuvent être formulés par la personne privée étrangère contre les émanations de l'État. Il est donc facilement envisageable que, même lors de l'inexistence d'un consentement écrit exprimé par la collectivité publique, celle-ci se trouve en position de défendeur dans un contentieux né sur le fondement d'une convention bilatérale d'investissement conclue par son État. V. par exemple, CIRDI, affaire *Compañia de Aquas des Aconquija, S.A. c. Argentine - Vivendi I* - ARB/97/3, sentence du 21 novembre 2000 ; CIRDI, affaire *Compañia de Aguas del Aconquija S.A. et Vivendi Universal S.A. c. Argentine - Vivendi II* - ARB/97/3, décision du Comité *ad hoc* du 3 juillet 2002, telle que traduite *in* E. Gaillard, La jurisprudence du CIRDI, Pedone, Paris, 2004, pp. 719-766.

En ce qui concerne la condition du consentement, cette dernière est également envisagée de façon souple du fait qu'il n'est pas exigé qu'il y ait de consentements simultanés entre l'État hôte et l'investisseur étranger. Le consentement de l'État se trouverait en réalité exprimé dans le traité de protection dans lequel figure la clause d'arbitrage unilatéral. Celle-ci prévoit en effet la possibilité de confier à un organisme arbitral un litige entre un État partie et un investisseur ressortissant de l'autre État. Il s'agirait donc, pour l'État qui s'engage dans le traité, d'un consentement donné à l'avance pour tous conflits futurs potentiels. Lors de la survenance d'un tel conflit, l'opérateur étranger dispose de la possibilité de s'adresser au Centre, son consentement se manifestant par le dépôt de la requête. V. par exemple, CIRDI, affaire *American Manufacturing & Trading Inc. c. République du Zaïre*, ARB/93/1, sentence du 21 février 1997, telle que traduite *in* E. Gaillard, La jurisprudence du CIRDI, Pedone, Paris, 2004, pp. 425-454, spéc. pp. 435-437.

impliquant un minimum de durée et de risque, est éligible à la Convention CIRDI.

360. Les exposés qui suivent se concentreront donc sur l'objet du consentement, communément déterminé par la rédaction de l'instrument qui exprime la volonté des parties de recourir à l'arbitrage.

En effet, dans les conventions bilatérales d'investissement, l'on observe le plus souvent trois genres de clauses juridictionnelles qui varient selon leurs degrés de tolérance : les clauses d'arbitrage qui délimitent la compétence aux litiges résultant uniquement de la violation des dispositions conventionnelles ; celles qui, par contre, prévoient explicitement que l'offre de compétence couvre des types de litiges plus larges que ceux découlant exclusivement d'une violation des dispositions conventionnelles ; celles rédigées de la manière la plus extensive, faisant ainsi référence à tous les litiges relatifs aux investissements. À côté des délimitations retrouvées dans les traités bilatéraux d'investissements, la pratique arbitrale a joué un rôle fondamental dans l'interprétation des clauses de règlement des différends. De ce fait, le fondement de l'action apparaît comme essentiel dans la détermination de la compétence.

361. Face à un consentement limité, et en vue d'élargir la compétence des instances ancrées dans l'ordre international, les opérateurs étrangers ont généralement recours à deux moyens. Préalablement, ils soulèvent que le tribunal soit compétent pour connaître de tous les aspects du litige qu'ils soient contractuels ou conventionnels (**Chapitre 1**). En cas d'échec, l'investisseur pourra subsidiairement (**Chapitre 2**) surmonter les effets restrictifs des clauses juridictionnelles conventionnelles en ayant recours à la clause de couverture ou à la clause de la nation la plus favorisée souvent présente dans les traités de promotion et de protection des investissements afin de faire appel à une clause juridictionnelle plus large contenue dans un autre traité d'investissement conclu par l'État hôte avec un État tiers.

CHAPITRE 1

LA SOLUTION PRINCIPALE À LA COMPÉTENCE ARBITRALE GÉNÉRALE

362. Le « fondement de l'action », expression plus connue sous son appellation anglophone la *cause of action*, joue un rôle déterminant dans la désignation de l'organe juridictionnel compétent. Il s'agit spécifiquement de la norme violée que le demandeur invoque afin de faire valoir sa réclamation.

363. Bien que l'arbitrage transnational repose essentiellement sur les diverses options procédurales dont dispose la personne privée étrangère, il ne faudrait pas pour autant méconnaître complètement la nature contractuelle du litige et la dénuer par conséquent de tout effet[493], les investissements étant souvent régis par deux catégories d'instruments, l'un relevant du droit interne[494] et l'autre du droit international[495]. Cela étant, les rapports contractuels sont loin d'être à l'ombre. La figure contractuelle demeure essentielle dans bien d'activités d'investissement et plus particulièrement lorsqu'elle prend la forme d'une activité matérielle complexe. L'on constate ainsi la délicatesse d'une telle situation soumise à la fois à un contrat de droit interne et à un traité international[496]. Ces deux instruments, relevant chacun d'ordres juridiques distincts, prévoient souvent des modalités différentes de règlement des litiges. Du coup, un investisseur s'estimant lésé au motif que ses droits ont été bafoués pourrait à la fois invoquer la violation des

[493] Les relations contractuelles sont parfois absentes entre État et investisseur. Plus encore, même lorsqu'une telle relation existe, il n'est pas nécessairement fait mention d'une clause attributive de compétence. Toutefois, lorsque tel est le cas, la question se pose alors de l'articulation de ces clauses de compétence avec les clauses conventionnelles d'arbitrage unilatéral.

[494] Il s'agit notamment du contrat conclu entre l'investisseur étranger et l'État hôte ou l'un de ses démembrements.

[495] Il s'agit principalement du traité conclu entre l'État de nationalité de l'investisseur et l'État hôte de l'investissement.

[496] V. *supra*, n°s 7-8.

réclamations contractuelles devant le juge du contrat[497] et la violation des réclamations conventionnelles devant le juge du traité[498].

364. Dans de pareilles situations, il y a lieu de poser les interrogations suivantes : quels types de litiges seront susceptibles d'être portés par un investisseur devant un tribunal arbitral désigné par une convention internationale d'investissement ? L'existence d'une clause d'élection de for dans le contrat, aboutira-t-elle à la perte du bénéfice de l'offre générale d'arbitrage stipulée dans les traités de protection des investissements ? La mise en œuvre d'une clause attributive de juridiction incluse dans un contrat pourrait-elle faire obstacle à la compétence d'un tribunal arbitral saisi sur le fondement d'un traité d'investissement ? Et dans cette dernière hypothèse quelle serait la solution ?

Les incertitudes qui découlent de la rédaction des conventions internationales et des décisions jurisprudentielles quant à ce sujet (**Section 1**) ont désuni la doctrine internationaliste (**Section 2**).

---

[497] En droit des investissements étrangers, deux genres de procédures peuvent être formées : les réclamations conventionnelles, qu'on dénomme en anglais *treaty claims*, et qui ont pour base l'atteinte à une obligation découlant du traité ; et les demandes contractuelles, qu'on dénomme en anglais *contract claims* qui se fondent, quant à elles, sur une violation d'une obligation dérivante du contrat.

[498] Cette étude se concentrera sur les clauses de règlement des différends présentes dans les traités bilatéraux et multilatéraux d'investissement qui constituent la grande majorité du fondement de la compétence CIRDI (soixante-treize virgule six pour cent des saisines ont à l'origine une convention internationale de protection. V. CIRDI, Affaires du CIRDI - Statistiques, n° 2018/1, p. 10). L'interaction de ces clauses conventionnelles ne sera envisagée qu'avec les clauses contractuelles de règlement des différends, hypothèse qui se présente le plus fréquemment en pratique. Sera exclue de cette étude par exemple l'interaction entre l'arbitrage fondé sur une loi nationale et l'arbitrage fondé sur le traité.

SECTION 1

LES INCERTITUDES DES DISPOSITIONS CONVENTIONNELLES ET DES DÉCISIONS JURISPRUDENTIELLES

365. La distinction entre réclamation conventionnelle et réclamation contractuelle est l'un des thèmes les plus délicats en droit international des investissements. Les clauses juridictionnelles conventionnelles demeurant souvent vagues vis-à-vis de la catégorie des différends qui peuvent être soumis à l'arbitrage unilatéral (**Paragraphe 1**), celles-ci ont fait l'objet d'une interprétation jurisprudentielle vacillante (**Paragraphe 2**).

Paragraphe 1 : La nébulosité des clauses de règlement des différends

366. Nonobstant l'ultime exigence de l'élément de clarté des clauses de règlement des différends, et compte tenu des incidences malencontreuses de leur imprécision (**A**), la pratique conventionnelle semble ne pas en tenir compte (**B**).

A. L'exigence de l'élément de clarté des clauses conventionnelles de règlement des différends

367. Si la distinction entre *treaty claims* et *contract claims* s'avère à première vue aisée, elle devient plus ardue en raison des rapports qui peuvent se former entre ces deux notions comme l'observe le tribunal arbitral dans sa sentence relative à l'affaire *SGS contre Pakistan* : *« TBI claims and contract claims appear reasonably distinct in principle. Complexities, however, arise on the ground, as it were, particularly where, as in the present case, each* *party claims that one tribunal (this Tribunal or the PSI Agreement arbitrator) has jurisdiction over both types of claims which are alleged to co-exist »*[499].

368. De surcroît, de nouveaux désagréments peuvent surgir dans l'hypothèse où une *umbrella clause* serait prévue dans la convention internationale et appellerait ainsi les *contrats claims* dans sa sphère[500]. En vertu de cette clause, en s'engageant à se conformer aux obligations dérivant de l'instrument privé, l'État fait reconnaître au Centre la compétence pour statuer sur tout conflit dérivant d'obligations contractuelles[501].

369. La qualification de la disposition violée est donc fondamentale. Elle pourra déterminer quel forum sera compétent si, par exemple, la clause contractuelle accorde une compétence exclusive aux tribunaux nationaux de l'État hôte, alors que la clause conventionnelle désigne le CIRDI pour trancher les éventuels litiges. Du reste, c'est en fonction de la nature de la norme violée que le tribunal sera désigné. Cependant, en dépit du caractère déterminant que revêt la rédaction des clauses de règlement de différends, il semble que la pratique conventionnelle affiche à cet égard une totale indifférence.

B. L'insouciance de la pratique conventionnelle à l'égard de l'imprécision des clauses de règlement des différends

370. La compétence du tribunal étant délimitée par l'instrument sur lequel elle repose, la clause de règlement des différends conventionnelle effectue un rôle essentiel afin de régler cette question. Une rédaction définie avec précision de celle-ci est donc requise et constituera l'élément déterminant de la compétence juridictionnelle. De la sorte, certains traités écarteront explicitement la compétence des tribunaux arbitraux pour connaître des violations des stipulations contractuelles. C'est le cas des instruments conventionnels qui spécifient, dans leur clause d'arbitrage unilatéral, que : *« The tribunal shall decide the dispute based on the provisions of this Agreement and principles of public international law applicable to the subject*

---

[499] CIRDI, affaire *SGS c. Pakistan,* ARB/01/13, décision sur la compétence du 6 août 2003, § 148 ; V. dans le même sens, CIRDI, affaire *Compañia de Aguas del Aconquija S.A. et Vivendi Universal S.A. c. Argentine - Vivendi II* - ARB/97/3, décision du Comité *ad hoc* du 3 juillet 2002, § 60, telle que traduite *in* E. Gaillard, La jurisprudence du CIRDI, Pedone, Paris, 2004, pp. 719-766, spéc. p. 736 : *« [...] il est manifeste qu'un différend relatif à un investissement peut en même temps soulever des questions d'interprétation et d'application des dispositions du BIT et des questions de nature contractuelle ».*

[500] V. *infra*, n°s 463 et s.

[501] *Ibid.*

matter. The tribunal shall reach its decisions by a majority of votes and shall determine its own procedural rules »[502]. D'autres contiennent par contre une offre de compétence plus large, notamment en ce qu'elles couvrent aussi des litiges résultant d'une violation des stipulations contractuelles ou relatifs à un investissement. Dans ce type de clauses, la notion de différend est définie avec précision. À titre d'exemple, le TBI Belgique-Burundi prévoit que : *« Pour l'application du présent article, un différend relatif à un investissement est défini comme un différend concernant : a) l'interprétation ou l'application d'un accord particulier d'investissement entre une Partie contractante et un investisseur de l'autre Partie contractante ; b) l'interprétation ou l'application de toute autorisation d'investissement accordée par les autorités de l'État hôte régissant les investisseurs étrangers ; c) l'allégation de la violation de tout droit conféré ou établi par la présente Convention en matière d'investissement »*[503]. Rédigées en termes extensifs, ces clauses étendent la compétence arbitrale à tous les litiges relatifs à une opération d'investissement transnational.

---

[502] Article X, alinéa 5 du TBI Royaume-Uni–Colombie, signé le 17 mars 2010 et entré en vigueur le 10 octobre 2014. Cette catégorie de clauses de règlement des différends couvre, le plus souvent, tous les litiges résultants d'une violation des dispositions conventionnelles. V. également l'article 26 du Traité sur la Charte de l'Énergie qui reconnaît le droit aux opérateurs étrangers d'initier un arbitrage pour les *« différends qui opposent une partie contractante au sujet d'un investissement réalisé par ce dernier dans la zone de la première et qui portent sur un manquement allégué à une obligation de la première partie contractante au titre de la partie III »* ; l'ALENA qui dispose dans ses articles 1116 et 1117 que l'investisseur *« pourra soumettre à l'arbitrage, en vertu de la présente section, une plainte selon laquelle une autre Partie a manqué à une obligation découlant de la section A »*.

[503] Article 8 du TBI Belgique-Burundi, appliqué dans CIRDI, affaire *Joseph Houben c. République du Burundi*, ARB/13/7, sentence du 12 janvier 2016, § 138 : *« L'article 8 du TBI est rédigé comme suit :*
1. Pour l'application du présent article, un différend relatif à un investissement est défini comme un différend concernant :
a) l'interprétation ou l'application d'un accord particulier d'investissement entre une Partie contractante et un investisseur de l'autre Partie contractante ;
b) l'interprétation ou l'application de toute autorisation d'investissement accordée par les autorités de l'État hôte régissant les investisseurs étrangers ;
c) l'allégation de la violation de tout droit conféré ou établi par la présente Convention en matière d'investissement.
2. Tout différend relatif aux investissements fait l'objet d'une notification écrite, accompagnée d'un aide-mémoire suffisamment détaillé établi à l'initiative de l'investisseur de l'une des Parties, à l'autre Partie contractante. Ce différend est, de préférence, réglé à l'amiable par un arrangement entre les parties au différend et à défaut, par la conciliation entre les Parties contractantes, par la voie diplomatique.
3. Si le différend ne peut être réglé dans les trois mois à compter de la notification écrite visée au paragraphe 1, il est soumis, à la demande de l'investisseur concerné, pour conciliation ou arbitrage au [CIRDI].
À cette fin, chaque Partie contractante donne, par la présente disposition, son consentement anticipé et irrévocable à ce que tout différend de cette nature soit soumis au CIRDI ».

371. Toutefois, la rédaction claire et explicite du contenu de ces clauses demeure exceptionnelle, la grande partie des conventions bilatérales d'investissement contenant des clauses juridictionnelles particulièrement extensives et muettes sur la nature de la norme violée. Celles-ci ont suscité des difficultés d'interprétation dans la pratique contentieuse, notamment à l'égard de l'extension de la compétence des tribunaux aux demandes fondées sur le contrat en relation avec l'opération.

Certains tribunaux ont adopté une interprétation limitative de ce type de clauses, tandis que d'autres ont retenu une interprétation large de leur compétence. Les sentences arbitrales étant en profonde contradiction, la difficulté relative à ce sujet demeure entière, ce qui tend malheureusement à faciliter le *forum shopping in favorem*[504]. Il convient ainsi d'analyser la pratique contentieuse afin d'identifier les points de désaccord pour parvenir à retrouver les possibles remèdes.

Paragraphe 2 : Un vacillement au sein de la jurisprudence

372. En raison de l'imprécision qui caractérise les clauses, surgissent sur la scène jurisprudentielle deux tendances opposées. Si certains tribunaux préservent toujours la pureté de la relation du droit international en maintenant une dissociation rigide entre le contentieux relatif au contrat et celui lié à la responsabilité internationale de l'État (**B**), d'autres adoptent une interprétation large de leur compétence en rapprochant l'instrument contractuel de l'instrument conventionnel (**A**)[505]. Ainsi, il convient de constater, à la lumière de certaines affaires antérieures et récentes, qu'une harmonie jurisprudentielle est loin d'être accomplie en la matière.

---

[504] Pour un examen du problème de *forum shopping* en général, V. E. Gaillard, L'arbitrage sur le fondement des traités de protection des investissements, Revue de l'arbitrage, Litec, Paris, 2003, vol. 10, n° 3, pp. 853-878, spéc. p. 853 et 863.

[505] S. Alexandrov, Breaches of Contract and Breaches of Treaty - The Jurisdiction of Treaty-based Arbitration Tribunals to Decide Breach of Contract Claims in SGS v. Pakistan and SGS v. Philippines, Transnational Dispute Management, vol. 3, n° 5, 2006, pp. 555-577, spéc. p. 555 : « *in approximately ninety to one hundred cases registered with ICSID since 1 January 1997, ICSID jurisdiction was asserted based on a provision in an investment treaty and roughly one half of them appear to have involved underlying contractual breaches* ».

A. L'interprétation large des clauses conventionnelles de règlement des différends

373. La distinction entre *treaty claims et contract claims* n'était, pendant longtemps, identifiée comme telle dans la pratique jurisprudentielle. La première affaire ayant eu recours à cette distinction fut celle relative au litige opposant la compagnie Salini au Royaume du Maroc[506]. Il s'agissait en l'espèce d'un contrat conclu entre un investisseur et la collectivité publique des Autoroutes du Maroc. Le traité bilatéral d'investissement en l'espèce, offrait à l'opérateur étranger une compétence alternative des tribunaux nationaux, d'un arbitrage CNUDCI ou du CIRDI. L'investisseur, choisissant de recourir au Centre, présenta des réclamations fondées sur des violations de stipulations contractuelles ainsi que conventionnelles. Le Maroc soutenait que l'instrument privé prévoyait la compétence de ses propres juridictions, ce qui devrait être considéré comme une renonciation implicite à l'arbitrage CIRDI. Le tribunal arbitral rejette une telle argumentation en considérant que seules les réclamations contractuelles devaient être jugées conformément à la clause de règlement des différends contenue dans le contrat. Quant aux réclamations conventionnelles pures, le tribunal soutient que ces dernières doivent tomber sous le régime prévu par l'instrument international. Enfin, dans le cas d'une réclamation « mixte » fondée simultanément sur le traité et le contrat, le tribunal arbitral officiant sous les auspices du Centre pouvait connaître de toutes les réclamations, la réclamation conventionnelle imposant sa coloration à l'ensemble du litige.

374. Dans un contexte similaire, la question de la compétence d'un tribunal arbitral œuvrant sous les auspices du CIRDI pour connaître des réclamations contractuelles s'est posée derechef à l'occasion de l'affaire *Vivendi*[507]. Le cadre factuel de cette espèce révèle qu'il s'agissait d'un

---

[506] CIRDI, affaire *Salini Costruttori S.p.A. and Italstrade S.p.A. c. Royaume du Maroc,* ARB/00/4, décision sur la compétence du 23 juillet 2001.

[507] CIRDI, affaire *Compañia de Aquas des Aconquija, S.A. c. Argentine - Vivendi I -* ARB/97/3, sentence du 21 novembre 2000 ; CIRDI, affaire *Compañia de Aguas del Aconquija S.A. et Vivendi Universal S.A. c. Argentine - Vivendi II -* ARB/97/3, décision du Comité *ad hoc* du 3 juillet 2002, telle que traduite *in* E. Gaillard, La jurisprudence du CIRDI, Pedone, Paris, 2004, pp. 719-766, spéc. p. 736 ; V. également, J.-M. Loncle, L'option de l'arbitrage des traités de protection des investissements : Treaty Claims vs. Contract Claims, RDAI, n° 1, 2005, pp. 3-12 ; C. Schreuer, Investment Treaty Arbitration and Jurisdiction over Contract Claims - The Vivendi I Case Considered, *in* T. Weiler, International Investment Law and Arbitration : Leading Cases from the ICSID, NAFTA, Bilateral Treaties and Customary International Law, Cameron May, Londres, 2005, pp. 281-324 ; J. Crawford, Treaty and Contract in Investment Arbitration, Arbitration International, vol. 24, n° 3, 2008, pp. 351-374.

contrat de concession publique, conclu entre la Vivendi Universal et son émanation de nationalité argentine d'une part, et la Province du Tucumán d'autre part. La clause juridictionnelle contractuelle désignait les tribunaux nationaux de la Province du Tucumán comme compétents pour trancher tout litige potentiel entre les parties. En revanche, les conventions bilatérales d'investissement franco-argentine[508] et italo-marocaine[509] offraient un choix de compétence alternatif entre les juridictions nationales de la partie contractante et l'arbitrage international. Les arbitres, en estimant qu'il est impossible de déterminer quelles actions de la Province de Tucumán relevaient de son exercice en tant qu'autorité souveraine et quelles autres concernaient l'exercice de ses droits dérivant exclusivement de la relation contractuelle, se déclarent compétents pour connaître uniquement des violations des dispositions conventionnelles par l'État contractant[510]. Le tribunal soutient qu'il ne

---

[508] Article 8 (2) du TBI franco-argentin, signé le 3 juillet 1991 et entré en vigueur le 3 mars 1993 : *« Si le différend n'a pu être réglé dans un délai de six mois à partir du moment où il a été soulevé par l'une au l'autre des Parties concernées, il est soumis, à la demande de l'investisseur :*
- soit aux juridictions nationales de la Partie contractante impliquée dans le différend ;
- soit à l'arbitrage international, dans les conditions décrites au paragraphe 3 ci-dessous ».

[509] Article 8 du TBI italo-marocain signé le 18 juillet 1990 et entré en vigueur le 26 avril 2000 : *« Si les différends ne peuvent être réglés à l'amiable dans un délai de six mois à compter de la date de la requête, présentée par écrit, l'investisseur concerné pourra soumettre le différend soit :*
a) à la juridiction compétente de la Partie Contractante concernée ;
b) a un tribunal arbitral ad hoc, conformément au règlement arbitral de la Commission de l'ONU sur le Droit Commercial International ;
c) au Centre International pour le règlement des différends sur les investissements (CIRDI) pour la mise en œuvre des procédures d'arbitrage, visées par la Convention de Washington du 18 mars 1965, sur le règlement des différends liés aux investissements entre États et ressortissants d'autres États ».

[510] CIRDI, affaire *Compañia de Aquas des Aconquija, S.A. c. Argentine - Vivendi I* - ARB/97/3, sentence du 21 novembre 2000, § 79 : *« Here it is clear that, given the nature of the dispute between Claimants and the Province of Tucumán, it is not possible for this Tribunal to determine which actions of the Province were taken in exercise of its sovereign authority and which in the exercise of its rights as a party to the Concession Contract considering, in particular, that much of the evidence presented in this case has involved detailed issues of performance and rates under the Concession Contract. To make such determinations, the Tribunal would have to undertake a detailed interpretation and application of the Concession Contract, a task left by the parties to that contract to the exclusive jurisdiction of the administrative courts of Tucumán. The contentious administrative courts of Tucumán were open to Claimants to pursue contract remedies against the Province of Tucumán under the Concession Contract. Claimants bargained under Article 16.4 for seeking such remedies in those courts and conferred exclusive jurisdiction upon them for disputes relating to issues arising under the Concession Contract. There is no allegation before the Tribunal that the courts of Tucumán were unavailable to hear such claims or that they lacked independence or fairness in adjudicating them ».*

pouvait distinguer le non-respect des dispositions conventionnelles de la violation des stipulations du contrat, à moins d'analyser minutieusement les clauses détaillées de ce contrat. En conséquence, le tribunal rejette les demandes des investisseurs contre l'Argentine en considérant qu'ils auraient dû s'adresser auprès des juridictions nationales de la Province du Tucumán. Face à cette décision décevante vis-à-vis des droits des investisseurs, ces derniers se sont adressés au Comité *ad hoc* en vue de l'annulation de ladite décision. Le Comité considère que la décision du tribunal arbitral était entachée d'excès de pouvoir manifeste : *« [...] la détermination de l'existence d'une violation du BIT et celle d'un manquement au contrat sont deux questions distinctes. Chacune d'elles sera déterminée par application du droit qui lui est applicable ; dans le cas du BIT, le droit international ; dans le cas du contrat de concession, le droit applicable au contrat, en d'autres termes, le droit de la Province de Tucumán. Par exemple, dans le cas d'une demande fondée sur un traité, les règles d'imputabilité du droit international s'appliquent, avec pour conséquence que l'État argentin est internationalement responsable du fait de ses autorités provinciales. En revanche, l'État argentin n'a pas à répondre de l'exécution des contrats conclus par la Province de Tucumán, dotée, selon son droit, d'une personnalité juridique séparée et qui est responsable de l'exécution de ses propres contrats »*[511]. Même si le Comité considère expressément que les *treaty* et *contract claims* sont indépendantes, il accepta toutefois d'étendre le champ de compétence arbitrale aux deux types de réclamations. Dès lors, le pays hôte ne pourrait négliger ses obligations internationales par le seul fait que l'instrument contractuel contienne une clause attributive de juridiction en faveur de ses propres juridictions[512]. Toutefois, cela ne veut pas dire que les clauses attributives de juridictions prévues dans les contrats sont dépourvues de rôle en droit international des investissements. Le Comité considère que ces dernières déploieront tous leurs effets juridiques lorsque la demande aura pour base une violation contractuelle pure[513], hypothèse absente en l'espèce.

---

[511] CIRDI, affaire *Compañia de Aguas del Aconquija S.A. et Vivendi Universal S.A. c. Argentine - Vivendi II* - ARB/97/3, décision du Comité *ad hoc* du 3 juillet 2002, § 96, telle que traduite *in* E. Gaillard, La jurisprudence du CIRDI, Pedone, Paris, 2004, pp. 719-766 spéc. pp. 744-745.

[512] *Ibid.*, § 103, p. 747 : *« De plus, le Comité ne comprend pas comment, s'il y avait eu en l'espèce une violation du BIT (ce qui est une question de droit international), l'existence de l'article 16 (4) du contrat de concession aurait pu empêcher sa qualification comme telle. Un État ne peut s'arbitrer derrière une clause attributive de compétence exclusive d'un contrat pour éviter la qualification de son comportement comme internationalement illicite en application d'un traité ».*

[513] *Ibid.*, § 98, p. 746 : *« Dans une affaire dans laquelle le fondement essentiel d'une action devant un tribunal international est la violation du contrat, le tribunal donnera effet à toute clause de juridiction valable du contrat [...] ».*

375. Le tribunal arbitral statuant dans l'affaire *SGS contre Philippine* adopte également une interprétation libérale des clauses juridictionnelles[514]. Le tribunal a en effet considéré que : « *Les termes "disputes with respect to investments" ("différends relatifs à des investissements" dans la version française) ne sont pas limités eu égard à la qualification donnée à la demande. Un différend relatif à une expropriation alléguée contraire à l'article VI du BIT serait un "différend relatif à des investissements" de même qu'un différend né d'un contrat d'investissement tel que le contrat CISS* »[515].

376. Les arbitres statuant dans l'affaire *Jan de Nul N. V. contre Égypte*[516] parviennent à une conclusion analogue. En l'occurrence, il s'agissait d'investisseurs de nationalité belge qui ont été désignés suite à un appel d'offres lancé par l'État égyptien afin d'achever une opération de dragage. Un contrat d'État a été signé entre les opérateurs et un démembrement de l'État égyptien, la Suez Canal Authority. Des difficultés se sont dès lors produites en cours d'exécution compte tenu des modifications pédologiques de terrain, ce qui a engendré une hausse considérable du coût des opérations. Les investisseurs saisissent les juridictions nationales égyptiennes afin d'obtenir l'annulation du contrat en raison des informations frauduleuses ayant conduit à sa conclusion. Malgré les recours engagés devant les tribunaux administratifs, une sorte de compromis a persuadé les investisseurs d'accomplir les travaux. Ces derniers s'adressent de nouveau à la justice égyptienne afin de forcer la Suez Canal Authority de leur rembourser le montant des retenues effectuées sur le prix global du marché. Le tribunal national déboute les compagnies belges de leur demande en ne condamnant la Suez Canal Autorité qu'au remboursement du tiers de la valeur des retenues récoltées. S'estimant lésés, les investisseurs saisissent alors le CIRDI sur la

---

[514] CIRDI, affaire *SGS c. Philippines,* ARB/02/6, décision sur la compétence du 29 janvier 2004, telle que traduite *in* E. Gaillard, La jurisprudence du CIRDI, Pedone, Paris, 2004, pp. 865-906 ; V. également, E. Gaillard, Investment Treaty Arbitration and Jurisdiction Over Contract Claims - the SGS Cases Considered, *in* T. Weiler, International Investment Law and Arbitration : Leading Cases from the ICSID, NAFTA, Bilateral Treaties and Customary International Law, Juris Publishing Inc., Huntington, 2005, pp. 325-346; J.-P. Gaffney et J.-L. Loftis, The "Effective Ordinary Meaning" of BITs and the Jurisdiction of Treaty-Based Tribunals to Hear Contract Claims, The Journal of World Investment & Trade, vol. 8, n° 1, 2007, pp. 5-67 ; J. Gill, M. Gearing et G. Birt, Contractual Claims and Bilateral Investment Treaties, Journal of International Arbitration, vol. 21, n° 5, 2004, pp. 396-412 ; S. Alexandrov, Breaches of Contract and Breaches of Treaty - The Jurisdiction of Treaty-based Arbitration Tribunals to Decide Breach of Contract Claims in SGS v. Pakistan and SGS v. Philippines, Transnational Dispute Management, vol. 3, n° 5, 2006, pp. 555-577.

[515] CIRDI, affaire *SGS c. Philippines,* ARB/02/6, décision sur la compétence du 29 janvier 2004, § 131, telle que traduite *in* E. Gaillard, La jurisprudence du CIRDI, Pedone, Paris, 2004, pp. 865-906, spéc. p. 878.

[516] CIRDI, affaire *Jan de Nul N. V. c. Égypte*, ARB/04/13, décision sur la compétence du 16 juin 2006.

base des clauses juridictionnelles contenues dans les conventions bilatérales d'investissement conclues entre l'Égypte et la Belgique. L'État égyptien excipe une exception d'incompétence du Centre du fait qu'il n'était pas signataire du contrat privé de dragage et qu'il s'agissait principalement de réclamations contractuelles en vertu desquelles le CIRDI devrait se déclarer incompétent. Le tribunal arbitral rejette les arguments de l'Égypte en considérant que les faits allégués révélaient simultanément des colorations contractuelles ainsi que conventionnelles[517].

377. Hostiles à l'interprétation large des clauses conventionnelles de règlement des différends adoptée par certains tribunaux arbitraux, d'autres en revanche se sont portés vers une interprétation stricte de ces clauses.

B. L'interprétation stricte des clauses conventionnelles de règlement des différends

378. En opposition à cette interprétation large, d'autres tribunaux adoptent une interprétation restrictive des clauses de règlement des différends comme ce fut le cas dans l'affaire *SGS contre le Pakistan*[518] où le tribunal prit une position diamétralement opposée à celle préconisée, six mois plus tôt, dans l'affaire *SGS contre Philippine*. En effet, le tribunal faisant référence à la clause juridictionnelle qui lui accorde la compétence pour connaître de tous les différends relatifs à des investissements a considéré que : *« Ces termes, cependant, bien que décrivant la matière des différends, n'ont pas trait au*

[517] *Ibid.*, § 80 : *« Accordingly, the fact that a dispute involves contract rights and contract remedies does not in and of itself mean that it cannot also involve treaty breaches and treaty claims »* ; V. dans le même sens, CIRDI, affaire *Alex Guenin et autres c. République d'Estonie,* ARB/99/2, sentence du 25 juin 2001 ; CNUDCI, affaire *Ronald S. Lauder c. République tchèque*, sentence finale du 3 septembre 2001.

[518] CIRDI, affaire *SGS c. Pakistan,* ARB/01/13, décision sur la compétence du 6 août 2003, telle que traduite *in* E. Gaillard, La jurisprudence du CIRDI, Pedone, Paris, 2004, pp. 815-835 ; V. également, J. Gill, M. Gearing et G. Birt, Contractual Claims and Bilateral Investment Treaties, Journal of International Arbitration, vol. 21, n° 5, 2004, pp. 396-412 ; E. Gaillard, Investment Treaty Arbitration and Jurisdiction Over Contract Claims - the SGS Cases Considered, *in* T. Weiler, International Investment Law and Arbitration : Leading Cases from the ICSID, NAFTA, Bilateral Treaties and Customary International Law, Juris Publishing Inc., Huntington, 2005, pp. 325-346 ; S. Alexandrov, Breaches of Contract and Breaches of Treaty - The Jurisdiction of Treaty-based Arbitration Tribunals to Decide Breach of Contract Claims in SGS v. Pakistan and SGS v. Philippines, Transnational Dispute Management, vol. 3, n° 5, 2006, pp. 555-577 ; J.-P. Gaffney et J.-L. Loftis, The "Effective Ordinary Meaning" of BITs and the Jurisdiction of Treaty - Based Tribunals to Hear Contract Claims, The Journal of World Investment & Trade, vol. 8, n° 1, 2007, pp. 5-67.

fondement juridique de ces réclamations ou de la base légale de ces réclamations. En d'autres termes, de cette seule description, sans plus, il nous semble qu'il ne peut être nécessairement déduit que les Parties contractantes ont conclu que l'article 9 du BIT couvre à la fois les réclamations fondées sur le BIT et les réclamations purement contractuelles. Il n'en résulte pas davantage, en conséquence, que le mécanisme de règlement des différends de l'article 9 devrait supplanter et réduire à néant toutes les clauses par ailleurs valables de compétence en faveur de juridictions autres que le CIRDI dans tous les accords antérieurs entre des investisseurs suisses et la défenderesse. Ainsi, ne voyons rien dans l'article 9 ou dans toute autre disposition du BIT qui pourrait être compris comme donnant compétence au présent Tribunal sur des réclamations portant, par hypothèse, exclusivement sur le contrat »[519].

379. Dans un même mouvement, le tribunal arbitral en charge de l'affaire *Joy Mining contre Égypte* retient une interprétation restrictive de la clause de règlement des différends rédigée en termes extensifs. Le tribunal considère qu'il devrait nécessairement s'agir de réclamations sur la base du traité pour que le tribunal se déclare compétent : *« The Tribunal concludes therefore that, even if for the sake of argument there was an investment in this case, the absence of a Treaty-based claim, and the evidence that, on the contrary, all claims are contractual, justifies the finding that the Tribunal lacks jurisdiction »*[520].

380. Dans une position similaire, le tribunal arbitral en charge de l'affaire *Consorzio Lesi-Dipenta contre Algérie* a refusé de se reconnaître compétent[521], nonobstant la clarté de la clause du traité incluse dans le TBI Italie-Algérie qui prévoyait la compétence du tribunal pour tous les différends relatifs à un investissement[522].

381. On retrouve dans l'affaire *BIVAC contre Paraguay*[523] un raisonnement identique. Il s'agissait en l'espèce de contrats d'inspection avant expédition. Afin de contraindre le Paraguay à régler ses comptes avec le

---

[519] CIRDI, affaire *SGS c. Pakistan,* ARB/01/13, décision sur la compétence du 6 août 2003, § 161, telle que traduite *in* E. Gaillard, La jurisprudence du CIRDI, Pedone, Paris, 2004, pp. 815-835, spéc. p. 818.

[520] CIRDI, affaire *Joy Mining Machinery Ltd. c. Égypte,* ARB/03/11, sentence du 6 août 2004, § 82.

[521] CIRDI, affaire *Consorzio Lesi-Dipenta c. Algérie,* ARB/03/8, sentence du 10 janvier 2005, § 26 : *« la Défenderesse a bien donné son consentement par écrit à la compétence du Centre, mais uniquement si les mesures sur lesquelles se fonderait la Demanderesse constituent des violations de l'Accord bilatéral ».*

[522] Article 8 du TBI Italie-Algérie, signé le 18 mai 1991 et entré en vigueur le 26 novembre 1993.

[523] CIRDI, affaire *BIVAC c. Paraguay,* ARB/07/9, décision sur la compétence du 29 mai 2009.

BIVAC, celui-ci s'adresse au CIRDI sur la base du TBI Pays-Bas–Paraguay. Le tribunal décline sa compétence en refusant de se prononcer sur les *contract claims* lesquelles ont été de manière expresse déterminées par les parties comme relevant de la compétence d'un autre tribunal[524].

382. Cette même position fut endossée plus récemment par la sentence relative à l'affaire *Getma International et autres contre la République de Guinée*[525]. Selon les faits de cette affaire, la République de Guinée résilie unilatéralement le contrat de concession de service public qu'elle avait signé avec la compagnie étrangère GETMA International pour la gestion du port de la capitale, Conakry Terminal. La résiliation unilatérale du contrat a pour motif, selon les allégations de l'État guinéen, le manquement de la compagnie GETMA International à ses obligations contractuelles. Et l'État de réquisitionner par conséquent tous les biens de la compagnie. Se trouvant lésée, GETMA International déclenche une procédure d'arbitrage devant la Cour Commune de Justice et d'Arbitrage de l'OHADA fondée sur la clause juridictionnelle contractuelle et réclame la constatation de l'illégalité de la résiliation du contrat. Une deuxième procédure se succède à la première, cette fois devant le CIRDI, prenant pour appui les dispositions du Code des investissements de l'État hôte et alléguant le caractère abusif des expropriations entreprises par celui-ci. En réponse à la requête basée sur la violation du Code des investissements et les effets de la réquisition, le tribunal officiant sous l'égide du CIRDI se déclare compétent pour statuer uniquement sur les violations conventionnelles. En effet, en constatant que : *« dans la mesure où la résiliation est consécutive à un Acte de la Puissance Publique, l'article 32.5 de la convention de concession contractualise les treaty claims, qui par voie de conséquence, doivent être soumis au tribunal CCJA, conformément à l'article 31 de la Convention »*[526], le tribunal considère qu'il n'est compétent que *« si le concessionnaire estime qu'un Acte de la Puissance Publique constitue une violation du Code des Investissements et a entraîné des conséquences dommageables autres que (celles de) la résiliation de la convention »*[527].

383. Il n'est certes pas inconcevable de mettre l'accent ici sur les observations relativement récentes formulées par le Professeur Pierre

---

[524] *Ibid.*, § 159 : *« For the reasons set out above, assuming that Article 3 (4) of the BIT provides a basis for the exercise of jurisdiction by the tribunal over claims relating to the Contract, we conclude that the claim in relation to Article 3 (4) is inadmissible [...] ».*

[525] CIRDI, affaire *Getma International et autres c. République de Guinée,* ARB/11/29, sentence du 16 août 2016.

[526] *Ibid.,* § 318.

[527] *Ibid.,* § 313.

Mayer : *« Il ne faut pas se dissimuler que le spectacle qu'offre actuellement la jurisprudence n'a rien de rassurant, ni pour les États ni pour les investisseurs. Les contestations de compétence sont presque systématiques. Des clauses rédigées de façon identique sont interprétées de façon divergente [...]. La clause la plus apparente de cet état de fait réside dans les tribunaux arbitraux. Ils adhèrent fortement à des conceptions théoriques qui les opposent les uns aux autres, et le résultat est qu'aucune ligne jurisprudentielle claire ne se dégage [...]. Mais la racine du mal se situe en amont, dans la rédaction des traités. Certains (ALENA, charte de l'énergie, nombreux traités bilatéraux) ont imposé la dualité de procédures en limitant la compétence du tribunal du traité aux treaty claims. La plupart des autres ont utilisé une formule générale, qui devrait normalement être interprétée de façon large, couvrant les contract claims ; mais en s'abstenant d'envisager les problèmes créés par la compétence parallèle, ou par la saisine parallèle, des tribunaux de l'État, ils ont en quelque sorte obligé les arbitres à recourir eux-mêmes à la distinction entre contract claims et treaty claims, comme le moyen le plus simple (mais, j'espère l'avoir montré, pas le meilleur) de sauvegarder un certain rôle pour le tribunal du traité »*[528]. Ainsi, en raison des imprécisions des clauses de règlement des différends et de la versatilité de la jurisprudence, on voit malheureusement ces malaises se transférer au sein même de la doctrine qui, somme toute, se trouve manifestement divisée à son tour.

SECTION 2

UN DÉBAT ARDENT AU SEIN DE LA DOCTRINE

384. Un courant doctrinal considère que l'instrument privé et l'instrument public relèvent de deux sphères juridiques différentes, ce qui laisse croire que les *treaty claims* et *contact claims* ne devraient pas se rencontrer (**Paragraphe 1**). Toutefois, les multiples similitudes qui existent entre ces deux instruments ont poussé une partie de la doctrine à considérer cette distinction comme vaine (**Paragraphe 2**).

[528] P. Mayer, Contract claims et clauses juridictionnelles des traités relatifs à la protection des investissements, JDI, n° 1, 2009, pp. 71-96, spéc. p. 95.

Paragraphe 1 : La distinction treaty claims - contract claims

385. L'argument de base, selon les zélateurs de la distinction entre *treaty claims* et *contract claims*, repose principalement sur un critère organique qui met en évidence la différence de nature juridique entre ces deux instruments. À cet argument de base (**A**) s'ajoutent encore d'autres qui concourent eux aussi à consolider le thème de la distinction (**B**).

A. Le critère organique de la distinction entre treaty claims et contract claims

386. Pour les adeptes de la distinction entre réclamations contractuelles et réclamations conventionnelles, une telle distinction est une évidence, les conventions bilatérales d'investissement et les contrats ne disposant pas d'objet commun et appartenant à deux « mondes » juridiques distincts[529]. Une telle conception confirme d'ailleurs la théorie classique du droit international[530], qui distingue le traité, instrument entre personnes publiques, du contrat, instrument engageant forcément une personne privée au moins.

387. La principale définition qui retient particulièrement l'attention est celle prévue par la Convention de Vienne sur le droit des traités, laquelle jouit d'un degré fiable et d'un assentiment reconnu à l'échelle planétaire. En effet, ladite Convention dispose clairement dans son article 2 paragraphe 1 que : *« l'expression « traité » s'entend d'un accord international conclu par écrit entre États et régi par le droit international, qu'il soit consigné dans un instrument unique ou dans deux ou plusieurs instruments connexes, et quelle que soit sa dénomination particulière »*[531]. Ainsi, *« lorsque deux États se mettent d'accord sur un objet déterminé et souhaitent lui donner une validité*

---

[529] La doctrine qui soutient la distinction *treaty claims - contract claims* considère toujours qu'en vertu de la théorie classique du droit international, le contrat est enraciné dans l'ordre juridique national de l'État hôte, tandis que le traité est ancré dans l'ordre international. Cette théorie semble être largement dépassée. V. *supra,* n°s 143 et s.

[530] Sur les rapports entre *contract claims* et *treaty claims* en droit international public, V. not., J. Crawford, Treaty and Contract in Investment Arbitration, Arbitration International, vol. 24, n° 3, 2008, pp. 351-374.

[531] Article 2 Paragraphe 1) a) de la Convention de Vienne sur le droit des traités, adoptée par l'Assemblée générale des Nations Unies le 23 mai 1969 et entrée en vigueur le 27 janvier 1980.

juridique, ils concluent un traité »[532]. Quelle que soit son appellation, il s'agit là d'un accord écrit[533], conclu entre personnes publiques et assorti de consentements exprès[534].

En transposant cette définition dans le cadre du droit des investissements étrangers, un traité de protection et de promotion des investissements est un acte juridique en vertu duquel deux personnes de droit international s'engagent mutuellement à promouvoir et encourager les investissements opérés par l'un sur le territoire de l'autre. Dans ce cadre, on considère que les obligations étatiques dérivant des dispositions matérielles des traités relèvent du droit conventionnel des investissements et donc du droit international public.

388. Contrairement au traité, et sans se retarder sur les conditions de formation du contrat en général[535], celui-ci peut être défini comme une convention par laquelle une ou plusieurs personnes s'obligent envers une ou plusieurs autres en vue de la création de rapports de droit[536]. S'agissant de contrats d'État, il est question d'obligations privées « internationalisées »[537]. En tenant compte de cette définition, tout rapport contractuel entre États est donc exclu.

389. Du reste, le Professeur Kamto soutient quant à lui que les spécificités relatives aux traités internationaux éloignent tout rapprochement,

---

532 J.-A. Baraberis, Le concept de "traité international" et ses limites, AFDI, 1984, p. 246.

533 V. les conditions stipulées dans l'article 3 de la Convention de Vienne sur le droit des traités, adoptée par l'Assemblée générale des Nations Unies le 23 mai 1969 et entrée en vigueur le 27 janvier 1980 : *« Le fait que la présente convention ne s'applique ni aux accords internationaux conclus entre des États et d'autres sujets du Droit international ou entre ces autres sujets du droit international ni aux accords internationaux qui n'ont pas été conclus par écrit, ne porte pas atteinte a) la valeur juridique de tels accords ; b) à l'application à ces accords de toutes règles énoncées dans la présente Convention auxquelles ils seraient soumis en vertu du Droit international indépendamment de ladite convention c) à l'application de la Convention aux relations entre États régies par des accords internationaux auxquels sont également parties d'autres sujets du droit international ».*

534 CIJ, Réserves à la convention sur la prévention et la répression du crime de génocide, avis consultatif du 28 mai 1951, CIJ Recueil, 1951, p. 21 : *« Il est bien établi qu'un État ne peut, dans ses rapports conventionnels, être lié sans son consentement et qu'en conséquence aucune réserve ne lui est opposable tant qu'il n'a pas donné son assentiment ».*

535 V. par exemple, A. Bénabent, Droit des obligations, 15ème édition, LGDJ, 2016, pp. 27-204.

536 P. Mayer, La Délocalisation du contrat, *in* Relativité du contrat, Actes du colloque organisé par l'Association Henri Capitant avec le concours de la Maison des Sciences de l'homme Ange Guépin, t. 4, LGDJ, Nantes, 1999, pp. 123 et s.

537 V. *supra*, nº 76.

quelque minime qu'il soit, de l'instrument contractuel avec ces derniers. L'auteur se fonde particulièrement sur la définition et la qualification de l'instrument international, le statut des signataires, la faculté de se rétracter sans préjudice et enfin la non-exigence de réciprocité en matière de transfert de souveraineté[538].

390. Ainsi, bien que le traité et le contrat peuvent faire l'objet d'une même dénomination[539] et sont générateurs de droits et d'obligations, il n'en demeure pas moins qu'un « monde » sépare ces deux notions. D'ailleurs, le droit international public coutumier fait référence indirecte à cette distinction en précisant que la violation des dispositions matérielles du traité déclenche la responsabilité internationale de l'État alors que la réciproque n'est pas toujours vraie.

391. À ce critère organique qu'on vient d'analyser au cours des développements précédents, viennent s'ajouter d'autres motivations afin de réconforter le maintien de la conception de distinction entre *treaty claims et contract claims.*

B. Une distinction corroborée par d'autres arguments

392. En partant du principe selon lequel une violation du traité n'entraîne pas *ipso facto* une violation systématique des dispositions du contrat et *vice versa*, et, que les violations respectives de l'un ou l'autre de ces instruments sont distinctes, certains auteurs ont rejeté la possibilité de les rapprocher, et cela même par la mise en œuvre des effets de la clause parapluie[540].

393. Adepte de la distinction *treaty claims - contract claims*, le Professeur Emmanuel Gaillard considère que même si la violation des obligations contractuelles peut, dans certaines circonstances « tomber sous le charme » d'une convention bilatérale d'investissement, il n'en reste pas moins qu'il faut indéniablement opérer une distinction entre *treaty claims* dont la

---

[538] M. Kamto, La notion de contrat d'État : une contribution au débat, Revue de l'Arbitrage, n° 23, Litec, Paris, 2003, pp. 719-751, spéc. pp. 741 et s. ; Pour une étude plus approfondie sur le droit des traités, V. également, P.-M. Dupuy, Droit des traités, codification et responsabilité internationale, AFDI, 1997, vol. 43, n° 1, pp. 7-30 ; J. Combacau, Le droit des traités, Que sais-je ?, PUF, Paris, 1991.
[539] Comme c'est le cas des termes « accord » ou « convention » par exemple.
[540] V. *infra*, n°s 385 et s.

compétence relève du juge du traité et *contract claims* dont la compétence relève du juge du contrat[541].

394. Certains juristes, en soutenant une position assez extrémiste vis-à-vis de cette question, ont considéré également qu'il existait une cloison étanche entre *treaty claims* et *contract claims* : *« a breach of a TBI and a contractual breach are two different things. ICSID tribunals have jurisdiction over the former and not the latter »*[542]. Cette position n'est du reste pas dépourvue de tout fondement juridique. On peut citer en premier lieu le principe de la force obligatoire du contrat, impliquant nécessairement que le choix libre des modes de règlement des différends devrait être respecté. En second lieu, on peut alléguer l'adage *generalia specialibus non derogant*[543] qui s'adapte mieux aux nécessités, aux souhaits et aux intérêts des cocontractants.

395. Pourtant, admettre l'effectivité de la distinction *treaty claims* et *contract claims* exige la mise au point de leurs critères de qualification. La jurisprudence, dès lors, n'a pas manqué à dresser certains de ces critères dont on retient deux : celui du déclenchement de la protection du traité consacré par la sentence relative à l'affaire *Joy Mining Ltf. Contre Égypte*[544], et celui

---

[541] V. E. Gaillard, L'arbitrage sur le fondement des traités de protection des investissements, Revue de l'arbitrage, n° 3, vol. 10, Litec, Paris, 2003, pp. 853-878, spéc. pp. 863-864 : *« L'ambition n'est plus d'internationaliser la relation contractuelle en la publicisant, mais au contraire de préserver la pureté de la relation de droit international en maintenant une distinction rigoureuse entre le contentieux du contrat et celui de la responsabilité internationale de l'État »*.

[542] H. Seriki, Umbrella Clauses and Investment Treaty Arbitration : All Encompassing or a Respite for Sovereign States and States Entities, Journal of Business Law, 2007, pp. 570 et s.

[543] Selon ce principe, les lois de portée générale ne dérogent pas à celles qui ont un objectif spécial. Par une décision sur la compétence, le tribunal arbitral dans l'affaire *SGS contre Philippines* y fait référence et considère que la clause compromissoire faisant emploi de *lex specialis* doit fléchir devant la compétence du tribunal désigné par ladite clause et, partant, surseoir à statuer. V. CIRDI, affaire *SGS c. Philippines,* ARB/02/6, décision sur la compétence du 29 janvier 2004, § 139-143, 162-163 et 175, telle que traduite *in* E. Gaillard, La jurisprudence du CIRDI, Pedone, Paris, 2004, pp. 865-906.

[544] CIRDI, affaire *Joy Mining Machinery Ltd. c. Égypte,* ARB/03/11, sentence du 6 août 2004, § 81 : *« In this context, it could not be held that an umbrella clause inserted in the Treaty, and not very prominently, could have the effect of transforming all contract disputes into investment disputes under the Treaty, unless of course there would be a clear violation of the Treaty rights and obligations or a violation of contract rights of such a magnitude as to trigger the Treaty protection, which is not the case. The connection between the Contract and the Treaty is the missing link that prevents any such effect. This might be perfectly different in other cases where that link is found to exist, but certainly it is not the case here »*.

de la base essentielle adopté dans l'affaire *Vivendi contre Argentine*[545]. En effet, comme le souligne le Professeur Pellet, *« la véritable distinction doit être faite entre les réclamations faites en vertu du droit international, d'une part, et celles qui restent ancrées dans le droit interne de l'État hôte, d'autre part »*[546].

396. Toutefois, même si cette distinction apparaît de prime abord simple, nécessaire et évidente[547], elle ne peut pourtant être aisée et s'avère particulièrement compliquée sur le plan pratique, les circonférences de chaque instrument juridique étant toujours imprécises. Cela aboutit à nourrir vivement un courant au sein de la doctrine qui préconise le dépassement de cette distinction qui semble être inappropriée.

Paragraphe 2 : Vers un franchissement de la distinction treaty claims - contract claims

397. Une réelle tendance en direction du dépassement de la distinction entre *treaty claims* et *contract claims* semble avoir lieu en raison de nombreux obstacles que celle-ci a engendrés (**A**), ce qui a donné lieu à une position défavorable d'une partie de la doctrine à son encontre (**B**).

A. Les divers obstacles liés à la distinction treaty claims - contract claims

398. En raison du paysage pleinement aporétique qu'a façonné le contentieux arbitral, il serait dès lors impératif de mener une interprétation raisonnable et fidèle aux grandes lignes des préambules des conventions

---

[545] CIRDI, affaire *Compañia de Aguas del Aconquija S.A. et Vivendi Universal S.A. c. Argentine - Vivendi II* - ARB/97/3, décision du Comité *ad hoc* du 3 juillet 2002, § 98, telle que traduite *in* E. Gaillard, La jurisprudence du CIRDI, Pedone, Paris, 2004, pp. 719-766, spéc. p. 746 : *« Dans une affaire dans laquelle le fondement essentiel d'une action devant un tribunal international est la violation d'un contrat, le tribunal donnera effet à toute clause de juridiction valable du contrat [...] »*.

[546] A. Pellet, Adieu Philippines - Remarques sur la distinction entre les réclamations conventionnelles et contractuelles dans le droit de l'investissement international, *in* Le droit international économique à l'aube du XXIème siècle - Mélanges offerts à Dominique Carreau et Patrick Juillard, Pedone, Paris, 2009, pp. 97-110, spéc. p. 107.

[547] V. J. Crawford, Treaty and Contract in Investment Arbitration, Arbitration International, vol. 24, n° 3, 2008, pp. 351-374.

internationales. Dans ce sens, le tribunal arbitral en charge de l'affaire *El Paso contre Argentine* note que : *« a balanced interpretation is needed, taking account both State sovereignty and the State's responsibility to create an adapted evolutionary framework for the development of economic activities, and the necessity to protect foreign investment and its continuing flow »*[548]. Ainsi, en s'interrogeant sur l'intérêt d'une telle distinction, diverses raisons concourent à soutenir l'unicité du contentieux.

399. La première, d'ordre pratique, relève de l'extrême difficulté, voire de l'impossibilité de différencier ce qui revêt un caractère contractuel de ce qui revêt un caractère conventionnel[549]. En tout cas, les deux instruments ont davantage vocation à se compléter l'un l'autre. Par exemple, le respect ou non des obligations contractuelles peut être déterminant afin de s'assurer que l'État n'a éventuellement pas manqué à ses obligations conventionnelles notamment au traitement juste et équitable. L'État n'ayant pas violé les dispositions d'un contrat de développement économique ne peut être accusé de ne pas avoir traité l'investisseur de façon juste et équitable. Cette illustration montre que les stipulations contractuelles s'avèrent d'une extrême utilité et détermine dans plusieurs cas si l'État a violé ou non ses obligations internationales. Cela étant, une détermination efficace de l'articulation des normes du traité et celles du contrat ne peut être fixée qu'après l'examen casuistique et détaillé des stipulations contractuelles.

400. La seconde, relève du fait que les conventions d'investissement, dans leur grande majorité, élargissent le champ de compétence arbitrale pour couvrir *« tous les différends relatifs à un investissement »*[550]. En effet, dans la quasi-totalité des conventions bilatérales d'investissement, la clause juridictionnelle recouvre, non seulement les ruptures conventionnelles, mais tous les différends relatifs à un investissement. En outre, la compétence est attribuée *« selon l'objet du litige, ratione materiae, et non selon le moyen*

---

[548] CIRDI, affaire *El Paso Energy International Company c. République argentine*, ARB/03/15, décision sur la compétence du 27 avril 2006, § 70.

[549] V. sur cette question, Z. Douglas, The Hybrid Foundations of Investment Treaty Arbitration, British Yearbook of International Law, vol. 74, 2003, pp. 151-289, spéc. p. 242.

[550] V. P. Mayer, Contract claims et clauses juridictionnelles des traités relatifs à la protection des investissements, JDI, n° 1, 2009, pp. 71-96, spéc. pp. 81-82 : *« [...] La grande majorité des traités se borne cependant à ouvrir l'accès à l'arbitrage pour « tout différend relatif aux investissements », « any legal dispute concerning an investment », « any dispute in connection with an investment » »* ; V. aussi V. Y. Nouvel, La compétence matérielle : Contrat, traité et clauses parapluie, *in* Ch. Leben, La procédure arbitrale relative aux investissements internationaux : Aspects récents, Anthemis, Louvain-la-Neuve, 2010, pp. 13-30.

invoqué au soutien de la demande »[551]. Bien que la définition du litige puisse s'effectuer de façon restrictive en spécifiant les bases juridictionnelles pour limiter l'acquiescement à l'arbitrage[552], les clauses écartant la compétence du tribunal en ce qui concerne les réclamations contractuelles sont fort rares[553]. Rien ne permet donc de dépecer le litige entre les divers tribunaux.

401. Ensuite, on remarque que le critère de la source de la norme violée, élaboré principalement par le juge du traité, ne sera pas nécessairement respecté par le juge du contrat. La solution préconisée par les tribunaux statuant sur le fondement du traité ne s'impose pas aux tribunaux saisis sur le fondement d'une clause juridictionnelle contractuelle. Libres dans la détermination de leur propre compétence, les juges officiant dans l'ordre interne pourront de plein gré examiner toute atteinte aux obligations conventionnelles. Il serait donc préférable que le juge du traité suive le même itinéraire en se déclarant compétent pour se prononcer sur l'intégralité des aspects du litige.

402. De surcroît, l'on pourrait constater une sorte de « sournoiserie juridique » reflétée au sein de la doctrine et de la jurisprudence. En effet, durant plus d'un demi-siècle, un travail colossal a été déployé afin de soustraire les contrats d'investissement à l'emprise des États nationaux[554]. Aujourd'hui, avec l'apparition de l'arbitrage conventionnel unilatéral, on soumet le contrat d'État au juge interne et au droit national en « prétendant » que les réclamations contractuelles et les réclamations conventionnelles « relèvent de deux mondes différents », ce qui ramène à bousculer les concepts préétablis.

403. En outre, comme le note Walid Ben Hamida, la prééminence de l'offre exprimée dans les traités *« peut s'appuyer sur la suprématie du droit*

---

[551] I. Fadlallah, La distinction treaty claims - contract claims, *in* Ch. Leben (dir.), Droit international des investissements et de l'arbitrage transnational, Pedone, Paris, 2015, pp. 759-772, spéc. p. 768.

[552] V. par exemple, l'article XII du TBI Canada-Liban, signé le 11 avril 1997 et entré en vigueur le 19 juin 1999 : le tribunal n'est compétent que pour tout *« différend surgissant entre une Partie contractante et un investisseur de l'autre Partie contractante et se rapportant à une plainte de l'investisseur selon laquelle une mesure prise ou non prise par la première Partie contractante constitue une violation de l'Accord »*.

[553] Pour un exemple de clause extensive, V. l'article VI du TBI États-Unis–Turquie, signé le 3 décembre 1985 et entré en vigueur le 18 mai 1990 qui inclut les *contract claims : « For purposes of this Article, an investment dispute is defined as a dispute involving (a) the interpretation of application of an investment agreement between a Party and a national or company of the other party ; (b) the interpretation or application of any investment authorization granted by a Party's foreign investment authority to such national or company ; or (c) an alleged breach of any right conferred or created by this Treaty with respect to an investment »*.

[554] V. *supra*, n°s 67 et s.

international et des procédures internationales de règlement des différends, sur le fait que l'offre d'arbitrage incorporée dans un traité international a la valeur d'une obligation internationale qui exprime une exigence impérative de politique générale en matière d'investissement à laquelle on ne peut pas déroger, et enfin sur l'idée selon laquelle la liberté contractuelle et le libre choix des moyens de règlement des litiges ont été remplacés par un cadre nouveau préétabli qui réglemente désormais les rapports transnationaux »[555].

404. Enfin, il ne faut pas perdre de vue que la défaillance de l'État à ses obligations contractuelles est susceptible d'engager la responsabilité internationale étatique si elle est jugée contraire aux engagements internationaux souscrits par cet État. Ainsi, une simple méconnaissance non justifiée d'un contrat de partage de production, par exemple, pourrait constituer également une atteinte au traitement juste et équitable ou même à la protection contre l'expropriation. La violation d'obligations contractuelles peut donc être envisagée comme une violation aux obligations issues du traité[556]. Le tribunal saisi de l'affaire *Bayindir contre Pakistan* aboutit à une pareille conclusion : *« The Tribunal recalls that its jurisdiction covers treaty and not contract claims. This does not mean that it cannot consider contract matters. It can and must do so to the extent necessary to rule on the treaty claims. It takes contract matters, including the contact's governing municipal law, into account as facts as far as they are relevant to the outcome of the treaty claims. Doing so, it exercises treat not contract jurisdiction »*[557].

405. Ces observations élaborées à l'encontre de la théorie de distinction *treaty claims - contract claims* ont été agréées par d'éminents juristes qui ont soutenu avec force l'abolition de ladite distinction en préconisant l'unicité du litige.

---

[555] W. Ben Hamida, L'arbitrage État-investisseur face à un désordre procédural : La concurrence des procédures et les conflits de juridictions, AFDI, vol. 51, 2005, pp. 564-602, spéc. p. 567.

[556] Dans la pratique contentieuse, la responsabilité de l'État repose, dans la quasi-totalité des cas, sur la violation d'obligations conventionnelles : traitement juste et équitable (V. par exemple, CIRDI, affaire *Swisslion DOO Skopje c. Ancienne République yougoslave de Macédoine,* ARB/09/16, sentence du 6 juillet 2012, § 272-308) ; protection et sécurité pleine et entière (V. par exemple, CIRDI, affaire *American Manufacturing & Trading Inc. c. République du Zaïre,* ARB/93/1, sentence du 21 février 1997, § 6.04-6.11, telle que traduite *in* E. Gaillard, La jurisprudence du CIRDI, Pedone, Paris, 2004, pp. 425-454, spéc. pp. 439 et s.) ; règles en matière d'expropriation (V. par exemple, CIRDI, affaire *Marion Unglaube c. Costa Rica,* ARB/08/1, sentence du 16 mai 2012, § 209 et s.) etc.

[557] V. CIRDI, affaire *Bayindir Insaat Turizm Ticaret Ve Sanayi A.S. c. Pakistan,* ARB/03/29, sentence du 27 août 2009, § 135.

B. Les protestations doctrinales à l'encontre de la distinction treaty claims - contract claims

406. Cette position hostile à la distinction *treaty claims - contract claims* a été très favorablement accueillie par une partie la doctrine. À travers l'examen des conventions internationales d'investissement, le Professeur Ibrahim Fadlallah, soucieux des conséquences périlleuses d'une telle distinction, n'infère aucune limitation de la compétence du CIRDI aux différends contractuels : *« [...] il n'est pas exact que les tribunaux CIRDI - ou tout autre tribunal désigné par le traité - soient incompétents pour statuer sur le contrat. La Convention CIRDI a été élaborée pour se prononcer sur les contrats d'investissement. La distinction entre traités et contrats n'est qu'un avatar de l'évolution, depuis que les États ont inséré des offres de compétence en faveur de l'investisseur. Il n'y a pas une matière noble et une matière ancillaire. [...] Il n'y a qu'avantage à abandonner la distinction en tant que critère de compétence du tribunal »*[558].

407. Dans le même sens, le Professeur Yves Nouvel estime que : *« Le tribunal arbitral fondé sur un traité n'est pas par nature l'organe institué pour le règlement des différends nés de ce seul traité »*[559], la clause de règlement des différends incluse dans l'instrument international ayant une portée beaucoup plus large que celle prévue dans l'instrument privé.

408. Le Professeur Pierre Mayer s'est même montré intransigeant en qualifiant cette distinction d'absurde : *« C'est comme si dans un litige interne le demandeur avait à la fois à se prévaloir de certaines règles du Code civil et certaines règles du Code de commerce et qu'on lui disait "Allez devant le Tribunal de Grande Instance pour le Code civil et devant le tribunal de commerce pour les règles qui sont dans le Code de commerce" »*[560].

409. Il s'avère dès lors insoutenable, compte tenu des argumentations que ces auteurs ont mises au point, de limiter uniquement la compétence du juge du traité à la violation des normes internationales. Dans la mesure où la

---

[558] V. I. Fadlallah, La distinction treaty claims - contract claims, *in* Ch. Leben (dir.), Droit international des investissements et de l'arbitrage transnational, Pedone, Paris, 2015, pp. 759-772, spéc. pp. 767-770.

[559] Y. Nouvel, La compétence matérielle : contrat, traité et clauses parapluie, *in* Ch. Leben, La procédure arbitrale relative aux investissements internationaux : Aspects récents, Anthemis, Louvain-la-Neuve, 2010, pp. 13-30, spéc. p. 18.

[560] P. Mayer, La protection de l'investisseur par les traités sur l'investissement est-elle excessive ?, *in* Ch. Leben, Le contentieux arbitral transnational relatif à l'investissement, Anthemis, Louvain-la-Neuve, 2006, pp. 195-200.

convention bilatérale d'investissement admet le recours à l'arbitrage CIRDI pour tous les litiges relatifs aux investissements étrangers, la compétence des tribunaux arbitraux englobera même les litiges purement contractuels, comme le note le Professeur Schreuer : *« where a TBI provides for investor/State arbitration in respect of all investment disputes rather than disputes concerning violations of the TBI, the tribunal is competent even for pure contract claims »*[561]. Il semble donc invraisemblable de répartir le travail entre le juge du traité, dont la mission est de préserver le respect du droit international et le juge du contrat, dont la fonction est de constater la bonne exécution de celui-ci. Afin de recouvrir tous les aspects du litige, une compétence extensive du tribunal arbitral s'avère être plus souhaitable.

410. D'ailleurs, une telle interprétation correspond mieux à l'objectif même des conventions internationales d'investissement[562], qui est de promouvoir, protéger et garantir les investissements transnationaux comme le constate le tribunal arbitral statuant dans l'affaire *SGS contre Philippines* : *« Le BIT est un traité d'encouragement et de protection réciproque des investissements. Aux termes de son préambule, il est destiné à "créer et maintenir des conditions favorables aux investissements des investisseurs d'une Partie contractante sur le territoire de l'autre Partie contractante". Il est légitime de résoudre les difficultés d'interprétation qu'il soulève dans le sens tendant à favoriser la protection des investissements auxquels il s'applique »*[563]. De plus, la rédaction nébuleuse des clauses juridictionnelles ne peut que concorder avec la volonté commune des États signataires et donner ainsi, à ces clauses, tout leur effet. Si cela n'avait pas été le cas, les États se seraient empressés de le préciser dans leur nouvelle génération d'accords.

411. Quoi qu'il en soit, il serait difficile de comprendre comment certains auteurs continuent toujours de tracer une ligne de démarcation entre les différentes réclamations menant indubitablement à *« la dichotomie de la*

---

[561] C. Schreuer, Investment Treaty Arbitration and Jurisdiction over Contract Claims - The Vivendi I Case Considered, *in* T. Weiler, International Investment Law and Arbitration : Leading Cases from the ICSID, NAFTA, Bilateral Treaties and Customary International Law, Cameron May, Londres, 2005, pp. 281-324.

[562] Article 31 de la Convention de Vienne sur le droit des traités, adoptée par l'Assemblée générale des Nations Unies le 23 mai 1969 et entrée en vigueur le 27 janvier 1980 ; V. également, J. Crawford, Treaty and Contract in Investment Arbitration, Arbitration International, vol. 24, n° 3, 2008, pp. 351-374.

[563] CIRDI, affaire *SGS c. Philippines*, ARB/02/6, décision sur la compétence du 29 janvier 2004, § 116, telle que traduite *in* E. Gaillard, La jurisprudence du CIRDI, Pedone, Paris, 2004, pp. 865-906, spéc. p. 874.

compétence »[564] qui *« rend artificielle et précautionneuse l'appréciation des mêmes faits »*[565]. Cependant, cette question demeure jusqu'à présent sans réponse. Elle fait toujours l'objet de longs et fastidieux débats et se complique davantage lorsque ce n'est pas l'État lui-même, mais l'un de ses démembrements qui a conclu le contrat en son propre nom[566].

---

[564] V. I. Fadlallah, La distinction treaty claims - contract claims, *in* Ch. Leben (dir.), Droit international des investissements et de l'arbitrage transnational, Pedone, Paris, 2015, pp. 759-772, spéc. p. 770.

[565] *Ibid.*

[566] *Ibid.*, p. 768.

CONCLUSION DU CHAPITRE 1

412. L'objet du consentement est délimité par la rédaction des dispositions relatives au règlement des différends entre État et investisseur. Ce n'est qu'à partir de termes rédigés avec attention qu'il serait possible de pronostiquer quels seraient les aspects du litige qui pourraient faire l'objet d'un arbitrage sur le fondement du traité. L'aptitude du tribunal arbitral à se prononcer sur des réclamations dérivantes de l'instrument contractuel est ainsi déterminée par référence à la rédaction de la loi ou du traité.

413. Si ces observations paraissent, de prime abord, simples, de nombreuses difficultés risquent de surgir lors d'une application pratique. Les diverses modalités de rédaction des clauses conventionnelles de règlement des différends, ainsi que la coexistence du traité et du contrat par l'intermédiaire desquels l'investissement a été opéré, ont abouti à des interprétations divergentes, et même parfois étonnantes.

414. Dans ce contexte survient la question relative à la distinction entre les réclamations conventionnelles qui dérivent de l'instrument international et les réclamations contractuelles résultant de l'instrument contractuel. Quoique ce thème a connu un vif débat au sein de la jurisprudence et de la doctrine, il n'en demeure pas moins que la tendance semble s'acheminer vers l'unicité du contentieux impliquant la compétence générale du juge du traité.

415. Pourtant, aucune solution unanime n'a l'air d'être acquise. Pour l'instant, la compétence générale du CIRDI n'est pas complètement établie. Une rédaction restrictive de la clause juridictionnelle conventionnelle excluant expressément les litiges contractuels, pourrait conduire certains tribunaux à opérer une distinction entre les différentes réclamations et, par conséquent, à se déclarer compétents uniquement lorsqu'il s'agit de statuer sur les litiges conventionnels. Pour pallier ces restrictions, et afin d'élargir autant que possible le champ de compétence arbitrale en vue d'englober la quasi-totalité des litiges relatifs aux investissements, les investisseurs invoqueront, à titre subsidiaire, la mise en œuvre d'autres procédés.

CHAPITRE 2

LES SOLUTIONS SUBSIDIAIRES À LA COMPÉTENCE ARBITRALE GÉNÉRALE

416. Le mode privilégié de règlement des litiges en droit international de l'investissement est naturellement l'arbitrage. C'est à lui que les compagnies internationales préfèrent se fier et confier toute sorte de litiges dérivant d'une opération d'investissement. L'incompétence des juridictions internationales est donc difficilement imaginable.

417. Pour cette raison, deux solutions efficaces ont été conçues pour triompher des obstacles qui surgissent vis-à-vis de la compétence arbitrale en matière d'investissements étrangers : l'une **(Section 1)** prévoit la mise en œuvre de la clause de la nation la plus favorisée en matière de règlement des différends ; l'autre **(Section 2)** consiste à faire jouer les effets de la clause de couverture incluse dans le traité invoqué par l'investisseur.

SECTION 1

L'EFFET DE LA CLAUSE DE LA NATION LA PLUS FAVORISÉE SUR LE CONSENTEMENT À L'ARBITRAGE

418. Parmi les différentes techniques de protection qu'envisage le droit des traités, la mise en œuvre des effets de la clause de la nation la plus favorisée *« constitue depuis des siècles l'un des piliers de la politique commerciale »*[567]. Apparue même avant l'émergence d'un droit international des investissements, la clause de la nation la plus favorisée puise ses racines

[567] V. OCDE, Le traitement de la nation la plus favorisée dans le droit international des investissements, Numéro 2004/2, Publications de l'OCDE, 2004, Paris, § 2.2.

dans l'ancien droit international économique[568]. Pour Endre Ustor, cette clause est *« une disposition conventionnelle par laquelle un ou plusieurs États concédants s'obligent à accorder le traitement de la nation la plus favorisée à un ou plusieurs États bénéficiaires »*[569]. Son champ d'application s'est graduellement étendu pour régir la matière du droit des investissements de façon qu'on la repère actuellement dans la plupart des conventions bilatérales d'investissement.

419. Comme son appellation l'indique, la clause de la nation la plus favorisée autorise l'extension au profit des investisseurs, d'un régime plus avantageux que l'État hôte aurait alloué aux ressortissants d'un État tiers. La mise en œuvre des effets d'une telle clause garantirait aux opérateurs étrangers le traitement le plus avantageux qu'accorde l'État hôte aux investisseurs ressortissants d'États tiers[570]. Autrement dit, ce mécanisme a pour but d'égaliser les relations juridiques entre les divers investisseurs en vue d'écarter toutes formes de discrimination entre les différents investisseurs étrangers opérant dans le même pays d'accueil.

420. Cette clause, au demeurant, ne constitue pas une norme directe, en ce qu'elle n'engendre pas, du fait de sa seule présence, le droit à un avantage particulier et privilégié. Elle ne le procure qu'indirectement, c'est-à-dire dans la mesure où un traitement plus favorisé a été octroyé à d'autres investisseurs qu'à celui qui invoque sa mise en œuvre.

421. Identifiée par certains comme l'outil par excellence de la protection des investissements transnationaux[571], l'objet des développements qui suivent, serait de déterminer, dans quelle mesure cette clause, incluse dans un traité de protection et de promotion des investissements, devrait permettre à l'investisseur étranger, bénéficiaire de ce traité de base, de se prévaloir des dispositions procédurales plus avantageuses insérées dans un autre traité de protection des investissements conclu par l'État hôte avec un État tiers.

---

[568] *Ibid.*

[569] CDI, Documents de la vingtième session y compris le rapport de la Commission à l'Assemblée générale, Annuaire de la Commission du droit international, vol. 2, Doc. A/CN.4/257, 1972, p. 176.

[570] A. Piot, La clause de la nation la plus favorisée, Revue critique de droit international privé, vol. 45, n° 1, 1956, pp. 1-20, spéc. p. 1.

[571] V. dans ce sens, H. Labidi, Où va la clause de la nation la plus favorisée en droit international des investissements ?, *in* F. Horchani, Où va le droit des investissements ? Désordre normatif et recherche d'équilibre, Pedone, Paris, 2006, pp. 31 et s. L'auteur décrit la clause de la nation la plus favorisée comme étant la *« clé de voûte des traités de commerce et prend actuellement ses marques dans le domaine de l'investissement [...] »*.

422. L'application de la norme de la nation la plus favorisée en matière de règlement des différends demeure, jusqu'à présent, très controversée[572]. Dans ce cadre, il faut rappeler que, depuis la fameuse sentence rendue à l'occasion du litige qui opposait la compagnie AAPL à l'État sri-lankais[573], l'opérateur étranger est en mesure d'introduire unilatéralement une procédure d'arbitrage à l'encontre de l'État hôte du seul fait qu'une clause juridictionnelle est incluse dans le traité liant l'État dont il est ressortissant, à l'État hôte. En effet, la quasi-totalité des conventions internationales de

---

[572] V. dans ce sens, CIRDI, affaire *Beijing Urban Construction Group c. Yémen*, ARB/14/30, décision sur la compétence du 31 mai 2017, § 113 : *« The Tribunal agrees with the Respondent's general proposition that the use of an MFN provision to extend the scope of the Respondent's consent to the dispute resolution clause is controversial »* ; CIRDI, affaire S*uez, Sociedad General de Aguas de Barcelona S.A.* et *Vivendi Universal S.A. c. Argentine*, ARB/03/19, décision du Comité *ad hoc* du 5 mai 2017, § 252 : *« The Committee is aware that, contrary to what a recital of the above suggests and as recognized by the tribunals in the above-mentioned cases as well as by other tribunals dealing with the same question, ICSID jurisprudence is far from unanimous on the question whether MFN clauses can be invoked by investors to benefit from more favorable dispute settlement provisions in third-State treaties [...] »* ; V. également, S. Schill, Maffezini v. Plama : Reflections on the Jurisprudential Schism in the Application of Most-Favored-Nation Clauses to Matters of Dispute Settlement, *in* M. Kinnear, G.-R. Fisher, et al. Building International Investment Law : The First 50 Years of ICSID, Kluwer Law International, 2015, pp. 251-266, spéc. p. 251 et 264 : *« There are few other issues in the still young history of investment treaty arbitration that have proven to be as controversial as the application of most-favored-nation ("MFN") clauses to matters of dispute settlement. In the practice of investment treaty arbitration (the arena), the issue has generated fundamentally conflicting approaches [...] Arbitral jurisprudence on whether MFN clauses can apply to matters of dispute settlement has led to one of the most fascinating and controversial debates in international investment law during the last fifteen years. While some see the decision in Maffezini v. Spain as having "opened the floodgates" for a host of unwanted cases, others welcome the development as taking non-discrimination in substantive treatment and enforcement of investor rights seriously, thus enhancing States' compliance with investment treaty obligations. Yet, while States are increasingly reacting to the jurisprudence on MFN treatment and dispute settlement in new treaties, a resolution of the debate on the interpretation of MFN clause in old treaties is nowhere in sight. Instead, as the tribunal in ST-AD v. Bulgaria aptly stated, when contemplating arbitral precedent on the issue at stake : "far from constituting a jurisprudence constante, they reflect a complete lack of consistency, which results from a fundamental difference of views between the various arbitrators". Thus, potentially new arguments will be brought and tested on either side of the schism. Yet, that arguments will ever be able to persuade the respective other to convert, is likely an idle hope. Still, this hope drives many of those spilling ink on the issue at stake. Whether they are writing for the tower, trying to influence the thinking of future generations of international investment lawyers, or for the arena, signaling their position on the issue to current or potentially future parties, they are engaged in the struggle for the appropriate contours of international investment law »*.

[573] CIRDI, affaire *Asian Agricultural Products Limited c. Sri Lanka,* ARB/87/3, sentence du 27 juin 1990, telle que traduite *in* E. Gaillard, La jurisprudence du CIRDI, Pedone, Paris, 2004, pp. 323-242.

promotion et de protection des investissements prévoit des dispositions relatives au règlement des différends. Or, comme on l'a déjà évoqué, la rédaction de ces clauses d'arbitrage peut remarquablement varier d'un traité à l'autre[574]. Dans ce cas, y a-t-il lieu de restreindre l'application de la clause de la nation la plus favorisée aux questions substantielles[575] ou, à l'inverse, faut-il qu'elle déploie ses effets pour atteindre les droits procéduraux ? En d'autres termes, l'opérateur étranger peut-il faire appel à l'application de la norme de la nation la plus favorisée contenue dans le traité de base afin de garantir, non seulement ses droits substantifs, mais également ceux relatifs à la procédure ? Si tel était le cas, un opérateur ressortissant d'un État avec lequel l'État hôte a conclu une convention bilatérale d'investissement qui contient une telle clause pourrait-il se prévaloir d'un mécanisme de règlement plus propice prévu dans une autre convention bilatérale conclue par l'État hôte avec un État tiers[576] ?

423. Face à ces interrogations, la pratique arbitrale trace deux trajectoires différentes. La première (**Paragraphe 1**) limite la mise en œuvre de la clause de la nation la plus favorisée aux questions de fond sans admettre son extension au traitement procédural. La seconde (**Paragraphe 2**) défend en revanche le caractère hybride d'une telle clause afin de fixer de manière stable un bloc de protection des droits substantiels et processuels des investisseurs étrangers et d'écarter les discriminations constatées dans les conventions internationales de promotion et de protection des investissements en permettant à la compagnie bénéficiaire de la clause de la nation la plus favorisée de se prévaloir, parmi toutes les procédures consenties par l'État hôte avec les États tiers, de celle qui est la plus favorable.

Paragraphe 1 : La non-extension de la clause de la nation la plus favorisée aux questions procédurales

424. La doctrine qui limite la portée de la clause de la nation la plus favorisée aux questions d'ordre substantiel fonde sa théorie, en premier lieu, sur les restrictions qui dérivent du principe *ejusdem generis* selon lesquelles, les normes conventionnelles les plus favorables doivent porter sur la même matière dont la clause fait l'objet afin d'éviter l'extension illégitime des effets

---

574 V. *supra,* n° 370.

575 L'extension des effets de la clause de la nation la plus favorisée aux droits substantiels étrangers n'a posé - sauf quelques exceptions - aucun problème. V. par exemple, C. Crépet Daigremont, La clause de la nation la plus favorisée, Pedone, Paris, 2015, pp. 346-353.

576 E. Gaillard, Establishing Jurisdiction Through a Most-Favored-Nation Clause, New York Law Journal, 2005, p. 3 ; V. également, W. Ben Hamida, Clause de la nation la plus favorisée et mécanismes de règlement des différends : Que dit l'histoire ?, JDI, 2007, pp. 1127-1162.

de cette norme entraînant sans doute le risque du *forum shopping* (**A**) et, en second lieu, sur le refus de fonder le consentement à l'arbitrage sur cette clause (**B**).

A. L'interprétation défavorable du principe ejusdem generis et le risque du forum shopping

425. Les réfutations de l'application de la norme de la nation la plus favorisée aux questions processuelles et plus spécifiquement à celle du règlement des différends reposent sur l'idée selon laquelle cette norme ne peut permettre à l'investisseur étranger qui s'en prévaut de bénéficier des règles procédurales plus avantageuses que prévoient d'autres traités conclus par l'État hôte avec des États tiers. En effet, l'extension du champ d'application de la clause de la nation la plus favorisée aux questions relatives à la procédure présente le désavantage de l'éclatement des contentieux transnationaux, ce qui aboutirait nécessairement à une extension illégitime de la clause de la nation la plus favorisée.

426. Pour pallier cette situation, maintes solutions ont été suggérées, parmi lesquelles celle préconisée par la Commission du droit international[577] qui voit dans l'application du principe *ejusdem generis*[578] un remède au problème de l'extension illégitime de la norme de la nation la plus favorisée.

En effet, par l'application du principe *ejusdem generis*, *« une clause de la nation la plus favorisée ne peut attirer que les questions relevant du même objet ou de la même catégorie d'objets que ceux auxquels elle se réfère »*[579]. Ce principe permettra ainsi aux juridictions confrontées à l'application de la norme de la nation la plus favorisée d'en limiter la mise en œuvre au seul domaine de relations envisagé par les États parties au traité. Cette règle pourra donc être regardée comme exigeant une identité de genre des traités en cause, le traité de base contenant la norme de la nation la plus favorisée et le traité tiers prévoyant un traitement plus avantageux.

Le projet d'articles sur les clauses de la nation la plus favorisée fait d'ailleurs référence à une telle condition. L'article 9 de ce projet dispose qu'

---

[577] La Commission du droit international, créée en 1947 par l'Assemblé générale des Nations Unies a pour but d'intensifier le développement et la codification du droit international.

[578] Célèbre aussi sous la notion de l'identité de genre, ce principe est un principe général et essentiel dans l'application de la clause de la nation la plus favorisée.

[579] V. OCDE, Le traitement de la nation la plus favorisée dans le droit international des investissements, Numéro 2004/2, Publications de l'OCDE, 2004, Paris, § 3.2.

« 1) en vertu d'une clause de la nation la plus favorisée, l'État bénéficiaire acquiert, pour lui-même ou au profit de personnes ou de choses se trouvant dans un rapport déterminé avec lui, uniquement les droits qui rentrent dans les limites de la matière objet de la clause.
2) L'État bénéficiaire acquiert les droits prévus au paragraphe 1 uniquement en ce qui concerne des personnes ou des choses qui sont spécifiées dans la clause ou qui sont implicitement visées par la matière objet de la clause » ;
puis ajoute aux termes de l'article 10 qu'
« 1) en vertu d'une clause de la nation la plus favorisée, l'État bénéficiaire n'acquiert le droit au traitement de la nation la plus favorisée que si l'État concédant confère à un État tiers un traitement qui ressortit à la matière objet de la clause.
2) L'État bénéficiaire n'acquiert des droits découlant du paragraphe 1 en ce qui concerne des personnes ou des choses se trouvant dans un rapport déterminé avec lui que si ces personnes ou ces choses :
a) Appartiennent à la même catégorie de personnes ou de choses que celles se trouvant dans un rapport déterminé avec un État tiers qui bénéficient du traitement qui leur est conféré par l'État concédant ; et
b) Se trouvent avec l'État bénéficiaire dans le même rapport que celui dans lequel les personnes et les choses visées à l'alinéa a se trouvent avec cet État tiers »[580].

427. Mais quid alors des droits plus avantageux d'un traité lesquels ne se rapportent pas à la matière dont la clause fait l'objet comme l'exige le principe *ejusdem generis* ? La norme de la nation la plus favorisée pourrait-elle être comprise comme élargissant le champ de compétence arbitrale pour englober des types de différends non prévus dans ceux que le traité lui-même vise ?

Le tribunal arbitral, dans l'affaire *Telenor Mobile Communications AS contre République de Hongrie*[581], statuant sous les auspices du CIRDI adopte une approche très restrictive à l'égard de l'extension des effets de la norme de la nation la plus favorisée au mécanisme de règlement des différends en considérant que : *« Those who advocate a wide interpretation of the MFN clause have almost always examined the issue from the perspective of the investor. But what has to be applied is not some abstract principle of investment protection in favour of a putative investor who is not a party to the TBI and who at the time of its conclusion is not even known, but the intention of the States who are the contracting parties. The importance to investors of*

[580] Texte adopté par la Commission à sa trentième session, en 1978, et soumis à l'Assemblée générale dans le cadre de son rapport sur les travaux de ladite session. Le rapport, qui contient en outre des commentaires sur le projet d'articles, est reproduit dans l'Annuaire de la Commission du droit international, 1978, vol. II, deuxième partie.
[581] CIRDI, affaire *Telenor Mobile Communications AS c. République de Hongrie*, ARB/04/15, sentence du 13 septembre 2006.

independent international arbitration cannot be denied, but in the view of this Tribunal its task is to interpret the TBI and for that purpose to apply ordinary canons of interpretation, not to displace, by reference to general policy considerations concerning investor protection, the dispute resolution mechanism specifically negotiated by the parties »[582].

428. En somme, quatre fondements juridiques appuient largement l'adoption d'une interprétation si rigide du principe *ejusdem generis* par le tribunal arbitral. Le premier, dérive du sens exact de la terminologie « traitement » qui ne pourrait s'interpréter comme englobant un traitement relatif à la procédure et donc s'étendre pour faire prévaloir le mécanisme le plus favorable de règlement des différends[583]. Le second découle d'un besoin d'éviter de donner naissance au phénomène insalubre du chalandage de traités ou de *treaty shopping*[584]. Le troisième réside dans le souci d'engendrer une déstabilisation juridique du fait qu'une clause de règlement des différends restrictive pourrait voir ses effets élargis par la seule mise en œuvre de la norme de la nation la plus favorisée[585]. Enfin, le quatrième repose sur le respect de la volonté des parties exprimée dans le traité de base. En effet, les parties ont spécifiquement négocié une clause étroite de règlement des différends pour qu'elle se trouve appliquée, et non bafouée par la mise en

---

582 *Ibid.*, § 95.

583 *Ibid.*, § 92 : *« In the first place, Article 31 of the 1969 Vienna Convention on Treaties requires a treaty to be interpreted "in good faith in accordance with the ordinary meaning to be given to the terms of the treaty in their context and in the light of its object and purposes." In the absence of language or context to suggest the contrary, the ordinary meaning of "investments shall be accorded treatment no less favourable than that accorded to investments made by investors of any third State" is that the investor's substantive rights in respect of the investments are to be treated no less favourably than under a TBI between the host State and a third State, and there is no warrant for construing the above phrase as importing procedural fights as well It is one thing to stipulate that the investor is to have the benefit of MFN investment treatment but quite another to use an MFN clause in a TBI to bypass a limitation in the very same TBI when the parties have not chosen language in the MFN clause showing an intention to do this, as has been done in some BITs »* ; pour une analyse plus approfondie sur cette question, V. not., J. Baumgartner, Treaty Shopping in International Investment Law, OUP, Oxford, 2016.

584 CIRDI, affaire *Telenor Mobile Communications AS c. République de Hongrie*, ARB/04/15, sentence du 13 septembre 2006, § 93 *: « [...] the effect of the wide interpretation of the MFN clause is to expose the host State to treaty-shopping by the investor among an indeterminate number of treaties to find a dispute resolution clause wide enough to cover a dispute that would fall outside the dispute resolution clause in the base treaty, and even then there would be questions as to whether the investor could select those elements of the wider dispute resolution that were apt for its purpose and discard those that were not ».*

585 *Ibid.*, § 94 : *« Thirdly, the wide interpretation also generates both uncertainty and instability in that at one moment the limitation in the basic TBI is operative and at the next moment it is overridden by a wider dispute resolution clause in a new TBI entered into by the host State ».*

œuvre de la norme de la nation la plus favorisée dès qu'une clause juridictionnelle plus avantageuse aurait été insérée dans un traité tiers[586].

429. D'ailleurs, la pratique arbitrale discerne communément entre l'extension légitime de la norme de la nation la plus favorisée dont le but ultime est d'aplanir autant que possible les différences de traitement et l'extension illégitime n'ayant comme objectif principal que de favoriser le *forum shopping* considéré comme un abus dans l'usage de l'option de compétence. Afin d'éviter les conséquences néfastes d'un tel phénomène, d'importantes limites ont été dressées par les arbitres. Pour cela, afin de respecter la volonté des États parties au traité de base, la mise en œuvre des règles et des considérations d'ordre public que les parties au traité avaient envisagées et jugées comme fondamentales lors de la ratification dudit traité ne peut se voir écartée par l'application la norme de la nation la plus favorisée.

430. Ce raisonnement fut d'ailleurs consolidé par la sentence relative à l'affaire *Salini contre Jordanie*, où le tribunal souligne une méfiance à l'égard de l'usage de la norme de la nation la plus favorisée qui tend à faciliter le *forum shopping*[587]. En l'espèce, il s'agissait de savoir si l'entreprise italienne Salini était en mesure d'invoquer la mise en œuvre de la norme de la nation la plus favorisée que consacre le TBI jordano-italien[588] afin de bénéficier d'une procédure plus avantageuse incluse dans le TBI jordano-américain prévoyant le recours à l'arbitrage CIRDI[589], et cela, malgré l'existence d'une clause contractuelle attributive de compétence en faveur des juridictions nationales jordaniennes dans le contrat d'État. Le tribunal, après avoir souligné l'absence d'une commune volonté des parties en vue d'élargir les effets de la clause de la nation la plus favorisée aux questions processuelles surtout en présence d'une mention expresse des parties d'exclure des litiges contractuels de la

---

[586] *Ibid., §95 : « [...] It must be obvious that such a State, when reaching agreement on the latter form of dispute resolution clause, intends that the jurisdiction of the arbitral tribunal is to be limited to the specified categories and is not to be inferentially extended by an MFN clause, Where, as in the present case, both parties to a TBI which restricts the reference to arbitration to specified categories have entered into other BITs which refer all disputes to arbitration or where they have concluded other BITs some of which refer all disputes to arbitration while others limit such a reference to specified categories of dispute, then it can fairly be assumed that in the TBI in question the two parties share a common intention to limit the jurisdiction of the arbitral tribunal to the categories so specified, In these circumstances, to invoke the MFN clause to embrace the method of dispute resolution is to subvert the intention of the parties to the basic treaty, who have made it clear that this is not what they wish ».*

[587] CIRDI, affaire *Salini Costruttori Spa et Italstrade Spa c. Jordanie*, ARB/02/13, décision sur la compétence du 9 novembre 2004, § 114-115.

[588] Article 3 du TBI Jordanie-Italie, signé le 21 juillet 1996 et entré en vigueur le 17 janvier 2000.

[589] Article XI du TBI États-Unis–Jordanie, signé le 2 juillet 1997 et entré en vigueur le 12 juin 2003.

compétence CIRDI, déclina sa compétence en signalant que : « *The current Tribunal shares the concerns that have been expressed in numerous quarters with regard to the solution adopted in the Maffezini case. Its fear is that the precautions taken by authors of the award may in practice prove difficult to apply, thereby adding more uncertainties to the risk of "treaty shopping"* »[590].

431. Il s'avère ainsi loisible d'admettre, à la lumière d'un tel raisonnement, que l'investisseur étranger, bénéficiaire des dispositions d'une clause de la nation la plus favorisée, se trouve face à deux limites. La première, dérive de l'objet même de cette clause qui ne peut attirer que les questions relevant de la même catégorie d'objets que ceux auxquels elle se réfère. La seconde découle sans doute des droits conférés par l'État hôte aux pays tiers.

De surcroît, à côté des impositions du principe *ejusdem generis,* un autre argument tiré de la condition du consentement exprès à l'arbitrage, a fondé en jurisprudence le rejet de l'application de la clause de la nation la plus favorisée en matière procédurale.

B. L'interprétation restrictive de la condition du consentement exigée par la Convention CIRDI

432. Le principe du consentement à l'arbitrage jouit d'une telle spécificité en matière d'investissements étrangers qu'il pourrait paralyser toute extension de la clause de la nation la plus favorisée aux problèmes procéduraux. Cela étant, une interrogation se forme à ce niveau : est-ce qu'un consentement stipulé de façon restrictive pourrait voir son champ élargi par l'application de la norme de la nation la plus favorisée ?[591]

---

590 CIRDI, affaire *Salini Costruttori Spa et Italstrade Spa c. Jordanie*, ARB/02/13, décision sur la compétence du 9 novembre 2004, § 115.

591 La question a fait l'objet d'abondantes études. V. par exemple, C.-G. Mekpo, La clause de la nation la plus favorisée (NPF) et son impact sur l'arbitrage en matière d'investissement : regard sur les sentences récentes, Bulletin de droit économique, vol. 2, n° 1, 2011, pp. 2-9., spéc. p. 7 : « *Grâce à la prolifération des TBI dont la plupart incorporent les clauses « indirectes », la clause NPF contribue à renforcer le recours systématique contre l'État institué par l'arbitrage unilatéral. Comme un nain juché sur des épaules d'un géant, l'extension de la clause NPF aux règles de procédure permet à l'arbitrage transnational unilatéral d'exercer un effet additionnel sur l'élargissement du champ de compétence des tribunaux arbitraux. Dès lors, les tempéraments apportés par certains tribunaux quant à l'affirmation du principe d'extension automatique de la clause NPF sont plutôt bienvenus* » ; N. Rubins, MFN Clauses, Procedural Rights and a Return to the Treaty Text, *in* T. Weiler, Investment Treaty Arbitration and International Law, JurisNet, Huntington, 2008, pp. 213-229 ; P. Acconci, Most-Favoured-Nation

433. La question s'est d'ailleurs posée dans l'affaire *Plama contre Bulgarie*[592]. Le tribunal arbitral, en se basant sur l'aspect consensuel de l'arbitrage ainsi que sur l'autonomie qui caractérise les clauses de règlement des différends, s'abstient d'élargir le champ de compétence arbitral par le biais de la clause de la nation la plus favorisée. En l'espèce, le traité bilatéral d'investissement entre la République de Chypre et la République de Bulgarie prévoyait expressément que seuls les litiges relatifs à l'appréciation des dommages-intérêts sont susceptibles d'être soumis à l'arbitrage alors que les traités conclus par la République de Bulgarie avec des États tiers prévoyaient un champ de compétence plus élargi. Le tribunal considère que, pour que la norme de la nation la plus favorisée s'applique au règlement des différends, il fallait que cette norme prévoie une intention suffisamment claire en ce sens : *« The present Tribunal agrees with that observation, albeit that the principle with multiple exceptions as stated by the tribunal in the Maffezini case should instead be a different principle with one, single exception : an MFN provision in a basic treaty does not incorporate by reference dispute settlement provisions in whole or in part set forth in another treaty, unless the MFN provision in the basic treaty leaves no doubt that the Contracting Parties intended to incorporate them »*[593]. Le tribunal s'est ainsi abstenu de mettre en œuvre la clause de la nation la plus favorisée en matière de règlement des différends et a souligné que les parties au TBI devaient être supposées avoir écarté le procédé d'arbitrage qui forme un accord spécifique : *« When concluding a multilateral or bilateral investment treaty with specific dispute resolution provisions, states cannot be expected to leave those provisions to future (partial) replacement by different dispute resolution provisions through the operation of an MFN provision, unless the States have explicitly agreed thereto (as in the case of BITs based on the UK Model BIT). This matter can also be viewed as forming part of the nowadays generally accepted principle of the separability (autonomy) of the arbitration clause. Dispute resolution provisions constitute an agreement on their own, usually with interrelated provisions »*[594].

Treatment, *in* P. Muchlinski, F. Ortino et C. Schreuer, The Oxford Handbook of International Investment Law, OUP, Oxford, 2008, pp. 363-406 ; S. Fietta, Most Favoured Nation Treatment and Dispute Resolution Under Bilateral Investment Treaties : A Turning Point ?, International Arbitration Law Review, vol. 8, n° 4, 2005, pp. 136-151 ; Z. Douglas, The International Law of Investment Claims, CUP, Cambridge, 2009, p. 345 : *« [...] The proper formulation of the question is whether there is an intrinsic distinction between substantive obligations of investment protection, on the one hand, and investment treaty provisions on the jurisdiction of tribunals, on the other, which make the application of the MFN clause to the latter impermissible »*.

[592] V. not., N. Gallus, Plama v. Bulgaria and the Scope of the Investment Treaty MFN Clauses, Transnational Dispute Management, vol. 2, n° 3, 2005.

[593] CIRDI, affaire *Plama Consortium Limited c. Bulgarie,* ARB/03/24, décision sur la compétence du 8 février 2005, § 223.

[594] *Ibid.*, § 212.

434. Dans le même sens, le tribunal arbitral statuant dans l'affaire *Vladimir et Michael Berschader contre Russie* a adopté une approche ressemblante en considérant que la norme de la nation la plus favorisée ne peut jouer comme clause arbitrale par référence sauf si une mention expresse en ce sens a été édictée : « *The tribunal in the Gas Natural case suggested that as a matter of principle MFN provisions in BITs should be understood to be applicable to dispute settlement provisions unless it appears clearly that the parties intended otherwise. For the reasons developed above, it should be evident that this Tribunal cannot accept that standpoint. Instead, the present Tribunal will apply the principle that an MFN provision in a BIT will only incorporate by reference an arbitration clause from another BIT where the tenns of the original BIT clearly and unambiguously so provide or where it can otherwise be clearly inferred that this was the intention of the contracting parties* »[595].

435. De la même manière, le tribunal arbitral statuant dans l'affaire *Wintershall contre Argentine*, refuse d'admettre que la norme de la nation la plus favorisée incluse dans une convention bilatérale d'investissement élargisse *ipso facto* le champ de compétence arbitrale en soulignant que le consentement ne se présumait pas, mais devrait être prouvé : « *Besides, it is a general principle of international law that international courts and tribunals can exercise jurisdiction over a State only with its consent. The principle is often described as a corollary to the sovereignty and independence of the State. A presumed consent is not regarded as sufficient, because any restriction upon the independence of a State (not agreed to) cannot be presumed by courts* »[596].

436. Christopher Thomas, arbitre dans l'affaire *Hochtief AG contre Argentine,* souligne quant à lui dans une opinion dissidente, que le principe de la compétence-compétence ne peut s'interpréter comme autorisant le tribunal à appliquer la clause de la nation la plus favorisée afin de fonder sa compétence et que celle-ci devrait premièrement être établie pour que la clause de la nation la plus favorisée puisse être mise en œuvre. Il note en effet que : « *Before examining the Treaty, I wish to note an important issue on which we are all agreed. At paragraph 22, the Decision correctly notes that the "Tribunal's jurisdiction depends upon the existence of an agreement between the two parties to the dispute - Hochtief and the Republic of Argentina." It is only if such agreement exists that the Tribunal is then vested*

[595] SCC, affaire *Vladimir et Michael Berschader c. Russie*, arbitrage de l'Institut de la Chambre de commerce de Stockholm, aff. n° 080/2004, sentence et opinion dissidente du 21 avril 2006, § 181.

[596] CIRDI, affaire *Wintershall Aktiengesellschaft c. Argentine,* ARB/04/14, sentence du 8 décembre 2008, § 160, 3ème alinéa.

with jurisdiction to apply the Treaty »[597] et ajoute que : *« There is no doubt that, as observed in paragraph 11 of the Decision, when considering an objection to its competence, a tribunal plainly has the power to interpret the treaty as a whole in order to determine whether it is properly seised with jurisdiction. However, I do not believe that the Kompetenz-Kompetenz power can be used to create the Tribunal's jurisdiction. In my respectful view the approach taken seems to elide the question of competence and the application of the provisions of the Treaty »*[598].

437. Plus récemment encore, Laurence Boisson de Chazournes, arbitre dissident dans l'affaire *Garanti Koza contre Turkménistan,* estime que la clause de la nation la plus favorisée *« cannot bypass the requirement of consent to ICSID arbitration »*[599], et que *« if the requirement of consent to ICSID arbitration, as stipulated in Article 8 of the U.K.-Turkmenistan TBI, as well as in the ICSID Convention itself, could easily be put aside because of the interplay of MFN clauses, there would be a threat to the entire system of investor-state arbitration »*[600].

438. En somme, la jurisprudence à tendance restrictive a montré que le « chalandage des traités » exige un meilleur encadrement dans l'application de la norme de la nation la plus favorisée sans lequel découleraient diverses conséquences néfastes mettant en cause les droits étatiques en faveur d'une protection « illégitime » du droit des investisseurs.

439. Cependant, une autre partie de la jurisprudence a signalé que le *forum shopping* ne devrait en aucun cas empêcher la clause de la nation la plus favorisée de déployer ses effets en vue d'égaliser autant que possible les relations entre les divers investisseurs[601]. À cette fin, les arbitres pourront parfaitement décider qu'une clause juridictionnelle contractuelle en faveur des tribunaux nationaux de l'État hôte ne saurait faire obstacle à la compétence CIRDI. Certains arbitres ont même adopté une interprétation souple de la condition du consentement en acceptant de donner une portée procédurale

---

[597] Opinion dissidente de J.-C. Thomas, § 14 au regard de la décision CIRDI, affaire *Hochtief AG c. Argentine*, ARB/07/31, décision sur la compétence du 24 octobre 2011.
[598] *Ibid.,* § 30.
[599] CIRDI, affaire *Garanti Koza LLP c. Turkménistan,* ARB/11/20, opinion dissidente du 3 juillet 2013, § 62.
[600] *Ibid* ; *contra* : E. De Brabandere, Importer le consentement à l'arbitrage du CIRDI ? Une évaluation critique de l'affaire Garanti Koza c. Turkménistan, Investment Treaty News, n° 2, vol. 5, 2014, pp. 5-7.
[601] V. not., les affaires *Maffezini*, *Siemens*, *Hochtief* et *Garanti Koza*. V, *infra*, n°s 445 et s. Selon cette jurisprudence, l'offre de règlement des différends à travers l'arbitrage constitue une partie intégrante du traitement favorable recherché par une telle clause incluse dans un traité.

large à la clause de la nation la plus favorisée[602]. La tendance actuelle semble ainsi s'inverser et s'orienter davantage vers l'extension de l'application de la clause de la nation la plus favorisée pour mettre en œuvre les avantages procéduraux.

Paragraphe 2 : Le champ extensif de la clause de la nation la plus favorisée

440. La protection des droits procéduraux des opérateurs économiques, par la mise en œuvre de la norme de la nation la plus favorisée, soulève une interrogation : est-ce que l'engagement pris par l'État hôte de traiter les investisseurs de l'État contractant aussi bien que les investisseurs ressortissants d'États tiers étend ses effets à la clause de règlement des différends ?

441. Malgré les effets du *treaty shopping* dont les désavantages ont été révélés par la jurisprudence *Salini*[603], une offre d'arbitrage plus avantageuse pourrait faire partie du traitement plus favorable visé par la norme de la nation la plus favorisée contenue dans le traité de base. Deux arguments fondamentaux militent en faveur d'une extension des effets de la clause de la nation la plus favorisée aux matières procédurales : le premier découle de l'objectif de la clause et l'esprit même de la discipline relative aux investissements étrangers (**A**) ; le second tient au fait que la condition découlant du principe *ejusdem generis* semble particulièrement facile à satisfaire (**B**).

A. Le rôle exalté de la clause de la nation la plus favorisée dans le cadre du règlement des différends

442. Il sied de mentionner ici qu'une partie de la doctrine affirme avec force le rôle transcendant et élargi de la clause de la nation la plus favorisée en matière d'investissements étrangers. Cette fonction protectrice de l'investissement transnational que comporte ladite norme a été relevée par le

---

602 V. not., CIRDI, affaire *Telenor Mobile Communications AS c. République de Hongrie*, ARB/04/15, sentence du 13 septembre 2006, § 92-95 ; CIRDI, affaire *Daimler Financial Services AG c. Argentine,* ARB/05/1, sentence du 22 août 2012, § 160-178 ; CIRDI, affaire *Garanti Koza LLP c. Turkménistan,* ARB/11/20, décision sur la compétence et opinion dissidente du 3 juillet 2013. V. *infra,* n°s 450 et s.

603 CIRDI, affaire *Salini Costruttori Spa et Italstrade Spa c. Jordanie*, ARB/02/13, décision sur la compétence du 9 novembre 2004.

Professeur Gaillard qui considère qu'*« une telle clause a pour effet de faire bénéficier les investisseurs relevant du traité qui la contient des dispositions plus favorables des autres traités conclus par le même État »* et *« contribue fortement à aligner le régime de protection offerte par chaque État aux investisseurs opérant sur son territoire »*[604]. Cependant, même si ces observations s'avèrent pertinentes quant au rôle que fournit une telle clause, elles ne spécifient tout de même pas dans quelle mesure l'investisseur étranger peut bénéficier d'un traitement procédural qu'offre un traité tiers.

443. Nonobstant la position défavorable que l'on rencontre dans certaines décisions citées plus haut[605], d'autres décisions ont en revanche frayé la voie vers l'extension du champ d'application de la norme de la nation la plus favorisée aux questions procédurales.

444. Portée tout d'abord devant les juridictions internationales, l'affaire *Ambatielos* a amené la Commission d'arbitrage à considérer que la norme de traitement de la nation la plus favorisée applicable au commerce et à la navigation pourrait remplir un rôle en matière procédurale. En l'espèce, il s'agissait d'une méconnaissance par les tribunaux britanniques d'un traitement procédural plus avantageux dont pourrait bénéficier le ressortissant grec par le biais de la clause de la nation la plus favorisée. En effet, la Grèce a considéré que son ressortissant avait droit à un traitement procédural équitable, tel que prévu dans plusieurs conventions internationales conclues par le Royaume-Uni avec des États tiers. Même si le domaine d'application de la norme de la nation la plus favorisée ne faisait pas mention expresse des questions procédurales, mais comprenait de façon vague *« toutes les matières relatives au commerce et à la navigation »,* la Commission d'arbitrage a toutefois estimé qu'*« [...] Il est vrai que l'administration de la justice, considérée isolément, n'est pas une question relative au « commerce et à la navigation », mais il peut en aller différemment si on l'envisage dans le contexte de la protection des droits des commerçants. La protection des droits des commerçants trouve naturellement sa place parmi les matières traitées dans les conventions de commerce et de navigation. On ne peut donc pas dire que l'administration de la justice, dans la mesure où elle intéresse la protection de ces droits, doit être obligatoirement exclue du champ d'application de la clause de la nation la plus favorisée lorsque cette dernière recouvre « toutes les questions relatives au commerce et à la navigation » »*[606].

---

[604] V. E. Gaillard, L'arbitrage sur le fondement des traités de protection des investissements, Revue de l'arbitrage, n° 3, vol. 10, Litec, Paris, 2003, pp. 853-878, spéc. p. 861.

[605] V. *supra,* n°s 427 et s.

[606] Commission d'arbitrage, *Ambatelios*, sentence du 6 mars 1956. Recueil des sentences arbitrales, Publications des Nations Unies, vol. 12, 1963, p. 107 ; V. aussi G.

445. Cette solution a trouvé un écho dans la jurisprudence CIRDI. La possibilité pour une clause de la nation la plus favorisée de jouer en matière procédurale fut l'œuvre de la sentence relative à l'affaire *Maffezini contre Espagne*[607]. Il s'agissait en l'espèce d'un conflit né entre l'investisseur argentin Maffezini et l'État espagnol lors d'un investissement installé sur le territoire de ce dernier. Ayant subi un traitement malsain à l'occasion de son investissement dans une usine chimique installée sur le territoire espagnol, l'investisseur introduit une procédure devant le CIRDI sur le fondement du TBI Espagne-Argentine, lequel prévoyait une obligation de saisine préalable des tribunaux nationaux de l'État espagnol ainsi que le respect d'un long délai de dix-huit mois avant toute saisine des juridictions arbitrales. N'ayant pas saisi les juridictions étatiques, l'investisseur argentin a méconnu de respecter les exigences qu'imposait le TBI de base. Afin de protéger les droits de l'opérateur économique, le tribunal CIRDI a réussi à retenir sa compétence en se fondant principalement sur la clause de la nation la plus favorisée. En vertu de cette clause, l'investisseur soutenait qu'il devrait bénéficier des traitements procéduraux plus favorables que l'État espagnol accordait aux ressortissants d'États tiers. Or, une convention bilatérale d'investissement conclue entre l'Espagne et le Chili prévoyait, en ce qui concerne les conditions préalables au recours à l'arbitrage, le respect d'un délai de seulement six mois. Le ressortissant argentin estimait que ce traité offrait un traitement plus avantageux dont il était en droit de s'en prévaloir. Le tribunal arbitral retient sa compétence et apporte une solution satisfaisante quant à l'extension du champ d'application de la clause de la nation la plus favorisée aux matières procédurales : « *Notwithstanding the fact that the basic treaty containing the clause does not refer expressly to dispute settlement as covered by the most favored nation clause, the Tribunal considers that there are good reasons to conclude that today dispute settlement arrangements are inextricably related to the protection of foreign investors, as they are also related to the protection of rights of traders under treaties of commerce. Consular jurisdiction in the past, like other forms of extraterritorial jurisdiction, were considered essential for the protection of rights of traders and, hence, were regarded not merely as procedural devices but as arrangements designed to better protect the rights of such persons abroad. It follows that such arrangements, even if not strictly a part of the material aspect of the trade and investment policy pursued by treaties of commerce and navigation, were essential for the adequate protection of the rights they sought to guarantee* »[608].

Fitzmaurice, The Law and Procedure of the International Court of Justice, 1951-4 : Points of Substantive Law, Part II, British Yearbook of International Law, vol. 32, 1955, pp. 20 et s.

607 CIRDI, affaire, *Maffezini c. Espagne*, ARB/97/7, décision sur la compétence du 25 janvier 2000.

608 *Ibid.*, § 54.

La solution avancée par le tribunal dans cette affaire vise sans doute à protéger les droits des investisseurs étrangers qui pourront, dès lors, échapper à l'emprise des juridictions nationales en se prévalant d'une clause juridictionnelle rédigée en termes moins restrictifs. En effet, compte tenu des grands intérêts économiques en jeu, les tribunaux étatiques ne garantiront que rarement les droits des opérateurs étrangers[609]. Il s'avère ainsi nécessaire de délocaliser le litige pour le placer sous la compétence des organismes arbitraux, notamment ceux du CIRDI. L'inclusion de la norme de la nation la plus favorisée dans une convention internationale conférera ainsi à l'investisseur étranger, bénéficiaire d'une telle clause, l'avantage de se prévaloir, parmi les différentes clauses de règlement des différends contenues dans les divers traités conclus par l'État hôte avec des États tiers, de celle qui lui serait la plus avantageuse[610]. Dans ce contexte, l'application de la clause de la nation la plus favorisée incluse dans une convention internationale d'investissement aboutira à garantir et à préserver les droits procéduraux des opérateurs économiques étrangers.

446. Le tribunal arbitral statuant dans l'affaire *Siemens AG contre République d'Argentine* aboutit aux mêmes conclusions[611]. Afin de contourner la condition de régler le différend auprès des juridictions argentines dans le délai de dix-huit mois imposé par le TBI Allemagne-Argentine, l'investisseur allemand, menant une activité sur le territoire argentin, s'adresse au CIRDI en fondant ses réclamations sur la clause de la nation la plus favorisée incluse dans le traité de base[612] pour invoquer l'application des normes plus favorables prévues par la clause de règlement des différends incluse dans le TBI Argentine-Chili[613]. Le tribunal arbitral, tout en s'inspirant des interprétations formulées dans la sentence relative à l'affaire *Maffezini* précitée[614], est encore allé plus loin lorsqu'il s'est déclaré compétent sur le fondement de la clause de règlement des différends contenue dans le TBI Argentine-Chili. En tout cas, la clause de la nation la plus favorisée en question n'était pas rédigée en des termes aussi généraux que celle dont l'investisseur s'est prévalu dans l'affaire *Maffezini*.

---

[609] V. *supra,* n°s 27 et s.

[610] V. W. Ben Hamida, L'arbitrage transnational unilatéral, Réflexions sur une procédure réservée à l'initiative d'une personne privée contre une personne publique, Thèse, Paris II, 2003 (sous la direction de Philippe Fouchard), p. 147.

[611] CIRDI, affaire *Siemens AG c. République d'Argentine*, ARB/02/8, décision sur la compétence du 3 août 2004.

[612] TBI Allemagne-Argentine, signé le 9 avril 1991 et entré en vigueur le 8 novembre 1993.

[613] TBI Argentine-Chili, signé le 2 août 1991 et entré en vigueur le 1er janvier 1995.

[614] CIRDI, affaire, *Maffezini c. Espagne*, ARB/97/7, décision sur la compétence du 25 janvier 2000.

On peut se rallier dans ce contexte aux arguments que préconise le tribunal arbitral dans sa sentence relative à l'affaire *Siemens AG contre République d'Argentine*. Après avoir examiné en détail les positions adoptées par les jurisprudences précédentes, le tribunal arbitral a rappelé le rôle sublimé et élargi de la clause de la nation la plus favorisée en matière d'investissements transnationaux. Le tribunal considère ainsi que l'accès à un mécanisme de règlement des différends plus favorable *« is part of the protection offered under the Treaty. It is part of the treatment of foreign investors and investments and of the advantages accessible through an MFN clause »*[615].

447. Cette solution fut reprise par la sentence S*uez, Sociedad General de Aguas de Barcelona S.A. et Vivendi Universal S.A. contre Argentine,* à travers laquelle le tribunal ne manqua pas de réitérer avec force la jurisprudence *Maffezini* : *« The Tribunal finds strong support for its conclusions in previous ICSID cases. In particular, Maffezini v. Spain applied the Argentina-Spain BIT, the very treaty at issue in the present case, to find that the most favored-nation-clause allowed the Claimant, a national of Argentina, to take advantage of Spain's BIT with Chile to avoid the necessity of having recourse to the local courts in Spain before bringing an ICSID action »*[616].

448. Plus récemment, la décision dans l'affaire *Hochtief AG contre Argentine* a confirmé les motivations des jurisprudences antérieures, mais avec quelques nuances. Face à l'obligation de soumettre le litige aux juridictions internes avant tout recours à l'arbitrage, prévue dans le traité bilatéral d'investissement en cause, le tribunal la juge incompatible avec l'objet même du traité. Ainsi, en ayant recours à la norme de la nation la plus favorisée, le tribunal s'est interrogé alors sur la possibilité de recourir, avant le délai de dix-huit mois, aux juridictions arbitrales. En considérant que l'exigence de respecter le recours préalable aux tribunaux argentins nationaux pendant une période de dix-huit mois pour la résolution du litige n'est qu'une modalité de l'exercice du droit à l'arbitrage international, le tribunal accepte de mettre en œuvre la norme de la nation la plus favorisée et de déroger à ce délai[617].

449. Un raisonnement similaire fut adopté par le tribunal arbitral dans l'affaire *Teinver S.A., Transportes de Cercanías S.A. and Autobuses Urbanos del Sur S.A. contre Argentine*. En effet, les arbitres admettent la possibilité de l'extension des effets de la clause de la nation la plus favorisée aux matières

---

[615] *Ibid.*, § 102.

[616] CIRDI, affaire S*uez, Sociedad General de Aguas de Barcelona S.A. et Vivendi Universal S.A. c. Argentine*, ARB/03/19, décision sur la compétence du 3 août 2006, § 62.

[617] CIRDI, affaire *Hochtief AG c. Argentine*, ARB/07/31, décision sur la compétence du 24 octobre 2011, § 28-100.

procédurales en estimant que la norme procédurale plus favorable incluse dans le traité tiers dont se prévaut le demandeur ne modifie que les conditions d'exercice du droit au recours à l'arbitrage : « *To conclude, the Tribunal finds that Claimants may equally rely on the Article IV (2) MFN clause of the Treaty to make use of the dispute resolution provisions contained in Article 13 of the Australia-Argentina BIT. The broad "all matters" language of the Article IV (2) MFN clause is unambiguously inclusive. Moreover, applying the dispute settlement provisions contained in Article 13 of the Australia-Argentina BIT would not change the scope, the forum or the rules applicable to this arbitration* »[618].

450. En ce qui concerne la condition du consentement sur laquelle se sont basées quelques sentences précitées[619] pour bloquer les effets de la clause de la nation la plus favorisée en matière procédurale, le tribunal arbitral statuant dans l'affaire *Garanti Koza LLP contre Turkménistan*[620] retient sa compétence sur le fondement de la norme de la nation la plus favorisée nonobstant le fait que l'offre d'arbitrage du traité de base n'autorisait la saisine des tribunaux CIRDI qu'avec l'accord exprès de l'État hôte : « *The protection of the U.K.-Turkmenistan BIT includes the access to international arbitration to which the sovereign parties consented in Article 8 (1), and also the right to treatment no less favorable than that accorded to nationals of third countries provided by Article 3. Nothing in the text of the treaty requires an investor to commence an arbitration before claiming its rights under the MFN clause, or subordinates the MFN clause to the investor-state arbitration provision. To the contrary, the BIT provides that the MFN clause "shall apply" to the investor-state arbitration article. The majority of the Tribunal therefore concludes that nothing in the BIT prevents an investor from simultaneously invoking the right to international arbitration provided by the BIT and invoking the MFN clause to obtain the benefit of a more favorable arbitration process provided by another treaty to nationals or companies of a third country. All of the words of a treaty are to be interpreted together, in good faith and in the context of the object and purpose of the treaty. The object and purpose of the U.K.-Turkmenistan BIT, as expressed in its preamble, is "to create favourable conditions for greater investment." Assuring a prospective investor that neither he nor his investment will be subjected to treatment less favorable than the treatment accorded to investors from third countries and their investments, insofar as the process available to resolve any disputes with the host country that may arise under the BIT is concerned, certainly seems to*

[618] CIRDI, affaire *Teinver S.A., Transportes de Cercanías S.A. and Autobuses Urbanos del Sur S.A. c. Argentine*, ARB/09/1, décision sur la compétence du 21 décembre 2012, § 186.
[619] V. *supra*, n° 437.
[620] CIRDI, affaire *Garanti Koza LLP c. Turkménistan*, ARB/11/20, décision sur la compétence et opinion dissidente du 3 juillet 2013.

create a favorable condition for investment by the investor so protected. The RosInvestCo v. Russsia tribunal explained that "the submission to arbitration forms a highly relevant part of the corresponding protection for the investor by granting him, in case of interference with his 'use' and 'enjoyment,' procedural options of obvious and great significance." As the Hochtief v. Argentina tribunal observed, "the right to enforcement is an essential component of [the] property rights." The majority of this Tribunal is therefore satisfied that the ordinary meaning of the words of Article 3 (3) of the U.K.-Turkmenistan BIT, read in light of the object and purpose of the BIT, requires that the MFN clause be applied to Article 8, the investor-state arbitration provision. We turn next to what consequences follow from so applying those terms, or, as the Respondent phrases it, "how Article 8 and Article 3 work together" »[621].

451. Plus récemment encore, cette même perception a été approuvée par le Comité *ad hoc* dans sa sentence relative à l'affaire *Impregilo S.p.A. contre Argentine*[622]. Dans son raisonnement, le Comité estime que la clause NPF incluse dans un traité est en mesure de s'élargir afin de couvrir les questions relatives à la procédure, sauf stipulation contraire dans le traité. Et le Comité de poursuivre, qu'en l'absence d'une telle stipulation dans le traité, le tribunal possède la faculté de se prononcer librement sur l'application ou non de la clause de la nation la plus favorisée pour la détermination de sa compétence. De surplus, le Comité s'est abstenu d'annuler le jugement rendu par le tribunal qui permet au demandeur de se prévaloir de la clause NPF incluse dans le traité en cause afin d'éviter l'obligation d'introduire la procédure auprès des tribunaux étatiques dans un délai de dix-huit mois avant de recourir à l'arbitrage[623].

452. Les raisonnements avancés par cette jurisprudence semblent être soutenables et n'aboutissent en aucun point à une extension illégitime des effets de la norme de la nation la plus favorisée. En l'absence de définition légale exacte du mot « traitement », il serait préférable de se référer au sens usuel des termes. Or, le « traitement », dans le contexte du droit des investissements, peut être défini comme incluant l'ensemble des droits, prérogatives, obligations et charges reconnus ou imposés par l'État aux investissements installés sur son territoire. Ainsi, rien ne paraît conduire à penser que les droits procéduraux sont exclus du champ d'application de la clause de la nation la plus favorisée[624]. Opérer une distinction entre les

---

[621] *Ibid.*, § 62-64.

[622] CIRDI, affaire *Impregilo S.p. A c. République d'Argentine*, ARB/07/17, décision du Comité *ad hoc* du 24 janvier 2014.

[623] *Ibid,*, § 135-141.

[624] V. par exemple, CIRDI, affaire *Siemens AG c. République d'Argentine*, ARB/02/8, décision sur la compétence du 3 août 2004, § 85 : *« The first two clauses of Article 3*

questions relatives au fond et celles relatives à la forme dans la définition même du terme « traitement » ne semble pas en effet justifié. Dès lors que l'ensemble des droits et des obligations de l'opérateur étranger font partie du terme « traitement », la question de savoir si l'État accorde un « traitement » à l'opérateur étranger lorsqu'il lui reconnaît le droit de saisir les juridictions dénationalisées reçoit une réponse affirmative. Tout comme le droit de saisir les juridictions nationales de l'État hôte qui constitue un élément du traitement des étrangers, le droit de saisir une juridiction internationale dénationalisée édifie de même un élément du traitement que l'État hôte confère aux investisseurs étrangers. Ainsi, il ne paraît pas douteux que la norme de la nation la plus favorisée incluse dans le traité en cause et invoquée par l'opérateur économique afin de se prévaloir d'une clause de règlement des différends plus souple contenue dans un traité tiers puisse lui permettre d'échapper à la compétence même exclusive des juridictions de l'État hôte. Cette norme permettrait aussi à la compagnie étrangère de se protéger contre les effets de la clause d'option irrévocable selon laquelle un opérateur étranger, ayant choisi de soumettre le différend auprès des juridictions nationales de l'État hôte, aura fait un choix définitif et ne pourra plus s'adresser aux instances arbitrales internationales[625].

453. Cependant, malgré le processus qu'on vient d'exposer, l'on constate, comme le fait remarquer expressément la sentence relative à l'affaire *Hochtief*, que les décisions précitées ne concernent que les conditions de l'exercice du droit à l'arbitrage, sans pour autant parvenir à « créer » une nouvelle compétence arbitrale[626]. Qu'en est-il alors lorsque le traité de base ne prévoit pas de recours à l'arbitrage CIRDI ? La clause de la nation la plus favorisée pourrait-elle fonder une compétence arbitrale initialement imprévue ?

454. Pour répondre à ces interrogations, il va falloir distinguer entre l'emploi de la clause de la nation la plus favorisée à l'égard de la question de compétence d'un côté, et celle de recevabilité de l'autre[627]. En vue de

---

refer simply to a "not less favorable treatment" - "trato no menos favorable" in the Spanish version. "Treatment" in its ordinary meaning refers to behavior in respect of an entity or a person. The term "treatment" is neither qualified nor described except by the expression "not less favorable" ».

[625] V. *infra*, n°s 566 et s.

[626] CIRDI, affaire *Hochtief AG c. Argentine*, ARB/07/31, décision sur la compétence du 24 octobre 2011, § 28-100.

[627] J. Cazala, Clause de la nation la plus favorisée et juridiction du tribunal arbitral, La Gazette du Palais, n° 349, 2007 : *« S'il existe une ouverture concernant l'affirmation de la recevabilité de la requête par le jeu de la clause de la nation la plus favorisée, la question est beaucoup plus controversée en ce qui concerne l'établissement de la compétence du tribunal sur ce seul fondement »*. Pour une étude plus poussée, V. *infra*, n°s 571 et s.

l'affirmation de ladite distinction, le tribunal arbitral dans l'affaire *Hochtieh* estime que : « *it cannot be assumed that Argentina and German intended that the MFN clause should create wholly new rights where none otherwise existed under the Argentina-Germany BIT. The MFN clause stipulates a standard of treatment and defines it according to the treatment of third parties. The reference is to a standard of treatment accorded to third parties, not to the extent of the legal rights of third parties. Non-statutory concessions to third party investors could, in principle, form the basis of a complaint that the MFN obligation has not been secured. In contrast (to take an example comparable to the ILC example concerning commercial treaties and extradition), rights of visa-free entry for the purposes of study, given to nationals of a third State, could not form the basis of such a complaint under the BIT. The MFN clause is not a renvoi to a range of totally distinct sources and systems of rights and duties : it is a principle applicable to the exercise of rights and duties that are actually secured by the BIT in which the MFN clause is found* »[628].

455. En revanche, le Professeur Schreuer admet la possibilité de la mise en œuvre de la clause NPF au niveau de la compétence : « *The argument that the MFN clause is inapplicable in cases where the basic treaty limits or refrains from granting consent, since the parties' intention in that respect is clear, is not convincing. An MFN clause is not a rule of interpretation that comes into play only where the wording of the basic treaty leaves room for doubt. It is intended to endow its beneficiary with rights that are additional to the rights contained in the basic treaty. The meaning of an MFN clause is that whoever is entitled to rely on it be granted rights accruing from a third party treaty even if these rights clearly go beyond the basic treaty* »[629].

456. Le Professeur Brigitte Stern, arbitre dissident dans l'affaire *Impregilo S. p. A. contre Argentine*, même si elle considère que la clause ne pourrait modifier les conditions d'exercice des droits, adopte un raisonnement analogue en reconnaissant à la norme de la nation la plus favorisée la possibilité de donner accès à de nouveaux droits : « *in many instances the MFN clause has indeed not been applied to all matters regulated by the treaty - and rightly so. This is because, in my view, there are two basically different types of provisions in BITs that need to be distinguished in this broad category of "all matters", as will now be discussed. There are rights and there are fundamental conditions for access to the rights. In other words, there are rules conferring substantive and jurisdictional rights to the foreign investors for their investments, and there are rules dealing with the access of the foreign*

[628] CIRDI, affaire *Hochtief AG c. Argentine*, ARB/07/31, décision sur la compétence du 24 octobre 2011, § 81.
[629] C. Schreuer, L. Malintoppi, A. Reinisch et A. Sinclair, The ICSID Convention - A Commentary, 2ème édition, CUP, Cambridge, 2009, p. 248.

investor to the substantive and jurisdictional rights granted by the basic treaty. I contend that an MFN clause can only concern the rights that an investor can enjoy, it cannot modify the fundamental conditions for the enjoyment of such rights, in other words, the insuperable conditions of access to the rights granted in the TBI »[630].

457. En somme, il est admis de confirmer que le mécanisme de règlement des différends prévu dans un traité tiers peut être invoqué par la mise en œuvre de la norme de la nation la plus favorisée incluse dans le traité de base. Du reste, si la clause de règlement des différends incluse dans un traité tiers permet l'accès direct à l'arbitrage international ou à un type d'arbitrage plus favorable que le traité de base n'envisage pas, l'application de la norme de la nation la plus favorisée pourrait fonder la compétence d'une instance arbitrale initialement incompétente. Ainsi, en l'absence de clause de règlement des différends en faveur d'une instance délocalisée dans le traité de base, les investisseurs étrangers pourront, en vertu de la clause de la nation la plus favorisée, bénéficier d'une offre de compétence plus avantageuse stipulée par l'État hôte dans un traité tiers. La clause de la nation la plus favorisée semble jouir ainsi d'une valeur stabilisatrice et protectrice des investissements transnationaux, car elle n'étend pas son champ d'application aux droits substantiels uniquement, mais produit de surcroît un effet spectaculaire en matière procédurale.

458. Après avoir décrit les aspects du rôle exalté de la clause de la nation la plus favorisée résultant de sa nature même, l'on verra qu'une interprétation favorable du principe *ejusdem generis*, vient à son tour renforcer davantage ce rôle.

B. L'interprétation favorable du principe ejusdem generis

459. Il est vrai que l'étendue du champ d'application de la clause de la nation la plus favorisée est limitée par les restrictions qu'impose le principe *ejusdem generis*[631]. En ce qui concerne la condition de l'identité de genre, on rappelle qu'en vertu de ce principe, la norme de la nation la plus favorisée ne peut élargir son domaine d'application que pour prévoir un traitement concernant le même objet que celui auquel elle renvoie. Ainsi, une clause de la nation la plus favorisée ne peut naturellement attraire la totalité des protections que l'État d'accueil octroie aux tiers, mais uniquement celles qu'il

[630] CIRDI, affaire *Impregilo S.p.A. c. Argentine*, ARB/07/17, sentence du 21 juin 2011, opinion dissidente de B. Stern, § 47.
[631] V. *supra*, n°s 425 et s.

accorde aux tiers se trouvant dans une situation similaire à ceux qui bénéficient des dispositions d'une convention bilatérale d'investissement. La clause de la nation la plus favorisée n'est donc pas en mesure d'étendre ses effets qu'aux protections accordées à d'autres investisseurs, en vertu d'une autre convention bilatérale d'investissement. En termes plus concis, l'investisseur étranger ne saurait se prévaloir par exemple des protections accordées par l'État hôte aux travailleurs bénéficiant assurément d'un certain traitement qui ne dérive pas des conventions bilatérales d'investissement.

460. Or, les clauses de la nation la plus favorisée et les clauses de règlement des différends les plus avantageuses ne sont pas issues de différents types de conventions internationales. Elles appartiennent toutes au même groupe de conventions : celles relatives à la promotion et la protection des investissements étrangers. Ainsi, le principe *ejusdem generis* ne semble pas faire obstacle à l'application de clauses procédurales plus favorables comme le fait remarquer le tribunal dans l'affaire *Daimler Financial Services AG contre Argentine : « Before scrutinizing the specific texts of the MFN clauses in accordance with the Vienna Convention, it is useful to consider the implications of the ejusdem generis rule as a preliminary matter, since both of the disputing parties have raised it in their submissions. [...] In the present matter, both the Basic Treaty and the invoked Comparator BIT provide not only substantive protections for investments but also investor-State dispute resolution mechanisms for disputes arising out of qualifying investments. There is, in this sense, not only an identity between the subject matter of the two invoked dispute resolution clauses but also between the subject matter of the whole of both treaties. In this respect the two invoked treaties fall within the mainstream of modern international investment agreements, almost all of which include some sort of provision concerning the administration of justice in relation to the private rights of investors arising under the agreements. [...]As applied to the German-Argentine BIT, then, the outer limits set by the ejusdem generis rule are broad enough to encompass international dispute resolution within the meaning of the Treaty's MFN clauses »*[632].

De même, cette condition paraît particulièrement facile à satisfaire en ce qui concerne le réseau très dense de traités bilatéraux d'investissement. Si ces derniers ont tous un objet identique ayant trait aux investissements étrangers, il va falloir solliciter le traitement le plus favorable dans ce réseau fort abondant.

---

632 CIRDI, affaire *Daimler Financial Services AG c. Argentine,* ARB/05/1, sentence du 22 août 2012, § 211-216. Le tribunal rejette cependant la mise en œuvre de la clause de la nation la plus favorisée au motif que le traitement que prévoit le traité tiers est moins favorable que le traitement qu'accorde le traité de base.

461. Par ailleurs, en ce qui concerne l'identité d'objet qu'impose la définition retenue par l'OCDE[633], les arbitres statuant dans l'affaire *Maffezini* ont affirmé que le principe *ejusdem generis*, ne s'opposait pas à l'extension de la portée de la clause de la nation la plus e à un traitement procédural plus favorable. En l'espèce, l'État espagnol soulignait qu'en vertu du principe *ejusdem generis « the reference in the most favored nation clause of the Argentine-Spain BIT to "matters" can only be understood to refer to substantive matters or material aspects of the treatment granted to investors and not to procedural or jurisdictional questions »*[634]. Toutefois, le Tribunal considéra que : *« [...] that if a third-party treaty contains provisions for the settlement of disputes that are more favorable to the protection of the investor's rights and interests than those in the basic treaty, such provisions may be extended to the beneficiary of the most favored nation clause as they are fully compatible with the ejusdem generis principle »*[635].

462. En somme, la clause de la nation la plus favorisée pourrait constituer un moyen efficace afin d'élargir le champ d'application de la compétence arbitrale transnationale. On s'avisera dans les développements qui suivent que la clause parapluie assure évidemment la même fonction extensive.

---

633 V. OCDE, Le traitement de la nation la plus favorisée dans le droit international des investissements, Numéro 2004/2, Publications de l'OCDE, 2004, Paris, § 2.1 : *« On considère généralement qu'accorder le traitement NPF dans des accords sur l'investissement signifie qu'un investisseur d'une partie à un accord ou son investissement seront traités par l'autre partie « dans des conditions non moins favorables », à l'égard d'un objet donné, qu'un investisseur ou un investissement d'un autre pays. La plupart des accords internationaux sur l'investissement comportent une clause relative au traitement NPF. Même si le texte, le contexte et même l'objet et le but d'une clause NPF donnée doivent être pris en compte lors de l'interprétation de cette clause, celle-ci constitue l'instrument de « multilatéralisation » par excellence des avantages accordés à des investisseurs étrangers et à leurs investissements. Bien que la règle du traitement NPF ait été associée par certains au principe de l'égalité des États, on estime actuellement qu'une obligation NPF n'existe que si elle est créée par une clause contenue dans un traité. En l'absence d'obligation instaurée par un traité (ou, sur ce point, d'une obligation NPF découlant du droit interne), les pays ont la possibilité de pratiquer une discrimination entre les nations étrangères dans leurs affaires économiques ».*

634 CIRDI, affaire *Maffezini c. Espagne*, ARB/97/7, décision sur la compétence du 25 janvier 2000, § 41.

635 *Ibid.*, § 56.

SECTION 2

L'EXTENSION DU CHAMP DE L'ARBITRAGE UNILATÉRAL PAR L'EFFET DE LA CLAUSE DE RESPECT DES ENGAGEMENTS

463. Il est généralement reconnu que la simple violation d'un contrat conclu entre l'État hôte et l'opérateur étranger ne constitue pas en elle-même une violation des normes internationales engageant ainsi la responsabilité internationale de l'État[636]. La clause de respect des engagements dénommée aussi clause de couverture, clause d'effet miroir, clause générale de respect des engagements contractuels, *umbrella clause*, *elevator clause*, *sanctity of contract*, *parallel effect*, clause *pacta sunt servanda*[637], clause d'intangibilité du contrat ou encore clause de protection parallèle[638], a pour but d'exiger de l'État hôte le respect de ses engagements contractuels qui le lient à l'investisseur étranger[639].

464. L'inclusion des clauses parapluie dans les conventions bilatérales d'investissement s'est graduellement produite afin de recouvrir les contrats d'État par la protection du droit international. Décidément, l'intérêt d'une telle clause est de donner une couche de protection additionnelle à la figure contractuelle. Ainsi, par le simple fait de l'inclusion de l'*umbrella clause* dans l'instrument international, les États s'engagent à respecter toute sorte

---

[636] Ce principe est souvent évoqué dans la jurisprudence arbitrale. Pour ne citer que quelques affaires relativement récentes, V. CIRDI, affaire *Gustav Fw Hamester GmbH & Co. Kg c. Ghana,* ARB/07/24, sentence du 18 juin 2010, § 328 ; CIRDI, affaire *Impregilo S.p.A c. République d'Argentine,* ARB/07/17, sentence du 21 juin 2011, § 177.

[637] Certains auteurs relèvent que l'effet d'une telle clause est inutile du fait qu'elle ne fait que reprendre les exigences du principe très fameux du droit international, *pacta sunt servanda.* V. par exemple, Ch. Leben, La responsabilité internationale de l'État sur le fondement des traités de promotion et de protection des investissements, AFDI, Paris, 2004, pp. 683-714, spéc. p. 708 : *« [...] telle clause sonne curieusement, comme une déclaration redondante par laquelle l'État s'engage à respecter ses engagements contractuels, c'est-à-dire qu'il réaffirme que pacta sunt servanda ».*

[638] Pour un aperçu historique concernant cette clause, V. not., A.-C. Sinclair, The Origins of the Umbrella Clause in the International Law of Investment Protection, Arbitration International, vol. 20, n° 4, 2004, pp. 411-434.

[639] É. Teynier, Umbrella Clause : Le temps se couvre, La Gazette du Palais, n° 348, 2006, pp. 30 et s., spéc. p. 38.

d'obligations qu'ils auraient assumées vis-à-vis d'un investisseur étranger désireux de mener une activité sur son territoire. Que cette dernière soit stipulée dans le traité ou dans le contrat importe peu. Cette internationalisation permet ainsi plus de stabilité au contrat. La présence de la clause de respect des engagements dans une convention internationale semble donc très contraignante pour l'État hôte qui a désormais l'obligation de respecter deux catégories d'engagements à l'égard de l'investisseur étranger : les obligations contractuelles qui découlent de l'instrument privé et les obligations conventionnelles qui résultent des engagements souscrits par l'État hôte dans l'instrument international.

465. La multiplication de telles dispositions dans les instruments conventionnels n'a pas suscité un contentieux massif avant le début des années deux mille. Depuis, on a pu constater la portée large de ces clauses, mais aussi les ambiguïtés et incertitudes quant au rôle exact dont elles jouissent. Ainsi, comme le fait remarquer le Professeur Schreuer : *« despite the apparent clarity of these clauses, they have led to considerable confusion and to conflicting decisions by tribunals »*[640]. Malgré le besoin d'une cohérence au sein de la jurisprudence transnationale[641], les tribunaux arbitraux ont avancé des solutions divergentes, voire contradictoires sur cette question[642]. Les

---

[640] C. Schreuer, Investment Treaty Arbitration and Jurisdiction over Contract Claims - The Vivendi I Case Considered, *in* T. Weiler, International Investment Law and Arbitration : Leading Cases from the ICSID, NAFTA, Bilateral Treaties and Customary International Law, Cameron May, Londres, 2005, pp. 281-324, spéc. p. 299.

[641] V. par exemple, CIRDI, affaire *Saipem S.p.A. c. Bangladesh,* ARB/05/7, sentence du 30 juin 2009, § 90 : « *The Tribunal considers that it is not bound by previous decisions. At the same time, it is of the opinion that it must pay due consideration to earlier decisions of international tribunals. It believes that, subject to compelling contrary grounds, it has a duty to adopt solutions established in a series of consistent cases. It also believes that, subject to the specifics of a given treaty and of the circumstances of the actual case, it has a duty to seek to contribute to the harmonious development of investment law and thereby to meet the legitimate expectations of the community of States and investors towards certainty of the rule of law* » ; V. également, CIRDI, affaire *El Paso Energy International Co. c. Argentine,* ARB/03/15, décision sur la compétence du 27 avril 2006, § 39 : *« ICSID arbitral tribunals are established ad hoc, from case to case, in the framework of the Washington Convention, and the present Tribunal knows of no provision, either in that Convention or in the BIT, establishing an obligation of stare decisis. It is, nonetheless, a reasonable assumption that international arbitral tribunals, notably those established within the ICSID system, will generally take account of the precedents established by other arbitration organs, especially those set by other international tribunals ».*

[642] A. Rigo Sureda, The Umbrella Clause, *in* M. Kinnear, G.-R. Fisher et al., Building International Investment Law : The First 50 Years of ICSID, Kluwer Law International, 2015, pp. 375-388, spéc. p. 387 : *« It is evident from this review that the impact of the SGS cases on investment law is difficult to evaluate because of the diversity of subsequent decisions, which generally are not justified by the variations in the text of the clauses. Even when the text of the umbrella clause is identical, [...] tribunals diverge in their interpretation of the clause. When they agree on its meaning they may disagree*

divergences d'interprétation jurisprudentielles vis-à-vis du rôle exact de l'*umbrella clause* sont marquées par de diverses variations qui rendent bien incertaines les conséquences de la mise en œuvre d'une telle disposition[643]. Les incertitudes se reflètent dans les différentes approches qu'avancent les affaires *SGS contre Pakistan, SGS contre Philippines et BIVAC contre Paraguay*[644]. Ainsi, selon les observations du Professeur Pierre Mayer, l'on retrouve ici les mêmes débats rencontrés précédemment[645] quant à la distinction entre les réclamations contractuelles et les réclamations conventionnelles : *« Ces clauses ont soulevé plus de problèmes qu'elles n'en ont résolus. Les tribunaux arbitraux se sont divisés, certains se refusant à leur faire produire quelque effet que ce soit, d'autres leur conférant la portée la plus large, d'autres encore leur attribuant une portée limitée, déduite de considérations variables d'une décision à l'autre »*[646].

466. Nonobstant quelques sérieuses réserves quant à la possibilité de recourir à l'arbitrage international par le biais de la clause de respect des engagements (**Paragraphe 1**) on parviendra à la conclusion que la résolution des litiges dérivant d'une méconnaissance des obligations contractuelles semble solidement ancrée dans la sphère internationale (**Paragraphe 2**).

Paragraphe 1 : Le refus de transformer les contract claims en treaty claims par le biais de la clause parapluie

467. Si l'instrument privé prévoit une clause attributive de juridiction, le juge saisi sur le fondement du traité devrait se prononcer sur l'impact de cette clause juridictionnelle à l'égard de sa propre compétence. Dans ce contexte, une interrogation se pose : le juge du traité est-il compétent pour se prononcer sur les violations contractuelles par le biais d'une clause parapluie alors que l'instrument privé prévoit un mécanisme qui lui est propre ? Certains, surestimant le risque d'une appréciation large de la clause parapluie, répondent par la négative en considérant que cette disposition ne peut en aucun

on the effect to be given to the umbrella clause and a contractual forum selection clause ».

643 V. dans ce sens, CIRDI, affaire *SGS c. Paraguay*, ARB/07/29, décision d'annulation du 19 mai 2014, § 102-136.

644 *Ibid.*, § 116 : *« The tribunal's Decision on Jurisdiction portrays the different positions that have been advanced on these issues by various tribunals. For example, it quotes the decisions of SGS v. Pakistan, SGS v. Philippine and BIVAC c. Paraguay, on the different approaches to the issue of the umbrella clause ».*

645 V. *supra*, n°s 384 et s.

646 P. Mayer, Contract claims et clauses juridictionnelles des traités relatifs à la protection des investissements, JDI, n° 1, 2009, pp. 71-96, spéc. p. 80.

cas « transformer » les *contract claims* en *treaty claims* (**A**). D'autres en revanche, en prenant conscience des risques d'une telle approche restrictive, retiennent une solution plus ou moins modérée (**B**).

A. La « non-transformation » des contract claims en treaty claims

468. Certaines instances arbitrales ont conclu que la demande fondée sur la clause parapluie n'était pas admissible en raison de l'existence d'une clause de règlement des différends contractuelle. Ainsi, les arbitres dans l'affaire *SGS contre Philippines* se rendent compte des graves conséquences de la reconnaissance d'une portée large de l'*umbrella clause* et jugent que celle-ci pourrait, dans certains cas, avoir pour conséquence de transformer les *contract claims* en *treaty claims* sans pour autant dénaturer les clauses de règlement des différends contractuelles[647]. En effet, le tribunal souligne que l'objectif principal d'une telle clause n'est guère de remettre en cause la clause juridictionnelle du contrat, mais tout simplement d'engager la responsabilité internationale étatique lors de la violation d'une obligation assumée par l'État vis-à-vis de l'opérateur étranger. Selon le tribunal, une telle clause n'a pas pour effet la « transformation » des réclamations purement contractuelles en réclamations découlant de l'instrument international. Autrement dit, la violation d'obligations dérivantes des stipulations contractuelles ne peut être constatée que par le juge du contrat. Ainsi, le tribunal a décidé de surseoir à statuer dans l'attente que les tribunaux philippins se déterminent sur ces questions. Il considère, dans le prolongement de la décision du Comité *ad hoc*

---

[647] CIRDI, affaire *SGS c. Philippines,* ARB/02/6, décision sur la compétence du 29 janvier 2004, telle que traduite *in* E. Gaillard, La jurisprudence du CIRDI, Pedone, Paris, 2004, pp. 865-906, spéc. pp. 886-887 ; V. également dans ce sens, CIRDI, affaire *Noble Ventures Inc. c. Roumanie,* ARB/01/11, sentence du 12 octobre 2005 ; CIRDI, affaire *Toto Costruzioni Generali S.P.A c. Liban*, ARB/07/12, décision sur la compétence du 11 septembre 2009, § 202 : *« Although Article 9.2 of the Treaty may be used as a mechanism for the enforcement of claims, it does not elevate pure contractual claims into treaty claims. The contractual claims remain based upon the contract ; they are governed by the law of the contract and may be affected by the other provisions of the contract. In the case at hand that implies that they remain subject to the contractual jurisdiction clause and have to be submitted exclusively to the Lebanese courts for settlement. Because of this jurisdiction clause in favor of Lebanese courts, the Tribunal has no jurisdiction over the contractual claims arising from the contract referring disputes to Lebanese courts »* ; CIRDI, affaire *BIVAC c. Paraguay*, ARB/07/9, décision sur la compétence du 29 mai 2009, § 159 : *« [...] assuming that Article 3 (4) of the BIT provides a basis for the exercise of jurisdiction by the tribunal over claims relating to the Contract, we conclude that the claim in relation to Article 3 (4) is inadmissible »* ; CIRDI, affaire *Malicorp Limited c. Égypte*, ARB/08/18, sentence du 7 février 2011, § 103 ; CIRDI, affaire *Noble Ventures Inc. c. Roumanie,* ARB/01/11, sentence du 12 octobre 2005.

de l'affaire *Vivendi contre Argentine*[648], que lorsque le demandeur se fonde devant un tribunal arbitral sur une violation d'un contrat, le tribunal doit donner plein effet à la clause contractuelle attributive de compétence, et ceci en dépit de l'existence d'une clause parapluie dans le traité en cause. Ce n'est que dans l'hypothèse où une telle violation serait constatée par le juge du contrat que sa conformité avec le droit international pourrait être examinée par le juge du traité, et cela, par la mise en œuvre de la clause de protection parallèle.

Dès lors, deux raisons principales furent invoquées par le tribunal au soutien de cette solution. D'abord, le tribunal estime que la priorité devrait être accordée à la clause contractuelle, du fait que les règles de portée générale ne dérogent pas à celles qui ont un objectif spécial[649]. Ensuite, les conventions bilatérales d'investissement seraient des instruments destinés à prêter main-forte et à compléter les contrats conclus entre l'État et l'investisseur, et non pas à s'y substituer[650].

469. Ainsi, si le tribunal reconnaît être face à une allégation fondée sur une violation contractuelle, on peut comprendre que le sort de la clause de l'élection du for contractuelle puisse interférer avec l'établissement de sa

---

648 CIRDI, affaire *Compañia de Aguas del Aconquija S.A. et Vivendi Universal S.A. c. Argentine - Vivendi II* - ARB/97/3, décision du Comité *ad hoc* du 3 juillet 2002, § 98, telle que traduite *in* E. Gaillard, La jurisprudence du CIRDI, Pedone, Paris, 2004, pp. 719-766, spéc. p. 746 : « *Dans une affaire dans laquelle le fondement essentiel d'une action devant un tribunal international est la violation d'un contrat, le tribunal donnera effet à toute clause de juridiction valable du contrat [...]* ».

649 V. F. Poirat, L'article 26 du Traité relatif à la Charte de l'Énergie : Procédures de règlement des différends et statut des personnes privées, RGDIP, 1998, n° 2, pp. 45-82, spéc. p. 73 ; T. Wälde, Investment Arbitration Under the Energy Charter Treaty : From Dispute Settlement to Treaty Implementation, Arbitration International, vol. 12, n° 4, 1996, pp. 457-459.

650 CIRDI, affaire *SGS c. Philippines*, ARB/02/6, décision sur la compétence du 29 janvier 2004, § 141, telle que traduite *in* E. Gaillard, La jurisprudence du CIRDI, Pedone, Paris, 2004, pp. 865-906, spéc. p. 882 : « *Deux considérations conduisent la majorité du Tribunal à donner une réponse négative à cette question. La première considération concerne la maxime generalia specialibus non derogant. L'article VIII est une disposition générale applicable aux accords d'investissement conclus "avant ou après son entrée en vigueur" (article II). Le BIT lui-même n'a pas été conclu en ayant à l'esprit un investissement ou un contrat particulier. On ne peut pas présumer qu'une disposition générale de la sorte ait pour effet de supplanter les dispositions spécifiques de contrats particuliers, librement négociées entre les parties. Ainsi que l'observe Schreuer, "un document contenant une clause de règlement des différends qui contient des dispositions plus spécifiques concernant les parties et le différend doit se voir reconnaître la priorité par rapport à un document d'application plus générale". La deuxième considération découle de la nature des accords de protection des investissements en tant que traités-cadres, que les États Parties ont entendu soutenir et compléter, et non supplanter et remplacer, les clauses effectivement négociées dans les accords relatifs aux investissements conclus entre les investisseurs et l'État d'accueil* ».

compétence comme le fait remarquer le tribunal arbitral dans l'affaire *Bosh International Inc. and B&P Ltd. Foreign Investment contre Ukraine* : *« Where a contractual claim is asserted under an umbrella clause, the claimant in question must comply with any dispute settlement provision included in that contract »*[651]. Même si cette qualification demeure au cœur des polémiques[652], une telle formule retenue par le tribunal pourrait être soutenable dans la mesure où l'on refuse la qualification de *treaty claims* aux requêtes fondées sur la clause de respect des engagements. Une démarche similaire a été suivie par le tribunal arbitral dans l'affaire *BIVAC contre Paraguay* qui considère que la présence d'une clause attributive de compétence dans le contrat a pour effet d'empêcher le tribunal de se déclarer compétent pour statuer sur un litige contractuel entre l'État et l'investisseur étranger malgré l'existence d'une clause parapluie[653].

470. Du reste, le fondement d'une telle approche repose sur la qualification que l'on peut donner au litige et plus spécifiquement sur la question de « transformation » des allégations fondées sur la violation du contrat en des allégations fondées sur la violation du traité. Cette question a même divisé les auteurs et ne trouve toujours pas de réponse définitive. D'ailleurs, le Professeur Prosper Weil considère que, contrairement au raisonnement adopté par la jurisprudence précitée, *« l'intervention du traité de couverture transforme les obligations contractuelles en obligations internationales et assure ainsi [...] l'intangibilité du contrat sous peine de violer le traité ; toute inexécution du contrat, serait-elle même régulière au regard du droit interne de l'État contractant, engage dès lors la responsabilité internationale de ce dernier envers l'État national du contractant »*[654]. De même, le Secrétariat du Traité sur la Charte de l'Énergie a estimé qu'une telle disposition *« has the important effect that a breach of an individual investment contact by the host country becomes a violation of the Energy Charter Treaty. As a result, a foreign investor and its home country may invoke the dispute settlement mechanism of the Treaty »*[655]. Un tel fondement se base sur une interprétation conséquente : par le seul fait que l'État insère une clause parapluie dans l'instrument international, il s'engage à respecter ses

---

[651] CIRDI, affaire *Bosh International Inc. and B&P Ltd. Foreign Investment c. Ukraine*, ARB/08/11, sentence du 25 octobre 2012, § 252.
[652] V. *supra*, n°s 467 et s.
[653] CIRDI, affaire, *BIVAC c. Paraguay*, ARB/07/9, décision sur la compétence du 29 mai 2009, § 149-161, spéc. § 154 : *« if the parties to the contract have agreed on an exclusive jurisdiction to resolve a dispute under the contract, whether it relates to the amount that is to be paid or the justifications raised by one party for non payment, then it is exclusively for that forum to resolve all aspects of the dispute under the exclusive jurisdiction clause »*.
[654] P. Weil, Problèmes relatifs aux contrats passés entre un État et un particulier, RCAI, 1969, III, pp. 95-240, spéc. p. 130.
[655] Energy Charter Secretariat, Energy Charter Treaty : A Reader's Guide, 2002, p. 26.

obligations contractuelles vis-à-vis de l'investisseur et admet, par conséquent, que les violations de celles-ci s'analyseront en violations d'obligations internationales.

471. Toutefois, même si pour certains, les choses peuvent paraître simples à première vue, d'autres estiment en revanche[656] que la question demeure assez compliquée notamment parce que le traité et le contrat sont deux notions relativement distinctes, soumises parfois à la compétence de juridictions relevant d'ordres juridiques différents[657]. Dès lors, même si la violation du contrat pourra entraîner l'engagement de la responsabilité internationale de l'État, la clause parapluie ne semble guère pouvoir aboutir à « transformer » automatiquement les violations contractuelles en violations conventionnelles. Pour les adeptes de ce courant doctrinal, il n'est pas contesté que, par le jeu de la clause de respect des engagements, une violation du contrat engage la responsabilité internationale de l'État, mais il ne saurait être question d'élévation, de transfiguration ou de transformation. Afin de relever la violation des dispositions de la clause de respect des engagements, il faudrait tout d'abord constater que le contrat a été violé. Or, il se peut que la juridiction dénationalisée soit incompétente dans l'hypothèse où l'instrument contractuel prévoie un mécanisme national de règlement des différends. Le juge du traité n'est compétent que dans le cadre des limites prévues par les parties dans le traité. Ainsi, s'il est saisi sur le fondement de l'instrument international, il ne peut vérifier que les violations découlant de ce même instrument. La violation du contrat est un fait interne contraire à l'obligation internationale, conventionnellement acceptée, de respecter le droit interne. Ce n'est donc pas la violation des obligations contractuelles qui engage, le cas échéant, la responsabilité internationale de l'État, mais bien la violation de la disposition de la clause parapluie imposant à l'État de se conformer aux obligations souscrites vis-à-vis de l'investisseur.

472. Certains juristes, soucieux des effets d'une interprétation assez extrémiste qui ne vise qu'à réduire considérablement le rôle des clauses parapluie, préfèrent adopter une démarche plus souple en préconisant une atténuation à l'interprétation restrictive.

---

[656] V. par exemple, Y. Nouvel, La compétence matérielle : contrat, traité et clauses parapluie, *in* Ch. Leben, La procédure arbitrale relative aux investissements internationaux : Aspects récents, Anthemis, Louvain-la-Neuve, 2010, pp. 13-30, spéc. p. 26. L'auteur considère que : *« la thèse de la transformation semble pêcher par précipitation »*.
[657] V. *supra*, n° 390.

B. L'approche restrictive « atténuée »

473. Face à ces deux solutions extrémistes et antagonistes élaborées au sujet de la transformation ou non des réclamations contractuelles en réclamations conventionnelles, le Professeur James Crawford propose quant à lui, une solution médiane en faisant remarquer que les clauses de respect des engagements pourraient initier une compétence sur la base de l'instrument international pour statuer sur des violations contractuelles, mais sans pour autant transformer les réclamations contractuelles en réclamations conventionnelles, l'instrument contractuel étant toujours régi par sa propre loi : « *the claims are still contractual and they are still governed by their own applicable law. The distinction between treaty and contract is maintained. The purpose of the umbrella clause is to allow enforcement without internationalization and without transforming the character and content of the underlying obligation* »[658]. En termes plus concrets, c'est comme si l'arbitre international remplace le juge interne en vue de statuer à sa place dans l'ordre juridique interne.

474. D'autres auteurs ont voulu limiter la mise en œuvre de la clause parapluie aux cas où les violations contractuelles imputables à l'État dérivent d'un usage de ce dernier de ses prérogatives de puissance publique. Ainsi, comme le signale le Professeur Thomas Wälde : « *If the core or centre of gravity of a dispute is not about the exercise of governmental powers or reliance on governmental prerogatives and natural advantages, but about "normal" contract disputes, then the BIT and the umbrella clause has no role* »[659].

Selon ce courant de pensée, la méconnaissance par l'État de ses obligations contractuelles ne saurait, même en présence d'une clause de respect des engagements, être analysée en une violation de ses obligations internationales. Cependant, dès lors qu'elle serait imputable à l'État en sa qualité de souverain, une telle méconnaissance pourrait s'analyser en une violation du traité. Tout dépendrait donc de la qualification du comportement étatique[660]. Ainsi,

---

[658] J. Crawford, Treaty and Contract in Investment Arbitration, Arbitration International, vol. 24, n° 3, 2008, pp. 351-374, spéc. p. 371.

[659] T. Wälde, The "Umbrella" (or Sanctity of Contract/*Pacta sunt Servanda*) Clause in Investment Arbitration : A Comment on Original Intentions and Recent Cases, Transnational Dispute Management, vol. 1, n° 4, 2004, pp. 1-48, spéc. p. 46.

[660] Décidément, l'État, bien que doté de plusieurs caractéristiques, se manifeste principalement sous deux aspects divers : l'un le révèle en tant qu'entité souveraine, l'autre l'appréhende à titre de contractant ordinaire. Ces deux côtés distincts ont laissé se manifester au sein de la doctrine une certaine dichotomie. Pour une dissociation entre

lorsque l'État fait usage de ses prérogatives exorbitantes du droit commun, il agit en tant que souverain. Dans ce cas, la violation d'obligations contractuelles s'analyserait en une violation de la clause de respect des engagements et, de ce fait, en une violation conventionnelle. Inversement, lorsque l'État se comporte comme un cocontractant ordinaire, les violations des dispositions de l'instrument privé n'engageront pas la responsabilité internationale étatique. Cette théorie se justifie principalement par la différence apparente entre le traité et le contrat, le premier relevant de l'ordre juridique international et le second, par principe, de l'ordre juridique interne[661]. Du point de vue du droit international pur, l'État agissant en sa qualité de marchand doit être assimilé à une personne morale de droit privé et, par conséquent, ses comportements ne peuvent s'analyser en une violation d'une disposition internationale. En revanche, dès lors que l'État agit en sa qualité de souverain, il détruit l'environnement contractuel, ce qui aboutit à donner lieu à une relation déséquilibrée avec l'investisseur étranger. Dans cette hypothèse, pour préserver et sécuriser les droits des opérateurs étrangers, les agissements de l'État s'analyseraient en une violation du droit international par le biais de la clause parapluie.

Cette conception a trouvé un certain appui dans diverses sentences arbitrales. Ainsi, le tribunal arbitral dans l'affaire *El Paso contre Argentine*, après avoir indiqué qu'il est nécessaire d'opérer une distinction entre l'État agissant en tant que souverain et l'État agissant en qualité de simple agent économique, considère que la clause parapluie ne peut être appliquée qu'aux accords conclus par l'État en faisant usage de ses prérogatives de puissance publique[662].

---

ces deux aspects, V. particulièrement, P. Leboulanger, Groupe d'États et arbitrage, Revue de l'arbitrage, Litec, Paris, 1989, p. 420.

[661] V. *supra*, n° 390.

[662] CIRDI, affaire *El Paso Energy Internatinal Company c. Argentine*, ARB/03/15, décision sur la compétence du 27 avril 2006, § 79 : « *In this Tribunal's view, it is necessary to distinguish the State as a merchant from the State as a sovereign* » ; V. dans le même sens, CIRDI, affaire *CMS Gas Transmission Company c. Argentine*, ARB/01/8, sentence du 12 mai 2005, § 299 : « *[...] Regarding the merits of the argument, however, the Tribunal believes the Respondent is correct in arguing that not all contract breaches result in breaches of the Treaty. The standard of protection of the treaty will be engaged only when there is a specific breach of treaty rights and obligations or a violation of contract rights protected under the treaty. Purely commercial aspects of a contract might not be protected by the treaty in some situations, but the protection is likely to be available when there is significant interference by governments or public agencies with the rights of the investor* » ; CIRDI, affaire *Pan Americain Energy LLC and BP Argentina Exploration Company c. Argentine*, ARB/04/8, décision sur les exceptions préliminaires du 27 juillet 2006, § 114 : « *In Summary, if and to the extent that the contracts in question can be characterized as "investment agreement", the "umbrella clause" does not add anything in terms of the Tribunal's competence since they are already expressly provided for in Article VII (1)*

Cette théorie se fonde sur le fait qu'il est insensé de voir la responsabilité internationale de l'État engagée pour violation d'une obligation contractuelle « dérisoire »[663]. Dès lors, si l'on admet la mise en œuvre de la clause parapluie en toutes circonstances et abstraction faite du statut de l'État, ceci rendrait inutiles les dispositions relatives au traitement juste et équitable et à la protection pleine et entière[664].

475. Toutefois, cela ne place pas cette conception à l'abri de toute critique, car, pour certains, une telle dissociation entre un engagement souverain et un engagement commercial repose sur un raisonnement insoutenable et sur une distinction déroutante. Si l'idée d'une distinction entre les *actae jure gestionis* et les *actae jure imperii* existe en matière d'immunité, elle ne pourra être transposée au droit international des investissements. Lorsqu'une disposition du traité vise les obligations contractées par l'État envers un investisseur, rien n'impose d'opérer une telle distinction. De surcroît, comme le fait remarquer Walid Ben Hamida, une telle distinction semble inadaptée à la rédaction, en termes laxistes, des clauses parapluie et aboutit en pratique à distinguer deux types de contrats : les contrats de droit privé et les contrats publics ou administratifs[665]. Or, une telle distinction est

---

under (a). If, on the other hand, the contracts in question cannot be characterized as "investment agreement", the "umbrella clause" does not extend to those contracts between an investor and a host State that cannot be characterized as an investment agreement » ; CIRDI, affaire *Sempra Energy International c. Argentine*, ARB/02/16, sentence du 28 septembre 2007, § 311 : *« In many cases, it might be difficult to draw this distinction, as not every kind of conduct can be clearly ascribed to one or the other type. The measures discussed before this Tribunal are not, however, mere ordinary contractual breaches of a commercial nature. They are instead the outcome of major legal and regulatory changes introduced by the State, and give expression to a change of policy that is evidently not what was envisaged in the License and legal framework governing the privatization and the investments made in its context. Only the State, and not an ordinary contract party, can decide that such sweeping changes will operate as part of the public function. Contractual breaches made in this context are far from ordinary, and may in themselves be a source of Treaty violations if they affect a right protected under the Treaty ».*

663 C. Schreuer, Travelling the TBI route. Of Waiting Periods, Umbrella Clauses and Forks in the road, JWIT, vol. 5, n° 2, 2004, pp. 231-256, spéc. p. 255.

664 CIRDI, affaire *El Paso Energy Internatinal Company c. Argentine*, ARB/03/15, décision sur la compétence du 27 avril 2006, § 76 : *« If any violation of any legal obligation of a State is ipso facto a violation of the treaty, then that violation needs not amount to a violation of the high standards of the treaty of "fair and equitable treatment" or "full protection and security" ».*

665 W. Ben Hamida, La clause relative au respect des engagements dans les traités d'investissement, *in* Ch. Leben, Le contentieux arbitral transnational relatif à l'investissement : Nouveaux développements, Anthemis, Louvain-la-Neuve, 2006, pp. 53-106, spéc. p. 59.

étrangère au droit des investissements étrangers. Le rejet d'une telle théorie paraît adéquat et semble être largement présent dans la pratique arbitrale[666].

---

[666] Pour des affaires relativement récentes, V. CIRDI, affaire *Siemens AG c. République d'Argentine*, ARB/02/8, sentence du 6 février 2007, § 206 : « *The Tribunal does not subscribe to the view of the Respondent that investment agreements should be distinguished from concession agreements of an administrative nature. Such distinction has no basis in Article 7 (2) of the Treaty which refers to "any obligations", or in the definition of "investment" in the Treaty. Any agreement related to an investment that qualifies as such under the Treaty would be part of the obligations covered under the umbrella clause. The Tribunal does not find significant, for purposes of the ordinary meaning of this clause, that it does not refer to "specific" investments. The term "investment" in the sense of the Treaty, linked as it is to "any obligations", would cover any binding commitment entered into by Argentina in respect of such investment* » ; CIRDI, affaire *SGS c. Paraguay*, ARB/07/29, décision sur la compétence du 12 février 2010, § 135 : « *The Tribunal notes here the challenge of drawing a line between an ordinary commercial breach of contract and acts of sovereign interference or jure imperii, particularly in the context of a contract entered into directly with a State organ (here, the Ministry of Finance). Logically, one can characterize every act by a sovereign State as a "sovereign act" - including the State's acts to breach or terminate contracts to which the State is a party. It is thus difficult to articulate a basis on which the State's actions, solely because they occur in the context of a contract or a commercial transaction, are somehow no longer acts of the State, for which the State may be held internationally responsible* ». Pour d'autres affaires plus anciennes, V. CIRDI, affaire *Bayindir Insaat Turizm Ticaret Ve Sanayi A.S. c. Pakistan*, ARB/03/29, décision sur la compétence du 14 novembre 2005, § 183 : « *In the Tribunal's view, the test of 'puissance publique' would be relevant only if Bayindir was relying upon a contractual breach (by NHA) in order to assert a breach of the BIT. In the present case, Bayindir has abandoned the Contract Claims and pursues exclusively Treaty Claims. When an investor invokes a breach of a BIT by the host State (not itself party to the investment contract), the alleged treaty violation is by definition an act of 'puissance publique'. The question whether the actions alleged in this case actually amount to sovereign acts of this kind by the State is however a question to be resolved on the merits* » ; S. A., *ad hoc*, affaire *Eureko B.V c. Pologne*, sentence partielle du 19 août 2005, § 246 : « *The plain meaning - the "ordinary meaning" - of a provision prescribing that a State "shall observe any obligations it may have entered into" with regard to certain foreign investments is not obscure. The phrase, "shall observe" is imperative and categorical. "Any" obligations is capacious ; it means not only obligations of a certain type, but "any" - that is to say, all-obligations entered into with regard to investments of investors of the other Contracting Party* » ; CIRDI, affaire *Noble Ventures Inc. c. Roumanie*, ARB/01/11, sentence du 12 octobre 2005, § 82 : « *With regard to the argument of the Respondent that a distinction has to be drawn between attribution of governmental and commercial conduct, the latter not being attributable, the following has to be said. The distinction plays an important role in the field of sovereign immunity when one comes to the question of whether a State can claim immunity before the courts of another State. However, in the context of responsibility, it is difficult to see why commercial acts, so called acta iure gestionis, should by definition not be attributable while governmental acts, so called acta iure imperii, should be attributable. The ILC-Draft does not maintain or support such a distinction. Apart from the fact that there is no reason why one should not regard commercial acts as being in principle also attributable, it is difficult to define whether a particular act is governmental. There is a widespread consensus in international law, as in particular expressed in the discussions in the ILC regarding attribution, that there is no common understanding in international law of*

Paragraphe 2 : La mise en œuvre extensive des effets de la clause parapluie

476. Dans une position inverse à celle adoptée par les arbitres adeptes d'une interprétation restrictive des effets de la clause parapluie, d'autres arbitres recourent à une approche extensive de la clause en estimant non seulement qu'une telle clause pourrait avoir pour effet de convertir les réclamations contractuelles en réclamations conventionnelles (**A**), mais qu'elle pourrait être attirée par le jeu de la clause de la nation la plus favorisée en cas de son absence du traité de base (**B**).

A. La « transformation » des obligations contractuelles en obligations conventionnelles

477. La jurisprudence majoritaire considère que la clause parapluie ne peut voir ses effets juridiques limités lors de l'existence parallèle d'une clause d'élection de for contractuelle. Cette argumentation se rallie à l'idée selon laquelle la requête portant sur une violation de la clause de respect des engagements pourrait parfaitement s'analyser en une rupture conventionnelle. Le tribunal saisi de l'affaire *Consorzio Lesi-Dipenta contre Algérie* retient à cet égard une formulation assez heureuse : *« Some treaties contain what is known as an "umbrella clause" that in effect transforms the State's breaches of contract into violations of that provision of the treaty, thereby granting jurisdiction to the Arbitral Tribunal established pursuant to the treaty to consider such violations »*[667].

478. Dans le même mouvement, le tribunal statuant dans l'affaire *Noble Ventures contre Roumanie,* en se fondant sur le sens usuel des termes et sur l'objet et le but du traité conformément aux dispositions de la Convention de Vienne sur le droit des traités, établit clairement que : « *The object and purpose rule also supports such an interpretation. While it is not permissible, as is too often done regarding BITs, to interpret exclusively in favour of investors, here such an interpretation is justified. Considering, as pointed out above, that any other interpretation would deprive art. II (2) (c) of practical*

---

what constitutes a governmental or public act. Otherwise there would not be a need for specified rules such as those enunciated by the ILC in its Draft Articles, according to which, in principle, a certain factual link between the State and the actor is required in order to attribute to the State acts of that actor ».

[667] CIRDI, affaire *Consorzio Lesi-Dipenta c. Algérie,* ARB/03/8, sentence du 10 janvier 2005, § 25.

content, reference has necessarily to be made to the principle of effectiveness, also applied by other Tribunals in interpreting TBI provisions. An interpretation to the contrary would deprive the investor of any internationally secured legal remedy in respect of investment contracts that it has entered into with the host State. While it is not the purpose of investment treaties per se to remedy such problems, a clause that is readily capable of being interpreted in this way and which would otherwise be deprived of practical applicability is naturally to be understood as protecting investor also with regard to contracts with the host State generally in so far as the contract was entered into with regard to an investment »[668].

479. Dans le même sens, le tribunal statuant dans l'affaire *Bayindir contre Parkistan* conclut que : *« when the investor has a right under both the contract and the treaty, it has a self-standing right to pursue the remedy accorded by the treaty. The very fact that the amount claimed under the treaty is the same as the amount that could be claimed (or was claimed) under the contract does not affect such self-standing right »*[669].

480. Dans un même ordre d'idées, la sentence *SGS contre Paraguay* affirme ce constat en des termes particulièrement nets : *« even if the alleged breach of the treaty obligation depends upon a showing that a contract or other qualifying commitment has been breached, the source of the obligation cited by the claimant, and hence the source of the claim, remains the treaty itself »*[670].

481. Plus récemment, cette même constatation a été soulignée avec force par le tribunal arbitral en charge de l'affaire *Spyridon Roussalis contre Roumanie* : *« Applying the umbrella clause in Article 2 (6) of the Treaty, the Tribunal has jurisdiction over Claimant's Investment Claim, as well as Respondent's counterclaims, without regard for the dispute resolution clause in the Privatization Agreement. Article 2 (6) of the Treaty provides that "[e]ach Contracting Party shall observe any other obligation it may have entered into with regard to investments of investors of the Contracting Party". Thus, the contractual obligations under the Privatization Agreement become arbitrable before ICSID by operation of the umbrella clause »*[671].

---

[668] CIRDI, affaire *Noble Ventures, Inc. c. Roumanie,* ARB/01/11, sentence du 12 octobre 2005, § 52.

[669] CIRDI, affaire *Bayindir Inssat Turizm Ticaret Ve Sanayi A.S. c. Pakistan,* ARB/03/29, décision sur la compétence du 14 novembre 2005, § 167.

[670] CIRDI, affaire *SGS c. Paraguay*, ARB/07/29, décision sur la compétence du 12 février 2010, § 142.

[671] CIRDI, affaire *Spyridon Roussalis c. Roumanie*, ARB/06/1, sentence du 7 décembre 2011, § 781 ; V. également, S. A., *ad hoc,* affaire *Eureko B.V c. Pologne,* sentence partielle du 19 août 2005, § 113 : *« As the Tribunal recalled earlier, Claimant in the*

482. Contrairement à l'approche restrictive[672], cette interprétation se fonde principalement sur le fait que la requête présentée au tribunal reposant sur la violation des dispositions d'une clause parapluie aboutit certainement à considérer que la clause contractuelle de règlement des différends est privée d'effets. Dès lors, l'objet des clauses de respect des engagements est bien de transmuter les violations contractuelles en violations conventionnelles. Cela correspond d'ailleurs à l'intention des parties et au sens usuel des termes[673].

483. Cette solution a connu un grand succès en doctrine. En effet, le Professeur Mann estime que le phénomène de transformation des *contract claims* en *treaty claims* devait s'appliquer de façon systématique, protégeant ainsi l'investisseur contre toute rupture contractuelle : « *this is a provision of particular importance in that it protects the investor against any interference with his contractual rights, whether it results from a mere breach of contract or a legislative or administrative act, and independently of the question whether or no such interference amounts to expropriation. The variation of the terms of a contract or license by legislative measures, the termination of the contract or the failure to perform any of its terms, for instance, by non-payment, the dissolution of the local company with which the investor may have contracted and the transfer of its assets (with or without the liabilities) - these and similar acts the treaties render wrongful* »[674].

484. C'est en se fondant sur les origines historiques relatives aux clauses parapluie, que le Professeur Emmanuel Gaillard confirme qu'il s'agit assurément de la volonté des parties qu'il faut respecter : « *An historical examination of the origins of the observance of undertaking clauses shows in the clearest manner that the intention of States negotiating and drafting such clauses is to permit a breach of contract to be effectively characterised as the breach of an international treaty obligation by the host state* »[675].

---

present arbitration advances claims for breach of the Treaty and, applying the teaching of the decision of the ad hoc Committee in the Vivendi annulment case, every one of those claims must be heard and judged by this tribunal ».

[672] V. *supra*, n°s 467 et s.

[673] S. Alexandrov, Breaches of Contract and Breaches of Treaty - The Jurisdiction of Treaty-based Arbitration Tribunals to Decide Breach of Contract Claims in SGS v. Pakistan and SGS v. Philippines, Transnational Dispute Management, vol. 3, n° 5, 2006, pp. 555-577, spéc. p. 565 : « *It should hardly come as a surprise that States may wish to agree in an investment treaty to consider all contractual breaches, or breaches of other obligations undertaken by the State with respect to foreign investors, as treaty breaches* ».

[674] F.-A. Mann, British Treaties for the Promotion and Protection of Investments, British Yearbook of International Law, vol. 52, n° 1, 1981, p. 246.

[675] E. Gaillard, Investment Treaty Arbitration and Jurisdiction Over Contract Claims - the SGS Cases Considered, *in* T. Weiler, International Investment Law and Arbitration : Leading Cases from the ICSID, NAFTA, Bilateral Treaties and Customary International Law, Juris Publishing Inc., Huntington, 2005, pp. 325-346, spéc. p. 345 ; V. également,

485. Stanimir Alexandrov, édifiant sa théorie sur l'objectif même des clauses de respect des engagements, se prononce clairement en vue de leur donner leurs pleins effets : « *the very purpose and the effect of an umbrella clause in an investment treaty is to transform breaches of obligations the State has undertaken with respect to the foreign investor and its investment, including contractual obligations, into treaty breaches* »[676].

486. Le Professeur Christoph Schreuer adopte un raisonnement similaire en estimant que : « *Clause of this kind have been added to some BITs to provide additional protection to investors beyond the traditional international standards. They are often referred to as umbrella clauses because they put contractual commitment under the BIT's protective umbrella. They add the compliance with investment contracts, or other undertakings of the host State, to the BIT's substantive standards. In this way, a violation of such a contract becomes a violation of the BIT* »[677].

487. Cette position qu'on vient d'exposer semble être la plus soutenable, le raisonnement retenu par les arbitres concluant à l'irrecevabilité de la requête étant critiquable pour plusieurs raisons. En effet, comme le constate Sébastien Manciaux lors de l'interprétation de la position adoptée par le tribunal arbitral dans l'affaire *BIVAC contre Paraguay*, la théorie qui tend à refuser d'analyser les ruptures contractuelles en ruptures conventionnelles, *« conduit à hiérarchiser les clauses d'un contrat en faisant prévaloir la clause attributive de compétence sur les engagements substantiels »*[678].

488. De même, le Professeur Antonio Crivellaro, membre du tribunal arbitral dans l'affaire *SGS contre Philippines*, considère dans une opinion dissidente que, postérieurement à la signature du contrat d'État, la conclusion d'une convention bilatérale d'investissement entre l'État d'origine et l'État d'accueil confère à celui-ci une option dans le choix de la procédure de règlement des différends. Selon lui, les deux offres de règlement des différends *« survive and coexist »* et que *« neither one of the two provisions "overrides" or "replaces" the other »*[679].

J.-B. Potts, Stabilizing the Role of Umbrella Clauses in Bilateral Investment Treaties : Intent, Reliance, and Internationalization, Virginia Journal of International Law, vol. 51, 2011, pp. 1005-1047.

[676] S. Alexandrov, Breaches of Contract and Breaches of Treaty - The Jurisdiction of Treaty-based Arbitration Tribunals to Decide Breach of Contract Claims in SGS v. Pakistan and SGS v. Philippines, Transnational Dispute Management, vol. 3, n° 5, 2006, pp. 555-577, spéc. p. 556.

[677] C. Schreuer, Travelling the TBI Route. Of Waiting Periods, Umbrella Clauses and Forks in the Road, JWIT, vol. 5, n° 2, 2004, pp. 231-256, spéc. p. 250.

[678] S. Manciaux, CIRDI - Chronique des sentences arbitrales, JDI, 2013, p. 545.

[679] CIRDI, affaire *SGS c. Philippines*, ARB/02/6, décision sur la compétence du 29 janvier 2004, déclaration de Antonio Crivellaro, § 4.

489. La jurisprudence arbitrale s'en est même allée plus loin en admettant qu'en cas d'absence de clause de respect des engagements de l'instrument applicable au différend, l'investisseur puisse bénéficier du mécanisme protecteur de cette clause par la mise en œuvre de la norme de la nation la plus favorisée.

B. L'aimantation de la clause parapluie par la mise en œuvre de la clause de la nation la plus favorisée

490. La clause parapluie ne se rencontre pas dans la totalité des traités de protection et de promotion des investissements. À la lumière des statistiques, les clauses de respect des engagements sont présentes dans moins de la moitié des conventions bilatérales d'investissement en vigueur[680]. La clause de la nation la plus favorisée se trouve en revanche dans la quasi-totalité des instruments. Il n'est donc pas étonnant que les investisseurs invoquent le bénéfice d'une clause parapluie inscrite dans un traité tiers par la mise en œuvre de la clause de la nation la plus favorisée.

491. À la lumière des polémiques qu'a suscitées l'affaire *Maffezini contre Espagne*, la solution d'extension par les arbitres du traitement de la clause de la nation la plus favorisée pour couvrir les droits procéduraux demeure incertaine et critiquée tant par la doctrine que par la jurisprudence. Il serait ainsi nécessaire de qualifier la clause de respect des engagements : constitue-t-elle une disposition substantielle ou procédurale de protection de l'investissement ? La réponse à cette question requiert un examen profond de la structure des conventions bilatérales d'investissement et la place qu'elles accordent à la clause parapluie.

492. En effet, l'engagement du respect des obligations contractées vis-à-vis de l'investisseur peut faire l'objet d'une disposition autonome ou être inclus dans une clause regroupant divers engagements[681]. Ainsi, à titre

---

[680] A. Rigo Sureda, The Umbrella Clause, *in* M. Kinnear, G.-R. Fisher et al., Building International Investment Law : The First 50 Years of ICSID, Kluwer Law International, 2015, pp. 375-388, spéc. p. 375 : *« About 40% of the BITs include an umbrella clause »* ; CNUCED, International Investment Agreements 1999-2006 : Trends in International Rulemaking, Publications des Nations Unies, New York et Genève, 2007, p. 73 : *« It is estimated that of the almost 2,500 BITs currently in existence approximately 40 per cent contain such an "umbrella" or "respect" clause. While umbrella clauses have not been a very prominent feature of BITs for many years, a large number of recent investment disputes have emerged in connection with such a provision »*.

[681] J.-P. Gaffney et J.-L. Loftis, The "Effective Ordinary Meaning" of BITs and the Jurisdiction of Treaty-Based Tribunals to Hear Contract Claims, The Journal of World Investment & Trade, vol. 8, n° 1, 2007, pp. 5-67.

d'exemple, le traité bilatéral d'investissement conclu entre le Royaume-Uni et le Vietnam intègre la clause de respect des engagements dans l'article 2 relatif à la promotion et à la protection des investissements[682], alors que le traité bilatéral d'investissement conclu entre l'Allemagne et l'Égypte sépare la clause des dispositions substantielles de traitement en l'insérant dans une partie consacrée à l'« application d'autres règles » dans son article 7[683]. Ces variations structurales tenant à l'insertion de la clause dans telle ou telle partie du traité rendent incertaine la place accordée à cette clause et divise même la jurisprudence.

493. Cela étant, après avoir analysé la structure du traité en cause, le tribunal arbitral statuant dans l'affaire *SGS contre Pakistan* considère que : *« had Switzerland and Pakistan intended Article 11 to embody a substantive "first order" standard obligation, they would logically have placed Article 11 among the substantive "first order" obligations set out in Articles 3 to 7. The separation of Article 11 from those obligations by the subrogation article and the two dispute settlement provisions (Articles 9 and 10), indicates to our mind that Article 11 was not meant to project a substantive obligation like those set out in Articles 3 to 7, let alone one that could, when read as SGS asks us to read it, supersede and render largely redundant the substantive obligations provided for in Articles 3 to 7.1 »*[684].

---

682 Article 2 du TBI Royaume-Uni–Vietnam, signé et entré en vigueur le 1er août 2002 : *« (1) Each Contracting Party shall encourage and create favourable conditions for nationals or companies of the other Contracting Party to invest capital in its territory, and subject to its rights to exercise powers conferred by its laws, shall admit such capital.*
(2) Investments of nationals or companies of each Contracting Party shall at all times be accorded fair and equitable treatment and shall enjoy full protection and security in the territory of the other Contracting Party. Neither Contracting Party shall in any way impair by unreasonable or discriminatory measures the management, maintenance, use, enjoyment or disposal of investments in its territory of nationals or companies of the other Contracting Party. Each Contracting Party shall observe any obligation it may have entered into with regard to investments of nationals or companies of the other Contracting Party ».

683 Article 7 du TBI Allemagne-Égypte, signé le 16 juin 2005 et entré en vigueur le 22 novembre 2009 : *« 1) If the legislation of either Contracting State or obligations under international law existing at present or established hereafter between the Contracting States in addition to this agreement contain a regulation, whether general or specific, entitling investments by investors of the other Contracting State to a treatment more favourable than is provided for by this Agreement, such regulation shall, to the extent that it is more favourable, prevail over this Agreement.*
(2) Each Contracting State shall observe any other obligation it has assumed with regard to investments in its territory by investors of the other Contracting State ».

684 CIRDI, affaire *SGS c. Pakistan,* ARB/01/13, décision sur la compétence du 6 août 2003, telle que traduite *in* E. Gaillard, La jurisprudence du CIRDI, Pedone, Paris, 2004, pp. 815-835. Pour une affaire plus récente adoptant un raisonnement similaire, V. par exemple, CIRDI, affaire *BIVAC c. Paraguay,* ARB/07/9, décision sur la compétence du 29 mai 2009, § 141 : *« We have carefully considered the meaning and effect of Article 3*

494. En revanche, dans l'affaire *SGS contre Philippines* le tribunal retient une solution diamétralement opposée en considérant que, même si la position de la clause avait une certaine importance, il ne s'agissait pas toutefois d'un critère décisif dans l'évaluation de sa portée : « *[...] il est difficile d'accepter que le même texte figurant dans d'autres traités liant les Philippines produise un effet juridique*[685] *et que ce ne soit pas le cas de celui du BIT Suisse-Philippines du seul fait de son emplacement* »[686].

495. Dans l'affaire *Sergei Paushok contre Mongolie*, le tribunal a également reconnu que la clause parapluie est une disposition relative au droit substantiel qui pourrait être visée par la mise en œuvre de la clause de la nation la plus favorisée : « *The Ambatielos panel stated in that regard that "the most-favored-nation clause can only attract matters belonging to the same category of subject as that to which the clause itself relates". Historically, tribunals have tended to construe MFN clauses broadly and they have regularly accepted to import substantive rights into an investment treaty from treaties that the host State has signed with other countries. This broad interpretation*

---

(4) of the BIT. We recognise in particular that there is no jurisprudence constante on the effect of umbrella clauses, that the subject is one on which legal opinion is divided, that the relationship between commercial and sovereign acts of government is not free from difficulty, and that each particular clause falls to be interpreted and applied according to its precise wording and the context in which it is included in a BIT. We have carefully weighed and debated the competing arguments of the parties, following which the conclusion that has prevailed is that Article 3 (4) of the BIT establishes an international obligation for the parties to the BIT to observe contractual obligation with respect to investors. In reaching this conclusion the broadly worded text of Article 3 (4) of the BIT has been significant. It provides that Paraguay "shall observe any obligation it may have entered into with regard to investments of the other Contracting Party". The words "any obligation" are all encompassing. They are not limited to international obligations, or non-contractual obligations, so that they appear without apparent limitation with respect to commitments that impose legal obligations. On a plain meaning they are undoubtedly capable of being read to include a contractual arrangement entered into by BIVAC and the Ministry of Finance of Paraguay, whereby the alleged breaches of the Ministry are attributable to the State. The umbrella clause also appears early on in the BIT, in the same provision as that imposing an obligation to provide fair and equitable treatment, and it is located before the obligation on expropriation : this might distinguish this BIT from that in issue in SGS v Pakistan (even assuming the tribunal's point on the location within a treaty of any particular text to have force). Moreover, we consider that the umbrella clause has to be interpreted in such a way as to give it some meaning and practical effect : Paraguay has not explained the purpose or effect of the umbrella clause if it was not that for which BIVAC argues ».

[685] V. par exemple, l'Accord sur la promotion et la protection des investissements conclu entre le Royaume-Uni et les Philippines du 3 décembre 1980, article 3 ; l'Accord de promotion et de protection réciproque des investissements du 27 février 1985 conclu entre les Pays-Bas et les Philippines, article 3.

[686] CIRDI, affaire *SGS c. Philippines*, ARB/02/6, décision sur la compétence du 29 janvier 2004, § 214, telle que traduite *in* E. Gaillard, La jurisprudence du CIRDI, Pedone, Paris, 2004, pp. 865-906, spéc. p. 876.

has also led tribunals to allow the import of more favorable procedural rights. There are however other cases which have adopted a more restrictive interpretation concerning the import of procedural rights but this issue need not be addressed in the present case, the question relating simply to the import of substantive rights »[687].

496. Récemment, les arbitres statuant dans l'affaire *EDF international contre Argentine*, estiment de même que les parties s'accordaient pour reconnaître à la clause de respect des engagements la qualité de disposition substantielle et concluent que : *« the MFN clause does in fact permit recourse to the "umbrella clauses" of third-country treaties, which leads to arbitration rather than the administrative courts of the City of Mendoza »*[688].

497. Plus récemment encore, le tribunal arbitral dans l'affaire *M. Franck Charles Arif contre Moldavie*, tient un raisonnement similaire en indiquant clairement que : *« the MFN clause of the TBI can import an "umbrella" clause (which is substantive in nature), from either the Moldova-UK or Moldova-USA BIT, thereby extending the more favourable standard of protection granted by the "umbrella" clause in either one of these TBI's into the TBI at hand. Respondent's arguments to the contrary are rejected. The Tribunal therefore has jurisdiction over Claimant's "specific commitments" claim via the MFN clause of Article 4 »*[689].

498. En tant que clause de protection substantielle, rien ne semblait s'opposer à ce que la clause parapluie soit attirée par la mise en œuvre de la clause de la nation la plus favorisée. En outre, même si la qualification de protection procédurale est adoptée, certains tribunaux admettent une extension de son champ par le jeu de la clause de la nation la plus favorisée[690]. Que la clause parapluie soit qualifiée de disposition substantielle ou de disposition procédurale paraît peu important, l'investisseur étranger se plaçant souvent sous le mécanisme protecteur de la clause parapluie, bien qu'absente du traité de base.

---

687 CNUDCI, affaire *Sergei Panshok CJSC Golden East Company and CJSC vostokneftgaz Company c. Mongolie*, sentence sur la compétence et la responsabilité du 28 avril 2011, § 565.

688 CIRDI, affaire *EDF International S.A., SAUR International S.A. and León Participationes Argentinas S.A. c. Argentine*, ARB/03/23, sentence du 11 juin 2012, § 929.

689 CIRDI, affaire *M. Franck Charles Arif c. Moldavie*, ARB/11/23, sentence du 8 avril 2013, § 396.

690 V. *supra*, n°s 445 et s.

CONCLUSION DU CHAPITRE 2

499. La clause de la nation la plus favorisée a largement contribué au développement du droit international des investissements et à la protection des droits des opérateurs étrangers. En plus de son retentissement sur le plan substantiel, *i.e.* vis-à-vis des normes de protection des intérêts de l'opérateur étranger, le potentiel de cette clause en matière procédurale semble être acquis. Pour échapper à l'emprise exclusive des juridictions étatiques ou aux restrictions procédurales qu'impose le traité de base, l'opérateur étranger, dans l'hypothèse où l'État hôte a signé un traité avec l'État dont il est ressortissant et dans lequel est prévue une clause de la nation la plus favorisée, serait en mesure d'alléguer un processus de règlement des différends estimé plus avantageux conçu dans un traité distinct signé avec un État tiers.

500. Les arbitres étant ceux qui établissent la similarité et le caractère plus favorable du traitement requis ont souvent adopté, en vertu du principe compétence-compétence, une interprétation extensive de leur compétence. En effet, le droit de recourir à une juridiction dénationalisée relève du traitement dont tout investisseur peut se prévaloir. Ni les restrictions qu'impose le principe *ejusdem generis,* ni la formulation nébuleuse des clauses de la nation la plus favorisée ne semblent empêcher un tel recours. Du reste, les opérateurs économiques bénéficiant d'un droit de recourir à l'arbitrage unilatéral ou d'une clause d'arbitrage plus favorable sont sans doute mieux placés par rapport à ceux qui n'en jouissent pas.

501. Compte tenu de ses horizons illimités et de son effet prodigieux, la clause de la nation la plus favorisée a, depuis son apparition, toujours fait preuve d'inquiétudes[691]. L'on peut donc confirmer que cette clause, considérée comme l'une des techniques les plus essentielles du droit des traités apparaît comme la véritable clé de voûte du droit des investissements étrangers.

502. La clause de respect des engagements, quant à elle, jouit d'une fonction exclusive en matière procédurale. Elle s'avère être d'une importance capitale lorsque la clause de règlement des différends n'envisage que les

[691] V. *infra,* n° 655.

ruptures conventionnelles et interviendra lorsqu'un tribunal arbitral refuse de se déclarer compétent pour statuer sur des différends contractuels.

503. Au-delà du débat juridique concernant la « transformation » ou non des *contract claims* en *treaty claims* par le biais d'une telle clause[692], une tendance paraît se former au sein de la doctrine pour considérer que l'enjeu principal de la clause parapluie consiste en l'élargissement de la compétence matérielle des instances arbitrales délocalisées[693]. Cette clause, ayant pour objet d'admettre la compétence du juge du traité pour résoudre les litiges relatifs aux réclamations contractuelles, semble constituer de ce fait un véritable outil de délocalisation du mécanisme du règlement des différends relatifs aux investissements transnationaux.

---

[692] V. *supra*, n°s 467 et s.

[693] V. par exemple, D.-C. McLachlan, L. Shore et M. Weiniger, International Investment Arbitration : Substantive Principles, OUP, Oxford, 2007, pp. 109 et s. ; R. Dolzer et C. Schreuer, Principles of International Investment Law, OUP, Oxford, 2012, pp. 166-177 ; Ch. Leben, La Responsabilité internationale de l'État sur le fondement des traités de promotion et de protection des investissements, AFDI, Paris, 2004, pp. 683-714, spéc. pp. 701 et s.

CONCLUSION DU TITRE I

504. Le champ de compétence arbitrale est déterminé par la formulation des dispositions ayant trait au règlement des différends issus éventuellement du contrat d'État. C'est d'ailleurs en fonction principalement des termes attentivement formulés qu'il serait loisible d'annoncer lesquels des aspects du conflit seraient soumis à l'arbitrage sur le fondement du traité. Ainsi, la capacité du tribunal arbitral de statuer sur des allégations résultant de l'instrument contractuel est déterminée compte tenu de la rédaction de la clause de règlement des différends prévue dans une loi nationale ou insérée dans un traité.

505. Néanmoins une formulation limitative de la clause juridictionnelle conventionnelle qui écarte expressément les conflits contractuels, sera en mesure de conduire certains tribunaux arbitraux à effectuer une dichotomie entre les diverses réclamations et, par conséquent, ne se déclarer compétents que pour statuer sur les litiges conventionnels. Afin d'obvier à ces limitations et pour élargir autant qu'il faut le champ de compétence arbitrale en vue d'inclure la quasi-totalité des conflits en matière d'investissements, les opérateurs économiques prétendront subsidiairement à la mise en œuvre d'autres mécanismes.

506. La clause de la nation la plus favorisée et la clause parapluie ont, du reste, toutes deux, joué un rôle considérable dans l'extension du champ de compétence des tribunaux arbitraux dans le monde des investissements étrangers. Considérées comme étant des solutions subsidiaires à la compétence de l'arbitrage transnational, elles apparaîtront sur scène lorsque la solution primaire s'avère incapable à elle seule de fonder la compétence générale du tribunal arbitral. Elles interviendront par exemple lors d'une rédaction restrictive de la clause de règlement des différends conventionnelle qui pourra conduire certains tribunaux arbitraux à opérer - même si elle a fait l'objet de vives critiques[694] - une distinction entre *treaty claims* et *contract* claims pour fonder leur compétence.

507. Cependant, tant les clauses de règlement des différends que les clauses de la nation la plus favorisée ou bien même les clauses parapluie ont

---

[694] V. *supra,* n°s 397 et s.

toutes fait l'objet d'interprétations divergentes, mettant en cause l'aboutissement à une jurisprudence cohérente en la matière. Prendre chaque solution qui justifie la compétence générale de l'arbitrage transnational isolément, à savoir l'unité du contentieux transnational, l'invocation d'une clause procédurale conventionnelle plus large par le biais de la clause de la nation la plus favorisée ou bien même la transformation des réclamations contractuelles en réclamations conventionnelles par le jeu de la clause parapluie, s'avère insuffisant et pourrait conduire au dessaisissement des instances dénationalisées. Si l'on combine par contre ces dernières solutions, les tribunaux arbitraux ne seront plus menés qu'à l'adoption d'une interprétation large de leur compétence. Le juge du traité apparaît donc progressivement comme étant le juge ordinaire jouissant d'une compétence générale qui s'étend pour régir tous les aspects du litige transnational.

508. Néanmoins, l'appropriation d'une compétence générale ne semble pas suffire à elle seule pour le perfectionnement de la prééminence de la compétence arbitrale vis-à-vis des modes de résolution des litiges internes, encore faut-il que son exclusivité soit mise en évidence.

TITRE II

UNE COMPÉTENCE ARBITRALE EXCLUSIVE

509. Le phénomène de multiplication des opportunités contentieuses n'est pas exclusif au droit international des investissements. Plus globalement, la survenance d'un litige international, quel que soit son objet, engendrera souvent ce type de situations. Néanmoins, le droit international des investissements présente à cet égard une certaine particularité. Les spécificités qu'il offre en matière de règlement des différends y sont, à l'évidence, plus importantes encore qu'en droit international privé[695]. Afin de ne pas sortir du cadre de cette étude[696], on mentionne notamment qu'il existe en matière d'investissements étrangers deux fondements principaux à la compétence juridictionnelle : la compétence juridictionnelle fondée sur une offre générale d'arbitrage et la compétence juridictionnelle fondée sur une clause attributive de compétence. Dès lors, à l'occasion d'une même activité, la saisine parallèle des juridictions internes et internationales est parfaitement envisageable. Il existe ainsi en la matière une possible concomitance des procédures parallèles[697].

510. Afin de limiter le champ de compétence des juridictions délocalisées, les États hôtes qui préfèrent certainement régler les litiges transnationaux auprès de leurs propres juridictions, invoqueront divers principes généraux de droit et moyens offerts dans les conventions internationales d'investissement. Il s'agit notamment des principes de l'épuisement des voies de recours internes, du choix irrévocable de règlement

---

[695] H. Wehland, The Coordination of Multiple Proceedings in Investment Treaty Arbitration, OUP, Oxford, 2013.

[696] La présente étude couvrira uniquement les possibles recours entre les différents États et les opérateurs économiques étrangers. Cela étant, le recours au mécanisme de la protection diplomatique en sera exclu.

[697] V. dans ce sens, V. W. Ben Hamida, Où va l'arbitrage d'investissement ?, *in* F. Osman et A.-C. Yildirim (dir.), Où va l'arbitrage international ? De la crise au renouveau, Journées d'études méditerranéennes en l'honneur du professeur Ali Bencheneb, Lexis Nexis, Istanbul, 2016, pp. 395-417, spéc. p. 400-401 ; G. Van Harten, L'explosion des demandes parallèles dans l'arbitrage au titre d'un traité d'investissement, Investment Treaty News, n° 1, vol. 5, 2014, pp. 7-9.

des différends, de litispendance ou de l'autorité de la chose jugée. En tout cas, l'admission d'une compétence exclusive des instances arbitrales saisies sur le fondement du traité pourra constituer non seulement une solution au conflit de procédures (**Chapitre 1**), mais aussi l'un des moyens destinés à déclencher le dessaisissement des tribunaux domestiques (**Chapitre 2**).

CHAPITRE 1

UNE SOLUTION POTENTIELLE AU PHÉNOMÈNE DE CONFLIT DE PROCÉDURES CONTENTIEUSES

511. Le fait qu'il existe au sein de la matière un éventuel conflit de compétences juridictionnelles laisse fréquemment apparaître des situations où coexistent plusieurs procédures pour une même opération d'investissement avec le risque de contradiction ou d'incompatibilité. En tout état de cause, en raison de cette éventuelle concurrence de compétences, un même litige pourra être porté devant deux juridictions différentes et le même dommage indemnisé plus d'une fois. Cette situation n'est pas saine et constitue une source réelle de perturbation[698], voire même une cause de rejet de l'ensemble du système arbitral en matière d'investissements étrangers[699]. On présentera dans les développements suivants les manifestations de cette perturbation contentieuse (**Section 1**) afin d'exposer par la suite une potentielle solution procédurale susceptible d'être mise en œuvre afin que l'unicité du contentieux transnational puisse être obtenue (**Section 2**).

---

[698] CIRDI, affaire *Supervision y Control S.A. c. Costa Rica,* ARB/12/4, sentence du 18 janvier 2017, § 293 : « *The existence of national courts and international arbitration as mechanisms for resolving disputes can generate a significant risk of duplication of claims and a problem in determining what is the proper dispute resolution mechanism for disputes that may arise during the investment period* » ; W. Ben Hamida, L'arbitrage État-investisseur face à un désordre procédural : La concurrence des procédures et les conflits de juridictions, AFDI, vol. 51, 2005, pp. 564-602.

[699] V. *infra,* n°s 650 et s.

SECTION 1

LES ASPECTS DU PHÉNOMÈNE DE CONFLIT DE PROCÉDURES CONTENTIEUSES

512. L'introduction de différentes procédures contentieuses concernant une même opération d'investissement est tout à fait envisageable, voire même inévitable. En effet, comme le notent Charles Brower et Paula Henin, « *The proliferation of international dispute settlement mechanisms, coupled with the horizontal (i.e., non-hierarchical) nature of international law, has triggered fears about the possible fragmentation of international law, and has increased the potential for overlapping, and thus competing, jurisdictions. International arbitration has not been immune to these developments. Overlapping and competing jurisdictions in turn raise the specter of wasteful and harassing duplicative proceedings, double recovery, and inconsistent awards and decisions, all of which are antagonistic to the key objective of international arbitration, namely the final and binding resolution of international disputes* »[700].

---

[700] C. Brower et P. Henin, Res Judicata, *in* M. Kinnear, G.-R. Fisher et al., Building International Investment Law : The First 50 Years of ICSID, Kluwer Law International, 2015, pp. 55-70, spéc. p. 55 ; V. dans le même sens, E.-S. Romero, Consolidation and Parallel Proceedings, *in* M. Kinnear, G.-R. Fisher et al., Building International Investment Law : The First 50 Years of ICSID, Kluwer Law International, 2015, pp. 601-612, spéc. pp. 601-602 : « *The large number of cases brought against States has also been accompanied, particularly in recent years, by ever-increasing complexity. Such complexity affects, for instance, the instrument on the basis of which a dispute is brought, the subject-matter of the dispute or the number of parties involved and the corporate relationships between them. A natural corollary of this evolution has been the rising number of proceedings that relate to the same factual matrix (such as a particular measure or set of measures enacted by a State such as a new tax or levy) and are brought against the same respondent State by a variety of different claimants, on the basis of different instruments. Multiple arbitration proceedings can thus involve identical questions of law or fact and, therefore, present the risk of inconsistent or contradictory awards* » ; V. également, H. Wehland, The Coordination of Multiple Proceedings in Investment Treaty Arbitration, OUP, Oxford, 2013 ; W. Ben Hamida, L'arbitrage État-investisseur face à un désordre procédural : La concurrence des procédures et les conflits de juridictions, AFDI, vol. 51, 2005, pp. 564-602, spéc. p. 566 : « *on peut aujourd'hui annoncer que si les siècles passés étaient les siècles de la formation de la norme juridique, de sa consolidation et de son expansion, le siècle que nous vivons est le siècle de l'expansion des procédures de règlement des différends et de la multiplication des*

Cet éclatement des contentieux né des diverses options procédurales proposées aux acteurs sur la scène transnationale (**Paragraphe 1**), produira des conséquences hasardeuses sur le plan pratique (**Paragraphe 2**).

Paragraphe 1 : Les sources et causes de l'éclatement des contentieux

513. La coexistence d'options procédurales offertes à l'État ou à l'une de ses émanations (**A**) et aux investisseurs (**B**) génère des situations de conflits de compétences.

A. L'option procédurale offerte aux États

514. Même si, en droit international des investissements les droits procéduraux des États se trouvent limités devant les instances dénationalisées[701], il n'en demeure pas moins que ces derniers disposent

---

juridictions [...]. Il y a donc "trop de juges" aptes à intervenir dans le contentieux économique international » ; S. Lemaire et M. Laazouzi, Chronique de jurisprudence arbitrale en droit des investissements, Revue de l'Arbitrage, n° 2, Litec, Paris, 2017, pp. 645-710, spéc. p. 666 : *« L'investisseur peut, avant d'introduire la demande d'arbitrage fondée sur un traité de protection des investissements, envisager les diverses voies contentieuses susceptibles d'aboutir à la réparation du dommage prétendument imputable à l'État. Dans ce contexte, un risque de multiplication des procédures existe : une première requête peut être introduite par le véhicule sociétaire local de l'investissement et une seconde, par l'investisseur étranger ; l'une devant les tribunaux locaux de l'État hôte, l'autre devant le tribunal fondé sur le traité ; l'une contre les conséquences de certaines mesures étatiques, l'autre contre d'autres mesures, etc. Ces procédures sont parfois parallèles, parfois consécutives, l'échec de l'une des voies conduisant l'investisseur à en emprunter une autre »*.

701 Le droit de la défense des États ou de l'une de leurs émanations semble, en effet, ardu, ceux-ci ayant un accès fort difficile aux instances arbitrales dénationalisées pour attraire un investisseur étranger afin de faire valoir leurs droits. En pratique, les affaires CIRDI où un État ou une entité étatique apparaissent en qualité de demandeurs sont très rares. Parmi les sentences dont on a pu trouver trace, V. particulièrement, CIRDI, affaire *Gabon c. Société Serete*, ARB/76/1, Sentence du 27 février 1978 ; CIRDI, affaire *Tanzamia Electric Supply Complany Limited c. Independent Power Tanzania*, ARB/98/8, sentence du 12 juillet 2001 ; CIRDI, affaire *Gouvernement de la Province du Kalaman de l'Est c. PT Kalim Prima Coal*, ARB/07/3, sentence du 28 décembre 2009. Les investisseurs se trouvent donc dans une position plus avantageuse étant donné que l'État ne peut que très rarement s'adresser au juge du traité que très rarement. Pour une étude plus poussée, V. particulièrement, H. Hellio, L'État un justiciable de second ordre ? À propos des demandes étatiques dans le contentieux arbitral transnational relatif aux investissements étrangers, RGDIP, vol. 3, 2009, pp. 589-620.

certainement d'une option d'introduire ou non une action contentieuse devant le juge désigné par le contrat. En l'absence de rapport contractuel entre l'État et l'opérateur étranger, les possibilités d'action se réduisent à la saisine des tribunaux nationaux. Ainsi, lorsqu'une activité est affectée par le comportement d'un investisseur quelconque, l'État pourra évidemment saisir la juridiction compétente visée par la clause d'élection du for contractuelle. Même en son absence, l'État est toujours en mesure, et préfère même saisir ses propres juridictions étatiques pour sanctionner les comportements fautifs de l'investisseur. Il pourra par exemple alléguer devant le juge du contrat le non-respect des stipulations contractuelles par l'investisseur étranger, ou bien même se défendre en contestant la compétence du juge du traité.

515. Une situation qui se pose fréquemment en pratique est digne d'illustrer ces propos. On s'imagine le cas où un opérateur étranger s'engage en vertu d'un contrat d'État à aménager certains travaux sur le territoire de l'État hôte. Au cours des travaux, l'État, estimant que l'opérateur a manqué à son obligation contractuelle d'achever la partie requise des travaux, résilie unilatéralement le contrat. L'opérateur en revanche, considérant qu'il a été victime d'une violation du traitement juste et équitable qu'impose le traité de base conclu entre l'État de territorialité de l'investissement et celui de la nationalité de l'investisseur, saisit le tribunal arbitral sur le fondement du traité. Certes, si la clause de règlement des différends n'envisage que « les violations du traité »[702], il sera difficile à l'État d'alléguer devant le juge du traité, non seulement le mal fondé de la demande, mais aussi de prétendre à des dommages-intérêts contre l'investisseur en violation des stipulations contractuelles. Compte tenu de cette situation, l'État se trouve conduit à s'adresser à ses propres juridictions. Ainsi, pour la même opération, deux juges distincts sont saisis : le juge du traité par l'investisseur et celui du contrat par l'État.

516. Le phénomène de la concomitance des procédures parallèles qu'on vient d'exposer, avec les difficultés qu'il révèle sur le plan procédural, se

[702] Les formules de ce type font obstacle à toute demande reconventionnelle étatique. Sur cette question, V. par exemple, J.-E. Kalicki, Les demandes reconventionnelles des États dans l'arbitrage relatif à l'investissement, Investment Treaty News, n° 2, vol. 3, 2013, pp. 3-4 ; V. également l'article 10 de l'accord entre l'Union économique belgo-luxembourgeoise et les États-Unis du Mexique concernant l'encouragement et la protection réciproques des investissements, signé au Mexique le 27 août 1998 : *« La présente section s'appliquera aux différends survenus entre l'une des Parties Contractantes et un investisseur de l'autre Partie Contractante après l'entrée en vigueur du présent Accord au sujet d'une violation alléguée d'une obligation incombant à la première Partie Contractante aux termes du présent Accord qui occasionne une perte ou un dommage à l'investisseur ou à son investissement »*. Ces clauses demeurent cependant rares, la plupart faisant référence à tous les litiges relatifs aux investissements.

compliquera davantage par l'exercice, le cas échéant, des divers choix de compétence dont disposent également les investisseurs étrangers.

B. Les options procédurales offertes aux investisseurs

517. La saisine d'un tribunal arbitral sur le fondement d'un traité de protection et de promotion des investissements ne peut normalement s'opérer à l'initiative de l'État d'accueil, même si celui-ci se considère victime d'un préjudice matériel ou moral en lien avec l'investissement. D'une manière générale, ce sont les opérateurs étrangers qui disposent d'une panoplie de choix dans l'ordre international. En effet, enclencher la procédure d'arbitrage unilatéral dépend, en principe, de la seule volonté de l'investisseur étranger[703].

518. La simultanéité de plusieurs offres de compétence arbitrale dans des traités bilatéraux ou même multilatéraux sera à la base de graves conflits d'arbitrages transnationaux. Ces diverses offres incluses dans les différents instruments peuvent concerner le même différend alors qu'elles sont soumises à des régimes juridiques distincts imposant chacun ses propres conditions. Avec la complexité de la structure de l'investissement, des demandes d'arbitrage simultanées relatives à la même opération peuvent être soumises à des instances arbitrales différentes sur le fondement de plusieurs conventions internationales d'investissement. Ainsi, on peut facilement prévoir qu'une même opération peut être couverte à la fois par une convention multilatérale d'investissement[704], et par un traité bilatéral d'investissement conclu entre le pays d'accueil et le pays fournisseur. Disposant de plusieurs choix procéduraux, l'investisseur déclenchera celui qui lui sera le plus favorable et pourra, éventuellement, opter pour un choix cumulatif de procédures.

519. Compte tenu de la saisine du juge du contrat et celui du traité ensemble, se pose ainsi l'articulation entre les compétences concomitantes de ces derniers. Est-ce que la compétence de l'un engendre l'incompétence de l'autre ? Quel sera l'impact de la clause de règlement des différends contractuelle sur l'offre de compétence conventionnelle ? pourrait-elle être considérée comme une renonciation à ladite offre ?

---

[703] Arbitrage et partie faible, Colloque du 9 mai 2016, par C. Duclercq, C. Jallamion, D. Mainguy, A. Ngwanza, W. Ben Hamida, P. Chavasse, M. De Fontmichel, M. Henry et G. Tattevin, JDI, n° 1, 2017, pp. 1-54, spéc. p. 12 et p. 23.

[704] On pourra mentionner, à titre d'exemple, le Traité sur la Charte de l'Énergie et plus précisément son article 26 relatif au règlement des différends.

520. La question s'est notamment posée dans l'affaire *Salini contre Maroc*[705] où le tribunal saisi par l'investisseur sur le fondement du traité a été confronté à la clause d'élection de for contractuelle. On était là en présence de clauses attributives de juridiction en concurrence avec une offre d'arbitrage stipulée dans le TBI. Quoi qu'il en soit, les arbitres ont clairement affirmé qu'un tel choix ne constitue, en aucun point, une option exercée par l'investisseur italien en faveur des juridictions nationales marocaines[706]. En tout cas, dans la majorité des systèmes juridiques, la compétence des juridictions nationales, et plus précisément celles des juridictions administratives, est obligatoire pour tout contrat relevant du droit public. Ainsi, il est parfaitement compréhensible qu'une clause attributive de juridiction en faveur des tribunaux administratifs ne puisse s'analyser en une option exercée par la compagnie étrangère.

521. La situation se trouve même plus compliquée : à côté de l'offre d'arbitrage stipulée dans les traités de protection et de promotion des investissements, on remarque une offre, plus ou moins similaire, exprimée dans une loi nationale relative aux investissements[707]. L'interprétation la plus commune depuis qu'elle a été adoptée pour la première fois dans l'affaire *SPP contre Égypte SPP contre Égypte*[708], consiste à fonder la compétence du tribunal arbitral sur le seul fait de l'acceptation de l'offre prévue dans cette loi par l'investisseur étranger. Cependant, de telles lois demeurent rares en pratique. On peut citer, à titre d'exemple, l'article 28 du Code des investissements guinéen qui a été à la base du fondement de la compétence arbitrale dans une affaire opposant la compagnie française Getma International à la Guinée. En effet, cet article dispose dans son deuxième paragraphe que : *« Les différends entre l'État guinéen et les ressortissants étrangers, relatifs à l'interprétation ou à l'application du présent Code, sont,*

---

[705] CIRDI, affaire *Salini Costruttori S.p.A. and Italstrade S.p.A. c. Royaume du Maroc,* ARB/00/4, décision sur la compétence du 23 juillet 2001.
[706] *Ibid.*, § 27 : *« As the jurisdiction of the administrative courts cannot be opted for, the consent to ICSID jurisdiction described above shall prevail over the contents of Article 52 of the CCAG, since this Article cannot be taken to be a clause truly extending the scope of jurisdiction and covered by the principle of the Parties' autonomy. Thus, the reasoning proposed by the Kingdom of Morocco, as expressed in its observations of July 2, 2001, p. 2 et seq., according to which the Claimants could no longer choose to submit the dispute to ICSID jurisdiction due to their participation in a dispute-settlement process in accordance with Articles 50 and 51 CCAG, cannot be sustained ».*
[707] J.-M. Loncle, L'option de l'arbitrage des traités de protection des investissements : Treaty Claims vs. Contract Claims, RDAI, n° 1, 2005, pp. 3-12, spéc. p. 3.
[708] CIRDI, affaire *Southern Pacific Properties Limited c. Égypte,* ARB/84/3, décisions sur la compétence du 27 novembre 1985 et du 14 avril 1988, telles que traduites *in* E. Gaillard, La jurisprudence du CIRDI, Pedone, Paris, 2004, pp. 347-362.

sauf accord contraire des parties en cause, définitivement réglés par arbitrage [...] »[709].

522. En outre, les phénomènes de conflits de compétences juridictionnelles se trouveront encore plus accentués lors de l'existence de plusieurs investisseurs impliqués dans une même activité comme le note le tribunal dans la sentence relative à l'affaire *Canfor Corporation contre les États-Unis d'Amérique* : *« The desirability of avoiding conflicting results is not limited to cases where the parties are the same. Cases with different parties may present the same legal issues arising out of the same event or related to the same measure. Conflicting results then may take place if the findings with respect to those issues differ in two or more cases »*[710]. Ce sera le cas, par exemple, lorsqu'une compagnie mère exerce son activité par le biais de plusieurs sociétés filles, ou plus simplement lorsqu'il existe, au sein d'une même société, plusieurs actionnaires. Chaque société ou actionnaire pourra ainsi introduire une procédure sur le fondement d'instruments distincts. Dans de pareilles circonstances, chaque investisseur sera en mesure de saisir une juridiction différente[711].

---

[709] Article cité *in* CIRDI, affaire *Getma International et autres c. République de Guinée*, ARB/11/29, sentence du 16 août 2016, § 12.

[710] CNUDCI, affaire *Canfor Corporation c. États-Unis d'Amérique*, ordonnance de consolidation du 7 septembre 2005, § 133.

[711] Pour une illustration pratique, V. not., les affaires *Lauder* et *CME* (CNUDCI, affaire *Ronald S. Lauder c. République tchèque*, sentence finale du 3 septembre 2001 ; CNUDCI, affaire *CME c. République tchèque*, sentence du 14 mars 2003). Il s'agissait en l'espèce d'une compagnie néerlandaise CME contrôlée par un investisseur américain, Ronald Lauder. La société CME se lance, en 1991, dans un projet d'investissement concernant l'implantation d'une nouvelle chaîne de télévision numérique, et cela, en association avec une entreprise locale CET 21. À cette fin, une coentreprise fut créée entre CME et CET 21. En 1996, le Conseil des Médias modifie profondément les conditions relatives à l'acquisition de la License et exige la modification des statuts de la société CNTS. Ces nouvelles conditions obligèrent CME et CET 21 à remplacer leur accord de *joint-venture* par une structure moins solide. Les relations entre les deux sociétés commencent à s'affaiblir, jusqu'à se séparer. Un arbitrage CCI à Amsterdam et plusieurs actions devant les tribunaux nationaux ont été déclenchés. En cours de procédure, deux arbitrages État-investisseur ont été engagés contre la République tchèque pour contester les nouvelles conditions imposées par le Conseil des Médias. En tant que personne physique actionnaire, l'investisseur américain Ronald Lauder se fonde sur le traité bilatéral d'investissement conclu entre la République tchèque et les États-Unis pour introduire une demande d'arbitrage à l'encontre de la République tchèque. La compagnie CME s'est fondée quant à elle sur le traité bilatéral d'investissement conclu entre la République tchèque et les Pays-Bas pour engager une nouvelle procédure d'arbitrage aussi à l'encontre de la République tchèque. Les deux affaires portaient sur les mêmes faits, les mêmes données, la même opération et les mêmes arguments juridiques. Toutefois, deux tribunaux arbitraux distincts, suivant les règles de la CNUDCI, ont été mis en place. Les deux tribunaux arbitraux rejettent l'argument soulevé par la République tchèque selon lequel l'engagement de plusieurs procédures arbitrales s'analyserait en un abus de procès. Les tribunaux arbitraux estimaient qu'ils

523. Que ce soit sur le fondement de la clause attributive de compétence contractuelle, de l'offre d'arbitrage incluse dans les traités de protection et de promotion des investissements ou même dans les législations nationales sur les investissements, la matière présente une palette d'options laissées à la discrétion des acteurs transnationaux. Le droit à l'arbitrage se vulgarise. Ce foisonnement des procédures parallèles pourra être accéléré, encore plus, par l'option procédurale dont dispose l'État[712], ce qui risquera d'aboutir à un véritable chaos procédural mettant en cause l'harmonie du contentieux économique transnational.

Paragraphe 2 : L'illustration de la concurrence de procédures à travers quelques exemples pratiques

524. Le phénomène de conflit de compétences n'a rien de théorique. Au cours des dernières années, la pratique arbitrale a vu se développer des situations de ce type. Sans en dresser un bilan exhaustif, l'affaire *Benvenuti & Bonfant*[713] **(A)** et celle opposant la compagnie Saipem S.p.A à l'État du Bangladesh[714] **(B)** retiennent particulièrement l'attention.

A. L'affaire Benvenuti & Bonfant contre la République populaire du Congo

525. Très révélatrice vis-à-vis de la concurrence des procédures introduites simultanément devant diverses juridictions, l'affaire *Benvenuti &*

étaient saisis par deux investisseurs différents et sur le fondement de deux instruments différents, ce qui mène à considérer que les deux litiges étaient différents et qu'une telle situation n'engendrera pas une double compensation qui serait, le cas échéant, prise en considération lors de l'appréciation du préjudice. Les deux sentences rendues sont parvenues à des résultats contradictoires, voire diamétralement opposés. Dans la sentence *Lauder*, le tribunal considère que le Conseil de la radiodiffusion n'avait pas agi en faveur des opérateurs nationaux au détriment des opérateurs étrangers, et de ce fait, qu'il n'y a pas lieu de soutenir qu'il y a eu violation des normes du traitement juste et équitable ; alors que, dans la sentence *CME*, les arbitres ont estimé que ces mesures violaient les normes conventionnelles et qu'elles devaient aboutir à engendrer la responsabilité internationale étatique. Pour des illustrations plus récentes sur ce sujet, V. E. Gaillard, Le concours des procédures arbitrales dans le droit des investissements, *in* Mélanges en l'honneur du Professeur Pierre Mayer, LGDJ, 2015, pp. 225-239 spéc. pp. 230-231.

[712] V. *supra,* n°s 514 et s.

[713] CIRDI, affaire *Benvenuti & Bonfant c. Congo*, ARB/77/2, sentence du 8 août 1980, *in* Yearbook of Commercial Arbitration, vol. 8, n° 2, 1983, pp. 144-152.

[714] CIRDI, affaire *Sapiem S.p.A c. Bangladesh*, ARB/05/7, décision sur la compétence du 21 mars 2007 et sentence du 30 juin 2009.

Bonfant contre la République du Congo[715], revêt une importance capitale. Sur le plan factuel, la société italienne Benvenuti & Bonfant a conclu en 1973 un accord avec le Gouvernement de la République populaire du Congo afin de créer une entreprise commune spécialisée dans la fabrication de bouteilles d'eau minérale. Cette société, dénommée PLASCO, était contrôlée par des agents de l'État congolais, l'investisseur italien n'étant pas détenteur de la majorité des actions. Le contrat d'État ainsi que les statuts constitutifs de la société PLASCO prévoyaient la compétence du CIRDI lors de la survenance d'un litige entre les parties.

526. L'État congolais ayant omis de prendre les mesures nécessaires afin d'exclure la concurrence étrangère et fournir ainsi un statut fiscal préférentiel à PLASCO, sa relation avec la société italienne dépérit et de multiples ingérences dans la gestion de celle-ci se produisent, ce qui a abouti à donner lieu à des difficultés dans l'exécution des stipulations du contrat d'État. L'actionnaire italien Bonfant, s'estimant victime d'un abus de majorité au sein de la société, introduit une procédure devant le Tribunal de Commerce de Pointe-Noire qui rejette ses allégations. Insatisfait du jugement rendu par cette juridiction, Bonfant interjette appel devant la Cour Révolutionnaire de Justice[716] et engage en même temps une procédure arbitrale devant le CIRDI.

527. Il serait commode de noter ici que la République du Congo prétendait dans ses conclusions que la partie demanderesse devait, avant de s'adresser à l'arbitrage CIRDI, épuiser les voies de recours internes devant ses propres tribunaux, notamment devant la Cour Révolutionnaire de Justice, laquelle n'avait toujours pas rendu de jugement définitif suite à l'appel interjeté par l'investisseur italien Bonfant.

528. Les arbitres estiment que la procédure d'arbitrage introduite par l'actionnaire italien était basée sur la clause prévue dans le contrat d'État liant les deux parties, et non pas sur celle insérée dans les statuts de la société. En effet, la clause compromissoire incluse dans le contrat d'investissement ne subordonne pas pour autant le recours à l'arbitrage CIRDI à la condition de l'épuisement des voies de recours internes de l'État hôte. Le tribunal arbitral finit ainsi par retenir sa compétence en rejetant les arguments de l'État défendeur qui se prévalait des conditions imposées par la clause prévue dans les statuts internes de la compagnie PLASCO.

---

[715] CIRDI, affaire *Benvenuti & Bonfant c. Congo*, ARB/77/2, sentence du 8 août 1980, *in* Yearbook of Commercial Arbitration, vol. 8, n° 2, 1983, pp. 144-152.

[716] Cette Cour est une juridiction d'exception en République populaire du Congo créée en février 1969.

529. Parallèlement, la compagnie italienne, prétendant être à son tour victime d'un dommage matériel et moral, saisit unilatéralement le tribunal CIRDI pour demander réparation. Devant ce tribunal, l'État hôte invoque l'exception de litispendance en soutenant que le tribunal devrait surseoir à statuer jusqu'au prononcé du jugement définitif par la Cour Révolutionnaire de Justice. Le tribunal considère que les conditions relatives au principe de litispendance internationale faisaient défaut. En tout cas, l'exception de litispendance exige que le différend concerne les mêmes parties et qu'il y ait identité d'objet et de cause. Or, le litige devant la Cour Révolutionnaire de Brazzaville opposait l'État hôte à l'investisseur italien Bonfant en tant qu'actionnaire dans la société PLASCO et non à la société Benvenuti & Bonfant. Ce test de la triple identité a abouti donc à rejeter l'application du principe de litispendance[717]. Une autre affaire non moins célèbre pourrait également servir d'exemple afin d'illustrer davantage cette concurrence de procédures.

B. L'affaire Saipem S.p.A contre l'État du Bangladesh

530. Une autre affaire remarquablement significative concerne le litige opposant la compagnie italienne spécialisée dans la recherche et les forages pétroliers Saipem à l'État du Bangladesh[718]. Le parcours litigieux débute par la saisine de la CCI sur le fondement d'une procédure d'arbitrage introduite par la compagnie italienne contre la Petrobangla, compagnie pétrolière nationale appartenant au Gouvernement du Bangladesh.

531. Dans le but de barrer le chemin à cette première procédure, la compagnie pétrolière bangladaise introduit concurremment devant les tribunaux internes une série de procédures puis excipe devant le tribunal arbitral l'exception de litispendance et demande la suspension de la procédure d'arbitrage. La CCI néglige les allégations de l'État d'accueil, poursuit l'examen de l'affaire sur le fond, et condamne la Petrobangla. Ayant plus d'une arme dans son sac, celle-ci saisit la Cour suprême de son pays afin de déclarer l'illégalité de la sentence CCI. La Cour suprême adopte les prétentions de la compagnie bangladaise et décide en définitive que la décision arbitrale de la CCI condamnant la compagnie bangladaise est démunie de toute valeur.

---

[717] V. dans le même sens, l'arbitrage de la Chambre de commerce de Stockholm SCC, affaire *Ivan Peter Busta et James Peter Busta c. République tchèque*, sentence du 10 mars 2017, § 210-218.

[718] CIRDI, affaire *Sapiem S.p.A c. Bangladesh*, ARB/05/7, décision sur la compétence du 21 mars 2007 et sentence du 30 juin 2009.

532. Simultanément à ce tumulte juridictionnel, Saipem engage plusieurs procédures devant les tribunaux du Bangladesh ainsi qu'une procédure auprès des juridictions italiennes. Ce cafouillis de procédures va se compliquer davantage avec l'introduction par la compagnie italienne d'une nouvelle procédure d'arbitrage CIRDI en alléguant que la suspension de la première procédure devant la CCI équivaut à une expropriation et donc à une violation des dispositions du TBI Italie-Bangladesh[719].

533. Le CIRDI ne se soucie guère de l'effet des autres procédures sur sa propre compétence. Toutefois, en dépit de ce calme au niveau du CIRDI, on ne peut que constater la complexité procédurale découlant de l'examen d'un différend formant l'objet d'une même activité par plusieurs organes juridictionnels. Ces résultats décevants sur les plans pratique et théorique semblent permettre de percevoir une voie vers le principe de la compétence obligatoire des institutions arbitrales lequel apparaît comme un remède aux conflits de juridictions et de procédures parallèles.

SECTION 2

LE PRINCIPE DE LA COMPÉTENCE ARBITRALE EXCLUSIVE

534. En vue de faire face au désordre procédural, certains auteurs, dont Walid Ben Hamida, préconisent plusieurs solutions pour maintenir une administration harmonieuse de la justice[720]. Ils proposent en particulier les principes de l'autorité de la chose jugée qui interdit de remettre en cause un jugement pour un même litige ou de la litispendance[721] formant un *« obstacle*

---

[719] TBI Italie-Bangladesh, signé le 20 mars 1990 et entré en vigueur le 20 septembre 1994.

[720] V. W. Ben Hamida, L'arbitrage État-investisseur face à un désordre procédural : La concurrence des procédures et les conflits de juridictions, AFDI, vol. 51, 2005, pp. 564-602, spéc. pp. 588-602 ; V. également, A. Crivellaro, Consolidation of Arbitral and Court Proceedings in Investment Disputes, Law & Practice of International Courts & Tribunals, vol. 4, 2005, pp. 371-420.

[721] Sur ces principes V. par exemple, E. Geisinger et L. Levy, La litispendance dans l'arbitrage commercial international, Bulletin de la CCI, 2003, pp. 55-73 ; M. Beeley et H. Seriki, Res Judicata - Recent Developments in Arbitrations, International Arbitration Law Review, vol. 8, n° 4, 2005, pp. 111-116 ; A. Reinisch, The Use and Limits of Res Judicata and Lis Pendens as Procedural Tools to Avoid Conflicting Dispute Settlement

à la soumission simultanée d'un même litige à deux juridictions »[722]. Cependant, ces principes très généraux, s'appliquant même en l'absence de support conventionnel, s'avèrent être insuffisants compte tenu des spécificités du droit international des investissements. Par conséquent, viennent se manifester des techniques propres comme celle de la clause *fork in the road*[723]. Soumise elle aussi à la condition de la triple identité, d'autres moyens plus efficaces ont été conçus et introduits dans la nouvelle génération des traités. Il s'agit notamment de la consolidation qui a vocation à éviter que le même litige ne soit porté devant plusieurs organes différents[724]. Ainsi, à titre d'exemple, le modèle américain de 2012 a prévu que : « *Where two or more claims have been submitted separately to arbitration under Article 24 (1) and the claims have a question of law or fact in common and arise out of the same events or circumstances, any disputing party may seek a consolidation order in accordance with the agreement of all the disputing parties sought to be covered by the order or the terms of paragraphs 2 through 10* »[725]. Néanmoins, il sera notable de souligner que l'usage du vocable « *may* » affaiblit la teneur de la clause précitée en accordant une grande marge d'appréciation aux tribunaux sans leur imposer de véritables obligations. La consolidation semble ainsi remplir un rôle d'information qui lui ôte toute efficacité.

535. Vu que ces solutions n'apportent pas de remède efficace au conflit de procédures, on se rendra compte dans les développements qui suivent que la solution qui contribuerait le mieux à l'unification des procédures découlerait de la mise en œuvre (**Paragraphe 2**) du principe de la compétence obligatoire des instances arbitrales (**Paragraphe 1**).

Outcomes, Law & Practice of International Courts & Tribunals, vol. 3, 2004, pp. 37 et s.

[722] W. Ben Hamida, L'arbitrage État-investisseur face à un désordre procédural : La concurrence des procédures et les conflits de juridictions, AFDI, vol. 51, 2005, pp. 564-602, spéc. p. 591.

[723] CIRDI, affaire *Supervision y Control S.A. c. Costa Rica,* ARB/12/4, sentence du 18 janvier 2017, § 294 ; V. également, *infra,* n°s 596 et s.

[724] V. par exemple, E.-S. Romero, Consolidation and Parallel Proceedings, *in* M. Kinnear, G.-R. Fisher et al., Building International Investment Law : The First 50 Years of ICSID, Kluwer Law International, 2015, pp. 601-612 ; V. Bonnin et M.-M. Mbengue, Consolidation of Proceedings in Investment Arbitration : How can Multiple Proceedings Arising from the Same or Related Situations be Handled Efficiently ? - Colloquium on Consolidation of Proceedings in Investment Arbitration Geneva, ICSID Review - FILJ, 2006, pp. 59-125.

[725] Modèle des États-Unis de 2012, article 33, alinéa premier.

Paragraphe 1 : L'exposé du principe de la compétence arbitrale exclusive

536. Le principe de la compétence des instances ancrées dans l'ordre international aura pour conséquence l'incompétence des juridictions nationales. Ce principe a pris naissance dans le cadre de l'arbitrage commercial (**A**) pour se répandre ensuite au sein de l'arbitrage transnational (**B**).

A. Le principe de la compétence exclusive dans le cadre de l'arbitrage contractuel

537. Le principe de la compétence obligatoire de l'instance arbitrale revêt une importance capitale en arbitrage commercial. En effet, comme le notait le Professeur Philippe Fouchard, ce qui importe, c'*« est de soustraire à la connaissance des tribunaux étatiques certains litiges, dont le règlement est confié à des arbitres »*[726].

538. Ce principe se rencontre d'ailleurs dans divers instruments internationaux. Ainsi, l'article II paragraphe 3 de la Convention de New York dispose : *« Le tribunal d'un État contractant, saisi d'un litige sur une question au sujet de laquelle les parties ont conclu une convention au sens du présent article, renverra les parties à l'arbitrage »*[727].

Il en est de même de l'article IV paragraphe 3 de la Convention de Genève qui dispose : *« Lorsqu'avant tout recours à un tribunal judiciaire, une procédure d'arbitrage aura été introduite, les tribunaux judiciaires des États contractants, saisis ultérieurement d'une demande portant sur le même différend entre les mêmes parties [...], sursoiront, sauf motifs graves, à statuer sur la compétence de l'arbitre jusqu'au prononcé de la sentence »*[728].

Dans le même sens, la loi type de la CNUDCI sur l'arbitrage commercial international énonce que : *« Le tribunal saisi d'un différend sur une question faisant l'objet d'une convention d'arbitrage renverra les parties à l'arbitrage*

---

[726] Ph. Fouchard, L'arbitrage commercial international, Dalloz, Paris, 1965, p. 447.
[727] Article II paragraphe 3 de la Convention de New York sur la reconnaissance et l'exécution des sentences arbitrales étrangères du 10 juin 1958.
[728] Article IV paragraphe 3 de la Convention européenne sur l'arbitrage commercial international signée à Genève le 21 avril 1961.

si l'une d'entre elles le demande au plus tard lorsqu'elle soumet ses premières conclusions quant au fond du différend »[729].

539. Cette notion se manifeste également dans certaines lois étatiques[730]. En droit français par exemple, l'article 1448 du Code de procédure civile invite le tribunal national à décliner sa compétence lors de la saisine d'un organe arbitral statuant dans la même affaire[731].

De même, en droit suisse, la loi fédérale sur le droit international privé consacre cette règle : *« Si les parties ont conclu une convention d'arbitrage visant un différend arbitrable, le tribunal suisse déclinera sa compétence [...] »*[732].

540. En vertu de cette norme, lorsque les parties conviennent de recourir à l'arbitrage pour la résolution de tout litige potentiel, c'est le tribunal arbitral qui seul est compétent pour se prononcer sur les litiges et sa compétence entraîne systématiquement le dessaisissement des tribunaux nationaux de l'État hôte[733]. D'ailleurs, le Professeur Emmanuel Gaillard explique l'effet de la clause compromissoire qui *« invite les juridictions étatiques à se contenter de la constatation prima facie de l'existence d'une convention d'arbitrage pour inviter les parties à saisir les arbitres du litige - y compris de l'éventuelle contestation de la validité ou de la portée de la convention d'arbitrage »*[734].

---

[729] Article 8 de la loi type de la CNUDCI sur l'arbitrage commercial international.
[730] V. en Autriche, l'article 584 de la loi sur l'arbitrage du 13 janvier 2006 (Revue de l'arbitrage, Litec, Paris, 2006, p. 518) ; en Belgique, l'article 1690 du Code judiciaire modifié par la loi du 19 mai 1998 ; en Espagne l'article 11 de la loi n° 60/2003 du 23 décembre 2003 sur l'arbitrage (Revue de l'arbitrage, Litec, Paris, 2004, p. 459) ; au Panama, l'article 11 du Décret-loi n° 5 du 8 juillet 1999 établissant le régime général d'arbitrage, de conciliation et de médiation, Revue de l'arbitrage, Litec, Paris, 2005, p. 823 ; au Pérou, l'article 99 de la loi générale sur l'arbitrage du 3 janvier 1996 (Revue de l'arbitrage, Litec, Paris, 2005, p. 861) ; au Venezuela, les articles 5 et 7 de la loi sur l'arbitrage commercial du 25 mars 1998 (Revue de l'arbitrage, Litec, Paris, 2005, p. 847).
[731] Article 1448 du Code de procédure civile français modifié par le Décret n° 2011-48 du 13 janvier 2011 : *« Lorsqu'un litige relevant d'une convention d'arbitrage est porté devant une juridiction de l'État, celle-ci se déclare incompétente sauf si le tribunal arbitral n'est pas encore saisi et si la convention d'arbitrage est manifestement nulle ou manifestement inapplicable. La juridiction de l'État ne peut relever d'office son incompétence. Toute stipulation contraire au présent article est réputée non écrite »*.
[732] Article 7 de la Loi fédérale sur le droit international privé.
[733] D. Vidal, Droit français de l'arbitrage commercial international, Gualino, 2004, pp. 172 et s.
[734] E. Gaillard, La reconnaissance, en droit suisse, de la seconde moitié du principe d'effet négatif de la compétence-compétence, Global Reflections on International Law, Commerce and Dispute Resolutions, *in* Liber Amicorum in Honour of Robert Briner, Paris, ICC Publishing, 2005, p. 313.

541. Du reste, le principe de la compétence arbitrale exclusive n'est que le corollaire du principe général *pacta sunt servanda* : les parties sont désormais liées au contrat qu'elles ont signé et ne sauraient ensuite s'y soustraire. Il en résulte par conséquent *« une obligation de déférer aux arbitres les litiges visés par la convention d'arbitrage »*[735].

542. On verra par la suite que l'incompétence des juridictions nationales n'est pas seulement un objectif recherché par l'arbitrage commercial international, mais concerne également le droit international des investissements.

B. Le principe de la compétence exclusive dans le cadre de l'arbitrage transnational

543. Il serait plausible de signaler qu'en matière d'investissements étrangers, la relation entre les instances arbitrales dénationalisées et les tribunaux étatiques a été appréhendée sous l'angle de deux conceptions différentes : la conception dualiste d'une part et la conception moniste de l'autre[736].

544. Comme son nom l'indique, la conception dualiste connue également sous son appellation anglophone *disintegrative theory,* préconise une séparation radicale entre l'ordre juridique international et l'ordre juridique interne. Influencée par la théorie classique de la protection diplomatique[737] qui distingue le litige international du litige interne, cette conception implique que les tribunaux étatiques et les instances arbitrales officient exclusivement dans l'ordre juridique qui leur est propre. Cela étant, les tribunaux étatiques, bornés à l'application du droit local, ne peuvent statuer dans l'ordre juridique international. Il en est de même des juridictions internationales officiant dans l'ordre juridique international, lesquelles se limitent à l'application du droit international.

Afin d'apporter une solution au problème du conflit entre l'offre de compétence conventionnelle et la clause contractuelle d'élection de for, les tribunaux arbitraux, en suivant l'approche dualiste, ont eu recours au

[735] Ph. Fouchard, E. Gaillard et B. Goldman, Traité de l'arbitrage commercial international, Litec, Paris, 1996, n° 626.
[736] La conception dualiste, à laquelle s'oppose la conception moniste, a été influencée par la théorie scellienne du dédoublement fonctionnel. Sur cette théorie V., G. Scelle, Précis de droit des gens, Recueil Sirey, Paris, 1932/1934, vol. 1, pp. 54-56.
[737] V. *supra,* n° 15.

fondement de la demande[738]. Le recours aux tribunaux nationaux statuant sur les litiges contractuels n'a dès lors aucune incidence sur la compétence du tribunal arbitral saisi sur le fondement de l'instrument international et se prononçant sur les ruptures conventionnelles. On considère par conséquent que l'opérateur étranger ne renonce pas à l'offre d'arbitrage exprimée dans l'instrument international lorsqu'il saisit les tribunaux domestiques de l'État hôte. Ainsi, dans la mesure où les deux procédures concernent la violation de normes différentes, l'opérateur pourra recourir au juge du traité qui examinera les *treaty claims* en application du droit international, et simultanément, s'adresser au juge du contrat, chargé de statuer sur les *contrats claims* en application de la loi contractuelle. L'investisseur aura ainsi recours au juge du contrat pour contester les violations des stipulations contractuelles, et saisira le juge du traité pour examiner les violations des dispositions conventionnelles. La saisine des tribunaux internes n'a ainsi aucun effet sur la compétence d'une instance arbitrale, les jugements internes et les sentences internationales se mouvant dans deux arènes juridiques distinctes[739]. Cette approche consiste donc à dénaturer les effets du principe de la compétence exclusive.

545. À l'inverse, les défenseurs de la conception moniste connue également sous son appellation anglophone *integrative theory*, estiment que les juridictions internationales, comme les juridictions internes, ont toutes deux une seule et unique mission qui est celle de trancher les litiges abstraction faite de leur nature en appliquant la règle de droit appropriée. Par conséquent, le juge interne peut assurément statuer dans l'ordre juridique international en appliquant les normes internationales. Il en est de même pour les juridictions internationales qui statuent dans l'ordre juridique interne et appliquent le droit national.

Pour les maîtres de cette théorie, le dépeçage *ratione materiae* du litige engendrera certaines difficultés. Ils considèrent que, dans le cadre du mécanisme traditionnel de la protection diplomatique, la distinction entre le litige interne et le litige international avait comme fondement le défaut d'identité des parties. Dans l'ordre juridique interne, le litige oppose un investisseur étranger à l'État hôte, alors que dans l'ordre juridique international le litige oppose deux États souverains. Or, dans le cadre d'un litige relatif au droit international des investissements, celui-ci concerne bien les mêmes parties : l'État et l'investisseur. De plus, contrairement au juge international dans le cadre de la protection diplomatique qui a pour mission

---

[738] Sur la théorie favorable à la distinciton *treaty claims* et *contract claims,* V. *supra,* n°s 385 et s.

[739] W.-S. Dodge, National Courts and International Arbitration : Exhaustion of Remedies and Res Judicata under Chapter Eleven of NAFTA, Hastings International and Comparative Law Review, 2000, p. 367.

d'appliquer spécifiquement les normes du droit international, le tribunal arbitral saisi sur le fondement d'un traité d'investissement peut certainement faire application du droit national[740]. L'introduction du fondement de la demande est donc étrangère à la théorie de l'arbitrage en général. En suivant ce raisonnement, et en application du principe de la compétence arbitrale exclusive, les tribunaux nationaux doivent de ce fait se déclarer incompétents dès qu'ils se trouvent face à un accord d'arbitrage.

546. Le principe de l'effet négatif de la clause arbitrale puise sa source dans divers instruments internationaux. Par exemple, la Convention CIRDI, instrument conçu spécifiquement pour régir la matière des investissements transnationaux, prévoit dans la première phrase de son article 26 que : *« Le consentement des parties à l'arbitrage dans le cadre de la présente Convention est, sauf stipulation contraire, considéré comme impliquant renonciation à tout autre recours »*.

Certes, l'interprétation de cette disposition n'est pas si évidente. La première phrase de l'article 26, de la Convention CIRDI pose le principe de la compétence exclusive du Centre que seule la volonté contraire des parties peut écarter. Cependant, que faut-il entendre par la précision « *stipulation contraire* » ? Le seul fait que les parties aient stipulé dans le contrat d'État une clause attributive de juridiction en faveur d'une instance juridictionnelle autre que les tribunaux CIRDI s'analyse-t-il en une renonciation au principe de l'exclusivité de compétence des instances arbitrales prévue par l'article 26 de la Convention de Washington ? ou faudrait-il au contraire qu'il y ait une stipulation expresse en ce sens ?

547. Le tribunal arbitral dans l'affaire *SPP contre Égypte* s'est clairement prononcé sur l'interprétation de cet article en considérant que : *« D'un point de vue de pure syntaxe, l'article 26 [de la Convention de Washington] ne signifie pas que le consentement à la compétence du Centre serait vicié si les parties n'excluent pas tout recours. C'est au contraire à l'inverse : l'article 26 dispose que le consentement à la compétence du CIRDI, sauf stipulation contraire, doit être interprété comme excluant les autres recours. Ainsi, le fait de ne pas renoncer à d'autres recours ne préjudicie pas à la compétence du CIRDI. De plus, la précision '' sauf stipulation contraire '' permet à une partie de consentir à la compétence du Centre sans renoncer à l'exercice de tout autre recours. Ces conclusions sont confirmées par les travaux préparatoires. Les commentaires des projets de textes qui sont devenus l'article 26 précisent spécifiquement qu'une partie qui*

---

[740] Certes, le droit interne ne s'applique pas de façon pure et simple ou autonome, mais sur renvoi du droit international ou en tant que source d'inspiration pour le droit international. V. *supra*, n°s 277 et s.

consent à la compétence du Centre peut réserver ses droits d'exercer d'autres recours[741]*. En conséquence, le tribunal estime que l'article 26 ne rend pas la demande irrecevable dans la présente affaire* »[742].

548. Ainsi, le fait que les parties aient désigné pour la même affaire les juridictions nationales n'affecte aucunement la compétence de l'arbitrage CIRDI. Pour cette raison, il sied d'estimer que la Convention de Washington dans son article 26 est munie du principe de l'incompétence des juridictions nationales étant donné que les arguments que peut énoncer l'État hôte, dégagés de la compétence exclusive de ses propres juridictions, ne tiennent pas contre les arbitrages réalisés sous les auspices du CIRDI. Dans ce contexte, le tribunal interne initialement saisi du même litige comportant une identité d'objet avec une procédure d'arbitrage sur la base d'un traité devrait déclarer son incompétence.

549. Le régime de règlement des litiges ayant trait aux investissements étrangers dans le cadre du chapitre 11 de l'ALENA confirme également ce principe. En effet, en vertu de l'article 1121 (1) (b) de l'ALENA il est permis aux investisseurs étrangers de fonder leur action sur la base du chapitre 11 uniquement lorsqu'ils : *« [...] renoncent à leur droit d'engager ou de poursuivre, devant tout tribunal administratif ou juridiction constitués conformément au droit d'une Partie ou en application de toutes autres procédures de règlement des différends, toutes procédures se rapportant à la mesure prise par la Partie contestante et qui est présentée comme constituant un manquement visé à l'article 1116 [...] »*[743].

Du reste, à la lumière de ces dispositions et de leur interprétation, l'on pourrait vraisemblablement être portés à estimer que l'investisseur de n'importe quel État membre de l'ALENA possède la faculté d'introduire une procédure et d'accéder à l'arbitrage dans le cadre de l'ALENA, et cela en son nom, à condition que l'État dont il est ressortissant ait consenti à l'arbitrage unilatéral selon les conditions stipulées dans cet accord. Il appartient par conséquent aux juridictions nationales des États membres de l'ALENA de décliner leur compétence et de renvoyer les parties à l'arbitrage unilatéral dès

---

[741] Documents Concerning the Origin and the Formulation of the Convention, 1968, vol. 2, p. 23, 219-20.

[742] CIRDI affaire *Southern Pacific Properties Limited c. Égypte*, ARB/84/3, décisions sur la compétence du 27 novembre 1985 et du 14 avril 1988, § 58-59, telles que traduites *in* E. Gaillard, La jurisprudence du CIRDI, Pedone, Paris, 2004, pp. 347-362, spéc. p. 348.

[743] Articles 1121 et 1122 de l'ALENA. Pour une étude plus complète sur le mécanisme juridictionnel dans le cadre de l'ALENA, V. not., A. Lemaire, Le nouveau visage de l'arbitrage entre États et investisseurs étrangers : Le chapitre 11 de l'ALENA, Revue de l'Arbitrage, Litec, Paris, 2001, pp. 43-91.

lors que le consentement donné par ces États dans l'ALENA à cette forme d'arbitrage est considéré comme une renonciation aux voies de recours nationales des États membres.

550. Cela étant, le principe de la compétence arbitrale exclusive peut être considéré comme un principe essentiel du droit international actuel qui vise à promouvoir et à protéger les investissements. En tout état de cause, il ne semble plus que ce principe d'exclusivité jouit uniquement de l'effet de restreindre le champ de compétence des juridictions nationales, mais aussi confère-t-il en parallèle une compétence exclusive aux juridictions officiant sous les auspices du CIRDI. Par conséquent, le pouvoir des juges étatiques pour statuer dans le contentieux transnational s'avère neutralisé.

Le principe de la compétence arbitrale exclusive ayant été exposé, les développements suivants auront pour objet de démontrer que la mise en œuvre de ce principe aura pour effet de régler les questions de conflits de juridictions qui pourraient donner lieu à des décisions inconciliables et, partant, à des résultats indésirables sur le plan pratique.

Paragraphe 2 : La mise en œuvre du principe de la compétence arbitrale exclusive

551. Dans la mesure où l'opérateur étranger choisit de saisir en même temps les juridictions nationales et le tribunal CIRDI pour l'examen d'un même litige transnational, la solution aux conflits de juridictions ne rencontrera pas de sérieuses difficultés, puisqu'en vertu du principe de la compétence exclusive des instances arbitrales constituées sous l'égide du CIRDI, le juge étatique est tenu de décliner sa compétence[744].

Deux affaires assez révélatrices ont évoqué du reste, la mise en œuvre de ce principe. Il s'agit bien évidemment des affaires *Holiday Inns contre Royaume du Maroc*[745] **(A)** et *Lanco contre Argentine*[746] **(B)**.

[744] V. *supra*, n°s 543 et s.

[745] CIRDI, affaire *Holiday Inns S.A. et autres c. Royaume du Maroc*, ARB/72/1, telle que reproduite et commentée *in* P. Lalive, The First 'World Bank' Arbitration (Holiday Inns v. Morocco) - Some Legal Problems, British Yearbook of International Law, vol. 51, n° 1, 1980, pp. 123-162.

[746] CIRDI, affaire *Lanco International c. Argentine*, ARB/97/6, décision sur la compétence du 8 décembre 1998.

A. L'affaire Holiday Inns contre Royaume du Maroc

552. Même si l'affaire *Holiday Inns contre Royaume du Maroc*[747] *« a pour sa part gardé un parfum de mystère en raison du caractère très partiel de la publication, à travers un article de doctrine »*[748], il n'en reste pas moins que le principe de la compétence exclusive des tribunaux CIRDI y a été clairement confirmé.

553. En l'espèce, un contrat d'État fut signé entre Holiday Inns S.A., une filiale suisse de la société mère américaine Holiday Inns et le Gouvernement du Maroc afin de construire quatre hôtels sur le territoire marocain. La clause de règlement des différends prévoyait la compétence du CIRDI pour trancher tout litige entre les cocontractants[749].

Compte tenu des conflits survenus à cause d'importantes tensions politiques au sein du Royaume, du refus de délivrance des autorisations nécessaires et du non-paiement des montants dus, la filiale suisse a introduit une procédure d'arbitrage CIRDI à l'encontre du Gouvernement marocain en sollicitant des mesures provisoires afin que l'État hôte interrompe tous les travaux relatifs à la construction des hôtels. L'État défendeur quant à lui introduit une demande reconventionnelle en soulevant non seulement l'incompétence de l'organe arbitral, mais en soutenant aussi que la demanderesse n'a pas respecté ses obligations contractuelles et ne s'est pas conformée aux exigences de la loi marocaine[750].

554. Parallèlement, et en vue de faire obstacle à la compétence du Centre, l'État hôte saisit ses propres juridictions afin de rendre des mesures conservatoires en vertu desquelles un administrateur judiciaire a été nommé[751].

555. Même si les arbitres considèrent que les mesures provisoires sollicitées par l'investisseur étaient inutiles, ils insistent sur le caractère exclusif des procédures de résolution de litiges sous les auspices du Centre et

---

747 CIRDI, affaire *Holiday Inns S.A. et autres c. Royaume du Maroc*, ARB/72/1, telle que reproduite et commentée *in* P. Lalive, The First 'World Bank' Arbitration (Holiday Inns v. Morocco) - Some Legal Problems, British Yearbook of International Law, vol. 51, n° 1, 1980, pp. 123-162, spéc. pp. 155 et s.

748 E. Gaillard, La jurisprudence du CIRDI, Pedone, Paris, 2004, p. 1.

749 P. Lalive, The First 'World Bank' Arbitration (Holiday Inns v. Morocco) - Some Legal Problems, British YearBook of International Law, vol. 51, n° 1, 1980, pp. 123-162, spéc. p. 128.

750 *Ibid.*, p. 132.

751 *Ibid.*, p. 133.

se déclarent compétents pour ordonner de telles mesures provisoires[752]. En outre, ils estiment que les jugements rendus par les juridictions nationales sont démunis de tout effet vis-à-vis de la compétence du tribunal CIRDI.

556. L'on constate en somme que bien que l'État hôte ait consenti à l'arbitrage CIRDI, il pourra toujours soulever des exceptions d'incompétence devant les instances arbitrales. Afin de rejeter les arguments de l'État défendeur, les arbitres auront recours au principe de la compétence obligatoire des instances arbitrales qui impose aux juridictions étatiques saisies en premier de renvoyer l'affaire devant les tribunaux arbitraux dénationalisés.

Même si cette affaire est relative à la mise en œuvre du principe de la compétence obligatoire des instances dénationalisées dans le cadre des mesures provisoires, cela n'empêche que ce raisonnement soit facilement transposé en matière de compétence juridictionnelle générale. D'ailleurs, ce raisonnement a été adopté par le tribunal CIRDI statuant dans l'affaire *Lanco contre Argentine*.

B. L'affaire Lanco contre Argentine

557. Dans l'affaire *Lanco contre Argentine*[753], les arbitres saisis sur le fondement du traité bilatéral d'investissement conclu entre l'État dont la société Lanco est ressortissante et l'État d'Argentine ont été confrontés à la clause de règlement des différends incluse dans le contrat d'investissement. Il s'agissait en l'espèce d'un contrat de droit public relatif à l'exploitation d'un terminal sur le territoire argentin qui soumettait expressément tout litige né à l'occasion de cette activité aux tribunaux nationaux argentins. On était donc en présence d'une clause contractuelle d'élection de for en faveur des tribunaux de l'État hôte.

558. En tout état de cause, les arbitres ont clairement relevé qu'un tel choix en faveur des juridictions étatiques ne peut s'analyser en une option exercée par la société Lanco. En effet, dans les pays appartenant au système romano-germanique, il revient aux tribunaux administratifs de trancher tout litige dérivant de l'inexécution d'un contrat relevant du droit public. Ainsi, le

---

[752] *Ibid.*, pp. 135-136 ; selon l'article 47 de la Convention du CIRDI, *« sauf accord contraire des parties, le Tribunal peut, s'il estime que les circonstances l'exigent, recommander toutes mesures conservatoires propres à sauvegarder les droits des parties »*.

[753] CIRDI, affaire *Lanco International c. Argentine*, ARB/97/6, décision sur la compétence du 8 décembre 1998.

tribunal arbitral considère que : « *[...] the stipulation of Article 12 of the Concession Agreement, according to which the parties shall submit to the jurisdiction of the Federal Contentious-Administrative Tribunals of the City of Buenos Aires, cannot be considered a previously agreed dispute-settlement procedure. The Parties could have foreseen submission to domestic or international arbitration, but the choice of a national forum could only lead to the jurisdiction of the contentious-administrative tribunals, since administrative jurisdiction cannot be selected by mutual agreement. In this regard, the Parties could not have selected the jurisdiction of the Federal Contentious-Administrative Tribunals of the City of Buenos Aires because it would hardly be possible to select the jurisdiction of courts whose own jurisdictions are, by law, not subject to agreement or waiver, whether territorially, objectively, or functionally. As the contentious-administrative jurisdiction cannot be selected or waived, submission to the contentious-administrative tribunals cannot be understood as a previously agreed dispute-settlement procedure* »[754]. Dans ces conditions, la clause attributive de juridiction n'est pas, pour le tribunal arbitral, significative d'une quelconque manifestation de l'autonomie de la volonté des cocontractants.

559. Cela étant, le tribunal arbitral officiant sous les auspices du Centre ne se préoccupe guère de la compétence parallèle des juridictions internes. S'engageant par un consentement clair et précis en faveur de la compétence du CIRDI, les parties reconnaissent que l'adhésion à la Convention de Washington implique aussi l'acceptation que le simple fait de saisir le tribunal CIRDI compétent doit être analysé comme la renonciation à tout autre recours en vertu de l'article 26 de la Convention. L'interprétation de cet article conduit à considérer que, lorsqu'une procédure parallèle est pendante devant un tribunal national impliquant le même litige, le tribunal arbitral a l'obligation de méconnaître la procédure en cours devant les juridictions étatiques de l'État hôte sous peine de violer les dispositions de l'article 26 de la Convention CIRDI. Cette totale indifférence à l'égard de la compétence des tribunaux nationaux pour statuer sur des litiges relatifs aux investissements étrangers se justifie par le principe de la compétence exclusive des tribunaux arbitraux statuant sous les auspices du CIRDI.

[754] *Ibid.*, § 26.

CONCLUSION DU CHAPITRE 1

560. Il est très difficile de passer outre le chaos procédural qui caractérise le contentieux des investissements étrangers. Le pullulement des procédures parallèles et la multiplication des conflits de juridictions sont désormais un phénomène réel.

561. Même si quelques solutions ont été forgées par la doctrine, celles-ci demeurent néanmoins incomplètes et insuffisantes, ne constituant point un remède efficace à cette perturbation procédurale internationale que seul le principe de la compétence exclusive des instances arbitrales serait en mesure de résoudre.

562. On verra par la suite que ce principe pourra en outre constituer l'un des moyens destinés à déclencher le dessaisissement des juridictions de l'État hôte en écartant tous les procédés de localisation des conflits que les États défendeurs font toujours valoir devant les tribunaux CIRDI.

CHAPITRE 2

LE DÉPASSEMENT DES OBSTACLES RELATIFS À LA COMPÉTENCE ARBITRALE

563. L'analyse précédente avait pour objet de formuler le fondement et la portée du principe de la compétence exclusive des instances arbitrales. Dans les propos suivants, on aura en vue de montrer comment les instances arbitrales en ont fait, non seulement un outil incontournable de leur propre compétence, mais aussi un instrument de délocalisation des litiges transnationaux.

564. En effet, dans le cadre des investissements étrangers, le principal objectif de l'État hôte serait de maintenir les litiges relatifs aux investissements transnationaux dans l'ordre juridique interne. En analysant la nature des objections de compétence que la partie étatique soulève devant les tribunaux dénationalisés, l'on constate que les États défendeurs préfèrent certainement soumettre le litige à la compétence de leurs propres juridictions. En somme, afin de maintenir le différend dans la sphère de l'ordre juridique interne, les États auront recours à divers principes généraux ou techniques propres au droit international des investissements. Il serait donc convenable de vérifier l'efficacité du principe de la compétence exclusive des instances arbitrales à la lumière des armes juridiques susceptibles d'être invoquées, selon les circonstances, par les pays fournisseurs avant **(Section 1)** ou après **(Section 2)** le prononcé d'un jugement interne.

SECTION 1

LA DÉFAILLANCE DES MOYENS DE DÉFENSE INVOQUÉS PAR L'ÉTAT EN COURS DE PROCÉDURE

565. Certaines objections peuvent être invoquées par les différents États auprès de leurs juridictions nationales en cours de procédure afin d'écarter toute compétence arbitrale. Il s'agit principalement du principe de l'épuisement des voies de recours internes de l'État hôte[755] (**Paragraphe 1**) et du principe du choix irrévocable du mode de règlement des différends (**Paragraphe 2**).

Paragraphe 1 : L'impact du principe de l'épuisement des voies de recours internes

566. Si le fait d'exciper certaines exceptions[756] par la partie étatique vise directement l'incompétence des instances arbitrales, le principe de l'épuisement des voies de recours internes, comme son appellation l'indique,

[755] D'autres conditions moins exigeantes pourraient être prévues. Il s'agit par exemple de l'obligation pour l'opérateur étranger de recourir à des négociations pour aboutir à un règlement amiable du litige, généralement pendant une période fixée à dix-huit mois ou de recourir aux tribunaux nationaux pendant une période déterminée ou même parfois une combinaison de ces conditions. Ces obligations interprétées en tant que : *« version modérée »* de l'obligation de saisine préalable des juridictions internes (V. par exemple, CIRDI, affaire *Siemens AG c. République d'Argentine*, ARB/02/8, décision sur la compétence du 3 août 2004, § 104), ont été levées ou contournées dans de nombreux cas (V. par exemple, CNUDCI, affaire *Link-Trading c. Moldavie*, décision sur la compétence du 16 février 2001 ; CNUDCI, affaire *Ronald S. Lauder c. République tchèque*, sentence finale du 3 septembre 2001 ; CNUDCI, affaire *Alpes Finance c. Slovaquie*, sentence du 5 mars 2011 ; CIRDI, affaire *Abaclat et autres c. République argentine,* ARB/07/5, décision sur la compétence et la recevabilité du 4 août 2011 ; CIRDI, affaire *Hochtief AG c. Argentine,* ARB/07/31, décision sur la compétence du 24 octobre 2011). Même si ces conditions n'ont pas tout à fait les mêmes effets, les solutions adoptées par les tribunaux arbitraux quant à leur interprétation, pourront être transposées par analogie à la condition de l'épuisement des voies de recours internes (V. *infra,* n° 593).
Quant au principe de litispendance, celui-ci ne sera pas traité étant donné que les conditions de sa mise en œuvre sont identiques à celles de la clause *electa una via* et du principe de l'autorité de la chose jugée (V. *infra,* n°s 596 et s. et 611 et s.).
[756] V. *infra*, n°s 596 et s. et 611 et s.

ne cherche qu'à suspendre leur compétence jusqu'à ce que les instances nationales se prononcent définitivement sur la même affaire. Placée dans le cadre de l'arbitrage transnational, cette disposition a pour but de différer le droit de l'investisseur étranger de saisir les instances délocalisées en attendant le prononcé d'un jugement définitif par les juridictions étatiques en ce qui concerne le même litige[757]. Dans cette optique, les États hôtes tenteront de faire obstacle à la compétence de l'arbitrage transnational en invoquant, si elle existe, la norme de l'épuisement des voies de recours internes. Ainsi, afin de mieux supputer l'impact de cette norme, il serait préférable d'illustrer dans un premier temps le fondement et la nature de celle-ci (**A**) pour préciser ensuite que la mise en œuvre du principe de l'épuisement des voies de recours internes dans l'arbitrage du contentieux relatif aux investissements transnationaux, pourra être écartée en application du principe de l'exclusivité des instances arbitrales (**B**).

A. Fondement et nature du principe de l'épuisement des voies de recours internes

567. La notion de l'épuisement des voies de recours internes en droit international a été conceptualisée pour la première fois dans le cadre du mécanisme de la protection diplomatique[758]. Cependant, la révélation du fondement du principe de l'épuisement des voies de recours internes n'a pas été assez aisée. Un premier courant situe cette notion dans la présomption que le pouvoir judiciaire de chaque État est susceptible de donner satisfaction aux étrangers[759] et accorde à cette norme la valeur de coutume internationale qui

---

[757] V. par exemple, CIRDI, affaire *The Loewen Group, Inc. & Raymond L. Loewen c. États-Unis d'Amérique*, ARB(AF)/98/3, sentence finale du 26 juin 2003, telle que traduite *in* E. Gaillard, La jurisprudence du CIRDI, Pedone, Paris, 2004, pp. 775-792 spéc. pp. 783-784.

[758] A. Bkorklund, Waiver of Local Remedies and Limitation Periods, *in* M. Kinnear, G.-R. Fisher et al., Building International Investment Law : The First 50 Years of ICSID, Kluwer Law International, 2015, pp. 237-250, spéc. p. 238.

[759] V. en particulier, CDI, Responsabilité internationale : Troisième rapport de F.-V. Garcia Amador, rapporteur spécial, Annuaire de la Commission du droit international, vol. 2, Doc. A/CN.4/111, 1958, pp. 49-76, spéc. p. 58 : « *Plusieurs raisons justifient cette limitation à la protection diplomatique : tout d'abord, on présume que la personne qui se rend dans un pays étranger se prévaudra des moyens que lui fournit la législation de ce pays pour obtenir la réparation des dommages qu'elle peut subir ; en second lieu, le droit de la souveraineté et à l'indépendance autorise l'État à exiger que ses tribunaux soient à l'abri de toute ingérence étrangère, car ils sont présumés capables d'administrer la justice ; en troisième lieu, le gouvernement du pays dont l'étranger est ressortissant doit donner au gouvernement qui a causé le dommage la possibilité de dédommager la victime conformément à son droit interne et d'éviter ainsi, dans la mesure du possible, toute controverse internationale ; en quatrième lieu, lorsque le*

existe même en dehors de tout support conventionnel. D'autres auteurs considèrent en revanche que cette règle ne peut exister que si une convention internationale lui reconnaît sa valeur juridique. Dans ce cadre, le principe de l'épuisement des voies de recours internes ne peut avoir comme fondement le droit international général qu'en matière du droit international de la responsabilité[760].

568. Le principe de l'épuisement des voies de recours internes n'est pas récent en droit international public général[761]. Il évitera les revendications excessives par les États de la protection diplomatique afin de lui accorder la possibilité de réparer à travers son propre ordre juridique les dommages qui dérivent de l'acte international illicite. Ainsi, en prenant en compte les intérêts de ce principe, le courant majoritaire doctrinal l'a qualifié de principe procédural traditionnel du droit international[762].

Dans ce sens, la Cour internationale de Justice statuant dans l'*Affaire Elettronica Sicula S.p.A (ELSI)*[763] a estimé que la condition de l'épuisement des voies de recours internes incarne l'évolution du *« principe important du droit international coutumier »* et constitue une condition de recevabilité à l'exercice du mécanisme de la protection diplomatique[764].

---

dommage a été causé par un individu ou par un fonctionnaire subalterne, il faut épuiser les recours internes pour avoir la certitude que l'acte dommageable ou le déni de justice est un acte délibéré de l'État, il faut s'assurer que celui-ci est disposé à laisser le dommage sans réparation. Il est logique lorsqu'il existe un recours judiciaire, on soit tenu de l'utiliser. C'est seulement lorsqu'on l'a utilisé sans succès et lorsqu'il est établi qu'il y a déni de justice que l'intervention diplomatique se justifie » ; V. également l'exemple des droits allemand et britannique, *supra,* n°s 327 et s.

760 Sur cette question V. C. Rousseau, Droit international public. t. 5, Les Rapports conflictuels, Sirey, Paris, 1983, p. 367.

761 J. Chappez, La Règle de l'épuisement des voies de recours internes, Pedone, Paris, 1972, pp. 191 et s. Les ressortissants de pays tiers exerçant une activité sur le territoire de l'État hôte ne pouvaient pas se prévaloir du mécanisme de la protection diplomatique sans *« épuiser toutes les voies de recours contre les décisions juridictionnelles qui ne leur donnent pas satisfaction »* ; V. également, *supra,* n° 15.

762 Pour une analyse plus approfondie, V. J. Paulsson, Denial of justice in International Law, CUP, Cambridge, 2005 ; P. Muchlinski, The Diplomatic Protection of Investors : A Tale of Judicial Caution, *in* C. Binder, U. Kriebaum, A. Reinisch et S. Wittich, International Investment Law for the 21st Century - Essays in Honour of Christoph Schreuer, OUP, Oxford, 2009, pp. 341-362 ; CDI, Projet d'articles sur la protection diplomatique et commentaires y relatifs, Annuaire de la Commission du droit international, vol. 2, n° 2, 2006, pp. 13-104.

763 CIJ, *Affaire Elettronica Sicula S. p. A. (États-Unis d'Amérique c. Italie)*, arrêt du 20 juillet 1989, CIJ Recueil, 1989.

764 *Ibid.*, p. 42. Il sied de noter que le procédé de la protection diplomatique, selon la coutume internationale, prescrit pour son exercice trois conditions. Outre le principe de l'épuisement des voies de recours internes, deux conditions additionnelles s'imposent. Ainsi, l'État ne peut accorder sa protection diplomatique qu'à ses propres ressortissants. Enfin, pour qu'un État protège diplomatiquement l'un de ses ressortissants, ce dernier

Du reste, cette question a une logique propre en droit international général : l'exigence de l'épuisement des voies de recours internes se justifie par le fait que l'acte étatique illicite ne peut être considéré comme tel dès lors qu'une juridiction nationale peut toujours se prononcer et constater l'illicéité de cet acte dans l'ordre interne. En termes plus concis, conditionner l'épuisement des voies de recours domestiques signifie accorder à l'État une chance pour revenir sur son agissement, et échapper par conséquent à l'engagement de sa responsabilité internationale en cas de violation de ses obligations internationales[765].

569. Ce principe occupe néanmoins une place moins importante en droit international des investissements. En effet, l'article 26 de la Convention CIRDI prévoit une telle condition, mais sous réserve d'une mention expresse dans le traité bilatéral d'investissement liant l'État de nationalité de l'investisseur à l'État hôte : *« Comme condition à son consentement à l'arbitrage dans le cadre de la présente Convention, un État contractant peut exiger que les recours administratifs ou judiciaires internes soient épuisés »*[766]. Dès lors, étant donné que l'État est en mesure de réclamer une telle condition et qu'il est nécessaire de la mentionner dans la convention, il serait admis de constater que cela signifie bien que cette exigence est écartée par principe et qu'elle ne peut exister en dehors de tout support conventionnel.

570. Le tribunal arbitral statuant dans l'affaire *AES Corporation contre Argentine* aboutit d'ailleurs à cette conclusion : *« Under Article 26 of the Convention, for entering into play, exhaustion of local remedies shall be expressly required as a condition of the consent of one party to arbitration under the Convention. Absent this requirement, exhaustion of local remedies cannot be a precondition for an ICSID Tribunal to have jurisdiction »*[767]. En effet, cela semble aisément s'expliquer étant donné que le principe de l'épuisement des voies de recours domestiques est un principe dérivant du mécanisme de la protection diplomatique, qui s'adapte mal lorsqu'une personne de droit privé se défend en son propre nom.

571. Qu'en est-il de la nature de cette condition ? doit-elle être qualifiée de condition de recevabilité ou bien de condition de compétence ?

---

doit avoir une conduite correcte. Pour une étude plus poussée, V. C. Rousseau, Droit international public. t. 5., Les rapports conflictuels, Sirey, Paris, 1983, pp. 356 et s. ; V. également, *supra*, n° 15.

[765] M. Grange, Compétence du juge et recevabilité de la requête : Leurs relations dans l'exercice du pouvoir juridictionnel - L'exemple de la Cour internationale de Justice, Thèse, Paris II, 2011 (sous la direction de Jean Combacau), pp. 97-98.

[766] Article 26, alinéa 2 de la Convention de Washington du 18 mars 1965.

[767] CIRDI, affaire *AES Corporation c. Argentine,* ARB/02/17, décision sur la compétence du 26 avril 2005, § 69.

La distinction entre ces deux notions est très difficile à discerner[768] et n'est pas si aisée en droit international. Certains tribunaux ont même souligné que cette distinction est vaine. En effet, le tribunal arbitral dans l'affaire *Urbaser S.A. and Consorcio de Aguas Bilbao Bizkaia, Bilbao Biskaia Ur Partzuergoa c. République d'Argentine* estime que : *« Developing such categories may have theoretical appeal but adds nothing to the interpretation of the provisions on dispute resolution of BITs [...]. This feature of ICSID practice renders both the distinction wrong in theory and useless in practice »*[769].

572. Cependant, cette critique demeure dénuée de fondement juridique sérieux. Comme le fait remarquer Jan Paulsson, la distinction entre condition de compétence et condition de recevabilité est essentielle et est susceptible d'avoir une incidence sur la procédure suivie par la juridiction saisie : *« to understand whether a challenge pertains to jurisdiction or admissibility, one should imagine that it succeeds : If the reason for such an outcome would be that the claim could not be brought to the particular forum seized, the issue is ordinarily one of jurisdiction and subject to further recourse. If the reason would be that the claim should not be heard at all (or at least not yet), the issue is ordinarily one of admissibility and the tribunal's decision is final »*[770]. Par conséquent, la partie défenderesse étatique qui souhaite non seulement le rejet des allégations de l'investisseur, mais aussi d'éviter tout débat sur le fond optera pour la qualification d'exception de compétence. L'investisseur en revanche préférera que la qualification d'exception de recevabilité soit retenue et que l'exception soit jointe au fond[771].

---

[768] V. par exemple, F.-G. Santacroce, Navigating the Troubled Waters Between Jurisdiction and Admissibility : An Analysis of Which Law Should Govern Characterization of Preliminary Issues in International Arbitration, Arbitration International, vol. 33, n° 4, 2017, pp. 539-570 ; I. Laird, A Distinction Without a Difference ? An Examination of the Concepts of Admissibility and Jurisdiction in Salini v. Jordan and Methanex v. USA, *in* T. Weiler, International Investment Law and Arbitration : Leading Cases from the ICSID, Bilateral Treaties and Customary International Law, Cameron May, Londres, 2005, pp. 201 et s.

[769] CIRDI, affaire *Urbaser S.A. and Consorcio de Aguas Bilbao Bizkaia, Bilbao Biskaia Ur Partzuergoa c. République d'Argentine*, ARB/07/26, décision sur la compétence du 19 décembre 2012, § 113 et 117.

[770] J. Paulsson, Jurisdiction and Admissibility, *in* G. Asken, K.-H. Böckstiegel et M.-J. Mustill, Global Reflections on International Law, Commerce and Dispute Resolution - Liber Amicorum in Honour of Robert Briner, ICC Publishing, Paris, 2005, pp. 601-617, spéc. p. 617.

[771] Pour une étude plus poussée, V. CIRDI, affaire *Supervision y Control S.A. c. Costa Rica,* ARB/12/4, sentence du 18 janvier 2017, § 268-274 : *« The Tribunal finds it necessary to clarify on a preliminary basis the relationship and the differences between the notions of jurisdiction and admissibility. While a lack of jurisdiction or a lack of admissibility may lead to the tribunal refusing to hear the case, each refusal is of a different nature and carries different consequences. Indeed, several consequences arise from this distinction, such as the fact that a court may review whether an arbitral tribunal had jurisdiction over the dispute, but not review the admissibility of a claim.*

573. Dans ce contexte, il serait utile de se référer à la jurisprudence de la Cour internationale de Justice afin de mieux concevoir les difficultés de qualification en droit des investissements étrangers. Même si la jurisprudence de cette Cour a, de façon générale, remis en cause l'intérêt de la distinction entre compétence et recevabilité[772], elle a cependant clairement qualifié la condition de l'épuisement des voies de recours internes comme une condition de recevabilité.

574. C'est ce qu'a lapidairement clarifié la Cour en charge de l'*Affaire Ambatielos, Grèce contre le Royaume-Uni* : *« [...] [en ce qui concerne la condition de l'épuisement des voies de recours domestiques] il suffit à la Cour*

An objection to jurisdiction refers to the ability of a tribunal to hear a case, while an objection to admissibility refers to the claim itself, assuming that the tribunal has jurisdiction. When a tribunal finds that a claim is inadmissible, the tribunal must dismiss said claim without going to its merits (even if the tribunal has jurisdiction). Several consequences arise from the distinction between jurisdiction and admissibility : a) There is greater procedural flexibility if the tribunal has jurisdiction. b) There are possible waivers of objections to admissibility. c) The tribunal is able to consider questions of jurisdiction proprio motus. d) Questions of admissibility are more likely to be addressed with the merits. e) Issues of admissibility generally cannot be reviewed. f) A finding of inadmissibility does not become res judicata. Whereas jurisdiction refers to the authority or the ability of the Tribunal to hear and decide upon a case, admissibility refers to the characteristics of the claims submitted to arbitration. The characteristics of jurisdiction are the following : (i) it affects the dispute submitted to arbitration as a whole ; (ii) as a general rule, the relevant date for its analysis is the commencement of arbitration and the events posterior to it are not taken into account ; (iii) its conditions or requirements cannot be renounced by the parties ; and (iv) jurisdiction must be formally analyzed by the Tribunal. On the other hand, admissibility's characteristics are the following : (i) it affects the claims themselves and not the entire dispute itself submitted to arbitration ; (ii) the relevant time period for its analysis starts from the beginning of the arbitration proceedings until the rendering of the award ; and (iii) in general, conditions and requirements can be renounced by the parties. Because of this distinction, questions of jurisdiction must be analyzed before answering questions referring to admissibility, as the issues of jurisdiction refer to the Tribunal's power to hear this dispute overall, and not to specific claims » ; V. également, M. Waibel, Investment Arbitration : Jurisdiction and Admissibility, University of Cambridge, Paper n° 9/2014, février 2014, pp. 67-70.

772 V. par exemple, CIJ, *Affaire des essais nucléaires (Australie c. France),* arrêt du 20 décembre 1974, opinion dissidente de Onyeama, Dillard, Jiménez de Aréchaga et Sir Humphrey Waldock, CIJ Recueil, 1974, pp. 312-371, spéc. p. 363 : *« Ni la pratique de la Cour permanente ni celle de la Cour actuelle ne tend à établir de distinction tranchée entre les exceptions préliminaires d'incompétence et celles de recevabilité »* ; V. également, CIJ, *Affaire des activités militaires et paramilitaires au Nicaragua et contre celui-ci (Nicaragua c. États-Unis d'Amérique),* arrêt du 26 novembre 1984, CIJ Recueil, 1984, pp. 392-443, spéc. p. 429 : *« Certains de ces motifs étaient en fait exposés en des termes donnant à penser qu'il s'agissait plus de questions de compétence ou de juridiction que de recevabilité ; toutefois, leur classement à cet égard ne paraît pas être d'une importance décisive ».*

d'observer que ce sont des moyens de défense qui visent la recevabilité de la réclamation Ambatielos [...] »[773].

575. De même, dans l'*Affaire de l'Interhandel,* la Cour estime que la condition de l'épuisement des voies de recours domestiques *« doit être considérée comme dirigée contre la recevabilité de la requête du Gouvernement suisse. En effet, par sa nature, elle se présente comme un moyen qui deviendrait sans objet au cas où serait remplie la condition d'épuisement préalable des recours internes »*[774].

576. Un raisonnement similaire a été suivi récemment par la Cour statuant dans *l'Affaire Elettronica Sicula S.p.A (ELSI)* : *« la règle relative aux recours internes n'exige pas et ne saurait exiger qu'une demande soit présentée aux juridictions internes sous une forme et avec des arguments convenant à un tribunal international, celui-ci appliquant un autre droit à d'autres parties : Pour qu'une demande internationale soit recevable, il suffit qu'on ait soumis la substance de la demande aux juridictions compétentes et qu'on ait préservé aussi loin que le permettent les lois et les procédures locales, et ce sans succès »*[775]. La Chambre constate enfin que la condition de l'épuisement des voies de recours internes avait été respectée et passe au stade de l'examen du fond de l'affaire[776] : *« Dans une affaire où les juridictions internes ont été vraiment beaucoup sollicitées, il n'est jamais facile de décider si les recours internes ont été réellement « épuisés ». Mais, en l'espèce, l'Italie n'a pas réussi à convaincre la Chambre qu'il restait manifestement quelque recours que Raytheon et Machlett auraient dû former et épuiser, indépendamment de I'ELSI et du syndic de faillite. La Chambre peut donc passer maintenant à l'examen du fond »*[777].

577. La solution adoptée en droit international général est-elle transposable au droit des investissements étrangers ? Autrement dit, quelle est la nature de cette obligation en droit des investissements ? S'agit-il d'une simple obligation procédurale ou au contraire d'une condition nécessaire à l'affirmation de la compétence des instances dénationalisées ?

---

[773] CIJ, *Affaire Ambatielos (Grèce c. Royaume-Uni),* arrêt du 19 mai 1953, CIJ Recueil, 1953, p. 23.
[774] CIJ, *Affaire de l'Interhandel (États-Unis c. Suisse),* arrêt du 21 mars 1959, CIJ Recueil, 1959, p. 26.
[775] CIJ, *Affaire Elettronica Sicula S. p. A. (États-Unis d'Amérique c. Italie)*, arrêt du 20 juillet 1989, CIJ Recueil, 1989, p. 46.
[776] La condition de recevabilité consiste à rejeter la demande pour une raison autre que l'absence de consentement, et cela, avant d'examiner le fond.
[777] CIJ, *Affaire Elettronica Sicula S. p. A. (États-Unis d'Amérique c. Italie)*, arrêt du 20 juillet 1989, CIJ Recueil, 1989, p. 48.

578. Même si la jurisprudence de la Cour internationale de Justice semble stable quant à la qualification de l'obligation de l'épuisement des voies de recours internes, cela n'a pas pour autant fait disparaître les difficultés de qualification comme en témoignent certaines sentences rendues dans le cadre du droit des investissements étrangers. Sur cette question, les tribunaux arbitraux ont avancé des interprétations divergentes : certains estiment que les réserves ou les limites insérées[778] dans l'instrument international conditionnant le consentement des parties à l'arbitrage constituent des questions de compétence, alors que d'autres au contraire déduisent qu'il s'agit d'une condition de recevabilité.

579. C'est ainsi que le tribunal arbitral statuant dans l'affaire *Maffezini contre Espagne* estime que : *« Had this been the Claimant's sole argument on the issue, the Tribunal would have had to conclude that because the Claimant failed to submit the instant case to Spanish courts as required by Article X (2) of the BIT, the Centre lacked jurisdiction and the Tribunal lacked competence to hear the case »*[779].

580. De même, dans l'affaire *Kiliç Īnsaat Īthalat Īhracat Sanayi Ve Ticaret Anonim Sirketi contre Turkménistan* le tribunal considère que : *« The Tribunal considers that, to the extent that it was seeking to make a general proposition that went beyond the terms of the BIT at issue in that case, the majority in Abaclat fell into legal error. This is because Article 26 of the ICSID Convention explicitly recognises that a Contracting State may impose conditions on its consent to arbitration under the ICSID Convention, in a manner that determines the conditions in which jurisdiction may be said to exist and be capable of being exercised (without prejudice to any issue as to admissibility). This point was made with considerable force in the dissenting opinion of Professor Georges Abi-Saab in the Abaclat case, where he stated that the "legal recharacterization" of the majority was "conceptually wrong" : "It adopts an extremely narrow, in fact partial, concept of jurisdiction, limiting it to the ambit within which jurisdiction is exercised. But, as explained above (para. 10 ff), jurisdiction is first and foremost a power, the legal power to exercise the judicial or arbitral function. Any limits to this power, whether inherent or consensual, i.e. stipulated in the jurisdictional title (consent within certain limits, or subject to reservations or conditions relating to the powers of the organ) are jurisdictional by essence." [...] For these reasons, and on the basis of the factual record, the Tribunal concludes that*

---

[778] Qu'il s'agisse d'une période d'attente, d'une condition d'épuisement des voies de recours internes, d'un règlement amiable préalable ou d'un mélange de ces conditions, l'hypothèse intéressante surtout est celle de la condition préalable de l'épuisement des voies de recours internes.

[779] CIRDI, affaire *Maffezini c. Espagne*, ARB/97/7, décision sur la compétence du 25 janvier 2000, § 36.

the requirements set forth in Article VII.2 are to be treated as conditions, and that the failure to meet those conditions goes to the existence of the Tribunal's jurisdiction, and are not to be treated as issues of admissibility »[780].

---

[780] CIRDI, affaire *Kiliç Īnsaat Īthalat Īhracat Sanayi Ve Ticaret Anonim Sirketi c. Turkménistan*, ARB/10/1, sentence du 2 juillet 2013, § 6.3.4 et par 6.3.15. Cette interprétation se base sur le fait que le consentement à la compétence du CIRDI est un consentement différent du consentement donné par l'État à un autre État lorsqu'il ratifie le traité et que le consentement donné par un État à un autre État pour accorder des droits aux investisseurs dans le traité ne signifie pas qu'il a automatiquement donné son consentement à la compétence du CIRDI. Un consentement exclusif à l'arbitrage doit être donné au sein du traité et l'État pourrait conditionner ce consentement comme il l'entend. (V. dans ce sens, P.-M. Dupuy, Preconditions to Arbitration and Consent of States to ICSID Jurisdiction, *in* M. Kinnear, G.-R. Fisher et al., Building International Investment Law : The First 50 Years of ICSID, Kluwer Law International, 2015, pp. 219-236, spéc. p. 235 : « *[...] [The consent of States to the ICSID] cannot be put aside on the grounds of subjective and unsubstantiated considerations without careful examination. More generally, the international law of international investments cannot be considered as a so-called "self-contained" regime that would abide by its own logics and dynamics and would, as a result, treat State consent in a light way [...]. The settlement of disputes by investor-State arbitration contributes to facilitating and protecting international investments indispensable to economic growth and social development world-wide. However, these considerations cannot justify that arbitrators interpret the law in contradiction with the Vienna Convention on the Law of Treaties that requires that interpretation be based on the ordinary meaning given to the terms, chosen on purpose by the parties to a treaty. More generally, respect for the ways and means under which consent of States has been expressed is at the core of the legitimacy of international arbitration between States and foreign private investors [...]* »). De surcroît, cette qualification s'explique par le fait que les clauses conventionnelles de règlement des différends sont silencieuses quant à la sanction du non-respect des conditions posées (V. dans ce sens, B. Remy, CIRDI - Chronique des sentences arbitrales, JDI, 2014, pp. 289-291). Par conséquent, les conditions insérées par l'État dans la clause juridictionnelle conventionnelle constituent des conditions du consentement de l'État à l'arbitrage, et, de ce fait, des conditions de compétence. Pour d'autres affaires ayant adopté une qualification similaire, V. par exemple, CIRDI, affaire *Abacalt et autre c. Républiqe d'Argentine*, ARB/07/5, décision sur la compétence et la recevabilité du 4 août 2011, opinion dissidente de Georges Abi-Saab, § 23 : « *It is true that, under general international law, the two requirements in question are considered as conditions of admissibility. But when such conditions are included in the jurisdictional title, they condition, like any other reservation inserted in the jurisdictional title, the consent of the party or parties making them, to submit to the jurisdiction of the judicial or arbitral organ, and limit by that much the exercise by the organ of its jurisdiction. In other words, in this case these conditions become conventionally jurisdictional, in addition to being admissibility conditions by their legal nature* » ; CIRDI, affaire *Impregilo S.p. A c. République d'Argentine*, ARB/07/17, sentence du 21 juin 2011, opinion dissidente de Brigitte Stern, § 52 : « *In order to benefit from the jurisdictional protection granted by an arbitration mechanism, these same conditions have to be fulfilled, but in addition there is a condition ratione voluntatis : the State must have given its consent to such a procedure which allows a foreign investor to sue the State directly on the international level. This consent is expressed broadly or restrictively, with conditions of exhaustion of local remedies or waiting periods, as allowing all claims or only certain claims : in other words, the consent is given under certain conditions. Just as the conditions of nationality for example must be fulfilled*

581. Dans une position inverse, le tribunal en charge de l'affaire *Supervision y Control S.A. contre Costa Rica*, insiste sur le fait que : « *the analogous rule of exhaustion of local remedies normally concerns admissibility rather than jurisdiction in the strictest sense. The Treaty requirement to submit a dispute to local courts is a question of admissibility of claims, and not of jurisdiction* »[781].

---

before an investor can have access to all the rights granted by the BIT, the conditions shaping the State's consent to arbitration must be fulfilled before a right to arbitration can arise » ; CIRDI, affaire *Impregilo S.p.A c. République d'Argentine*, ARB/07/17, sentence du 21 juin 2011, § 94 : « *In sum, Article 8 (3) contains a jurisdictional requirement that has to be fulfilled before an ICSID tribunal can assert jurisdiction. This decision is in accordance with the decision in Wintershall, where it was found for a very similar clause in the Argentina-Germany BIT, that "Article 10 (2) contains a time-bound prior-recourse-to-local-courts-clause, which mandates (not merely permits) litigation by the investor (for a definite period) in the domestic forum"20, before the right to ICSID can even materialize. Impregilo not having fulfilled this requirement, the Tribunal cannot find jurisdiction on the basis of Article 8 (3) of the Argentina-Italy BIT* » ; CIRDI, affaire *Murphy Exploration and Production Company International c. Équateur*, ARB/08/4, sentence sur la compétence du 15 décembre 2010, § 149 : « *This Tribunal finds the requirement that the parties should seek to resolve their dispute through consultation and negotiation for a six-month period does not constitute, as Claimant and some arbitral tribunals have stated, "a procedural rule" or a "directory and procedural" rule which can or cannot be satisfied by the concerned party. To the contrary, it constitutes a fundamental requirement that Claimant must comply with, compulsorily, before submitting a request for arbitration under the ICSID rules* ».

[781] CIRDI, affaire *Supervision y Control S.A. c. Costa Rica*, ARB/12/4, sentence du 18 janvier 2017, § 293. Cette interprétation se base sur le fait que la condition de l'épuisement des voies de recours internes est relative aux conditions de mise en œuvre du consentement à l'arbitrage et non pas de la question fondamentale du consentement à l'arbitrage (V. dans ce sens, B. Remy, CIRDI - Chronique des sentences arbitrales, JDI, 2014, pp. 289-291). Pour d'autres affaires ayant adopté une qualification similaire, V. par exemple, CIRDI, affaire *Ömer Dede and Serdar Elhüseyni c. Roumanie*, ARB/10/22, sentence du 5 septembre 2013, § 275. Le tribunal estime que le recours à l'arbitrage CIRDI sans respecter la condition de saisines des institutions internes dans un certain délai n'entraîne pas l'incompétence définitive du CIRDI et que l'investisseur dispose de la possibilité de se rattraper en procédant à une nouvelle saisine ultérieure dans le respect de cette condition. Il s'agit donc d'une condition formelle qui peut faire l'objet d'une régularisation ; V. également dans ce sens, CIRDI, affaire *Hoctief AG c. République d'Argentine*, ARB/07/31, décision sur la compétence du 24 octobre 2011, § 96 : « *Viewed from this perspective the question in the present case is whether the 18-month period is a requirement of the kind in respect to which the Respondent could accept or acquiesce in non-compliance, and whether it has done so. The Tribunal considers that the Respondent can indeed accept or acquiesce in such non-compliance and that the jurisdiction of the Tribunal remains unaffected by it. It regards the 18-month period as a condition relating to the manner in which the right to have recourse to arbitration must be exercised - as a provision going to the admissibility of the claim rather than the jurisdiction of the Tribunal* » ; CNUDCI, affaire *Ronald S. Lauder c. République tchèque*, sentence finale du 3 septembre 2001, § 187 : « *However, the Arbitral Tribunal considers that this requirement of a six-month waiting period of Article VI (3) (a) of the Treaty is not a jurisdictional provision, i.e. a limit set to the authority of the Arbitral Tribunal to decide on the merits of the dispute, but a procedural*

582. Compte tenu de la subtilité de cette distinction, les propos suivants chercheront à y mettre fin en préconisant une perspective différente et parviendront à montrer que les arguments de l'État hôte qui reposent sur la notion de l'épuisement des voies de recours locaux pourront être facilement écartés dans le droit international contemporain relatif aux investissements étrangers.

B. L'inefficacité de la condition de l'épuisement des voies de recours internes

583. L'investisseur étranger pourrait-il porter le litige qui l'oppose à l'État hôte devant les instances arbitrales alors qu'il n'a pas encore épuisé les voies de recours nationales ? Les exposés qui suivent révéleront que la condition de l'épuisement des voies de recours internes n'a qu'une portée limitée. Deux moyens permettront d'aboutir à une telle conclusion. Le premier **(1)** dérive du fait de la conduite exigeante qu'impose le droit international envers les juridictions internes. Le second **(2)** n'est que la conséquence directe du principe de l'effet négatif de la compétence arbitrale en matière d'investissements étrangers.

---

rule that must be satisfied by the Claimant. As stated above, the purpose of this rule is to allow the parties to engage in good-faith negotiations before initiating arbitration » ; CIRDI, affaire *SGS c. Pakistan*, ARB/01/13, décision sur les objections à la compétence du 6 août 2003, § 184 : *« Tribunals have generally tended to treat consultation periods as directory and procedural rather than as mandatory and jurisdictional in nature. Compliance with such a requirement is, accordingly, not seen as amounting to a condition precedent for the vesting of jurisdiction. The investor's consent was given in October 2001 and the Respondent has not (to our knowledge) tried to enter into consultations in respect of the BIT claims. Indeed, considering what the Supreme Court of Pakistan has said about the BIT, it would have been surprising had the Respondent manifested an inclination to comply with Article 9's consultation provisions. It should also be noted that in the prolonged period of time from termination of the PSI Agreement by Pakistan to the submission of SGS's written consent under the BIT, there was little indication of any inclination on the part of either party to enter into negotiations or consultations in respect of the unfolding dispute. Finally, it does not appear consistent with the need for orderly and cost-effective procedure to halt this arbitration at this juncture and require the Claimant first to consult with the Respondent before re-submitting the Claimant's BIT claims to this Tribunal ».*

1. Des conditions rigoureuses imposées par le droit international

584. Les États peuvent sans doute conditionner la saisine des instances arbitrales à l'épuisement des voies de recours locales lors de la survenance d'un litige relatif à un investissement étranger. Dans cette perspective, les dispositions du droit international telles qu'elles résultent de certaines conventions internationales et plus spécifiquement de l'article 26 deuxième phrase de la Convention CIRDI, confèrent à l'État la faculté d'exiger que les recours internes soient épuisés préalablement à toute saisine unilatérale des tribunaux arbitraux sur le fondement du traité.

585. Or, comme on l'a déjà exposé, le fait de conditionner l'épuisement des voies de recours locaux préjudiciera gravement aux droits procéduraux de l'opérateur étranger qui préfère certainement porter le litige directement devant les instances délocalisées. Ainsi, en prenant en compte les intérêts de la société étrangère, il serait préférable de trouver moyen pour écarter une telle exigence et pour confier le litige à un tribunal arbitral comme le souligne le Professeur Thomas Wàlde : *« Les arbitres internationaux vont refléter les valeurs de la communauté mondiale des affaires qui met l'accent sur la propriété et le contrat, car les tribunaux nationaux, particulièrement dans les pays en transition et en voie de développement ne seraient pas toujours dignes de confiance quand il s'agit d'être impartial et compétent en matière de transactions commerciales internationales »*[782]. Cela étant, l'investisseur étranger a tout à craindre de l'obligation de l'épuisement des voies de recours locales du fait que la décision rendue par le juge interne avantagera le plus souvent les droits de la partie étatique aux dépens de ceux des investisseurs[783].

586. Compte tenu de cette situation, le droit international public général interviendra afin de contrôler implicitement les agissements des juridictions nationales dans le cas où le pays fournisseur subordonne la saisine des instances dénationalisées à l'épuisement des voies de recours nationales.

Ces critères ont été clairement dressés par le tribunal arbitral statuant dans l'affaire *Loewen Group, Inc. et Raymond contre États-Unis d'Amérique*[784], qui exige que les voies de recours internes que l'investisseur doit épuiser

---

[782] T. Wälde, Nouveaux horizons pour le droit international des investissements dans le contexte de la mondialisation de l'économie : études de questions spécifiques, Pedone, Paris, 2004, pp. 60 et s.

[783] V. *supra*, n° 126.

[784] CIRDI, affaire *The Loewen Group, Inc. & Raymond L. Loewen c. États-Unis d'Amérique*, ARB(AF)/98/3, sentence finale du 26 juin 2003, § 169-171, telle que traduite *in* E. Gaillard, La jurisprudence du CIRDI, Pedone, Paris, 2004, pp. 775-792.

préalablement à toute saisine arbitrale sur le fondement d'un traité doivent être accessibles, efficaces et appropriées. Il s'agissait en l'espèce d'une compagnie canadienne, Loewen Group International, qui était en conflit avec une compagnie locale. Pour satisfaire la condition conventionnelle d'épuisement des voies de recours du droit interne, l'investisseur canadien saisit les juridictions nationales de première instance de l'État américain. Le jugement rendu a été manifestement défavorable à la partie étrangère, la condamnant à verser de grandes sommes à titre de dommages-intérêts à la partie adverse. Faute d'existence de moyen en l'espèce pour interjeter appel, Loewen attrait alors l'État américain devant les juges du traité au motif que le Gouvernement américain était lui-même responsable des préjudices subis suite au prononcé du jugement par ses propres organismes juridictionnels. Les demandes se basaient sur la violation de la norme minimale de traitement imposée par le droit international. Même si les arbitres ont rejeté la demande de l'investisseur en considérant qu'il *« n'a pas exercé tous ces recours nationaux, en particulier l'option de la Cour suprême des États-Unis et qu'en conséquence Loewen n'a pas établi une violation du droit international coutumier et une violation de l'ALENA dont la défenderesse serait responsable »*[785], ils ont estimé néanmoins que le déroulement de la procédure interne n'avait pas assuré le droit à un procès équitable, débouchant sur une décision qui a suscité beaucoup de remous, et qui s'est manifestement éloignée des standards du droit international. Selon la sentence rendue par le tribunal arbitral dans cette affaire, *« la disponibilité de voies de recours n'est pas un standard à déterminer ou à appliquer dans l'abstrait. Elle signifie des voies de recours raisonnablement disponibles au requérant dans les circonstances de la cause, y compris les circonstances financières et économiques en tant qu'investisseur étranger, telles qu'affectées par toutes les conditions requises pour l'exercice d'une voie de recours interne. Si un État subordonne un droit d'appel à des conditions qui rendent son exercice impraticable, l'exercice du droit n'est ni disponible, ni effectif et adéquat. De même si un État alourdit l'exercice du droit, directement ou indirectement, en exposant le requérant à de sérieuses conséquences financières, il se peut que l'État ait, par ses propres actions, privé le requérant de la possibilité de donner à l'État une occasion de redresser l'injustice dont il se plaint. Le champ d'application de la nécessité d'épuiser les voies de recours internes doit être examiné à la lumière de ces considérations »*[786]. Le tribunal arbitral, après avoir admis que le jugement interne ne correspondait point aux normes du droit international a prévu que ce grief aurait pu être accepté si les investisseurs avaient réussi à démontrer que le Gouvernement américain avait omis de leur offrir les recours appropriés. Ainsi, respecter les normes minimales du droit international,

---

785 *Ibid.*, § 217, p. 784.
786 *Ibid.*, § 169-171, p. 783.

notamment celles du traitement juste et équitable, signifie respecter les critères d'efficacité des recours internes, de leur adéquation et de leur disponibilité.

587. L'on peut considérer ainsi que la jurisprudence internationale a tracé certaines exigences : bien entendu, seuls les recours disponibles et qui sont aptes à satisfaire le demandeur doivent être épuisés. Si l'on sait par exemple, qu'une procédure violera certainement le droit à un procès juste et équitable, on pourra certainement passer outre la condition du recours préalable aux juridictions nationales. On signale de surcroît que lorsque les recours internes seront indisponibles, inadéquats ou ineffectifs, l'État verra non seulement ses allégations ayant trait à l'exigence du respect de la condition de l'épuisement des voies de recours internes rejetées, mais engagera sa responsabilité internationale du fait des actes de ses propres juridictions[787].

588. Ce qu'on aura en vue dans les raisonnements suivants, c'est d'aborder le principe de l'épuisement des voies de recours nationales sous une perspective différente et de montrer que le principe de l'effet négatif de la compétence arbitrale privera de même cette obligation de tout effet.

2. La mise en œuvre du principe de la compétence arbitrale exclusive

589. Dans le droit international contemporain, l'exception d'incompétence basée sur l'épuisement des voies de recours internes dont l'État hôte est en mesure de se prévaloir peut être facilement contournée par l'application du principe de la compétence arbitrale exclusive ou du principe de l'effet négatif de la compétence arbitrale sur le fondement des traités. Ce principe, comme on l'a déjà évoqué[788], tend à donner au principe de l'épuisement des voies de recours nationales une portée très limitée. En effet, le seul fait de consentir à l'arbitrage unilatéral dans un traité de protection et de promotion des investissements signifie indirectement l'incompétence des juridictions nationales. En d'autres termes, l'inclusion d'une clause arbitrale

[787] V. dans ce sens, L. Savadogo, Déni de justice et responsabilité internationale de l'État pour les actes de ses juridictions, JDI, 2016, pp. 827-876, spéc. p. 827 : *« En application de la règle du « traitement international minimum » (international standard of treatment), l'État doit mettre à la disposition des étrangers des moyens juridictionnels garantissant la répression des conduites illicites dirigées contre eux et surtout la réparation des dommages qui en résultent. En cas de manquement, sa responsabilité internationale peut être engagée pour déni de justice »* ; V. dans le même sens, J. Paulsson, Denial of justice in International Law, CUP, Cambridge, 2005.
[788] V. *supra*, n°s 537 et s.

conventionnelle vaut renonciation implicite au principe de l'épuisement des voies de recours internes et aboutit à l'incompétence des organismes juridictionnels nationaux[789].

590. Du reste, en pratique arbitrale, certains tribunaux, confrontés aux normes de recours préalables aux juridictions nationales, ont confirmé ce point de vue. Ainsi, à titre d'exemple, dans l'affaire *Bayindir Insaat Turizm Ticaret Ve Sanayi A.S. c. Pakistan,* le tribunal arbitral a effectué ce constat en des termes particulièrement nets : *« the notice requirement does not constitute a prerequisite to jurisdiction. Contrary to Pakistan's position, the non-fulfilment of this requirement is not "fatal to the case of the claimant". As Bayindir pointed out, to require a formal notice would simply mean that Bayindir would have to file a new request for arbitration and restart the whole proceeding, which would be to no-one's advantage »*[790].

591. D'ailleurs, cette conception fut aussi adoptée dans l'affaire *Victor Pey Casado et President Alende Fondation contre République du Chili*[791]. En négligeant les conditions procédurales posées dans la clause de règlement des différends le tribunal affirme que : *« l'exigence de consultations préalables amiables ou de tentatives de conciliation (selon une formule souvent incluse dans les traités bilatéraux d'investissement comme en maints accords comportant des clauses d'arbitrage) n'a en général et dans le présent litige aucun caractère impératif ou contraignant, mais plutôt, et seulement le caractère d'une simple recommandation procédurale, voire d'une clause de style diplomatique »*[792].

592. Plus récemment, le tribunal arbitral dans l'affaire *Abacalt et autres contre république d'Argentine,* a, dans un même mouvement, considéré que : *« the negotiation and 18 months litigation requirements relate to the conditions for the implementation of Argentina's consent to ISCID jurisdiction and arbitration, and not the fundamental question of whether Argentina consented to ICSID jurisdiction and arbitration. Thus, any noncompliance with such requirements may not lead to a lack of ICSID jurisdiction [...] »*[793].

---

[789] *Ibid.*

[790] CIRDI, affaire *Bayindir Insaat Turizm Ticaret Ve Sanayi A.S. c. Pakistan,* ARB/03/29, décision sur la compétence du 14 novembre 2005, § 100.

[791] CIRDI, affaire *Victor Pey Casado et Président Allende Foundation c. République du Chili,* ARB/98/2, sentence du 8 mai 2008.

[792] *Ibid.*, § 573.

[793] CIRDI, affaire *Abacalt et autres c. République d'Argentine*, ARB/07/5, décision sur la compétence et la recevabilité du 4 août 2011, § 496.

593. L'interprétation retenue par ces trois dernières affaires, même si elle correspond à l'obligation pour l'investisseur de recourir à des négociations pour aboutir à un règlement amiable du différend ou de recourir aux juridictions locales pendant une période déterminée pourra être transposée par analogie à la condition de l'épuisement des voies de recours internes. En effet, le tribunal arbitral statuant dans l'affaire *TSA Spectrum* considère que les clauses relatives au délai conditionnant la saisine des instances dénationalisées s'interprètent comme une exigence classique d'épuisement des voies de recours nationales, assortie d'une limitation temporelle[794]. Dans le même esprit, le tribunal arbitral dans l'affaire *Hochtief AG contre Argentine* remarque la ressemblance de cette catégorie de normes avec celle de l'épuisement des voies de recours locaux[795].

594. On rappelle aussi que l'application de la clause de la nation la plus favorisée au règlement des différends fut adoptée dans plusieurs cas, nonobstant le fait qu'elle a donné lieu à des fluctuations jurisprudentielles, permettant ainsi à l'investisseur de bénéficier de la clause de règlement des différends la moins exigeante[796].

595. La pratique arbitrale affirme bien que le principe de l'épuisement des voies de recours locales n'a qu'une portée très limitée. D'ailleurs, l'arbitrage sur le fondement des traités s'est développé exclusivement dans le but de soustraire la relation État-investisseur à l'application du droit national de l'État hôte, la finalité étant de régler le différend dans l'ordre juridique international[797]. Le principe de l'effet négatif de la compétence arbitrale

---

794 CIRDI, affaire *TSA Spectrum de Argentina SA c. Argentine,* ARB/05/5, sentence du 19 décembre 2008, § 101 : « *It may be assumed that the purpose of the requirement of a final decision was to limit as far as possible the number of disputes that should be the subject of international settlement. The provision thus imposes a requirement of exhaustion of domestic remedies, but with a time limitation. If a final decision has not been obtained after eighteen months, no further use of domestic remedies is required* ».

795 CIRDI, affaire *Hochtief AG c. Argentine*, ARB/07/31, décision sur la compétence du 24 octobre 2011, § 47 : « *The interpretation of Article 10(3) so as to require reference to the local courts as a precondition to recourse to arbitration in every case would, as the Respondent pointed out, have some features in common with a requirement to exhaust local remedies* ». L'article 10 (3) du traité en cause dispose en effet que : « *The dispute may be submitted to an international arbitral tribunal in any of the following circumstances : (a) At the request of one of the parties to the dispute where, after a period of 18 months has elapsed from the moment when the judicial process provided for by paragraph 2 of this article was initiated, no final decision has been given or where a decision has been made but the Parties are still in dispute ; (b) Where both parties to the dispute have so agreed* ». Pour une étude plus profonde sur le lien entre ces deux conditions et leur qualification, V. J. Cazala, Délai d'attente avant l'engagement d'une procédure de règlement des différends devant un tribunal arbitral international, La Gazette du Palais, n° 349, 2009, pp. 24 et s.

796 V. *supra,* n°s 445 et s.

797 V. *supra,* n°s 27 et s.

favorise cette délocalisation du litige qui est privilégiée par les instances arbitrales. On peut en somme affirmer sans équivoque que l'obligation de l'épuisement des voies de recours domestiques semble être écartée en matière d'arbitrage transnational. Le résultat serait-il le même, lorsque l'État invoque la mise en œuvre de la clause *electa una via* afin d'obstruer la compétence des instances dénationalisées ?

Paragraphe 2 : Le sort de la règle electa una via

596. Contrairement à la norme de l'épuisement préalable des voies de recours nationales qui n'est pas assez fréquente dans la pratique conventionnelle[798], la clause *electa una via* - nommée également clause de « croisée des chemins »[799], de « choix définitif » de « choix irrévocable », ou «*fork in the road*»[800] selon la terminologie anglaise - a fait l'objet d'inclusions plus récurrentes dans les instruments internationaux. En vue de cerner l'attitude des instances arbitrales dénationalisées vis-à-vis de cette norme (**B**), l'étude de ses spécificités et caractéristiques s'impose (**A**).

A. La qualification juridique de la clause fork in the road

597. En analysant la clause non équivoque d'option irrévocable, les énoncés qui suivent auront pour objectif de vérifier quelle pourrait être l'incidence de la saisine des organismes juridictionnels de l'État hôte par l'investisseur étranger sur la procédure d'arbitrage transnationale engagée postérieurement.

598. L'exception *fork in the road* enjoint à la partie demanderesse d'opérer un choix entre une procédure devant les tribunaux arbitraux et une autre auprès des juridictions nationales de l'État hôte. Une fois le choix s'effectue sur l'une quelconque des deux procédures, cela signifie que le

---

798 C. Liebscher, Monitoring of Domestic Courts in BIT Arbitrations : A Brief Inventory of Some Issues, *in* C. Binder, U. Kriebaum, A. Reinisch et S. Wittich, International Investment Law for the 21st Century - Essays in Honour of Christoph Schreuer, OUP, Oxford, 2009, pp. 105-128.

799 V. E. Gaillard, L'arbitrage sur le fondement des traités de protection des investissements, Revue de l'arbitrage, n° 3, vol. 10, Litec, Paris, 2003, pp. 853-878.

800 R. Dolzer et C. Schreuer, Principles of International Investment Law, OUP, Oxford, 2012, p. 267 ; C. Liebscher, Monitoring of Domestic Courts in BIT Arbitrations : A Brief Inventory of Some Issues, *in* C. Binder, U. Kriebaum, A. Reinisch et S. Wittich, International Investment Law for the 21st Century - Essays in Honour of Christoph Schreuer, OUP, Oxford, 2009, pp. 105-128.

demandeur a renoncé à l'autre. En d'autres termes, face à la possibilité de saisir le juge du traité ou le juge du contrat, l'investisseur étranger est tenu de choisir une seule procédure : lorsqu'une procédure est introduite, l'opérateur étranger ne pourrait plus choisir une autre voie. Pour qu'elle produise ses effets, cette norme, n'étant pas coutumière, doit être prévue de manière expresse dans un traité conclu entre l'État dont l'investisseur est ressortissant et l'État hôte.

599. Même si la norme d'option irrévocable et celle de litispendance sont susceptibles d'engendrer une confusion, elles sont néanmoins séparées et distinctes. Le principe du choix irrévocable du mode de règlement des différends implique, du reste, un choix définitif. Cela étant, si l'opérateur économique choisit d'introduire une procédure devant le juge international, il n'est plus en mesure de s'adresser au juge interne et *vice versa*. En d'autres termes, l'enclenchement d'un mécanisme interdit l'acheminement vers un autre.

En revanche, en vertu du principe de litispendance internationale, une instance arbitrale saisie en second lieu est tenue de surseoir à statuer en attendant qu'un jugement définitif, concernant le même litige, soit prononcé par une juridiction étatique. Ainsi, lors de la mise en œuvre de la norme de litispendance, il ne s'agit pas de renonciation comme dans le cas du principe relatif à l'irrévocabilité du choix définitif, mais d'un sursis à statuer.

Malgré le fait que le principe de litispendance internationale et celui du choix irrévocable du mode de règlement des différends sont clairement distincts, leur mise en œuvre obéit aux mêmes conditions d'identité de cause, d'objet et de parties. Dans cette perspective, le tribunal arbitral statuant dans l'affaire *Azurix Corp contre Argentine*, conditionnait non seulement l'identité des parties, mais également celle de cause et d'objet pour que le choix irrévocable puisse être considéré comme exercé[801].

[801] CIRDI, affaire *Azurix Corp. c. Argentine,* ARB/03/30, décision sur la compétence du 8 décembre 2003 § 89-90, telle que traduite *in* E. Gaillard, La jurisprudence du CIRDI, Pedone, Paris, 2004, pp. 849-862, spéc. p. 854 : *« [...] Le présent tribunal est convaincu qu'à plus forte raison cette considération s'applique au présent litige puisqu'aucune demande n'a été formée par CMS devant les juridictions locales et que, même si TGN l'avait fait - ce qui n'est pas le cas - CMS n'aurait pu se voir opposer l'exercice de l'« option irrévocable » pour les réclamations fondées sur le traité. Tant que les parties que le fondement de l'action résultant de deux instruments séparés sont différents. Aucune des parties n'est une partie à la procédure devant les juridictions locales. Même si Azurix s'était jointe à ABA en tant que demanderesse devant ces juridictions, il n'y aurait pas identité des parties puisque l'Argentine n'est pas partie à l'une quelconque de ces procédures ».*

600. Pour ce qui est du fondement juridique de la notion de l'option irrévocable de compétence, celle-ci puise sa source dans le droit des traités. Le traité conclu entre la Colombie et la Suisse en représente dans son article 11, paragraphe 4, une parfaite illustration : *« Une fois que l'investisseur aura soumis le différend à une juridiction nationale ou à l'un des mécanismes d'arbitrage international conformément à l'al. (2) ci-dessus, le choix de la procédure sera définitif »*[802]. En vertu de cet article, l'opérateur décidera soit de saisir les tribunaux internes de l'État hôte soit d'avoir recours aux instances arbitrales dénationalisées. Dans le cas où il privilégierait l'un de ces mécanismes, il ne pourrait se prévaloir des services de l'autre.

601. Ainsi, dans la mesure où l'investisseur étranger choisit de porter le litige auprès des tribunaux arbitraux, l'option irrévocable de compétence contribue à favoriser la sauvegarde de ses droits d'autant plus que l'instance arbitrale mettra en œuvre le principe de la compétence obligatoire des instances arbitrales. À l'inverse, lorsque le choix de l'investisseur porte sur le mécanisme national de règlement des différends, il renonce en même temps à attraire l'État devant une juridiction arbitrale. On peut considérer dans cette perspective que l'intérêt d'une telle clause est d'éviter le déroulement de procédures parallèles dont on connaît certes les inconvénients[803]. Elle vise à circonscrire la liberté processuelle de l'investisseur étranger qui bénéficie généralement d'un large choix procédural. Compte tenu de la conception de cette norme qu'on vient d'analyser, comment les tribunaux arbitraux parviennent-ils à l'appliquer ?

B. La portée limitée de la règle electa una via dans le contentieux économique international

602. Dans le cas où l'exercice du choix de l'investisseur étranger aboutit au mécanisme national de résolution des litiges, ce choix semble, de prime abord, irréversible. En tout cas, les États défendeurs ont souvent soulevé l'objection d'incompétence des instances arbitrales en se fondant sur l'option irrévocable de compétence.

---

[802] Article 11, alinéa 4 du TBI Colombie-Suisse, signé le 17 mai 2006 et entré en vigueur le 6 novembre 2009 ; V. également l'article 6, alinéa 3 du TBI France-Arabie Saoudite, signé le 26 juin 2002 et entré en vigueur le 18 mars 2004 : *« Si le différend est soumis au tribunal compétent de la Partie contractante, comme l'y autorise le paragraphe 2, l'investisseur s'interdit de recourir simultanément à l'arbitrage international, et la sentence du tribunal est exécutoire et non susceptible de faire l'objet d'appels ou de recours autres que ceux prévus par la législation de la Partie contractante ».*

[803] V. *supra*, n°s 512 et s.

603. Toutefois, la pratique arbitrale considère que cette irrévocabilité, lorsqu'elle aboutit à la compétence des juridictions nationales de l'État hôte, peut être renversée pour manque d'identité des parties, d'objet ou même de cause[804]. Ce test de la triple identité[805] a, de ce fait, condamné la mise en œuvre

---

[804] En effet, le test de la triple identité, bien connu en matière de litispendance et d'autorité de la chose jugée, s'est transposé dans le cadre de l'examen de la clause d'option irrévocable. V. dans ce sens, I. Fadlallah, La distinction treaty claims - contract claims et la compétence de l'arbitre CIRDI : faisons-nous fausse route ?, *in* Ch. Leben, Le contentieux arbitral transnational relatif à l'investissement. Nouveaux développements, Anthemis, Louvain-la-Neuve, 2006, pp. 205-218, spéc. p. 216 : « *Pour constituer l'exercice d'un choix définitif, la voie de recours doit d'abord avoir été introduite entre les mêmes parties et par l'investisseur : sinon, l'État pourrait supprimer l'option à sa guise. Il faut encore que l'investisseur ne soit pas en situation défensive (par exemple pour s'opposer à un titre exécutoire de l'administration) ou contraint, en raison de brefs délais, à saisir dans l'urgence les tribunaux locaux (par exemple en matière fiscale). À cela s'ajoute parfois l'exigence d'une identité de l'objet du litige, voire de sa cause* ».

[805] En ce qui concerne l'exigence d'identité des parties, il arrive souvent que l'opérateur étranger se trouve en rapport contractuel avec une entité paraétatique, alors que la demande sur le fondement du traité sera généralement dirigée à l'encontre de l'État, seul susceptible d'être partie au traité international. Ainsi, l'identité des parties ferait défaut (V. par exemple, CIRDI, affaire *Alex Guenin et autres c. République d'Estonie*, ARB/99/2, sentence du 25 juin 2001. Dans cette affaire, le tribunal arbitral a considéré que le demandeur, un actionnaire d'une banque opérante sur le territoire de l'État d'Estonie, avait le droit de saisir les tribunaux CIRDI sur le fondement du traité, même si l'ensemble des actionnaires avaient préalablement saisi, au nom de la banque, les tribunaux nationaux estoniens).

S'agissant de l'identité de cause, c'est ainsi qu'une clause *fork in the road* sera généralement considérée comme inopérante en présence d'une action se fondant sur des violations contractuelles devant les juridictions nationales de l'État hôte. La pratique arbitrale semble estimer que l'identité de cause est absente en signalant que c'est une réclamation contractuelle qui est invoquée devant le juge du contrat, tandis que c'est une réclamation conventionnelle qui est soulevée devant le juge du traité (V. par exemple, CIRDI, affaire *CMS Gas Transmission Company c. Argentine*, ARB/01/8, décision sur la compétence du 13 juillet 2003, § 80, telle que traduite *in* E. Gaillard, La jurisprudence du CIRDI, Pedone, Paris, 2004, pp. 793-814 ; CIRDI, affaire *Azurix Corp. c. Argentine, ARB/03/30,* décision sur la compétence du 8 décembre 2003, telle que traduite in E. Gaillard, La jurisprudence du CIRDI, Pedone, Paris, 2004, pp. 849-862 ; CIRDI, affaire *Enron Corporation et Ponderosa Assets LP c. Argentine*, ARB/01/3, décision sur la compétence du 14 janvier 2004, § 97 ; CIRDI, affaire *Toto Costruzione Generali SpA c. Liban,* ARB/07/12, décision sur la compétence du 11 septembre 2009, § 211-212, Journal of Arab Arbitration, ICSID Review - FILJ, 2010, p. 320, note Fadlallah.

En définitive, même si cette hypothèse ne se pose que très rarement, il se peut que l'identité d'objet fasse défaut. Il s'agit des cas où deux questions différentes qui ont été posées aux deux juges ce qui mène au rejet de l'application de la clause *electa una via* (V. par exemple, CIRDI, affaire *M. Eudoro Armondo Olguin c. Paraguay*, ARB/98/5, décision sur la compétence du 8 août 2000, § 30. Dans cette affaire, le tribunal a écarté l'identité d'objet en estimant que la demande visant à liquider la société devant les tribunaux nationaux est insusceptible de parvenir aux mêmes effets juridiques que l'arbitrage transnational : « *There is nothing in the file of the proceedings to demonstrate*

de cette option, les instances arbitrales considérant systématiquement que l'existence de celle-ci n'a aucune valeur. Les exigences retenues par la pratique jurisprudentielle sont assez restreintes pour accorder une portée réelle à ce principe[806]. Cela étant, l'option irrévocable du choix du mode de règlement des différends ne semble pas s'analyser en une renonciation à l'arbitrage unilatéral sur la base d'une convention internationale d'investissement.

604. C'est pourtant sur l'absence d'identité de cause que les tribunaux arbitraux se sont généralement fondés pour écarter l'application de la clause *electa una via*. Ainsi, à titre d'exemple, dans l'affaire *CMS Gas Transmission Company contre République d'Argentine*, la partie étatique excipait l'exception d'incompétence des tribunaux arbitraux en se basant sur l'article VII (3) (a) du TBI États-Unis–Argentine qui prévoyait l'option irrévocable de compétence[807]. L'État argentin soutenait que l'investisseur américain CMS Transmission Company ayant, en vertu de la clause non équivoque d'option irrévocable, choisi de s'adresser aux organismes juridictionnels locaux, s'est privé de la possibilité de saisir le juge du traité en ce qui concerne le même litige. Le tribunal arbitral relève que : *« même s'il y a eu ou il y a actuellement un recours devant les juridictions locales pour violation du contrat, cela n'empêche de soumettre à l'arbitrage les réclamations fondées sur le traité*[808]*. Le présent Tribunal est convaincu qu'à plus forte raison cette considération s'applique au présent litige puisqu'aucune demande n'a été formée par CMS devant les juridictions locales et que même si TGN l'avait fait - ce qui n'est pas le cas - CMS n'aurait pu se voir opposer l'exercice de l'option irrévocable ". Tant les parties que le fondement de l'action résultant de deux instruments séparés sont différents »*[809].

---

that Mr Olguin submitted a judicial claim against the Republic of Paraguay in order to collect payment in fulfilment of the latter's obligations, which he is seeking to collect in the present arbitration case. The application which he apparently made (proof of which is not conclusive) for a declaratory judgment of bankruptcy and liquidation of a commercial corporation, cannot have the same juridical effect as a claim against the Republic of Paraguay »).

806 K.-J. Vandevelde, Bilateral Investment Treaties : History, Policy, and Interpretation, OUP, Oxford, 2011, pp. 485-488.

807 Article VII (3) (a) TBI États-Unis–Argentine, signé le 14 novembre 1991 et entré en vigueur le 20 octobre 1994.

808 V. par exemple, CIRDI, affaire *Compañia de Aquas des Aconquija, S.A. c. Argentine - Vivendi I -*, ARB/97/3, sentence du 21 novembre 2000 ; CIRDI, affaire *Alex Guenin et autres c. République d'Estonie*, ARB/99/2, sentence du 25 juin 2001 ; CIRDI, affaire *Olguín c. Paraguay*, ARB/98/5, décision sur les exceptions d'incompétence du 8 août 2000.

809 CIRDI, affaire *CMS Gas Transmission Company c. Argentine*, ARB/01/8, décision sur la compétence du 13 juillet 2003, § 80, telle que traduite *in* E. Gaillard, La jurisprudence du CIRDI, Pedone, Paris, 2004, pp. 793-814, spéc. p. 807.

Il faut bien admettre que cette interprétation assez stricte de la clause *fork in the road* revient à rendre son inclusion dans les instruments internationaux vaine. La pratique montre que les procédures internes ne visent presque jamais à apprécier le comportement de l'État hôte vis-à-vis des dispositions du droit international. Par conséquent, l'identité de cause ferait défaut[810].

605. En effet, la clause *fork in the road* se manifeste lors de la présence de deux clauses de règlement de différends : celle incluse dans l'instrument privé et celle prévue dans l'instrument international. Dans maintes situations, les tribunaux arbitraux qui distinguent entre *treaty claims* et *contract claims* n'ont pas du mal à mettre en œuvre les effets de la clause de règlement des différends conventionnelle aux dépens de celle du contrat. Ainsi, à titre d'exemple, lorsque les clauses juridictionnelles sont en conflit et que l'investisseur étranger opte pour la saisine des juridictions nationales, cette option semble révocable et l'investisseur conserve toujours la possibilité de saisir les instances arbitrales dénationalisées pour le même litige. Dès lors, la clause contractuelle attributive de compétence exclusive en faveur des juridictions locales ne peut s'analyser en un choix irrévocable, le droit de l'investisseur de saisir les juridictions arbitrales demeurant intact.

606. C'est dans cette perspective que le tribunal arbitral dans sa sentence relative à l'affaire opposant la companie Toto Costruzioni Generali SpA au Liban, en se basant sur la dissociation entre *treaty claims* et *contract claims*, estime que : *« The fork-in-the road clause in Article 7 of the Treaty does not take away jurisdiction from the Tribunal over Treaty claims. In order for a fork-in-the-road clause to preclude claims from being considered by the Tribunal, the Tribunal has to consider whether the same claim is « on a different road » i.e., that a claim with the same object, parties and cause of action, is already brought before a different judicial forum »*[811]. Ainsi le

---

[810] Même dans les hypothèses fort rares où les tribunaux nationaux ont statué sur tous les points de conflits contractuels et conventionnels, il reste que le principe de la compétence arbitrale exclusive pourrait exclure la mise en pratique de cette clause. En effet, lorsque les parties consentent à l'arbitrage, elles perdent leur droit de régler leur différend devant une instance autre que l'instance arbitrale, et cela présume en conséquence la non-interférence de toute autre procédure, une fois les arbitres saisis. V. *supra* n°s 536 et s.

[811] CIRDI, affaire *Toto Costruzioni Generali SpA c. Liban,* ARB/07/12, décision sur la compétence du 11 septembre 2009, § 211-212 : *« The fork-in-the road clause in Article 7 of the Treaty does not take away jurisdiction from the Tribunal over Treaty claims. In order for a fork-in-the-road clause to preclude claims from being considered by the Tribunal, the Tribunal has to consider whether the same claim is "on a different road," i.e., that a claim with the same object, parties and cause of action, is already brought before a different judicial forum. Contractual claims arising out of the Contract do not have the same cause of action as Treaty claims. Consequently, the fact that Toto has brought two contract claims before the Conseil d'État does not restrict Toto's right to submit its Treaty claims to the Tribunal. This Tribunal hereby refers to CMS v.*

tribunal, en se prévalant de l'absence d'identité, d'objet et de cause, se déclare compétent[812].

607. Nonobstant les aberrations juridiques qui en découlent[813], la distinction entre *treaty claims* et *contract claims* réapparaît, mais sous un aspect favorable à la compétence arbitrale. Ainsi, afin d'étendre leur compétence aux dépens de celle des juridictions nationales, les tribunaux arbitraux procèdent à une interprétation, de moins que l'on peut dire « arbitraire », de cette distinction. Pour faire défaut à l'identité de cause et, par conséquent, paralyser tout effet juridique de la clause *electa una via*, les instances délocalisées, friandes de compétence, dépècent le litige en distinguant ses aspects contractuels de ses aspects conventionnels. Une fois leur compétence requise, elles avalisent une extension de leur compétence en examinant le litige sous ses différents aspects et en estimant que les réclamations contractuelles revêtent une « coloration » de réclamations conventionnelles.

608. En définitive, on peut considérer aujourd'hui que l'offre de recours aux instances dénationalisées faite par les États aux investisseurs étrangers ne semble plus voir ses effets restreints par le recours préalable aux tribunaux locaux auxquels renvoie le contrat d'État. Les exposés suivants auront pour objet de démontrer un raisonnement extrême, selon lequel on aboutit à ignorer même un jugement définitif rendu par une juridiction nationale de l'État hôte revêtu de l'autorité de la chose jugée.

Argentine, also cited by Toto and to Genin v. Estonia, in which the Tribunal concluded : "[a]lthough certain aspects of the facts that gave rise to this dispute were also at issue in the Estonian litigation, the 'investment dispute' itself was not, and the Claimant should not therefore be banned from using the ICSID arbitration mechanism" ». V. également, Journal of Arab Arbitration, ICSID Review - FILJ, 2010, p. 320, note Fadlallah.

812 *Ibid.*, § 203-217.

813 V. *supra*, nos 397 et s.

SECTION 2

LA DÉFAILLANCE DES MOYENS DE DÉFENSE INVOQUÉS PAR L'ÉTAT APRÈS LE PRONONCÉ D'UN JUGEMENT NATIONAL

609. Consacrée par le principe de droit romain *res judicata pro veritate habetur*, la norme de l'autorité de la chose jugée désigne l'*« ensemble des effets attachés à la décision juridictionnelle, telle la force de vérité légale »*[814]. Il s'agit d'une autorité particulière attachée à un acte juridictionnel qui fait obstacle à ce que la même affaire soit portée ultérieurement devant une autre juridiction[815].

610. Dans le cadre du droit des investissements étrangers, ladite norme servira de technique dont pourraient se prévaloir les États défendeurs afin d'obstruer la compétence des instances saisies sur le fondement du traité. Les développements qui suivent auront en vue de vérifier si le principe de l'autorité de la chose jugée dont est investie une décision prononcée par un organisme juridictionnel de l'État hôte aura pour conséquence l'incompétence des tribunaux arbitraux saisis sur le fondement d'un traité d'investissement pour statuer sur la même affaire. Dans ce cadre, on verra qu'en vertu du principe de l'exclusivité de la compétence arbitrale, l'exception de l'autorité de la chose jugée invoquée par les États hôtes pourra être facilement surmontée **(Paragraphe 1)**. Il permettra aussi de rendre la sentence arbitrale exécutoire nonobstant le prononcé d'un jugement interne, même définitif, relatif à la même affaire **(Paragraphe 2)**.

---

[814] G. Cornu, Vocabulaire juridique, PUF, Paris, 2007, p. 96.
[815] C. Brower et P. Henin, Res Judicata, *in* M. Kinnear, G.-R. Fisher et al., Building International Investment Law : The First 50 Years of ICSID, Kluwer Law International, 2015, pp. 55-70, spéc. p. 56.

Paragraphe 1 : La portée relative du principe de l'autorité de la chose jugée

611. Le fondement du principe de l'autorité de la chose jugée n'est pas facile à situer. Ce principe est consacré dans plusieurs branches du droit[816], et même parfois dans certains instruments internationaux[817]. Il est considéré comme un principe de droit international général au sens de l'article 38 du statut de la Cour internationale de Justice[818] et souvent employé dans le cadre de l'arbitrage international[819]. Pour que l'exception de l'autorité de la chose jugée puisse être admise, il sera exigé que les deux procédures aient une identité des parties, de cause et d'objet.

612. Dans cette perspective, même si ce principe pourrait se confondre avec la notion de litispendance, il demeure indépendant en ce qu'il ne pourrait déployer ses effets juridiques qu'après le prononcé d'un jugement définitif[820]. En outre, sa mise en application ne consiste pas en un simple sursis à statuer, mais à l'incompétence de l'instance saisie.

613. En somme, l'application du principe de l'autorité de la chose jugée dans le contentieux économique transnational suscite deux difficultés : la première **(A)** est qu'en droit des investissements étrangers, le principe de

---

[816] V. par exemple, l'article 27, alinéa 2 de la Loi fédérale relative au droit international privé en Suisse qui consacre l'autorité de la chose jugée : *« La reconnaissance d'une décision doit également être refusée si une partie établit [...] Qu'un litige entre les mêmes parties et sur le même objet a déjà introduit en Suisse où il a déjà été jugé, ou qu'il a précédemment été jugé dans un État tiers, pour autant que cette dernière décision remplisse les conditions de sa reconnaissance »*. Ce principe ne s'applique donc en Suisse qu'à l'égard d'un jugement étranger susceptible d'y être reconnu.

[817] V. par exemple, l'article 4.1 du Protocole n° 7 de la Convention européenne des droits de l'homme qui dispose que : *« Nul ne peut être poursuivi ou puni pénalement par les juridictions du même État en raison d'une infraction pour laquelle il a déjà été acquitté ou condamné par un jugement définitif conformément à la loi et à la procédure pénale de cet État »*.

[818] CPJI, *Affaire du service postal polonais à Dantzig*, avis consultatif du 16 mai 1925, Recueil Série B, n° 11, 1925, pp. 28-30.

[819] Il est loisible de rappeler que cette étude ne traitera pas de la question des conflits entre deux instances arbitrales différentes, mais de ceux surgis entre une juridiction nationale étatique et un tribunal arbitral.

[820] C. Brower et P. Henin, Res Judicata, *in* M. Kinnear, G.-R. Fisher et al., Building International Investment Law : The First 50 Years of ICSID, Kluwer Law International, 2015, pp. 55-70, spéc. p. 56 : *« lis alibi pendens or lis pendens, which aims to prevent the introduction of new proceedings while the same dispute is already pending before another court or tribunal. By contrast, res judicata applies only after the first set of proceedings has concluded, resulting in a judgment or award, and a party seeks either to rely on that judgment or award, or to the contrary to "re-open" the case before the same or another court or tribunal »*.

l'autorité de la chose jugée a uniquement trait aux sentences que rendent les tribunaux internationaux à l'exclusion des décisions rendues par les tribunaux nationaux. La deuxième **(B)**, comme dans le cas des principes de litispendance et de l'irrévocabilité du choix définitif, découle du fait de la condition de la triple identité.

A. La sphère limitée du principe de l'autorité de la chose jugée

614. Puisque le tribunal national comme le tribunal arbitral peuvent être saisis par un même opérateur étranger, il se peut certainement qu'ils ne soient pas saisis simultanément, mais successivement. Ainsi certaines compagnies étrangères se sont bien évidemment tournées d'abord vers le juge du contrat avant de se présenter devant une instance arbitrale. Si le juge du contrat s'est déjà prononcé sur des demandes spécifiques de façon définitive, quelle serait la position de l'arbitre international en vertu du principe de l'autorité de la chose jugée lorsque celui-ci est saisi ultérieurement ?

615. Afin de faire obstacle à la compétence d'une instance arbitrale saisie sur le fondement d'un traité d'investissement, les États défendeurs exciperont une exception d'incompétence fondée sur le principe *res judicata* dont dispose une décision prononcée par leurs propres organismes juridictionnels. Le but du principe *res judicata* est d'empêcher que le même litige soit réintroduit devant les instances arbitrales dénationalisées.

616. Cependant, la pratique a montré que les instances arbitrales dénationalisées saisies d'une telle exception se refusent de l'accueillir. En effet, dans le contentieux économique transnational, il est généralement admis que les décisions internes ne font pas obstacle à la compétence du juge saisi sur le fondement du traité[821]. Une illustration typique de ce phénomène se rencontre dans l'affaire *Saipem S.p.A. contre République de Bangladesh* dont

---

[821] V. dans ce sens, C. Titi, Res Iudicata and Interlocutory Decisions under the ICSID Convention : Antinomies over the Power of Tribunals to Review, SSRN, 2017, pp. 1-28, spéc. pp. 1-3 ; C. Brower et P. Henin, Res Judicata, M. Kinnear, *in* M. Kinnear, G.-R. Fisher et al., Building International Investment Law : The First 50 Years of ICSID, Kluwer Law International, 2015, pp. 55-70, spéc. p. 57 : *« the proceedings in which the res judicata issue is raised must pertain to the same legal order as the award or judgment whose res judicata effect is invoked »* ; I. Brownlie, Principles of Public International Law, 6ème édition, Clarendon Press, Oxford, 2003, p. 50 : *« There is no effect of res judicata from the decision of a municipal court so far as an international jurisdiction is concerned [...] »*.

les faits ont été déjà exposés[822]. Une double observation confirmera bien que les tribunaux arbitraux ne sont pas généralement liés par les jugements rendus par les juridictions nationales.

Tout d'abord, par la méconnaissance du tribunal CCI des décisions de sursis rendues par les juridictions de l'État hôte, les arbitres admettent leur compétence au détriment d'une décision rendue dans une même affaire, concernant le même litige, par les tribunaux internes.

Ensuite, il ressort clairement de cette affaire que les jugements des tribunaux étatiques ne revêtent pas un caractère obligatoire vis-à-vis des instances dénationalisées. À la lumière de ces attitudes, les instances arbitrales ne se sentent plus concernées par le fait que le même litige soit introduit devant les tribunaux nationaux afin de déclarer leur incompétence. Bien au contraire, elles se déclarent compétentes quand bien même les tribunaux nationaux seraient saisis de la même affaire. Dans la grande majorité des cas, les tribunaux arbitraux, se préoccupant essentiellement de la sauvegarde des droits des opérateurs étrangers, peuvent de nouveau débattre la même affaire déjà réglée par un jugement définitif rendu par les tribunaux nationaux, lequel méconnaîtrait de tels droits. Ce procédé permettrait aux tribunaux internationaux d'anéantir la méconnaissance des droits des investisseurs par les tribunaux internes.

617. Dans un même mouvement, les arbitres statuant dans l'affaire *Repsol YPF Ecuador S.A. contre Empresa Estatal Petróleos del Ecuador*[823] retiennent leur compétence malgré le prononcé d'un jugement définitif concernant ce même litige par les tribunaux administratifs internes. En l'espèce, deux contrats d'État ont été conclus entre l'investisseur étranger Repsol et une émanation étatique de l'Équateur, Empresa Estatal Petróleos del Ecuador, dénommée aussi Petroecuador. Devant le Comité *ad hoc*, la demande d'annulation de la sentence rendue par le tribunal CIRDI concernait principalement l'excès de compétence au titre de l'article 52 (1) (b) de la Convention CIRDI. La partie étatique alléguait que les arbitres œuvrant sous l'égide du CIRDI avaient méconnu le principe de l'autorité de la chose jugée étant donné que la même affaire avait déjà été réglée par la Direction Nationale des Hydrocarbures (ou DNH)[824]. Le Comité a réussi à définir une portée limitée du principe *res judicata* dans l'ordre juridique international en considérant que : *« there is no basis on which to hold that the Tribunal*

---

[822] Pour un exposé des faits relatifs à l'affaire *Saipem S.p.A. c. République de Bangladesh*, V. *supra*, n°s 530 et s.

[823] CIRDI, affaire *Repsol YPF Équateur S.A. c. Empresa Estatal Petróleos del Ecuador*, ARB/01/10, décision du Comité ad hoc du 8 janvier 2007.

[824] Organisme juridictionnel compétent en l'espèce pour régler le litige dans l'ordre juridique interne.

manifestly exceeded its authority with respect to the DNH's decision as an administrative res judicata. On the contrary, the file clearly shows a pattern of conduct on the part of Petroecuador that simply is not consistent with the existence of an administrative res judicata and which, on the contrary, amply supports the conclusions of the Tribunal [...]. Under Article 52 (1) of the ICSID Convention, the Committee is empowered to annul awards containing manifest errors only when they are serious enough to cast doubt on the legitimacy of the proceedings. This Committee sees no error, let alone any serious and manifest error, in relation to the argument that the decision of the DNH must be considered as binding or as an "administrative res judicata." For this reason, Petroecuador's application for annulment on this ground is denied »[825].

618. Une solution analogue fut consacrée par la sentence relative à l'affaire *Robert Azinian et autres contre Mexique*[826] où les arbitres, statuant sur le fondement de l'ALENA, ont estimé qu'un jugement rendu par les organismes juridictionnels mexicains, même revêtu de l'autorité de la chose jugée, n'affectait en aucun point leur propre compétence. Le tribunal arbitral s'est du reste inspiré de la solution adoptée dans l'affaire *Amco contre Indonésie,* qui préconisait clairement qu'un tribunal international n'est pas tenu de suivre le résultat d'une juridiction nationale[827].

619. La pratique jurisprudentielle montre ainsi que l'interdiction dérivant du principe *res judicata* de juger à nouveau les litiges, qui ont d'ores et déjà connu un règlement définitif, n'est pas absolue. Un litige ayant fait l'objet d'un jugement définitif peut très facilement être porté unilatéralement par l'opérateur étranger devant les juges saisis sur le fondement des traités qui

---

[825] CIRDI, affaire *Repsol YPF Équateur S.A. c. Empresa Estatal Petróleos del Ecuador,* ARB/01/10, décision du Comité *ad hoc* du 8 janvier 2007, § 72 et 75.

[826] CIRDI, affaire *Robert Azinian et autres c. Mexique,* ARB(AF)/97/2, sentence du 1 novembre 1999.

[827] *Ibid.,* § 86 : *« Although the parties to the Concession Contract accepted the jurisdiction of the Mexican courts, the Claimants correctly point out that they did not exclude recourse to other courts or arbitral tribunals - such as this one - having jurisdiction on another foundation. Nor is the fact that the Claimants took the initiative before the Mexican courts fatal to the jurisdiction of the present Arbitral Tribunal. The Claimants have cited a number of cases where international arbitral tribunals did not consider themselves bound by decisions of national courts. Professor Dodge, in his oral argument, stressed the following sentence from the well-known ICSID case of Amco v. Indonesia : "An international tribunal is not bound to follow the result of a national court." As the Claimants argue persuasively, it would be unfortunate if potential claimants under NAFTA were dissuaded from seeking relief under domestic law from national courts, because such actions might have the salutary effect of resolving the dispute without resorting to investor-state arbitration under NAFTA. Nor finally has the Respondent argued that it cannot be held responsible for the actions of a local governmental authority like the Ayuntamiento of Naucalpan ».*

rendront, le cas échéant, une sentence directement exécutoire dans l'ordre interne de l'État hôte. Ces illustrations jurisprudentielles que l'on pourrait sans peine multiplier, ont finalement montré que le champ d'application du principe *res judicata* se voit limité, ce dernier ne concernant que les relations résultant d'un même ordre juridique.

620. Les contours de la jurisprudence en la matière ayant été dessinés à travers les paragraphes précédents, une question relative aux fondements juridiques de la solution adoptée par les tribunaux statuant sous les auspices du CIRDI se pose et nécessite une analyse appropriée qu'on a en vue de révéler dans la suite de ces développements.

B. Le contrôle de la triple identité

621. Les motifs invoqués par les opérateurs économiques afin d'écarter la mise en application du principe de l'autorité de la chose jugée sont identiques à ceux qui conduisent au rejet des effets de la clause *fork in the road*[828]. Comme pour celle-ci, les arbitres écartent les exceptions d'autorité de la chose jugée compte tenu de la condition de la triple identité.

La pratique jurisprudentielle considère par exemple que deux différends fondés sur des règles juridiques différentes sont distincts faute d'identité de cause. Une telle approche a justifié, sur le plan juridique, la multiplication des procédures parallèles[829]. Par conséquent, il suffirait au requérant de manipuler le fondement de l'action afin de neutraliser les effets du principe de l'autorité de la chose jugée.

C'est dans ce cadre que le tribunal arbitral statuant dans l'affaire *CME contre République tchèque* constate clairement que : *« The fact that one tribunal is competent to resolve the dispute brought before it does not necessarily affect the authority of another tribunal, constituted under a different agreement, to resolve a dispute - even if it were the "same" dispute »*[830].

Même si cette affaire a trait à deux tribunaux arbitraux, une solution identique serait envisageable lorsque le juge du contrat est un tribunal étatique. Ainsi, si le tribunal national a été saisi sur le fondement d'un contrat, tandis que le tribunal arbitral a été saisi sur le fondement d'un traité bilatéral ou

---

[828] V. *supra*, n°s 602 et s.
[829] V. *supra*, n°s 512 et s.
[830] CNUDCI, affaire *CME c. République tchèque*, sentence du 14 mars 2003, § 435.

multilatéral d'investissement, le principe de l'autorité de la chose jugée sera écarté, même si le différend concerne les mêmes parties et le même objet.

622. De surcroît, quant à la condition de l'identité des parties, les tribunaux arbitraux ont opéré une interprétation assez restrictive de celle-ci. Ils considèrent qu'une demande arbitrale introduite par une société mère doit être distinguée de la demande arbitrale engagée par l'un des actionnaires. En effet, dans l'affaire *Genin contre Estonie*, pour écarter la mise en œuvre du principe de l'autorité de la chose jugée, les arbitres ont estimé que les deux litiges n'étaient pas identiques, faute d'identité des parties : *« The first four conditions having been satisfied, the fundamental issue as regards the matter of the Tribunal's jurisdiction in this case relates to whether the Claimants have submitted the dispute for resolution to the courts or administrative tribunals of Estonia or in accordance with any applicable, previously agreed dispute-settlement procedure. Two questions arise in this regard. First, to what extent were the issues litigated in Estonia and the United States identical to those raised by the Claimants in this arbitration ? And second, is it proper to consider EIB and the Claimants as a "group" and to view EIB's legal acts in Estonia as an "election of remedy" for the group as a whole ? As to the first of these questions, the Tribunal is of the view that the lawsuits in Estonia relating to the purchase by EIB of the Koidu branch of Social Bank and to the revocation of EIB's license are not identical to Claimants' cause of action in the "investment dispute" that they seek to arbitrate in the present proceedings. The actions instituted by EIB in Estonia regarding the losses suffered by EIB due to the alleged misconduct of the Bank of Estonia in connection with the auction of the Koidu branch and regarding the revocation of the Bank's license certainly affected the interests of the Claimants, but this in itself did not make them parties to these proceedings »*[831].

623. Ainsi, d'un point de vue purement théorique, seul un fondement absolument identique à la saisine des juges du traité et du contrat pourrait, le cas échéant, conduire celui qui est saisi en deuxième lieu de décliner sa compétence, ce qui restreint très largement la mise en œuvre d'un tel principe dans le contentieux transnational. Or, à supposer que ce cas puisse se présenter en pratique, on se rend compte que les arbitres se montrent souvent réticents à donner son plein effet au principe *res judicata*[832]. Ce triple test d'identité

---

[831] CIRDI, affaire *Alex Guenin et autres c. République d'Estonie*, ARB/99/2, sentence du 25 juin 2001, § 330-331.

[832] Ce cas ne se présentant presque jamais entre un tribunal interne et une juridiction arbitrale, on invoquera, à titre d'exemple, l'affaire *Waste Management contre Mexique*. Même si cet exemple concerne une confrontation entre deux instances arbitrales, il illustre tout de même l'attitude des juridictions transnationales face à l'application du principe de l'autorité de la chose jugée. Il s'agissait en l'espèce d'un premier tribunal arbitral saisi par l'investisseur américain Waste Management sur le fondement de

s'avère être inapproprié en droit économique transnational comme l'observe le tribunal arbitral dans sa sentence relative à l'affaire *Chevron Corporation et Texaco Petroleum Corporation contre Équateur* : « *The triple identity test was developed to address questions of res judicata and to identify specific issues that have already been determined by a competent tribunal. It has also been applied to similar questions arising in the broadly comparable context of lis pendens. It is not clear that the triple identity test should be applied here in order to determine if it is the same « dispute » that is being submitted to national courts and to the arbitration tribunal* »[833].

624. Cela étant, se pose vraisemblablement la question relative à la conciliation des jugements nationaux définitifs et des sentences arbitrales potentiellement contradictoires. Comment éviter l'exécution de deux décisions contradictoires revêtues de l'autorité de la chose jugée concernant un litige exactement identique ? Dans les développements suivants, on exposera une solution potentielle à ce conflit laquelle découle principalement du principe de l'exclusivité de la compétence des instances arbitrales.

Paragraphe 2 : La primauté de l'autorité de la chose jugée de la sentence arbitrale

625. Si, au regard des développements avancés, un jugement définitif rendu par les organismes juridictionnels nationaux concernant un différend relatif aux investissements étrangers n'empêche ni l'investisseur étranger d'attraire un État sur le fondement d'un traité bilatéral d'investissement ni l'instance arbitrale de se déclarer compétente, il reste à résoudre les conflits de décisions rendues par ces différentes juridictions.

---

l'ALENA. Faute de respect des conditions requises de l'article 1121 de L'ALENA, le tribunal arbitral déclina sa compétence. Une fois les conditions remplies, une même requête, concernant la même affaire a été réintroduite par l'investisseur américain à l'encontre de la partie adverse. L'État mexicain excipa l'exception de l'autorité de la chose jugée en prétendant que le premier tribunal arbitral s'est déjà prononcé sur l'affaire. Le tribunal arbitral saisi en second lieu n'a pas retenu les arguments de l'État en estimant que rien dans l'article 1121 de l'ALENA n'empêche le demandeur de réintroduire une nouvelle requête arbitrale. V. CIRDI, affaire *Waste Management, Inc. c. Mexique,* ARB/(AF)/98/2, sentence du 2 juin 2000 ; CIRDI, affaire *Waste Management, Inc. c. Mexique (II),* ARB(AF)/00/3, décision sur les exceptions préliminaires du 26 juin 2002.

833 CNUDCI, affaire *Chevron Corporation et Texaco Petroleum Corporation c. Équateur*, troisième décision sur la compétence et l'admissibilité du 27 février 2012, § 4.77.

Dans cette perspective, est-ce qu'une décision définitive rendue par les tribunaux nationaux affectant les droits des investisseurs étrangers pourrait obstruer la reconnaissance et l'exequatur d'une sentence arbitrale dans l'ordre juridique de l'État hôte ? Les instances ancrées dans l'ordre international ont eu recours à deux méthodes afin de faire prévaloir la primauté de leurs décisions sur celles des juridictions internes : la première **(A)** s'attache au contrôle, par les instances arbitrales des jugements définitifs internes alors que la seconde **(B)** concerne la situation inverse, *i.e.* le contrôle des sentences internationales sur le fondement des traités dans l'ordre juridique de l'État hôte.

A. Le contrôle international des jugements internes par les instances arbitrales

626. Après le prononcé d'un jugement définitif dans l'ordre juridique interne, les tribunaux arbitraux saisis du même litige ont tendance à apprécier la validité de ce jugement au regard des normes procédurales du droit international. En effet, même si les instances dénationalisées ne disposent pas d'un for arbitral, la tendance actuelle semble s'orienter de plus en plus vers l'appréciation par ces dernières des décisions internes. Dès qu'un jugement a été rendu dans l'ordre juridique de l'État hôte, et que pour cette même affaire les arbitres ont été saisis, ces derniers examineront la concordance de ces décisions avec les exigences imposées par les règles du droit international.

627. L'affaire *Robert Azinian et autres contre Mexique* fournit à cet égard une parfaite illustration[834]. En l'espèce, à l'occasion de l'annulation du contrat d'État par les juridictions nationales, le tribunal arbitral, en se référant au cours du Professeur Eduardo Jiménez de Aréchaga[835], rappelle qu'un

---

[834] CIRDI, affaire *Robert Azinian et autres c. Mexique,* ARB(AF)/97/2, sentence du 1 novembre 1999.

[835] *Ibid.,* § 98 : « *True enough, an international tribunal called upon to rule on a Government's compliance with an international treaty is not paralysed by the fact that the national courts have approved the relevant conduct of public officials. As a former President of the International Court of Justice put it : "The principles of the separation and independence of the judiciary in municipal law and of respect for the finality of judicial decisions have exerted an important influence on the form in which the general principle of State responsibility has been applied to acts or omissions of judicial organs. These basic tenets of judicial organization explain the reluctance to be found in some arbitral awards of the last century to admit the extension to the judiciary of the rule that a State is responsible for the acts of all its organs. However, in the present century State responsibility for acts of judicial organs came to be recognized. Although independent of the Government, the judiciary is not independent of the State : the judgment given by a judicial authority emanates from an organ of the State in just the same way as a law*

jugement national pourrait, au même titre que la loi nationale, engager la responsabilité de l'État sur la scène internationale. Les arbitres relèvent ensuite qu'un contrat annulé par la juridiction locale compétente ne pourrait être généralement assimilé à une expropriation : *« if there is no complaint against a determination by a competent court that a contract governed by Mexican law was invalid under Mexican law, there is by definition no contract to be expropriated »*[836]. Il appartient donc à l'instance arbitrale saisie sur le fondement du traité de vérifier si les jugements internes en cause sont conformes aux normes du droit international : *« A governmental authority surely cannot be faulted for acting in a manner validated by its courts unless the court themselves are disavowed at the international level »*[837].

Cette affaire offre un exemple clair de l'examen par les arbitres de la compatibilité des jugements nationaux avec les dispositions du droit international. Cependant, elle s'intéresse davantage au respect des normes procédurales internationales par les juridictions étatiques. Ainsi, à titre d'exemple, tout détournement de pouvoir, déni de justice ou atteinte aux droits de la défense, engendrerait la responsabilité internationale de l'État hôte[838]. En l'espèce, le tribunal arbitral, après avoir énoncé les diverses catégories de déni de justice, analyse la conformité du jugement interne au regard des règles processuelles internationales[839].

628. Cette approche demeure néanmoins limitée, les instances arbitrales dénationalisées n'appréciant que rarement la conformité des jugements internes aux règles de fond du droit international. Le contrôle des jugements internes dans l'ordre juridique international étant réduit, la situation inverse s'avère être beaucoup plus intéressante.

---

promulgated by the legislature or a decision taken by the executive. The responsibility of the State for acts of judicial authorities may result from three different types of judicial decision. The first is a decision of a municipal court clearly incompatible with a rule of international law. The second is what it known traditionally as a 'denial of justice.' The third occurs when, in certain exceptional and well-defined circumstances, a State is responsible for a judicial decision contrary to municipal law" ».

[836] *Ibid.*, § 100.

[837] *Ibid.*, § 97.

[838] *Ibid.*, § 98.

[839] *Ibid.*, § 102-103 : *« A denial of justice could be pleaded if the relevant courts refuse to entertain a suit, if they subject it to undue delay, or if they administer justice in a seriously inadequate way. There is no evidence, or even argument, that any such defects can be ascribed to the Mexican proceedings in this case. There is a fourth type of denial of justice, namely the clear and malicious misapplication of the law. This type of wrong doubtless overlaps with the notion of "pretence of form" to mask a violation of international law. In the present case, not only has no such wrong-doing been pleaded, but the Arbitral Tribunal wishes to record that it views the evidence as sufficient to dispel any shadow over the bona fides of the Mexican judgments. Their findings cannot possibly be said to have been arbitrary, let alone malicious ».*

B. Le contrôle des sentences arbitrales dans l'ordre juridique interne

629. Le conflit de décisions arbitrales et judiciaires se pose très souvent en pratique. Dans cette perspective quel serait l'impact du prononcé d'un jugement définitif dans l'ordre juridique interne sur la reconnaissance et l'exécution d'une sentence arbitrale concernant une même affaire ?

630. Le droit international public général semble favoriser la primauté de l'autorité de la chose jugée de la sentence internationale plutôt que celle du jugement rendu dans l'ordre juridique national. En tout cas, la situation opposée conduirait à écarter les effets de la sentence arbitrale et méconnaîtrait les droits que confèrent les traités internationaux aux investisseurs étrangers. Du reste, la prééminence de l'autorité de la chose jugée des décisions arbitrales a été consacrée par quelques traités internationaux[840], dont certains, comme la Convention de New York[841] et celle du CIRDI, disposent d'une grande renommée internationale.

631. Ainsi, dans la Convention de New York par exemple, la primauté de l'autorité de la chose jugée de la sentence arbitrale est la conséquence même de l'incompétence des juridictions nationales. En effet, devant une clause compromissoire, tous les organismes juridictionnels des États signataires sont invités à renvoyer les parties à l'arbitrage[842]. En assumant l'obligation de renvoyer les parties à l'arbitrage, les pays signataires ont voulu, lorsque les conditions sont réunies, favoriser la prédominance des sentences arbitrales rendues dans l'ordre juridique international. Ce constat est parfaitement compréhensible, car, dans la mesure où la finalité des procédures arbitrales est de parvenir à rendre une sentence effective et efficace, les pays

---

[840] V. par exemple, les deux prédécesseurs de la Convention de New York : le Protocole relatif aux clauses d'arbitrage, adopté à Genève le 24 septembre 1923, et la Convention pour l'exécution des sentences arbitrales étrangères conclue à Genève le 26 septembre 1927.

[841] En vertu de l'article 3 de la Convention de New York sur la reconnaissance et l'exécution des sentences arbitrales étrangères du 10 juin 1958, *« Chacun des États contractants reconnaîtra l'autorité d'une sentence arbitrale et accordera l'exécution de cette sentence conformément aux règles de procédure suivies dans le territoire où la sentence est invoquée, aux conditions établies dans les articles suivants. Il ne sera imposé, pour la reconnaissance ou l'exécution des sentences arbitrales auxquelles s'applique la présente Convention, de conditions sensiblement plus rigoureuses, ni frais de justice sensiblement plus élevés que ceux qui sont imposés pour la reconnaissance ou l'exécution des sentences arbitrales nationales ».*

[842] V. *supra*, n°s 536 et s.

signataires se sont engagés à reconnaître et exécuter les sentences arbitrales au sein de leurs ordres juridiques nationaux.

632. Cependant, l'assurance des droits des opérateurs étrangers reste relativement réduite sous l'autorité de la Convention de New York[843]. Même si les sentences arbitrales internationales sont dotées, en vertu de cette Convention, d'un caractère obligatoire, cet instrument prévoit néanmoins qu'elles ne peuvent être exécutées sans passer par la procédure d'exequatur des juridictions nationales. Bien que les conditions de cette exécution au sein de l'ordre national sont prévues par les dispositions de la Convention elle-même, celle-ci procède surtout par renvoi aux droits étatiques[844]. Dans cette perspective, le tribunal national pourra neutraliser les effets d'une sentence arbitrale internationale en refusant sa reconnaissance s'il juge que certaines exigences ont été bafouées. En outre, les conditions d'annulation d'une telle sentence sont beaucoup plus souples que celles prévues dans l'article 52 de la Convention CIRDI[845], ce qui laisse une grande marge de contrôle aux tribunaux nationaux. Enfin, la Convention de New York est insoucieuse des désavantages qui découlent de l'immunité d'exécution des États. Même dans l'hypothèse où l'État a donné son consentement à l'arbitrage, il ne renonce là qu'à son immunité de juridiction et non à son immunité d'exécution[846].

---

[843] Lorsque la sentence est rendue au profit d'une compagnie étrangère, son exécution peut se heurter à l'immunité de l'État.

[844] V. *supra*, n° 34.

[845] En vertu de l'article 52 de la Convention de Washington du 18 mars 1965 : *« (1) Après avoir enregistré une demande en annulation d'une sentence, le Secrétaire général demande immédiatement au Président du Conseil administratif de procéder à la nomination d'un Comité ad hoc conformément à l'article 52 (3) de la Convention.*
(2) Le Comité est réputé constitué à la date à laquelle le Secrétaire général notifie aux parties que tous les membres ont accepté leur nomination. Soit avant soit lors de la première session du Comité, chaque membre signe une déclaration conforme à celle qui figure à l'article 6 (2) ». Sur l'annulation des sentences CIRDI, V. en particulier, K. Diel-Gligor, System Deficiencies of ICSID Investment Arbitration ? An Inspection of the Annulment Mechanism, *in* R. Wolfrum et I. Gätzschmann, International Dispute Settlement : Room for Innovations ?, Heidelberg, Springer, 2013, pp. 359-392 ; S. Hamamto, New Challenges for the ICSID Annulement System : Another Private-Public Problem in the International Investment Dispute Settlement, *in* R. Wolfrum et I. Gätzschmann, International Dispute Settlement : Room for Innovations ?, Heidelberg, Springer, 2013, pp. 393-416.

[846] V. l'article 20 de la Convention des Nations Unies sur les immunités juridictionnelles des États et de leurs biens, adoptée par l'Assemblée générale des Nations Unies le 2 décembre 2004, résolution A/RES/59/38 : *« Dans les cas où le consentement à l'adoption de mesures de contrainte est requis en vertu des articles 18 et 19, le consentement à l'exercice de la juridiction au titre de l'article 7 n'implique pas qu'il y ait consentement à l'adoption de mesures de contrainte »* ; V. aussi, M.-E. Ancel, P. Deumier et M. Laazouzi, Droit des contrats internationaux, Sirey, Paris, 2016, p. 717 : *« Au-delà de leur source, l'immunité de juridiction et l'immunité d'exécution sont bien distinctes. L'octroi de l'immunité d'exécution n'est pas lié au bénéfice de l'immunité de juridiction. Un État étranger condamné en France ou à l'étranger pourra, le cas*

633. Il en va différemment dans la solution préconisée par la Convention du CIRDI. En effet, le mécanisme du CIRDI est singulier, car il a été conçu comme un mécanisme indépendant et détaché de tout ordre juridique, assurant l'exécution systématique des décisions arbitrales[847]. Mises à part les hypothèses de suspension et d'annulation[848] dont les conditions sont très restrictives, les pays signataires sont tenus d'exécuter les sentences rendues sous les auspices du CIRDI sous peine d'engendrer leur responsabilité internationale. L'exécution est automatique et ne requiert aucune procédure d'exequatur auprès des tribunaux étatiques[849]. Toute partie qui refuse d'assurer la pleine exécution d'une sentence rendue par un tribunal CIRDI violerait les exigences du droit international. Cette obligation a été d'ailleurs prévue dans l'article 54 de la Convention qui prévoit que : *« Chaque État contractant reconnaît toute sentence rendue dans le cadre de la présente Convention comme obligatoire et assure l'exécution sur son territoire des obligations pécuniaires que la sentence impose comme s'il s'agissait d'un jugement définitif d'un tribunal fonctionnant sur le territoire dudit État »*[850]. De ce fait, certains ont décrit l'article 54 comme parmi les plus marquants de la Convention de Washington sans lequel l'arbitrage CIRDI serait dépourvu d'avantages par rapport à ses concurrents[851].

634. La prééminence de l'autorité de la chose jugée de la sentence arbitrale se trouve aussi consolidée par le mécanisme autonome de contrôle des décisions arbitrales. D'ailleurs, la possibilité de refus d'exequatur de la sentence arbitrale rendue dans le cadre CIRDI ne relève nullement de la compétence des organismes juridictionnels nationaux comme c'est le cas dans le cadre de la Convention de New York, mais de la compétence d'organes spécifiques qui peuvent, si les conditions sont réunies, annuler la sentence. Le pouvoir de contrôle est confié à un Comité *ad hoc* composé de trois personnes nommées par le directeur du Conseil administratif du CIRDI et non pas au tribunal national de l'État hôte. Quant aux motifs d'annulation, ils sont exclusivement et limitativement énumérés[852] dans l'article 52 (1) de la

---

échéant, bénéficier de l'interdiction d'une exécution de la décision contre ses biens en France ».

847 V. *supra,* n° 34.

848 V. *supra,* n° 353.

849 A. Giardina, Clauses de stabilisation et clauses d'arbitrage : vers l'assouplissement de leur effet obligatoire ?, *in* Les États dans le contentieux économique international, Revue de l'arbitrage, Litec, Paris, 2003, pp. 647-666, spéc. pp. 658-666.

850 Article 54, alinéa premier de la Convention de Washington du 18 mars 1965.

851 C. Schreuer, L. Malintoppi, A. Reinisch et A. Sinclair, The ICSID Convention - A Commentary, 2ème édition, CUP, Cambridge, 2009, p. 1117.

852 Les griefs permettant de justifier l'annulation sont exhaustifs et exclusifs de tout autre motif d'annulation : V. dans ce sens, CIRDI, affaire *Impregilo S.p. A c. République d'Argentine*, ARB/07/17, décision du Comité *ad hoc* du 24 janvier 2014, § 118 :

convention CIRDI : « *(1) Chacune des parties peut demander, par écrit, au Secrétaire général l'annulation de la sentence pour l'un quelconque des motifs : (a) vice dans la constitution du Tribunal ; (b) excès de pouvoir manifeste du Tribunal ; (c) corruption d'un membre du Tribunal ; (d) inobservation grave d'une règle fondamentale de procédure ; (e) défaut de motifs* ».

635. On réalise du reste que la prééminence de l'autorité de la chose jugée des décisions arbitrales rendues sous les auspices du CIRDI est effective d'abord parce que la compétence en matière de contrôle des sentences selon la Convention de New York est du ressort des juridictions des États, alors que dans le cadre de la Convention CIRDI le pouvoir de contrôle est confié à un Comité *ad hoc*. En outre, les statistiques certifient clairement qu'il n'existe aucun risque quant à la stabilité des sentences rendues dans le cadre CIRDI[853]. Depuis 2011, deux cent deux sentences ont été prononcées, dont cinquante ont fait l'objet d'une procédure d'annulation[854]. Seuls cinq ont abouti à une annulation totale ou partielle et dix-huit d'entre elles ont pris fin en raison du désistement des parties ou pour défaut de paiement[855].

636. Du point de vue pratique, la prééminence de l'autorité de la chose jugée d'une décision rendue par une instance délocalisée contre celle rendue

« *Article 53 sets out the fundamental features of an arbitration award, reiterating the well-established doctrine of finality in arbitration and the binding effect of the awards on the parties. The only recourse against the award available to the parties is limited to what is set out in Article 52 of the ICSID Convention. No appeal is allowed by said Article, which indicates clearly that an Annulment Committee should not review the merits. This approach is rightly accepted by both parties here. Given this framework, this Committee concludes that in balancing these principles and interests, annulment is an exceptional recourse that should respect the finality of the award. Thus, the grounds for annulment should be interpreted as being exhaustive and restrictive. This conclusion is consistent with those of various committees which have asserted repeatedly that the role of an Annulment Committee is restricted to assessing the legitimacy of the award, to examining the integrity of the proceedings, and not to correct the award. The Committee agrees with the following statements of Professor Aron Broches : "Annulment is an essential but exceptional remedy. It is well understood that the grounds listed in Article 52 (1) are the only grounds on which an award may be annulled [...] After these determinations have been made on the basis of objective legal analysis, the ad hoc committees may be faced with the delicate final task of weighing the conflicting claims of finality of the award, on the one hand and, on the other, of protection of parties against procedural injustice, as defined in the five subparagraphs of Article 52 (1). This requires that an ad hoc committee be able to exercise a measure of discretion in ruling on applications for annulment"* ».

853 CIRDI, Affaires du CIRDI - Statistiques, n° 2018/1, p. 18.

854 *Ibid.*

855 *Ibid.*

par une juridiction étatique a été consacrée dans la sentence *Repsol YPF Ecuador S.A. contre Empresa Estatal Petróleos del Ecuador* précitée[856].

637. Du point de vue théorique, le principe de l'effet négatif de la compétence arbitrale permet d'envisager cette prééminence, l'État déclarant de façon préalable l'incompétence de ses propres organismes judiciaires en matière d'investissements étrangers du seul fait de l'expression de son consentement à l'arbitrage.

[856] V. *supra,* n° 617.

CONCLUSION DU CHAPITRE 2

638. Afin de faire obstacle à l'arbitrage transnational unilatéral, divers procédés pourraient être avancés par la partie étatique. Quelques-uns, régis essentiellement par le droit des traités, ont été déterminés : il s'agit principalement des principes de l'épuisement des voies de recours nationales, du principe *electa una via,* et de l'autorité de la chose jugée. L'existence même de ces procédés de défense affirme indirectement le phénomène de conflit de juridictions, de procédures parallèles et de décisions.

639. En vue de remédier à ces obstacles, et comme une solution aux problèmes liés à la multiplicité des procédures et à l'existence de procédures parallèles, le principe de l'effet négatif de la compétence arbitrale semble introduire un moyen assez efficace.

640. Quant au conflit d'autorité de la chose jugée entre un jugement interne et une sentence arbitrale internationale, il s'avère que les tribunaux arbitraux ne sont pas liés par le jugement que rend la juridiction nationale de l'État hôte. Une telle solution se justifie non seulement par l'application du principe compétence-compétence en vertu duquel les arbitres se qualifient comme maîtres de leur propre compétence, mais aussi par la « manipulation » de ces derniers du fondement de l'action. Ainsi, pour se déclarer compétent le tribunal arbitral n'a qu'à affirmer que le fondement de l'action est distinct de celui établissant la compétence des organismes étatiques. De façon générale, les arbitres ont tendance à limiter la portée du principe de l'autorité de la chose jugée et sont réticents à considérer que ce dernier limiterait leur compétence exclusive en matière d'investissements étrangers. Dans cette perspective, le prononcé d'un jugement interne ne semble plus constituer un réel obstacle à la compétence arbitrale pour une même affaire.

641. En conséquence, on peut constater que l'État hôte ne peut pas se prévaloir du principe du droit romain *res judicata pro veritate habetur* afin d'échapper à ses obligations internationales et notamment à son obligation de reconnaître et exécuter systématiquement les décisions arbitrales internationales.

CONCLUSION DU TITRE II

642. La compétence générale ne semble pas suffire à elle seule à bâtir une compétence arbitrale qui parvient à gouverner sans entraves et à se prévaloir sur toute autre compétence juridictionnelle, encore faut-il qu'une compétence exclusive s'y joigne pour consolider et étayer la prédominance juridictionnelle transnationale.

643. Deux obstacles pourront néanmoins faire face à la compétence exclusive des instances dénationalisées chargées de se prononcer en matière d'investissements transnationaux. Il s'agit, en premier lieu, du chaos procédural qui caractérise le contentieux des investissements étrangers, compte tenu du pullulement des procédures parallèles et de la multiplication des conflits de juridictions qui sont désormais un phénomène réel. Il s'agit, en second lieu, des moyens avancés par les États défendeurs avant et après le prononcé d'un jugement définitif dans l'ordre interne en vue d'obstruer la compétence arbitrale exclusive.

644. Forgé essentiellement par la pratique conventionnelle, le principe de la compétence arbitrale négative semble constituer le pilier de la compétence arbitrale qui confère aux instances juridictionnelles dénationalisées la capacité exclusive de statuer sur les litiges transnationaux. En outre, la philosophie de ce principe est surprenante : il ne se contente pas de procurer une solution au pullulement des procédures parallèles, mais aussi d'apporter un remède aux prétentions juridiques qu'invoquent les États afin de paralyser la compétence arbitrale.

CONCLUSION DE LA DEUXIÈME PARTIE

645. On pourrait estimer en conclusion que lorsqu'ils sont à l'origine des procédures introduites devant les tribunaux arbitraux délocalisés, les traités internationaux d'investissement opèrent un impact considérable sur l'ensemble du contentieux économique transnational. En effet, friands de compétence, les arbitres se sont généralement prêtés à une interprétation large de leur propre compétence en dépit du mécontentement éprouvé par les États.

646. Une telle œuvre, du reste, est justifiée principalement par des procédés divers : l'interprétation large de la clause de règlement des différends ; l'effet des clauses parapluie ; le rôle de la clause de la nation la plus favorisée.

647. Outre ce caractère général que revêt la compétence, s'ajoute, on le rappelle, un autre qui est celui de son exclusivité. Assurément, c'est grâce à ce principe de compétence exclusive que le chaos procédural, tel qu'on l'a déjà signalé, s'avère être neutralisé et que les exceptions de compétence excipées par les États défendeurs sont rejetées en faveur d'une compétence arbitrale exclusive.

648. Ainsi, la compétence juridictionnelle des tribunaux dénationalisés statuant sur les différends relatifs aux investissements étrangers s'avère être définitivement établie et revêt un caractère foncièrement imparable.

CONCLUSION GÉNÉRALE

649. En définitive, l'objectif de cette thèse était d'exposer l'ultime dominance du droit international et de l'arbitrage transnational en droit des investissements étrangers. En dépit de certaines difficultés dues en partie à l'absence d'uniformité au sein de la jurisprudence et de la doctrine, le phénomène de la prééminence du droit international de fond[857] et de l'arbitrage transnational[858] en droit des investissements étrangers est, somme toute, certain. Les développements avancés ont permis de faire apparaître manifestement l'impuissance quasi totale des juges et lois internes à influencer la matière des investissements transnationaux.

650. Cependant, cette prééminence, souvent interprétée et mise en œuvre par les arbitres de manière à faire pencher la balance plutôt en faveur des investisseurs, a donné naissance à une exploitation du système, laquelle, de ce fait, a conduit à une déviation qui fut l'objet d'acerbes critiques.

Très récemment, un mouvement hostile a affecté le droit des investissements transnationaux, allant même jusqu'à s'interroger sur la survie de cette discipline[859], ce droit s'avérant être pour certains comme infondé. En effet, la pratique arbitrale transnationale a montré que le droit des investissements étrangers, fondé principalement sur le droit des traités, donnait lieu à un paysage où sont favorisés les droits des opérateurs transnationaux au détriment des droits des pays fournisseurs. Ce paysage se manifeste tant sur le plan substantiel que procédural.

651. Sur le plan substantiel, et plus spécifiquement en ce qui concerne les règles applicables au fond du litige, les reproches ont ciblé les conventions bilatérales d'investissement qui constituent la raison principale du déséquilibre au profit des investisseurs étrangers, du fait qu'elles accordent à ces derniers des droits sans leur imposer d'obligations[860]. En tout cas, selon

---

[857] V. *supra*, n°s 55 et s.

[858] V. *supra*, n°s 352 et s.

[859] V. par exemple, P. Griffin et G. Petrochilos, Will Treaty Arbitration Survive ?, Débat du 15 novembre 2013, GAR, 20 février 2014 ; V. également, Protection des investissements et règlement des différends entre investisseurs et États dans les accords de l'UE, Fiche d'information publiée en novembre 2013, pp. 1-12. Texte intégral accessible via : [http://trade.ec.europa.eu/doclib/docs/2013/december/tradoc_152016.pdf].

[860] Il semble que l'opinion autrefois soutenue par le Professeur Weil selon laquelle *« l'application du droit international constitue un facteur d'équilibre »* (Avant-propos de l'ouvrage de L. Lankarani El-Zein, Les contrats d'État à l'épreuve du droit

ces reproches, le droit des investissements étrangers a été conçu notamment en vue de garantir les droits des investisseurs.

652. En effet, comme le constate le Professeur Patrick Juillard, cette discipline discordante ne peut être appréhendée que comme une discipline partiale, inéquitable et inégalitaire, *« les instruments qui protègent les investisseurs contre les mesures que pourraient prendre les pays en développement étant plus nombreux que les instruments qui protègent les pays en développement contre le comportement ou les agissements des investisseurs »*[861]. Il estime par la suite que : *« le déséquilibre fondamental est dans le fait que ces conventions bilatérales sont des conventions par essence inégalitaires : elles ne placent pas l'investisseur et l'État sur le même pied »*[862]. Le Professeur Philippe Fouchard se prononce dans le même sens en signalant que les intérêts des États hôtes sont désormais relégués au second plan : *« c'est l'État qui est maintenant en position d'infériorité dans le contentieux économique transnational. Au nom de la liberté et de la protection de l'investissement international, le balancier est passé de l'autre côté »*[863].

653. Par ailleurs, sur le plan politique, certains députés américains ont invoqué le principe de la souveraineté étatique comme argument contre le régime juridique des investissements internationaux[864]. Ainsi, en raison de

---

international, Bruylant, Bruxelles, 2001, p. XVIII) s'avère aujourd'hui inadaptée dès lors que l'application des normes du droit international a inopportunément mené à une exploitation du système pour favoriser essentiellement le monde des affaires. V. *infra,* n°s 67 et s.

861 P. Juillard, L'évolution des sources du droit des investissements, RCADI, t. 250, 1994, pp. 18-216, spéc. p. 75.

862 B. Audit, G. Burdeau P.-M. Dupuy, P. Juillard, P. Kahn et P. Mayer, Table ronde : Le système actuel est-il déséquilibré en faveur de l'investisseur privé étranger et au détriment de l'État d'accueil ? *in* Ch. Leben, Le contentieux arbitral transnational relatif à l'investissement - Nouveaux développements, Anthemis, Louvain-la Neuve, 2004, pp. 185-202, spéc. p. 191.

863 Ph. Fouchard, L'arbitrage et la mondialisation de l'économie, *in* G. Farjat, Philosophie du droit et droit économique : Quel dialogue ? Mélanges en l'honneur de Gérard Farjat, Frison-Roche, Paris, 1999, p. 393, reproduit *in* Ph. Fouchard, Écrits : droit de l'arbitrage, droit du commerce international, Comité français de l'arbitrage, 2007, pp. 481-482. V. dans le même sens, C.-N. Brower et S.-W. Schill, Is Arbitration a Threat or a Boom to the Legitimacy of International Investment Law ?, Chicago Journal of International Law, vol. 9, n° 2, 2008, pp. 471-498, spéc. p. 474 : *« The perceived unevenness created by a regime that protects property, investment, and foreign investors without sufficient regard to other non-investment-related interests of host states »* ; V. également, L.-N.-S. Poulsen, Bounded Rationality and Economic Diplomacy : The Politics of Investment Treaties in Developing Countries, CUP, Cambridge, 2015.

864 V. dans ce sens, R.-L. Wellhausen, The Shield of Nationality : When Governments Break Contracts with Foreign Firms, CUP, Cambridge, 2015 ; V. également, L.-N.-S. Poulsen, Bounded Rationality and Economic Diplomacy : The Politics of Investment Treaties in Developing Countries, CUP, Cambridge, 2015.

certains conflits mettant en cause les intérêts étatiques dans le cadre de l'ALENA[865], ces députés relèvent le caractère alarmant de l'atteinte à la souveraineté nationale lors de la session du Congrès du 5 août 1999 : *« We must stand together to protect the sovereignty of American laws. We should not allow American taxpayer dollars pay American lawyers to help a foreign corporation fight American state laws in court. Support this important amendment ! »*[866]. Ils ont en effet estimé que le régime juridique actuel des investissements étrangers s'avère être inadapté au concept de souveraineté des États et empêche par conséquent les personnes morales de droit public de prendre des mesures d'intérêt général dans un environnement juridique asymétrique, insoutenable et manquant de légitimité[867].

654. Du reste, ces objections n'auraient pas pu prendre du poids sans l'apport des débats critiques survenus publiquement en la matière. Ainsi, selon la fiche d'information publiée en novembre 2013[868] relative à la protection des investissements et règlement des différends entre investisseurs et États dans les accords de l'UE, d'aucuns pensent que les normes matérielles actuelles en matière d'investissement ont fait l'objet d'un usage abusif, empêchant, dans la majorité des cas, les États hôtes de réglementer dans un but d'intérêt

---

[865] Il serait intéressant d'invoquer l'affaire relative aux États-Unis qui jouissent d'une vaste puissance de négociation des accords en la matière : CIRDI, affaire *The Loewen Group, Inc. & Raymond L. Loewen c. États-Unis d'Amérique*, ARB(AF)/98/3, sentence finale du 26 juin 2003, § 169-171, telle que traduite *in* E. Gaillard, La jurisprudence du CIRDI, Pedone, Paris, 2004, pp. 775-792.

[866] Congressional Record H7367-02, 5 août 1999, pp. 1-18, spéc. p. 2. Texte intégral accessible via : [https://www.congress.gov/crec/1999/08/05/CREC-1999-08-05-pt2-PgH7367-2.pdf].

[867] V. dans ce sens, S. Bonomo, Les traités bilatéraux relatifs aux investissements : entre protection des investissements et sauvegarde de la souveraineté des États, Thèse, Aix-Marseille 3, 2009 (sous la direction de Jacques Mestre et Sébastien Manciaux), p. 261 : *« Force a été de constater en premier lieu que les États ayant choisi de se lier par ce type d'instrument ont vu l'exercice de leurs prérogatives souveraines être dilué par les règles contenues dans ces traités. Outre le fait que ces dernières aient pu étioler la dimension législative ou juridictionnelle de l'État récepteur, l'un des aspects les plus outrageux de l'atteinte réside dans le fait qu'à de nombreuses reprises, la jurisprudence a favorisé la protection des opérateurs privés aux dépens de l'intérêt général. [...] Ainsi, il est ressorti de l'étude d'affaires rendues sur le fondement d'accords bilatéraux relativement anciens, le fait que certains énoncés conventionnels pouvaient être de nature à porter atteinte à leurs prérogatives souveraines et cela même dans des domaines ayant trait à la politique économique ou au bien-être de la population »* ; N. Rubins, Les pays exportateurs de capitaux comme défendeurs dans l'arbitrage relatif à l'investissement : l'affaire Loewen c. États-Unis *in* Ch. Leben, Le contentieux arbitral transnational relatif à l'investissement - Nouveaux développements, Anthemis, Louvain-la-Neuve, 2006, pp. 237-280, spéc. p. 243.

[868] V. Protection des investissements et règlement des différends entre investisseurs et États dans les accords de l'UE, Fiche d'information publiée en novembre 2013, pp. 1-12. Texte intégral accessible via : [http://trade.ec.europa.eu/doclib/docs/2013/december/tradoc_152016.pdf].

général, et faisant généralement pencher la balance en faveur de la protection des investissements étrangers. Contrairement aux règles de protection des investissements incluses dans les accords commerciaux, *« certaines dispositions clés en matière de protection des investissements ne sont pas claires [...]. Par exemple, de nombreux accords d'investissement en vigueur ne précisent pas la portée ni le sens exact de normes essentielles, telles que « l'expropriation indirecte » ou « le traitement juste et équitable » [...] »*[869].

655. Dans son article publié récemment[870], Georges Kahale critique vivement le fond de la matière. Selon lui, *« most of us intuitively sense that the drafters of these 3,000 treaties had little or no idea that fair and equitable treatment meant anything other than the minimum standard of treatment under customary international law »*[871]. En effet, les États-Unis, le Canada et le Mexique avaient été déconcertés par l'interprétation extensive des normes du traitement juste et équitable opérée par certains tribunaux, ce qui a conduit lesdits États à modifier ces normes dans l'ALENA. Quant à la clause de la nation la plus favorisée, Georges Kahale la décrit de *« magic wand »* qui engendre de nouvelles protections *« never imagined for virtually an entire world of investors »*[872].

656. Étant donné que les reproches se sont concentrés essentiellement sur les conventions bilatérales d'investissement, certains États ont entrepris de modifier leurs traités bilatéraux d'investissement afin d'y inclure des réserves qui, tout en garantissant les investissements étrangers, visent à indiquer clairement que le droit des États hôtes à réglementer est préservé[873]. D'autres modifications ont prévu d'introduire un chapitre entier relatif aux obligations des investisseurs[874]. Certains États, estimant que ces modifications demeurent

---

[869] *Ibid.*, pp. 7-8.

[870] G. Kahale, Kahale Calls for Overhaul of BIT System, GAR, 11 avril 2014.

[871] *Ibid.*, p. 2.

[872] *Ibid.*, Georges Kahale ajoute que cette norme est une *« dangerous provision to be avoided by treaty drafters whenever possible »*.

[873] CNUCED, World Investment Report 2017, Investment and the Digital Economy, Publications des Nations Unies, 2017, Genève, p. 119 : *« Most of today's new IIAs include sustainable development-oriented reform elements that preserve the right to regulate, while maintaining investor protection, foster responsible investment and improve investment dispute settlement. [...] A review of 18 IIAs concluded in 2016 for which texts are available (15 BITs and three TIPs) shows that most of them include provisions safeguarding the right to regulate for sustainable development objectives »*.

[874] Le nouveau modèle indien qui oblige les investisseurs étrangers à se conformer à la législation nationale et plus spécifiquement aux normes de responsabilité sociale des entreprises est un exemple important. V. dans ce sens, CNUCED, World Investment Report 2016, Investor Nationality : Policy Challenges, Publications des Nations Unies, 2016, Genève, p. 110 ; J. Hepburn et R. Kabra, India's New Model Investment Treaty : Fit for Purpose ?, Indian Law Review, 2017 ; V. également, P. Ranjan et P. Anand, The

insuffisantes, s'en sont même allés jusqu'à dénoncer les traités de protection des investissements de façon à s'affranchir des obligations de fond et du recours à l'arbitrage transnational unilatéral. C'est ainsi que la République du Venezuela a dénoncé son traité bilatéral d'investissement conclu avec le Royaume des Pays-Bas en 2008. En 2016, l'Indonésie met fin à neuf traités bilatéraux d'investissements avec la Bulgarie, l'Égypte, la Chine, l'Italie, la France, le Laos, la Malaisie, les Pays-Bas et la Slovaquie en annonçant de même la dénonciation additionnelle d'au moins onze traités d'investissement[875]. Dans un même mouvement, compte tenu des trois affaires soumises à l'arbitrage en 2015[876], l'Italie se retire du Traité sur la Charte de l'Énergie le 1er janvier 2016[877]. Plus récemment, en 2017, la République de l'Équateur met fin à ses 16 conventions bilatérales d'investissement restantes, après avoir dénoncé neuf en 2008 et une en 2010[878]. Cette position semble se rallier à celle de la Cour Constitutionnelle équatorienne qui a estimé que les normes de plusieurs conventions bilatérales d'investissement étaient

---

2016 Model Indian Bilateral Investment Treaty : A Critical Deconstruction, Northwestern Journal of International Law & Business, vol. 38, 2017, pp. 1-54

[875] Il s'agit des traités déjà conclus avec l'Espagne, le Cambodge, l'Inde, la Roumanie, la Turquie, le Vietnam, la Hongrie, le Singapour, le Pakistan, la Suisse et le Kirghizistan. V. L. Peterson, Indonesia Ramps up Termination of BITs, IA Reporter, 20 novembre 2015 ; J.-P. Gaffney et J.-L. Loftis, The Termination of Indonesia's BITs : Changing the Bathwater, But Keeping the Baby ?, The Journal of World Investment & Trade, vol. 18, nos 5-6, 2017, pp. 836-857.

[876] CIRDI, affaire *Belenergia S.A. c. Italie*, ARB/15/40 ; CIRDI, affaire *Eskosol S.p.A. in liquidazione c. Italie*, ARB/15/50 ; SCC, affaire *Greentech Energy Systems and Novenergia c. Italie*, *in* IIA Issues Note, n° 2, juin 2016, pp. 1-51, spéc. p. 8.

[877] CNUCED, World Investment Report 2016, Investor Nationality : Policy Challenges, Publications des Nations Unies, 2016, Genève p. 103.

[878] V. Nouvelles en bref, Investment Treaty News, n° 2, vol. 8, 2017, p. 18 : « *Le président équatorien Rafael Correa a officialisé, le 16 mai 2017, le retrait de l'Équateur des traités bilatéraux d'investissement (TBI) conclus avec 16 pays : Allemagne, Argentine, Bolivie, Canada, Chili, Chine, Espagne, États-Unis, France, Italie, Pays-Bas, Pérou, Royaume-Uni, Suède, Suisse et Venezuela L'Équateur avait déjà dénoncé neuf TBI en 2008 (avec Cuba, El Salvador, le Honduras, le Nicaragua, le Paraguay, la République dominicaine, la Roumanie et l'Uruguay) et un en 2010 (avec la Finlande). Ces nouvelles dénonciations complètent le processus de retrait de l'Équateur de l'ensemble de ses TBI. [...]. Les récentes dénonciations suivent la recommandation de la CAITISA, une commission d'audit composée d'agents de l'État, d'universitaires, de juristes et de groupes de la société civile qui ont examiné les TBI de l'Équateur entre 2013 et 2015 [...]. Selon la présidente de la CAITISA Cecilia Olivet, « le processus d'audit a révélé que ces traités, en plus de n'avoir ni attiré des investissements supplémentaires ni fait avancer le plan de développement du pays, avaient également dévié des millions de dollars de fonds publics en frais de défense à cause de poursuites judiciaires coûteuses ». « Nous espérons que les gouvernements tireront les enseignements de l'exemple de l'Équateur et se pencheront sur leurs accords d'investissement pour établir s'ils sont réellement bénéfiques à leurs citoyens », a-t-elle ajouté* ».

contraires à la Constitution[879]. Toutes ces démarches semblent manifester une réaction soutenue dans le but d'un rééquilibrage souhaité au sein du régime international des investissements. Ainsi, au fur et à mesure que les États s'orientent vers la dénonciation des traités relatifs aux investissements, on s'inquiète des contrecoups éventuels que pourrait subir le régime international de l'investissement[880].

657. Sur le plan procédural, et plus spécifiquement pour ce qui a trait au mode de règlement des différends, le rejet du régime des investissements a été principalement alimenté par les reproches adressés à l'encontre du CIRDI, selon lesquels les tribunaux œuvrant sous ses auspices penchaient à favoriser outre mesure les droits des personnes privées étrangères, comme cela a été souligné dans l'affaire qui opposait la compagnie El Paso à la République d'Argentine : *« the investors will not use appropriate restraint - and why should they ? - if the ICSID tribunals offer them unexpected remedies. The responsibility for showing appropriate restraint rests in the hands of the ICSID tribunals »*[881].

658. La principale accusation que l'on réserve le plus souvent au procédé d'arbitrage en matière d'investissement réside notamment dans le fait que les arbitres pourraient constater la responsabilité des États en raison d'actes que ces derniers entreprendraient dans un but d'intérêt public. Or, de tels actes liés à un besoin d'intérêt général ne sauraient être censurés et, par conséquent, engendrer des obligations financières à l'encontre des États qui auraient agi dans un objectif pareil[882].

659. La transparence constituant un aspect important de tout système juridique et plus spécifiquement de l'arbitrage dans le domaine des investissements, d'autres critiques se sont également concentrées sur le

---

[879] V. CNUCED, Denunciation of the ICSID Convention and BITs : Impact on Investor-State Claims, IIA Issues Note, n° 2, décembre 2010, pp. 1-11, spéc. p. 1, n. 3 : *« In 2008, Ecuador terminated nine BITs - with Cuba, the Dominican Republic, El Salvador, Guatemala, Honduras, Nicaragua, Paraguay, Romania and Uruguay. Other denounced BITs include those between El Salvador and Nicaragua, and the Netherlands and the Bolivarian Republic of Venezuela. In 2010, Ecuador's Constitutional Court declared arbitration provisions of six more BITs (China, Finland, Germany, the UK, Venezuela and United States) to be inconsistent with the country's Constitution. It is possible that Ecuador will take action to terminate these (and possibly other) BITs ».*

[880] V. not., C. Balchin, L.-K.-H. Chung, A. Kaushal et M. Waibel, The Backlash Against Investment Arbitration : Perceptions and Reality, Kluwer Law International, Alphen aan den Rijn, 2010, pp. 1-10.

[881] CIRDI, affaire *El Paso Energy International Company c. Argentine,* ARB/03/15, décision sur la compétence du 27 avril 2006, § 82.

[882] W. Waren, Paying to Regulate : A Guide to Methanex V. United States and NAFTA Investor Rights, Environmental Law Reporter, vol. 31, 2001, p. 10986.

caractère fluctuant et incohérent de la jurisprudence[883], sur le non-respect par les arbitres des obligations d'indépendance et d'impartialité[884], et sur l'absence d'une véritable procédure d'appel[885]. Du reste, un article publié dans

---

[883] L. Martin Hamidi, L'avenir du règlement des différends entre investisseurs étrangers et États dans les traités commerciaux internationaux, Revue Lamy droit des affaires, n° 141, octobre 2018, pp. 33-38, spéc. p. 34 ; W. Ben Hamida, Où va l'arbitrage d'investissement ?, *in* F. Osman et A.-C. Yildirim (dir.), Où va l'arbitrage international ? De la crise au renouveau, Journées d'études méditerranéennes en l'honneur du professeur Ali Bencheneb, Lexis Nexis, Istanbul, 2016, pp. 395-417, spéc. pp. 401-402 ; N. Bernasconi-Osterwalder, et D. Rosert, Investment treaty arbitration : Opportunities to reform arbitral rules and processes. The International Institute for Sustainable Development, Genève, 2014, accessible via : [http://www.iisd.org/sites/default/files/publications/investment_treaty_arbitration.pdf], pp. 1-21, spéc. pp. 15-16.

[884] *Ibid.*, pp. 12-15 ; V. dans le même sens, W. Ben Hamida, Où va l'arbitrage d'investissement ?, *in* F. Osman et A.-C. Yildirim (dir.), Où va l'arbitrage international ? De la crise au renouveau, Journées d'études méditerranéennes en l'honneur du professeur Ali Bencheneb, Lexis Nexis, Istanbul, 2016, pp. 395-417, spéc. p. 401 ; T. Schultz et C. Dupont, Investment Arbitration : Promoting the Rule of Law or Over-Empowering Investors ? A Quantitative Empirical Study, European Journal of International Law, vol. 25, n° 4, 2015, pp. 1147-1168 ; V. également, B.-A. Simmons, Bargaining over BITs, Arbitrating Awards : The Regime for Protection and Promotion of International Investment, World Politics, vol. 66, n° 1, 2014, pp. 12-46 ; V. également, Protection des investissements et règlement des différends entre investisseurs et États dans les accords de l'UE, Fiche d'information publiée en novembre 2013, pp. 1-12, spéc. pp. 10-11. Texte intégral accessible via : [http://trade.ec.europa.eu/doclib/docs/2013/december/tradoc_152016.pdf].

[885] Même si la sentence arbitrale pourrait faire l'objet d'un recours en annulation devant le Comité *ad hoc,* ce mécanisme n'est pratiquement doté d'aucune pertinence. V. *supra* n° 353 ; V. également, L. Martin Hamidi, L'avenir du règlement des différends entre investisseurs étrangers et États dans les traités commerciaux internationaux, Revue Lamy droit des affaires, n° 141, octobre 2018, pp. 33-38, spéc. p. 34 ; E. Sardinha, The Impetus for the Creation of an Appellate Mechanism, ICSID Review - FILJ, vol. 32, n° 3, 2017, pp. 503-527 ; M. Feldman, Investment Arbitration Appellate Mechanism Options : Consistency, Accuracy, and Balance of Power, ICSID Review - FILJ, vol. 32, n° 3, 2017, pp. 528-544 ; M. Huber et G. Tereposky, The WTO Appellate Body : Viability as a Model for an Investor-State Dispute Settlement Appellate Mechanism, ICSID Review - FILJ, vol. 32, n° 3, 2017, pp. 545-594 ; C. Brown, Supervision, Control, and Appellate Jurisdiction : The Experience of the International Court, ICSID Review - FILJ, vol. 32, n° 3, 2017, pp. 595-610 ; T. Schultz et C. Dupont, Investment Arbitration : Promoting the Rule of Law or Over-Empowering Investors ? A Quantitative Empirical Study, European Journal of International Law, vol. 25, n° 4, 2015, pp. 1147-1168 ; N. Bernasconi-Osterwalder, Repenser le règlement des différends en matière d'investissement, Investment Treaty News, n° 2, vol. 6, 2015, pp. 6-8, spéc. p. 7 ; B.-A. Simmons, Bargaining over BITs, Arbitrating Awards : The Regime for Protection and Promotion of International Investment, World Politics, vol. 66, n° 1, 2014, pp. 12-46 ; *contra* : A. De Nanteuil, Les mécanismes permanents de règlement des différends, une alternative crédible à l'arbitrage d'investissement ?, JDI, n° 1, 2017, pp. 55-80, spéc. p. 70 : *« L'introduction d'un appel contre les sentences constitue à la fois l'une des réformes les plus attendues du règlement des différends investisseurs-États en même temps que l'une des plus délicates à envisager sur le plan juridique. Dans les projets d'ICS, en particulier, plusieurs difficultés peuvent être relevées, plus particulièrement*

le journal Le Monde expose les effets inutiles et néfastes d'un tel mode de règlement des différends : « *Tout d'abord, le lien entre arbitrage d'investissement et développement économique n'a jamais été établi de manière probante. Un certain nombre de chercheurs semblent même avoir établi l'absence d'effet positif de l'arbitrage sur les flux d'investissement et partant, sur le développement économique. Par ailleurs, l'arbitrage d'investissement a fait l'objet de certaines dérives, qui menacent fortement sa légitimité. [...] En d'autres termes, un investisseur peut causer de manière unilatérale un tort considérable à un État en engageant un arbitrage à son encontre, du fait des effets négatifs que cette procédure aura sur la réputation de ce dernier. [...] Dans ces conditions, à quoi peut bien servir l'arbitrage d'investissement ? Ce mécanisme semble en effet n'avoir que des effets néfastes, et devoir être considéré comme une expérience ratée* »[886].

660. De surcroît, la conception même que le règlement des conflits publics soit confié à une « justice privée » a suscité de nombreuses objections.

---

au regard de la convention de Washington. Elles tiennent pour l'essentiel à ce que les tribunaux de première instance sont appelés à fonctionner, si les parties en sont d'accord, en application des règles du CIRDI (i.e. la convention de Washington et le règlement de procédure qui y est attaché). Or, en pareille hypothèse, le caractère obligatoire de la sentence et l'absence d'appel sont clairement affirmés par l'article 53 de la convention de 1965. Cette dimension est assortie d'une singularité notable, à travers l'article 54 aux termes duquel « [c]haque État contractant reconnaît toute sentence rendue dans le cadre de la présente Convention comme obligatoire et assure l'exécution sur son territoire des obligations pécuniaires que la sentence impose comme s'il s'agissait d'un jugement définitif d'un tribunal fonctionnant sur le territoire dudit État ». Seul un recours en annulation peut être envisagé contre les sentences rendues dans le cadre du CIRDI, ce qui est bien plus limité qu'un appel et relève d'une toute autre logique. Il semble donc qu'il y ait une contradiction entre le caractère obligatoire des sentences consacré aux articles 53 et 54 de la convention de Washington et la possibilité d'un appel qui peut conduire à la remise en cause de la décision qui en est l'objet et interdit aux États de traiter les sentences comme « un jugement définitif d'un tribunal » fonctionnant sur leurs territoires. Il existe donc une incompatibilité, ce qui revient à s'interroger sur la faisabilité de ce mécanisme. Pour surmonter cette contradiction, plusieurs arguments ont été avancés mais aucun ne convainc réellement » ; E. Gaillard, L'avenir des traités de protection des investissements, *in* Ch. Leben (dir.), Droit international des investissements et de l'arbitrage transnational, Pedone, Paris, 2015, pp. 1027-1047, spéc. p. 1037. Le Professeur Gaillard décrit le mécanisme d'appel comme un *« serpent de mer né du fantasme de l'incohérence de la jurisprudence arbitrale »* ce qui rendrait le recours à l'arbitrage *« [...] particulièrement onéreux et, de ce fait, inadapté aux besoins de petites et moyennes entreprises qui sont souvent celles qui n'ont pas eu la possibilité de négocier un régime de protection de leurs investissements adapté à leurs besoins »*.

[886] F. Grisel et T. Schultz, Arbitrage d'investissement : Corriger les modalités de fonctionnement pour éviter les abus, Le Monde, publié le 21 juillet 2015, mis à jour le 16 septembre 2016. Texte intégral accessible via : [http://www.lemonde.fr/idees/article/2015/07/21/arbitrage-d-investissement-corriger-les-modalites-de-fonctionnement-pour-eviter-les-abus_4692482_3232.html].

En effet, comme l'observe Julien Cazala la contestation la plus visible à l'encontre de l'arbitrage transnational est *« [...] celle portée par des mouvements altermondialistes et des citoyens inquiets de voir la justice nationale être dépossédée de certaines questions d'intérêt public. Il s'agit notamment de dénoncer le fait qu'une justice privée, présentée comme étant sans contrôle et partiale puisse contredire des choix souverains opérés par les États au cours de procédures dont les coûts seraient prohibitifs »*[887].

661. Par ailleurs, le fait que les opérateurs étrangers seuls disposent de la faculté d'initier la procédure d'arbitrage à la différence des États hôtes a été la cible de maints reproches. Ainsi, comme le relève à juste titre le Professeur Daniel Mainguy : *« [...] l'accès à l'arbitrage fondé sur les traités d'investissement est inégalitaire. Seul l'investisseur privé peut déclencher l'instance arbitrale. Il choisit le moment de l'affrontement et il a même le monopole de la saisine du tribunal arbitral. Si dans l'arbitrage traditionnel fondé sur une clause d'arbitrage, chaque partie peut avoir la double qualité de demandeur et défendeur, dans l'arbitrage unilatéral, il y a un demandeur exclusif, l'investisseur, et un défendeur exclusif qui est l'État. Encore plus, l'État qui ne respecte pas l'offre d'arbitrage inégalitaire engagera sa responsabilité internationale »*[888].

662. Ce mouvement de contestation à l'encontre du mécanisme d'arbitrage CIRDI qui semble montrer une plus grande propension à la défense des intérêts des investisseurs étrangers, a abouti à certaines modifications de ses règlements par le Conseil administratif. Ces modifications répondent à la nécessité de rendre la procédure plus transparente. Cependant, certains de ces amendements ont aussi fait l'objet de vives objections, notamment en ce qui concerne la faculté offerte aux tiers d'assister aux audiences[889] ou bien celles prévoyant d'accepter la participation d'*amicus curiae*[890].

---

[887] J. Cazala, La consécration de la doctrine des Police Powers de l'État dans le contentieux investisseur-État relatif à la lutte antitabac, Les Cahiers de l'arbitrage, n° 4, 2016, pp. 919-927, spéc. p. 919.

[888] Arbitrage et partie faible, Colloque du 9 mai 2016, par C. Duclercq, C. Jallamion, D. Mainguy, A. Ngwanza, W. Ben Hamida, P. Chavasse, M. De Fontmichel, M. Henry et G. Tattevin, JDI, n° 1, 2017, pp. 1-54, spéc. pp. 12-13 ; V. dans le même sens, W. Ben Hamida, L'arbitrage transnational unilatéral, Réflexions sur une procédure réservée à l'initiative d'une personne privée contre une personne publique, Thèse, Paris II, 2003 (sous la direction de Philippe Fouchard), pp. 1-26.

[889] V. dans ce sens D. Shelton, The Participation of Non-Governmental Organizations in International Judicial Proceedings, AJIL, vol. 88, n° 4, 1994, pp. 611-642.

[890] V. dans ce sens A. Wiik, Amicus Curiae Before International Courts and Tribunals, Nomos, Baden-Baden, 2017 ; D.-C. McLachlan, L. Shore et M. Weiniger, International Investment Arbitration : Substantive Principles, OUP, Oxford, 2007, pp. 57-60 ; K.-J. Vandevelde, Bilateral Investment Treaties : History, Policy, and Interpretation, OUP, Oxford, 2011, pp. 453-454.

663. Publié récemment, le pamphlet libellé « *Les profiteurs de l'injustice - Comment les cabinets juridiques, les arbitres et les financiers alimentent un boom de l'arbitrage d'investissement* », confirme toutes ces critiques et développe une opinion assez extrémiste à l'égard du régime international de l'investissement.

Ce rapport[891], publié par Corporate Europe Observatory et le Transnational Institute, souligne que l'arbitrage se présente à l'heure actuelle comme un champ fort prospère du droit international des investissements, se constituant d'acteurs très actifs dont la plupart cultivent de solides liens personnels et commerciaux avec les compagnies multinationales et effectuent un rôle de premier plan dans le monde académique en défendant vigoureusement le régime d'investissement international. En effet, ces acteurs cherchent non seulement de poursuivre à chaque occasion un gouvernement, mais mènent également une campagne inlassable contre toute réforme du régime d'investissement international.

Selon les constatations des auteurs de ce rapport, au lieu d'être neutres et impartiaux, les arbitres sont devenus les défenseurs d'un système qui privilégie les investisseurs étrangers aux dépens des droits des États[892]. Aussi ces arbitres ont-ils édifié une activité excessivement opulente, commandée par un nombre restreint et choisi d'avocats et de cabinets qui n'ont de vue que d'assurer leurs intérêts, ce qui mène à douter de leur intégrité. Ce rapport signale de surcroît que le secteur de l'arbitrage partage la responsabilité d'un

---

891 X. Les profiteurs de l'injustice, Comment les cabinets juridiques, les arbitres et les financiers alimentent un boom de l'arbitrage d'investissement, Corporate Europe Observatory - Transnational Institue, novembre 2012 ; V. également, A. Homolova, E. Schram et F. Mulder, Les hommes derrière l'ISDS et leur vision du monde, Multinationales.org, publié le 14 mars 2016, traduit de l'anglais par O. Petitjean. Texte intégral accessible via : [http://multinationales.org/Les-hommes-derriere-l-ISDS-et-leur-vision-du-monde].

892 X. Les profiteurs de l'injustice, Comment les cabinets juridiques, les arbitres et les financiers alimentent un boom de l'arbitrage d'investissement, Corporate Europe Observatory - Transnational Institue, novembre 2012 ; V. également, P. Muchlinski, Corporate Social Responsibility, *in* P. Muchlinski, F. Ortino et C. Schreuer, The Oxford Handbook of International Investment Law, OUP, Oxford, 2008, pp. 637-687, spéc. p. 683 : « *There is a real danger that arbitral tribunals, seeing themselves bound by the limits of the treaties upon which their jurisdiction is based, will feel understandably compelled to give a very narrow interpretation of the nature and scope of the IIA obligations to the exclusion of interests other than those of the investor as an alleged victim of regulatory malpractice. If they do not offer a creative interpretation of IIA obligations, which allows for the balancing of investor expectations with those of the wider society in which they operate and which, as argued above, must act as a formative influence of investor expectations, then arbitral tribunals risk being perceived as upholding an increasingly unjust and biased system of existing pro-investor BITs and other IIAs* ».

régime d'investissement international qui n'est ni juste ni indépendant, mais profondément vicié et favorable au monde des affaires[893].

664. Ces observations ont été reprises par Georges Kahale dans son article précité où il considère que les arbitres transnationaux ne disposent pas de formation suffisante en droit international et semblent avoir d'autres intérêts qui ne sont pas nécessairement conformes à leur fonction d'arbitres[894]. L'auteur ajoute que le profil professionnel des arbitres pourrait influencer leurs décisions en précisant que : *« in that environment, arbitrators are actually encouraged to trade points as if they are bargaining in a Turkish bazaar, acting more like party representatives negotiating a settlement than arbitrators deciding a momentous legal controversy »*[895].

665. Dans la même optique, Georges Abi Saab, arbitre dans l'affaire *ConocoPhillips Company et autres contre République bolivarienne du Venezuela*, s'exprime ainsi : *« I don't think that any self-respecting Tribunal that takes seriously its overriding legal and moral task of seeking the truth and dispensing justice according to law on that basis, can pass over such evidence, close its blinkers and proceed to build on its now severely contestable findings, ignoring the existence and the relevance of such glaring evidence. It would be shutting itself off by an epistemic closure into a subjective make-believe world of its creation; a virtual reality in order to fend off probable objective reality ; a legal comedy of errors on the theatre of the absurd, not to say travesty of justice, that makes mockery not only of ICSID arbitration but of the very idea of adjudication »*[896].

666. Ces critiques ne demeurent pas sans conséquence. L'Union européenne en a été particulièrement sensible. Très récemment, l'arbitrage intra-européen en matière d'investissement a été condamné par l'arrêt *Achmea* rendu le 6 mars 2018 par la Cour de justice de l'Union européenne[897]. En l'espèce, la Cour de Karlsruhe, compétente pour se prononcer sur le recours en annulation dirigé contre la sentence rendue par le tribunal arbitral statuant dans l'affaire *Achmea contre République*

---

893 X. Les profiteurs de l'injustice, Comment les cabinets juridiques, les arbitres et les financiers alimentent un boom de l'arbitrage d'investissement, Corporate Europe Observatory - Transnational Institue, novembre 2012.

894 G. Kahale, Kahale Calls for Overhaul of BIT System, GAR, 11 avril 2014.

895 *Ibid*, p. 2

896 CIRDI, affaire *ConocoPhillips Company et al c. République bolivarienne du Venezuela,* ARB/07/30, opinion dissidente du 10 mars 2014, § 66-67.

897 CJUE, affaire *République slovaque contre Achmea B. V.*, n° C-284/16, arrêt de la Cour du 6 mars 2018.

slovaque[898], saisit la Cour de justice de l'Union européenne d'un renvoi préjudiciel. Dans cette affaire, les arbitres ont estimé qu'il était question d'une violation de la convention bilatérale d'investissement conclue entre la République fédérale tchèque et slovaque et les Pays-Bas et ont ordonné, par conséquent, de verser à la société néerlandaise Achmea, des indemnités d'environ 22 millions d'euros. La Cour de justice de l'Union européenne devait se prononcer sur la compatibilité du recours à l'arbitrage intra-européen en matière d'investissement avec le droit de l'Union, et plus particulièrement avec les articles 267 et 344 du TFUE[899]. Dans son arrêt, la Cour considère en premier lieu que, « *conformément à l'article 8, paragraphe 6, du TBI* »[900], il faut « *tenir compte notamment du droit en vigueur de la partie contractante concernée ainsi que de tout accord pertinent entre les parties contractantes* »[901]. Et la Cour de poursuivre : « *Or, compte tenu de la nature et des caractéristiques du droit de l'Union mentionnées [...], ce droit doit être considéré à la fois comme faisant partie du droit en vigueur dans tout État membre et comme étant issu d'un accord international entre les États membres* »[902]. Ainsi, selon le raisonnement de la Cour, l'organe arbitral pourrait être mené à interpréter, et même à appliquer le droit de l'Union européenne. Cela étant, la Cour estime que l'organe arbitral en cause « *ne saurait être considéré comme étant une « juridiction d'un des États membres », au sens de l'article 267 TFUE, et n'est dès lors pas habilité à saisir la Cour à titre préjudiciel* »[903]. À la lumière de ce raisonnement, la Cour précise

---

[898] CNUDCI, affaire *Achmea B. V. c. République slovaque*, sentence du 7 décembre 2012.

[899] V. le TFUE dans son article 267 qui dispose que : « *la Cour de justice de l'Union européenne est compétente pour statuer, à titre préjudiciel : a) sur l'interprétation des traités, b) sur la validité et l'interprétation des actes pris par les institutions, organes ou organismes de l'Union. Lorsqu'une telle question est soulevée devant une juridiction d'un des États membres, cette juridiction peut, si elle estime qu'une décision sur ce point est nécessaire pour rendre son jugement, demander à la Cour de statuer sur cette question. Lorsqu'une telle question est soulevée dans une affaire pendante devant une juridiction nationale dont les décisions ne sont pas susceptibles d'un recours juridictionnel de droit interne, cette juridiction est tenue de saisir la Cour. Si une telle question est soulevée dans une affaire pendante devant une juridiction nationale concernant une personne détenue, la Cour statue dans les plus brefs délais* » ; V. aussi l'article 344 du même traité qui prévoit que : « *les États membres s'engagent à ne pas soumettre un différend relatif à l'interprétation ou à l'application des traités à un mode de règlement autre que ceux prévus par ceux-ci* ». Pour un exposé plus détaillé des faits relatif à cette affaire, V. H. Guyader, La fin de l'arbitrage d'investissement intra-européen ?, Revue Lamy droit des affaires, n° 141, octobre 2018, pp. 29-32, spéc. pp. 29-30.

[900] CJUE, affaire *République slovaque contre Achmea B. V.*, no C-284/16, arrêt de la Cour du 6 mars 2018, § 40.

[901] *Ibid.*

[902] *Ibid., §* 41.

[903] *Ibid., §* 49.

par la suite que, *« par la conclusion du TBI, les États membres parties à celui-ci ont instauré un mécanisme de résolution de litiges opposant un investisseur à un État membre susceptible d'exclure que ces litiges, alors même qu'ils pourraient concerner l'interprétation ou l'application du droit de l'Union, soient tranchés d'une manière garantissant la pleine efficacité de ce droit »*[904]. Dans ce contexte, la Cour conclut que les conventions bilatérales d'investissement intra-européennes seraient en mesure de constituer un danger à l'encontre de l'autonomie du régime juridique de l'Union européenne. En d'autres termes, la sauvegarde du droit de l'Union ne saurait être garantie que si la Cour elle-même puisse maintenir un pouvoir exclusif relativement à l'interprétation et à l'application de ce dernier. En façonnant le principe d'autonomie de l'ordre juridique européen au travers de sa décision, la Cour de Luxembourg, gardienne de l'identité constitutionnelle de l'Union, semble ainsi peu intéressée au maintien de l'arbitrage d'investissement au sein de l'Union européenne[905].

Au niveau international, les critiques à l'encontre de l'arbitrage transnational s'en sont allées même jusqu'à la dénonciation de la Convention de Washington par certains pays[906]. La République de Bolivie a été la première à dénoncer la Convention en 2007[907]. Ce mouvement de dénonciation dont a fait preuve la Bolivie à l'égard des mécanismes transnationaux de règlement des différends a été suivi par la République de l'Équateur en 2010[908], et puis par le Venezuela en 2012[909]. Un autre mouvement de rejet a été observé par certains pays d'Amérique latine qui ont lancé un projet d'instauration d'un

---

904 *Ibid.*, *§* 56.

905 V. dans ce sens, H. Guyader, La fin de l'arbitrage d'investissement intra-européen ?, Revue Lamy droit des affaires, n° 141, octobre 2018, pp. 29-32, spéc. p. 29 : *« la cour conclut qu'il existe une incompatibilité entre [les articles 267 et 344 du TFUE] et l'existence d'un mécanisme d'arbitrage prévu à l'article 8 du TBI concerné. Ce faisant, elle semble remettre en cause l'existence de procédures d'arbitrage au sein de l'Union »*.

906 V. par exemple, E. Gaillard, The Denunciation of the ICSID Convention, New York Law Journal, vol. 26, 2007, pp. 1-3 ; CNUCED, Denunciation of the ICSID Convention and BITs : Impact on Investor-State Claims, IIA Issues Note, n° 2, décembre 2010, pp. 1-11.

907 La Bolivie a dénoncé la Convention le 2 mai 2007 dont l'exécution est rendue effective en novembre 2007. V. CNUCED, World Investment Report 2007, Towards a New Generation of Investment Policies, Publications des Nations Unies, 2007, Genève, p. 19 ; S. Manciaux, La Bolivie se retire du CIRDI, Revue de l'arbitrage, Litec, Paris, 2007, pp. 351-358.

908 CNUCED, World Investment Report 2010, Investing in a Low-Carbon Economy, Publications des Nations Unies, 2010, Genève, p. 89

909 CNUCED, World Investment Report 2012, Towards a New Generation of Investment Policies, Publications des Nations Unies, 2012, Genève, p. 87 ; S. Ripinsky, Le Venezuela se retire du CIRDI : Les implications, Investment Treaty News, n° 3, vol. 2, 2012, pp. 10-12.

système régional de résolution de conflits relatifs aux investissements transnationaux[910]. D'autres puissances économiques, dont le Brésil, l'Inde et l'Afrique du Sud, n'ont même jamais adhéré à la Convention[911]. Certains pays ont également fini par modifier leurs normes constitutionnelles. Ainsi, la Constitution de la République de l'Équateur et celle de la République de la Bolivie ont connu des modifications pour rendre inconstitutionnelle l'arbitrabilité des litiges ayant trait à un investissement étranger. Même si de telles modifications dans l'ordre juridique interne sont dépourvues d'effet en droit international, les normes du droit interne, quelle que soit leur source, n'étant qu'un simple fait[912], elles révèlent néanmoins l'ampleur de ces mouvements de rejet.

667. Enfin, ces objections ne concernent plus les seuls pays en développement, mais aussi les pays industrialisés. En effet, à la fin du XXème siècle, les flux d'investissements vers les pays du Sud n'étaient favorisés que par les capitaux des opérateurs ressortissants des pays du Nord. À cette époque, les pays développés favorisaient l'application des règles matérielles du droit international susceptibles de maintenir les intérêts de leurs investisseurs. En revanche, les pays en développement privilégiaient l'application de leur droit national, seul moyen susceptible d'être en entière harmonie avec leur souveraineté.

On observe de plus en plus une inversion des orientations[913]. L'accélération des échanges commerciaux et financiers à l'échelle mondiale a facilité la tâche aux opérateurs des pays en développement d'opérer non seulement dans les pays du Sud mais également dans les pays industrialisés. L'affluence des investissements étrangers, ne suivant plus un seul itinéraire du Nord vers le Sud, change alors de direction en fonction de nouvelles destinations situées entre les pays développés eux-mêmes, ou entre les pays du Nord et les pays du Sud.

De surcroît, on assiste de plus en plus à une augmentation des arbitrages fondés sur des traités contre les pays du Nord. Durant ces dernières années, s'établit un record du nombre de procédures d'arbitrage

---

[910] Le projet a été envisagé par les pays composant l'*Alliance bolivarienne pour les peuples de notre Amérique* (ALBA).

[911] Consulter la liste des États contractants et signataires de la Convention (mise à jour le 11 janvier 2018), accessible via : [https://icsid.worldbank.org/en/Documents/icsiddocs/Liste des Etats Contractants et Signataires de la Convention - Latest.pdf].

[912] V. *supra*, nos 297 et s.

[913] U. Bhati, Foreign Direct Investment, Contemporary Issues, Deep & Deep Publications, 2006, pp. 5 et s.

initiées sur le fondement de traités, dont 40 % ont été introduites à l'encontre des pays développés[914].

Ainsi, les pays industrialisés, traditionnellement exportateurs de capitaux, ont été inquiétés par l'évolution du droit des investissements étrangers, en particulier au regard des limitations imposées à leur liberté normative. L'attitude de l'État américain face à cette situation est sans doute significative et a eu même comme conséquence la révision du modèle américain de traité bilatéral d'investissement[915].

Dans cette perspective, les critiques adressées à la légitimité du droit international des investissements ne concernent plus les pays du Sud uniquement, mais également la totalité des pays et, plus particulièrement les États-Unis, qui détiennent les pleins pouvoirs de négocier et ratifier les traités. Le fait que ces pays ont été impliqués dans certaines affaires récentes[916] a nourri ces mouvements de rejet. Dès lors, *« il y a [...] peut-être une lueur d'espoir dans le fait que les pays du nord traditionnellement exportateurs de capitaux se retrouvent aujourd'hui dans le rôle d'États hôtes et, de ce fait, se trouvent sous la menace d'un phénomène boomerang. Il se pourrait, par conséquent, qu'ils soient, à l'avenir, moins enthousiastes pour accepter, sous le couvert d'une réciprocité moins factice que naguère, de telles limitations à leurs compétences souveraines »*[917].

668. Initialement conçu par les pays exportateurs de capitaux afin de sauvegarder principalement leurs intérêts vitaux, ce régime, semblable à un « phoque gris », risque, somme toute, de les engloutir. Face à cette crise de légitimité que ressentent tous les États du monde, plusieurs réformes ont été alors imaginées.

669. Au niveau substantiel, il a été suggéré de mettre fin aux traités bilatéraux d'investissements[918]. En effet, pour certains pays, renoncer aux

---

[914] CNUCED, World Investment Report 2016, Investor Nationality : Policy Challenges, Publications des Nations Unies, 2016, Genève, pp. 104-105 : *« As in the two preceding years, the relative share of cases against developed countries remained at about 40 per cent. Prior to 2013, fewer cases were brought against developed countries ».*

[915] M. Kantor, The New Draft Model US TBI : Noteworthy Developments, Journal of International Arbitration, vol. 21, 2004, pp. 383-396.

[916] V. par exemple, pour une affaire impliquant l'État français, CIRDI, affaire *Erbil Serter c. France*, ARB/13/22, affaire toujours pendante.

[917] A. Pellet, Adieu Philippines - Remarques sur la distinction entre les réclamations conventionnelles et contractuelles dans le droit de l'investissement international, *in* Le droit international économique à l'aube du XXIème siècle - Mélanges offerts à Dominique Carreau et Patrick Juillard, Pedone, Paris, 2009, pp. 97-110, spéc. p. 110.

[918] CNUCED, World Investment Report 2015, Reforming International Investment Gouvernance, Publications des Nations Unies, 2015, Genève, pp. 129-130.

accords de promotion et de protection des investissements semble attrayant, dans la mesure notamment où ces accords portent sur les domaines vitaux de la politique intérieure où les décideurs de cette politique ne regardent plus de tels accords comme étant un élément primordial de leur stratégie de promotion des investissements tant sur le plan interne qu'externe. Ainsi, de nombreuses argumentations défavorables ont été avancées à l'encontre de ces traités selon lesquelles ceux-ci ne sont point capables de garantir un nombre supplémentaire d'investissements ni de sauvegarder les droits souverains dont disposent les États hôtes à réglementer dans un but d'intérêt public. De plus, les États se trouvent, par le biais de ces accords, exposés aux procédures introduites devant les tribunaux CIRDI avec les risques financiers que cela comporte. Ces accords privilégient de même les intérêts des investisseurs étrangers aux dépens des investisseurs nationaux et accordent aux premiers des droits sans leur imposer d'obligations[919].

670. Sur le plan procédural, maintes argumentations ont été formulées en vue de préconiser l'abolition totale de l'arbitrage en matière d'investissements étrangers et de concevoir un nouveau modèle de règlement des différends en vue de réglementer les relations État-investisseur[920]. D'ailleurs, l'instauration de ce nouveau système procédural a été proposée par la Commission de l'Union européenne dans ses nouveaux projets d'accords commerciaux[921] qui envisagent la création d'un tribunal de première instance et d'un tribunal d'appel, tous deux composés de juges désignés par les États et non par les cocontractants et soumis à des normes éthiques strictes[922]. Cette nouvelle approche a, depuis, été prévue avec quelques légères variations dans l'Accord de libre-échange Vietnam-Union européenne[923] et dans le CETA[924]. La

[919] *Ibid.*, p. 130.

[920] V. dans ce sens, W. Ben Hamida, Où va l'arbitrage d'investissement ?, *in* F. Osman et A.-C. Yildirim (dir.), Où va l'arbitrage international ? De la crise au renouveau, Journées d'études méditerranéennes en l'honneur du professeur Ali Bencheneb, Lexis Nexis, Istanbul, 2016, pp. 395-417, spéc. pp. 407-411 ; N. Bernasconi-Osterwalder, Repenser le règlement des différends en matière d'investissement, Investment Treaty News, n° 2, vol. 6, 2015, pp. 6-8, spéc. pp. 7-8.

[921] L'Union européenne est désormais compétente pour négocier et conclure des accords relatifs aux investissements étrangers avec des pays tiers, et cela, depuis l'entrée en vigueur du traité de Lisbonne de 2009. Ainsi, la Commission européenne présente aux délégués américains en 2015 le projet de l'institution d'un tribunal permanent dénommé *Investment Court System*.

[922] L. Martin Hamidi, L'avenir du règlement des différends entre investisseurs étrangers et États dans les traités commerciaux internationaux, Revue Lamy droit des affaires, n° 141, octobre 2018, pp. 33-38, spéc. p. 36.

[923] Projet d'accord commercial conclu entre l'Union européenne et le Vietnam. Les négociations ont été achevées en décembre 2015. Texte intégral accessible via : [http://trade.ec.europa.eu/doclib/press/index.cfm?id=1437].

[924] Texte signé entre l'Union européenne et le Canada le 30 octobre 2016 et entré en vigueur à titre provisoire le 21 septembre 2017. Texte intégral accessible via :

proposition a également été soutenue par l'Union européenne lors des négociations du TTIP[925] et fait partie des négociations avec d'autres pays[926]. En outre, dans le cadre de sa conception politique globale, l'Union européenne a également proposé de poursuivre avec les pays intéressés l'instauration d'une future juridiction multilatérale en matière d'investissements étrangers[927]. Dans ce contexte, même si l'État américain, en se prévalant de

---

[http://trade.ec.europa.eu/doclib/docs/2014/september/tradoc_152806.pdf]. Selon Yves Nouvel, cet accord institue un rééquilibrage en la matière : « *[...] les investisseurs privés sont infiniment moins favorisés par le CETA qu'ils ne l'ont été par toute une génération d'instruments conclus par le passé. Une foule de solutions plaidées par les États devant les tribunaux arbitraux sont reprises par le traité. La clause de la nation la plus favorisée n'inclut pas les avantages juridictionnels ; la clause obligeant à respecter les contrats d'investissement est tout bonnement supprimée ; l'investisseur personne morale doit exercer une activité commerciale réelle sur le territoire dont il prétend à la nationalité, les mesures équivalentes à une expropriation sont strictement encadrées... Par ailleurs, le pouvoir d'interprétation des arbitres est doublement borné. Le standard du traitement juste et équitable cesse, en effet, d'être une norme vague pour faire l'objet d'une définition précise. Mieux encore : les États parties peuvent en commun arrêter une signification du CETA liant les tribunaux arbitraux. Comparé à ceux ordinairement établis dans cette branche du droit international économique, le mécanisme de règlement des différends paraît métamorphosé. Les tribunaux arbitraux sont surplombés par un tribunal d'appel. Il en ressort également une juridiction permanente à double degré avec des chambres arbitrales. Les membres en seront tirés au sort sur une liste de 15 personnes, désignés par les États paries. Autrement dit, l'investisseur perd son droit à la désignation d'un membre du tribunal arbitral alors même que l'État auquel il s'opposera aura bénéficié d'une telle garantie. Cette dissymétrie est de nature à soulever des difficultés, le juge français pouvant l'analyser comme un obstacle à l'existence même d'un arbitrage. Bien loin d'être le triomphe de l'investisseur privé, le CETA amorce plutôt un mouvement de reflux des normes matérielles le protégeant. Quant à la soumission de l'arbitrage, le système mis en place atteste que les États y sacrifient de moins en moins volontiers. Tout cela constitue un puissant rééquilibrage en la matière* ». Y. Nouvel, L'accord économique et commercial global entre l'Union européenne et le Canada (CETA), D. 2016, p. 2616 ; V. également, S. Griller, W. Obwexer et E. Vranes, Mega-Regional Trade Agreements : CETA, TTIP, and TiSA, OUP, Oxford, 2017 ; D. De Béchillon, Accord CETA - Et si nous lisions (calmement) le CETA avant d'en dire tant de mal ?, La Semaine Juridique Édition Générale, n° 42, 16 octobre 2017, 1076 ; N. Ven Den Broek et D. Morris, The EU's Proposed Investment Court and WTO Dispute Settlement : A Comparison and Lessons Learned, European Investment Law and Arbitration Review Online, vol. 2, n° 1, pp. 35-89.

925 Projet d'accord commercial entre l'Union européenne et les États-Unis. Les négociations ont été achevées en juillet 2015. Texte intégral accessible via : [http://trade.ec.europa.eu/doclib/docs/2015/july/tradoc_153669.pdf] ; V. également, T. Kleinlein, TTIP and the Challenges of Investor-State-Arbitration : An Exercise in Comparative Foreign Relations Law, Forthcoming, Routledge, SSRN, 2018 ; S. Griller, W. Obwexer et E. Vranes, Mega-Regional Trade Agreements : CETA, TTIP, and TiSA, OUP, Oxford, 2017.

926 V. à titre d'exemple l'accord de libre-échange Union européenne-Singapour dont les négociations ont été achevées en 2014.

927 V. Une future juridiction multilatérale en matière d'investissements, Bruxelles, Fiche d'information publiée en décembre 2016, pp. 1-3. Texte intégral accessible via : [europa.eu/rapid/press-release_MEMO-16-4350_fr.pdf] ; V. également, CNUCED,

son expérience dans le cadre de l'ALENA qui constitue à ses yeux un exemple historique de réussite de l'arbitrage transnational unilatéral, semble plutôt favorable à des instances arbitrales nommées de manière *ad hoc* pour chaque nouvelle affaire, l'histoire qu'a parcourue la Cour internationale de Justice fournit un exemple de succès remarquable d'un tel mode de règlement des différends[928].

De telles propositions imposent une réglementation sévère pour prévenir tout conflit d'intérêts, réduire les frais judiciaires et assurer une plus grande marge de transparence concernant le lobbying de ce secteur auprès des gouvernements[929], tout cela étayé bien sûr par un double degré de juridiction[930]. Ainsi, pour parer aux faiblesses ou aux excès constatés dans le

---

World Investment Report 2016, Investor Nationality : Policy Challenges, Publications des Nations Unies, 2016, Genève, p. 115.

[928] Un débat identique a été soulevé lors de la deuxième Conférence de la Paix de 1907 à La Haye, qui avait pour objet de réviser le mécanisme arbitral de règlement des différends. Il s'agissait à l'époque de réformer le système arbitral tout entier en ce qui concerne le règlement des différends internationaux entre États souverains. Les critiques à l'encontre de l'arbitrage entre personnes publiques en 1907 étaient similaires à celles soulevées de nos jours entre personnes publiques et personnes privées étrangères. Du reste, ce qui semblait vraiment narquois, c'est que ces réprobations provenaient précisément du représentant des États-Unis qui martelait en 1907 que l'arbitrage international était onéreux et constituait une défaillance à l'élaboration d'une jurisprudence constante et stable et finit par préconiser l'instauration immédiate d'une cour permanente en vue de constituer un palliatif aux tribunaux arbitraux existants à l'époque : *« La Cour d'arbitrage n'a pas été appelée à connaître depuis 1899 que de quatre cas. Pourquoi ? Dans beaucoup de circonstances, des Puissances, divisées par des intérêts de minime importance, ne se sont pas présentées devant le Tribunal de La Haye à cause des dépenses que ce recours entraîne. Il est donc nécessaire de prendre des mesures pour que les dépenses de la Cour, y compris les traitements des juges, soient à la charge commune de toutes les Puissances signataires afin d'offrir aux litigants une Cour pour laquelle comme pour les litiges d'ordre national ils n'auraient rien à payer. D'autre part, l'absence de toute continuité de la Cour permanente à plusieurs points de vue a beaucoup amoindri sa force et son influence : chacune de ses réunions a été sans lien avec les autres, et ses rares arrêts, à la fois séparés par le temps et par la diversité de leurs objets, n'ont pas apporté grands progrès à la science du droit des gens. Il faut faire de la Cour actuelle une Cour réellement permanente aux sessions régulières et continues, réunissant régulièrement les mêmes juges, pénétrés du devoir et de la responsabilité de créer leur propre jurisprudence. »* Cette suggestion fut l'objet d'un désaveu quasi unanime et, par conséquent, l'idée de créer une cour permanente est demeurée au stade des souhaits. Cependant, il n'en reste pas moins que cette tentative a constitué le premier pas vers l'instauration de la Cour permanente de Justice internationale qui a été remplacée ultérieurement par la Cour internationale de Justice.

[929] C.-N. Brower et S.-W. Schill, Is Arbitration a Threat or a Boom to the Legitimacy of International Investment Law ?, Chicago Journal of International Law, vol. 9, n° 2, 2008, pp. 471-498, spéc. p. 476 : *« [...] this Article addresses the relatively recent critique of whether arbitration, as compared to a permanent court with tenured judges, vitiates the legitimacy of international investment law »*.

[930] V. dans ce sens, F. Horchani, L'arbitrage des litiges États-investisseurs : Que faire face au désordre, Revue tunisienne de l'arbitrage, 2008, n° 5, p. 44.

système arbitral actuel, un rejet de celui-ci en faveur de l'instauration d'une véritable juridiction économique permanente internationale constitue, aux yeux de ses défenseurs, la solution la plus équitable et la plus appropriée afin de remédier de façon efficace aux tares de la discipline actuelle[931]. Pour eux, cette solution est nécessaire pour des raisons d'intérêt public international et pour une plus grande justice en matière d'investissement dont le régime penche généralement en faveur des compagnies étrangères[932].

671. Néanmoins, les critiques et propositions précitées semblent manifestement excessives, radicales et mal fondées puisque, nonobstant la portée d'une opinion communément admise, ce sont plutôt les États qui, étonnamment, obtiennent davantage de succès devant le CIRDI. En effet, compte tenu des statistiques dressées en 2017, on s'en rend compte que le tiers des litiges ont été tranchés en faveur des États alors que seulement le quart de ces conflits ont été jugés en faveur des investisseurs, le reste ayant fait l'objet d'un règlement à l'amiable ou d'un désistement[933].

De plus, la crise de légitimité qu'a parcourue le CIRDI n'a pas eu d'effet sur la vitalité de son activité. En effet, comme l'illustre le rapport annuel de 2016, *« Le nombre des États membres du CIRDI est en expansion depuis sa création en 1966, reflétant ainsi son importance à l'échelle mondiale et son rôle de premier plan en tant que première institution au monde consacrée au règlement des différends relatifs aux investissements internationaux »*[934]. Au cours de l'année 2017, 53 nouvelles affaires ont été enregistrées par le CIRDI ce qui montre un accroissement considérable des plaintes déposées sur le fondement d'un traité relatif aux investissements[935]. Quant au nombre d'affaires gérées, *« le CIRDI a administré un nombre record de 258 affaires*

---

931 Pour une étude plus poussée, V. en particulier, N.-J. Calamita, The Challenge of Establishing a Multilateral Investment Tribunal at ICSID, ICSID Review - FILJ, vol. 32, n° 3, 2017, pp. 611-624.

932 V. S.-W. Schill, Reforming Investor-State Dispute Settlement : A (Comparative and International) Constitutional Law Framework, Journal of International Economic Law, vol. 20, 2017, pp. 649-672.

933 CNUCED, World Investment Report 2017, Investment and the Digital Economy, Publications des Nations Unies, 2017, Genève, p. 117 : *« By the end of 2016, some 495 ISDS proceedings had been concluded. The relative shares of case outcomes changed only slightly from those of 2015. About one third of concluded cases were decided in favour of the State (claims were dismissed either on jurisdictional grounds or on the merits), and about one quarter were decided in favour of the investor, with monetary compensation awarded. A quarter of cases were settled ; in most, the specific terms of settlements remain confidential. In the remaining proceedings, either cases were discontinued or the tribunal found a treaty breach but did not award monetary compensation ».*

934 CIRDI, Rapport annuel - 50 ans anniversaire, Publications du CIRDI, Washington, 2016, p. 11.

935 CIRDI, Affaires du CIRDI - Statistiques, n° 2018/1, p. 24.

au cours de l'exercice 2017, dont 218 étaient pendantes au 30 juin 2017. Il s'agit du plus grand nombre d'affaires pendantes dans l'histoire du CIRDI »[936]. On signale de surcroît que le Centre constitue toujours un pôle d'attraction pour de nouveaux pays adhérents[937].

Ces observations trouvent un écho favorable dans l'ouvrage très récent de Maria-Nicole Cleis portant sur la légitimité de l'arbitrage CIRDI où l'auteur, à travers une étude appropriée, constate que l'indépendance et l'impartialité des arbitres œuvrant sous les auspices du CIRDI ont toujours été préservées[938].

Par ailleurs, la solution de l'arrêt *Achmea* précitée[939] qui semble mettre en cause l'arbitrage transnational intra-européen ne parvient toujours pas à convaincre. Même s'il serait difficile de prévoir quelle serait l'attitude des tribunaux arbitraux saisis sur le fondement des clauses de règlement des différends contenues dans les traités bilatéraux d'investissement intra-européens vis-à-vis de cette décision, il n'en reste pas moins que, les tribunaux arbitraux, sauf rares exceptions[940], ne se soucient guère de la primauté du droit de l'Union européenne[941]. Au demeurant, en ce qui

---

936 CIRDI, Rapport annuel, Publications du CIRDI, Washington, 2017, p. 41 ; V. dans le même sens, S. Lemaire et M. Laazouzi, Chronique de jurisprudence arbitrale en droit des investissements, Revue de l'Arbitrage, n° 2, Litec, Paris, 2017, pp. 645-710, spéc. p. 645 : *« Pour l'année 2016, le rapport du Centre international de Règlement des différends relatif aux investissements (CIRDI) fait état de 47 nouvelles requêtes arbitrales devant le Centre, ce qui - rapporté aux 62 nouvelles affaires référencées par les Nations-Unies pour la même période - place le CIRDI, qui fête son cinquantième anniversaire, en tête des institutions en ce domaine ».*

937 À dater du 11 janvier 2018, le Mexique devient le 162ème État signataire. V. la liste des États contractants et signataires de la convention (mise à jour le 11 janvier 2018), accessible via : [https://icsid.worldbank.org/en/Documents/icsiddocs/Liste des Etats Contractants et Signataires de la Convention - Latest.pdf].

938 M.-C. Cleis, The Independence and Impartiality of ICSID Arbitrators : Current Case Law, Alternative Approaches, and Improvement Suggestions, Brill, Nijhoff, 2017, pp. 1-187.

939 CJUE, affaire *République slovaque contre Achmea B. V.*, n° C-284/16, arrêt de la Cour du 6 mars 2018.

940 Dans l'affaire *Electrabel contre Hongrie*, par exemple, le tribunal arbitral a tenu compte des observations de la Commission européenne en tant qu'*amicus curiae* et a conclu que le Traité sur la Charte de l'Énergie ne pouvait bloquer l'application du droit de l'Union européenne. V. CIRDI, affaire *Electrabel S.A. c. Hongrie*, ARB/07/19, sentence du 25 novembre 2015, § 4.189 : *« EU law would prevail over the ECT's substantive protections and that the ECT could not apply inconsistently with EU law to such a national's claim against an EU Member State ».*

941 V. dans ce sens la sentence *AES Summit Generation Limited and AES-Tisza Erömü Kft contre Hongrie*, où le tribunal arbitral en charge de l'affaire souligne, qu'au regard de la question du respect des obligations qui découlent du Traité sur la Charte de l'Énergie, le droit de l'Union européenne ne peut être regardé que comme un simple fait. V. CIRDI, affaire *AES Summit Generation Limited and AES-Tisza Erömü Kft c. Hongrie*, ARB/07/22, sentence du 23 septembre 2010, § 7.1.1-7.6.12.

concerne la question relative à l'interprétation exclusive du droit de l'Union par la Cour de Luxembourg, il faudrait préciser que cette exclusivité est inopposable aux tribunaux arbitraux, lesquels demeurent maîtres de leur propre compétence. En effet, l'arrêt *Achmea* n'a pas tardé à entraîner une réaction de la part des arbitres. Ainsi, dans l'affaire *Masdar Solar & Wind Cooperatief U. A. contre Royaume d'Espagne*, le tribunal arbitral a considéré que la solution qu'apporte l'arrêt *Achmea* ne saurait produire la moindre répercussion sur le règlement du litige dont il était saisi[942]. En tout état de cause, l'arrêt *Achmea* semble être doté d'un effet fort restreint. En plus du fait qu'elle ne concerne pas l'arbitrage CIRDI[943], la solution de l'arrêt *Achmea* appartient en propre au traité en cause, *i.e.* à celui qui lie la République fédérale tchèque et slovaque aux Pays-Bas[944]. Une fois généralisée, cette solution pourrait engendrer la responsabilité internationale de l'Union sur le fondement des traités d'investissement. On peut illustrer cette hypothèse par l'exemple du Traité sur la Charte de l'Énergie signé par l'Union européenne elle-même, et par les États membres. Ainsi, lorsque l'Union tâcherait, par le biais de ses propres juridictions, de neutraliser la clause d'arbitrage incluse dans le Traité sur la Charte de l'Énergie en vue de faire obstacle à un arbitrage intra-européen, on serait si proche de la situation où une partie à un traité invoque *« les dispositions de son droit interne comme justifiant la non-exécution d'un traité »*[945]. Cela étant, la solution forgée

---

942 CIRDI, affaire *Masdar Solar & Wind Cooperatief U.A. c. Royaume d'Espagne*, ARB/14/1, sentence du 16 mai 2018, § 678 : *« Upon consideration of the Parties' respective submissions and upon analysis, the Tribunal has concluded that the Achmea Judgment has no bearing upon the present case »*.

943 On rappelle que les décisions rendues par les organes dénationalisés statuant sous l'égide du CIRDI sont exécutoires d'office. V. les articles 53 et 54 de la Convention de Washington ; V. également, *supra,* n° 632 ; H. Guyader, La fin de l'arbitrage d'investissement intra-européen ?, Revue Lamy droit des affaires, n° 141, octobre 2018, pp. 29-32, spéc. p. 31.

944 V. dans ce sens, CIRDI, affaire *Masdar Solar & Wind Cooperatief U.A. c. Royaume d'Espagne*, ARB/14/1, sentence du 16 mai 2018, § 679 : *« The Achmea Judgment is of limited application - first, and specifically, to the Agreement on encouragement and reciprocal protection of investment between the Kingdom of the Netherlands and the Czech and Slovak Federal Republic and, second, in a more general perspective, to any "provision in an international agreement concluded between Member States, such as Article 8 of the Agreement on encouragement and reciprocal protection between the Kingdom of the Netherlands and the Czech and Slovak Federative Republic" »*.

945 Article 27 de la Convention de Vienne sur le droit des traités, adoptée par l'Assemblée générale des Nations Unies le 23 mai 1969 et entrée en vigueur le 27 janvier 1980. Sur cette question, V. également, *supra,* n° 183 ; H. Guyader, La fin de l'arbitrage d'investissement intra-européen ?, Revue Lamy droit des affaires, n° 141, octobre 2018, pp. 29-32, spéc. p. 32 : *« Si l'Union européenne, par l'intermédiaire de ses juridictions, se laissait tenter par l'idée d'anéantir la clause d'arbitrage figurant dans certains traités pour interdire un arbitrage interne à l'Union, on serait très proche de la situation assez classique où une partie à un traité se prévaut de son propre droit pour échapper*

par la Cour de justice de l'Union européenne ne saurait être revêtue que d'une portée assez restreinte et ne saurait, par conséquent, être généralisée[946].

D'ailleurs, nonobstant les critiques adressées à l'encontre des traités bilatéraux d'investissement et de l'arbitrage transnational, il n'en reste pas moins que la continuité du système demeure inébranlable et que le mode de règlement des différends actuel reste le procédé naturel dans la relation État-investisseur comme le relève à juste titre le Professeur Christoph Schreuer : « *Investment arbitration is likely to remain the most important form of dispute settlement in the relationship of host States and foreign investors for some time. A number of shortcomings have emerged over the years and the initial enthusiasm for investment arbitration has given way to a more sober assessment. But it is an exaggeration to speak of an acute crisis or a backlash* »[947].

672. Toutefois, cela ne doit pas mener à mettre loin des yeux la tâche consistant à élaborer quelques réflexions qui auraient pour objectif d'apporter des améliorations au régime juridique des investissements internationaux. Ainsi, il serait plausible de considérer, après avoir dénié catégoriquement

---

à ses obligations internationales ou plus précisément pour faire échapper l'un de ses membres à ses obligations internationales. Il ne fait guère de doute que ce type d'action entraînerait une responsabilité internationale de l'Union européenne ».

[946] Néanmoins, on constate très récemment un mouvement de la part des pays européens dans leur majorité, validant la solution Achmea par le biais de la déclaration du 15 janvier 2019 *« relative aux conséquences juridiques de l'arrêt Achmea rendu par la Cour de Justice et à la protection des investissements dans l'Union européenne »*([https://ec.europa.eu/info/sites/info/files/business_economy_euro/banking_and_finance/documents/190117-bilateral-investment-treaties_en.pdf]). En effet, cette déclaration exige des États européens de s'engager à prendre de sérieuses mesures allant même jusqu'à la résiliation des traités bilatéraux d'investissement intra-européeens. À première vue inconfortable et embarrassante, cette solution entraînera, sans aucun doute, tant au niveau interne qu'au niveau international, des conséquences indésirables dans le monde des investissements où s'établira incontestablement un certain déséquilibre entre les investisseurs européens d'une part, et les investisseurs d'autres pays, de l'autre, les premiers bénéficiant uniquement de la protection du droit européen, les seconds s'abreuvant à la source rafraîchissante des traités bilatéraux d'investissement. En tout état de cause, même dans l'hypothèse où elle sera généralisée, il nous semble que la solution Achmea ne saurait produire sur le plan pratique qu'un impact minime, cette dernière étant facilement contournable. Dès lors, afin d'échapper aux effets de la jurisprudence Achmea, les investisseurs intra-européens pourront stipuler des clauses contractuelles protectrices leur permettant de recourir à l'arbitrage en cas de conflit. Une échappatoire supplémentaire pourrait être envisagée par le biais de la création, par l'investisseur européen, d'une filiale dans un pays extra-européen lié avec un État hôte par un traité bilatéral d'investissement.

[947] C. Schreuer, The Future of Investment Arbitration, *in* M. H. Arsanjani, J. K. Cogan, R. D. Sloane et S. Wiessner, Looking at the Future - Essays on International Law in Honor of W.-M. Reisman, Martinus Nijhoff Publishers, Boston, 2011, pp. 787-803, spéc. p. 802.

l'hypothèse d'un refus total du régime de l'arbitrage unilatéral et celle d'une rupture des traités d'investissements[948], que des propositions modérées, et non extrémistes seraient seules en mesure d'apporter les changements souhaitables où le rééquilibrage des obligations réciproques serait assuré. D'ailleurs, comme le note Yoshi Kodama, *« The fear against abuse cannot be a proper ground for refusing to engage in an effective dispute settlement mechanism. [...] If procedures are vulnerable to abuses, anti-abuse mechanisms should be introduced. An effective dispute settlement mechanism should not be abandoned for fear of abuses »*[949].

673. Par conséquent, sur le plan substantiel, en ce qui concerne les règles applicables au fond du litige, ceci devrait s'amorcer par la rédaction précise et détaillée des principales règles de protection des investissements où l'on doit spécifier clairement que le droit des États hôtes de réglementer dans l'intérêt général est préservé[950]. En effet, on le rappelle, les accords de promotion et de protection des investissements peuvent limiter la souveraineté intérieure des États contractants. Ceci risque d'engendrer leur responsabilité au profit des investisseurs étrangers. En vue de parvenir à préserver le droit dont dispose l'État d'accueil de réglementer dans un but d'intérêt général et de sauvegarde du développement économique, il serait adéquat de ne pas faire subir à l'État des charges injustes à l'occasion d'une telle réglementation. Pour atteindre ce résultat, on pourrait envisager de soigner et de préciser le contenu des clauses de protection telle la clause du traitement juste et équitable ou la clause de la nation la plus favorisée[951], ainsi que les dispositions qui concernent l'expropriation. Aussi pourrait-on se proposer de consolider les moyens de

---

[948] Ayant mis fin à environ 50 de ses traités bilatéraux d'investissement en 2017, l'Inde trouve du mal à convaincre et attirer de nouveaux investisseurs étrangers, lesquels sont réticents face aux garanties insuffisantes qui leur sont offertes. V. A. Shah, India's proposed investment treaty terms leave foreign partners cold, Thomson Reuters, publié le 19 janvier 2018. Texte intégral accessible via : [https://www.reuters.com/article/india-investment-treaty/indias-proposed-investment-treaty-terms-leave-foreign-partners-cold-idUSL4N1P72N1] : *« Having cancelled investment treaties with about 50 foreign governments last year, India is struggling to convince some to accept new terms that make it harder to seek international arbitration for disputes, sources familiar with the talks said ».*

[949] Y. Kodama, Dispute Settlement under the Draft Multilateral Agreement on Investment : The Quest for an Effective Dispute Settlement Mechanism and its Failure, Journal of International Arbitration, vol. 16, n° 2, 1999, pp. 45-87, spéc. p. 49.

[950] V. Protection des investissements et règlement des différends entre investisseurs et États dans les accords de l'UE, Fiche d'information publiée en novembre 2013, Texte intégral accessible via : [http://trade.ec.europa.eu/doclib/docs/2013/december/tradoc_152016.pdf], pp. 1-12, spéc. pp. 8-9.

[951] V. dans ce sens, S. Batifort et J.-B. Heath, The New Debate on the Interpretation of MFN Clauses in Investment Treaties : Putting the Brakes on Multilateralization, SSRN, 2017, pp. 1-65.

sécurité au profit de l'État en l'exonérant de toute responsabilité dans les hypothèses relatives par exemple à la politique d'intérêt public, au domaine de la sécurité publique ou au marasme que pourrait connaître l'économie nationale.

En outre, pour mettre fin au déséquilibre qui règne au sein du droit des investissements étrangers il serait loisible, voire souhaitable d'imposer des obligations aux opérateurs étrangers[952], lesquels n'ont que des droits à leur disposition. En effet, bien que les investissements étrangers contribuent dans une large mesure au développement économique du pays d'accueil, ils sont néanmoins capables d'engendrer des dégâts à l'environnement, aux droits sociaux et à la santé publique. Généralement, les accords de promotion et de protection des investissements n'évoquent pas la responsabilité que l'investisseur pourrait encourir en échange des droits qui lui sont accordés. Il serait permis ainsi de solliciter l'insertion de clauses conventionnelles qui protègent la matière environnementale, sociale et de santé publique, et qui exigent des investisseurs étrangers d'observer les dispositions du droit interne y relatives.

Par ailleurs, il serait approprié de proposer d'améliorer la cohérence du régime juridique des investissements internationaux. Vu l'inexistence de normes à caractère multilatéral en matière d'investissement étranger, et en raison de sa nature morcelée et incohérente, le régime des accords de promotion et de protection des investissements représente des imperfections, des carences et des inconséquences entre ces accords eux-mêmes, entre ces accords et les procédés des politiques internes des pays hôtes ainsi qu'entre ces accords et d'autres instruments de droit international. Face à ces incohérences, il serait valable d'aménager une certaine harmonie pour réduire les interférences des accords de promotion et de protection des investissements avec les autres accords internationaux ainsi que les interférences des accords de promotion et de protection des investissements entre eux. Il conviendrait aussi de prendre en considération, à travers la réforme relative à ces accords, les buts de la politique sur le plan national des pays d'accueil.

Enfin, il serait concevable d'instaurer au sein de la discipline, la notion d'abus de droit. Ainsi, lorsque l'arbitre estime que le recours introduit par l'investisseur est entaché d'abus, il serait autorisé à condamner celui-ci au paiement des frais de la procédure et, le cas échéant, des amendes dont le montant varie selon la gravité de l'abus constaté. En outre, dans l'objectif de

[952] P. Protopsaltis, Les devoirs internationaux des investisseurs directs étrangers - Réflexions sur un cadre juridique inachevé, Thèse, Paris I, 2008 (sous la direction de Patrick Juillard).

prévenir les procédures abusives, il serait admis d'envisager de recourir à un procédé de filtrage : les procédures seraient préalablement soumises à ce processus afin d'en évaluer le bon droit. Cela pourrait sans doute constituer une phase préalable à franchir qui concourt à freiner les revendications à caractère abusif. Cependant, le processus de filtrage ne devrait point constituer un obstacle aux réclamations à caractère légitime.

674. Sur le plan procédural, et plus spécifiquement pour ce qui a trait au mode de règlement des différends, après avoir écarté l'hypothèse de l'abolition totale de l'arbitrage en matière d'investissement, il serait possible de préconiser une bilatéralisation du contentieux arbitral. En effet, on ne peut ignorer que les États parviennent difficilement à défendre leurs intérêts en raison de la difficulté qui les empêche d'avoir accès aux tribunaux officiant sous les auspices du CIRDI dans l'objectif d'obtenir une consécration de leurs allégations à travers une procédure introduite par eux devant ces tribunaux, car en l'absence d'un consentement préalable donné par l'investisseur étranger, il serait tout difficile d'acquérir un tel consentement. Le Professeur Juillard, quant à lui, résume cette situation procédurale inégalitaire en affirmant que : *« si l'investisseur est demandeur devant l'arbitrage, l'État, défendeur, ne peut se dérober : il a donné de façon générale et par avance, son consentement à la conciliation ou à l'arbitrage CIRDI. Mais si l'État est demandeur devant le CIRDI, l'investisseur, défendeur, peut se dérober : il peut refuser de donner son consentement écrit et spécial qu'exige le texte. L'État et l'investisseur se trouvent en situation de dissymétrie. Et cette dissymétrie peut aboutir en ce qui concerne l'État à des conséquences désastreuses »*[953]. Ainsi, les États se trouvent incapables d'introduire une procédure, et présentent afin de défendre leurs droits, des demandes reconventionnelles, lesquelles contribuent à établir un certain équilibre entre les deux cocontractants. En effet, le fait d'autoriser les demandes reconventionnelles permet aux États de contester l'activité de l'investisseur étranger et aux tribunaux de la contrôler en prenant en considération non seulement les questions économiques et financières, mais aussi celles relatives à l'environnement, aux droits de l'homme, et aux droits sociaux. En outre, ces demandes contribuent à prévenir l'accroissement des procédures et maintiennent, dès lors, le caractère intègre du régime juridictionnel[954].

---

[953] P. Juillard, Chronique de droit international économique : Coopération Technique Environnement, AFDI, 1995, pp. 581-611, spéc. p. 609.

[954] Plusieurs auteurs soutiennent cette proposition. V. dans ce sens, E. Gaillard, L'avenir des traités de protection des investissements, *in* Ch. Leben (dir.), Droit international des investissements et de l'arbitrage transnational, Pedone, Paris, 2015, pp. 1037-1041, spéc. p. 1039. En vue de préconiser un avenir propice et plus équilibré du système, le Professeur Emmanuel Gaillard propose la faculté pour l'État de former une demande reconventionnelle devant le tribunal arbitral saisi par l'investisseur : *« Il est donc permis de penser qu'une disposition expresse précisant que l'acceptation par l'investisseur de*

D'ailleurs, l'on constate à travers quelques décisions arbitrales très récentes qu'une tendance semble prendre forme en faveur de l'admission de ce type de demandes[955].

Toutefois, même si le fait d'autoriser les demandes reconventionnelles pourrait parvenir à l'instauration d'un certain équilibre sur le plan procédural, la consécration d'un droit de recours à l'arbitrage au profit de l'État contre la personne privée étrangère contribuera à assurer un plus grand équilibre procédural. Cette ouverture, bien qu'elle semble de prime abord difficilement imaginable à l'heure actuelle, compte tenu du caractère consensuel de l'arbitrage, pourrait sûrement servir de proposition en vue de préconiser de nouvelles réformes en la matière. Cette suggestion, du reste, trouve un écho favorable dans la pratique conventionnelle. On cite, à titre d'exemple, l'article 8 de la convention bilatérale d'investissement conclue le 8 novembre 1991 entre la France et la Mongolie qui dispose que : *« Tout différend relatif aux investissements entre l'une des Parties contractantes et un national ou*

---

l'offre d'arbitrer contenue dans la clause de règlement des différends investisseurs-État du traité emporte compétence du tribunal arbitral pour connaître de tout litige se rapportant à l'investissement concerné, y compris sur d'éventuelles réclamations de l'État à l'encontre de l'investisseur, serait bienvenue. Une telle disposition permettrait d'assurer un équilibre entre les objectifs recherchés, tant pour l'investisseur que pour l'État » ; A. Hoffmann, Counterclaims, *in* M. Kinnear, G.-R. Fisher et al., Building International Investment Law : The First 50 Years of ICSID, Kluwer Law International, 2015, pp. 505-520, spéc. pp. 519-520 : *« The full inclusion of counterclaims within the system might be one way of addressing the issue. It has been pointed out that "absent the ability to submit a counterclaim, a state cannot win ; the most it can hope to do is not to lose." At this point, however, substantively, the asymmetric nature of investment treaties makes counterclaims for respondent States a difficult endeavor since the respondents will not be able to base their claim upon rights enshrined in the treaty. Similarly, on a procedural level, many investment treaties do not contain broad dispute resolution clauses which would allow for a counterclaim to be brought on their basis let alone explicit provisions providing for the possibility to file a counterclaim. The most apparent way of tackling these problems will be to reshape treaties so as to insert language that permits counterclaims and ensures that, if desired, they find a basis in the treaty - for example by including obligations on the part of the investor, and applicable law provisions - even if the counterclaim is not based upon a treaty obligation. [...] General advantages of permitting counterclaims such as procedural efficiency, enhanced legitimacy as well as the rule of law should be taken into account »* ; V. également, W. Ben Hamida, La clause relative au respect des engagements dans les traités d'investissement, *in* Ch. Leben, Le contentieux arbitral transnational relatif à l'investissement : Nouveaux développements, Anthemis, Louvain-la-Neuve, 2006, pp. 53-106, spéc. p. 95 : *« Nous pensons que l'État doit être autorisé à introduire des demandes reconventionnelles contractuelles en dépit du caractère unilatéral de la clause »*.

[955] V. en particulier, CIRDI, affaire *Urbaser S.A. and Consorcio de Aguas Bilbao Bizkaia, Bilbao Biskaia Ur Partzuergoa c. République d'Argentine*, ARB/07/26, sentence du 8 décembre 2016, § 1110-1221 ; CIRDI, affaire *Burlington Resources Inc. c. Équateur*, ARB/08/5, décision du 7 février 2017.

une société de l'autre Partie contractante est, autant que possible, régi à l'amiable entre les deux parties concernées. Si un tel différend n'a pas pu être réglé dans un délai de six mois à partir du moment où il a été soulevé par l'une ou l'autre des Parties au différend, il est soumis à la demande de l'une ou l'autre de ces Parties à l'arbitrage du Centre international pour le règlement des différends relatifs aux investissements (C.I.R.D.I.), créé par la Convention pour le règlement des différends relatifs aux investissements entre États et ressortissants d'autres États, signée à Washington le 18 mars 1965 »[956].

675. En outre, il serait envisageable de limiter l'accès des investisseurs aux tribunaux CIRDI, ce qui pourrait fournir plus d'équilibre au sein de la discipline. Les États seraient en mesure de modifier les traités qu'ils ont ratifiés et y inclure des clauses de règlement de différends qui, au lieu d'être inconditionnelles, envisageraient des limites à leur consentement ce qui permettra de rééquilibrer les droits procéduraux des parties dans le contentieux international.

676. Afin de réduire les hypothèses où l'investisseur serait à même de recourir aux tribunaux CIRDI, plusieurs procédés pourraient être prévus. On songe en particulier à élaborer des critères précis pour la qualification des notions d'investissement et d'investisseur et à imposer aux investisseurs de respecter vigoureusement la condition de l'épuisement des voies de recours internes, sans pour autant négliger les garanties minimales prévues par le droit international[957]. Du reste, bien que dans le droit international général l'obligation d'épuiser les recours internes est une condition préalable obligatoire pour accéder aux forums judiciaires internationaux, la plupart des accords de promotion et de protection des investissements dispensent de cette exigence. En fait, ces accords permettent aux investisseurs étrangers de recourir directement à l'arbitrage international sans s'adresser d'abord aux tribunaux internes. De surcroît, même si cette obligation a été prévue dans un traité bilatéral d'investissement, on a déjà vu que ladite condition pourrait être facilement contournée par les instances ancrées dans l'ordre international en ayant recours à divers moyens[958]. Il faudrait ainsi limiter le rôle des instances arbitrales à cet égard afin de donner à l'obligation de l'épuisement des voies de recours domestiques plus d'efficacité. Le rétablissement de cette condition semble jouer un rôle important et pourrait renforcer l'effectivité des tribunaux statuant sous les auspices du CIRDI qui ne seront plus qu'une juridiction de dernier ressort.

---

[956] Article 8 (2) du TBI France-Mongolie, signé le 8 novembre 1991 et entré en vigueur le 22 décembre 1993.

[957] Le droit international exige que les recours internes doivent être efficaces, adéquats et disponibles et, par conséquent, tenir compte du droit à un procès équitable.

[958] V. *supra*, n°s 583 et s.

677. De surcroît, les propositions en vue de limiter l'accès des opérateurs étrangers au CIRDI peuvent aider à ralentir la prolifération des procédures parallèles issues d'un même investissement et, par conséquent, à réduire les engagements financiers des États concernés. Des avantages supplémentaires peuvent en être tirés, notamment si elles sont combinées avec une détermination à renfoncer la règle de droit et le système juridictionnel national. En effet, il est permis de confirmer la valeur de ces propositions et d'estimer qu'elles ne produisent pas de conséquences périlleuses, car, on l'a déjà vu, le droit interne ainsi que les juridictions nationales pourraient, dans une certaine mesure, apporter de sérieuses garanties pour assurer et maintenir les droits et intérêts des investisseurs étrangers[959]. La mise en œuvre des solutions précitées ne nécessite pas du reste, une action coordonnée d'un grand nombre de pays, mais pourrait être réalisée par les parties aux traités à ratifier. Quant aux traités déjà ratifiés, il suffirait de procéder à quelques amendements minimes en vue de perfectionner les conditions légales de cette obligation.

678. En définitive, en vue d'améliorer la légitimité et la transparence du système actuel, compte tenu notamment de l'importance de la notion de sécurité juridique, on pourrait faire appel aux règles de la CNUDCI relatives à la transparence qui s'appliquent systématiquement au règlement des différends entre personnes privées étrangères et États nés sur la base de traités signés après le 1er avril 2014. Ces règles, consolidées par la Convention des Nations Unies sur la transparence dans l'arbitrage entre investisseurs et États fondé sur des traités, entrée en vigueur le 18 octobre 2017, contribueront assurément à l'élaboration d'un cadre juridique cohérent et approprié au règlement juste et équitable des litiges transnationaux.

679. Toutes ces propositions relatives au fond et à la procédure qu'on a énoncées permettraient de frayer le chemin vers un régime des investissements plus modérateur et plus protecteur où chacune des parties pourrait prétendre à un traitement juste, égalitaire et équitable.

---

[959] V. *supra*, n°s 324 et s.

Bibliographie

I. Ouvrages

Ancel M.-E., Deumier P. et Laazouzi M., Droit des contrats internationaux, Sirey, Paris, 2016.

Audit M., Bollée S. et Callé P., Droit du commerce international et des investissements étrangers, 2ème édition, LGDJ, Paris, 2016.

Balchin C., Chung L.-K.-H., Kaushal A. et Waibel M., The Backlash Against Investment Arbitration : Perceptions and Reality, Kluwer Law International, Alphen aan den Rijn, 2010.

Binder C., Kriebaum U. et Reinisch A., International Investment Law for the 21st Century - Essays in Honour of Christoph Schreuer, OUP, Oxford, 2009.

Carreau D., Juillard P. et Flory T., Droit international économique, LGDJ, Paris, 2ème édition, 1980.

Daillier P., Forteau M. et Pellet A., Droit international public, LGDJ, Paris, 2009.

Fouchard Ph., Gaillard E. et Goldman B., Traité de l'arbitrage commercial international, Litec, Paris, 1996.

Griller S., Obwexer W. et Vranes E., Mega-Regional Trade Agreements : CETA, TTIP, and TiSA, OUP, Oxford, 2017.

Kinnear M., Fisher G-R. et al., Building International Investment Law : The First 50 Years of ICSID, Kluwer Law International, 2015.

Leben Ch. (dir.), Droit international des investissements et de l'arbitrage transnational, Pedone, Paris, 2015.

McLachlan D.-C., Shore L. et Weiniger M., International Investment Arbitration : Substantive Principles, OUP, Oxford, 2007.

Muchlinski P., Ortino F. et Schreuer C., The Oxford Handbook of International Investment Law, OUP, Oxford, 2008.

Schill S., Tams C.-J. et Hofmann R., International Investment Law and History, Edward Elgar Publishing, Cheltenham, 2018.

Schreuer C., Malintoppi L. et A. Reinisch, A. Sinclair, The ICSID Convention - A Commentary, 2ème édition, CUP, Cambridge, 2009.

II. Monographies et thèses

Begic T., Applicable Law in International Investment Disputes, Eleven International Publishing, Utrecht, 2005.

Ben Hamida W., L'arbitrage transnational unilatéral, Réflexions sur une procédure réservée à l'initiative d'une personne privée contre une personne publique, Thèse, Paris II, 2003 (sous la direction de Philippe Fouchard).

Bénabent A., Droit des obligations, 15ème édition, LGDJ, 2016.

Bhati U., Foreign Direct Investment, Contemporary Issues, Deep & Deep Publications, 2006.

Bonomo S., Les traités bilatéraux relatifs aux investissements : entre protection des investissements et sauvegarde de la souveraineté des États, Thèse, Aix-Marseille 3, 2009 (sous la direction de Jacques Mestre et Sébastien Manciaux).

Brierly J.-L., The Law of Nations : An Introduction to the International Law of Peace, Clarendon Press, Oxford, 1963, p. 277.

Cachard O., Droit du commerce international, LGDJ, Paris, 2011.

Carbonneau T.-E., The Law and Practice of Arbitration, Juris Publishing, Huntington, 2007.

Chappez J., La Règle de l'épuisement des voies de recours internes, Pedone, Paris, 1972.

Chatillon S., Le contrat international, 3ème édition, Vuibert, 2007.

Cleis M.-C., The Independence and Impartiality of ICSID Arbitrators : Current Case Law, Alternative Approaches, and Improvement Suggestions, Brill, Nijhoff, 2017.

Collins D., An Introduction to International Investment Law, CUP, Cambridge, 2016.

Combacau J., Droit international public, Paris, Montchrestien, 5ème édition, 2001.

Combacau J., Le droit des traités, Que sais-je ?, PUF, Paris, 1991.

Cornu G., Vocabulaire juridique, PUF, Paris, 2007.

Correa Angel D.-X., La stabilité juridique dans le droit international des investissements, Étude sur le cadre juridique de l'investissement international, thèse, Paris II, 2012 (sous la direction de Charles Leben).

Crawford J., Les articles de la Commission du Droit international sur la responsabilité de l'État. Introduction, texte et commentaire, Paris, Pedone, 2003.

Crawford J., The International Law Commission's Articles on State Responsibility, CUP, Cambridge, 2007.

Crépet Daigremont C., La clause de la nation la plus favorisée, Pedone, Paris, 2015.

Dabin J., Théorie générale du droit, Dalloz, 1969.

Daillier P. et Pellet A., Droit international public, 7ème édition, LGDJ, Paris, 2002.

De Nanteuil A., Droit international de l'investissement, 2ème édition, Pedone, Paris, 2017.

De Vattel E., Le droit des gens ou Principes de la loi naturelle, Appliqués à la conduite et aux affaires des nations et des souverains, Librairie de Guillaumin, Paris, 1758, Livre II.

Delaume G.-R., Transnational Contracts, Applicable Law and Settlement of Disputes : A Study in Conflict Avoidance, Dobbs Ferry, New York, 1983.

Deville H., L'intégration des espaces économiques : Politiques commerciales et économiques, Academia, Bruylant, 2003.

Dolzer R. et Schreuer C., Principles of International Investment Law, OUP, Oxford, 2012.

Dolzer R. et Stevens M., Bilateral Investment Treaties, Martinus Nijhoff Publishers, La Haye, 1995.

Douglas Z., The International Law of Investment Claims, CUP, Cambridge, 2009.

Dupuy F., La protection de l'attente légitime des parties au contrat. Étude de droit international des investissements à la lumière du droit comparé, Thèse Paris II - Humbolt Universität, 2007, disponible à l'Atelier national de reproduction des thèses (sous la direction de Bernard Audit).

Dupuy P.-M., Droit international public, Dalloz, 6ème édition.

El Younsi M., Les règles matérielles du droit des contrats d'État à la lumière de la jurisprudence arbitrale contemporaine, thèse, Paris II, 1994 (sous la direction de Prosper Weil).

Endicott T., Administrative Law, OUP, Oxford, 2009.

Flory M., Droit international du développement, PUF, Paris, 1977.

Fohrer-Dedeurwaerder E., La prise en considération des normes étrangères, LGDJ, Paris, 2008.

Gaillard E. et Bermann G.-A., Guide on the Convention on the Recognition and Enforcement of Foreign Arbitral Awards, Brill, Nijhoff, 2017.

Gaillard E., La jurisprudence du CIRDI, Pedone, Paris, 2004.

Gaudemet Y., Droit administratif, 21ème édition, LGDJ, Paris, 2015.

Grange M., Compétence du juge et recevabilité de la requête : Leurs relations dans l'exercice du pouvoir juridictionnel - L'exemple de la Cour internationale de Justice, Thèse, Paris II, 2011 (sous la direction de Jean Combacau).

Hepburn J., Domestic Law in International Investment Arbitration, OUP, Oxford, 2017.

Jacquet J.-M., Principe d'autonomie et contrats internationaux, Economica, Paris, 1983.

Kjos H.-E., Applicable Law in Investor-State Arbitration. The Interplay Between National and International Law, OUP, Oxford, 2013.

Laazouzi M., Les contrats administratifs à caractère international, Préface de Pierre Mayer, Economica, 2008.

Lankarani El-Zein L., Les contrats d'État à l'épreuve du droit international, Bruylant, Bruxelles, 2001.

Lemaire S., Les contrats des personnes publiques internes en droit international privé, Thèse, Paris II, 1991 (sous la direction de Pierre Mayer).

Manciaux S., Investissements étrangers et arbitrage entre États et ressortissants d'autres États : trente années d'activité du CIRDI, Litec, Paris, 2004, pp. 298-303.

Murphy J. et Witting C., Street on Torts, 13ème édition, OUP, Oxford, 2012.

Neufeld H., The International Protection of Private Creditors From the Treaties of Westphalia to the Congress of Vienna (1648-1815), Leyde, Sijthoff, 1971.

Newcombe A.-P. et Paradell L., Law and Practice of Investment Treaties : Standards of Treatment, Wolters Kluwer Law & Business, Austin, 2009.

Ngouadje-Maliendji D., Le standard du traitement juste et équitable en droit international de l'investissement, Thèse, Paris II, 2014 (sous la direction de Charles Leben).

Oman C., Les nouvelles formes d'investissement dans les pays en développement, Publication de l'OCDE, Paris, 1984.

Ossenbühl F., Staatshaftungsrecht, 6ème édition, C. H. Beck, 2013.

P. Weil, Écrits de droit international : Théorie générale du droit international, droit des espaces, droit des investissements privés internationaux, PUF, Paris, 2000.

Paasivirta E., Participation of States in International Contracts and Arbitral Disputes, Helsinki, Lakimiesliiton Kustannus, 1990.

Parra A.-R., The History of ISCID, OUP, Oxford, 2017.

Paulsson J., Denial of justice in International Law, CUP, Cambridge, 2005.

Pellet A., Recherches sur les principes généraux de droit en droit international, Thèse de doctorat, Paris II, 1974, p. 420.

Poudret J.-F. et Besson S., Droit comparé de l'arbitrage international, LGDJ, Paris, 2002.

Poulsen L.-N.-S., Bounded Rationality and Economic Diplomacy : The Politics of Investment Treaties in Developing Countries, CUP, Cambridge, 2015.

Protopsaltis P., Les devoirs internationaux des investisseurs directs étrangers - Réflexions sur un cadre juridique inachevé, Thèse, Paris I, 2008 (sous la direction de Patrick Juillard).

Raux M., La responsabilité de l'État sur le fondement des traités de promotion et de protection des investissements : Étude du fait internationalement illicite dans le cadre du contentieux investisseur-État, Thèse, Paris II, 2010 (sous la direction de Charles Leben).

Reinisch A. et Knahr C., International Investment Law in Context, Eleven International Publishing, Utrecht, 2008.

Rigaux F. et Fallon M., Droit international privé, 3ème édition, Larcier, Bruxelles, 2005.

Robert J. et Moreau B., L'arbitrage, Droit interne, Droit international privé, Dalloz, 5ème édition, 1983.

Rousseau C., Droit international public. t. 5, Les Rapports conflictuels, Sirey, Paris, 1983.

Salacuse J.-W., The Law of Investment Treaties, OUP, Oxford, 2ème édition, 2015.

G. Scelle, Précis de droit des gens, Recueil Sirey, Paris, 1932/1934.

Sfeir R., Aspects contemporains du renvoi en droit international comparé : conflits de lois et conflits de systèmes, Thèse, Paris II, 2007 (sous la direction de Jacques Foyer).

Shihata I.-F.-I., Legal Treatment of Foreign Investment : The World Bank guidelines, Martinus Nijhoff Publishers, Dordrecht, 1993.

Sornarajah M., The International Law on Foreign Investment, CUP, Cambridge, 2010.

Stevens M. et Dolzer R., Bilateral Investment Treaties, Martinus Nijhoff Publishers, La Haye, 1995.

Toth O., The Lex Mercatoria in Theory and Practice, OUP, Oxford, 2017.

Van Den Berg A.-J., The New York Arbitration Convention of 1958 : Towards a Uniform Judicial Interpretation, Kluwer Law and Taxation, Antwerp, 1981.

Vandevelde K.-J., Bilateral Investment Treaties : History, Policy, and Interpretation, OUP, Oxford, 2011.

Vandevelde K.-J., The First Bilateral Investment Treaties, OUP, Oxford, 2017.

Waked R., La notion de contrat administratif international à travers l'exemple du contrat BOT (Build, Operate, Transfer) : étude comparée droit français-droit libanais, Thèse, Paris II, 2011 (sous la direction de Hervé Lécuyer).

Wälde T., Energy Charter Treaty : An East-West Gateway for Investment and Trade, Kluwer Law International, 1996.

Wälde T., Nouveaux horizons pour le droit international des investissements dans le contexte de la mondialisation de l'économie : études de questions spécifiques, Pedone, Paris, 2004.

Wehland H., The Coordination of Multiple Proceedings in Investment Treaty Arbitration, OUP, Oxford, 2013.

Weil P., Écrits de droit international : Théorie générale du droit international, droit des espaces, droit des investissements privés internationaux, PUF, Paris, 2000.

Wellhausen R.-L., The Shield of Nationality : When Governments Break Contracts with Foreign Firms, CUP, Cambridge, 2015.

Wiik A., Amicus Curiae Before International Courts and Tribunals, Nomos, Baden-Baden, 2017.

III. Articles et contributions

Accaoui Lorfing P., L'évolution des contrats d'État des années 60 jusqu'à nos jours, Revue de droit des affaires internationales, n° 5, 2017, pp. 393-430.

Acconci P., Most-Favoured-Nation Treatment, *in* Muchlinski P., Ortino F. et Schreuer C., The Oxford Handbook of International Investment Law, OUP, Oxford, 2008, pp. 363-406.

Aguirre Luzi R., BITs & Economic crises : Do States have carte blanche ? *in* Weiler T., Investment Treaty Arbitration and International Law, JurisNet, Huntington, 2008, pp. 165-188.

Al Faruque A., Creating Customary International Law Through Bilateral Investment Treaties : A Critical Appraisal, Indian Journal of International Law, vol. 44, 2004, pp. 292-318.

Alexandrov S., Breaches of Contract and Breaches of Treaty - The Jurisdiction of Treaty-based Arbitration Tribunals to Decide Breach of Contract Claims in SGS v. Pakistan and SGS v. Philippines, Transnational Dispute Management, vol. 3, n° 5, 2006, pp. 555-577.

Alvarez J., Minimum Standard of Treatment of Aliens, Fair and Equitable Treatment of Foreign Investors, Customary International Law and the Diallo Case Before the International Court of Justice, The Journal of World Investment & Trade, vol. 9, n° 1, 2008, pp. 51-70.

Alvarez J., A BIT On Custom, New York University Journal of International Law & Politics, vol. 42, n° 1, 2009, pp. 17-80.

Alvic I., The Hybrid Nature of Investment Treaty Arbiration, *in* Eriksen C.-C. et Emberland M., The New International Law : An Anthology, Leiden, Nijhoff, 2010

Arbitrage et partie faible, Colloque du 9 mai 2016, par Duclercq C., Jallamion C., Mainguy D., A.Ngwanza, Ben Hamida W., Chavasse P., De Fontmichel M., Henry M. et Tattevin G., JDI, n° 1, 2017, pp. 1-54.

Asante S.-K.-B, Droit international et investissement, *in* Droit international : Bilan et Perspectives, Pedone, 1991.

Asante S.-K.-B., International Law and Foreign Investment : A Reappraisal, ICLQ, vol. 37, n° 3, 1988, pp. 588-628.

Audit B., Burdeau G., Dupuy P.-M., Juillard P., Kahn P. et Mayer P., Table ronde : Le système actuel est-il déséquilibré en faveur de l'investisseur privé étranger et au détriment de l'État d'accueil ?, *in* Leben Ch., Le contentieux arbitral transnational relatif à l'investissement - Nouveaux développements, Anthemis, Louvain-la-Neuve, 2004, pp. 185-202.

Audit B., L'arbitrage transnational et les contrats d'État : bilan et perspectives, *in* Académie de droit international de La Haye, L'arbitrage transnational et les contrats d'État, Martinus Nijhoff, Dordrecht, 1987, pp. 23-76.

Audit M., La jurisprudence arbitrale comme source du droit international des investissements, *in* Leben Ch. (dir.), Droit international des investissements et de l'arbitrage transnational, Pedone, Paris, 2015, pp. 119-134.

Audit M., Le nouveau régime de l'arbitrage des contrats administratifs internationaux, Revue de l'arbitrage, 2010, n° 2.

Banifatemi Y., Le droit au juge et l'arbitrage commercial international, *in* Libertés, justice, tolérance, Mélanges en hommage au Doyen Gérard Cohen-Jonathan, Bruylant, 2004, vol. 1.

Baraberis J.-A., Le concept de "traité international" et ses limites, AFDI, 1984.

Batiffol H., Aspects philosophiques du droit international privé, Dalloz, 2002, pp. 66 et s.

Batifort S. et Heath J.-B., The New Debate on the Interpretation of MFN Clauses in Investment Treaties : Putting the Brakes on Multilateralization, SSRN, 2017, pp. 1-65.

Batiffol H., La sentence Aramco et le droit international privé, Revue critique de droit international privé, 1964.

Beeley M. et Seriki H., Res Judicata - Recent Developments in Arbitrations, International Arbitration Law Review, vol. 8, n° 4, 2005, pp. 111-116.

Ben Achour V.-R., Changements anticonstitutionnels de gouvernement et droit international, RCADI, t. 379, 2016, pp. 415-546.

Ben Hamida W., Clause de la nation la plus favorisée et mécanismes de règlement des différends : Que dit l'histoire ?, JDI, 2007, pp. 1127-1162.

Ben Hamida W., L'admission des investissements et des investisseurs, *in* Leben Ch. (dir.), Droit international des investissements et de l'arbitrage transnational, Pedone, Paris, 2015, pp. 243-264.

Ben Hamida W., L'arbitrage État-investisseur face à un désordre procédural : La concurrence des procédures et les conflits de juridictions, AFDI, vol. 51, 2005, pp. 564-602.

Ben Hamida W., La clause relative au respect des engagements dans les traités d'investissement, *in* Leben Ch., Le contentieux arbitral transnational relatif à l'investissement : Nouveaux développements, Anthemis, Louvain-la-Neuve, 2006, pp. 53-106.

Ben Hamida W., La notion d'investissement : La notion maudite du système CIRDI ?, La Gazette du Palais, 15 décembre 2007, n° 349.

Ben Hamida W., Les principes d'UNIDROIT et l'arbitrage transnational : L'expansion des principes d'UNIDROIT aux arbitrages opposant des États ou des organisations internationales à des personnes privées, JDI, n° 4, 2012, pp. 1213-1242.

Ben Hamida W., Où va l'arbitrage d'investissement ?, *in* Osman F. et Yildirim A.-C. (dir.), Où va l'arbitrage international ? De la crise au renouveau, Journées d'études méditerranéennes en l'honneur du professeur Ali Bencheneb, Lexis Nexis, Istanbul, 2016, pp. 395-417.

Ben Hamida W., SAUR International SA c. République argentine : Droit national, droit international et droits de l'homme : l'histoire d'un ménage à trois, ICSID Review - FILJ, 2013, vol. 28, n° 2, pp. 241-246.

Berlin D., Contrats d'État, Répertoire Dalloz de droit international, Paris, Dalloz, 1998.

Bernardini P., The Law Applied by International Arbitrators to State Contracts, *in* Law of International Business and Dispute Settlement in the 21st Century : Liber Amicorum Karl-Heinz Bôckstiegel, Cologne, Heymanns, 2001, pp. 51 et s.

Bernasconi-Osterwalder N., Repenser le règlement des différends en matière d'investissement, Investment Treaty News, n° 2, vol. 6, 2015.

Bjorklund A.-K., Emergency Exceptions : State of Necessity and Force Majeure, *in* Muchlinski P., Ortino F. et Schreuer C., The Oxford Handbook of International Investment Law, OUP, Oxford, 2008, pp. 498 et s.

Bkorklund A., Waiver of Local Remedies and Limitation Periods, *in* Kinnear M., Fisher G-R., et al., Building International Investment Law : The First 50 Years of ICSID, Kluwer Law International, 2015, pp. 237-250.

Blackaby N., ICSID Withdrawal, a Storm in a Teacup ?, Les Cahiers de l'arbitrage, 2010, pp. 45-61.

Böckstiegel K.-H., Les règles de droit applicables aux arbitrages commerciaux internationaux concernant des États ou des entreprises contrôlées par l'État, *in* Arbitrage international - 60 ans après - Regards sur l'avenir, ICC Publishing, Paris, 1984, n° 412, pp. 127-197.

Bonnin V. et Mbengue M.-M., Consolidation of Proceedings in Investment Arbitration : How can Multiple Proceedings Arising from the Same or Related Situations be Handled Efficiently ? - Colloquium on Consolidation of Proceedings in Investment Arbitration Geneva, ICSID Review - FILJ, 2006, pp. 59-125.

Bourquin M., Arbitration and Economic Development Agreements, The Business Lawyer, 1960, pp. 860-879.

Bowett D.-W., State Contracts with a Client : Contemporary Developments on Compensation for Termination or Breach, British Yearbook of International Law, 1988, pp. 49-74.

Braconnier S., L'extranéité dans les contrats de partenariat, Revue du Trésor, 2007.

Brenet F., Contrat administratif international et droit international privé, AJDA, 2015, p. 1144-1149.

Brewer T.-L., International Dispute Settlement Provision : The Evolving Regime for Foreign Direct Investment, Law and Policy in International Business, 1995, vol. 26.

Broches A., The Convention on the Settlement of Investment Disputes Between States and Nationals of Other States, RCADI, t. 136, 1972.

Brower C. et Henin P., Res Judicata, *in* Kinnear M., Fisher G.-R., et al., Building International Investment Law : The First 50 Years of ICSID, Kluwer Law International, 2015, pp. 55-70.

Brower C.-N. et Schill S.-W., Is Arbitration a Threat or a Boom to the Legitimacy of International Investment Law ?, Chicago Journal of International Law, vol. 9, n° 2, 2008, pp. 471-498.

Brown C., Supervision, Control, and Appellate Jurisdiction : The Experience of the International Court, ICSID Review - FILJ, vol. 32, n° 3, 2017, pp. 595-610.

Calamita N.-J., The Challenge of Establishing a Multilateral Investment Tribunal at ICSID, ICSID Review - FILJ, vol. 32, n° 3, 2017, pp. 611-624.

Cazala J., Clause de la nation la plus favorisée et juridiction du tribunal arbitral, La Gazette du Palais, n° 349, 2007.

Cazala J., Délai d'attente avant l'engagement d'une procédure de règlement des différends devant un tribunal arbitral international, La Gazette du Palais, n° 349, 2009, pp. 24 et s.

Cazala J., La consécration de la doctrine des Police Powers de l'État dans le contentieux investisseur-État relatif à la lutte antitabac, Les Cahiers de l'arbitrage, n° 4, 2016, pp. 919-927.

Cheng T.-H., Precedent and Control in Investment Treaty Arbitration, Fordham International Law Journal, 2007, pp. 1014-1016.

Choi S., Judicial Enforcement of Arbitration Awards Under the ICSID and New York Conventions, New York University Journal of International Law and Politics, vol. 28, 1995, pp. 175-215.

Commission J., Precedent in Investment Treaty Arbitration - A Citation Analysis of a Developing Jurisprudence, Journal of International Arbitration, vol. 24, n° 2, 2007, pp. 129 et s.

Corten O., La rébellion et le droit international. Le principe de neutralité en tension, RCADI, t. 374, pp. 189-196.

Crawford J. et Sinclair A., Application aux contrats de l'État des principes Unidroit relatifs aux contrats du commerce international, *in* Principes Unidroit relatifs aux contrats du commerce international. Réflexions sur leur utilisation dans l'arbitrage international, Bulletin de la Cour internationale d'arbitrage de la CCI, supplément spécial, 2002, pp. 59-79.

Crawford J., Treaty and Contract in Investment Arbitration, Arbitration International, vol. 24, n° 3, 2008, pp. 351-374.

Crépet Daigremont C., Les sources du droit international des investissements, *in* Leben Ch. (dir.), Droit international des investissements et de l'arbitrage transnational, Pedone, Paris, 2015, pp. 83-117.

Crivellaro A., Consolidation of Arbitral and Court Proceedings in Investment Disputes, Law & Practice of International Courts & Tribunals, vol. 4, 2005, pp. 371-420.

Crook J.-R., Applicable Law in International Arbitration : The Iran-US Claims Tribunal Experience, AJIL,1989, pp. 292-299.

De Béchillon D., Accord CETA - Et si nous lisions (calmement) le CETA avant d'en dire tant de mal ?, La Semaine Juridique Édition Générale, n° 42, 16 octobre 2017.

De Brabandere E., Importer le consentement à l'arbitrage du CIRDI ? Une évaluation critique de l'affaire Garanti Koza c. Turkménistan, Investment Treaty News, n° 2, vol. 5, 2014.

De Nanteuil A., Les mécanismes permanents de règlement des différends, une alternative crédible à l'arbitrage d'investissement ?, JDI, n° 1, 2017, pp. 55-80.

Delaume G.-R., Des stipulations de droit applicable dans les accords de prêt et de développement économique et de leur rôle, RBDI, 1968.

Delaume G.-R., L'affaire du Plateau des Pyramides et le CIRDI : Considérations sur le droit applicable, Revue de l'Arbitrage, n° 1, Litec, Paris, 1994, pp. 39-68.

Delaume G.-R., States Contracts and Transnational Arbitration, AJIL, 1981, pp. 784-819.

Delaume G.-R., The Proper Law of State Contracts Revisited, ICSID Review - FILJ, 1997, vol. 12, n° 1, pp. 1-28.

Delvolvé M., note sous la décision du Tribunal des conflits du 17 mai 2010 dans l'affaire *INSERM c. Fondation Letten F. Saugstad*, RFDA septembre-octobre, 2010.

Derains Y., La méthode cumulative par l'arbitre des systèmes de conflits de lois intéressés au litige, Revue de l'Arbitrage, Litec, Paris, 1972.

Di Pietro D., Applicable Law under article 42 of the ICSID Convention : The Case of Amco v. Indonesia, *in* International Investment Law and Arbitration : Leading Cases from the ICSID, NAFTA, Bilateral Treaties and Customary International Law, T. Weiler, Londres, 2005, pp. 223-279.

Diel-Gligor K., System Deficiencies of ICSID Investment Arbitration ? An Inspection of the Annulment Mechanism, *in* Wolfrum R. et Gätzschmann I., International Dispute Settlement : Room for Innovations ?, Heidelberg, Springer, 2013, pp. 359-392.

Diez De Velasco M., La protection diplomatique des sociétés et des actionnaires, RCADI, t. 141, 1974, pp. 87-185.

Dodge W.-S., National Courts and International Arbitration : Exhaustion of Remedies and Res Judicata under Chapter Eleven of NAFTA, Hastings International and Comparative Law Review, 2000.

Dolez B., Le juge administratif et les conflits de lois, Revue de Droit Public, 1995, pp. 1029-1051.

Douglas Z., The Hybrid Foundations of Investment Treaty Arbitration, British Yearbook of International Law, vol. 74, 2003, pp. 151-289.

Dumberry P., Are BITs Representing the "New" Customary International Law in International Investment Law ?, Penn State International Law Review, vol. 28, n° 4, 2010, pp. 675-701.

Dupuy P.-M. et Radi Y., Le droit de l'expropriation directe et indirecte, *in* Leben Ch. (dir.), Droit international des investissements et de l'arbitrage transnational, Pedone, Paris, 2015, pp. 375-413.

Dupuy P.-M., Droit des traités, codification et responsabilité internationale, AFDI, 1997, vol. 43, n° 1, pp. 7-30.

Dupuy P.-M., Preconditions to Arbitration and Consent of States to ICSID Jurisdiction, *in* Kinnear M., Fisher G.-R., et al., Building International

Investment Law : The First 50 Years of ICSID, Kluwer Law International, 2015, pp. 219-236.

É. Teynier, Umbrella Clause : Le temps se couvre, La Gazette du Palais, n° 348, 2006, pp. 30 et s.

El Kosheri A., Le régime juridique créé par les accords de participation dans le domaine pétrolier, RCADI, 1975.

Energy Charter Secretariat, Energy Charter Treaty : A Reader's Guide, 2002.

Fadlallah I., La distinction treaty claims - contract claims et la compétence de l'arbitre CIRDI : faisons-nous fausse route ?, *in* Leben Ch., Le contentieux arbitral transnational relatif à l'investissement. Nouveaux développements, Anthemis, Louvain-la-Neuve, 2006, pp. 205-218.

Fadlallah I., La distinction treaty claims - contract claims, *in* Leben Ch. (dir.), Droit international des investissements et de l'arbitrage transnational, Pedone, Paris, 2015, pp. 759-772.

Feldman M., Investment Arbitration Appellate Mechanism Options : Consistency, Accuracy, and Balance of Power, ICSID Review - FILJ, vol. 32, n° 3, 2017, pp. 528-544.

Fietta S., Most Favoured Nation Treatment and Dispute Resolution Under Bilateral Investment Treaties : A Turning Point ?, International Arbitration Law Review, vol. 8, n° 4, 2005, pp. 136-151.

Fitzmaurice G., The Law and Procedure of the International Court of Justice, 1951-4 : Points of Substantive Law, Part II, British Yearbook of International Law, vol. 32, 1955, pp. 20 et s.

Forteau M., Le juge CIRDI envisagé du point de vue de son office : juge interne, juge international, ou l'un et l'autre à la fois ?, *in* Liber Amicorum Jean-Pierre Cot, Bruylant, Bruxelles, 2009, pp. 95-129.

Fouchard Ph., L'arbitrage commercial international, Paris, Dalloz, 1965.

Fouchard Ph., L'arbitrage et la mondialisation de l'économie, *in* Farjat G., Philosophie du droit et droit économique : Quel dialogue ? Mélanges en l'honneur de Gérard Farjat, Frison-Roche, Paris, 1999.

Fouchard Ph., Rapport de synthèse, *in* Institut du droit des affaires internationales, Les synthèses contractuelles de droit civil et les exigences du commerce international, Le Caire, 1993.

Freeman A.-V., Recent Aspects of the Calvo Doctrine and the Challenge to International Law, AJIL, 1946, pp. 121-147.

Gaffney J.-P. et Loftis J.-L., The "Effective Ordinary Meaning" of BITs and the Jurisdiction of Treaty-Based Tribunals to Hear Contract Claims, The Journal of World Investment & Trade, vol. 8, n° 1, 2007, pp. 5-67.

Gaffney J.-P. et Loftis J.-L., The Termination of Indonesia's BITs : Changing the Bathwater, But Keeping the Baby ?, The Journal of World Investment & Trade, vol. 18, n°s 5-6, 2017, pp. 836-857.

Gaillard E. et Banifatemi Y., The Meaning of "and" in Article 42 (1), Second Sentence, of the Washington Convention : The Role of International Law in the ICSID Choice of Law Process, ICSID Review - FILJ, vol. 18, 2003, pp. 375-411.

Gaillard E., Establishing Jurisdiction Through a Most-Favored-Nation Clause, New York Law Journal, 2005.

Gaillard E., Investment Treaty Arbitration and Jurisdiction Over Contract Claims - the SGS Cases Considered, *in* Weiler T., International Investment Law and Arbitration : Leading Cases from the ICSID, NAFTA, Bilateral Treaties and Customary International Law, Juris Publishing Inc., Huntington, 2005, pp. 325-346.

Gaillard E., L'arbitrage sur le fondement des traités de protection des investissements, Revue de l'arbitrage, Litec, Paris, 2003, vol. 10, n° 3, pp. 853-878.

Gaillard E., L'avenir des traités de protection des investissements, *in* Leben Ch. (dir.), Droit international des investissements et de l'arbitrage transnational, Pedone, Paris, 2015, pp. 1027-1047.

Gaillard E., La distinction des principes généraux du droit et des usages du commerce international, *in* Études offertes à Pierre Bellet, Litec, Paris, 1991, pp. 203 et s.

Gaillard E., La reconnaissance, en droit suisse, de la seconde moitié du principe d'effet négatif de la compétence-compétence, Global Reflections on

International Law, Commerce and Dispute Resolutions, *in* Liber Amicorum in Honour of Robert Briner, Paris, ICC Publishing, 2005.

Gaillard E., Le concours des procédures arbitrales dans le droit des investissements, *in* Mélanges en l'honneur du Professeur Pierre Mayer, LGDJ, 2015, pp. 225-239.

Gaillard E., The Denunciation of the ICSID Convention, New York Law Journal, vol. 26, 2007.

Gaillard E., The Role of the Arbitrator in Determining the Applicable Law, *in* The Leading Arbitrators' Guide to International Arbitration, Newman L.W. et Hill R.-D., New York, 2ème édition, 2008, pp. 171-201.

Gaillard E., Trente ans de Lex mercatoria - Pour une application sélective de la méthode des principes généraux du droit, JDI, 1995, pp. 5-30.

Gaillard E.et Banifatemi Y., The Meaning of "and" in Article 42 (1), Second Sentence, of the Washington Convention : The Role of International Law in the ICSID Choice of Law Process, ICSID Review - FILJ, vol. 18, 2003, pp. 375-411.

Gallagher N., Parallel Proceedings : res judicata and lis pendens in Contemporary Problems, *in* Pervasive Problems in International Arbitration, Kluwer Law International, 2006, pp. 329-356.

Gallus N., Plama v. Bulgaria and the Scope of the Investment Treaty MFN Clauses, Transnational Dispute Management, vol. 2, n° 3, 2005.

Gauché A.-J., La responsabilité administrative en Allemagne : comparaison avec le droit français à partir de quelques cas pratiques, RFAP, 2013, n° 147.

Geisinger E. et Levy L., La litispendance dans l'arbitrage commercial international, Bulletin de la CCI, 2003, pp. 55-73.

Ghestin J., La notion de contrat, Recueil Dalloz, 1990.

Giardina A., Clauses de stabilisation et clauses d'arbitrage : vers l'assouplissement de leur effet obligatoire ?, *in* Les États dans le contentieux économique international, Revue de l'Arbitrage, Litec, Paris, 2003, pp. 647-666.

Giardina A., L'exécution des sentences du Centre international pour le règlement des différends relatifs aux investissements, Revue critique de droit international privé, 1982.

Giardina A., La lex mercatoria et la sécurité du commerce et des investissements internationaux, *in* Nouveaux itinéraires en droit. Hommage à François Rigaux, Bruylant, Bruxelles, 1993, pp. 223-234.

Gill J., Gearing M. et Birt G., Contractual Claims and Bilateral Investment Treaties, Journal of International Arbitration, vol. 21, n° 5, 2004, pp. 396-412.

Giorgetti C., Caratube v. Kazakhstan : For the First Time Two ICSID Arbitrators Uphold Disqualification of Third Arbitrator, ASIL Insight, vol. 18, n° 22, 2014.

Glavinis P., Le contrat international de construction, GLN Joly, 1993.

Goldman B., Frontières du droit et lex mercatoria, Archives de philosophie du droit, 1964, pp. 177 et s.

Goldman B., La lex mercatoria dans les contrats et l'arbitrage internationaux, JDI, 1979.

Goldman B., La lex mercatoria dans les contrats et l'arbitrage international : réalités et perspectives, JDI, 1979, pp. 475 et s.

Goldman B., Le droit applicable selon la Convention de la BIRD du 18 mars 1965 pour le règlement des différends relatifs aux investissements entre États et ressortissants d'autres États, *in* Investissements étrangers et arbitrage entre États et personnes privées, La Convention BIRD du 18 mars 1965, CREDIMI, Pedone, Paris, 1969, pp. 132-156.

Goldman B., Règles de conflit, règles d'application immédiate et Règles matérielles dans l'arbitrage international : Travaux du Comité français de droit international privé, 1966-1969.

Goldman B., Une bataille judiciaire autour de la lex mercatoria, l'affaire Norsolor, Revue de l'Arbitrage, n° 4, Litec, Paris, 1983, pp. 379 et s.

Grammatico L., Les moyens juridiques du Développement énergétique dans le respect de l'environnement en droit français, t. 1, Presses Universitaires d'Aix-Marseille, 2003, pp. 89 et s.

Griffin P. et Petrochilos G., Will Treaty Arbitration Survive ?, Débat du 15 novembre 2013, GAR, 20 février 2014.

Grisel F., L'octroi d'intérêts composés par les tribunaux arbitraux d'investissement, JDI, 2011, pp. 545-562.

Guyader H., La fin de l'arbitrage d'investissement intra-européen ?, Revue Lamy droit des affaires, n° 141, octobre 2018, pp. 29-32.

Guyomar G., L'arbitrage concernant les rapports entre États et particuliers, AFDI, 1959, pp. 335-345.

Guzman A.-T., Why LDCs Sign Treaties that Hurt Them : Explaining the Popularity of Bilateral Investment Treaties, Virginia Journal of International Law, vol. 38, 1998, pp. 639-688.

Haggernmacher P., La doctrine des deux éléments du droit coutumier dans la pratique de la Cour internationale de Justice, RGDIP, t. 90, 1986, n° 1, pp. 5-125.

Hamamto S., New Challenges for the ICSID Annulement System : Another Private-Public Problem in the International Investment Dispute Settlement, *in* Wolfrum R. et Gätzschmann I., International Dispute Settlement : Room for Innovations ?, Heidelberg, Springer, 2013, pp. 393-416.

Hellio H., L'État un justiciable de second ordre ? À propos des demandes étatiques dans le contentieux arbitral transnational relatif aux investissements étrangers, RGDIP, vol. 3, 2009, pp. 589-620.

Hepburn J. et Kabra R., India's New Model Investment Treaty : Fit for Purpose ?, Indian Law Review, 2017.

Ho Dinh A.-M., Le vide juridique et le besoin de loi. Pour un recours à l'hypothèse du non-droit, L'Année sociologique, Volume 57, n° 2, 2007.

Hoffmann A., Counterclaims, *in* Kinnear M., Fisher G.-R., et al., Building International Investment Law : The First 50 Years of ICSID, Kluwer Law International, 2015, pp. 505-520.

Horchani F., L'arbitrage des litiges États-investisseurs : Que faire face au désordre, Revue tunisienne de l'arbitrage, 2008, n° 5.

Horchani F., Le droit international des investissements à l'heure de la mondialisation, JDI, n° 2, 2004, pp. 369 et s.

Huber M. et Tereposky G., The WTO Appellate Body : Viability as a Model for an Investor-State Dispute Settlement Appellate Mechanism, ICSID Review - FILJ, vol. 32, n° 3, 2017, pp. 545-594.

Jacquet J.-M., Contrat d'État, Jurisclasseur Droit International, 1er novembre 2012, fasc. 571-90.

Jacquet J.-M., L'État comme opérateur du commerce international, JDI, 1989.

Jennings R.-Y., State Contracts in International Law, British Yearbook of International Law, 1961, pp. 156 et s.

Jessup P.-C., Transnational Law, Yale University Press, New Haven, 1956.

Jèze G., La garantie des emprunts publics d'État, RCADI, t. 7, 1925, pp. 151-234.

Juillard P., Chronique de droit international économique : Coopération Technique Environnement, AFDI, 1995, pp. 581-611.

Juillard P., Définir l'investissement, AFDI, 1984, pp. 773-779.

Juillard P., L'évolution des sources du droit des investissements, RCADI, t. 250, 1994, pp. 18-216.

Juillard P., Les Conventions bilatérales d'investissement conclues par la France, JDI, 1979, pp. 274-325.

Juillard P., T. Flory et D. Carreau, Chronique de droit international économique, AFDI, vol. 38, 1992, pp. 757-807.

Kahale G., Kahale Calls for Overhaul of BIT System, GAR, 11 avril 2014.

Kahn P., The Law Applicable to Foreign Investment : The Contribution of the World Bank Convention on the Settlement of Investment Disputes, Indiana Law Journal 1968, vol. 44, n° 1, pp. 1-32.

Kalicki J.-E., Les demandes reconventionnelles des États dans l'arbitrage relatif à l'investissement, Investment Treaty News, n° 2, vol. 3, 2013.

Kamto M., La notion de contrat d'État : une contribution au débat, Revue de l'Arbitrage, n° 23, Litec, Paris, 2003, pp. 719-751.

Kantor M., The New Draft Model US TBI : Noteworthy Developments, Journal of International Arbitration, vol. 21, 2004, pp. 383-396.

Kaufmann-Kohler G., Arbitral Precedent : Dream, Necessity or Excuse ?, Arbitration International, vol. 23, n° 3, 2007, pp. 357-378.

Kearney R.-D. et Dalton R.-E., The Treaty on Treaties, AJIL, vol. 64, 1970, pp. 495-561.

Kelsen H., Théorie du droit international public, RCADI, t. 84, 1953.

Kleinlein T., TTIP and the Challenges of Investor-State-Arbitration : An Exercise in Comparative Foreign Relations Law, Forthcoming, Routledge, SSRN, 2018.

Kodama Y., Dispute Settlement under the Draft Multilateral Agreement on Investment : The Quest for an Effective Dispute Settlement Mechanism and its Failure, Journal of International Arbitration, vol. 16, n° 2, 1999, pp. 45-87.

Labidi H., Où va la clause de la nation la plus favorisée en droit international des investissements ?, *in* Horchani F., Où va le droit des investissements ? Désordre normatif et recherche d'équilibre, Pedone, Paris, 2006, pp. 31 et s.

Lagarde P., Approche critique de la lex mercatoria, *in* Le droit des relations économiques internationales, Études offertes à Berthold Goldman, Litec, Paris, 1982, pp. 125-150.

Laird I., A Distinction Without a Difference ? An Examination of the Concepts of Admissibility and Jurisdiction in Salini v. Jordan and Methanex v. USA, *in* Weiler T., International Investment Law and Arbitration : Leading Cases from the ICSID, Bilateral Treaties and Customary International Law, Cameron May, Londres, 2005, pp. 201 et s.

Lalive J.-F., Contrats entre États ou entreprises étatiques et personnes privées. Développements récents, RCADI, vol. 181, 1983, pp. 9-283.

Lalive P., Les règles de conflit de lois appliquées au fond du litige par l'arbitre international siégeant en Suisse, Revue de l'Arbitrage, Litec, Paris, 1976.

Lalive P., Ordre public transnational ou réellement international et arbitrage international, Revue de l'Arbitrage, Litec, Paris, 1986, pp. 351 et s.

Lalive P., The First 'World Bank' Arbitration (Holiday Inns v. Morocco) - Some Legal Problems, British YearBook of International Law, vol. 51, n° 1, 1980, pp. 123-162.

Latty F., Arbitrage transnational et droit international général, AFDI, vol. 54, 2008, pp. 467-512.

Lauterpacht E., The World Bank Convention on the Settlement of International Investment Disputes, *in* Recueil d'études de droit international en hommage à Paul Guggenheim, Institut Universitaire des Hautes Études Internationales, Genève, 1968, pp. 642-664.

Lauterpacht H., La théorie des différends non justiciables en droit international, RCADI, t. 34, 1930.

Leben Ch., Droit international des investissements : un survol historique, *in* Leben Ch. (dir.), Droit international des investissements et de l'arbitrage transnational, Pedone, Paris, 2015, pp. 1-79.

Leben Ch., L'évolution de la notion de contrat d'État, Revue de l'Arbitrage, n° 3, Litec, Paris, 2003, pp. 629-646.

Leben Ch., L'évolution du droit international des investissements : Un rapide survol, *in* Leben Ch., Le contentieux arbitral transnational relatif à l'investissement : Nouveaux développements, Anthemis, Louvain-la-Neuve, 2006, pp. 7-32.

Leben Ch., La juridiction internationale, Droits, La fonction de juger, vol. 9, 1989, pp. 143-155.

Leben Ch., La responsabilité de l'État sur le fondement des traités de promotion et de protection des investissements, AFDI, 2004, pp. 683-714.

Leben Ch., La Responsabilité internationale de l'État sur le fondement des traités de promotion et de protection des investissements, AFDI, Paris, 2004, pp. 683-714.

Leben Ch., La théorie du contrat d'État et l'évolution du droit international des investissements, RCADI, t. 302, 2003, pp. 197-386.

Leben Ch., Quelques réflexions théoriques à propos des contrats d'État, *in* Souveraineté étatique et marchés internationaux à la fin du 20ème siècle : Mélanges en l'honneur de Philippe Kahn, Litec, Dijon, 2000, pp. 119-175.

Leben Ch., Retour sur la notion de contrat d'État et sur le droit applicable à celui-ci, *in* Mélanges offerts à Hubert Thierry, Pedone, Paris, 1998, pp. 247-280.

Leboulanger P., B. Stern, G. Sacerdoti, P. Juillard et A. Crivallero, La place du CIRDI dans le contentieux de l'investissement international, *in* Leben Ch., Le contentieux arbitral transnational relatif à l'investissement - Nouveaux développements, Anthemis, Louvain-la-Neuve, 2006, pp. 345-361.

Leboulanger P., Groupe d'États et arbitrage, Revue de l'arbitrage, Litec, Paris, 1989.

Lemaire A., Le nouveau visage de l'arbitrage entre États et investisseurs étrangers : Le chapitre 11 de l'ALENA, Revue de l'Arbitrage, Litec, Paris, 2001, pp. 43-91.

Lemaire A.-S., La mystérieuse "umbrella clause" : Interrogation sur l'impact de la clause de respect des engagements sur l'arbitrage en matière d'investissements, Revue de l'Arbitrage, Litec, Paris, 2009, pp. 479-502.

Lemaire S. et Laazouzi M., Chronique de jurisprudence arbitrale en droit des investissements, Revue de l'Arbitrage, n° 2, Litec, Paris, 2017, pp. 645-710.

Lemaire S., Treaty Claims et Contract Claims : La compétence du CIRDI à l'épreuve de la dualité de l'État, Revue de l'arbitrage, 2006, pp. 353-400.

Level P., Le contrat dit sans loi, Travaux du Comité français de droit international privé, Pedone, Paris, 1964-1966, pp. 209-243.

Liebscher C., Monitoring of Domestic Courts in BIT Arbitrations : A Brief Inventory of Some Issues, *in* Binder C., Kriebaum U., Reinisch A. et Wittich S., International Investment Law for the 21st Century - Essays in Honour of Christoph Schreuer, OUP, Oxford, 2009, pp. 105-128.

Lillich R.-B., The Law Governing Disputes under Economic Development Agreements : Reexamining the Concept of Internationalization, *in* Lillich R.-B. et Brower C.-N., International Arbitration in the 21st Century : Towards "Judicialization" and "Uniformity" ?, Irvington, New York, Transnational Publishers, 1994, pp. 61-114.

Loncle J.-M. et Philibert-Pollez D., Les clauses de stabilisation dans les contrats d'investissement, RDAI, n° 3, 2009, pp. 267-292

Loncle J.-M., L'option de l'arbitrage des traités de protection des investissements : Treaty Claims vs. Contract Claims, RDAI, n° 1, 2005, pp. 3-12.

Lowe V., Precluding Wrongfulness or Responsibility : A Plea for Excuses, EJIL, vol. 10, n° 2, 1999, pp. 405-411.

Lowenfeld A.-F., Investment Agreements and International Law, Columbia Journal Transnational Law, vol. 42, 2003, pp. 123-130.

Manciaux S., Actualité de la notion de l'investissement international, *in* Leben Ch. (dir.), La procédure arbitrale relative aux investissements internationaux. Aspects récents, Anthemis, Louvain-la-Neuve, 2010, pp. 145-173.

Manciaux S., CIRDI - Chronique des sentences arbitrales, JDI, 2013.

Manciaux S., La Bolivie se retire du CIRDI, Revue de l'arbitrage, Litec, Paris, 2007, pp. 351-358.

Maniruzzaman A.-F.-M., Some Reflections on Stabilisation Techniques in International Petroleum Gas and Mineral Agreements, International Energy Law and Taxation Review, 2005.

Maniruzzaman A.-F.-M., State Contracts in Contemporary International Law : Monist versus Dualist Theories, European Journal of International Law, 2001, pp. 309-328.

Mann F.-A., British Treaties for the Promotion and Protection of Investments, British Yearbook of International Law, vol. 52, n° 1, 1981.

Mann F.-A., The Law Governing State Contracts, British Yearbook of International Law, 1955, pp. 11-23.

Mann H., La stabilisation dans les contrats d'investissement : repenser le contexte, reformuler le contenu, Investment Treaty News, n° 1, vol. 2, 2011, pp. 6-8.

L. Martin Hamidi, L'avenir du règlement des différends entre investisseurs étrangers et États dans les traités commerciaux internationaux, Revue Lamy droit des affaires, n° 141, octobre 2018, pp. 33-38.

Mayer P., Contract claims et clauses juridictionnelles des traités relatifs à la protection des investissements, JDI, 2009, n° 1, pp. 71-96.

Mayer P., La délocalisation du contrat, *in* Relativité du contrat, Actes du colloque organisé par l'Association Henri Capitant avec le concours de la Maison des Sciences de l'homme Ange Guépin, t. 4, LGDJ, Nantes, 1999, pp. 123 et s.

Mayer P., La neutralisation du pouvoir normatif de l'État en matière de contrats d'État, JDI, vol. 113, 1986, pp. 5-78.

Mayer P., La protection de l'investisseur par les traités sur l'investissement est-elle excessive ?, *in* Leben Ch., Le contentieux arbitral transnational relatif à l'investissement, Anthemis, Louvain-la-Neuve, 2006, pp. 195-200.

Mayer P., le mythe de l'« ordre juridique de base » (ou *Grundlegung*), *in* Le droit des relations économiques internationales, Études offertes à Berthold Goldman, Litec, Paris, 1982, pp. 199-216.

Mbengue M.-M., Consentement à l'arbitrage dans les législations nationales en matière d'investissement, Investment Treaty News, n° 4, vol. 2, 2012.

McKinstry Robin P., The BIT Won't Bite : The American Bilateral Investment Treaty Program, The American University Law Review, 1984.

Mclachlan D.-C., Investment Treaties and General International Law, ICLQ, 2008.

Mekpo C.-G., La clause de la nation la plus favorisée (NPF) et son impact sur l'arbitrage en matière d'investissement : regard sur les sentences récentes, Bulletin de droit économique, vol. 2, n° 1, 2011, pp. 2-9.

Montembault B., La stabilisation des contrats d'État à travers l'exemple des contrats pétroliers. Le retour des Dieux de l'Olympe ?, RDAI, 2013, n° 6, pp. 593 et s.

Muchlinski P., Corporate Social Responsibility, *in* Muchlinski P., Ortino F. et Schreuer C., The Oxford Handbook of International Investment Law, OUP, Oxford, 2008, pp. 637-687.

Muchlinski P., Policy Issues, *in* Muchlinski P., Ortino F. and Schreuer C., The Oxford Handbook of International Investment Law, OUP, Oxford, 2008, pp. 3-48.

Muchlinski P., The Diplomatic Protection of Investors : A Tale of Judicial Caution, *in* Binder C., Kriebaum U., Reinisch A. et Wittich S., International

Investment Law for the 21st Century - Essays in Honour of Christoph Schreuer, OUP, Oxford, 2009, pp. 341-362.

Nassar N., Internationalization of State Contracts : ICSID, the Last Citadel, Journal of International Arbitration, 1997, pp. 185-207.

Norton P.-M., A Law of the Future or a Law of the Past ? - Modern Tribunals and the International Law of Expropriation, AJIL, vol. 85, 1991, pp. 474-505.

Nouvel Y., L'accord économique et commercial global entre l'Union européenne et le Canada (CETA), D. 2016.

Nouvel Y., La compétence matérielle : Contrat, traité et clauses parapluie, *in* Leben Ch., La procédure arbitrale relative aux investissements internationaux : Aspects récents, Anthemis, Louvain-la-Neuve, 2010, pp. 13-30.

Nouvelles en bref, Investment Treaty News, n° 2, vol. 8, 2017.

O'Rourke K., Globalization and Inequalities : Historical Trends, National Bureau of Economic Research, Working Paper 8339, Juin 2001.

Paddeu F., A Genealogy of Force Majeure in International Law, British Yearbook of International Law, 2001, n° 82, pp. 381 et s.

Para A.-R., Principles Governing Foreign Investment as reflected in National Investment Codes, *in* Legal Framework for the Treatment of Foreign Investment, ICSID Review - FILJ, 1992, pp. 428-452.

Parra A.-R., Applicable Law in Investor-State Arbitration, *in* A.-W. Rovine, Contemporary Issues in International Arbitration and Mediation, Martinus Nijhoff Publishers, Leyde, 2008, pp. 3-12.

Paulsson J., Arbitration Without Privity, ICSID Review - FILJ, vol. 10, 1995.

Paulsson J., Jurisdiction and Admissibility, *in* Asken G., Böckstiegel K.-H. et Mustill M.-J., Global Reflections on International Law, Commerce and Dispute Resolution - Liber Amicorum in Honour of Robert Briner, ICC Publishing, Paris, 2005, pp. 601-617.

Pellet A., Adieu Philippines - Remarques sur la distinction entre les réclamations conventionnelles et contractuelles dans le droit de l'investissement international, *in* Le droit international économique à l'aube du XXIème siècle - Mélanges offerts à Dominique Carreau et Patrick Juillard, Pedone, Paris, 2009, pp. 97-110

Pellet A., La lex mercatoria, "tiers ordre juridique" ? Remarques ingénues d'un internationaliste de droit public, *in* Souveraineté étatique et marchés internationaux à la fin du 20ème siècle. À propos de 30 ans de recherche du CREDIMI - Mélanges en l'honneur de Philippe Kahn, Litec, Paris, 2000, pp. 53-74.

Peterson L., Indonesia Ramps up Termination of BITs, IA Reporter, 20 novembre 2015.

Pic P. et Léger I., Le nouveau règlement d'arbitrage de la CNUDCI (2010), Revue de l'Arbitrage, n° 1, Litec, Paris, 2011, pp. 99-118.

Piot A., La clause de la nation la plus favorisée, Revue critique de droit international privé, vol. 45, n° 1, 1956, pp. 1-20.

Poirat F., L'article 26 du Traité relatif à la Charte de l'Énergie : Procédures de règlement des différends et statut des personnes privées, RGDIP, 1998, n° 2, pp. 45-82.

Polkinghorne M. et Volkmer S.-M., The Legality Requirement in Investment Arbitration, Journal of International Arbitration, vol. 34, n° 2, 2017, pp. 149-168.

Porterfield M.-C., An International Common Law of Investors Rights, University of Pennsylvania Journal of International Economic Law, vol. 27, 2006, pp. 79-113.

Potts J.-B., Stabilizing the Role of Umbrella Clauses in Bilateral Investment Treaties : Intent, Reliance, and Internationalization, Virginia Journal of International Law, vol. 51, 2011, pp. 1005-1047.

Poulain B., Droit applicable. La conformité de l'investissement au droit local dans le contentieux investisseur-État, La Gazette du Palais, n° 349, 2007, pp. 41 et s.

Ranjan P. et Anand P., The 2016 Model Indian Bilateral Investment Treaty : A Critical Deconstruction, Northwestern Journal of International Law & Business, vol. 38, 2017, pp. 1-54.

Reinisch A., The Use and Limits of Res Judicata and Lis Pendens as Procedural Tools to Avoid Conflicting Dispute Settlement Outcomes, Law & Practice of International Courts & Tribunals, vol. 3, 2004, pp. 37 et s.

Reisman W.-M. et Arsanjani M., Applicable Law Under the ICSID Convention : The Tortured History of the Interpretation of Article 42, *in* Kinnear M., Fisher G.-R., et al., Building International Investment Law : The First 50 Years of ICSID, Kluwer Law International, 2015, pp. 3-12.

Reisman W.-M., The Regime for Lacunae in the ICSID Choice of Law Provision and the Question of its Threshold, ICSID Review - FILJ, vol. 15, 2000, pp. 362-381.

Remy B., CIRDI - Chronique des sentences arbitrales, JDI, 2014, pp. 289-291.

Reuter P., L'extension du droit international aux dépens du droit national devant le juge international, *in* Mélanges offerts à Marcel Waline, Paris, LGDJ, 1974, t. 1.

Rigo Sureda A., The Umbrella Clause, *in* Kinnear M., Fisher G.-R., et al., Building International Investment Law : The First 50 Years of ICSID, Kluwer Law International, 2015, pp. 375-388.

Ripinsky S., Le Venezuela se retire du CIRDI : Les implications, Investment Treaty News, n° 3, vol. 2, 2012.

Rivier R., L'articulation entre droit national et droit international devant les tribunaux arbitraux internationaux d'investissement, *in* Robert-Cuendet S. (dir.), Droit des investissements internationaux : Perspectives croisées, Bruylant, Bruxelles, 2017, pp. 413-483.

Romero E.-S., Consolidation and Parallel Proceedings, *in* Kinnear M., Fisher G.-R., et al., Building International Investment Law : The First 50 Years of ICSID, Kluwer Law International, 2015, pp. 601-612.

Romero E.-S., La dialectique de l'arbitrage international impliquant des parties étatiques, observations sur le droit applicable dans l'arbitrage des contrats d'État, Bull de la CCI, vol. 15, n° 2, 2ème semestre, 2004.

Rosenberg D., Les codes des investissements : Un exemple de souveraineté dans un ordre économique égalitaire, RJPIC, 1978, pp. 913-933.

Rubins N., Les innovations arbitrales dans les récents accords américains de libre-échange : Deux pas en avant, un pas en arrière, RDAI, n° 8, 2003, pp. 865-885.

Rubins N., Les pays exportateurs de capitaux comme défendeurs dans l'arbitrage relatif à l'investissement : l'affaire Loewen c. États-Unis *in* Leben Ch., Le contentieux arbitral transnational relatif à l'investissement - Nouveaux développements, Anthemis, Louvain-la-Neuve, 2006, pp. 237-280.

Rubins N., MFN Clauses, Procedural Rights and a Return to the Treaty Text, *in* Weiler T., Investment Treaty Arbitration and International Law, JurisNet, Huntington, 2008, pp. 213-229.

Sacerdoti G., Arbitration of Investment Disputes under UNCITRAL Rules and the Choice of Applicable Law, *in* Charnocitz S., Sierger D., Van Den Bossche P., Law in the Service of Human Dignity : Essays in Honor of Florentino Feliciano, CUP, Cambridge, 2005, pp. 276-298.

Sacerdoti G., Bilateral Treaties and Multilateral Instruments on Investment Protection, RCADI, t. 269, 1998.

Sacerdoti G., Investment Arbitration Under ICSID and UNCITRAL Rules : Prerequisites, Applicable Law, Review of Awards, ICSID Review - FILJ, 2004, vol. 19, n° 1, pp. 1-48.

Salacuse J.-W. et Sullivan N.-P., Do BITs Really Work : An Evaluation of Bilateral Investment Treaties and their Grand Bargain, Harvard International Law Journal, vol. 46, 2005, pp. 67-136.

Santacroce F.-G., Navigating the Troubled Waters Between Jurisdiction and Admissibility : An Analysis of Which Law Should Govern Characterization of Preliminary Issues in International Arbitration, Arbitration International, vol. 33, n° 4, 2017, pp. 539-570.

Sardinha E., The Impetus for the Creation of an Appellate Mechanism, ICSID Review - FILJ, vol. 32, n° 3, 2017, pp. 503-527.

Savadogo L., Déni de justice et responsabilité internationale de l'État pour les actes de ses juridictions, JDI, 2016, pp. 827-876.

Schill S., Maffezini v. Plama : Reflections on the Jurisprudential Schism in the Application of Most-Favored-Nation Clauses to Matters of Dispute Settlement, *in* Kinnear M., Fisher G.-R., et al., Building International

Investment Law : The First 50 Years of ICSID, Kluwer Law International, 2015, pp. 251-266.

Schill S.-W., Reforming Investor-State Dispute Settlement : A (Comparative and International) Constitutional Law Framework, Journal of International Economic Law, vol. 20, 2017, pp. 649-672.

Schreuer C., Investment Treaty Arbitration and Jurisdiction over Contract Claims - The Vivendi I Case Considered, *in* Weiler T., International Investment Law and Arbitration : Leading Cases from the ICSID, NAFTA, Bilateral Treaties and Customary International Law, Cameron May, Londres, 2005, pp. 281-324.

Schreuer C., The Future of Investment Arbitration, *in* Arsanjani M. H., Cogan J. K., Sloane R. D. et Wiessner S., Looking at the Future - Essays on International Law in Honor of W.-M. Reisman, Martinus Nijhoff Publishers, Boston, 2011, pp. 787-803.

Schreuer C., Travelling the TBI route. Of Waiting Periods, Umbrella Clauses and Forks in the road, JWIT, vol. 5, n° 2, 2004, pp. 231-256.

Schultz T. et Dupont C., Investment Arbitration : Promoting the Rule of Law or Over-Empowering Investors ? A Quantitative Empirical Study, European Journal of International Law, vol. 25, n° 4, 2015, pp. 1147-1168.

Seraglini C., Brèves remarques sur les recommandations de l'Association de droit international sur la litispendance et l'autorité de la chose jugée en Arbitrage, Revue de l'arbitrage, Litec, Paris, 2006, pp. 909 et s.

Sereni A.-P., International Economic Institutions and the Municipal Law of States, RCADI, t. 96, 1959.

Seriki H., Umbrella Clauses and Investment Treaty Arbitration : All Encompassing or a Respite for Sovereign States and States Entities, Journal of Business Law, 2007, pp. 570 et s

Shelton D., The Participation of Non-Governmental Organizations in International Judicial Proceedings, AJIL, vol. 88, n° 4, 1994, pp. 611-642.

Shihata I.-F.-I., Para A.-R., Applicable Substantive Law in Dispute Between States and Private Foreign Parties : The Case of Arbitration under the ICSID Convention, ICSID Review - FILJ, 1994, vol. 9, n° 2.

Simmons B.-A., Bargaining over BITs, Arbitrating Awards : The Regime for Protection and Promotion of International Investment, World Politics, vol. 66, n° 1, 2014, pp. 12-46.

Sinclair A.-C., The Origins of the Umbrella Clause in the International Law of Investment Protection, Arbitration International, vol. 20, n° 4, 2004, pp. 411-434.

Slim H., L'arbitrage détaché des lois étatiques, Colloque du Mans, 15 décembre 2011, pp. 61-79.

Slim H., les Contrats d'État et les spécificités des systèmes juridiques dualistes, Revue de l'Arbitrage, Litec, Paris, 2003, pp. 691- 718.

Sornarajah M., State Responsibility and Bilateral Investment Treaties, Journal of World Trade Law, vol. 20, 1986, pp. 79-98.

Spiermann O., Applicable Law, *in* P. Muchlinski, F. Ortino et C. Schreuer, The Oxford Handbook of International Investment Law, OUP, Oxford, 2008, pp. 89-118.

Stern B., La protection diplomatique des investisseurs internationaux : De Barcelona Traction à Elettronica Sicula ou les glissements progressifs de l'analyse, JDI, 1990, pp. 897-945.

Stern B., Trois arbitrages, un même problème, trois solutions, Les nationalisations libyennes devant l'arbitrage international, Revue de l'Arbitrage, Litec, Paris, 1980, pp. 3 et s.

Struycken A.-V.-M., Arbitration and State Contract, RCADI, t. 374, 2015, pp. 9-52.

Subedi S., International Investment Law : Reconciling Policy and Principle, Hart Publishing, Portland, 2008.

Szurek S., Circumstances Precluding Wrongfulness in the ILC Articles on State Responsibility : Force Majeure, *in* Crawford J., Pellet A., Olleson S., The Law of international, OUP, Oxford, 2010, pp. 477 et s.

Titi C., Les clauses de stabilisation dans les contrats d'investissement : Une entrave au pouvoir normatif de l'État d'accueil ?, JDI, 2014, pp. 541-562.

Titi C., Res Iudicata and Interlocutory Decisions under the ICSID Convention : Antinomies over the Power of Tribunals to Review, SSRN, 2017, pp. 1-28.

Triepel H., Les rapports entre le droit interne et le droit international, RCADI, t. 1, 1923, pp. 77-118.

Van Harten G., L'explosion des demandes parallèles dans l'arbitrage au titre d'un traité d'investissement, Investment Treaty News, n° 1, vol. 5, 2014.

Veeder V., The Lena Goldfields Arbitration : The Historical Roots of Three Ideas, ICLQ, vol. 47, 1998, pp. 747-792.

Ven Den Broek N. et Morris D., The EU's Proposed Investment Court and WTO Dispute Settlement : A Comparison and Lessons Learned, European Investment Law and Arbitration Review Online, vol. 2, n° 1, pp. 35-89.

Verdross A., Les règles internationales concernant le traitement des étrangers, RCADI, t. 37, 1932, pp. 323-412.

Verdross A., Protection of Private Property under Quasi-International Agreements, *in* Liber amicorum Jean Pierre Adrien François, Sijthoff, Leyden, 1959, pp. 355-362.

Verdross A., Quasi-International Agreements and International Economic Transactions, Yearbook of World Affairs, 1964, pp. 230-247.

Verhoeven J., Droit international des contrats et droit des gens, RBDI, 1979, pp. 209-230.

Virally M., Un tiers droit ? Réflexions théoriques, *in* Le droit des relations économiques internationales, Études offertes à Berthold Goldman, Litec, Paris, 1982, pp. 373-385.

Waibel M., Investment Arbitration : Jurisdiction and Admissibility, University of Cambridge, Paper n° 9/2014, février 2014, pp. 67-70.

Wälde T. et Ndi G., Stabilizing International Investment Commitments : International Law versus Contract Interpretation, Texas International Law Journal, 1996.

Wälde T., Investment Arbitration Under the Energy Charter Treaty : From Dispute Settlement to Treaty Implementation, Arbitration International, vol. 12, n° 4, 1996, pp. 429 et s.

Wälde T., The "Umbrella" (or Sanctity of Contract/*Pacta sunt Servanda*) Clause in Investment Arbitration : A Comment on Original Intentions and Recent Cases, Transnational Dispute Management, vol. 1, n° 4, 2004, pp. 1-48.

Wälde T.et Dow S., Treaties and Regulatory Risk in Infrastructure Investment : The Effectiveness of International Law Disciplines versus Sanctions by Global Markets in Reducing the Political and Regulatory Risk for Private Infrastructure Investment, Journal of World Trade Law, vol. 34.

Waren W., Paying to Regulate : A Guide to Methanex V. United States and NAFTA Investor Rights, Environmental Law Reporter, vol. 31, 2001.

Weil P., Droit international et Contrats d'État, *in* Mélanges offerts à Paul Reuter, Pedone, Paris, 1981, pp. 549-582.

Weil P., Les clauses de stabilisation ou d'intangibilité insérées dans les accords de développement économique, *in* Mélanges offerts à Charles Rousseau : La communauté internationale, Pedone, Paris, 1974, pp. 301-328.

Weil P., Principes généraux du droit et contrats d'État, *in* Le droit des relations économiques internationales, Études offertes à Berthold Goldman, Litec, Paris, 1982, pp. 387-414.

Weil P., Problèmes relatifs aux contrats passés entre un État et un particulier, RCADI, t. 128, vol. 3, 1970, pp. 95-240.

Weil P., Un nouveau champ d'influence pour le droit administratif français : Le droit international des contrats, Études et documents du Conseil d'État, 1970.

Williams D., International Commercial Arbitration and Globalization : Review and Recourse against Awards rendered under Investment Treaties, The Journal of World Investment, vol. 4, n° 2, 2003, pp. 251-276.

Wordsworth S., Some Thoughts on Applicable Law and Interpretation, *in* Rovine A.-W. Contemporary Issues in International Arbitration and Mediation : The Fordham papers, 2012, Leiden, Martinus Nijhoff, 2013, pp. 50-56.

X. Les profiteurs de l'injustice, Comment les cabinets juridiques, les arbitres et les financiers alimentent un boom de l'arbitrage d'investissement, Corporate Europe Observatory - Transnational Institue, novembre 2012.

Yackee J., Pacta Sunt Servanda and State Promises to Foreign Investors Before Bilateral Investment Treaties : Myth and Reality, Fordham International Law Journal, vol. 32, n° 5, 2009, pp. 1550-1613.

Yala F., Notion d'investissement, *in* Investissements internationaux et arbitrage, Les Cahiers de l'arbitrage, 2003, pp. 9 et s.

Yusuf A. et Yusuf G., Precedent & Jurisprudence Constante, *in* Kinnear M., Fisher G.-R., et al., Building International Investment Law : The First 50 Years of ICSID, Kluwer Law International, 2015, pp. 71-82.

IV. Documents officiels

CDI, Documents de la vingtième session y compris le rapport de la Commission à l'Assemblée générale, Annuaire de la Commission du droit international, vol. 2, Doc. A/CN.4/257, 1972.

CDI, Projet d'articles sur la protection diplomatique et commentaires y relatifs, Annuaire de la Commission du droit international, vol. 2, n° 2, 2006, pp. 13-104.

CDI, Responsabilité internationale : Troisième rapport de F.-V. Garcia Amador, rapporteur spécial, Annuaire de la Commission du droit international, vol. 2, Doc. A/CN.4/111, 1958, pp. 49-76.

CIRDI, Affaires du CIRDI - Statistiques, n° 2018/1.

CIRDI, Rapport annuel - 50 ans anniversaire, Publications du CIRDI, Washington, 2016.

CIRDI, Rapport annuel, Publications du CIRDI, Washington, 2017.

CNUCED, Bilateral Investment Treaties, 1995-2006 : Trends in Investment Rulemaking, Publications des Nations Unies, Genève, 2007.

CNUCED, Bilateral Investment Treaties, Publications des Nations Unies, Londres, 1988.

CNUCED, Denunciation of the ICSID Convention and BITs : Impact on Investor-State Claims, IIA Issues Note, n° 2, décembre 2010.

CNUCED, International Investment Agreements 1999-2006 : Trends in International Rulemaking, Publications des Nations Unies, New York et Genève, 2007.

CNUCED, International Investment Instruments : A Compendium - Volume V, Publications des Nations Unies, 2000, Genève.

CNUCED, Recent Developments in Investor-State Dispute Settlement (ISDS), IIA, n° 1, 2014

CNUCED, Reform of Investor-State Dispute Settlement : In Search of a Roadmap, IIA Issues Note, n° 2, juin 2013.

CNUCED, Reform of Investor-State Dispute Settlement : In Search of a Roadmap, IIA Issues Note, n° 2, juin 2013.

CNUCED, World Investment Report 2010, Investing in a Low-Carbon Economy, Publications des Nations Unies, 2010, Genève.

CNUCED, World Investment Report 2007, Towards a New Generation of Investment Policies, Publications des Nations Unies, 2007, Genève.

CNUCED, World Investment Report 2012, Towards a New Generation of Investment Policies, Publications des Nations Unies, 2012, Genève.

CNUCED, World Investment Report 2014, Investing in the SDGs : An Action Plan, Publications des Nations Unies, 2014, Genève.

CNUCED, World Investment Report 2015, Reforming International Investment Gouvernance, Publications des Nations Unies, 2015, Genève.

CNUCED, World Investment Report 2016, Investor Nationality : Policy Challenges, Publications des Nations Unies, 2016, Genève.

CNUCED, World Investment Report 2017, Investment and the Digital Economy, Publications des Nations Unies, 2017, Genève.

CNUDCI, Rapport du Groupe de travail II (Arbitrage et conciliation) sur les travaux de sa cinquante et unième session (Vienne, 14-18 septembre 2009), A/CN.9/684.

Commission d'arbitrage, *Ambatelios*, sentence du 6 mars 1956. Recueil des sentences arbitrales, Publications des Nations Unies, vol. 12, 1963.

History of the ICSID Convention, Document Concerning the Origin and the Formation of the Convention on the Settlement of Investment Disputes Between States and Nationals of Other States, Publications du CIRDI, Washington, 1968.

OCDE, Le traitement de la nation la plus favorisée dans le droit international des investissements, Numéro 2004/2, Publications de l'OCDE, 2004, Paris.

V. Jurisprudence

A. Jurisprudence internationale

1. Jurisprudence du CIRDI

CIRDI, affaire *Abacalt et autres c. République d'Argentine*, ARB/07/5, décision sur la compétence et la recevabilité du 4 août 2011.

CIRDI, affaire *Abacalt et autre c. Républiqe d'Argentine*, ARB/07/5, décision sur la compétence et la recevabilité du 4 août 2011, opinion dissidente de Georges Abi-Saab.

CIRDI, affaire *ADC Affiliate Ltd. et ADC & ADMC Management Ltd c. Hongrie*, ARB/03/16, sentence du 2 octobre 2006.

CIRDI, affaire *AES Corporation c. Argentine,* ARB/02/17, décision sur la compétence du 26 avril 2005.

CIRDI, affaire *AES Summit Generation Limited and AES-Tisza Erömü Kft c. Hongrie*, ARB/07/22, sentence du 23 septembre 2010.

CIRDI, affaire *AGIP S.p.A c. République populaire du Congo*, ARB/77/1, sentence du 30 novembre 1979, Revue critique de droit international privé, 1982, pp. 92-109.

CIRDI, affaire *Alex Guenin et autres c. République d'Estonie,* ARB/99/2, sentence du 25 juin 2001.

CIRDI, affaire *Amco c. Indonésie*, ARB/81/1, décision sur la compétence du 25 septembre 1983, telle que traduite *in* Gaillard E., La jurisprudence du CIRDI, Pedone, Paris, 2004, pp. 17-36.

CIRDI, affaire *Amco c. Indonésie,* ARB/81/1, décision du Comité *ad hoc* du 16 mai 1986, telle que traduite *in* Gaillard E., La jurisprudence du CIRDI, Pedone, Paris, 2004, pp. 177-198.

CIRDI, affaire *Amco c. Indonésie,* ARB/81/1, deuxième sentence sur le fond du 5 juin 1990, telle que traduite *in* Gaillard E., La jurisprudence du CIRDI, Pedone, Paris, 2004, pp. 301-322.

CIRDI, affaire *American Manufacturing & Trading Inc. c. République du Zaïre,* ARB/93/1, sentence du 21 février 1997, telle que traduite *in* Gaillard E., La jurisprudence du CIRDI, Pedone, Paris, 2004, pp. 425-454.

CIRDI, affaire *Asian Agricultural Products Limited c. Sri Lanka,* ARB/87/3, sentence du 27 juin 1990, telle que traduite *in* Gaillard E., La jurisprudence du CIRDI, Pedone, Paris, 2004, pp. 323-242.

CIRDI, affaire *ATA Construction Industrial & Trading Company c. Jordanie,* ARB/08/2, sentence du 18 mai 2010.

CIRDI, affaire *Autopista c. Venezuela,* ARB/00/5, sentence du 23 septembre 2003.

CIRDI, affaire *Azurix Corp. c. Argentine,* ARB/03/30, décision sur la compétence du 8 décembre 2003, telle que traduite *in* Gaillard E., La jurisprudence du CIRDI, Pedone, Paris, 2004, pp. 849-862.

CIRDI, affaire *Azurix Corp. c. Argentine,* ARB/01/12, sentence du 14 juillet 2006.

CIRDI, affaire *Bayindir Insaat Turizm Ticaret Ve Sanayi A.S. c. Pakistan,* ARB/03/29, décision sur la compétence du 14 novembre 2005.

CIRDI, affaire *Bayindir Insaat Turizm Ticaret Ve Sanayi A.S. c. Pakistan,* ARB/03/29, sentence du 27 août 2009.

CIRDI, affaire *Beijing Urban Construction Group c. Yémen*, ARB/14/30, décision sur la compétence du 31 mai 2017.

CIRDI, affaire *Belenergia S.A. c. Italie*, ARB/15/40.

CIRDI, affaire *Benvenuti & Bonfant c. Congo*, l, sentence du 8 août 1980, Yearbook of Commercial Arbitration, vol. 8, n° 2, 1983, pp. 144-152.

CIRDI, affaire *BIVAC c. Paraguay,* ARB/07/9, décision sur la compétence du 29 mai 2009.

CIRDI, affaire *Bosh International Inc. and B&P Ltd. Foreign Investment c. Ukraine*, ARB/08/11, sentence du 25 octobre 2012.

CIRDI, affaire *Burlington Resources Inc. c. Équateur*, ARB/08/5, décision du 7 février 2017.

CIRDI, affaire *Caratube International Oil Company LLP and Devincci Salah Hourani c. République du Kazakhstan*, ARB/13/13, sentence du 27 septembre 2017.

CIRDI, affaire *Cementownia « Nowa Huta » S.A c. Turquie*, ARB(AF)/06/2, sentence du 17 septembre 2009.

CIRDI, affaire *CMS Gas Transmission Company c. Argentine*, ARB/01/8, décision sur la compétence du 13 juillet 2003, telle que traduite *in* Gaillard E., La jurisprudence du CIRDI, Pedone, Paris, 2004, pp. 793-814.

CIRDI, affaire *CMS Gas Transmission Company c. Argentine,* ARB/01/8, sentence du 12 mai 2005.

CIRDI, affaire *CMS Gas Transmission Company c. Argentine*, ARB/01/8, décision du Comité *ad hoc* du 25 septembre 2007.

CIRDI, affaire *Compañia de Aquas des Aconquija, S.A. c. Argentine - Vivendi I* - ARB/97/3, sentence du 21 novembre 2000.

CIRDI, affaire *Compañia de Aguas del Aconquija S.A. et Vivendi Universal S.A. c. Argentine - Vivendi II* - ARB/97/3, décision du Comité *ad hoc* du 3 juillet 2002, telle que traduite *in* Gaillard E., La jurisprudence du CIRDI, Pedone, Paris, 2004, pp. 719-766.

CIRDI, affaire *Compañia del Desarrollo de Santa Elena S.A. c. Costa Rica,* ARB/96/1, sentence du 17 février 2000.

CIRDI, affaire *ConocoPhillips Company et al c. République bolivarienne du Venezuela,* ARB/07/30, opinion dissidente du 10 mars 2014.

CIRDI, affaire *Consorzio Lesi-Dipenta c. Algérie,* ARB/03/8, sentence du 10 janvier 2005.

CIRDI, affaire *Continental Casualty c. Argentine*, ARB/03/9, sentence du 5 septembre 2008.

CIRDI, affaire *Corona Materials c. République dominicaine*, ARB(AF)/14/13, sentence du 31 mai 2016.

CIRDI, affaire *Daimler Financial Services AG c. Argentine,* ARB/05/1, sentence du 22 août 2012.

CIRDI, affaire *EDF International S.A., SAUR International S.A. and León Participationes Argentinas S.A. c. Argentine*, ARB/03/23, sentence du 11 juin 2012.

CIRDI, affaire *El Paso Energy Internatinal Company c. Argentine*, ARB/03/15, décision sur la compétence du 27 avril 2006.

CIRDI, affaire *El Paso Energy International c. République d'Argentine*, ARB/03/15, sentence du 31 octobre 2011.

CIRDI, affaire *Electrabel S.A. c. Hongrie*, ARB/07/19, sentence du 25 novembre 2015.

CIRDI, affaire *Enron Corporation et Ponderosa Assets LP c. Argentine*, ARB/01/3, décision sur la compétence du 14 janvier 2004.

CIRDI, affaire *Enron Corporation et Ponderosa Assets LP c. Argentine*, ARB/01/3, sentence du 22 mai 2007.

CIRDI, affaire *Erbil Serter c. France*, ARB/13/22, affaire toujours pendante.

CIRDI, affaire *Eskosol S.p.A. in liquidazione c. Italie*, ARB/15/50.

CIRDI, affaire *Europe Cement Investment & Trade S.A c. Turquie*, ARB(AF)/07/2, sentence du 13 août 2009.

CIRDI, affaire *Franck Charles Arif c. Moldavie,* ARB/11/23, sentence du 8 avril 2013.

CIRDI, affaire *Fraport AG Frankfurt Airport Services Worldwide c. Philippines*, ARB/03/25, sentence du 16 août 2007.

CIRDI, affaire *Gabon c. Société Serete*, ARB/76/1, Sentence du 27 février 1978.

CIRDI, affaire *Garanti Koza LLP c. Turkménistan,* ARB/11/20, décision sur la compétence et opinion dissidente du 3 juillet 2013.

CIRDI, affaire *Garanti Koza LLP c. Turkménistan,* ARB/11/20, opinion dissidente du 3 juillet 2013.

CIRDI, affaire *Getma International et autres c. République de Guinée,* ARB/11/29, sentence du 16 août 2016.

CIRDI, affaire *Goetz c. Burundi,* ARB/95/3, sentence du 10 février 1999.

CIRDI, affaire *Gouvernement de la Province du Kalaman de l'Est c. PT Kalim Prima Coal*, ARB/07/3, sentence du 28 décembre 2009.

CIRDI, affaire *Gustav Fw Hamester GmbH & Co. Kg c. Ghana,* ARB/07/24, sentence du 18 juin 2010.

CIRDI, affaire *Hochtief AG c. Argentine*, ARB/07/31, décision sur la compétence du 24 octobre 2011.

CIRDI, affaire *Holiday Inns S.A. et autres c. Royaume du Maroc*, ARB/72/1, telle que reproduite et commentée *in* P. Lalive, The First 'World Bank' Arbitration (Holiday Inns v. Morocco) - Some Legal Problems, British Yearbook of International Law, vol. 51, n° 1, 1980, pp. 123-162.

CIRDI, affaire *Hussein Nuaman Soufraki c. Émirats arabes unis,* ARB/02/7, décision du Comité *ad hoc* du 5 juin 2007.

CIRDI, affaire *Impregilo S.p.A c. République d'Argentine,* ARB/07/17, sentence du 21 juin 2011.

CIRDI, affaire *Impregilo S.p. A c. République d'Argentine*, ARB/07/17, sentence du 21 juin 2011, opinion dissidente de Brigitte Stern.

CIRDI, affaire *Impregilo S.p. A c. République d'Argentine*, ARB/07/17, décision du Comité *ad hoc* du 24 janvier 2014.

CIRDI, affaire *Inceysa Vallisoletana S.L. c. El Salvador*, ARB/03/26, sentence du 2 août 2006.

CIRDI, affaire *International SA, SAUR International SA and León Participaciones Argentinas SA c. Argentine,* ARB/03/23, sentence du 11 juin 2012.

CIRDI, affaire *Ionnis Kardassopolous c. Géorgie*, ARB/05/18, décision sur la compétence du 6 juillet 2007.

CIRDI, affaire *Jan de Nul N. V. c. Égypte*, ARB/04/13, décision sur la compétence du 16 juin 2006.

CIRDI, affaire *Joy Mining Machinery Ltd. c. Égypte,* ARB/03/11, sentence du 6 août 2004.

CIRDI, affaire *Kiliç Īnsaat Īthalat Īhracat Sanayi Ve Ticaret Anonim Sirketi c. Turkménistan*, ARB/10/1, sentence du 2 juillet 2013.

CIRDI, affaire *Klöckner Industrie-Anlagen GmbH et autres c. Cameroun et Société Camerounaise des Engrais,* ARB/81/2, décision du Comité *ad hoc* du 3 mai 1985, telle que traduite *in* Gaillard E., La jurisprudence du CIRDI, Pedone, Paris, 2004, pp. 163-176.

CIRDI, affaire *Lanco International c. Argentine*, ARB/97/6, décision sur la compétence du 8 décembre 1998.

CIRDI, affaire *LG&E Energy Corp., LG&E Capital Corp., et LG&E International, c. Argentine*, ARB/02/1, décision sur les réparations du 3 octobre 2006.

CIRDI, affaire *Liberian Eastern Timber Corporation (Letco) c. Libéria,* ARB/83/2, sentence du 31 mars 1986, telle que traduite *in* Gaillard E., La jurisprudence du CIRDI, Pedone, Paris, 2004, pp. 201-218.

CIRDI, affaire *Lighthouse Corporation Pty Ltd and Lighthouse Corporation Ltd, IBC c. République démocratique du Timor oriental*, ARB/15/2, sentence du 22 décembre 2017.

CIRDI, affaire *M. Eudoro Armondo Olguin c. Paraguay*, ARB/98/5, décision sur la compétence du 8 août 2000.

CIRDI, affaire *M. Franck Charles Arif c. Moldavie*, ARB/11/23, sentence du 8 avril 2013.

CIRDI, affaire *Masdar Solar & Wind Cooperatief U.A. c. Royaume d'Espagne*, ARB/14/1, sentence du 16 mai 2018

CIRDI, affaire *Maffezini c. Espagne,* ARB/97/7, décision sur la compétence du 25 janvier 2000.

CIRDI, affaire *Malicorp Limited c. Égypte*, ARB/08/18, sentence du 7 février 2011.

CIRDI, affaire *Marion Unglaube c. Costa Rica,* ARB/08/1, sentence du 16 mai 2012.

CIRDI, affaire *Maritime International Nominnes Establishment c. République de Guinée*, ARB/84/4, sentence du 22 décembre 1989, JDI, 1991, pp. 166-171.

CIRDI, affaire *Metal-Tech ltd c. Ouzbékistan*, ARB/10/3, sentence du 4 octobre 2013.

CIRDI, affaire *MTD Equity Sdn. Bhd. et MTD Chili S.A. c. Chili*, ARB/01/7, sentence du 25 mai 2004.

CIRDI, affaire *Murphy Exploration and Production Company International c. Équateur*, ARB/08/4, sentence sur la compétence du 15 décembre 2010.

CIRDI, affaire *Noble Ventures Inc. c. Roumanie,* ARB/01/11, sentence du 12 octobre 2005.

CIRDI, affaire *Occidental Petroleum Corporation et Occidental Exploration and Production Company c. Équateur*, ARB/06/11, sentence du 5 octobre 2012.

CIRDI, affaire *Olguín c. Paraguay*, ARB/98/5, décision sur les exceptions d'incompétence du 8 août 2000.

CIRDI, affaire *Ömer Dede and Serdar Elhüseyni c. Roumanie*, ARB/10/22, sentence du 5 septembre 2013.

CIRDI, affaire *Pan Americain Energy LLC and BP Argentina Exploration Company c. Argentine*, ARB/04/8, décision sur les exceptions préliminaires du 27 juillet 2006.

CIRDI, affaire *Plama Consortium Limited c. Bulgarie,* ARB/03/24, décision sur la compétence du 8 février 2005.

CIRDI, affaire *Repsol YPF Équateur S.A. c. Empresa Estatal Petróleos del Ecuador*, ARB/01/10, décision du Comité ad hoc du 8 janvier 2007.

CIRDI, affaire *Robert Azinian et autres c. Mexique,* ARB(AF)/97/2, sentence du 1 novembre 1999.

CIRDI, affaire *Rumeli Telekom AS & Telsim Mobil Telekomunikasyon Hizmetleri AS c. Kazakhstan*, ARB/05/16, décision du comité ad hoc du 25 mars 2010.

CIRDI, affaire *Saipem S.p.A c. Bangladesh*, ARB/05/07, décision sur la compétence du 21 mars 2007.

CIRDI, affaire *Salini Costruttori S.p.A. and Italstrade S.p.A. c. Royaume du Maroc,* ARB/00/4, décision sur la compétence du 23 juillet 2001.

CIRDI, affaire *Salini Costruttori Spa et Italstrade Spa c. Jordanie*, ARB/02/13, décision sur la compétence du 9 novembre 2004.

CIRDI, affaire *Sapiem S.p.A c. Bangladesh*, ARB/05/7, décision sur la compétence du 21 mars 2007 et sentence du 30 juin 2009.

CIRDI, affaire *Sempra Energy International c. Argentine,* ARB/02/16, décision sur la compétence du 11 mai 2005.

CIRDI, affaire *Sempra Energy International c. Argentine*, ARB/02/16, sentence du 28 septembre 2007.

CIRDI, affaire *Sempra Energy c. Argentine*, ARB/02/16, décision du comité *ad hoc* du 29 juin 2010.

CIRDI, affaire *SGS c. Paraguay*, ARB/07/29, décision sur la compétence du 12 février 2010.

CIRDI, affaire *SGS c. Paraguay*, ARB/07/29, décision d'annulation du 19 mai 2014.

CIRDI, affaire *SGS c. Pakistan,* ARB/01/13, décision sur la compétence du 6 août 2003, telle que traduite *in* Gaillard E., La jurisprudence du CIRDI, Pedone, Paris, 2004, pp. 815-835.

CIRDI, affaire *SGS c. Philippines,* ARB/02/6, décision sur la compétence du 29 janvier 2004, telle que traduite *in* Gaillard E., La jurisprudence du CIRDI, Pedone, Paris, 2004, pp. 865-906.

CIRDI, affaire *SGS c. Philippines*, ARB/02/6, décision sur la compétence du 29 janvier 2004, déclaration de Antonio Crivellaro.

CIRDI, affaire *SGS c. Philippines,* ARB/02/6, décision sur la compétence du 29 janvier 2004, telle que traduite *in* Gaillard E., La jurisprudence du CIRDI, Pedone, Paris, 2004, pp. 865-906.

CIRDI, affaire *Siemens AG. c. République d'Argentine*, ARB/02/8, sentence du 6 février 2007.

CIRDI, affaire *Siemens AG c. République d'Argentine*, ARB/02/8, décision sur la compétence du 3 août 2004.

CIRDI, affaire *Société Ouest Africaine des Bétons Industriels (SOABI) c. Sénégal*, ARB/82/1, sentence du 25 février 1988, *in* Gaillard E., La jurisprudence du CIRDI, Pedone, Paris, 2004, pp. 255-274.

CIRDI, affaire *Southern Pacific Properties Limited c. Égypte,* ARB/84/3, décisions sur la compétence du 27 novembre 1985 et du 14 avril 1988, telles que traduites *in* Gaillard E., La jurisprudence du CIRDI, Pedone, Paris, 2004, pp. 347-362.

CIRDI, affaire *Southern Pacific Properties Limited c. Égypte,* ARB/84/3, sentence du 20 mai 1992, telle que traduite *in* Gaillard E., La jurisprudence du CIRDI, Pedone, Paris, 2004, pp. 363-386.

CIRDI, affaire *Spyridon Roussalis c. Roumanie*, ARB/06/1, sentence du 7 décembre 2011.

CIRDI, affaire S*uez, Sociedad General de Aguas de Barcelona S.A. et Vivendi Universal S.A. c. Argentine*, ARB/03/19, décision sur la compétence du 3 août 2006.

CIRDI, affaire S*uez, Sociedad General de Aguas de Barcelona S.A. et Vivendi Universal S.A. c. Argentine*, ARB/03/19, décision du Comité *ad hoc* du 5 mai 2017.

CIRDI, affaire *Supervision y Control S.A. c. Costa Rica,* ARB/12/4, sentence du 18 janvier 2017.

CIRDI, affaire *Swisslion DOO Skopje c. Ancienne République yougoslave de Macédoine,* ARB/09/16, sentence du 6 juillet 2012.

CIRDI, affaire *Tanzamia Electric Supply Complany Limited c. Independent Power Tanzania*, ARB/98/8, sentence du 12 juillet 2001.

CIRDI, affaire *Teinver S.A., Transportes de Cercanías S.A. and Autobuses Urbanos del Sur S.A. c. Argentine*, ARB/09/1, sentence du 21 juillet 2017.

CIRDI affaire *Teinver S.A., Transportes de Cercanías S.A. and Autobuses Urbanos del Sur S.A. c. Argentine*, ARB/09/1, décision sur la compétence du 21 décembre 2012.

CIRDI, affaire *Telenor Mobile Communications AS c. République de Hongrie*, ARB/04/15, sentence du 13 septembre 2006.

CIRDI, affaire *The Loewen Group, Inc. & Raymond L. Loewen c. États-Unis d'Amérique*, ARB(AF)/98/3, sentence finale du 26 juin 2003, telle que traduite *in* Gaillard E., La jurisprudence du CIRDI, Pedone, Paris, 2004, pp. 775-792.

CIRDI, affaire *Total c. Argentine*, ARB/04/1, sentence sur la responsabilité rendue le 27 décembre 2010.

CIRDI, affaire *Toto Costruzione Generali SpA c. Liban,* ARB/07/12, décision sur la compétence du 11 septembre 2009, Journal of Arab Arbitration, ICSID Review - FILJ, 2010, p. 320, note Fadlallah.

CIRDI, affaire *TSA Spectrum de Argentina SA c. Argentine,* ARB/05/5, sentence du 19 décembre 2008.

CIRDI, affaire *Urbaser S.A. and Consorcio de Aguas Bilbao Bizkaia, Bilbao Biskaia Ur Partzuergoa c. République d'Argentine*, ARB/07/26, décision sur la compétence du 19 décembre 2012.

CIRDI, affaire *Urbaser S.A. and Consorcio de Aguas Bilbao Bizkaia, Bilbao Biskaia Ur Partzuergoa c. République d'Argentine*, ARB/07/26, sentence du 8 décembre 2016.

CIRDI, affaire *Victor Pey Casado et Président Allende Foundation c. République du Chili,* ARB/98/2, sentence du 8 mai 2008.

CIRDI, affaire *Waste Management, Inc. c. Mexique,* ARB/(AF)/98/2, sentence du 2 juin 2000.

CIRDI, affaire *Waste Management, Inc. c. Mexique (II),* ARB(AF)/00/3, décision sur les exceptions préliminaires du 26 juin 2002.

CIRDI, affaire *Wena Hotels Limited c. Égypte*, ARB/98/4, sentence du 8 décembre 2000.

CIRDI, affaire *Wena Hotels Limited c. Égypte*, ARB/98/4, décision du Comité *ad hoc* du 5 février 2002, telle que traduite *in* Gaillard E., La jurisprudence du CIRDI, Pedone, Paris, 2004, pp. 689-718.

CIRDI, affaire *Wintershall Aktiengesellschaft c. Argentine,* ARB/04/14, sentence du 8 décembre 2008.

CIRDI, affaire *World Duty Free Company Limited c. Kenya*, ARB/00/7, sentence du 4 octobre 2006.

2. Jurisprudence de la CIJ

CIJ, *Affaire Ahmadou Sadio Diallo (République de Guinée c. République Démocratique du Congo)*, exceptions préliminaires, arrêt du 24 mai 2007, CIJ Recueil, 2007.

CIJ, *Affaire Ahmadou Sadio Diallo (République de Guinée c. République Démocratique du Congo)*, arrêt du 30 novembre 2010, CIJ Recueil, 2010.

CIJ, *Affaire Ahmadou Sadio Diallo (République de Guinée c. République Démocratique du Congo)*, arrêt du 19 juin 2012, CIJ Recueil, 2012.

CIJ, *Affaire Ambatielos (Grèce c. Royaume-Uni)*, arrêt du 19 mai 1953, CIJ Recueil, 1953.

CIJ, *Affaire Barcelona Traction, Light and Power Company, Limited (Belgique c. Espagne)*, arrêt du 5 février 1970, CIJ Recueil, 1970.

CIJ, *Affaire de l'Interhandel (États-Unis c. Suisse)*, arrêt du 21 mars 1959, CIJ Recueil, 1959.

CIJ, *Affaire des activités militaires et paramilitaires au Nicaragua et contre celui-ci (Nicaragua c. États-Unis d'Amérique)*, arrêt du 26 novembre 1984, CIJ Recueil, 1984.

CIJ, *Affaire des essais nucléaires (Australie c. France)*, arrêt du 20 décembre 1974, opinion dissidente de Onyeama, Dillard, Jiménez de Aréchaga et Sir Humphrey Waldock, CIJ Recueil, 1974.

CIJ, *Affaire Elettronica Sicula S. p. A. (États-Unis d'Amérique c. Italie)*, arrêt du 20 juillet 1989, CIJ Recueil, 1989.

CIJ, *Affaire Elettronica Sicula S. p. A. (États-Unis d'Amérique c. Italie)*, arrêt du 20 juillet 1989, CIJ Recueil, 1989.

CIJ, *Affaire Plateau continental (Libye c. Malte)*, arrêt du 3 juin 1985, CIJ Recueil, 1985.

CIJ, *Affaire relative au personnel diplomatique et consulaire des États-Unis à Téhéran (États-Unis d'Amérique c. Iran)*, arrêt du 24 mai 1980, CIJ Recueil, 1980.

CIJ, *Essais nucléaires (Australie c. France)*, arrêt du 20 décembre 1974, CIJ Recueil, 1974.

CIJ, *Essais nucléaires (Nouvelle-Zélande c. France)*, arrêt du 20 décembre 1974, CIJ Recueil, 1974.

3. Jurisprudence de la CPJI

CPJI, *Affaire concernant le paiement de divers emprunts serbes émis en France (France c. Royaume des Serbes, Croates, Slovènes)*, arrêt du 12 juillet 1929, Recueil Série A, n° 20/21, 1929.

CPJI, *Affaire de la compétence des tribunaux de Dantzig*, avis consultatif du 3 mars 1928, Recueil Série B, n° 15, 1928.

CPJI, *Affaire des Concessions Mavrommatis en Palestine entre le Gouvernement de la République hellénique et le Gouvernement de Sa Majesté britannique*, arrêt du 30 août 1924, Recueil Série A, n° 2, 1924.

CPJI, *Affaire du service postal polonais à Dantzig*, avis consultatif du 16 mai 1925, Recueil Série B, n° 11, 1925.

CPJI, *Affaire du Vapeur Wimbledon*, arrêt du 17 août 1923, Recueil Série A/B, I.

CPJI, *Affaire Oscar Chinn, Belgique c. Royaume-Uni*, arrêt du 12 décembre 1934, Recueil Série A/B, n° 63, 1934.

CPJI, *Affaire relative à certains intérêts allemands en Haute-Silésie polonaise*, arrêt du 25 mai 1926, Recueil Série A., n° 7, 1926.

CPJI, *Affaire relative au paiement, en or, des emprunts fédéraux brésiliens émis en France (France c. États-Unis du Brésil)*, arrêt du 12 juillet 1929, Recueil Série A, n° 15, 1929.

4. Autres

CCI, Sentence n° 4474, telle que citée *in* Gaillard E., Trente ans de Lex Mercatoria - Pour une application sélective de la méthode des principes généraux du droit, JDI, vol. 1, 1995, pp. 5-30.

CCI, Sentence n° 5030, telle que citée *in* Derains Y., Chronique des sentences arbitrales de la CCI, JDI, 1993, pp. 1004-1016.

CCI, Sentence n° 6136, telle que citée *in* Gaillard E., Arbitrage commercial international, Sentence arbitrale, Droit applicable au fond du litige, Jurisclasseur Droit International, 1996, fasc. 586-9-1, pp. 1-40.

CCI, Sentence n° 6257, telle que citée *in* Gaillard E., Arbitrage commercial international, Sentence arbitrale, Droit applicable au fond du litige, Jurisclasseur Droit International, 1996, fasc. 586-9-1, pp. 1-40.

CCI, Sentence n° 7110, telle que citée *in* Arnaldez J.-J., Derains Y., Jarvin S. et Jolivet E., Chronique des sentences arbitrales de la CCI, JDI, 2001, pp. 1148-1164.

CJUE, affaire *République slovaque contre Achmea B. V.*, n° C-284/16, arrêt de la Cour du 6 mars 2018.

CNUDCI, affaire *Achmea B. V. c. République slovaque*, sentence du 7 décembre 2012.

CNUDCI, affaire *Alpes Finance c. Slovaquie*, sentence du 5 mars 2011.

CNUDCI, affaire *Canfor Corporation c. États-Unis d'Amérique*, ordonnance de consolidation du 7 septembre 2005.

CNUDCI, affaire *Chevron Corporation et Texaco Petroleum Corporation c. Équateur*, sentence partielle du 30 mars 2010.

CNUDCI, affaire *Chevron Corporation et Texaco Petroleum Corporation c. Équateur*, troisième décision sur la compétence et l'admissibilité du 27 février 2012.

CNUDCI, affaire *CME c. République tchèque*, sentence du 14 mars 2003.

CNUDCI, affaire *Glamis Gold, Ltd. c. États-Unis d'Amérique*, sentence du 8 juin 2009.

CNUDCI, affaire *Link-Trading c. Moldavie*, décision sur la compétence du 16 février 2001.

CNUDCI, affaire *Ronald S. Lauder c. République tchèque*, sentence finale du 3 septembre 2001.

CNUDCI, affaire *Sergei Panshok CJSC Golden East Company and CJSC vostokneftgaz Company c. Mongolie*, sentence sur la compétence et la responsabilité du 28 avril 2011.

CNUDCI, affaire *United Parcel Service c. Canada*, décision sur la compétence du 22 novembre 2002.

LCIA, affaire *Occidental Exploration and Production Company c. Équateur*, sentence du 1er juillet 2004.

S. A., *ad hoc*, affaire *Aminoil c. Koweit*, sentence du 24 mars 1982, *in* JDI, vol. 109, 1982, pp. 844-909.

S. A., *ad hoc*, affaire *Arabian American Oil Company (Aramco) c. Arabie Saoudite*, sentence du 23 août 1958, Revue critique de droit international privé, 1963, pp. 272-363.

S. A., *ad hoc*, affaire *BP Exploration Company (Libya) Limited c. Government of the Libyan Arab Republic*, sentence du 10 octobre 1974, *in* I.L.R., vol. 53, 1979, pp. 297-329.

S. A., ad hoc, affaire *Compagnie universelle du Canal de Suez c. Vice-Roi d'Égypte*, sentence du 21 avril 1864 rendue par Napoléon III, *in* V. H. La Fontaine, Pasicrisie internationale (1794-1900), La Haye, Martinus Nijhoff, 1997.

S. A., *ad hoc*, affaire *Company Z and others c. State Organization ABC*, sentence rendue en avril 1982, *in* Yearbook of Commercial Arbitration, vol. 8, 1983.

S. A., *ad hoc*, affaire *Elf Aquitaine Iran c. National Iranian Oil Company*, sentence préliminaire du 14 janvier 1982, *in* Revue de l'arbitrage, Litec, Paris, 1984, pp. 401-421.

S. A., *ad hoc*, affaire *Eureko B.V c. Pologne,* sentence partielle du 19 août 2005.

S. A., *ad hoc*, affaire *L.F.H Neer and P. Neer c. Mexique*, *in* Recueil des Sentences Arbitrales des Nations-Unies, 1926, IV, pp. 60 et s.

S. A., ad hoc, affaire *Lena Goldfields c. l'Union soviétique,* sentence du 2 septembre 1930, *in* A. Nussbaum, Arbitration Bewteen the Lena Goldfields Ltd. and the Soviet Government, Cornell Law Quarterly, vol. 36, 1950, pp. 31-53.

S. A., ad hoc, affaire *Libyan American Oil Company (Liamco) c. Gouvernement de la République arabe libyenne*, sentence du 12 avril 1977, *in* I.L.R., vol. 62, 1982, pp. 86-191.

S. A., *ad hoc*, affaire *Libyan Arab Foreign Investment Company c. Brundi*, sentence du 4 mars 1991, RBDI, 1990, t. 2.

S. A., *ad hoc,* affaire *Mohamed Abdulmohsen Al-Kharafi & Sons Co. c. Libye et autres*, sentence du 22 mars 2013.

S. A., *ad hoc*, affaire *Petroleum Developments (Trucial Coast) Ltd c. Abu Dhabi*, sentence rendue en septembre 1951, *in* ICLQ, 1952, pp. 247-261.

S. A., *ad hoc*, affaire *Ruler of Qatar c. International Marine Oil Company*, sentence de juin 1953, *in* I.L.R., 1953, pp. 534 et s.

S. A., ad hoc, affaire *Sapphire International Petroleum Ltd c. National Oil Company,* sentence du 15 mars 1963, *in* Annuaire suisse de droit international, 1963, pp. 273-302.

S. A., *ad hoc*, affaire *Société Rialet et Gouvernement éthiopien,* sentence rendue en 1929, *in* Recueil des décisions des TAM, VIII.

S. A., *ad hoc*, affaire *Syndicat d'études et d'entreprises c. Gouvernement grec* de 1925, *in* Wetter J.-G. et Schwebel S.-M., Some Little-Known Cases on Concessions, British Yearbook of International Law, 1964, pp. 183-232.

S. A., ad hoc, affaire *Texaco Overseas Petroleum Company (Topco) c. Jamahiriya arabe libyenne,* sentence du 19 janvier 1977, *in* Lalive J.-F., Un grand arbitrage pétrolier entre un gouvernement et deux sociétés privées étrangères, JDI, vol. 104, 1977, pp. 319-389.

SCC, affaire *Greentech Energy Systems and Novenergia c. Italie*, *in* IIA Issues Note, n° 2, juin 2016, pp. 1-51.

SCC, affaire *Ivan Peter Busta et James Peter Busta c. République tchèque*, sentence du 10 mars 2017.

SCC, affaire *Vladimir et Michael Berschader c. Russie*, aff. n° 080/2004, sentence et opinion dissidente du 21 avril 2006.

B. Jurisprudence interne

Affaire *Penn Central Transportation Co. c. City of New York,* décision du 26 juin 1978, 438 U.S. 104.

C. Cass. civ., arrêt *American Trading Company c. Quebec Steamship Company,* 5 décembre 1910, *in* JDI, 1912.

C. Cass. civ., arrêt *Messageries maritimes*, 21 juin 1950, *in* Revue critique de droit international privé, 1950, p. 609, note Batiffol.

C. Cass. civ., arrêt *Société des Fourrures Renel c. Allouche,* 6 juillet 1959, *in* Revue critique de droit international privé, 1959, pp. 708 et s.

CE, arrêt *Cames*, 21 juin 1895, Recueil Lebon, p. 509.

CE, arrêt *Compagnie générale d'éclairage de Bordeaux,* 30 mars 1916, Recueil Lebon, p. 125.

CE, arrêt *Fourny*, 8 mai 1968, Recueil CE 289.

CE, arrêt *Tegos*, 19 novembre 1999, Recueil CE 356.

TC, arrêt *Blanco,* 8 février 1873, GAJA, Recueil Lebon, p. 61.

TC, arrêt *Société Entreprise Peyrot*, 8 juillet 1963.

VI. Traités et résolutions

A. Traités internationaux

1. Traités multilatéraux

Accord de libre-échange nord-américain (ALENA), entré en vigueur le 1er janvier 1994.

Convention de New York sur la reconnaissance et l'exécution des sentences arbitrales étrangères du 10 juin 1958.

Convention de Vienne sur le droit des traités, adoptée par l'Assemblée générale des Nations Unies le 23 mai 1969 et entrée en vigueur le 27 janvier 1980.

Convention de Washington du 18 mars 1965.

Convention des Nations Unies sur les immunités juridictionnelles des États et de leurs biens, adoptée par l'Assemblée générale des Nations Unies le 2 décembre 2004.

Convention européenne sur l'arbitrage commercial international signée à Genève le 21 avril 1961.

Traité sur la Charte de l'Énergie, adopté à Lisbonne le 17 décembre 1994.

Traité sur le fonctionnement de l'Union européenne du 13 décembre 2007.

2. Traités bilatéraux

TBI Allemagne-Argentine, signé le 9 avril 1991 et entré en vigueur le 8 novembre 1993.

TBI Argentine-Chili, signé le 2 août 1991 et entré en vigueur le 1er janvier 1995.

TBI Belgique-Burundi, signé le 13 avril 1989 et entré en vigueur le 12 septembre 1993.

TBI Canada-Barbade, signé le 25 mai 1996 et entré en vigueur le 17 janvier 1997.

TBI Canada-Liban, signé le 11 avril 1997 et entré en vigueur le 19 juin 1999.

TBI Colombie-Suisse, signé le 17 mai 2006 et entré en vigueur le 6 novembre 2009.

TBI États-Unis–Argentine, signé le 14 novembre 1991 et entré en vigueur le 20 octobre 1994.

TBI États-Unis–Jordanie, signé le 2 juillet 1997 et entré en vigueur le 12 juin 2003.

TBI États-Unis–Turquie, signé le 3 décembre 1985 et entré en vigueur le 18 mai 1990.

TBI France-Arabie Saoudite, signé le 26 juin 2002 et entré en vigueur le 18 mars 2004.

TBI France-Djibouti, signé le 13 décembre 2007 et entré en vigueur le 15 juin 2010.

TBI France-Mongolie, signé le 8 novembre 1991 et entré en vigueur le 22 décembre 1993.

TBI France-Argentine, signé le 3 juillet 1991 et entré en vigueur le 3 mars 1993.

TBI Italie-Algérie, signé le 18 mai 1991 et entré en vigueur le 26 novembre 1993.

TBI Italie-Bangladesh, signé le 20 mars 1990 et entré en vigueur le 20 septembre 1994.

TBI Italie-Maroc, signé le 18 juillet 1990 et entré en vigueur le 26 avril 2000.

TBI Jordanie-Italie, signé le 21 juillet 1996 et entré en vigueur le 17 janvier 2000.

TBI Pays-Bas–République tchèque, signé le 24 avril 1991 et entré en vigueur le 1 octobre 1992.

TBI Royaume-Uni–Colombie, signé le 17 mars 2010 et entré en vigueur le 10 octobre 2014.

TBI Royaume-Uni–Vietnam, signé et entré en vigueur le 1er août 2002.

B. Résolutions des Nations Unies

Résolution 626 (XII) du 21 décembre 1952 intitulée « Droit d'exploiter librement les richesses et les ressources naturelles ».

Résolution 1803 (XVII) du 14 décembre 1962, intitulée « Souveraineté permanente sur les ressources naturelles ».

Résolution 3171 (XXVIII) du 17 décembre 1973 intitulée « Souveraineté permanente sur les ressources naturelles ».

Résolution 3201 (S-VI) du 1er mai 1974 intitulée « Déclaration relative à l'instauration d'un nouvel ordre économique international ».

Résolution 3281 (XXIX) du 12 décembre 1974 intitulée « Charte des droits et devoirs économiques des États ».

VII. Sources électroniques

Arrêt *Anns c. Merton LBC*, 12 mai 1977, [1978] AC 728, accessible via : [http://www.bailii.org/uk/cases/UKHL/1977/4.html].

Arrêt *Donoghue c. Stevenson*, 26 mai 1932, [1932] AC 532, accessible via : [http://www.bailii.org/uk/cases/UKHL/1932/100.html].

CETA, Texte signé entre l'Union européenne et le Canada le 30 octobre 2016 et entré en vigueur à titre provisoire le 21 septembre 2017. Texte intégral accessible via : [http://trade.ec.europa.eu/doclib/docs/2014/september/tradoc_152806.pdf].

Congressional Record H7367-02, 5 août 1999. Texte intégral accessible via : [https://www.congress.gov/crec/1999/08/05/CREC-1999-08-05-pt2-PgH7367-2.pdf].

Convention des Nations Unies sur les immunités juridictionnelles des États et de leurs biens. Texte intégral accessible via : [https://treaties.un.org/doc/source/recenttexts/french_3_13.pdf].

F. Grisel et T. Schultz, Arbitrage d'investissement : Corriger les modalités de fonctionnement pour éviter les abus, Le Monde, publié le 21 juillet 2015, mis à jour le 16 septembre 2016. Texte intégral accessible via : [http://www.lemonde.fr/idees/article/2015/07/21/arbitrage-d-investissement-corriger-les-modalites-de-fonctionnement-pour-eviter-les-abus_4692482_3232.html].

Homolova A., Schram E. et Mulder F., Les hommes derrière l'ISDS et leur vision du monde, Multinationales.org, publié le 14 mars 2016, traduit de l'anglais par O. Petitjean. Texte intégral accessible via : [http://multinationales.org/Les-hommes-derriere-l-ISDS-et-leur-vision-du-monde].

Liste des États contractants et signataires de la convention (mise à jour le 11 janvier 2018), accessible via : [https://icsid.worldbank.org/en/Documents/icsiddocs/Liste des Etats Contractants et Signataires de la Convention - Latest.pdf].

N. Bernasconi-Osterwalder, et D. Rosert, Investment treaty arbitration : Opportunities to reform arbitral rules and processes. The International

Institute for Sustainable Development, Genève, 2014, accessible via : [http://www.iisd.org/sites/default/files/publications/investment_treaty_arbitration.pdf].

Paragraphe 13 du Rapport des Administrateurs, accessible via : [http://icsidfiles.worldbank.org/icsid/icsid/StaticFiles/basicdoc-fra/partB-section03.htm].

Projet d'accord commercial conclu entre l'Union européenne et le Vietnam. Les négociations ont été achevées en décembre 2015. Texte intégral accessible via : [http://trade.ec.europa.eu/doclib/press/index.cfm?id=1437].

Projet d'accord commercial entre l'Union européenne et les États-Unis. Les négociations ont été achevées en juillet 2015. Texte intégral accessible via : [http://trade.ec.europa.eu/doclib/docs/2015/july/tradoc_153669.pdf].

Protection des investissements et règlement des différends entre investisseurs et États dans les accords de l'UE, Fiche d'information publiée en novembre 2013, pp. 1-12. Texte intégral accessible via : [http://trade.ec.europa.eu/doclib/docs/2013/december/tradoc_152016.pdf].

Règlement d'arbitrage de l'Institut de la Chambre de Commerce de Stockholm. Texte intégral accessible via : [http://www.eurolawyers.net/wa_files/Skiljedomsregler-franska-2010.pdf].

Règlement d'arbitrage de la CCI, révisé en 2017. La dernière version est accessible via : [https://cdn.iccwbo.org/content/uploads/sites/3/2017/02/ICC-2017-Arbitration-and-2014-Mediation-Rules-french-version.pdf].

Règlement de la CNUDCI, révisé en 2010. Texte intégral accessible via : [https://www.uncitral.org/pdf/french/texts/arbitration/arb-rules-revised/arb-rules-revised-f.pdf].

Shah A., India's proposed investment treaty terms leave foreign partners cold, Thomson Reuters, publié le 19 janvier 2018. Texte intégral accessible via : [https://www.reuters.com/article/india-investment-treaty/indias-proposed-investment-treaty-terms-leave-foreign-partners-cold-idUSL4N1P72N1].

Une future juridiction multilatérale en matière d'investissements, Bruxelles, Fiche d'information publiée en décembre 2016, pp. 1-3. Texte intégral accessible via : [europa.eu/rapid/press-release_MEMO-16-4350_fr.pdf].

Unified Agreement for the Investment of Arab Capital in the Arab States, Economic Agreements, n° 3, Tunis, accessible via : [http://investmentpolicyhub.unctad.org/Download/TreatyFile/2394].

Déclaration du 15 janvier 2019 relative aux conséquences juridiques de l'arrêt Achmea rendu par la Cour de Justice et à la protection des investissements dans l'Union européenne, accessible via : [https://ec.europa.eu/info/sites/info/files/business_economy_euro/banking_and_finance/documents/190117-bilateral-investment-treaties_en.pdf].

Table des matières

DROIT INTERNATIONAL
AUX ÉDITIONS L'HARMATTAN

Dernières parutions

LES TITRES DE NOBLESSE DE LA VICTIME DEVANT LA COUR PÉNALE INTERNATIONALE

Guy David Mbara A Betsem
Préface de Gilbert Bitti - Avant-propos de Jean Claude Tcheuwa

La victime a longtemps été tenue à l'écart du procès devant les juridictions pénales internationales d'avant le début du XIXè siècle. Depuis l'avènement de la Cour pénale internationale (CPI), la victime est désormais admise dans le procès pénal. Ces droits, qui ne sont autres que des titres de noblesse, confèrent donc des privilèges permettant à la victime d'accéder à une justice pénale internationale très sélective, mais surtout réservée à une certaine catégorie de personnes. La CPI pose la problématique du rôle de l'État dans la mise en oeuvre des droits des victimes.

(242 p., 25,5 euros)
ISBN : 978-2-343-16718-3, EAN EBOOK : 9782140111631

L'APPORT DE L'AFRIQUE À LA JUSTICE INTERNATIONALE PÉNALE

Jean-Baptiste Harelimana, Catherine Maia, Jean-François Akandji-Kombé
Préface de Robert Kolb - Postface de Fatou Bensouda

Quel est l'apport de l'Afrique au mouvement de pénalisation qui traverse le droit international ? Telle est la question à laquelle cet ouvrage propose d'apporter des éclairages au travers de contributions de plusieurs experts.

(Coll. Études africaines, 388 p., 38,5 euros)
ISBN : 978-2-343-15975-1, EAN EBOOK : 9782140107351

LA NATIONALITÉ ET L'APATRIDIE EN AFRIQUE

Charles Lasserre Yakite

Le droit à la nationalité est un droit humain fondamental reconnu par le droit international. Les apatrides ne peuvent se prévaloir de la protection de la nationalité et sont donc vulnérables à la privation de leurs droits. Les États africains doivent élaborer des cadres législatifs et mettre en place des politiques nationales pour lutter contre l'apatridie. Cet ouvrage vise à faire des recommandations à l'Union africaine et aux organisations internationales intéressées pour résoudre l'épineux problème de nationalité et de l'apatridie.

(Coll. Études africaines, 156 p., 17 euros)
ISBN : 978-2-343-15353-7, EAN EBOOK : 9782140104725

LE GÉNOCIDE DES LARIS AU CONGO

Dominique Kounkou

Dans toute l'histoire politique du Congo, les Lari ont connu persécutions, crimes et génocide. Quelle idéologie de la haine a justifié la programmation de leur extermination ? L'auteur, au moyen d'une enquête en continu, découvre que l'impunité de Sassou Nguesso, de son fils Christel et de tous les exécuteurs d'ordres les pousse à commettre des crimes de sang et des crimes économiques. En outre, les présidents français et les réseaux financés par l'argent des Congolais, détourné par Sassou et son fils ne seraient-ils pas les complices de ce vaste génocide des Laris?

(120 p., 14 euros)
ISBN : 978-2-343-15760-3, EAN EBOOK : 9782140100512

DROIT DU CONTENTIEUX INTERNATIONAL AFRICAIN
Jurisprudences et théorie générale des différends africains
Saidou Nourou Tall
Préface de Ahadzi Nonou Koffi - Avant-propos de Mamadou Badji
Cet ouvrage de référence, très documenté, mêle à la fois la théorie générale du droit des contentieux et l'originalité et/ou spécificités des juridictions et justiciables africains. Il est une remarquable contribution à la compréhension et à la complexité des contentieux internationaux et de leur règlement sous le prisme du Droit.
(562 p., 50 euros)
ISBN : 978-2-343-15555-5, EAN EBOOK : 9782140097843

LE DROIT MARITIME DANS LA ZONE CEMAC
Eric Dibas-Franck
Volontairement limité au Droit maritime dans la communauté économique et monétaire de l'Afrique centrale (CEMAC), cet ouvrage a pour ambition de faire le point sur la construction du droit maritime dans cette zone en scrutant le Code communautaire de la marine marchande. Les grands problèmes contemporains du Droit maritime comparé ou international y trouvent des réponses précises. Le livre est également enrichi d'une jurisprudence inédite.
(Coll. Affaires maritimes et Transports, 258 p., 26 euros)
ISBN : 978-2-343-14948-6, EAN EBOOK : 9782140096082

L'AMÉNAGEMENT CONVENTIONNEL DE LA SOCIÉTÉ COMMERCIALE EN DROIT FRANÇAIS ET EN DROIT OHADA
Wendkouni Judicaël Djiguemdé
Préface de Bernard Saintourens
Toute législation en matière économique se doit d'être souple et adaptée à l'évolution du monde des affaires. Le droit des sociétés OHADA n'échappe pas à ce principe.Cette étude participe de l'élaboration d'un régime juridique adapté, permettant de sécuriser les aménagements conventionnels, signe d'une contractualisation du droit des sociétés.
(Coll. Le Droit aujourd'hui, 458 p., 42 euros)
ISBN : 978-2-343-14563-1, EAN EBOOK : 9782140096013

L'OCTROI DE MER
L'ultime réforme
Fred Le Breton
Survivance du passé colonial, l'octroi de mer est un impôt qui touche les Régions Ultra Périphériques (RUP) de Guadeloupe, Guyane, Martinique, Mayotte et La Réunion. La Communauté européenne ne voulant pas de restriction à la libre-circulation des marchandises, beaucoup prédisent la disparition prochaine de cet impôt. Cet ouvrage présente la lente mais inéluctable évolution de cette question qui, depuis des siècles, a toujours été au centre de la vie politique et économique dont seule une réponse juridique et fiscale de taille est attendue.
(352 p., 33 euros)
ISBN : 978-2-343-13752-0, EAN EBOOK : 9782140074141

LA COUR PÉNALE INTERNATIONALE
Entre nécessité de justice et impératif de paix
Dindio Konaté
Préface de Francis Dacko - Postface de Gaelle Carayon
La Cour pénale internationale (CPI), avancée notable en ce XXIè siècle, apparaît sous les feux des projecteurs. Au-delà des critiques dont elle fait l'objet, se posent la question de la justice et de la paix, deux notions que la Cour doit s'efforcer de conjuguer. L'avènement de la CPI a suscité beaucoup d'espoirs, mais pour que celle-ci joue pleinement son rôle, elle doit effectuer sa mue et se débarrasser des limites tant textuelles qu'opérationnelles qui minent son action. Certes, imparfaite, la CPI n'en demeure pas moins à ce jour le modèle le plus achevé d'une juridiction internationale pénale.
(Coll. Harmattan Côte-d'Ivoire, 226 p., 23 euros)
ISBN : 978-2-343-13616-5, EAN EBOOK : 9782140057724

DROIT DE L'INTÉGRATION AFRICAINE

Organisations communautaires en Afrique de l'Ouest, rapports entre les organisations sous-régionales, l'Union africaine et l'Organisation des Nations unies, défis prioritaires de l'intégration en Afrique

Kémoko Diakité

Préface de Abdoulaye Sakho

Cet ouvrage se veut une contribution à la réflexion sur les organisations d'intégration en Afrique, notamment ouest-africaine telles que la CEDEAO, l'UEMOA et l'OHADA. Il met en exergue le régime juridique des actes de la CEDEAO, de l'UEMOA et de l'OHADA, fait une analyse actualisée du droit communautaire matériel et évoque les réformes institutionnelles récentes des différentes organisations.

(192 p., 20 euros)

ISBN : 978-2-343-10024-1, EAN EBOOK : 9782140046858

LA PROBLÉMATIQUE DE LA RÉPRESSION DES CRIMES DE GUERRE ET DES CRIMES DE GÉNOCIDE EN AFRIQUE

Taïcha Maïga

La répression des crimes internationaux, dont les crimes de guerre et de génocide, constitue une préoccupation majeure pour la communauté internationale. Mais la mise en oeuvre d'une stratégie pénale commune est devenue problématique. La détermination de l'Union africaine et des États africains dans la voie de l'africanisation de la répression des crimes internationaux les a conduits à créer la Cour africaine de justice, des droits de l'homme et des peuples (CAJDHP) et les Chambres africaines extraordinaires (CAE). Cette africanisation de la répression des crimes internationaux permettra-t-elle cependant la fin de l'impunité en Afrique ?

(Coll. Harmattan Sénégal, 376 p., 37,5 euros)

ISBN : 978-2-343-12934-1, EAN EBOOK : 9782140048401

JUSTICE SOCIALE ET PAIX EN AFRIQUE

Réflexions sur les voies du droit

Halidou Yacouba

Face au malaise et à la crise endémique que traverse le processus démocratique africain, il importe de jeter un regard analytique et réflexif sur la problématique de la paix en Afrique. Cet ouvrage montre que la construction d'une paix civile et politique laisse entrevoir que sa condition première, originelle et fondamentale, c'est la justice entendue à la fois comme pratique du bien et application du droit.

(Coll. Études africaines, 296 p., 31 euros)

ISBN : 978-2-343-13042-2, EAN EBOOK : 9782140047138

LA DIFFUSION DU DROIT INTERNATIONAL PÉNAL DANS LES ORDRES JURIDIQUES AFRICAINS

Herman Blaise Ngameni

Préface de Franck Latty

L'Afrique est le terrain de prédilection du pluralisme juridique qui favorise la juxtaposition de l'ordre juridique moderne et l'ordre juridique traditionnel. L'articulation du droit international pénal avec les ordres juridiques africains est une condition de sa diffusion. Il importe pour les États africains de favoriser une coopération effective avec les juridictions pénales internationales qui ne sera possible qu'au sein de régimes politiques démocratiques. Ceci est nécessaire pour un véritable universalisme du droit international pénal.

(Coll. Études africaines, 682 p., 49 euros)

ISBN : 978-2-343-12855-9, EAN EBOOK : 9782140046162

LE RAPPORT DU DROIT ADMINISTRATIF NATIONAL AUX DROITS ADMINISTRATIFS ÉTRANGERS

Les cas de la France et de l'Espagne

Anna Neyrat

Préface de Fabrice Melleray

Les droits administratifs français et espagnol sont souvent présentés comme des idéaux types opposés dans leur rapport aux droits administratifs étrangers. Comme exportateur, le droit administratif français considère ses homologues étrangers comme un réceptacle de son influence ; comme importateur, le droit administratif espagnol les envisage comme source de son enrichissement. Si une telle présentation repose sur des raisons temporelles et culturelles qui ont fait du droit administratif français un modèle et de l'espagnol un imitateur, elle se révèle partiellement inexacte. Elle est notamment dépassée à l'heure de la globalisation. Cette recherche invite à poser un regard différent sur ces présupposés.

(Coll. Logiques Juridiques, 680 p., 49 euros)

ISBN : 978-2-343-16682-7, EAN EBOOK : 9782140114588

DROITS FONDAMENTAUX ET CRISE(S) DES SOLIDARITÉS

Fabien Bottini

La solidarité renvoie aux liens sociaux qui font le ciment d'une communauté. Si c'est pourquoi il semble plus juste de parler de solidarités au pluriel, l'Etat a pendant longtemps été leur garant au travers des droits sociaux fondamentaux. Mais le constat s'impose : des débats qui ont agité la réforme du droit du travail à ceux qui portent sur les régimes de retraites en passant par la crise des migrants ; des hésitations sur la place des territoires et de l'Union européenne dans la mise en oeuvre des politiques sociales à l'apparition d'un droit constitutionnel économique... Les interrogations ne manquent pas quant à savoir si ces droits fondamentaux parviennent encore à faire la solidarité. Si crises il y a, signent-elles la fin de l'âge d'or de la solidarité ou sa mutation ?

(Coll. Le Droit aujourd'hui, 276 p., 28,5 euros)

ISBN : 978-2-343-16201-0, EAN EBOOK : 9782140114274

DÉCLARATION DES DROITS DE L'HOMME ET DU CITOYEN

Postérité et actualité

Remi Puigventos

Responsables scientifiques : Jimmy Meersman et Rémi Puigventos

Le 26 août 1789, l'Assemblée constituante adopte les derniers articles du texte de la Déclaration des droits de l'homme et du citoyen qui, traversant les siècles, deviendra l'un des textes fondamentaux de la Cinquième République. Si la Déclaration de 1789 est l'une des pierres angulaires de la garantie des droits de l'homme, l'étude de sa postérité et de son actualité interroge. Le présent ouvrage contribue à en dévoiler les éléments les plus essentiels au travers d'une douzaine de contributions.

(Coll. Droit privé et sciences criminelles, 238 p., 25 euros)

ISBN : 978-2-343-16359-8, EAN EBOOK : 9782140112164

ANNUAIRE DES ENGAGEMENTS INTERNATIONAUX AYANT FAIT L'OBJET D'UNE LOI D'AUTORISATION SOUS LA VE RÉPUBLIQUE

Didier Jamot

Au cours de la Ve République, près de 2000 engagements internationaux ont fait l'objet d'une loi d'autorisation. Dans les années 1960, seulement 22% des lois votés par le Parlement avaient pour objet la ratification ou l'approbation de tels engagements, alors que désormais 40% des lois visent un tel objectif. Par conséquent, le nombre de normes internationales intégrées au droit interne est considérable. Mais leur importance n'est pas seulement quantitative : tout engagement international régulièrement ratifié et publié s'impose au législateur. Aucune loi ne peut ainsi lui être contraire. Par ailleurs, les conventions internationales embrassant l'ensemble des matières juridiques, plus aucune activité humaine n'échappe aux droits et obligations prévus par les conventions. Cet annuaire recense enfin ces engagements internationaux avec des index thématiques et par pays signataire.

(Coll. Logiques Juridiques, 432 p., 42 euros)

ISBN : 978-2-343-16237-9, EAN EBOOK : 9782140112089

Structures éditoriales du groupe L'Harmattan

L'Harmattan Italie
Via degli Artisti, 15
10124 Torino
harmattan.italia@gmail.com

L'Harmattan Hongrie
Kossuth l. u. 14-16.
1053 Budapest
harmattan@harmattan.hu

L'Harmattan Sénégal
10 VDN en face Mermoz
BP 45034 Dakar-Fann
senharmattan@gmail.com

L'Harmattan Cameroun
TSINGA/FECAFOOT
BP 11486 Yaoundé
inkoukam@gmail.com

L'Harmattan Burkina Faso
Achille Somé – tengnule@hotmail.fr

L'Harmattan Guinée
Almamya, rue KA 028 OKB Agency
BP 3470 Conakry
harmattanguinee@yahoo.fr

L'Harmattan RDC
185, avenue Nyangwe
Commune de Lingwala – Kinshasa
matangilamusadila@yahoo.fr

L'Harmattan Congo
67, boulevard Denis-Sassou-N'Guesso
BP 2874 Brazzaville
harmattan.congo@yahoo.fr

L'Harmattan Mali
Sirakoro-Meguetana V31
Bamako
syllaka@yahoo.fr

L'Harmattan Togo
Djidjole – Lomé
Maison Amela
face EPP BATOME
ddamela@aol.com

L'Harmattan Côte d'Ivoire
Résidence Karl – Cité des Arts
Abidjan-Cocody
03 BP 1588 Abidjan
espace_harmattan.ci@hotmail.fr

L'Harmattan Algérie
22, rue Moulay-Mohamed
31000 Oran
info2@harmattan-algerie.com

L'Harmattan Maroc
5, rue Ferrane-Kouicha, Talaâ-Elkbira
Chrableyine, Fès-Médine
30000 Fès
harmattan.maroc@gmail.com

Nos librairies en France

Librairie internationale
16, rue des Écoles – 75005 Paris
librairie.internationale@harmattan.fr
01 40 46 79 11
www.librairieharmattan.com

Librairie l'Espace Harmattan
21 bis, rue des Écoles – 75005 Paris
librairie.espace@harmattan.fr
01 43 29 49 42

Lib. sciences humaines & histoire
21, rue des Écoles – 75005 Paris
librairie.sh@harmattan.fr
01 46 34 13 71
www.librairieharmattansh.com

Lib. Méditerranée & Moyen-Orient
7, rue des Carmes – 75005 Paris
librairie.mediterranee@harmattan.fr
01 43 29 71 15

Librairie Le Lucernaire
53, rue Notre-Dame-des-Champs – 75006 Paris
librairie@lucernaire.fr
01 42 22 67 13

www.ingramcontent.com/pod-product-compliance
Lightning Source LLC
LaVergne TN
LVHW021140061026
849535LV00002B/307
* 9 7 8 2 3 4 3 1 7 1 9 4 4 *